O OURO DO BRASIL

A HISTÓRIA DAS MINAS DO SERRO DO FRIO DE 1702 A 1714

Editora Appris Ltda.
1.ª Edição - Copyright© 2024 do autor
Direitos de Edição Reservados à Editora Appris Ltda.

Catalogação na Fonte
Elaborado por: Josefina A. S. Guedes
Bibliotecária CRB 9/870

B859o 2024	Briskievicz, Danilo Arnaldo
	    O ouro do Brasil : a história das minas do Serro do Frio de 1702 a 1714 / Danilo Arnaldo Briskievicz. – 1. ed. – Curitiba : Appris, 2024.
	    453 p. ; 27 cm. – (Ciências sociais. Seção história).
	
	    Inclui referências.
	    ISBN 978-65-250-4472-9
	
	    1. Brasil – História – Capitanias hereditárias, 1532-1762. 2. Minas Gerais – História. I. Título. II. Série.
	
	                                                                        CDD – 981.032

Livro de acordo com a normalização técnica da ABNT

Appris
editora

Editora e Livraria Appris Ltda.
Av. Manoel Ribas, 2265 – Mercês
Curitiba/PR – CEP: 80810-002
Tel. (41) 3156 - 4731
www.editoraappris.com.br

Printed in Brazil
Impresso no Brasil

Danilo Arnaldo Briskievicz

O OURO DO BRASIL
A HISTÓRIA DAS MINAS DO SERRO DO FRIO DE 1702 A 1714

FICHA TÉCNICA

EDITORIAL	Augusto V. de A. Coelho
	Marli Caetano
	Sara C. de Andrade Coelho
COMITÊ EDITORIAL	Andréa Barbosa Gouveia - UFPR
	Edmeire C. Pereira - UFPR
	Iraneide da Silva - UFC
	Jacques de Lima Ferreira - UP
SUPERVISOR DA PRODUÇÃO	Renata Cristina Lopes Miccelli
ASSESSORIA EDITORIAL	Nicolas da Silva Alves
REVISÃO	Stephanie Ferreira Lima
PRODUÇÃO EDITORIAL	Nicolas Alves
DIAGRAMAÇÃO	Luciano Popadiuk
CAPA	Eneo Lage
COMUNICAÇÃO	Carlos Eduardo Pereira
	Karla Pipolo Olegário
	Kananda Maria Costa Ferreira
	Cristiane Santos Gomes
LANÇAMENTOS E EVENTOS	Sara B. Santos Ribeiro Alves
LIVRARIAS	Estevão Misael
	Mateus Mariano Bandeira
GERÊNCIA DE FINANÇAS	Selma Maria Fernandes do Valle

COMITÊ CIENTÍFICO DA COLEÇÃO CIÊNCIAS SOCIAIS

DIREÇÃO CIENTÍFICA Fabiano Santos (UERJ-IESP)

CONSULTORES

Alícia Ferreira Gonçalves (UFPB)	Jordão Horta Nunes (UFG)
Artur Perrusi (UFPB)	José Henrique Artigas de Godoy (UFPB)
Carlos Xavier de Azevedo Netto (UFPB)	Josilene Pinheiro Mariz (UFCG)
Charles Pessanha (UFRJ)	Leticia Andrade (UEMS)
Flávio Munhoz Sofiati (UFG)	Luiz Gonzaga Teixeira (USP)
Elisandro Pires Frigo (UFPR-Palotina)	Marcelo Almeida Peloggio (UFC)
Gabriel Augusto Miranda Setti (UnB)	Maurício Novaes Souza (IF Sudeste-MG)
Helcimara de Souza Telles (UFMG)	Michelle Sato Frigo (UFPR-Palotina)
Iraneide Soares da Silva (UFC-UFPI)	Revalino Freitas (UFG)
João Feres Junior (Uerj)	Simone Wolff (UEL)

*Aos mortos, por causa da
escravidão no Serro, de 1702 a 1888.*

AGRADECIMENTOS

Quando criança, eu brincava nos olhos d'água do Botavira. O barro amarelo de suas encostas era usado para "barrar" casas e fogões a lenha das pessoas mais pobres do Serro. Nas suas árvores, foi onde aprendi sobre os quintais coloniais e sua forma de organização. Agradeço aos meus pais por terem escolhido o Botavira para que eu pudesse viver minha infância. Ali era uma antiga região mineradora de ouro do Serro onde, segundo a tradição, botava-se e virava-se bateia nas margens do córrego Quatro Vinténs. Não por acaso, uma das fontes públicas mais antigas da cidade era nas suas margens, a icônica fonte do Botavira, onde escravos dadeiros de água desciam e subiam com seus potes para abastecerem a parte alta da cidade. Nascer no Botavira me fez escutar desde cedo sobre as lendas do ouro da minha cidade natal.

Por agora, a pesquisa histórica de período tão remoto como o de 1702 a 1714 relativo às minas do Serro do Frio necessitou muito mais que lendas da infância contadas no Botavira. Necessitei do acervo de muitos arquivos públicos para estruturar de maneira coerente o conhecimento sobre a economia do ouro serrana. Travamos uma luta pessoal para acessar os poucos documentos preservados em bom estado relativos a essa demarcação temporal.

Sabemos, contudo, que conseguimos algum êxito em revelar muitos documentos que permaneciam adormecidos em arquivos, fundos, coleções e bibliotecas pelo Brasil, desconhecidos da historiografia serrana — e por isso mesmo brasileira —, apesar de catalogados.

Unificar os dados desses diversos arquivos, intercruzar suas informações, manter um critério técnico para suas leituras constituíram um longo processo de ordenar os documentos diante do caótico processo de levantamento e apuração das fontes. Mesmo assim, é impossível não reconhecer o papel social dos arquivos consultados e a luta diária para manter e divulgar seus acervos na atualidade. Apesar do pouco investimento e precarização dos serviços desses arquivos, a luta pela memória nacional continua.

Agradeço ao Iphan Serro/MG, pela colaboração em disponibilizar o acervo para registro fotográfico e consulta, especialmente à Roberta e à Patrícia, além do estimado Eduardo. A liberação das imagens via registro fotográfico auxiliou-me bastante na escrita histórica, pois permitiu o trânsito de originais para sua transcrição especializada. Graças ao criterioso e árduo trabalho da minha sobrinha Inês Maria de Jesus Briskiewicz, pude contar com grande parte do acervo fotografado sempre à disposição na tela do computador.

Ao Arquivo Público Mineiro reconheço a inestimável preservação do acervo colonial serrano, em especial pela recuperação das folhas restantes do livro do descobrimento de 1702 e todo o fundamental acervo da Seção Colonial e da Coleção Casa dos Contos, além da importante *Revista do Arquivo Público Mineiro* com seus índices remissivos.

Agradeço aos arquivos de Portugal, em especial, ao Arquivo Histórico Ultramarino, Arquivo Nacional da Torre do Tombo e a Biblioteca Nacional. No Brasil, meu muito obrigado à Biblioteca Nacional, por seu acervo digital e sua fundamental *Revista Documentos Históricos*, pela confiável disponibilização do acervo em plataformas digitais, possibilitando conferência de datas e longas viagens guiadas pela arte de bem administrar seus acervos.

Muito obrigado ao Rogério Mota Pereira, pelas infindáveis conversas sobre a história serrana e seus personagens, diálogos marcados pelo sincero interesse de preservação do patrimônio histórico de nossa cidade natal. Meu amigo, sem sua interlocução não conseguiria esclarecer nódulos imensos da pesquisa, especialmente a partir de suas perguntas e capacidade de síntese argumentativa.

Meu especial agradecimento ao trabalho importantíssimo de transcrição de centenas de documentos executado pela historiadora Dr.ª Denise Duarte. A partir de sua precisão paleográfica, consegui acelerar e muito a tarefa de processar distintamente as informações de certos documentos. Agradeço ao Prof. Dr. José Newton Coelho Menezes (UFMG), pela indicação de seu nome para me auxiliar nesta pesquisa.

Contar a história dos primeiros anos das minas de ouro serranas se tornou possível em grande parte pela escrita de artigos, livros, dissertações e teses de inúmeros outros tantos especialistas das diversas áreas da História em várias partes do mundo. A História deste livro é uma parceria com todos os pesquisadores que me antecederam ou que me são contemporâneos.

Ninguém escreve História sozinho.

PREFÁCIO

O brilho fulgurante em *O ouro do Brasil: a história das minas do Serro do Frio de 1702 a 1714*, de Danilo Arnaldo Briskievicz, não advém dos mais de 50 quilos de ouro arrancados das entranhas das terras serranas, registrados no primeiro livro da *Fazenda Real do Serro do Frio e Tucambira*.

São seus vastos e detalhados documentos; sua riqueza (poética) ao traçar não apenas acontecimentos e datas, mas trazê-los ao salão do embate historiográfico crítico, para fazer dançar biografias de "homens bons", humanizar lutas dos povos originários dizimados, e se "fazer falar os ausentes" trazidos da África, e sua resistência aquilombada; são os esforços do autor em formar um caleidoscópio nas terras do Ibiti-ruí tornando nuas as sanhas e conflitos pelo poder político e econômico, pela ideologia a romper morros e corpos, enfim, pelo fomento do dito "jeito barroco serrano de ser".

Enfim, são os enlaces iniciais do "gesto pedagógico colonial", sobre o olhar altaneiro do Pico do Itambé e perante o movimento dos ventos que unem e dilapidam povos passantes pelas minas do Serro, que fazem a obra do historiador relampejar em seus nove capítulos e por todas suas linhas.

E, por falar em tais linhas, enquanto pessoa nascida e criada na região sobre a qual a investigação garimpa as pedras dos anos, o impacto de tal atividade do saber – verdadeira "arqueologia" –, apresentando desconhecidos, ilustres, pioneiras, exploradores, conflitantes, *realmente aqui*, é impactante. Por vezes, aprendemos as ocorrências históricas como um "retrato" distanciado... quase como "mitos fundadores" ou "lendas ditas por sussurros na beirada da fornalha".

Ter contato efetivo com a *história* das minas do Serro do Frio (e por decorrência de minha terra, na época "Arraial do Itambé"), as sociabilidades (boas e terríveis) e as relações políticas e econômicas forjadas durante a dita "colonização dos sertões serranos" (termo passível de brigas, afinal, tinha gente nessas bandas!), é desafiador. E isso advém justamente da instigação proposta pela própria obra, qual seja: a "abertura" histórica sujeita aos ventos do "instante" em que é escrita.

Revisitar documentos com a "fé cega [mas a] faca amolada", como diria Milton Nascimento; identificar os mandos e objetivos de suas letras, sem com isso inocentar comportamentos; debater com estórias colocadas na *produção histórica* como histórias, rebatendo-as; e beber de metodologias contemporâneas de investigação (ao utilizar-se dos estudos de Foucault, Arendt, Bourdieu, entre outros), encontrando no "micro" (serrano) relances do "macro" (capitalismo mercantilista atlântico e mesmo planetário), traz robustez ao estudo, sem qualquer interesse mitológico fundador.

Em outros termos: ao vasculhar o "gesto pedagógico colonial nas minas do Serro do Frio", Briskievicz admite a abertura de sua própria construção de saber histórico, para reorganizações e revisitações para o porvir de outros estudiosos, *sendo uma voz histórica crítica* na construção desse saber, seja o da escrita, seja o do acontecimento.

É uma "hermenêutica histórica", na qual o horizonte do ocorrido, tido como a tradição, advém ao investigador e este criativamente (e nunca arbitrariamente) compõe sua palavra junto, qualificando a própria tradição histórica anterior, pela sua falseabilidade.

Algo, conforme indicaria Hans-Georg Gadamer[1], como um diálogo com a tradição e sua autoridade, produzindo a *práxis* do saber histórico de maneira "criativa" capaz de eticamente reconhecer a voz anterior sem com isso aceitar sua absolutização, nem a de seu próprio texto. Grosso

---

[1] GADAMER, Hans-Georg. *Verdade e Método*. Petrópolis: Vozes, 1997.

modo, seria seguir a afirmação de James Joyce[2]: "mantenha-se no agora, no aqui, pelo qual todo futuro mergulha para o passado".

O ouro do Brasil já é, portanto, história, e os mergulhos em seus afluentes e riachos têm profundidades variadas.

A intensa aparição nos primeiros anos das mulheres nas minas do Serro do Frio e seus diversificados protagonismos no capítulo cinco, seja pelas participações nas lavras e pintas de ouro do nascente Arraial do Serro do Frio, como no tópico de "Mécia Preta e sua senhora Izabel Maria da Cruz [...]", seja pelas tentativas de sobrevivência (por concubinato, relações com sacerdotes cristãos etc.) em terras opressivas ao seu gênero; a construção argumentativa e desmistificação da "Questão Jacinta de Siqueira", no magistral (e meu preferido) capítulo seis, no qual se apresenta a grandiosidade dessa personagem e seus limites éticos e de influência.

Ressaltam-se também os objetivos ocultos (e por isso principais) para a "elevação" do Arraial para a Vila do Príncipe, em 1714, espalhados por todo o estudo; a expansão do capitalismo europeu por lugares chamados de "colônias" nas "sagradas letras", advinda de Taubaté com os bandeirantes, sobre a sombra sagaz da Coroa portuguesa no sistema das mercês e sobre o padroado real na ideologia cristã, blocos de justificação do extermínio de uns povos, da escravidão de outros.

A constituição desses movimentos, acondicionada sobre o já citado "gesto pedagógico colonial" do capítulo um, feitor dos regimentos e da fundação de territórios do capítulo dois, de posições de poder político como a de superintendente e do guarda-mor, trazem os interesses multifocais e as tramas dos primeiros anos do descobrimento das minas do Serro do Frio do capítulo quatro.

Os arrematadores de terra formam o "poder silencioso", que aparece nos livros da Fazenda Real, mas cuja potencialidade local vai desde a formação de Irmandades à modificação ou surgimento de ruas, ou participação política no Senado da Câmara. "Donos" de grossos números de pessoas tornadas "ninguéns" ou escravos nos becos do arraial recém-parido, possuem um elo comum: "é que avançam, terra adentro, os homens alucinados"[3], fática ou simbolicamente, comprando ou sendo comprados, entre o Rio do Lucas e o córrego Quatro Vinténs. É a matriz do capítulo sete, cujos ecos acolhem o capítulo oito, no qual Briskievicz analisa como o "português abrasileirou-se para sempre"[4], mesmo na manutenção de seu interesse de separação simbólica com os ditos "gentios".

Necessidades alimentares, organizacionais, desvios de ouro e vetores incontroláveis e instáveis em um "espaço que tentava nascer". Entre a violência e a sua institucionalização ou sobre outras relações de poder, caracterizadoras da região a partir do dia 14 de março de 1702 no capítulo três; ou nas revoltas de "bons homens" como a "Revolta do Rio do Peixe", e em especial na resistência de seres humanos escravizados (negros), por meio do aquilombamento, de sobrevivências internas nas comunidades do ouro (economia da alforria), ou mesmo com objetivos revoltosos organizados em enormes malhas nas Minas Gerais; matrizes da guerra civil do capítulo nove.

Mesmo a resistência nominal dos povos originários, teimando em não sumir diante de seu genocídio, tentando fugir, tentando "ser" em terras nas quais, via de regra, jamais quiseram dominar e sim coexistir com a natureza e mesmo entre si, faz com que eles, chamados por outros de "carijós", "tapuias", "botocudos", enfim, vítimas da transfiguração étnica[5], *existam* nos lugares, nos morros, e nas linhas desta investigação serrana, até os dias de hoje. Sem a ideia do "bom selvagem", anacrônica

[2] JOYCE, James. *Ulisses*. São Paulo: Penguin Classics/Cia. das Letras, 2012. p. 339.

[3] MEIRELES, Cecília. *Romanceiro da Inconfidência*. Rio de Janeiro: Nova Aguilar, 1977. p. 19.

[4] AZEVEDO, Aluísio. *O cortiço*. São Paulo: Ática, 1977. p. 175.

[5] *Cf.* RIBEIRO, Darcy. *O povo brasileiro:* a formação e o sentido do Brasil. 3. ed. São Paulo: Global, 2015.

e incapaz de analisar povos tão plurais, e, ainda assim, sabendo que o extermínio ocorreu, e, neste, também o resistir, de alguma forma.

As minas de ouro do Serro do Frio, junto aos outros achados na Capitania de São Paulo e Minas de Ouro, transformaram as dinâmicas coloniais do antes Pindorama pelas relações do "gesto", tornado Brasil.

A transferência da capital da colônia, a Estrada Real e seus caminhos, a expansão do mercado pastoril do Centro-Oeste e dos campos do São Francisco e os Currais da Bahia, e a ocupação sulina[6], são alguns exemplos do "muito grande", perpetrados em espaços em que se viu a "vida urbana mais complexa e ostentosa que em qualquer outra região do país"[7].

Do "pequeno", vê-se a construção de uma malha de vivências em povoações aos pés do Pico do Itambé e em suas duas beiradas, no Alto Jequitinhonha (com Milho Verde e Diamantina, entre outras) e no Vale do Rio Doce (pelas "matas do Peçanha"). Do "muito pequeno", compreendem-se ordens políticas que moldavam os ditos regimentos e impeliam concentrações de poder, como as dos descobridores e seus auxiliares nas minas do Serro do Frio, de um sistema interno do controle das oitavas do ouro, os "contos" dos testamentos, mercancias documentadas e, no entreolhar amores, dos locais.

Deveras, esse seria o caso do rei do mitológico Eldorado, "descoberto" por Cândido e Cacambo em suas aventuras pela América Latina, indagaria sarcasticamente ao rei português, diante de tamanhas modificações: "não consigo compreender, que gosto tem vossa gente da Europa por nossa lama amarela"[8].

Não obstante, o pano de fundo dourado conforma complexas relações, que, em *O ouro do Brasil*, elucidam: ainda que o núcleo fosse a economia do ouro nas minas do Serro do Frio, durante os anos de 1702 a 1714 e transformações adviessem de sua procura e extração, outros confrontos, outras vivências, outras lutas e murmúrios, nas ermidas e capelas, pelos caminhos e pelas matas, pelos povos em profundas dinâmicas de mestiçagens, existiram por essas bandas, moldando o dito "jeito barroco serrano de ser". Invenções do viver, conviver e sobreviver naquele espaço do qual pululava a lama descrita, e muito mais.

Para compor tal miríade de relações serranas, além das datas gerais e acontecimentos notórios, dois fatores podem caracterizar o sopro dos ventos segredados pelo embolar dos séculos nos ouvidos do autor do livro em questão: o medo e a tradição dos oprimidos. Juntos, são capazes de transformar a geografia, a cultura e a linguagem em um espaço planetário específico como o do Serro do Frio, bem como manter conexão com acontecimentos distanciados, cuja procedência pode advir dessas paragens.

Jean Delumeau, em seu notório estudo sobre o medo, deixa claro: "quer haja ou não em nosso tempo mais sensibilidade ao medo, este é um componente maior da experiência humana, a despeito dos esforços para superá-lo"[9]. Entre os vários medos e suas mais diversas simbolizações, o pensador analisa um medo que pode nos interessar: o medo do mar, "mar variável onde todo temor abunda"[10].

---

[6] *Cf.* RIBEIRO, 2015.

[7] RIBEIRO, 2015, p. 276.

[8] VOLTAIRE. *Cândido*. 3. ed. São Paulo: Martins Fontes, 2003. p. 85.

[9] DELUMEAU, Jean. *História do medo no Ocidente 1300-1800*: uma cidade sitiada. São Paulo: Cia. das Letras, 2009. p. 23.

[10] DELUMEAU, 2009, p. 54.

Calmo ou revolto, em tempestade ou pela profundidade, o europeu saindo do medievo e adentrando na dita "Renascença" tinha no mar uma das onipresenças do medo. "Aberto para o distante, o mar desemboca outrora em países insólitos onde tudo era possível e onde o estranho era a regra – um estranho muitas vezes assustador"[11]. E, mesmo com tal medo, ainda assim, uma força (por motivos diversificados) impeliu marinheiros a chegar, com suas tecnologias, em outros lugares, a partir desse mar. Um misto de curiosidade, interesse próprio ou coletivo, vetores antropológicos ou sociológicos.

Porém, seria esse medo pertencente somente ao europeu? Nada mais errôneo. As pessoas escravizadas da dita "Costa dos Escravos" não sentiriam esse medo, de maneira ainda mais profunda, por serem levados de suas terras como mercadoria, pelos abismos d'água e depois para terras nas quais eram separados de suas anteriores vinculações culturais e familiares? Tal medo, ainda assim, não impediu que tais pessoas *resistissem*, pelo contrário: com o medo (e suas várias faces), mantiverem, modificaram, formaram ambientes de existir inescapáveis para o lado de cá do Atlântico.

Haveria o medo (do mar) nos povos originários? Tal receio pode ter se intensificado com o contato com os povos advindos das massas de água do litoral brasileiro? Como o escritor serrano indica: "os documentos se calam", na maioria das vezes, frente ao genocídio. Todavia, decerto o medo impeliu atividades também nesses povos, passado os anos iniciais dos primeiros contatos.

É possível aprofundar um pouco mais a ideia do medo do mar: afinal, o "colonizado", que já se encontrava na dita "colônia portuguesa", por vezes, parece repercutir tal medo para uma região de terras: os mares de morros, o chamado sertão.

Esquecendo-se ou utilizando-se dos povos que ali tinham sua morada, tal ideia fez os primeiros descobridores realizarem suas incursões: seja "enfrentando" os mares de morros do "sertão" a fim de capturar os ditos "indígenas" para os tornar mão de obra escrava, seja para, como dito com a sombra portuguesa (que impelia e financiava), procurar a "lama amarela". Vieram. Fizeram um "lugar". Para o bem e para o mal, formou-se o "jeito barroco serrano de ser", por milhares de acasos e por centenas de motivos determinados.

Analisemos, então, esse movimento: talvez, antes mesmo de chegarem em Sabará, Antônio Soares Ferreira e os demais bandeirantes, por algum momento, sentiram tal emoção tão humana, demasiada humana. E, por motivos também múltiplos (ganância, curiosidade, medo), continuaram e, com seus maquinários e conhecimentos (aprendidos com os povos daqui ou não), esbarraram em um espaço desse "mar de morros". E, hoje, o Serro e a região cá estão, com o medo destes, com o medo dos povos originários, com o medo dos povos escravizados e suas resistências. O medo é feitor de sociabilidades, pois é do ser humano apresentar a angústia perante ele, mas também a coragem em tentar viver, ainda que com o medo[12].

Seria o medo em uma sociedade formulada pelo poder majoritário e institucionalizado em silêncios, em sagradas letras (aterrorizantes?), com medo de Deus castigar ou do satanás estar nalguma encruzilhada, aquela formada nas minas do Serro do Frio? Haveria o medo de revolta, do outro, do açoite e do Pelourinho, medo dos rios e dos povos originários, feitores principais do "jeito barroco serrano de ser e de viver"?

[11] DELUMEAU, 2009, p. 70.
[12] DELUMEAU, 2009.

Decerto, *O ouro do Brasil* tenta enfrentar tais formulações. Na conhecida citação de Guimarães Rosa, alumia uma pista: "Sertão é isto: o senhor empurra para trás, mas de repente ele volta a rodear o senhor dos lados, Sertão é quando menos se espera"[13].

Afinal, os mesmos que usaram o termo de forma pejorativa, ali adentraram, ali viveram, ali amaram, e (triste) mataram. "A cidade ou a cidadania não parecem ser antídotos para o sertão"[14], ela se forma ali nos mares, diante das tentativas dos povos em "malmontar", "[...] no sertão [e só alcançar] ranger em rédea por uns trechos, que sorrateiro o sertão vai virando tigre debaixo da sela"[15]. Tentativas de "domar" o medo? Os "documentos se calam".

Apesar disso, o historiador serrano não emudece perante o segundo ponto de discussão. Ao gravar na epígrafe a guinada do presente estudo em relação aos demais, escancara o labirinto de tensões formadoras de uma comunidade complexa, cujo núcleo implode entre violências, conflitos, morticínios, poder, em especial sobre um grupo, tão perto e tão longe da riqueza dourada cuspida pelas "terras mineiras": "aos mortos por causa da escravidão no Serro, de 1702 a 1888", dedica Briskievicz sem meias palavras.

Nessas palavras parecem ressoar ecos da tese oitava sobre o conceito de história de Walter Benjamin: "a tradição dos oprimidos nos ensina que o 'estado de exceção' no qual vivemos é a regra"[16]. A institucionalização da escravidão no Brasil, nas minas e nas serranias era prática legalizada, permitida, justificada, aceita, mercantilizada. O estado de exceção ali vivido pelos escravizados era a regra, no qual a coisificação de suas vidas e subjetividades aconteceu, por séculos, e, "legalmente", pelo período que a epígrafe conscreve nas minas de Serro do Frio, posterior Vila do Príncipe, capital da comarca de Serro Frio em 1720, e seus desmembramentos até a dita data (tão simbólica... tão ineficaz até os dias de hoje...) da Lei n.º 3.353 (Lei Áurea), sancionada em 13 de maio de 1888, passada tanta morte, tanta exploração, tanta chicotada e sofrimento, e, lógico, revoltar, rebeliões, resistências, sobrevivências.

Nos anos iniciais das minas de Serro do Frio, esse estado de exceção, fundamentado nas colônias como a regra, cuja escravidão transplantava seu maior representativo, era a força motriz da economia, da fiscalização, da concretização de um modelo global de subalternização de outros seres humanos.

A escravidão (primeiro dos povos originários, depois dos povos plurais do continente dito Africano, e mesmo de populações "quase escravas", entre mulatos e mesmo miseráveis de cor mais clara, em menores proporções) causou mortes na proporção quase exata em que permitiu com que a lama dourada migrasse léguas e léguas, em medida compatível com a ânsia de "romper mundo" de vários sujeitos. A chaga da escravidão, reinante até tardiamente no Brasil, reflete práticas de exceção até a contemporaneidade, aqui mesmo, na cidade de Serro e região. A escravidão é o legado que todo brasileiro tem que enfrentar, saber que constituiu relações nesse lugar do planeta, e reverbera, vergonhosamente, mesmo diante do orgulho em saber nossa história.

O historiador serrano nunca deixa esse flagelo escapar. Afinal, nas tensões de nossa cultura, "agem, [...] duas forças opostas: uma que institui e que põe e outra que desativa e depõe. O estado de

---

[13] ROSA, João Guimarães. *Grande sertão:* veredas. 19. ed. Rio de Janeiro: Nova Fronteira, 2001. p. 218.

[14] ALBUQUERQUE JÚNIOR, Durval Muniz de. Quanto a gente não espera, o sertão vêm: Grande sertão: veredas, uma interpretação da história do Brasil e de outros espaços. *ArtCultura*, Uberlândia, v. 11, n. 18, p. 195-205, jan.-jun., 2009, p. 199.

[15] ROSA, 2001, p. 232.

[16] BENJAMIN, Walter. Sobre o conceito de história. *In*: LÖWY, Michel. *Walter Benjamin*: aviso de incêndio: uma leitura das teses "Sobre o conceito de história". São Paulo: Biotempo, 2005. p. 83.

exceção constitui o ponto da maior tensão dessas forças, e, ao mesmo tempo, aquele que, coincidindo com a regra, ameaça [...] torná-las indiscerníveis[17]".

O dispositivo da escravidão é um dos tantos da "exceção colonial" e no livro várias são suas disposições e aparecimentos. A sobrevivência de Jacinta de Siqueira e mesmo assim sua "diferença quantos aos mortos sobre sua "tutela"; a economia da alforria e dos quilombos, dos concubinatos, dos livros da Fazenda Real nos quais seres humanos são registrados como mercadoria; da guerra civil abrasileirada, tornada maleável "como estratégia política [na qual] a guerra civil [é] um dispositivo biopolítico para o gerenciamento [...]"[18] colonial, tornando indiscernível, fora da Europa, antes mesmo do século XVIII, o Estado de Direito e o Estado de Natureza.

A escravidão, portanto, emudece diferenciações entre justiça e violência, os institucionalizando sem resíduos entre si, mesmo que isso pulverize, em termos arendtianos, o espaço político (qualificado). O gesto pedagógico colonial das minas de Serro do Frio, formador do "jeito barroco serrano de ser e de viver" serrano, tem assim inevitáveis imagens da corrente e do sangue, tingidos pelas "sagradas letras".

Quais seriam as influências determinantes? Haveria no jeito serrano implicações mineiras, brasileiras? Próprias ou não, vinculadas no dourado, na cruz e na corrente? Estariam nesse jeito barroco a musicalidade do *Clube da Esquina*? Nas vagâncias de *Viramundo*, de Fernando Sabino? Dos silêncios decadentes da família Meneses de *Crônica da casa assassinada*? Do amor dos dois personagens principais de *O Padre e a Moça*, filmado na região serrana, em São Gonçalo do Rio das Pedras? Do latifúndio e da pobreza, de *Os Deserdados da Terra*, de Margarida Maria Moura? Riobaldos e Jacintas... Antônios e Araújos... da Mina e do Minho... do Espinhaço ou dos mares...

E, fazendo da epígrafe um anúncio arrebatador, o estudioso serrano escancara essa ferida, joga sal nesse buraco feito na e pela civilização serrana, e seus personagens e acontecimentos. Permanece logo, enleado com a tese benjaminiana: "Precisamos chegar a um conceito de história que dê conta disso"[19]. Tal conceito abrirá a fresta para os chamados de ralé, para os subalternizados, na mesma proporção em que se qualificará a luta e o reconhecimento deles diante dos mecanismos de poder.

Afinal, a economia minerária na região do atual município de Serro pode ter tido intensidades diversas após os anos de 1702-1714. Não obstante, tal economia é inescapável e reverbera ainda hoje, dia 22 de março de 2023, momento em que na história finalizo o presente prefácio. O "espanto em constatar que os acontecimentos que vivemos 'ainda' sejam possíveis no século [XXI] não é nenhum espanto filosófico"[20]. Esse espanto não está em nenhum início "de um acontecimento, a menos que o seja o de mostrar que a representação da história donde provém aquele espanto é insustentável"[21].

Aliás, diante do "viver a história", somos um "pálido ponto azul" diante do rio da história. Certamente, o uso de uma existência ética e conhecedora dos momentos passados e presentes, capaz de desativar e profanar a uniformização da vida a meros cálculos econômicos, pode ser uma das chaves para afastar o "estado de exceção" sempre passível de ativação em nossa história. Em *O ouro do Brasil*, clareia-se uma voz interessada em um "uso ético e consciente do ser sujeito da história". Um barquinho no rio caudaloso...

[17] AGAMBEN, Giorgio. *Estado de Exceção*. 2. ed. São Paulo: Boitempo, 2004. p. 132.

[18] PEIXOTO, Erika Gomes. *A guerra civil como paradigma biopolítico de governo*: conexões com o pensamento de Giorgio Agamben. 2021. Tese (Doutorado em Filosofia) – Programa de Pós-Graduação em Filosofia – UNPD, Universidade do Vale do Rio dos Sinos, Porto Alegre, 2021, p. 19.

[19] BENJAMIN, 2005, p. 83.

[20] BENJAMIN, 2005, p. 83.

[21] BENJAMIN, 2005, p. 83.

Lá com bandeirantes e portugueses, hoje com multinacionais... à procura, com tecnologias diferentes, pela "lama dourada" e outros minerais se instaura ou tenta aprofundar-se com permanência nas rochas das Minas Gerais, nas serranias, de forma inescapável, antes, depois e agora. Só não podemos esquecer: "onde há poder, há resistência"[22], diz Foucault, e a mudança é, ou deveria ser, o único fundamento permanente da história.

Giordano Leonardo Alves

Filho destas histórias ao pé do Olimpo das Serranias. Natural de Santo Antônio do Itambé, graduou-se em Direito pela Pontifícia Universidade Católica de Minas Gerais – Campus Serro. Foi bolsista pelo Fundo de Incentivo à Pesquisa (FIP) durante o período de 2018-2019, no qual intensificou suas pesquisas que deram ensejo à obra: As Pedras me Chamam: as cracolândias como espaços de exceção permanente nas capitais brasileira (2021). Apaixonado pela sua cidade natal, amor que gerou no ano de 2022, referente à participação na 1ª edição do "Prêmio de Literatura 'Isaura da Conceição Ventura – Dona Tuíca'" a obra Das Muitas Formas de Dizer, Ita. Advogado e estudioso das áreas da Sociologia Jurídica e Filosofia Jurídica.

---

[22] FOUCAULT, Michel. *História da Sexualidade I:* a vontade de saber. Rio de Janeiro: Graal, 2009. p. 105.

Fazer falar os ausentes.
(A. M. Hespanha – As vésperas do Leviathan, 1994)

Homens sozinhos, sem outros para apoiá-los,
nunca tiveram poder suficiente para usar da
violência com sucesso.
(H. Arendt – Sobre a violência, 1994)

Fiquem entendendo o que sua majestade manda.
(Carta de d. Rodrigo da Costa para M. Corrêa Arzão, 1708)

LISTA DE SIGLAS

ACI-RJ Arquivo Central do Iphan Seção Rio de Janeiro

AEAD Arquivo Eclesiástico da Arquidiocese de Diamantina/MG

AHU Arquivo Histórico Ultramarino (Portugal)

AJ-SE Arquivo Judicial do Serro/MG

ANTT Arquivo Nacional da Torre do Tombo (Portugal)

APM Arquivo Público Mineiro

APM-CC Arquivo Público Mineiro (Coleção Casa dos Contos)

APM-FALP Arquivo Público Mineiro (Fundo Alferes Luiz Antônio Pinto)

APM-SC Arquivo Público Mineiro (Seção Colonial)

Apmes Arquivo Pessoal Maria Eremita de Souza

BN Biblioteca Nacional (Brasil)

BN-CC Biblioteca Nacional – Casa dos Contos (Brasil)

BNP-DR Biblioteca Nacional de Portugal (Divisão de Reservados da Biblioteca Nacional de Portugal)

BND Biblioteca Nacional Digital (Brasil)

BN-DH Biblioteca Nacional (Brasil) – Revista Documentos Históricos

CCM Códice Costa Matoso

IPHAN-SE Arquivo Iphan Serro/MG

IPHAN-SE-NC Arquivo Iphan do Serro/MG – Documentos não catalogados

FJP Fundação João Pinheiro (Belo Horizonte)

RAPM Revista do Arquivo Público Mineiro

SUMÁRIO

INTRODUÇÃO

SOBRE OS VENTOS

Silêncio. Morreu o Comendador.
Merecia ser eterno
com seu poder, seu gado, suas minas,
seu dinheiro na burra.

Então morre – silêncio – o Comendador
e não desabam as montanhas
e o mundo, já vazio, não acaba?

(C. D. de Andrade – Crônica de gerações)

Este livro descreve o gesto pedagógico colonial vivenciado nas minas do Serro do Frio, a partir de 1702.

Trata-se de um estudo histórico sobre as relações de poder, mandos e desmandos, constituição de autoridades civis e militares, paz e sossego da república e as revoltas populares[1], a partir da intrincada situação da colonização e ocupação violenta de parte do território brasileiro, em especial das minas de ouro do Serro dos primeiros anos do século XVIII. Uma história fundamentada e contada a partir do conceito de gesto pedagógico colonial[2].

Seu ponto de partida é o descobrimento das minas do Serro do Frio, em 14 de março de 1702, e o cotidiano de constituição de relações políticas baseadas na disputa pelo território do que veio a se tornar a Vila do Príncipe, em 29 de janeiro de 1714, escolhida para sediar a capital da Comarca do Serro do Frio, em 1720. Narramos os fatos históricos dos anos iniciais do descobrimento e os conflitos inerentes da passagem das minas e a barbárie (as autorizações dos bandeirantes) para a administração pública e republicana do Senado da Câmara e dos ouvidores (a autoridade dos "homens bons").

Distanciando-nos de uma concepção do ato pedagógico meramente instrucional e escolar, formal e livresco, os pressupostos de tal gesto pedagógico colonial formado nos encontros que se deram nas minas serranas — as relações políticas no interior da economia do ouro[3] — são analisados

---

[1] Russell-Wood (2012, p. 20 ss.) analisa de maneira pertinente a estruturação moral do que denominamos gesto pedagógico colonial, a partir da trindade "república", "bem comum" e "boa ordem". O gesto pedagógico colonial são as relações políticas vivenciadas cotidianamente, a partir das sociabilidades nos mais diversos espaços — nas minas de ouro, nas pousadas, nas casas, ermidas e capelas, bem como nos caminhos da Bahia e de São Paulo.

[2] O mesmo que Thompson (1998) chamou de "economia moral", ao analisar tumultos na Inglaterra do século XVIII e Muldrew (1998), intitulou de consciência de felicidade pública motivadora para empreendimentos cooperativos. Briskievicz (2020, p. 198) explica que para Arendt seria o senso comum: "esse modo, 'o sensus communis é concebido tal qual um senso que nos ajustaria à pluralidade, e não a um consenso coletivo ou a uma decisão política unânime' [...]. De fato, não há outro sentido político que não seja o senso comum, pois é ele quem determina nossa possibilidade de compreensão imediata daquilo que aparece no mundo comum, na realidade. Por isso, Arendt apropria-se da noção de senso comum para explicar sua teoria política, pois não somos desvinculados uns dos outros por causa do pensamento ou da Razão (Vernunft), pois com eles nos percebemos e somos percebidos como fenômenos no mundo comum, por meio da epifania [...]. Mais que isso: o senso comum indica que algo está certo e que algo está errado em relação ao mundo comum". No fundo, estamos diante dos chamados pressupostos morais, fundamentais para a criação e manutenção do senso comum ou espírito comunitário; ao gesto pedagógico colonial, pressupomos esse fundo moral. É o que Russell-Wood (2012, p. 21) denominou *ethos* de uma época" ou mesmo de moldura moral para comportamentos previsíveis.

[3] Marca principal até os dias atuais das serranias. As serranias são o Norte de Minas. Seu marco é o Pico do Itambé. Quando as minas do Serro do Frio foram descobertas em 1702 sua extensão era da Serra do Espinhaço até a Serra de Itacambira. Para demarcar esse território da economia do

prioritariamente, a partir da vida cotidiana dos sertanistas, bandeirantes, descobridores, aventurei-ros do ouro opulentados[4] ou desclassificados, escravos africanos e brasileiros, forros e quilombolas. Partimos da existência como dado concreto, conflituosa, sujeita a várias interpretações com o fluir do tempo. Biografias emolduradas pela complexa economia do ouro, alicerçada no escravismo e na remota possibilidade da alforria[5].

Escolhemos contar histórias que partem dos poucos documentos restantes em arquivos públicos e a partir da necessária comparação entre obras de referência de diversos autores — de historiadores a cientistas políticos — sobre os primeiros anos da aventura ou corrida do ouro no Brasil, nas Minas Gerais e nas minas do Serro do Frio, cujo arraial mais importante se tornou a cidade do Serro[6]. Preferimos contar histórias sem medo de atritar contextos históricos, sociabilidades e algumas biografias, a partir do rigoroso levantamento de documentos, cujo teor ainda permanece inédito em sua maioria.

Essas histórias demonstram o refinado jogo de interesses da colonização da Coroa portuguesa sediada em Lisboa, multifacetado em sua prática cotidiana na região mineradora, mantida e ampliada em seu território em lavras em descobrimentos diários, pela distribuição de privilégios sociais pelo sistema das mercês ou da economia do dom, o que tornava interessante que houvesse o necessário protagonismo dos "homens bons", além claro, da manutenção do sistema do padroado real, cujo funcionamento interessava à Igreja católica e ao mesmo tempo favorecia o aparecimento de uma rede eclesiástica que aos poucos auxiliava na ocupação dos territórios mineiros.

Em torno das ermidas, oratórios, capelas e matrizes os povoados, arraiais e vilas prospera-vam, atraíam forasteiros — do Brasil e de Portugal, aumentavam a exploração das pintas de ouro nos rios, ribeirões, ribeiros e córregos e com isso ampliavam a arrecadação do quinto real. O estudo sobre o funcionamento das minas do Serro do Frio em seus primeiros anos mostra um fato comum em toda a história deste período: os interesses da colonização portuguesa estavam postos desde há muitos anos no Brasil e esse modelo reconstruído em torno de regimentos para as lavras auríferas e posteriormente para os diamantes fez surgir um povo mestiçado, às vezes desobediente, devoto de santos e santas do catolicismo popular assumido pelas irmandades leigas como ponto de honra.

Dessa forma, nas minas do Serro do Frio é possível descobrir os fundamentos da colonização portuguesa no Brasil das minas de ouro surgidas ao final do século XVII e que se tornaram o centro dos interesses da metrópole na primeira metade do século XVIII. Contamos a história das minas serranas e aprofundamos o sentido das heranças das desigualdades sociais do Brasil atual. Somos herdeiros da economia do ouro e do passado colonial escravista.

---

ouro, podemos imaginar um triângulo entre Minas Novas, Serro e Diamantina. Um triângulo em torno do Pico do Itambé, ao centro. Nesse triângulo, opulência e crises recorrentes. Fartura e fome. Riqueza e desclassificados do ouro e dos diamantes. Para que houvesse liberdade de consumo e circulação de mercadorias, embasou-se a economia do Norte de Minas no escravismo. É que o norte de Minas nunca esteve isolado do mundo, antes, desde os primeiros anos do Setecentos coligou-se às redes produtivas da África e da Europa. Desde os primeiros anos, as elites locais do Norte de Minas souberam estabelecer relações globalizadas para aumentar seus ganhos, especialmente alicerçados no sistema das mercês ou dos privilégios dados pela Coroa portuguesa, Governo-Geral do Brasil e da Capitania de São Paulo e Minas do Ouro (até 1720) e depois da Capitania de Minas Gerais (a partir de 1720).

[4] Usamos o termo opulentado (enriquecido) e não opulento (rico), pois consideramos o enriquecimento nas minas de ouro como um processo de alteração do status econômico dos sujeitos mencionados ao chegarem na região serrana. Parte de noção de estágio anterior para o atual, ou seja, de modificação de aventureiro para enriquecido.

[5] Para compreender o jogo político entre leniência e alforria diante da escravidão negra brasileira, ver: Gonçalves (2011) e Gomes (2021, p. 319-332).

[6] Tentamos evitar, por vezes sem conseguir, o formalismo do recurso final aos documentos escritos. De fato, o ponto de partida são os documentos, já o ponto de chagada após as análises, nem sempre. Trata-se de um jogo entre o dado objetivo dos documentos e sua análise e interpretação necessárias, de acordo com cada contexto específico.

O gesto pedagógico colonial é caleidoscópico. Feito de pedaços multicoloridos. Cada vida é um fragmento de vidro brilhante de cor própria. Por isso, contamos a história em duas escalas necessárias: o muito grande, a macro-história, o caleidoscópio como aparelho e o muito pequeno, a micro-história, visualizando um fragmento por vez. O exercício de compreensão da história se faz num jogo de contrastes e aproximações entre contextos globais, continentais, brasileiros, mineiros e outros contextos do provisório arraial de datas de ouro das minas do Serro do Frio, de territórios ainda desconhecidos — aparentemente fora dos mapas oficiais até então —, de espaços domésticos, de círculos familiares.

Assim, contamos algumas histórias das minas do Serro do Frio relacionando escalas grandes e pequenas de observação ou contextualização para compreender de maneira aprofundada os impactos reais da micropolítica do poder atuante sobre dos corpos de mulheres e homens. As múltiplas relações de poder — viver em sociedade é aprender e ensinar quem manda e quem deve obedecer — explicam quem são esses corpos localizados no tempo e no espaço: se proprietário de escravos (o número maior ampliava o poder político e econômico), pobres e desclassificados do ouro, bandeirantes paulistas, concubinas famosas, escravos em documentos de cobrança do imposto de capitação, escravos forros, padres rebeldes ou conservadores.

O caleidoscópico gesto pedagógico colonial pode ser investigado a partir da análise criteriosa dos documentos envelhecidos pelo tempo, guardados no silêncio dos arquivos públicos, muitos apenas aos pedaços.

***

Este livro é sobre os ventos.

Ventos, rotas marítimas, navios, in(ventos) humanos. Como nos ensinou o antigo ateniense Sófocles sobre o ser humano: "ele atravessa, ousado, o mar grisalho, impulsionado pelo vento sul tempestuoso, indiferente às vagas enormes na iminência de abismá-lo; e exaure a terra eterna, infatigável, deusa suprema, abrindo-a com o arado em sua ida e volta, ano após ano..."[7].

Mas o vento não se produz apenas na Natureza, na malha entretecida entre seus vários biomas. O vento é o próprio pensamento, que, para Sófocles, era o único capaz de ser mais rápido, aquele que chegava primeiro, antes, primordialmente antes de qualquer atividade do mundo. O pensamento mais veloz que o vento criou — in(ventou) — embarcações para ligar mundos. Quantas culturas se conheceram por causa desse pensamento criativo, mais rápido que o vento, capaz de compreender as leis da Natureza e dominá-las?

Ibiti-ruí, primeiro nome de uma vasta região da Serra do Espinhaço que dá na Serra de Itacambira, no atual território das Minas Gerais. Ibiti-ruí significa "morro dos ventos frios". As sociedades indígenas altamente complexas em suas relações com a Natureza diziam que os ventos haviam esculpido as montanhas e seus vales de rios onde um dia os bandeirantes paulistas encontraram ouro. O ouro escorreu das montanhas para os rios e suas margens. As minas do Serro do Frio conquistadas em 1702 eram guardadas pelos ventos frios desde sempre.

Quantos ventos passaram na história serrana até que um dia houvesse o primeiro livro escrito oficialmente para dizer que todo seu território pertencia à Coroa portuguesa? Que ventos levaram os bandeirantes para o Serro: a cobiça, a ambição, o destemor, a legislação dos regimentos, os privilégios reais, o contexto histórico, político e econômico da colônia brasileira?

---

[7] SÓFOCLES. *Antígona*. 8. ed. Rio de Janeiro: Jorge Zahar, 2004, p. 33.

Os ventos dos descobrimentos sopraram em 1500 no Brasil quando os portugueses tomaram para si como sinal divino e a plena manifestação do destino o impulso invisível em suas velas. Muitos ventos tocaram as terras serranas entre 1500 e 1702, quando o pensamento dos bandeirantes paulistas aventou o descobrimento do Ibiti-ruí. Quando eles conquistaram aquelas minas de ouro, reinventaram para o idioma português a antiga denominação Ibiti-ruí[8]. Foi inventado o Serro do Frio. Serro do Frio virou minas de ouro (1702-1714), que virou Vila do Príncipe (1714-1838), que virou Comarca do Serro do Frio (1720), que virou cidade do Serro (1838). O pensamento dos portugueses e de seus herdeiros, os paulistas, revirou feito ventania a história do Brasil.

As coordenadas geográficas das minas do Serro do Frio são 18°36'18"S 43°22'4". O Serro está na latitude 18°, na longitude 43°. O paralelo 18 cruza o planeta Terra de cabo a rabo, assim como o meridiano 43. Em linha reta, pelo paralelo 18, as minas serranas confrontam-se com a África. Quais ventos sopraram no Oceano Atlântico, ou, melhor, no Atlântico Sul, entre os portos africanos e os de Pernambuco, Salvador e do Rio de Janeiro, proporcionando condições excepcionais para a o comércio de escravos para as minas serranas? Para o padre Antônio Vieira, as travessias entre o Brasil e a África se davam "quase sempre acompanhadas de bonanças ou de mui pequenos incômodos do mar e ventos"[9].

Os melhores ventos do Atlântico Sul estão entre o paralelo 15 e 18... O Ibiti-ruí começa no Atlântico, emenda-se com ventos africanos e vai para onde? O vento é da Natureza, mas os escravos de África tinham preço como qualquer mercadoria, valor de mercado sujeito à inflação e às leis da oferta e da procura, deviam ter adquirido habilidades de mineração para auxiliar os mineradores serranos. Os ventos perfeitos aliados ao vento do pensamento veloz em conquistar recursos financeiros no capitalismo nascente possibilitaram relações bilaterais entre os portos do Brasil e da África. Por isso, para o historiador Luiz Felipe de Alencastro, "o impulso do movimento circular dos ventos e das correntes vem de uma gigantesca roldana de altas pressões, uma engrenagem oculta da história do Atlântico Sul – o anticiclone de Capricórnio"[10]. Uma rosa dos ventos perfeita uniu o Ibiti-ruí, suas minas, os portos e povos africanos, a mineração e seu fundamento clássico, a mão de obra dos escravos.

Compreender o pensamento dos antigos. Analisar o movimento dos ventos do Atlântico Sul e das montanhas serranas. Estudar as chegadas e partidas pelo território serrano, mineiro e, por isso mesmo, brasileiro. Quantificar o ouro, contar suas pintas por meio de oitavas, gramas e quilogramas, seus quintos reais, suas anotações em livros oficiais, seu contrabando. Nomear homens e mulheres, escravos e livres. Registrar os testamentos, as disposições pias, financeiras e familiares. Classificar o vento da história na tentativa de fazê-lo soprar agitado dentro de um curto espaço de tempo. É possível contar a história desses ventos tantos? O vento do pensamento dos antigos, das minas serranas e seus moradores, do Atlântico Sul e suas relações bilaterais da escravidão?

Eis nosso desafio: fazer falar os ausentes, os homens e mulheres do Setecentos. Fazer soprar os ventos do passado, para contar suas travessias ou trajetórias de vidas. É porque o vento está sempre entre. Nosso estudo se faz também entre: coloca-se entre o passado e futuro, mais uma vez.

O historiador Luiz Felipe de Alencastro explica o ponto de vista do padre jesuíta Antônio Vieira de maneira peculiar. Ele acreditava que "a regularidade atmosférica e marítima da navegação

---

[8] De fato, "os colonizadores conviveram com uma grande diversidade populacional e linguística nos sertões; todavia, incontáveis códigos culturais seriam compartilhados, apreendidos e ressignificados" (PAIVA, 2016a, p. 34).

[9] VIEIRA, Antônio. *Obras completas do padre Antônio Vieira*: sermões. Pref. e ver. Pe. Gonçalo Alves. Porto: Lello e Irmão Editores, 1993. 5 v., p. 1205.

[10] ALENCASTRO, Luiz Felipe. *O trato dos viventes*: formação do Brasil no Atlântico Sul. 10. reimp. São Paulo: Companhia das Letras, 2000, p. 63.

leste-oeste" seria um presságio dos deuses para a realização do destino manifesto brasileiro. Mesmo não conhecendo o Ibiti-ruí ou o Serro do Frio, o padre jesuíta insistia na modelação da Natureza pelos deuses, a ponto de acreditar que o "transporte contínuo de angolanos nos mares do Atlântico Sul, permitia, por especial misericórdia de Nossa Senhora do Rosário, que eles fossem levados a América portuguesa para se salvarem do paganismo africano"[11]. Na eterna crise instaurada pelo vento do pensamento entre a Natureza e História, de que lado ficamos? Permanecemos escrevendo histórias, para fazer falar os ausentes, de preferência lendo seus processos para consulta imortalizados pelo gesto pedagógico colonial, entretecido por relações de poder e de autoridade e os avessos, a resistência e a desobediência.

***

Este livro é sobre os descobrimentos de ouro entre as serras do Espinhaço e Itacambira, ou, melhor, sobre os direitos de conquistas dos territórios de ouro de lavagem baseados em regimentos e contratos oficiais.

Entramos de cabeça na investigação sobre o teatro dos descobrimentos, parafraseando Alencastro[12]. Uma peça teatral em vários atos, em moto contínuo, pois a história nunca estaciona, retrocede ou para. Ela sempre prossegue, bem ou mal. E mais, apresentamos o cotidiano da exploração do ouro e a sociedade que se formou em torno do gesto pedagógico colonial nas minas do Serro do Frio. Sociedade que chegou a se formar nas minas do Serro do Frio herdeira da história colonial brasileira iniciada no século XV, que prosseguiu no século XVI e aprofundou suas formas de sociabilidades, ou, no nosso caso, dos seus pressupostos de poder e de autoridades, no século XVIII.

De fato, concordamos com a afirmação de que "é daí que emerge o Brasil do século XVIII"[13], da conexidade entre Brasil e Angola pelos ventos do Atlântico Sul (por extensão à Costa dos Escravos), por meio de relações comerciais bilaterais que envolviam cachaça e mandioca e muitas trocas de mercadorias, em especial o trato ou comércio de escravos. Deste Brasil do século XVII herdamos traços profundos do jeito brasileiro de ser e de agir[14].

Por meio dos nossos estudos sobre as minas serranas de 1702 a 1714, demonstramos como o processo político da governamentalidade moderna do Antigo Regime português, marcado pela supervalorização dos bandeirantes por um lado, muda-se e torna-se outro com o incremento de mecanismos de administração típicas de uma colônia, de fato. Os bandeirantes paulistas fizeram o chamado "serviço sujo" de dominar o território das minas serranas para depois entregá-lo, liberado plenamente, para a colonização dos colonos[15].

---

[11] ALENCASTRO, 2000, p. 63.

[12] ALENCASTRO, 2000.

[13] ALENCASTRO, 2000, p. 9.

[14] Concorda com este ponto de vista Russell-Wood (2012, p. 15).

[15] Temos à vista o quadro teórico fornecido por Russell-Wood (2012, p. 24), de que o Senado da Câmara faria prosperar a justiça por meio de sua legislação recebida da Coroa portuguesa e dos governos locais, bem como a própria regulamentação local, em que os oficiais da Câmara "deveriam ser os defensores da moral e dos direitos públicos, das liberdades coletivas e dos privilégios comunitários, ao invés de defenderem os direitos de um indivíduo ou agirem para privilegiar de alguma forma um indivíduo passando por cima do interesse comum ou do bem comum". Parece que ao final do processo de transição das minas de ouro para a criação da vila serrana, a partir do Senado da Câmara a Coroa portuguesa tentava implantar de acordo com experiências anteriores um sistema mais complexo de administração pública, menos personalista, inclusive com a transferência do poder de prender súditos para as milícias ou ordenanças, aumentando inclusive os rendimentos do Senado através das prisões legais, das quais ninguém saía sem o pagamento de multas. Os quintos reais continuariam a ser cobrados da mesma forma, contudo, com esperada maior eficiência e eficácia, para além do "pesadelo logístico" da época dos bandeirantes (RUSSELL-WOOD, 2012, p. 36). Além disso, vislumbramos a noção de "bom vassalo" que cada bandeirante criou em torno de si diante da Coroa portuguesa. Ver: Silveira (1997, p. 50-57).

Temos à vista o quadro teórico que explica o novo papel do Senado da Câmara. Esse faria prosperar a justiça por meio de sua legislação recebida da Coroa portuguesa e dos governos locais, bem como a própria regulamentação local, em que os oficiais da Câmara "deveriam ser os defensores da moral e dos direitos públicos, das liberdades coletivas e dos privilégios comunitários, ao invés de defenderem os direitos de um indivíduo ou agirem para privilegiar de alguma forma um indivíduo passando por cima do interesse comum ou do bem comum"[16].

Parece que ao final do processo de transição das minas de ouro para a criação da vila serrana, a partir do Senado da Câmara a Coroa portuguesa tentava implantar de acordo com experiências anteriores um sistema mais complexo de administração pública, menos personalista, inclusive com a transferência do poder de prender súditos para as milícias ou ordenanças, aumentando inclusive os rendimentos do Senado por meio das prisões legais, das quais ninguém saía sem o pagamento de multas. Os quintos reais continuariam a ser cobrados da mesma forma, contudo, com esperada maior eficiência e eficácia, para além do "pesadelo logístico"[17] da época dos bandeirantes. Além disso, vislumbramos a noção de "bom vassalo" que cada bandeirante criou em torno de si diante da Coroa portuguesa.

Dessa forma, pretendemos demonstrar que a criação do Senado da Câmara e da Comarca do Serro do Frio demarcaram os estreitos limites da governamentalidade metropolitana calcada em processos para consulta, em documentos, no rigor das ordenações, para efetivamente conquistar o controle e a disciplina dos corpos serranos — o sossego e o contentamento da república, como diziam os governantes da época.

O concelho serrano foi criado para dar acabamento ao "autonomismo bandeirante", para civilizar os habitadores das lavras velhas serranas[18], para extinguir o poder paulista em terras serranas conquistado com a vitória da Revolta do Rio do Peixe (1711-1715), que diferente da Guerra dos Emboabas[19], reforçara a autoridade de Manuel Corrêa Arzão, um dos descobridores das minas do Serro do Frio, de maneira provisória, bastante provisória mesmo. Os bandeirantes representavam a antiga ordem das coisas[20], ou seja, uma forma ultrapassada de colonização, marcada pelo apresamento de índios no sertão. Isso não favorecia a nova ordem escravista-metalista intercontinental

[16] RUSSELL-WOOD, Anthony John R. A base moral e ética do governo local no Atlântico luso-brasileiro durante o Antigo Regime. *In:* VENANCIO, Renato Pinto; GONÇALVES, Andréa Lisly; CHAVES, Cláudia Maria das Graças (org.). *Administrando impérios.* Portugal e Brasil nos séculos XVIII e XIX. Belo Horizonte: Fino Traço, 2012. p. 13-44, p. 24.

[17] RUSSELL-WOOD, 2012, p. 36. Ver: Silveira (1997, p. 50-57).

[18] O termo refere-se ao léxico governamental dos séculos XVII e XVIII. Para Russell-Wood (2012, p. 37), a passagem de uma mina de ouro para uma comunidade estruturada em torno de um Concelho colocava em jogo interesses pessoais e sobrevivência básica e por isso, "a história é repleta de exemplos de transições bem-sucedidas, de um grupo sem identidade para uma verdadeira comunidade; contribuía para isso o aumento do número de indivíduos que compartilhavam as mesmas aspirações e uma determinação coletiva para realizar trabalho em conjunto para alcançar os objetivos estipulados em comum, assim como a existência de uma força de vontade para superar obstáculos". Magalhães (2012, p. 146) retoma Taunay e nomeia os paulistas: "homens de espírito inquieto". Para Paiva (2016, p. 31), era comum que aos paulistas fosse dado a alcunha de ardilosos e enganadores, "que não manifestavam seus descobertos enquanto não assegurassem boas propostas de recompensas reais".

[19] De acordo com Romeiro (2013, p. 342-343), "a emergência de antagonismo de natureza étnica no contexto do levante emboaba coloca em questão a aparente homogeneidade das populações que formavam o Império português. [...] No limite, equivale a dizer que nos vastos domínios portugueses, não importava o local de nascimento, mas tão-somente a mera condição de vassalo da Coroa portuguesa. Nas Minas, bem diversa era a realidade. Alvo de intenso preconceito, por parte tanto dos chamados forasteiros, quanto das autoridades locais e metropolitanas, os paulistas amargaram a destituição de cargos que ocupavam ante do levante emboaba, e depois da chegada de Antônio de Albuquerque – que jamais escondeu o pouco apreço pela gente do Planalto, que considerava especialmente bárbara e perigosa –, um crescente ostracismo que culminaria no redirecionamento das atividades de descobertas em direção aos sertões de Mato Grosso e Cuiabá". As guerras no território das minas de ouro evidenciaram o "peso da discriminação", próprio dos encontros pluriculturais, pressuposto do gesto pedagógico colonial. Por outro lado, a corrupção de todos os gêneros pode ter sido o pano de fundo da guerra, uma vez a Guerra dos Emboabas se deu por conta da ausência de poder estatal nas terras mineiras. Para Silveira (1997, p. 25-26), "a Guerra dos Emboabas foi exemplo deste momento particular da história mineira: por detrás dos embates entre paulistas, baianos e portugueses, colocava-se o problema do controle do território e do papel adequado do Estado na ordem social que se formava". Para esse autor, o processo de estatização se consolidou apenas por volta de 1735, com o desenvolvimento de "uma ossatura institucional".

[20] ALENCASTRO, 2000, p. 246.

bilateral (Brasil-Angola-Brasil) marcada pela dominação portuguesa na colônia brasileira. Colonizar para explorar mais e melhor, visando o enriquecimento da metrópole acima de qualquer coisa. Esse processo foi estatalmente racionalizado pelo Marquês de Pombal, a partir de 1750, mas manteve a herança do padroado real e do sistema das mercês (ou favores reais) dos anos anteriores.

Ocorreu o processo de colonização dos colonos. Ou seja, "a Coroa aprende a fazer os rios coloniais correrem para o mar metropolitano; os colonos compreendem que o aprendizado do mercado, o qual será – primeiro e sobretudo – o mercado reinol; só assim podem se coordenar e se completar a dominação colonial e a exploração colonial"[21]. Não por acaso, o maior crítico do autonomismo dos bandeirantes era o padre jesuíta Antônio Vieira, hostil na defesa de um pretenso patriotismo e julgava os bandeirantes "mais detestáveis que os espanhóis: 'não me temo de Castela, temo-me desta canalha [paulista]'"[22].

Os bandeirantes eram rejeitados em suas manobras cotidianas. Eles eram considerados nômades dos descobrimentos, sem lugar fixo, o que de certa maneira ia contra as considerações de formação da municipalidade portuguesa: "ter residência era um privilégio; isso implicava responsabilidades: manutenção adequada de uma propriedade, pagamento de impostos, cumprimento da lei e da ordem e obediência às posturas locais, aos editais governamentais ou às ordens reais, no interesse do bem comum (*res publica*)"[23]. Os bandeirantes representariam o estado caótico dos descobrimentos. Já o Senado da Câmara, o ordenamento jurídico afeito aos regulamentos da Coroa portuguesa.

A substituição gradual dos índios nas minas serranas (processo chamado de bestialização dos índios) tornou-se um sinal do fim gradual do bandeirismo que se anunciava[24]. A vila/concelho pretendia dar fim às minas/barbárie. O concelho acabava, ou pelo esta era a tentativa da Coroa portuguesa, com o bandeirismo e seus desmandos. A escravidão africana substituiu a escravidão indígena. Demonstramos como os bandeirantes paulistas perderam poder e autoridade, pois eram desnecessários naquela nova engrenagem, tocada pelos ventos do Atlântico Sul, ou seja, pela escravidão africana apoiada pela Coroa portuguesa, assim como a casa de fundição, que mesmo tardia em terras serranas (1751), obrigava a todos ao pagamento dos quintos reais.

Analisamos o gesto pedagógico colonial para descobrir como os primeiros moradores das minas do Serro do Frio organizavam seu jeito de viver em sociedade, como alimentavam o corpo e nutriam a alma, como lidavam com a autoridade da Coroa portuguesa, como constituíam a complexa malha das múltiplas origens das relações de poder. Parece que a tarefa fica enorme, imensa, inviável devido ao distanciamento temporal.

Contudo, a história — esse gesto tão antigo como os primeiros seres humanos — ensina-nos que nada é tão vasto que não caiba numa data — dia, mês, ano, década, século. A história é uma forma de organizar a complexidade da existência humana, a fim de torná-la compreensível para além de sua experiência passada em algum lugar, em algum momento, em entreolhares.

Para finalizar, apresentamos o conceito do historiador António Manuel Hespanha[25] de processos para consulta escritos em sagradas letras. De fato, o estado português, ou melhor dizendo,

---

[21] ALENCASTRO, 2000, p. 246.

[22] ALENCASTRO, 2000, p. 246.

[23] RUSSELL-WOOD, 2012, p. 40.

[24] Para compreender a economia das alforrias indígenas, ver: Gonçalves (2011, p. 41-50).

[25] Segundo Antunes (2007, p. 179), "diversos trabalhos sobre a América Portuguesa são tributários das considerações de António Manuel Hespanha. Em que pesem as críticas recentes a Hespanha pelo uso 'supervalorizado' dos textos jurídicos e ao fato de esse tratar de um contexto diferenciado do da Colônia, seus estudos e os de outros autores lusos contribuíram para se pensar as relações políticas e de sociabilidade nas dimensões do Império português".

a Coroa portuguesa e seu corpo administrativo, estabeleceu seu domínio em território autônomo desde o século XII, sem se tratar arbitrariamente, apenas, de relações de autoridade hereditária, os reinados. Nada disso, segundo Hespanha: houve desde sempre o gesto pedagógico fundamental na constituição da burocracia documentada da autoridade portuguesa, visível claramente em seus processos escritos para consulta para quem a necessitasse fazer, em que se tornava eternamente presente aos olhos dos leitores, quem não estava diante do leitor de corpo e alma, por causa do distanciamento geográfico ou temporal. Os processos escritos em sagradas letras faziam acontecer o milagre histórico de falar os que se encontravam ausentes[26].

Essa ausência do escrevente ou falante criou pelo gesto pedagógico uma virtualidade imortal da presença, de quem emitiu a ordem, da autoridade, do reclamante, do solicitante. As letras sagradas escritas em processos para consulta são, sem dúvida, a grande criação da Coroa portuguesa. Por isso, tudo se escrevia, assentava-se, publicava-se. Por trás disso tudo, há a conformação da língua nacional que, além de falada e viva, cambiante, mutante, marcava o querer dos antepassados e dos escrivães. A morte física não limitava mais ninguém: a vontade dos mortos passou a transitar de uma geração a outra, através dos escritos. Dessa forma,

> É correto atribuir à época moderna (séculos XV a XVIII) o nascimento da comunicação impressa e a preocupação em dotar a escrita de sentido racional, uma vez que o domínio da escrita é uma das exigências das monarquias nacionais, que a utilizam para fins de registro histórico, de controle fiscal e populacional e de elaboração de referenciais identitárias. Assim, uma variedade de documentos, como confissões, queixas, denúncias e inquéritos, passa a ser escrita, para que assuntos da comunidade possam ser tratados institucionalmente na esfera político-administrativa. Mais do que isso, ao se comunicar com a sociedade para legitimar o poder, conteúdos simbólicos e instrumentais apresentam-se imbricados nos documentos oficiais, contribuindo para o processo de institucionalização do Estado. A presença multiplicada ou monumental dos escritos é sempre, em si mesma, a marca de uma dominação tornada visível para todos[27].

Os processos escritos para consulta criaram a jurisprudência portuguesa, as diversas instâncias de tramitação documental, onde os súditos podiam fazer "correr e recorrer" — correr as linhas do que estava escrito, recorrer sobre as mesmas linhas escritas escrevendo outras linhas — mantendo vigoroso diálogo entre os vivos e os mortos, entre os presentes e os ausentes. Isso talvez explique a fixação das autoridades portuguesas pelas cartas, patentes, provisões, ordens, bandos, regimentos, regulamentos, leis, testamentos, livros. Tudo devia ser escrito para a posteridade.

A tradição portuguesa de fazer falar os ausentes pelos documentos escritos chegou até as minas do Serro do Frio[28], pois o ato oficial de descobrimento de 1702 foi lavrado pelo escrivão da Fazenda Real para que mesmo ausentes um dia os seus conquistadores, falassem as letras por eles, comunicando o que aconteceu. As sagradas letras dos processos para consulta tornam-se, em nosso estudo, fundamentais: para compreender a história das minas do Serro do Frio o gesto pedagógico português de muito registrar para sempre falarem os ausentes conta-nos hoje sobre aqueles primei-

---

[26] HESPANHA, António Manuel. *As vésperas do Leviathan*. Instituições e poder político. Portugal – século XVII. Coimbra: Almedina, 1994, p. 291.

[27] ANTÔNIO, Edna Maria Matos. Correspondências e cultura política na América Portuguesa: cartas e uma rebelião colonial. *Revista Brasileira de História da Mídia – RBHM*, São Paulo, v. 5, n. 1, jan./jun. 2016, p. 12.

[28] Para Russell-Wood (2012, p. 15), o precedente moral, ou seja, o *ethos*, ou o direito consuetudinário forneceram a moldura prática coletiva e individual do consenso de opinião pública que teria causado "mais impacto entre a população local do que causava um mandato emitido por um rei ou um vice-rei". O autor insiste nos precedentes morais que a priori seriam o senso comum que permitiria uma boa ou má recepção do que chegava escrito e documentos oficiais. Nesse sentido, o gesto pedagógico colonial não prescinde dos documentos, pois é a forma de revelação da oralidade pedagogicamente ensinada e aprendida em Portugal e espalhado para suas colônias.

ros dias. Falam-nos hoje os ausentes de ontem, impõem-se pelas sagradas letras uma presença de grande força argumentativa. Podemos, assim, dialogar entre nós: os mortos e os vivos, os ausentes e os presentes neste mundo profundamente humano[29], marcado pela transitoriedade. Os pressupostos teóricos e metodológicos de nosso estudo é o tema tratado no Capítulo Um.

Já no Capítulo Dois contamos a história das minas do Serro do Frio, a partir de seu ordenamento pelos regimentos de 1603, 1618 e, especialmente, o de 1702. A descoberta das minas serranas foi anterior à publicação do *Regimento* de 1702. Mas é preciso prestar atenção no modo como o governo das minas agia: os regimentos consolidavam experiências tidas como instauradas do sossego dos povos e mais, da garantia dos lucros da Coroa portuguesa. As minas serranas serviram como último modelo para a publicação no mais novo regimentos das minas brasileiras. A prática já era vivenciada Brasil afora e foi escrita depois.

No *Regimento dos Superintendentes, Guarda-mores e Oficiais Deputados* de 1702 estão as sagradas palavras da Coroa portuguesa para o ordenamento dos descobrimentos das lavras de ouro das minas serranas. Alertamos para a complexa rede de intenções entre os bandeirantes — todos eles sabiam ler e escrever, dominavam as sagradas letras, eram homens letrados — e a Coroa portuguesa diante do que estava escrito e daquilo que era vivido no cotidiano das minas, de suas lavras ou datas.

A Coroa portuguesa ordenava pelo regimento, mas os bandeirantes, de fato, cumpriam tudo que estava escrito nos seus artigos? Qual a margem de negociação era dada pelos atos oficiais e a vida desses primeiros moradores das minas serranas? O guarda-mor era o todo-poderoso dos descobrimentos e nas minas do Serro do Frio o primado estava nas mãos de Antônio Soares Ferreira. Nos primeiros anos, de 1702 até 1714, a função do guarda-mor era alternada entre os bandeirantes descobridores, como ficou claro na Revolta do Rio do Peixe em que Manuel Rodrigues Arzão conduzia a ordem nas minas no distrito do Serro do Frio enquanto Soares Ferreira minerava em Conceição do Mato Dentro.

Por isso, no Capítulo Três contamos as biografias dos descobridores das minas do Serro do Frio. Nosso intuito não é o de incensar personalidades, vultos e pessoas ilustres. Pelo contrário, negamos a ideia de que os bandeirantes eram destemidos "desbravadores" do sertão. O sertão talvez seja uma invenção arrojada e poética, mas que necessita ser revista. O sertão inabitado e deserto de povos tradicionais encobre e sofistica a colonização como propícia à civilidade necessária a ser imposta aos bárbaros e incultos indígenas. Muitas guerras civis nas terras serranas opuseram portugueses/paulistas e os indígenas.

Para os povos tradicionais, o sertão nunca existiu, eram suas terras demarcadas por atividades de coleta, caça e trânsitos diversos. Todo pedaço de chão serrano tem a marca da conquista pela

[29] Nesse contexto, insere-se a importante discussão sobre as cartas como documentos fundamentais para a compreensão da história. Segundo Antônio (2016, p. 11), "um dos mais antigos veículos de comunicação, as cartas, fonte histórica de natureza escrita das mais antigas, possuem valor documental fecundo, tanto para os pesquisadores, no estudo da informação comunicada e no seu desenvolvimento ao longo da história, quanto para os que se interessam por compreender as modalidades da escrita manuscrita como meio de ação comunicativa"; necessário, portanto, "realçar seu papel como importante recurso da prática administrativa e suporte material para o modo de organizar a burocracia estatal no período moderno europeu", pois "diante do desafio posto às monarquias europeias de não apenas fundar, mas de administrar territórios e domínios de dimensões globais, com distâncias espaciais consideráveis, cabe evidenciar como as comunicações manuscritas foram essenciais para construir, discursiva e instrumentalmente, um modo específico de governar; após as conquistas ultramarinas empreendidas pioneiramente pelos países ibéricos, a organização administrativa dos territórios dominados fez uso amplo das correspondências como instrumento de transmissão de ordens e de orientações; as cartas burocráticas representam documentos que registraram as relações político-administrativas entre as várias esferas sediadas na metrópole portuguesa (Lisboa) e em suas colônias na América, na África e no Oriente, diferentes regiões do mundo que se ligavam por meio do comércio e da circulação de pessoas e de papéis escritos tratando de diferenciados aspectos da vida colonial". As cartas são reveladoras do gesto pedagógico colonial uma vez que permitem "explorar sua capacidade de expressar um modo específico de relacionamento entre o poder real - ou quem o representa localmente (geralmente autoridades régias) - e a população colonial".

violência. Acreditamos que a violência foi, de fato, como qualquer processo de colonização, a mãe do norte das Minas Gerais. Foi necessária muita barbárie para que em algum momento se estabelecesse a tal "civilização serrana", que é um fato histórico inegável.

Podemos pensar, como sugere o historiador Eduardo França Paiva, que a civilização não é uma unidade, mas composta de diversidades, de múltiplas vozes, de inúmeras colorações, de muitos trânsitos culturais[30]. Assim, nosso cuidado é passar a limpo — de maneira limitada pelos documentos disponíveis em arquivos públicos — algumas biografias dos primeiros homens e mulheres das minas do Serro do Frio. Há o núcleo duro dos homens do descobrimento, os bandeirantes primeiros a arrancar nas minas serranas: Antônio Soares Ferreira, seu filho João Soares Ferreira, Manuel Corrêa Arzão, Lourenço Carlos Mascarenhas de Araújo, Baltazar de Lemos de Morais Navarro.

No Capítulo Quatro, analisamos o que chamamos de o segundo escalão dos primeiros descobridores serranos, um grupo aparentemente periférico do ponto de vista dos bandeirantes que de fato tiveram a primazia do descobrimento das minas do Serro do Frio. Assim, contamos a história desse grupo periférico, orbitando em volta dos descobridores primazes: Gaspar Soares, Gabriel Ponce de Leon, Lucas de Freitas de Azevedo, José Luiz Borges Pinto.

No Capítulo Cinco, problematizamos a presença das mulheres na escravidão nas minas do Serro do Frio em seus primeiros anos. A partir do reduzidíssimo número de documentos do período, informamos sobre a escrava Mécia Preta, sua senhora Izabel Maria da Cruz e as possíveis ligações com o frei João Batista. Esse estudo se propõe a demonstrar primeiramente que Jacinta de Siqueira nunca esteve sozinha enquanto mulher nas minas do Serro do Frio, antes, havia outras figuras femininas no cotidiano das lavras auríferas dos primeiros anos da história serrana.

No Capítulo Seis, chegamos até a história incontornável da escrava mina e depois negra forra Jacinta de Siqueira e propomos uma leitura de sua biografia — lendária na maioria das vezes, o que sempre fascina mais que os documentos ou processos para consulta, nesse caso, o seu testamento — em escala muito grande e em escala muito pequena, ou seja, da África para as minas serranas. Analisamos a "questão Jacinta de Siqueira", a partir de três historiadores que se dedicaram a escrever sobre as minas do Serro do Frio em seus primeiros anos: o alferes Luiz Antônio Pinto (1841-1924), Dr. Dario Augusto Ferreira da Silva (1859-1927) e Nelson Coelho de Senna (1876-1952).

No Capítulo Sete, investigamos o trânsito de pessoas pelas minas do Serro do Frio, a partir dos documentos de arrecadação de quintos e arrematações de braças de terras de datas ou lavras de ouro à beira dos rios, ribeiros e ribeirões. Mostramos como a emigração por causa do ouro fez prosperar os caminhos para o dito sertão e os novos caminhos para o mar.

No Capítulo Oito, confrontamos a emigração portuguesa para as minas serranas com textos de outros historiadores serranos que insistiram por questões de sua época em enfatizar a formação da civilização serrana quase que exclusivamente pela contribuição portuguesa. Nesse ponto, discutimos o formato da família portuguesa e seus limites nas minas de ouro e debatemos amplamente sobre as origens serranas devidas aos reinóis provindos da região do Minho, Trás-os-Montes e Douro, de onde, de certa forma, estaria a origem do famoso queijo do Serro (estudos atuais apontam a possibilidade de ter sido também os Açores).

Mais uma vez: o trânsito das tecnologias de sobrevivência em território serrano se fazia necessário para manter possível a alimentação diária. Ninguém nunca se alimentou de ouro. Por

---

[30] PAIVA, Eduardo França. *Dar nome ao novo*. Uma história lexical da América Ibérica entre os séculos XVI e XVIII. As dinâmicas de mestiçagens e o mundo do trabalho. Belo Horizonte: Autêntica, 2015.

О OURO DO BRASIL

isso, era preciso criar fontes de alimentação no meio das lavras de ouro. Evitamos, sobremaneira, a ideia minúscula de "contribuição cultural", em que, de maneira estanque e bastante eurocêntrica, busca-se a matriz étnica de um produto cultural como, por exemplo, a festa do Rosário. Como se fosse possível determinar por uma análise literal se foram os africanos do Congo, de Angola ou do Daomé, os seus criadores. Ou do queijo do Serro — se dos Açores ou da Serra da Estrela — como se isso fosse fundamental para a cultura.

O fundamento à época era outro: como se alimentar, como produzir alimentos calóricos suficientes para manter as vidas, fosse dos filhos ou de toda a população. Para fazer festa ou produzir o queijo, todos eram importantes. Os que tinham algum conhecimento participaram dos processos com sua contribuição. Isso vale para as primeiras casas: discutir qual sua matriz principal — se portuguesa, africana ou indígena — seria reduzir o alcance das trocas culturais a uma pureza original de intenções absurda para os antigos. Não há uma tecnologia única que respondeu a todas as necessidades da vida diária. Foram as melhores soluções, as mais criativas que se tornaram usáveis e importantes. Assim, produzir um queijo no Serro jamais seria mais nobre se sua herança cultural fosse apenas portuguesa.

Africanos, indígenas, europeus, paulistas, mineiros, baianos, pernambucanos, paraguaios tinham uma necessidade básica: alimentar o corpo. Para isso, todas as mãos eram bem-vindas para colocar a comida na mesa, não importando se europeu português, africano angolano ou indígena maxacali. Da mesma forma, as festas religiosas das irmandades: buscar a pureza da manifestação cultural atual em algum ponto do passado remoto é uma questão que nos parece atualmente absurda, pois o trânsito dos alimentos da alma era mundializado, intercontinental, de múltiplas facetas, composto por muitas intencionalidades e acordos. Essa impureza, no sentido de crisol cultural[31], é reveladora da beleza de uma cultura, civilização e de sua constituição ontológica. Qual cultura é pura? Ainda bem que todas podem dialogar entre si e criar relações de autorreferências e alterreferências.

No Capítulo Nove, apresentamos o gesto pedagógico colonial da violência como um dos fundamentos do jeito barroco serrano de ser. A violência das guerras civis, que pode levar vários nomes, é apenas uma das marcas veladas, escondidas, subentendidas na formação das Minas Gerais e das minas do Serro do Frio. Tudo era muito violento: a invasão das terras dos índios do sertão, a escravidão indígena e africana, as relações cotidianas entre os bandeirantes e a Coroa portuguesa (Antônio Soares Ferreira, o descobrir das minas foi assassinado pelo governo), e entre si mesmos. Tudo parecia se resolver por meio do gesto violento. Por isso, as minas do Serro do Frio têm como fundamento de sua estruturação civilizacional, a violência.

Dessa forma, demonstramos que a Revolta do Rio do Peixe (1711-1715) envolveu os bandeirantes descobridores e outros paulistas, ligados ao sertanista Geraldo Domingues, figura de incríveis polarizações, uma vez que, de rico minerador e sertanista preso por motins e rebeliões, acabou se tornando o primeiro juiz ordinário da Vila do Príncipe. Apresentamos à história brasileira — e esperamos que mais estudos complementem nossa investigação — a Revolta do Rio do Peixe, muito importante para o alargamento da compreensão da colonização do norte de Minas Gerais.

A violência das guerras civis se mostra, a nosso ver, em relatos cotidianos do Senado da Câmara em relação à extinção dos quilombos. Extinguir quilombos é frase, aparentemente, sem sentido. Falemos claramente: os "homens bons" do Senado da Câmara usavam dinheiro público dos impostos serranos para promover expedições, cujo objetivo era matar escravos e escravas fugidos e com

---

[31] PAIVA, 2015, p. 74.

o passar dos anos do século XVIII dizimarem os indígenas da mata do Peçanha. Tudo isso não era obra do acaso, mas foi pensado, raciocinado, articulado, pago e conferido pelas autoridades locais, da capitania, do Governo-Geral e da Coroa portuguesa. Os documentos não mentem: os "homens bons" do século XVIII hoje deveriam nos causar, além de medo, profunda comoção em seus gestos pedagógicos coloniais. A ética do gesto pedagógico colonial tem fundamento na violação.

Esperamos que ao ler nossas narrativas históricas fique claro que não concordamos com nossos antepassados no uso massivo da violência. Poderíamos objetar que se trata do contexto social e cultural da época.

Contudo, podemos exercitar nosso raciocínio de outra forma: por que os antigos por meio de seu gesto pedagógico colonial não nos legaram uma sociedade estruturada nos conceitos de paz perpétua, de respeito à diversidade racial e religiosa, de humanidade centrada em relações mais cordiais e gentis?

Se o legado foi a violência, é o momento de sabendo dessa realidade, modificar no curso de nosso tempo atual a herança recebida sem testamento de nossos antepassados[32]. O Brasil do ouro, dos ventos da escravidão e do gesto pedagógico colonial precisa ser revisitado para nos colocarmos entre o passado e o futuro. Isso se mostra urgente, nesse momento histórico.

***

Por fim, uma importante observação. No texto final, resolvemos atualizar a grafia dos nomes e sobrenomes retirando os duplos "ll" e "tt", modificando o "gn" para "n" (por exemplo, Ignácio virou Inácio e Ignez virou Inês etc.), modificando "bt" para "t" (por exemplo, em Baptista), alterando "ph" por "f" (como em Phellipe que virou Filipe) ou fazendo sua supressão (Joseph virou José). Mudamos Manoel por Manuel, Antônio aparece sempre acentuado, Baltazar por Baltasar, escrevemos Roiz como Rodrigues, Moniz por Muniz, Alv. como Álvares (raramente por Alves, quando pudemos confirmar a escrita por extenso), Glz. como Gonçalves, Ftz. como Freitas e evitamos também manter abreviaturas de nomes e sobrenomes, locais e autoridades. O objetivo é manter um diálogo com o tempo presente, o que não exclui em caso de necessidade de cotejamento o recurso de conferir as fontes citadas em seu original, sempre citadas e referenciadas devidamente.

---

[32] Referência à Hannah Arendt, na abertura do prefácio do livro *Entre o passado e o futuro*, ao tomar para si a frase "Notre héritage n'est précédé d'aucun testament", de René Char (ARENDT, 1992, p. 28).

CAPÍTULO UM

O GESTO PEDAGÓGICO COLONIAL

Advindo que algum me trouxe mais papel, achado por ali,
nos quartos, em remexidas gavetas.
Só coisa escrita já, de tinta firme;
mas a gente podendo aproveitar o espaço em baixo,
ou a banda de trás, reverso dita.
Que era que estava escrito nos papéis tão velhos?

(João Guimarães Rosa – Grande Sertão: Veredas)

A educação formal e não formal[33], ou seja, maneiras de instrução pública, familiares e sociais e a política oficial do estado e sua relação com o povo constituindo um senso comum,[34] são gestos pedagógicos coloniais acionados prioritariamente pelos portugueses em contato constante com múltiplas culturas, propiciando um vasto processo de assimilações e aculturações únicos, conhecidos historicamente como o processo de formação do povo brasileiro e, por extensão, do povo que se fez mineiro e do povo que se tornou serrano. Instruir sobre quem manda e quem obedece, assimilar individualmente como operar a convivência com as pessoas em suas relações de autoridades, autorizações e poderes constituídos socialmente, seja por tradição, seja por novos processos de ocupação, de guerras ou mesmo colonização.

[33] A educação formal é a escolar, seja em aulas régias de Primeiras Letras, de Gramática Latina ou de Francês (termo próprio da segunda metade do século XVIII); em escolas isoladas de Primeiras Letras (termo comum no século XIX) e escolas graduadas primárias e secundárias (grupos escolares, em classes por faixa etária e ano de curso, termo comum do século XX e XXI); e a universitária. Por outro lado, a educação não formal ou espontânea diz respeito ao ensino não acadêmico, não institucional, que passa de mestres para aprendizes, de pais para filhos, de caráter popular; nas oficinas de ofícios mecânicos do século XVIII e primeiras décadas do século XIX, os aprendizes conheciam profissões com os mestres ou mesteres: sapateiro, alfaiate, seleiro, ferreiro etc.; outras eram ensinadas nas obras das igrejas e capelas e nas casas como as de carpinteiro, pedreiro, pintor de parede; outras eram ligadas à música e à pintura dos templos religiosos. Os ofícios mecânicos eram considerados no mundo do trabalho colonial degradadas e degradantes, por isso chamados de defeito mecânico, normalmente exercidos por pessoas de sangue infecto e/ou de cor — judeus, negros, mouros, indígenas — ou que se assemelhavam a eles pela atividade manual e desclassificação social da nobreza, da nobiliarquia e da fidalguia; por outro lado, a formação acadêmica estava ligada aos ofícios nobilitantes, sendo os "homens bons", oficiais do Senado da Câmara o seu principal modelo. A fidalguia estava ligada à educação formal e intelectual ampliando a origem social de seus estudantes, o sangue infecto estava ligado à educação não formal e manual reduzindo as chances de projeção social dos indivíduos. Segundo Briskievicz (2019, p. 206-207), "o ensino espontâneo na Vila do Príncipe envolvia pelo menos duas gerações. Eram duas gerações compartilhando seus saberes. Na prática, os mestres de ofícios mecânicos, os agricultores das fazendas, os mineradores das lavras, as mulheres nas atividades domésticas, os escravos nas senzalas ensinavam para alguém, iniciando-lhe em algum saber. Alguém aprendia alguma coisa o tempo todo. Consideramos essa atividade cotidiana e permitida pelo governo português – o ensino espontâneo – como a marca principal da passagem do estágio de população para a construção da cidadania como povo".

[34] O senso comum foi fundamental para a organização da vida nos arraiais e vilas coloniais. Ele é o sexto sentido do indivíduo, não apenas orgânico e pessoal, mas coletivo, formado pelo diálogo entre os pares. O senso comum é um sexto sentido político. Ele é o grande formador das mentalidades, pois o sexto sentido político é "necessário para manter articulados os meus cinco sentidos e garantir que é o mesmo objeto que eu vejo, toco, provo, cheiro e ouço" tornando-se a "única faculdade que se estende a todos os objetos dos cinco sentidos'" (ARENDT, 2011, p. 60). Dessa forma, o senso comum é o sexto sentido que revela claramente a pluralidade humana "em sua destinação comunicativa", pois "sintetiza as funções dos cinco sentidos privados em sua relação com o mundo exterior, garantindo em sua comunicabilidade das sensações sem impedir que elas se enclausurem em sua particularidade intransponível, incomunicável e inafiançável" (DUARTE, 2000, p. 361). Por isso, "se não fôssemos dotados de um *sensus communis* jamais ultrapassaríamos os limites de uma percepção subjetiva estritamente privada" (DUARTE, 2000, p. 361-362) e, por causa dele, "através da comunicação com os outros que a tangibilidade das coisas do mundo pode ser certificada, já que, então, sabe-se que elas também são percebidas pelos outros, ainda que de perspectivas diferentes" (DUARTE, 2000, p. 362).

A educação num primeiro momento pode ser definida genericamente como capacidade de entender as ordens alheias, os comandos de outra pessoa (autoridade oficial, familiar, religiosa etc.) e ajustá-las ao cotidiano da própria existência, suprassumindo esse ordenamento de fora para dentro, do mundo exterior para a interioridade do sujeito.

A política pode ser compreendida como relações sociais — as sociabilidades — baseadas no discurso e na ação. Ambas, educação e política, relacionadas, manifestaram-se como forma de convivência entre as pessoas, de diversas formas, em vários níveis hierárquicos da formação social. A educação e a política tornaram-se profundamente amalgamadas e, por conta dessa complexa realidade do mundo colonial, passaram a constituir em uníssono o cerne do seu gesto pedagógico. Aprender, ensinar, conviver. Nessa relação, sempre houve quem ensinava usando métodos de comunicação e convencimento, mais ou menos violentos, e havia quem aprendia por necessidade de sobrevivência ou participação social, para se sentir participante dos grupos sociais. Aprender e conviver e vice-versa foram, desde sempre, fundamentos da vida em comum.

No período colonial brasileiro, a educação ou, dito de melhor forma, a instrução pública formal e a política nos arraiais e vilas eram atividades sociais necessárias para a convivência no governo dos negócios do povo, a chamada república[35], ainda em sentido primitivo de ajuntamento de súditos da Coroa portuguesa no corpo político conformado em torno das autoridades locais ou do Senado da Câmara ou mesmo num ajuntamento popular dominado por uma ermida, capela ou matriz de referência.

Aprender e conviver por meio de lições diárias das autoridades com suas autorizações que estavam na boca do povo, conhecidas popularmente. Virtudes do corpo e da alma, pois viver coletivamente revelou — em construções, instituições, espaços públicos — seu gesto pedagógico por discursos e práticas, institucionalizadas ou aderidas ao saber-fazer cotidiano a ela. Aprendizado prático perpetuado por pessoas ligadas diretamente às instituições sociais ou que com ela mantinham relações de poder e acionamento.

No Brasil colonial e nos seus espaços de poder capilarizados por seu território, sempre houve a constante emissão de ordens no amplo sentido jurídico, publicação de regimentos de grande variedade, novas legislações para validar os atos oficiais com a necessidade imediata de serem publicadas e apreendidas ou assimiladas pelas populações em territórios inteiros, por vezes inóspitos, como as minas do Serro do Frio no distante ano de 1702, quando nem sequer haviam estradas oficiais, mas já se escreviam livros de acordo com regimentos públicos.

Os documentos escritos eram expedidos por todas as autoridades portuguesas. As ordenações régias ou oficiais chegavam de todos os lados: da Coroa portuguesa, seus conselhos, tribunais e mesas em Lisboa, do Governo-Geral do Brasil sediado em Salvador, na Capitania da Bahia (1549-1763) e depois do Rio de Janeiro (1763-1960), do governo da Capitania de São Paulo e Minas do Ouro (1709-1720) e, depois, do governo da Capitania de Minas Gerais, em Vila Rica (1720-1897).

---

[35] Para Starling (2018, p. 17-18), houve três momentos da "recepção criativa" da república no Brasil: "o primeiro foi de captura dos usos do termo 'República' na cultura política portuguesa seiscentista e setecentista e sua transmissão às colônias da América – a palavra servia para designar a gestão administrativa exercida pelas câmaras municipais"; o segundo "acontece a partir do final do século XVII, por força da associação entre "República" e "sedição"; o terceiro na "segunda metade do século XVIII", em que foi "ampliado por meio de novas definições para palavras como "pátria", "América", "corrupção", "liberdade", "bom governo", "bem comum", e ganhou força uma espécie de recombinação, até então incomum, entre os textos escritos pelos colonos e as práticas e formas de ação política que protagonizavam em Minas [Gerais], no Rio de Janeiro e em Salvador". Ver: Russell-Wood (2012, p. 13-44).

Isso sem contar as ordens eclesiásticas que eram divulgadas, repetidas e ensinadas dogmaticamente pelos padres em suas paróquias[36], nos consistórios das irmandades e confrarias, vindas do papa e dos bispos, como as *Constituições Primeiras do Arcebispado da Bahia*, de 1707. A educação — saber ouvir — e a política — saber se comportar e conviver —, sem dúvida, eram formas explícitas do gesto pedagógico colonial ainda hoje bastante palpáveis bastando para isso acessar os arquivos públicos coloniais. A máxima popular imperante nesse período descrita no ditado "manda quem pode, obedece quem tem juízo" explica bem essa realidade sociocultural do gesto pedagógico colonial.

O gesto pedagógico colonial é importante conceito de análise política e histórica, porque explica como foi vivenciada na realidade na vida cotidiana da população colonial os seus valores, costumes e até mesmo seus sonhos de liberdade. Encontramos sua presença na prática social das instituições determinadas por relações de domínio e controle. Ele fundamentou a formação da cultura popular e erudita e suas manifestações religiosas e profanas. Determinou a forma peculiar de ocupação dos territórios[37] na sua forma polissêmica de modelar os arraiais, vilas e cidades onde a vida individual e coletiva ganhavam seu sentido de habitabilidade e urbanidade. Performou as relações de poder, modelando a organização do corpo político, construindo narrativas e discursos sobre a existência do ser humano, enquanto sujeito histórico, político, cultural e social.

Por isso, o gesto pedagógico colonial e sua relação intrínseca entre educação e política[38] é uma forma de contar a história da colonização das minas do Serro do Frio e seu distrito conquistados por forasteiros sertanistas paulistas oficialmente, em 14 de março de 1702.

O gesto pedagógico colonial — quem ensina e como ensina, quem aprende e como aprende —, pode explicar o surgimento da Vila do Príncipe e do seu termo[39], oficialmente reconhecida como um

---

[36] Paiva (2016, p. 65) acrescenta que "a Igreja paroquial era a base da administração política local, porque o vigário, geralmente o único indivíduo que dominava a escrita na povoação, se responsabilizava pelo registro dos habitantes, através dos livros de sacramentos, pela elaboração de testamento e documentos [...]; a paróquia, a pequena comunidade e a família constituíram importantes mecanismos cotidianos de disciplina e ordenamento social".

[37] Segundo Bueno (2009, p. 251-252), "território e espaço não são noções equivalentes. O território, com contornos e limites precisos é uma categoria histórica, construída socialmente. Para além das fronteiras naturais, a fronteira política é sempre uma linha abstrata e convencionada por alguns. Às zonas interiorizadas dava-se o nome de 'sertão' – 'região apartada do mar, & por todas as partes metida entre terras' – cabendo à ação humana dilatar-lhe os 'confins' – 'fronteiras' ou 'extremidades de uma terra contígua com outra'. Na documentação oficial, não por acaso, os termos 'conquista' e 'domínio' aparecem como sinônimos de 'colônia' e sempre vinculados à ação humana. Impérios, reinos, conquistas, províncias, capitanias, comarcas, bispados eram divisões territoriais convencionadas e historicamente desenhadas de acordo com a natureza das relações sociais em jogo. O estabelecimento oficial das fronteiras jurídicas resulta de atos deliberados e acordados politicamente. Conceito de invenção recente, difundido a partir do século XVIII, o 'território' tornou-se um elemento constitutivo dos Estados Dinásticos em processo de formação. Embora tendamos a naturalizá-lo, trata-se de uma categoria nada espontânea. Neologismo assimilado em Portugal, território aparece no dicionário etimológico de Raphael Bluteau, em 1712, como 'o espaço de terra, nos contornos, & jurisdição de huã cidade'. Ora, as 'cidades' nas Ordenações do Reino de Portugal eram as 'capitais' – 'cabeça, princípio, & fonte, donde outras cousas se encerram' –, ou seja, os prolongamentos do aparelho estatal, braços da Coroa, no reino ou nas distantes conquistas ultramarinas. Estar nos contornos e sob a jurisdição de uma 'cidade' significava ser parte de um reino ou império. Não por acaso, apenas a Coroa tinha a prerrogativa de fundar 'cidades' em seus territórios".

[38] As relações entre a educação e a política — ou minimamente o tema da educação — por vezes passa ao largo nos estudos da história colonial brasileira e mineira, com pouquíssimas exceções. Por motivações silenciadas, o que tange à educação é considerado um tema menor, ou apenas restrito aos historiadores da educação, o que é um erro enorme de abordagem. Se por um lado os historiadores da educação ganham em suas análises, apropriando-se das narrativas "puramente" históricas, muitos historiadores perdem em profundidade nas suas análises ao relegar para segundo plano — quando não omitem radicalmente — as relações pedagógicas ou educacionais na história. Exemplos: conta-se a história de Chica da Silva, mas não se considera em profundidade porque a educação não era por ela considerado um distintivo social de ampliação do prestígio pessoal — porque não investiu em instruir-se, por que não quis fazê-lo?; conta-se a história dos bandeirantes, mas relega-se a segundo plano o papel do saber ler e escrever, fundamentais para registrarem em livros oficiais seus descobertos; escrevem-se biografias de "vultos nacionais", relegando o processo de ensino e aprendizagem para segundo plano, sem investigar com profundidade as marcas desse processo na personalidade/vida desses sujeitos. Infelizmente, os exemplos são vários. Há, costumeiramente, uma indiferença em relação ao gesto pedagógico, venha de onde vier e a ausência de narrativas sobre ele. A história da educação não é apenas uma especialização da história, mas deveria compor as narrativas históricas, com grande ganho investigativo. O exemplo é dado por Hespanha (1994, p. 291-193), ao dedicar relevante tópico sobre o papel da forma escrita na administração moderna em oposição à oralidade. Tudo é uma questão de ampliação da percepção em relação ao gesto pedagógico. Ver: Cambi (1999, p. 29-33).

[39] Segundo Chaves (2013, p. 818-819), "nas colônias, a denominação termo de vila foi utilizada em detrimento da de município, visto que não se convinha empregar essa última em terras não emancipadas. No caso do Brasil no período imperial, ambas as denominações foram utilizadas indistintamente.

dos mais importantes centros de poder estabelecidos entre as serras da Itacambira e do Espinhaço, ou dos vales dos rios Jequitinhonha e Doce, nos primeiros anos do século XVIII. Ele é um instrumento de análise das relações políticas e educacionais, individuais e coletivas. É uma forma de contar a história colonial brasileira, mineira e serrana, tendo como pressuposto teórico o dinamismo das relações de ensino e aprendizagem. Quem ensinava e desejava fazê-lo utilizava-se de mecanismos ou dispositivos de poder que autorizavam ou desautorizavam seu discurso e sua prática.

No caso da Coroa portuguesa, em processo de colonização do território brasileiro conquistado em 1500, a cada dia ensinava alguma nova lição, fato repetido cotidianamente até a independência nacional em 1822. Ordenar o espaço público pela vasta legislação escrita e experimentada coletivamente em seu cotidiano, as ordenações afonsinas, manuelinas, filipinas. Validar a administração metropolitana por seus agentes na colônia por meio dos regimentos. Ocupar o território formando corpos políticos assemelhados e assujeitados ao tipo português por meio do espelhamento da sua malha urbana[40]. Um requintado sistema de paróquias e concelhos, freguesias e câmaras, num intrincado sistema do padroado real[41] e do sistema das mercês ou do dom[42].

Contudo, quem aprendeu ou foi obrigado a aprender, podia aceitar os modelos apresentados como formas definitivas ou, por outro lado, podia resistir ao processo, criando entraves para sua naturalização, a partir do estranhamento de seus princípios. Isso também foi corriqueiro no Brasil colonial e as minas serranas não ficaram de fora dessa realidade de contestação da autoridade portuguesa, variável de acordo com o tempo e o tema a ser tratado e debatido.

No caso da colônia brasileira, as sociedades indígenas jamais aceitaram a invasão de seus territórios e a escravização de seus povos. Houve constante reação violenta ao tipo de ensino metropolitano português. As sociedades indígenas nunca aceitaram a forma de ensino português, por isso, resistiram bravamente — eram chamados de "índios bravos" pelos bandeirantes quando se recusavam ao amansamento — declarando guerra, fugindo, reorganizando-se em novos territórios[43]. Evidentemente, a Coroa portuguesa insistiu na colonização e aperfeiçoou pedagogicamente

Termo de vila correspondia a uma circunscrição em âmbito do poder civil. A administração da justiça (crime, cível, administração de bens dos órfãos) e a fiscalidade foram estruturadas nas circunscrições judiciárias e administrativas: comarcas, termos de vilas e distritos de paz. O território de jurisdição da comarca era dividio em termos, que, por sua vez, era dividio em distritos – menor demarcação territorial. Havia também o julgado, que era outro tipo de circunscrição judiciária com autonomia judiciária parcial e sem autonomia administrativa, subordinada a uma câmara. A vila era a sede do termo e povoação principal. A designação vila era utilizada também como sinônimo de termo, abrangendo duas conotações. Ou seja, referindo-se à povoação principal e também ao seu termo, o território de jurisdição dos oficiais camarários. Cidade constituía em título honorífico concedido às vilas que exercem funções importantes em âmbito religioso, político ou militar, correspondendo a uma graduação superior. Já os arraiais, eles eram povoações de menor graduação que as vilas, localizando-se nos distritos. A elevação de uma vila à categoria de cidade conferia-lhe apenas qualificação honorífica. Isso era diverso do que ocorria com uma povoação que era elevada ao foro de vila. Ela passava por transformações significativas, conformando-se como núcleo de poder local em âmbito administrativo e político. Era a partir da vila que o termo era administrado, nela instalando a estrutura administrativa, cuja principal instituição era a câmara. Isso favorecia seu desenvolvimento em vários aspectos, como o urbano e o econômico".

[40] FONSECA, Cláudia Damasceno. *Arraiais e vilas d'el rei.* Espaço e poder nas Minas setecentistas. Belo Horizonte: Editora UFMG, 2011, p. 45.

[41] Para Alencastro (2000, p. 23), o padroado real representa a perpetuação de práticas de compadrio entre a Igreja e a Coroa portuguesa entretecido "a exemplo da monarquia espanhola", em que a monarquia lusitana "dispunha de controle direto do clero secular em virtude do *jus patronatos* [...] conjunto de privilégios concedidos pelos papas aos reis ibéricos desde a segunda metade do Quatrocentos"; dessa forma, "a hierarquia religiosa só se investia de suas funções depois de aprovada pelas autoridades régias, de quem dependia financeiramente; El-rei detinha ainda a faculdade de proibir a publicação das bulas pontificais". Do padroado real decorre que funcionalizada, "a hierarquia religiosa se converte, sobretudo no Brasil e na África, em correia de transmissão do poder metropolitano".

[42] Sobre a arte de pedir privilégios, Romeiro (2012, p. 22) destaca que "sobre o ambiente político-cultural do Antigo Regime, já se falou que se tratava de uma *civilitá dela carta bollata*, em razão da centralidade do documento escrito: nas palavras de António Hespanha, 'neste tipo de cultura política – que era o da Europa moderna e das suas colônias – os documentos escritos eram decisivos para certificar matérias decisivas, desde o estatuto pessoal aos direitos e deveres patrimoniais' (2001, p. 186); no caso das mercês, a sua concessão dependia de atestados e certidões devidamente justificadas e autenticadas, em que feios e serviços estivessem arrolados, descritos e reconhecidos pelas autoridades competentes".

[43] Ver: Figuras 13, 14, 15 e 16. A organização política dos indígenas é muito diversa dos reinos africanos e europeus. Não havendo monarquia, as relações de poder e de autoridade eram planas de tibiezas, motivo pelo qual os jesuítas do século XVII justificavam os aldeamentos, ou seja, a administração

seus dispositivos ou mecanismos de poder. Ampliou seu controle e dizimou populações indígenas inteiras. Portugal venceu definitivamente sua guerra colonizadora? A Coroa portuguesa conseguiu sucesso pleno em seu gesto pedagógico colonial?

A sobrevivência das sociedades indígenas — diminuídas numericamente, mas engrandecidas culturalmente — contam histórias de resistências criativas[44], sistematicamente sufocadas pelo discurso oficial, avesso aos "marginais" e "opositores do progresso".

A complexa rede de relações da escravidão[45] africana na América Ibérica se estabeleceu pelo gesto pedagógico colonial de naturalização do trabalho compulsório. Da parte portuguesa e de seus defensores criaram-se justificativas teológicas, históricas, raciais e culturais para dar conta desse processo de submissão do corpo africano, centradas na estigmatização doutrinária do "sangue infecto". Nunca houve um dia sem resistência à escravidão, fosse na África, fosse no Brasil.

Os registros históricos contam inúmeras guerras, conflitos, organização de quilombos, arranjos societários e familiares, formas sutis, mas eficientes de oposição ao projeto colonizador escravista. Contam, também, o cotidiano da economia da alforria, as formas inteligentes e criativas de se conseguir a liberdade, por meio de um rico aprendizado de como o sistema de coartações funcionava. Dessa forma,

> Não foram raros os coartados que, muito antes de quitar seu preço, puderam desfrutar da liberdade em algum nível; trabalhavam para sobreviver, mantendo suas próprias casas e, se preciso, iam à procura de ocupação em outras regiões, como faziam os forros. Não se pode esquecer que desse modo também agiram muitos escravos urbanos, sobretudo os de ganho. Estes andavam com grande desenvoltura pelas vilas e cidades, morando em casas independentes dos seus senhores, a quem estavam obrigados quase que, unicamente, a pagar jornais. Na maior parte do tempo, tais indivíduos logravam de grande autonomia, o que os diferenciava dos escravos domésticos. Sem dúvida, eram diversas as possibilidades que esmaeciam as fronteiras entre a escravidão e a liberdade. Estas não se faziam tão rígidas como há muito se supôs[46].

---

necessária dos nativos da terra pelos missionários, a fim de se poder cumprir as ordens régias, uma vez que "desprovidos de poder efetivo, os chefes nativos não conseguiam transmitir nem fazer executar tais ordens [...].; uma dignidade como honorária, sem exercício nem reconhecença" (ALENCASTRO, 2000, p. 118). A luta por território exigiria dos índios uma performance de governamentalidade impensável para seu estilo de vida e de organização social. Isso não quer dizer que entre eles não houvesse gesto pedagógico a ser ensinado e aprendido, mas era diferente de outras culturas políticas ocidentalizadas.

[44] Concordamos integralmente com Corrêa (2007, p. 63-64), quando analisa a representação dos indígenas no Brasil Colônia por grande parte dos historiadores nacionais: "várias são as imagens consubstanciadas na memória que conformam nossa visão de mundo e instrumentalizam nossa tomada de decisões — no caso do historiador, nosso olhar sobre a documentação. Uma dessas imagens é a que se refere à existência de uma natureza virgem, de terras desabitadas, vazias da ação humana no Brasil de outrora. Embora muitos já tenham criticado essa visão e apontado o descaso para com as populações indígenas, ela não foi superada. [...] Ainda nos pautamos sem remendos em Caio Prado Júnior ou em Capistrano de Abreu, criadores desse modelo de descrição da paisagem do Brasil colonial, para descrever o processo de avanço da ocupação portuguesa. [...] Nessas cartas, que têm como base a conformação política do Brasil atual, estão assinaladas as cidades, vilas e áreas sob sua influência, bem como áreas conhecidas e povoadas por colonos, porém sem aglomerados urbanos. O restante do território aparece numa cor única, em geral o branco. [...] Ao deixar de retratar o que existia no território sobre o qual o povoamento português avançou, reafirma-se o conteúdo dos textos historiográficos que descrevem o sertão como um vazio. [...] Se, por um lado, já está mais do que batido que a historiografia brasileira, até recentemente, ignorou os índios como sujeitos na nossa história, por outro, pouquíssimas tentativas foram feitas no sentido de recuperar a memória sobre essas sociedades num espaço concreto. Ao procedermos dessa forma, resumimos a questão indígena, até o início da República, ao genocídio. Desvia-se a atenção da luta pela soberania sobre um espaço (terra, paisagem, recursos naturais) e sobre aqueles que o habitam. [...] A imagem que temos do Brasil no século XVI é que este possuía pequenos espaços, núcleos com fazendas e vilas formados pela população colonial, pequenos enclaves ambientais e paisagísticos transplantados para o litoral de um continente virgem, embora se saiba que os índios também estavam ali".

[45] Alencastro (2000, p. 32) sugere a diferenciação entre escravismo e escravidão: o primeiro estaria ligado à sistematização produtiva colonial baseado na escravidão e integrado à economia mundial; a segunda seria um aparato legislativo que permitiu em África, Europa e na América Ibérica a "redução do produtor direto a propriedade privada".

[46] PINHEIRO, Fernanda Domingos. *Em defesa da liberdade*. Libertos coartados e livres de cor nos tribunais do antigo regime português (Mariana e Lisboa, 1720-1819). Belo Horizonte: Fino Traço, 2018. p. 39-40.

Os escravos ou cativos aprenderam a resistir usando a economia da alforria a seu favor: criaram-se irmandades e confrarias religiosas para dar visibilidade ao seu desejo de liberdade em seus estatutos, usando muitas vezes as letras dos "homens bons" para garantirem seu espaço de devoção e festa. Estabeleceram-se formas de aprendizado dos ofícios mecânicos — sapateiros, alfaiates, seleiros, ferreiros, carpinteiros — e das artes liberais como a música e a pintura, além das atividades comerciais (os escravos de ganho são um exemplo típico) para pagar parceladamente a própria libertação. O gesto pedagógico colonial acontecia na dialética entre quem ensinava e quem aprendia, ou quem ensinava e desaprendia:

> O negócio com escravos, dizem os documentos da época, representavam, via de regra, ganhos substanciais embora estivesse sujeito a diferentes riscos como qualquer operação comercial e sujeito ainda a atravessadores. Não foram poucas as fortunas que se fizeram com ele. Mesmo com quebras, era negócio rendoso. Diziam que um escravo bronco, valendo no mercado do Rio de Janeiro 200$000 depois de aprender um ofício valeria até um conto de réis. Por isso, nas vilas cabeça de Comarca como o Serro havia instituições com juízes mecânicos que preparavam ou ensinavam ofícios mecânicos: alfaiate, sapateiro, marceneiro, ferreiro e os alunos recebiam carta patente para o direito de terem lojas abertas em todo o Reino de Portugal e Brasil sendo o produto do trabalho para o senhor[47].

Se a educação e a política são expressões fundamentais do gesto pedagógico colonial, ainda se faz necessário ampliar o seu sentido, refinando sua terminologia e alcance. É necessário justificar o gesto pedagógico como fundamento para uma análise da história colonial brasileira a partir da captura das relações de poder em um ponto microscópico de seu território — as minas do Serro do Frio e seu distrito ou da Vila do Príncipe e de seu termo.

1 A ETIMOLOGIA

Comecemos pelo termo gesto. Etimologicamente, o substantivo masculino *gesto* parece ter sua origem indo-europeia ligada a *gas–*, guardando o sentido de andar, fazer andar, conduzir, portar. Em latim, desdobrou-se no verbo *gerere* (*operare* ou operar, *fare* ou fazer) significando portar sobre si. Representa-se metaforicamente pelo sentido de aceitar um encargo, portar uma obrigação. Procede-se daí a ideia de executar ou fazer. Do latim *gestus*, particípio passado de *gerere*, descreve aceno, movimento, sinal, manifestação, expressão, ação, prática e atitude, aquilo que dá origem a alguma coisa, o que ou quem traz consigo a capacidade de criação de algo novo.

De modo geral, o gesto é a externalização do que alguém ou alguma coisa traz dentro de si, aquilo que a anima. Muitas palavras derivam de *gerere* e *gestus*: gerir ou cuidar de um negócio, gesta ou feito memorável, gestar, gestação ou o fato de portar uma criança, também no sentido de administrar, digerir ou repartir o alimento pelo corpo[48]. Por isso, o antônimo de gesto é inexpressão, aquilo que não é manifestado de dentro para fora. Em resumo, gesto é fenômeno: ele pode se apresentar como individual ou social, cultural, político, econômico, religioso e pedagógico. Assim, o gesto pedagógico é um fenômeno heterogêneo e polissêmico por natureza.

Agora o termo pedagógico. A etimologia do substantivo feminino *pedagogia* deriva do grego *paidagōgós*, em que *paidos* refere-se à criança e *agoge* significa condução, ato de conduzir. O sentido mais antigo dos gregos[49] está ligado à condução de crianças pela mão à escola por escravos de

---

[47] SOUZA, Maria Eremita de. *Aconteceu no Serro*. Belo Horizonte: BDMG, 1999. p. 69.

[48] *Cf.* Fonseca e Roquete (1848, p. 554).

[49] *Cf.* Tardif (2014, p. 15-48), Cambi (1999) e Saviani (2013).

famílias ricas. Atualmente, o sentido é o de conduzir a criança, ensinando-a e auxiliando-a em seu crescimento. Assim, o gesto pedagógico é a ação de ensinar. É um ato social externalizado por seu agente. É executado pelo indivíduo que transmite aos seus pares ou opositores seu estado de espírito, ou seja, aquilo que o anima, que o faz estar no meio dos outros, relacionando-se com eles em reconhecimento ou irreconhecimento, aceitação ou rejeição. É uma forma de mostrar-se ao olhar dos outros para ser reconhecido como igual ou desigual. Por ele transmitem-se valores, a noção de civilidade, a devoção religiosa e a revelação de comportamento de um determinado grupo social.

Dessa forma, em sociedade, os indivíduos praticam gestos pedagógicos, educam-se e politizam-se, aprendem e convivem. O gesto pedagógico é um ato político em que o corpo se apresenta como recurso didático do indivíduo e de seu grupo, a classe social e seus diversos estratos. É o corpo animado ou infestado de valores e desvalores, conhecimentos e não saberes, crenças e descrenças, ou seja, as formas sociais de simbolização de seu estar no mundo, que traduz e expressa o quem se encontra diante dos olhares dos outros. A presença do corpo individual é potencializada pelas instituições sociais.

2 PRESSUPOSTOS FILOSÓFICOS

O conceito de gesto pedagógico se sustenta em alguns fundamentos de ordem filosófica, política, histórica e educacional, de alguns pensadores contemporâneos, basicamente em Sartre, Bourdieu, Foucault, Saviani, Chartier, Ginzburg, Castelnuovo e Poni. Por outro lado, outros estudiosos nos auxiliam a aprofundar os contextos específicos da história nacional, mineira e serrana, desde autores consagrados pela academia, até os chamados memorialistas locais, forma ideológica de menosprezo do conhecimento popular com o qual não somos coniventes, pois são estes pesquisadores locais que, efetivamente, escreveram a história serrana.

Se não fossem os memorialistas locais, não teríamos hoje praticamente nenhum registro dessa história. Seus interesses são difusos – genealogias familiares, apologia dos serranos ilustres (normalmente "homens bons" e seus descendentes, portugueses, paulistas e minimante os africanos e mais reduzido ainda abordagens sobre as sociedades indígenas), pesquisas sobre padres e irmandades, transcrição de testamentos dos "descobridores". Isso nunca apagará o esforço de todos eles em oferecer ao seu jeito uma narrativa sobre o passado.

É pela apropriação de variados conceitos e um constante diálogo de pensamento com essas estruturas discursivas que é possível o alargamento do gesto pedagógico em suas análises. O gesto pedagógico estrutura-se expandindo seus acoplamentos funcionais na interpretação dos estudos de Jean-Paul Sartre, em relação ao olhar do outro na sua relação com o Em si, o Para-si e Para-o-Outro. De Pierre Bourdieu em torno do poder simbólico. De Michel Foucault a respeito da microfísica do poder, do poder disciplinar e biopolítico e de Dermeval Saviani na conceituação de uma pedagogia histórico-crítica de viés marxista.

Quando avançamos em análises históricas — proposta de nosso estudo atual — apropria-mo-nos das noções de Roger Chartier e a história cultural, ou, melhor dizendo, de uma história social das interpretações, bem como das formas de compreensão da micro-história presentes em pensadores como Serge Ginzburg, Carlo Castelnuovo e Carlo Poni que propõem indagar e revelar por narrativas renovadas as estruturas aparentemente invisíveis que possibilitam a articulação de certas experiências individuais e coletivas[50].

---

[50] Segundo Dantas (2015, p. 99), "a historiografia das últimas duas décadas concernentes à escravidão e afrodescendentes no Brasil colonial e imperial inclui trabalhos influente cuja análise centraliza-se na história e experiências pessoas de indivíduos específicos. Refiro-me ao trabalho de Júnia Furtado,

O filósofo francês Jean-Paul Sartre publicou o livro *O ser e o nada: ensaio de ontologia feno-menológica*, em 1943. "O olhar" é a quarta unidade do capítulo primeiro da terceira parte intitulada "O para-outro". Trata-se de uma investigação acerca da possibilidade de interação entre os seres constituídos ontologicamente no mundo convivencial. Vivemos cercados pelo olhar dos outros e nosso próprio olhar. A forma que nos vemos e vemos os outros é construída pelos olhares criadores de imagens uns dos outros.

Por isso, a relação do entreolhares se expressa como gesto pedagógico quando dizemos do outro, de seu corpo, de sua identidade. Essa determinação da constituição ontológica do Outro pelo olhar é um caminho possível para afirmar que estamos no mundo juntos, engajados na existência. Essa existência é perpassada por instituições sociais — família, religião, estado, polícia e quando presente nas sociedades analisadas, a escola ou o ensino não formal. É que em contato uns com os outros, lidamos com os mais diversos sujeitos, as mais diversas motivações agem para a constituição desse espaço de convivência social entre crianças e jovens e adultos[51].

Sartre nos auxilia a pensar qual gesto pedagógico resulta da relação educativa e política do entreolhares: como vemos os outros, como somos vistos por eles, como construímos identidades e papeis sociais. Toda a troca com o mundo para a constituição de nossa condição humana se dá entreolhares uma vez que "as situações históricas variam: o homem pode nascer escravo em uma sociedade pagã ou senhor feudal ou proletário. O que não varia é a necessidade, para ele, de estar no mundo, trabalhar, conviver com outras pessoas e ser, no mundo, um mortal"[52].

Nesse caso, o gesto pedagógico colonial é a narrativa em torno de sujeitos históricos concretos e de suas ações em determinado contexto sociocultural. Um exemplo da noção do entreolhares é quando precisamos identificar os escravos indígenas, africanos ou brasileiros. Listamos suas qualidades — carijó, mina ou criolo e suas condições — administrado, cativo, liberto, forro. Isso explica como eles eram vistos em determinado contexto histórico. Cabe-nos a tarefa de requalificar — ampliando a compreensão ou ratificando-a — a partir de nosso olhar atual. Assim,

> O olhar do Outro é de uma só vez um espacializador e um temporalizador. O tempo de apreensão do olhar do outro cria no Para-si a dimensão de deslocamento do registro. Um registro que até então passava despercebido, passa a ter um registro espacial e temporal, que poderá ser lembrado posteriormente. Cria-se, por isso, uma simultaneidade em que o Para-si se conecta com outro Para-si, dito de outra maneira, o encontro de Para-sis só é possível por que existe a dimensão do para-Outro em cada um deles[53].

Dessa forma, analisar o gesto pedagógico é definir o outro (o seu corpo, a qualidade, a condição, o cotidiano, a identidade, os objetos que porta etc.), a partir de nossas próprias estruturas ontológicas compartilhadas socialmente.

Zaphyr, Sandra Lauderdale-Graham, James Sweet, João José Reis, entre outros, que enriqueceram nosso entendimento do passado escravista no Brasil através da reconstrução da vida de Chica da Silva, Antônio Dutra, Caetana, Domingos Álvares, e Domingos Sodré. Esses trabalhos utilizam a metodologia da micro-história e estudos biográficos para investigar a trajetória social de afrodescendentes e, dessa maneira, revelar nuanças em suas experiências que por vezes se perdem em estudos quantitativos sobre a alforria e inserção socioeconômica de escravos e libertos".

[51] *Cf.* Josgrilberg (2015, p. 9).

[52] SARTRE, Jean-Paul. *O ser e o nada. Ensaio de Ontologia Fenomenológica.* 24. ed. Petrópolis: Vozes, 2010. p. 35.

[53] BRISKIEVICZ, Danilo Arnaldo. A escola-Medusa: o olhar do outro e a educação em Jean-Paul Sartre. *Educação*, Santa Maria/RS, v. 43, n. 2, p. 67-78, abr./jun. 2018, p. 74.

3 PRESSUPOSTOS SOCIOLÓGICOS

O sociólogo francês Pierre Bourdieu conceituou a relação entre os sistemas simbólicos de poder e sua reprodução por indivíduos em sociedade, no ato de sua ação social. É possível compreender as relações sociais como estruturas estruturadas (o instituído) — o que já existe e é compartilhado por todos — porque são, de fato, estruturas estruturantes (o instituinte) — são formadores de nossas identidades sociais.

As estruturas estruturadas constroem a realidade tal como a percebemos em seu "sentido imediato do mundo"[54]. Estão presentes na sociedade como conhecimento e consenso, tornando-se visíveis nas instituições sociais, prioritariamente. Operam com sentido lógico e gnosiológico, como apreensão imediata do mundo, das coisas, das pessoas, das identidades.

De outra forma, as estruturas estruturantes operam como princípio gerador das práticas e representações sociais, dando sustentação às estruturas estruturadas. Assim, forma-se uma dialética entre o fixo e o móvel, entre o rígido e o maleável, entre consenso e dissenso, entre instituição social e indivíduo.

Por isso, o gesto pedagógico colonial se mostra em estruturas estruturadas como a economia da escravidão, a economia da alforria, a legislação e regulamentos da Coroa portuguesa. Por outro lado, há estruturas estruturantes que dão suporte cotidiano a estas criações sociais, sujeitos históricos que atuam nessas estruturas, seja por meio de sua aceitação ou discordância, ou seja, no nível das estruturas estruturantes é necessário identificar quem apoia ou reproduz socialmente as estruturas estruturadas.

Exemplo disso é a complexa e conflituosa relação entre os oficiais do Senado da Câmara da Vila do Príncipe e os representantes da Coroa portuguesa, em que por vários momentos houve conflito entre o instituído e o instituinte, entre a vontade dos oficiais e a regra dos governantes metropolitanos. Nisso tudo vemos que há a reprodução do poder simbólico da Coroa portuguesa espalhada por seus territórios de ultramar.

Por isso, "o poder simbólico, poder subordinado, é uma forma transformada, quer dizer, irreconhecível, transfigurada e legitimada, das outras formas de poder"[55]. Nesse sentido, o conceito de poder simbólico é fundamental para expandir a noção de gesto pedagógico por permitir a identificação do que, o quem e de que forma está reproduzindo as estruturas estruturadas e o que, o quem e de que forma está modificando essas estruturas, conflitando-as, criando estruturas estruturantes.

Dito de outra forma, o gesto pedagógico colonial é a narrativa sobre estruturas estruturadas e estruturantes e a forma como a população reproduziu simbolicamente essas formas de compreensão do mundo em sua conduta social, tornando-os instrumentos de dominação, configurando a divisão do trabalho, as classes sociais, a divisão do trabalho manual e intelectual e os costumes.

4 PRESSUPOSTOS POLÍTICOS

O filósofo francês Michel Foucault criou a noção de microfísica do poder para explicar o funcionamento de dispositivos e mecanismos de poder na modernidade, especialmente operantes a partir do século XVIII. Ao analisar a história da sexualidade e da loucura. Ao estudar os disposi-

---

[54] BOURDIEU, Pierre. *O poder simbólico*. 2. ed. Lisboa: Edições 70, 2011. p. 5.
[55] BOURDIEU, 2011, p. 11.

tivos de biopoder e de biopolítica nos seus dispositivos materiais — prisões, hospitais e escolas. Ao aprofundar o sentido da governamentalidade moderna herdeira do poder pastoral, em todas estas análises, Foucault demonstrou como a microfísica do poder é relação entre pessoas reais, de corpos concretos, em situações reais.

O poder não é algo vago, abstrato, ideal, antes está onde há seres sociais, constitui-se historicamente, devendo ser analisado a partir de seus instrumentos — institucionalizados ou não — das formas de controle do corpo, de como ele é disciplinado em seus gestos mais banais, em suas atitudes corriqueiras, em seus comportamentos aceitos ou marginais, em seus discursos explícitos ou silenciados. Para além do estado enquanto instituição social de poder, de autoridade e de repressão e punição de comportamentos criminosos, Foucault destacou a capilaridade microscópica do poder, constituído em micropoderes de níveis moleculares, em multiespaços de relações sociais.

Para além do estado o poder é relação entre todos os indivíduos da sociedade. Um exemplo típico é como explicar que escravos alforriados pudessem comprar outros escravos, perpetuando a economia da escravidão do qual aqueles foram vítimas. Jacinta de Siqueira, negra mina forra e Luzia Mendes[56], preta forra foram proprietárias de muitos escravos e escravas na Vila do Príncipe. Elas são apenas alguns casos emblemáticos de continuidade de formas de poder estabelecidas como gesto pedagógico colonial. Havia uma questão judicial e de interpretação da lei por detrás da economia da escravidão, nesse caso das mulheres e homens alforriados:

> Cabe ainda sublinhar as correspondências entre estatuto jurídico e domínio da liberdade, condição social e sua posse. Segundo o jurisconsulto português do século XVIII, Pascoal José de Melo Freire, a posse era a faculdade de desfrutar da coisa, enquanto o domínio era a faculdade de deter a coisa como título. Para completar tal interpretação, o jurisconsulto, um dos mais renomados no final dos Setecentos, afirmou que "aquela consiste mais no fato", isto é, "a posse só se adquire com o nosso ânimo"; já o domínio pode ser transferido como se faz aos herdeiros, pois nasce do direito e não do fato. Como o estado legal de um indivíduo era declarado num documento escrito, este representava o verdadeiro atestado de domínio da liberdade pelo liberto ou livre de cor. Assim eram as cartas de alforria, os assentos de batismo, as verbas de testamentos, as sentenças de ações judiciais etc. Já a condição social ou modo de vida adequado a um forro e a seus filhos estava relacionado ao jeito como eles desfrutavam sua liberdade e a demonstravam publicamente para assim serem reconhecidos pelos demais. [...] Creio que a disparidade entre o estatuto jurídico (domínio da liberdade) e a condição social (posse da liberdade) fora recorrente no século XVIII e o contato com outros processos judiciais sugere que, por vezes, essa situação provocou transtornos[57].

Necessário seria estudar outros tantos casos, sempre um por um, para se explicar melhor cada situação, mas o princípio foucaultiano da capilaridade de poder indica que seria improvável — não impossível — que egressos da escravidão que pretendessem uma ascensão social não usassem a mesma regra social da posse de escravos como distinção social. O quadro geral de relações de poder centradas na escravidão e na economia da alforria perpetuava-se socialmente, espalhando-se entre todos, indistintamente, nos mínimos espaços. Era uma realidade, ou seja, uma verdade e "a verdade não existe fora do poder ou sem poder"[58].

[56] Ambas sepultaram seus "anjinhos", ou seja, crianças falecidas sem batismo no interior da igreja matriz serrana, mostrando sua opulência e distinção social, uma vez que era comum que estas crianças fossem sepultadas no adro do templo. No dia 15 de janeiro de 1727, Luzia Mendes sepultou seu anjinho, por exemplo (AEAD, ÓBITOS 1725-1797, fl. 2v.). Luzia Mendes também aparece como madrinha de Joana, filha de Tereza, escrava de Inácia Álvares Maciel e de pai incógnito. Outro padrinho foi João de Souza. Este batismo se deu no dia 06/08/1733 (AEAD, BATISMOS 1731-1732, fl. 28v.). Ver: Figura 29.
[57] PINHEIRO, 2018, p. 48-49.
[58] FOUCAULT, Michel. *Microfísica do poder*. 6. ed. Rio de Janeiro/São Paulo: Paz e Terra, 2017. p. 51.

Como saber se alguém detém poder? À medida que esse indivíduo reproduz o saber coletivamente produzido acerca do mundo, dos costumes, dos valores culturais. O poder enquanto relação social produz e reproduz a realidade do mundo, organizando os espaços, controlando os tempos, vigiando os corpos, produzindo um saber sobre si mesmo, criando individualidades pelo adestramento corporal, pela regulação cotidiana do comportamento e a normalização da sexualidade. Nesse sentido, não há gesto pedagógico neutro, todo gesto pedagógico — e o colonial não é exceção, mas confirma a regra — é um saber, e todo saber é gesto político.

5 PRESSUPOSTOS PEDAGÓGICOS

O filósofo e pedagogo brasileiro Dermeval Saviani afirmou que a educação e a política estão amalgamadas. Não é possível separá-las facilmente. Elas, obviamente, não são o mesmo fenômeno social. A diferença é que a "educação se configura uma relação que se trava entre não-antagônicos" e, por isso, "é pressuposto de toda e qualquer relação educativa que o educador está a serviço dos interesses do educando". Assim, "nenhuma prática educativa pode se instaurar sem este suposto". Já na política, inverte-se a relação da educação: ela se dá entre os antagônicos, uma vez que "no jogo político defrontam-se interesses e perspectivas mutuamente excludentes" e isso implica que "em política o objetivo é vencer e não convencer"[59].

Educar é possível em vários contextos sociais, não obrigatoriamente em salas de aula. No período colonial brasileiro, eram raros os colégios e escolas, predominando na segunda metade do século XVIII as aulas régias, lecionadas nas residências dos mestres, pouquíssimos naquele contexto. Por outro lado, o ensino espontâneo ou não formal predominou naquela época, principalmente no interior das oficinas de ofícios mecânicos ou manuais. Aprendiam-se ofícios mecânicos, a arte da música, noções de pintura, aulas práticas de canto. Por isso, essa educação não formal foi fundamental para manter o cotidiano dos arraiais e vilas coloniais, ensinando profissões práticas, ligadas aos costumes do vestir, do rezar, do festejar. O ensino não formal era um ato político.

Dessa forma, a dimensão política da educação "consiste em que, dirigindo-se aos não-antagônicos a educação fortalece (ou enfraquece) por referência aos antagônicos e desse modo potencializa (ou despotencializa) a sua prática política"[60]. Já a dimensão educativa da política "consiste em que, tendo como alvo os antagônicos, a prática política se fortalece (ou enfraquece) na medida em que, pela sua capacidade de luta, ela convence os não-antagônicos de sua validade (ou não-validade) levando-os a se engajarem (ou não) na mesma luta"[61]. Dito de outra forma, "a prática política apoia-se na verdade do poder" e a "prática educativa, no poder da verdade" que nunca é desinteressada, mas que "numa sociedade dividida em classes, a classe dominante não tem interesse na manifestação da verdade já que isto colocaria em evidência a dominação que exerce sobre as outras classes"[62].

O gesto pedagógico é uma forma de compreender a educação — formal ou não formal, escolar ou não escolar — como expressões políticas da sociabilidade humana. Para Saviani, em sua pedagogia crítico-histórica, percebe-se a ligação entre economia (infraestrutura) e política (superestrutura). Isso nos auxilia a perceber no gesto pedagógico colonial a importância da análise das relações econômicas do século XVIII e suas influências no cotidiano da população colonial.

---

[59] SAVIANI, Dermeval. *Escola e democracia*. Ed. Comemorativa. Campinas: Autores Associados, 2008. p. 66.

[60] SAVIANI, 2008. p. 68.

[61] SAVIANI, 2008. p. 68.

[62] SAVIANI, 2008. p. 70.

6 PRESSUPOSTOS HISTÓRICOS

Por fim, o conceito de gesto pedagógico aplicado ao período colonial brasileiro tem como pressuposto os conceitos fundamentais da história cultural ou a história social das interpretações, como o concebe o historiador francês Roger Chartier. Essa relaciona-se diretamente à história cultural ou nova história cultural que "em suas principais versões procurou defender a legitimidade do estudo do 'mental' sem abrir mão da própria história como disciplina específica"[63]. Por isso, a história cultural pode ser narrada embasando-se na relação interativa nas noções alargadas de práticas e representações (e o de apropriações). Tanto os objetos culturais seriam produzidos no âmbito das práticas e representações, como os sujeitos culturais estariam infestados por estes dois polos, que dizem respeito aos modos de fazer e aos modos de ver[64]. Ademais, o gesto da leitura, especificamente quando tratamos dos documentos oficiais e não oficiais, estatais ou familiares, "não é somente uma operação abstrata de intelecção: é pôr em jogo o corpo, é inscrição num espaço, relação consigo ou com o outro", ou seja, "redescobrir os gestos esquecidos, os hábitos desaparecidos"[65].

Assim, a análise micro-histórica ou microanalítica desenvolvida por Serge Ginzburg, Carlo Castelnuovo e Carlo Poni nos auxilia a indagar as estruturas invisíveis que permitem experiências individuais e coletivas. O gesto pedagógico colonial tem como fundamento a observação de estruturas sociais não evidentes, normalmente ligadas ao cotidiano das pessoas, por vezes minimamente registrados em documentos, como atos devocionais, práticas religiosas, hábitos de alimentação e vestimentas, o uso ou a presença de alguns objetos em testamentos *post mortem* ou inventários, cartas de família, provas de alunos e alunas armazenadas por acaso em caixas de arquivos. Essas podem ser melhor entendidas pela abordagem micro-histórica ou microanalítica. Suas características principais são: a aproximação com a antropologia, a admissão do tempo longo e a não rejeição dos temas das mentalidades[66] e do cotidiano. Revela afeição especial pelo informal, sobretudo pelo popular. Preocupa-se em resgatar mais explicitamente o papel das classes sociais, da estratificação e do conflito social. É uma história plural, apresentando caminhos alternativos para a investigação histórica[67]. Trabalha-se com a noção de apropriação cultural, ou seja, uma história social das interpretações, remetidas para as suas determinações fundamentais, sociais, institucionais, culturais

Cabe ao historiador pesquisar "as evidências periféricas, aparentemente banais, incertas, porém capazes, se reunidas numa trama lógica, de reconstruir a estrutura e dinâmica de seus objetos"[68]. Movendo-se numa escala reduzida de observação "permite em muitos casos uma reconstituição do vivido impensável em outros tipos de historiografia", pois "propõe-se indagar as estruturas invisíveis dentro das quais aquele vivido se articula"[69].

Na micro-história, importa analisar a profunda inter-relação entre indivíduo e coletivo, ou como os indivíduos produzem o mundo social e são afetados por ele, por meio de suas alianças e confrontos, por meio das dependências que os ligam ou dos conflitos que os opõem. A micro-história é colocada aqui como uma ferramenta para a análise do objeto de estudo. É uma ferramenta a serviço da narrativa histórica, da narrativa acerca do objeto de estudo.

---

[63] VAINFAS, Ronaldo. *Os protagonistas da história:* micro-história. Rio de Janeiro: Campus, 2002. p. 56.

[64] *Cf.* Barros (2005).

[65] CHARTIER, Roger. O mundo como representação. *Estudos Avançados*, São Paulo, v. 5, n. 11, p. 173-191, 1991, p. 181.

[66] *Cf.* Russell-Wood (2012, p. 14).

[67] VAINFAS, 2002, p. 56-59; CHARTIER, 1990, p. 56-57; 2009.

[68] VAINFAS, 2002, p. 108.

[69] GINZBURG; CASTELNUOVO; PONI. *A micro-história e outros ensaios.* Lisboa: Difel, 1989. p. 177-178.

As personagens analisadas, o contexto de inserção desses personagens, seus valores sociais e culturais vivenciados e introjetados, a trama de suas relações comunitárias, ao serem observadas na escala microanalítica,

> [...] longe de ser simplesmente uma particularidade minúscula de um todo mais amplo reconhecido pelo pesquisador, constitui, em grande medida, o resultado de uma opção analítica que opera em escala reduzida. Uma opção que se recusa, portanto, a ver as totalidades a priori, e só as vê quando diluídas no particular[70].

A micro-história pretende narrar histórias como "a teia social concreta onde os atores se movem, exercendo múltiplos papéis sociais e individuais" com seus "dilemas, os impasses, as incertezas de cada um", ou seja, "dos personagens centrais"[71]. Por isso, no silêncio dos documentos e das narrativas oficiais pode-se tentar perceber "aquilo que está na sombra da história, à sombra do panteão das histórias nacionais ou oficiais, à sombra das mitologias, ideologias e religiões"[72] que foi o que de certa maneira ocorreu com a historiografia serrana — em especial os memorialistas — ao longo do tempo. Ela voltou-se para as genealogias das elites, para a descoberta da origem portuguesa/europeia, a fim de incensar os egos dos familiares vivos, alicerçada no catolicismo barroco construtor de narrativas muito embotadas e embelezadas, construídas para continuar mantendo a moralidade vigente, e da educação voltada para a narrativa do protagonismo dos governadores, dos diretores, dos inspetores em detrimento da narrativa do cotidiano das pessoas comuns.

Em conclusão, o gesto pedagógico colonial é uma proposta de investigação da educação e da política, do ensinar e aprender e do conviver em sociedade. É uma forma específica de narrativa edificada na observação de como as pessoas em sua vida cotidiana eram afetadas por processos formais ou informais de instrução e como operaram cotidianamente com o poder, convivendo com seus dispositivos. É uma proposta de análise dos sujeitos coloniais com seus corpos infestados por valores, costumes, ordenamentos, disciplinas, mas que dominavam seus saberes dos mais variados matizes e exercitavam suas redes micromoleculares de poder. Dessa forma, o gesto pedagógico colonial é uma forma de operação histórica como a concebia Michel de Certeau, em que contamos histórias de forma metódica, crítica e conceitual sempre a partir de um lugar — o de hoje e o de ontem — recriando o sentido da ação de pessoas e grupos, dentro de uma determinada produção discursiva e de uma ação cultural, social e econômica, articulando-se nos planos material, técnico e simbólico, componentes fundamentais de um estudo historiográfico[73].

7 AS SAGRADAS LETRAS DOS PROCESSOS PARA CONSULTA

A conformação do território[74] brasileiro em suas atuais fronteiras, em seus limites entre estados e municípios — o que hoje chamamos de Brasil — é uma invenção dos portugueses iniciada

---

[70] VAINFAS, 2002, p. 120.

[71] VAINFAS, 2002, p. 117.

[72] VAINFAS, 2002, p. 142.

[73] CERTEAU, Michel de. *A escrita da história*. Rio de Janeiro: Forense Universitária, 2002.

[74] O conceito de território é polissêmico. Nesse estudo, diz respeito às demarcações geográfico-espaciais-legais, ou seja, por limites de terras determinadas pela legislação como espaços onde são vivenciados certos tipos de relações de poder. Território legislado é um espaço que propicia, a partir da legislação específica possibilidades de organização popular. É um espaço em constante disputa de poder, relação que se estabelece entre variados grupos que em conflito estabelecem quem comanda e quem se subordina. Numa definição política ou jurídico-política, o território é definido como espaço delimitado e controlado, através do qual se exerce um determinado poder e se exerce a soberania do estado (PEREIRA, 2014, p. 401-421); numa definição cultural ou simbólico-cultural, o território é definido como espaço onde se estabelece a dimensão simbólica e subjetiva da convivência social, resultando como produto da apropriação e da valorização de um grupo em relação ao seu espaço vivido; numa definição

em 1500. Entre o imaginado e o viável, ou seja, entre o idealizado projeto de enriquecimento da Coroa portuguesa e de seus parceiros econômicos visando os lucros da exploração numa colônia de ultramar e a realidade cotidiana vivenciada pelos forasteiros e depois pelas primeiras gerações de brasileiros nascidos em terras tupiniquins nos arraiais, vilas e cidades há a longa história desse processo. No território brasileiro, aconteceram conflitos das mais variadas ordens, problemas das mais variadas escalas, entre erros e acertos, fracassos e sucessos foi-se transplantando para as terras brasileiras o modelo de organização territorial portuguesa.

A cada novo produto de exportação prioritário — o pau-brasil (1500-1530), a cana-de-açúcar (século XVI até meados do século XVIII), as pedras preciosas, o ouro e o diamante (meados do século XVII até primeiras décadas do século XIX) —, a meta era estabelecer entre os territórios da colônia e a metrópole um comércio lucrativo para o português colonizador e seus investidores estrangeiros. Dessa forma, ocupou-se o território colonial *pari passu* com um produto de exportação. Não se coloniza um território sem o gesto pedagógico da educação e da política.

Assim, depois de realizada a ocupação desse território — do litoral para o interior do Brasil dentro dos limites do Tratado de Tordesilhas[75] de 1494 até a assinatura do Tratado de Madri de 1750 —, as marcas não ficaram apenas nos mapas. Trata-se de considerar que uma ocupação bem-sucedida para a exploração de um determinado produto de exportação nunca prescindiu das pessoas — e cada uma delas tem sua forma de ser e conviver herdados de seus antepassados. Ocupar é aculturar — e isso envolve complexas intervenções biológicas (mestiçagens), demográficas (migrações externas e internas), alimentares (troca de saberes culinários e agropastoris), habitacionais (técnicas de moradia, construção e formas de habitabilidade). Criam-se formas de convivência uma vez que cada território novo exige soluções para o abastecimento de água e comida, além da recriação dos modelos urbanos de ocupação e dispositivos de poder existentes em Portugal consagrados em sua história de nação.

O Brasil nunca foi terra desocupada, já havia passado antes da chegada dos portugueses por vários processos de aculturação das complexas sociedades indígenas. A cultura portuguesa — e tantas outras que lhe participaram de sua constituição, bem como as que chegaram de várias partes da África e de outros continentes — chegou ao território brasileiro com suas tradições e valores, costumes e crenças, produzidos em longa história de assimilações culturais. Assim, o Brasil, e suas culturas diversificadas, foi território ocupado por vários gestos pedagógicos que disciplinaram o educar e o conviver.

---

econômica é o lugar onde se desenvolvem as relações relativas à manutenção e administração da vida individual e coletiva pois espaço ocupado determina a própria existência e suas possibilidades oferecendo recursos que serão disputados pelas classes sociais na relação entre capital e trabalho. No período colonial de 1500 a 1822, as disputas de poder pelo território e de poder nos seus territórios contam a história do país e de seus arraiais, vilas, cidades, capitanias/estados. Uma história de relações de poder pelo controle da soberania sobre as terras, através da legislação (Hespanha, 1994); pelo controle econômico, através do monopólio industrial metropolitano; pelo controle sociocultural através crescente burocratização ou racionalização da vida social, política e econômica que, segundo Max Weber (2001, p. 26), é a marca dos estados modernos industriais, especialmente o estado português, na segunda metade do século XVIII.

[75] Com ele se colocou a questão da divisão do território do Novo Mundo entre Espanha e Portugal com a intermediação e consentimento da Igreja. Segundo Tanzi (1976, p. 538), "João II teve notícia da existência das terras do Brasil, dirigindo sua política com exata visão para impor o domínio português nelas, apesar das dificuldades que ofereciam o correto traçado da linha estabelecida"; "[...] um aspecto das consequências imediatas do Tratado no Rio da Prata: a conquista e povoamento dessa região para evitar a usurpação lusitana [...]. Precisamente é no Prata em que a disputa para se encontrar a adequada linha demarcadora fixada em Tordesilhas, apresentou maior virulência, consequência do próximo estabelecimento de espanhóis e portugueses. Estes chegaram a estabelecer-se nas próprias margens do Rio da Prata, fundando o governador do Rio de Janeiro a Colônia do Sacramento em 1680. Logo após outros acontecimentos, o Tratado de Permuta [Tratado de Madri], assinado em 1750, deixou de lado o estipulado em Tordesilhas e reconheceu como portuguesa uma ampla região das Missões Orientais do rio Uruguai (além de outras terras) e recebia a Espanha a disputada Colônia, política retificada pela Paz de São Ildefonso de 1777". Entre os limites oficiais do tratado e a vida cotidiana das pessoas, desenrolava-se a vida cotidiana dos moradores, nem sempre preocupados com estas regras assinadas entre os reis.

Na disputa pela ocupação do território brasileiro, os portugueses usaram as suas tecnologias de poder — os fortes, as fortalezas e as alfândegas no litoral e grandes rios. Os registros, quarteis e pontos de fiscalização de mercadorias — as passagens —, escravos, pedras preciosas, ouro e diamante dos caminhos da Bahia, de Pernambuco e das Minas Gerais. As comarcas, cidades, vilas, arraiais e a demarcação diamantina para a efetiva exploração do ouro e do diamante no território do que se tornou, em 1720, a Capitania de Minas Gerais.

O fundamento do planejamento de ocupação do território colonial — em especial aquele levado a cabo no último quartel do século XVII e durante todo o século XVIII até a independência brasileira em 1822 — foi a centralidade do estado e de seu aparelho burocrático nos processos de controle e administração dos descobertos. Quanto maior o controle estatal, maior o lucro para a Coroa portuguesa e seus parceiros. Quanto maior a eficácia dos processos da chamada administração central moderna da Coroa portuguesa, maior e mais rápido o retorno dos investimentos realizados na colônia. Assim, a moderna governamentalidade centrada no papel decisório do estado e de seus funcionários públicos em vários níveis de organização assenta-se sob um gesto pedagógico primário — o processo escrito como peça de consulta.

De fato, ao estudarmos o período colonial — no nosso caso específico o século XVIII por conta da descoberta das minas do Serro do Frio em 1702 —, é inegável (os arquivos especializados a cada dia que passa tornam público mais e mais documentos) a existência de um número quase infindável de cartas régias e dos conselhos de ultramar, cartas dos governos geral e da capitania, leis, regimentos, ordenações, vereações, bandos, editais, livros de registro dos atos oficiais. O gesto pedagógico colonial foi baseado na escrita.

8 PROCESSOS COMO PEÇAS PARA CONSULTA

Não por acaso, Hespanha esclarece que os processos[76] como peças para consulta em qualquer tempo e lugar foram escritos para dar suporte à comunicação político-administrativa do aparelho burocrático do estado. Por isso, "foi a plena implantação da forma escrita que permitiu a manutenção de espaços políticos especialmente tão dispersos como os da coroa de Portugal"[77]. De fato, para que da capital Lisboa partissem ordens do para o território português e suas colônias de ultramar espalhadas pelo mundo, era fundamental manter um "império de papel, em que a correspondência do rei, dos vice-reis, dos governadores, dos capitães, substituíam laços políticos mais efetivos"[78].

[76] HESPANHA, 1994, p. 291. Segundo Silva (1789, p. 247), o substantivo "processo" diz respeito à "continuação de coisas, e sucessos, que se seguem umas às outras v. g. no processo do tempo. Arraes 5. 1. de suas guerras Vascone. Arte; o processo da história; dos descobrimentos feitos pelos portugueses M. L. de Barros. § Progresso. M. L. livro 6. c. 4, O processo dos negócios. §O auto do processo, i. e. os feitos, que correm em juízo: os autos judiciais, que se fazem em qualquer causa. §Na Química, o resultado de alguma operação, ou a mesma operação. §Processo infinito, série de coisas sucessivas sem termo, nem fim. §No processo do discurso, ou oração, Leão. §Processo da doença, da disputa". É importante a ênfase da definição de processo como continuidade, algo seriado, em etapas sucessivas, praticamente interminável. Nesse sentido, ao processo escrito quando lido continuamente coliga o passado e o presente, dando voz a quem encontra-se ausente. O mesmo dicionário antigo (SILVA, 1789, p. 536), define "escrita" como "aquilo que se escreve, copia"; "escrito" é definido como "bilhete breve. § composição por escrito, §de obrigação, papel em que ela está lançada"; e o lugar onde se escrevem e guardam documentos, sede das burocracias estatais, é o "escritório", definido como "§Lugar onde se guardam escrituras, §Casa onde o letrado advoga e despacha". O resultado do letrado que escreve é o documento, "escritura" definida como "ato de escrever, §Papel autêntico em que se contém o contexto de coisas tais como obrigações, compras, e vendas, contratos, doações, &c. feitas com certas solenidades, §Escritura Sagrada, ou Santa, a Bíblia [...], §Composição por escrito, [...] ato de escrever com ordem, e clareza"; assim, "escriturário" — a princípio todas as profissões ligadas à escrita e escritórios, é definido como "homem versado nas sagradas letras". Entende-se o fascínio dos portugueses pelos documentos escritos, ou seja, pelos processos escritos para consulta e por consequência a importância dada aos escriturários públicos pela definição da profissão dos letrados como quem está habilitado a perpetuar pelas "sagradas letras" a voz, o desejo, a decisão dos ausentes para a posteridade. A função dos letrados quando escrevem processos para consultas é liturgicamente sagrado.

[77] HESPANHA, 1994, p. 291.

[78] HESPANHA, 1994, p. 291.

A constituição de Portugal como estado baseado em império de papel só foi possível por conta do gesto pedagógico do letramento e/ou alfabetização das crianças através da instrução pública — particular ou financiada pelo estado — disseminada minimamente em seu território. Com isso, cresceu a importância dada aos letrados, a partir do século XIV na administração dos negócios governamentais, especialmente aqueles ligados ao judiciário. Exemplo dessa virtualidade da escrita[79] é o assento de 16 de outubro de 1742, da Chancelaria de D. João V:

> Dom João, por graça [...]. Faço saber a vós juiz, vereadores, procurador, fidalgos, cavaleiros, escudeiros, homens bons e povo da vila de Setúbal [...] *que havendo respeito as letras* e mais partes que concorrem no bacharel Caetano da Costa Matoso e que no de que o encarregar me servirá como cumpre a meu serviço e *boa administração da Justiça* e haver lido no Desembargo do Paço e ficar aprovado. *Hei por bem fazer-lhe mercê do lugar* de juiz de fora dessa vila por tempo de três anos e além deles q mais que houver por bem enquanto lhe não mandar tomar residência[80].

Ênfase nos grifos: *"que havendo respeito as letras"* – respeito ao que foi escrito (fazer falar os que não se encontram mais presentes), *"boa administração da Justiça"* — ordenamento jurídico pela positivação do ato escrito e *"Hei por bem fazer-lhe mercê do lugar"* — expressão do desejo de quem ordenou, emissão da ordem pela superioridade hierárquica do governante no aparelho burocrático do estado.

Um outro exemplo, agora da Vila do Príncipe do século XVIII. Para ser eleito no Senado da Câmara — prova de grande distinção social e privilégio da nobreza[81] — exigia-se dos oficiais fossem eles "homens bons" reconhecidos pela comunidade: branco, de profissão nobilitante (não poderia ser oficial mecânico), idade mínima de 25 anos, chefe de família[82]. Mas o mais importante requisito era mesmo que todos fossem letrados, ou seja, que soubessem ler e escrever. Acreditava-se como em Portugal que para oficializar uma decisão pelas sagradas letras — vereação, registro, ordem, assento, aforamento — era preciso dominar a tecnologia da escrita que permitiria para além do lugar e do tempo lessem os assentos, voltando a eles, referindo ao momento de sua fundação ou de criação de uma jurisprudência. Por isso, durante anos, os oficiais da Câmara eram obrigados a guardar os livros oficiais para que através da escrita os atuais pudessem "fazer falar os ausentes"[83].

Uma vez que a função de oficial do Senado da Câmara exigia conhecimento das leis e domínio pleno das sagradas letras era comum a contratação de advogados para auxiliar nos assentos. Bem no início da Vila do Príncipe, em vereação de 1723 — talvez, este tenha sido o primeiro advogado a servir na Câmara — "foi contratado o licenciado Daniel Pinto da Silva para servir com suas letras jurídicas ao Senado, devendo assistir às vereações de modo a haver mais acerto e se poderem tratar as matérias importantes, recebendo o ordenado de 23 oitavas de ouro por ano; – o que aceitaram ambas as partes"[84]. Isso foi possível porque "assim apertados trabalhavam os nossos avós em sua

---

[79] *Cf.* Hespanha (1994, p. 291).

[80] ANTT, CHANCELARIA DE D. JOÃO V, Livro 105, fl. 134v.-135, grifos nossos.

[81] Para Starling (2018, p. 33), trata-se do "sistema de mercês" que "rejuvenesceu a autoridade política da monarquia portuguesa, e incluía desde a distribuição de terras e rendas ou a concessão de pensões, cargos e ofícios até a distribuição de títulos, comendas e hábitos das ordens militares, sobretudo da ordem de Cristo, a de maior prestígio; isso era, naturalmente, uma ferramenta de dominação e precisava ser controlado de perto pelo soberano, tanto para impedir excessos quanto para impedir fraudes, mas o sistema de mercês irradiava sedução e alcançava desde os membros da aristocracia aos egressos de camadas sociais não nobres".

[82] CCM, p. 102.

[83] HESPANHA, 1994, p. 291.

[84] SILVA, Dario Augusto Ferreira da. *Memória sobre o Serro antigo.* Serro: Typographia Serrana, 1928. p. 87.

função: e como se explica que os vereadores, homens sem cultura, sujeitos às correições, penas e vexames, pudessem despachar, às vezes resistindo ao ouvidor? É que tomavam oficialmente um síndico ou advogado de partido"[85].

O gesto pedagógico de virtualização da escrita como dispositivo político na administração pública portuguesa e por extensão de suas colônias proporcionou agilidade nos negócios públicos, o que seria impossível em termos de presença física dos administradores. Essa rede de informação foi fundamental para que se criasse uma noção de expansão da governamentalidade da Coroa portuguesa, que parecia estar em todos os lugares onde houvesse alguém habilitado a escrever. Pode-se afirmar, talvez, com um certo risco de universalizar situações específicas que a necessidade de controle da administração central portuguesa pelos documentos escritos levou a abertura de picadas, caminhos e estradas Brasil afora, a fim de se criar e manter uma malha burocrática e o fluxo de informações. Como diziam os antigos, "o olho do dono é que engorda o gado".

Dessa forma, a partir do século XVI em Portugal e na Espanha, o gesto pedagógico dos processos escritos para consulta representou uma revolução, em relação aos antigos processos de transmissão e armazenamento das informações centrados unicamente na oralidade. Assim, o gesto pedagógico colonial infestou-se de assentos oficiais: tudo se escrevia para estar disponível à consulta, à conferência, à jurisprudência, ao direito, à correição. Por isso, foi possível, não sem conflitos, permanências e rupturas, o estabelecimento em alguns casos a ampliação do controle governamental da Coroa portuguesa de forma capilar e micromolecular pela colônia. A centralização do aparelho do estado nos corpos políticos da metrópole e da colônia estavam garantidos. Os olhos do rei estavam em todos os lugares onde houvesse alguém apto a escrever notícias sobre o que estava acontecendo.

Em conclusão, o gesto pedagógico colonial de administração da coisa pública — seja da Coroa portuguesa ou dos órgãos locais manifestamente os concelhos[86], incluídas as paróquias ou freguesias e seus registros de batismos, casamentos e óbitos — é fundamentado na escrita de processos para consulta. A centralização desses dispositivos de governamentalidade permitiu certa agilidade — talvez, quebrada pelas distâncias imensas do território brasileiro em relação a si mesmo e a Portugal,

---

[85] SILVA, 1928, p. 87. O Senado da Câmara era responsável pela contratação de licenciados, advogados e/ ou médicos. Um caso curioso de serviços advocatícios — ou judiciais — exercidos na Vila do Príncipe se deve ao padre Simão Pacheco. Segundo Briskievicz (2017), em 16 de fevereiro de 1724, a paróquia de Nossa Senhora da Conceição da Vila do Príncipe, por carta régia, obteve a elevação para natureza de benefício amovível. Assim, o primeiro vigário colado foi o licenciado padre Simão Pacheco (falecido em 1776), que como tal recebia côngruas. Ele foi apresentado e colado, isto é, recebeu a direção da freguesia. O padre Mendanha continuou da paróquia como padre encomendado. Um padre colado recebia côngruas diretamente da Coroa portuguesa; um padre encomendado era provisório ou temporário e cobrava conhecenças da população por serviços prestados — bastante elevadas, diga-se de passagem — como missas e a administração dos sacramentos ou capelania. O licenciado Simão Pacheco – especialista em Direito Canônico — atuou como advogado *profano*, como consta no Livro de Registro de Alvará de Soltura da Vila do Príncipe — 1736 a 1756 (IPHAN-SE, CADEIA, PRISÕES E SOLTURAS 1736-1756, Doc. 06, Cx. 43). Pela Comarca do Serro do Frio, circulavam licenciados em busca de cargos, como foi o caso do bacharel Henrique de Lemos Lobo, advogado nos Auditórios da Vila do Príncipe, que em 6 de julho de 1733 solicitou a mercê de provê-lo na serventia do ofício de procurador da Fazenda da referida Comarca (AHU, Cx. 23, Doc. 77). Em 1758, o Senado da Câmara contratou um cirurgião licenciado para o povo e para os presos, "sendo presente a necessidade que tem experimentado esta Vila por falta de cirurgião que por muitas vezes nenhum nela assiste agora, porém, se encontra o licenciado Antônio Labedrene o qual se obriga a morar na Vila com a porção de 100$ anuais; o que tudo e reciprocamente foi aceito e tomado por termo" (SILVA, 1928, p. 100). Ficou pouco tempo na Vila, partindo para o Tijuco em 1759, contratando-o outro licenciado, Domingos da Costa Machado, por 120$000 anuais.

[86] Segundo Fonseca (2011, p. 27), "os concelhos eram as células básicas da organização político-territorial portuguesa, e foram mais tarde, também chamados municípios"; o nome concelho, efetivamente, será pouco usado nas antigas vilas do ouro. Arraial, vila e cidade eram os termos mais usados. Por isso, prossegue Fonseca, "de fato, as câmaras dos concelhos gozavam de autonomia judiciária (em primeira instância) e administrativa (dispondo de diferentes tipos de rendimentos). Em sua maioria, os ofícios camerários não eram remunerados, suas vantagens sendo, sobretudo, de natureza honorífica. As câmaras se compunham essencialmente de dois ou três vereadores, de um procurador e de um ou dois juízes ordinários (juízes leigos de primeira instância)". Segundo as *Ordenações do Reino*, estes oficiais deviam ser escolhidos entre os homens bons das localidades, dentro de um sistema de eleições indiretas. Em vez de juízes ordinários, algumas câmaras dispunham de um "juiz togado" – o juiz de fora – que era nomeado e remunerado (pelo menos em parte) pelo rei. [...] "foi este modelo de organização do poder local que a Coroa portuguesa, desde o século XVI, procurou transferir, praticamente sem alterações, às suas colônias".

e das primeiras comarcas mineiras — nos processos de criação de uma ampla legislação sobre os descobertos de pedras preciosas, ouro e diamante. Por conta desse gesto pedagógico colonial de escrever os regimentos ordenando os territórios, é possível narrar grande parte da história brasileira e mineira desta ocupação, em especial das vilas do ouro, no caso do nosso estudo, a Vila do Príncipe.

CAPÍTULO DOIS

OS REGIMENTOS E A FUNDAÇÃO DOS TERRITÓRIOS

Existe é homem humano. Travessia.
(João Guimarães Rosa – Grande Sertão: Veredas)

O olhar atento aos regimentos que disciplinaram oficialmente os descobrimentos de pedras preciosas e especialmente o ouro desde o século XVI no território colonial brasileiro nos permite um certo alargamento da concepção de colonização portuguesa. Cambiante, modificada a cada novo descobrimento. Aprendiz, mas não menos violenta e agressiva em relação aos povos nativos, ela se constituiu cotidianamente numa relação dialética entre a prática política realizada pela ocupação do chão brasileiro, especialmente pelos bandeirantes, e os interesses por vezes difusos dos monarcas portugueses, variável de acordo com o detentor do trono real e seus ministros. Não podemos afirmar que a letra suplantava a realidade dos descobrimentos e da colonização brasileira, antes, acreditamos que os regimentos foram escritos *pari passu* com o que se apresentava de solução para os problemas surgidos dessa relação tensa e jamais bem resolvida entre os bandeirantes e o governo.

Os regimentos surgiram em diferentes contextos políticos e históricos como letra viva, disciplinadores de condutas, criadores de expectativas em relação à constituição de autoridades e de suas autorizações. O que nos interessa mais profundamente é analisar o regimento de 1702 que consolidou as práticas mineradoras de Minas Gerais homologadas ao final do século XVII e que foi escrito exatamente no mesmo ano do descobrimento das minas serranas. Ele saiu alguns dias depois do descobrimento oficial das minas do Serro do Frio, e, por isso, não era anacrônico, antes, é notório que suas letras antes de serem escritas no papel estavam na ponta da língua dos bandeirantes paulistas. Tudo se descobriu nas minas serranas pautado pelo regimento de 1702, pois, com sua publicação, apenas se tornou letra viva o que já era praticado nas lavras de ouro pelas Minas Gerais.

Havia desobediência, resistência, contradição? Óbvio que sim. Mas, por outro lado, o que vale é a máxima, fazer falar os ausentes através de processos que podem ser documentados. Uma vez escrito, esse regimento disciplinou as condutas dos bandeirantes paulistas em seu arranchamento entre as minas do Serro do Frio e as minas de Itacambira. Compreender essa tensão entre a letra e a vida, entre a política e história, entre o indivíduo e a instituição é nosso objetivo neste capítulo.

1 OS REGIMENTOS DE 1603 E 1618

Em 1590, Afonso Sardinha comunicou ao governo português a descoberta de ouro na Serra do Jaraguá, no território de São Paulo. A notícia produziu um rápido movimento de, por meio das sagradas letras, escrever regimentos ou regulamentos para a nascente indústria mineral da colônia. Por causa disso, foi publicado o *Primeiro Regimento das Terras Minerais do Brasil*, datado de 15 de agosto de 1603, com 62 artigos[87]. Coube ao governador-geral Diogo Botelho (1602-1606) ordenar as lavras de ouro, controlar os negócios ilícitos — os afamados descaminhos do ouro — bem como

[87] *Cf.* Ferreira (1884. p. 167-177).

53

colocar as sagradas letras do regimento em prática, a serviço da Coroa portuguesa para regular a exploração das minas. As instruções tiveram como modelo de sucesso na empreitada mineradora das minas de ouro, prata e bronze das colônias espanholas da América, "em muitas partes do Peru e Nova Espanha"[88].

Aos descobridores, o regimento deixava claro que a propriedade das minas era da Coroa portuguesa. Era ela quem concedia aos mineradores as lavras para exploração, como seus súditos. Esse *Regimento* previa que os descobridores de jazidas adquiriam o direito de explorar a mina "com superfície retangular de 80 por 40 varas (varas de 5 palmos, 88 por 44 metros ou 3.872 metros quadrados)", garantida uma outra, "de 60 por 30 varas (66 por 33 metros ou 2.178 metros quadrados)" sendo que "o resto da jazida tinha de ser repartido entre as diversas pessoas que desejassem fazer sua explotação, à razão de uma parte explotável de 60 por 30 varas para cada uma delas"[89].

Fato é que a Provedoria das Minas foi criada por esse regimento e passou desde então a administrar as descobertas de minas de ouro, prata e cobre, bem como a regular sua distribuição. Além disso, previa-se a instalação de casas de fundição em território brasileiro, para maior controle dos descobertos[90] e de sua produção. Assim, o provedor-mor da Fazenda seria o responsável pela Provedoria das Minas e suas casas de fundição. Para exercer as sagradas letras a estrutura da Provedoria era composta por um escrivão, um oficial mineiro prático, um tesoureiro, mestres de fundição, meirinho e guardas[91]. Nesse momento, havia minas funcionando nas Capitanias de São Vicente (São Paulo), Espírito Santo e Rio de Janeiro.

O *Segundo Regimento* foi publicado em 8 de agosto de 1618. Ele estabeleceu a recompensa de 20 cruzados para os descobridores. As medidas das jazidas foram aumentadas para 80 por 40 braças de 10 palmos (176 por 88 metros ou 15.488 metros quadrados) e uma parte comum para exploração. Foi confirmada a figura do provedor de minas encarregado de fazer cumprir o regulamento, em vasto território sob sua guarda. Por isso, "essas leis nunca foram bem executadas [tendo] produzido pouco efeito sobre a descoberta das minas"[92]. De outra forma, para Mendonça os 16 artigos desse regimento apresentavam estratégias não só para aumentar a arrecadação com os metais fazendo concessões, mas ampliando os privilégios dos descobridores que podiam ser além dos portugueses, os índios não domesticados e os estrangeiros[93].

Os regimentos de 1603 e 1618 foram publicados no contexto da União Ibérica (1580-1640) e da reforma jurídica portuguesa realizada por meio das Ordenações Filipinas ou Código Filipino, realizada por Filipe II de Espanha (Filipe I de Portugal). As ordenações foram confirmadas após o fim da União Ibérica, logo depois das guerras da Restauração. Outros regulamentos publicados em 1673, 1679 e 1680 não alteraram a diretrizes dos regimentos anteriores, apenas ampliaram alguns cargos da provedoria. Nesses regulamentos, estabeleceu-se um hábito comum nas Minas Gerais que era garantir à Fazenda Real da Coroa portuguesa parte das terras destinadas à mineração.

---

[88] *Cf*. Primeiro Regimento.

[89] FERRAND, Paul. *O ouro em Minas Gerais*. Belo Horizonte: Fundação João Pinheiro, 1998. p. 144.

[90] Segundo Fonseca (2011, p. 76), recebia esse nome "quando um pequeno agrupamento humano formava-se ao lado de ribeiro aurífero, o lugar das explorações; [...] 'no descoberto do Sapucaí', 'no descoberto do Paracatu', ou no 'descoberto do Tamanduá', os nomes próprios referem-se aos rios onde foram encontrados os aluviões".

[91] *Cf*. Salgado (1985).

[92] FERRAND, 1999, p. 144.

[93] MENDONÇA, Marcos Carneiro de. *Raízes da formação administrativa do Brasil*. Tomo 1. Rio de Janeiro: Instituto Histórico e Geográfico Brasileiro: Conselho Federal de Cultura, 1972. p. 315-316.

Foi durante a vigência do *Segundo Regimento* de 1618 e de seus acréscimos posteriores que foram descobertas as minas de ouro no território das Minas Gerais. O gesto pedagógico colonial aparece nos regimentos pela expressão da vontade do controle sobre os descobrimentos das minas de ouro da Coroa portuguesa, por meio das letras sagradas. Isso quer dizer que o descobrimento de qualquer mina de ouro em território brasileiro estava ordenado, ou seja, havia regras para seu funcionamento. Quem deveria cumprir essas regras e atuar dentro dos limites desta legislação? Os sertanistas e bandeirantes, oficiais e informais, em especial os bandeirantes paulistas da região mineradora do Vale do Paraíba (especialmente Taubaté) e os descobridores das Minas Gerais[94].

A relação entre os territórios de São Paulo e Minas Gerais, ou, dito de outra forma, a conexão entre os bandeirantes descobridores das minas de ouro da região de Taubaté[95] e as novas minas de ouro do Rio das Velhas (Sabará), do Rio Ouro Preto (Vila Rica), do Rio das Mortes (São João del Rei) e do Rio Jequitinhonha (Vila do Príncipe) precisa ser problematizada tendo como ponto de partida o gesto pedagógico colonial.

Em primeiro lugar, a Vila de São Paulo do Piratininga foi o primeiro concelho ou municipalidade no interior brasileiro, a partir de 1558[96]. Ponto central das bandeiras[97] para o interior do território brasileiro de então — o dito sertão ainda desconhecido pelos colonizadores reinóis — a atividade principal desses homens era a escravização de índios para servir de mão de obra nas fazendas de atividades agropastoris. Os paulistas mestiçados — herdeiros das dinâmicas de mestiçagens biológicas[98], de raças e culturas misturadas — usavam e abusavam das bandeiras como disfarce para a o aprisionamento indígena, uma fonte de renda mais segura[99]. A partir de 1640, bandeirantes paulistas da Vila de São Paulo do Piratininga tomaram a direção das trilhas abertas até então. Eles se deslocaram no território paulista por conta do "considerável poder político e militar de contraofensiva"[100] dos jesuítas. Com esse deslocamento pelos antigos caminhos para o aprisionamento dos indígenas fizeram surgir novas vilas, as verdadeiras matrizes ocupacionais do território brasileiro: Jundiaí (1655), Itu (1657) e Sorocaba (1661) sediaram bandeiras para as terras de Goiás e Mato Grosso. Taubaté (1645) e Guaratinguetá (1657) sediaram outras tantas bandeiras para o sertão das Minas Gerais.

Quem teria pisado sertão adentro, feito suas avaliações do potencial aurífero dos rios, córregos e ribeiros e desenhado o mapa das minas de ouro passando suas informações privilegiadas para seus

---

[94] A sequência de descobrimentos das minas de ouro no território mineiro foi interpretada, no começo pelos bandeirantes paulistas como extensão do seu espaço de atuação social, política e econômica a ponto de chamarem as Minas Gerais de "minas de Taubaté", isso até a Guerra dos Emboabas, responsável direta pela retirada do autonomismo dos paulistas. Ver: Alencastro (2000, p. 245) e Gomes (2021, p. 69-70). Ver: Figuras 17 a 19.

[95] Ver: Figuras 17 a 20.

[96] FONSECA, 2011, p. 59.

[97] As bandeiras ao estilo do regimento da milícia portuguesa de 1570 devia constar de 250 homens e deveria ser organizada como bandos paramilitares (BOXER, 1963, p. 76). De fato, as bandeiras paulistas eram provisionadas pelo governo português através do Governo-Geral em Salvador e seu chefe recebia título — sargento, capitão etc. — da Companhia das Ordenanças a fim de destacar sua autoridade para percorrer o território brasileiro. Variavam de 15 a 20 homens até centenas deles, com auxiliares para as diversas funções: "batedores de caminhos, coletores de alimentação, guias, carregadores" além da possibilidade de serem acompanhados "por um ou dois frades, no papel de capelães". Os padres seriam importantes para a ministração dos sacramentos, em especial, da extrema unção para os doentes, para lhes dar dignidade no sepultamento.

[98] Para Paiva (2015, p. 74), as dinâmicas de mestiçagens fazem parte de "um grande crisol cultural", em que "as mestiçagens biológicas e culturais, suas associações com o mundo do trabalho e os deslocamentos populacionais constantes, voluntários e forçados" são fundamentais para entender o Brasil colonial. O termo mestiçado assemelhado a misturado parece ser mais adequado ao contexto. Mestiço ou mistiço era para os portugueses do século XVIII "o filho de europeu com índia, de branco com mulata etc." (SILVA, 1789, v. 2, p. 78). Fonseca (2011, p. 61) acrescenta que "conquanto rústicas, São Paulo e estas outras vilas [...] eram lugares onde a existência ainda guardava alguma semelhança com o modo de vida europeu" uma vez que distantes delas "os colonos eram frequentemente obrigados a adotar hábitos indígenas, além dos que já faziam parte do seu *modus vivendi* mestiço".

[99] Ver: Figuras 15 e 16.

[100] FONSECA, 2011, p. 60.

camaradas? Não há dúvida que foi o bandeirante paulista Fernão Dias Paes Leme (c.1608-1681), pois ele partiu com sua bandeira da Vila de São Paulo do Piratininga, em 1674. O seu grupo de amigos aprendeu os caminhos do ouro, a partir das suas entradas pelo sertão de onde infelizmente não restaram mapas manuscritos[101]. Ele ensinou os caminhos especialmente ao seu genro Manuel de Borba Gato (1649-1718), que, por sua vez, passou os ensinamentos sobre as rotas do ouro e de como descobrir o metal precioso nos rios mineiros a tantos outros grupos de paulistas incluindo os descobridores das minas do Serro do Frio.

Por isso, a descoberta das minas de ouro no sertão mineiro foi a consequência de vários fatores culturais, biológicos, sociais e econômicos: em termos culturais, as dinâmicas de mestiçagens — o ensino e o aprendizado de novas técnicas de cultivo para plantações aclimatadas, de novas formas de construção, de formas renovadas de controlar a mudança das estações do ano — possibilitaram a sobrevivência em territórios de regras naturais anteriormente desconhecidas dos seus primeiros moradores.

As dinâmicas de mestiçagens biológicas andaram *pari passu* com as soluções para a construção das ditas vilas e incursões aos sertões, misturando raças, criando palavras para designar os novos padrões de pessoas.

As dinâmicas sociais levaram à permanência ou ao relaxamento de costumes herdados dos primeiros colonizadores portugueses para possibilitar a sobrevivência. As atividades econômicas centradas na posse das propriedades agropastoris abastecidas pela rendosa captura e comercialização da mão de obra escrava indígena levou até as regiões das minas de ouro as técnicas de plantio e criação do gado e a gradativa mudança da escravidão indígena — dominada amplamente pelos paulistas — pela escravidão africana, com novos dispositivos de lucro sobre o trabalho compulsório e seu mercado transatlântico.

Em segundo lugar, o gesto pedagógico colonial dos paulistas mestiçados da Vila de São Paulo do Piratininga e do Vale do Paraíba estruturou o modo de vida nas novas minas de ouro descobertas no sertão mineiro. Assim, descobrir não é começar do nada. Antes, o planejamento para adentrar nesses territórios exigia especialidades técnicas refinadas. Depois, o gerenciamento dos descobertos de ouro gerava nova realidade socioeconômica, formando por necessidades dos mais variados matizes um enorme conjunto cultural.

Assim, quem terá resolvido com sua herança cultural os problemas colocados pelo planejamento e gerenciamento dos descobertos?

Não há outra resposta possível: para o sucesso da ocupação do território mineiro todos os saberes foram necessários. Todas as técnicas usadas para solucionar problemas tópicos foram

[101] *Cf.* Conceição (1823, p. 18). Importante informação traz Alencastro (2000, p. 194-195), sobre a movimentação indígena cativa no território brasileiro: "São Paulo – zona marginal do sistema atlântico – desenvolve-se como provedor de alimentos ao resto da Colônia, antecipando processo análogo que impulsionará a agricultura de Minas no final do século XVIII. As praças do Nordeste e Angola importam de São Paulo cal, farinha de mandioca e de trigo, milho, feijão, carnes salgadas, toucinho, linguiça, marmelada, tecidos rústicos e gibões de algodão à prova de flechas. Tirante a cal marinha cavada dos sambaquis do litoral, os produtos desciam da serra do Mar nas costas dos índios. Em sentido inverso, subiam – sempre carregados pelos índios – os importados: sal, tecidos, especiarias, vinho, ferramentas, pólvora. Toda essa mercancia, toda essa carga, intensificava o uso de cativos no transporte, nos pousos, roças e trigais paulistas, onde a média de escravos indígenas por proprietário atinge seus maiores índices históricos: 36,6 nos anos de 164 e 37,9 nos anos 1650. Números bastantes altos, mesmo quando comparados aos das áreas irrigadas pelo tráfico negreiro". Comparar com os índices das minas do Serro do Frio levantados na Conclusão. A chegada dos bandeirantes paulistas às minas serranas se deu por conta do trabalho indígena, prioritariamente, por conta de sua atividade de transporte pelo sertão, abertura e conservação dos caminhos. O cativeiro indígena permitiu a descoberta das minas do Serro do Frio. *Cf.* Magalhães (2012, p. 141) e Paiva (2016a, p. 29) — excelente revisão da noção de domínio territorial indígena — repetido em: Paiva (2016b, p. 42-47). Ao analisar os roteiros de descobrimentos de ribeiros auríferos pelos "conquistadores" paulistas, o mesmo autor não considerou para além da ancestralidade da fama paulista, tensionar a primazia dos descobrimentos garantida pelos regimentos do século XVII e especialmente de 1702. Ver: Figuras de 1 a 9.

importantes. Contudo, a tradição histórica consagrou por uma representação cultural limitada de tão complexo fenômeno social os "desbravadores" que normalmente são herdeiros espirituais das elites brasileiras, das elites paulistas, das elites mineiras.

Em terceiro lugar, feitas as observações sobre as dinâmicas de mestiçagens, é necessário demarcar quem com seu gesto pedagógico colonial ocupou oficialmente o território mineiro, a partir das normas de conduta dos *Regimentos* de 1603 e 1618. O ponto central dos primeiros descobertos mineiros é onde se localizam os seus principais rios, córregos ou ribeiros que tiveram seus depósitos de ouro de aluvião lavrados — ou pelos menos ficam muito próximos desses ajuntamentos populacionais primitivos. Nesses lugares, construíram-se os pousos, ranchos ou pousadas. Para Boxer, "os mais antigos campos auríferos eram, naturalmente, os mais improvisados, e mesmo depois que começaram a tomar forma um tanto mais permanente, fazendo-se vilas em embrião, os elementos de moradia eram dos mais simples"[102].

Dessa forma, "as povoações fundadas em Minas Gerais pelos primeiros colonos brancos eram designadas, principalmente, pelas palavras 'arraial' e 'rancho'. Estes termos, que em Portugal designavam originalmente acampamentos militares, adquiriram na colônia outras conotações". Por isso, "na colônia, a palavra podia designar uma espécie de galpão rústico – um simples telhado apoiado em pilares de madeira – que servia para abrigar, durante as paradas, as mercadorias dos viajantes"[103].

No caso das minas do Serro do Frio descobertas em 1702 por Antônio Soares Ferreira há o registro do descobrimento no *Livro da Fazenda Real destas Minas do Serro do Frio e Tucambira*[104] aberto no dia 14 de março e que no dia seguinte, fez o lançamento dos descobertos. A regra rio-descoberto-pousada é expressa claramente: primeiro, a localização do rio — "nestas minas de Santo Antônio do Bom Retiro do Serro do Frio". Segundo, o anúncio do pouso, pousada ou arraial — "arraial do Ribeiro delas, em pousadas do capitão Antônio Soares Ferreira guarda-mor". Por fim, a confirmação do descobrimento por quem era de direito — "e descobridor destas ditas minas".

Em relação aos primeiros arraiais, essa regra rio-descoberto-pousada (acrescido da elevação à vila) tornou-se praticamente regra geral[105].

O rio das Velhas foi descoberto em torno de 1678, a partir de suas lavras, surgiu um arraial e depois a Vila Real de Sabará, oficialmente criada em 1711[106].

Próximo a vários rios auríferos, formou-se o arraial do Padre Faria, fundado pelo bandeirante Antônio Dias de Oliveira, pelo padre João de Faria Fialho e pelo coronel Tomás Lopes de Camargo e um irmão deste, por volta de 1698, tornando-se Vila Rica, oficialmente criada, em 1711.

O rio das Mortes foi ocupado em torno de 1700, a princípio como real passagem e depois como vila do ouro, tendo elevado seu arraial e Vila de São João del Rei em 1714.

---

[102] BOXER, Charles Ralph. *A idade de ouro do Brasil*. São Paulo: Companhia Editora Nacional, 1963. p. 60.

[103] FONSECA, 2011, p. 63-64.

[104] PINTO, Luiz Antônio. Memórias municipaes. *Revista do Arquivo Público Mineiro*, Belo Horizonte/MG, n. VII, 1902, p. 939-962; APM-CC 1002.

[105] Segundo Fonseca (2011, p. 33), no fim do período colonial brasileiro, "a rede urbana mineira compunha-se de centenas de arraiais, de 15 vilas e de uma só cidade: Mariana, a antiga Vila do Carmo, que recebeu o título de cidade em 1745, ao se tornar residência episcopal. Ora, este número de sedes de Concelho (16) parece bastante reduzido, tanto em número de arraiais existentes em Minas – mais de 300 – quanto ao total de vilas criadas na colônia. No ano de 1808 havia ali 213 unidades, das quais menos de 7% localizava-se na capitania de Minas [Gerais], sendo que esta abrigava cerca de 20% da população da América portuguesa".

[106] *Cf.* Franco (1954). No ano do descobrimento das minas serranas, Manuel de Borba Gato foi nomeado superintendente do Rio das Velhas. A função do superintendente era policial e fiscal, "equiparado a juiz de fora ou ouvidor-geral, com a mesma alçada, o que mostra a importância social e política que o monarca pretende conferir ao lugar" (MAGALHÃES, 2012, p. 144).

O ribeirão do Carmo pode ter sido descoberto por Miguel Garcia, natural de Taubaté/SP, em torno de 1698 sendo elevada a vila em 1711 e em cidade Mariana, no ano de 1745[107].

No lugar do atual rio do Lucas (em seu encontro com o atual córrego Quatro Vinténs), foram descobertas as minas do Serro do Frio, em 14 de março de 1702, criando-se um arraial que deu origem à Vila do Príncipe, em 1714[108].

2 O REGIMENTO DOS SUPERINTENDENTES, GUARDAS-MORES E OFICIAIS DEPUTADOS, DE 1702

Um novo ajuste nos regimentos para a exploração das minas no Brasil foi publicado em 19 de abril de 1702, poucos dias depois da descoberta das minas do Serro do Frio. Trata-se do *Regimento dos Superintendentes, Guarda-mores e Oficiais Deputados nas Minas de Ouro*[109]. Esse é o regimento que explica oficialmente como se deu a ocupação do território mineiro no século XVIII, pelo menos é uma referência documental importante para comparação com a urbanização desses arraiais e entornos, uma vez que nesses territórios seguiram muitas vezes rumos bem diversos dos preconizados na legislação oficial.

Mesmo que o regimento tenha sido publicado após a descoberta das minas serranas, entendemos que suas normas consolidaram práticas vigentes à época, o que fica evidente no cotejamento das ações dos descobridores escritas no livro oficial e o mesmo regimento.

Por isso, segundo Fonseca o "'Regimento dos superintendentes, guarda-mores e oficiais deputados nas minas de ouro' foi a primeira legislação mineradora verdadeiramente aplicada em Minas Gerais, e a maior parte dos seus artigos vigorou durante muito tempo"[110].

O contexto colonial da publicação do *Regimento dos Superintendentes* era de preocupação em relação à crise de abastecimento de alimentos no território das minas até então conhecidas, gerando uma crise cuja origem era a fome.

Segundo Diogo de Vasconcelos, em 1698, o governador e capitão-general do Rio de Janeiro, São Paulo e Minas Artur de Sá e Menezes acusava a situação de fome no ribeirão do Carmo (Mariana): "chegou a necessidade a tal extremo que se aproveitaram dos mais imundos animais, e faltando-lhes estes para poderem se alimentar a vida largaram as minas e fugiram para os matos com seus escravos, a sustentarem-se das frutas agrestes que neles achavam"[111]. Nos anos seguintes, a situação não havia melhorado, pois "os anos de 1700-1701 foram entanto calamitosos; o mesmo horror que havia experimentando o arraial do Carmo nos anos de 97-98, o flagelo da fome, produziu na serra de Ouro Preto a debandada dos moradores, igualmente cegos pelo ouro, esquecidos dos comestíveis"[112].

---

[107] Ver: Figuras 1 a 9.

[108] Segundo Fonseca (2011, p. 33), "as três primeiras municipalidades de Minas [Gerais] surgiram em 1711: Nossa Senhora do Ribeirão do Carmo (atual Mariana), Vila Rica (Ouro Preto), Vila Real do Sabará. Em 1713, criou-se a Vila de São João del-Rei e, no ano seguinte, Vila Nova da Rainha e Vila do Príncipe (as atuais Caeté e Serro – 1714). Em 1715, foi a vez da Vila de Piedade do Pitangui e, em 1718, de São José Del-Rei (Tiradentes). Depois de mais de uma década sem promoções urbanas, a Vila de Nossa Senhora do Bom Sucesso das Minas Novas do Araçuaí (Minas Novas) foi instalada em 1730. Seguiu-se um intervalo ainda mais longo: somente no final do século é que foram criadas as vilas de São Bento do Tamanduá (Itapecerica – 1789), Queluz (Conselheiro Lafaiete – 1790), Barbacena (1791), Campanha da Princesa (Campanha – 1798) e Paracatu do Príncipe (Paracatu – 1798). Finalmente, em 1814, erigiram-se as duas últimas vilas mineiras do período colonial: São Carlos do Jacuí e Santa Maria de Baependi". Ver: Silva (1928) e Figuras 47 e 48.

[109] CCM, p. 313-324; APM-SC 01, fl. 33v.-41v. No Anexo 1, transcrevemos o regimento integralmente.

[110] FONSECA, 2011, p. 447.

[111] VASCONCELOS, Diogo de. *História antiga de Minas Gerais*. 1º volume. 3. ed. Belo Horizonte: Itatiaia, 1974b, p. 167.

[112] VASCONCELOS, 1974b, p. 177.

Na prática, para continuarem nos territórios minerais, ficou acordado que haveria um amplo investimento na associação entre agricultura e exploração mineral para garantir o abastecimento dos descobertos, pousos e arraiais[113]. Depois do acordo e cessando a fome, muitos retornaram às lavras[114]. A lição foi aprendida pelas gerações posteriores, pois "em certas regiões, como no termo de Mariana entre os anos de 1750 a 1770, apenas 10% das unidades de produção eram ligadas exclusivamente à mineração"[115].

O *Regimento dos Superintendentes* modificou o nome da antiga Provedoria das Minas, atualizando-a para Superintendência das Minas. Em 1736, criaram-se as Intendências do Ouro e o cargo de Intendente-geral do Ouro e, a partir de 1750, reorganizou-se a administração com a implantação das casas de fundição. Na prática, para cada distrito minerador — a vila, seus arraiais e povoados (os antigos do século XVIII chamavam de termo), o Senado da Câmara, a paróquia ou freguesia —, o governo da capitania provisionou um superintendente à medida do crescimento populacional dos descobertos e dos problemas inerentes à ocupação das terras, especialmente as questões ligadas à aplicação do mesmo regimento. A região das minas sempre foi uma região de conflitos e motins, disputas armadas e revoltas.

Os cargos de superintendente e de guarda-mor exigiam um gesto pedagógico baseado no reconhecimento da sua autoridade no sentido que lhe explica Hannah Arendt, ou seja, "o reconhecimento inquestionável por aqueles a que se pedem que obedeçam. Nem a coerção nem a persuasão são necessárias"[116]. Talvez, o sentido arendtiano de autoridade nas minas fosse republicano demais para o contexto de um lugar ainda sem o apreço civilizatório ao império da lei, fundamento das democracias constitucionais modernas (Estados Unidos da América e França ao final do século XVIII), das quais Portugal não fez parte, senão por medidas modernizadoras do Marquês de Pombal em seu governo (1750-1777), a principal ao nosso ver foi a instituição das aulas régias pela cobrança do subsídio literário.

Tudo nos territórios minerais era ainda provisório em termos de regulamentação, apesar da estrutura do estado português no Brasil já estar bastante consolidada como espelhamento de suas ordenações. Dessa forma, a autoridade estava sedimentada no reconhecimento da empresa do descoberto, da iniciativa pessoal de comandar ou auxiliar numa bandeira, da figura de fundador do bandeirante. Mas era um tipo de autoridade, sem dúvida.

Por isso, o superintendente era o responsável, juntamente com os guardas-menores, escrivão, meirinho e tesoureiro e pela direção dos trabalhos de supervisão do distrito das minas e tinha toda a jurisdição ordinária, cível e criminal, dentro desses limites e a mesma alçada outorgada aos ouvidores referentes aos pleitos de Fazenda até a quantia de 100$000 réis, sendo que nos casos excedentes daria apelação e agravo à Relação da Bahia.

Isso ficou esclarecido nos últimos artigos do *Regimento* de 1702, Art. 31º, quando estabeleceu que "o superintendente terá toda a jurisdição ordinária cível e crime dentro dos limites dessas Minas, que pelas minhas leis e regimentos é dada aos juízes de fora e ouvidores-gerais das comarcas do Brasil, naquilo em que se puder acomodar, e à mesma alçada que aos ditos ouvidores é outorgada"[117]. E no Art. 32º:

---

[113] *Cf*. Boxer (1963, p. 59).

[114] *Cf*. Vasconcelos (1974b, p. 178).

[115] FONSECA, 2011, p. 70.

[116] ARENDT, Hannah. *Sobre a violência*. Rio de Janeiro: Relume-Dumará,1994, p. 37.

[117] CCM, p. 323.

E porque o superintendente das Minas, com a experiência da assistência delas, poderá achar que neste regimento faltam algumas coisas que sejam convenientes à boa arrecadação da minha Fazenda e administração delas, dará conta do que lhe parecer se deve acrescentar nó regimento, como também a dará se achar que alguns capítulos dele podem ser inconvenientes[118].

3 A FUNÇÃO DO SUPERINTENDENTE E DO GUARDA-MOR

Segundo o *Regimento* de 1702, em seu artigo 1º, o superintendente devia resolver os conflitos inerentes à ocupação dos territórios minerais, fazendo diligências "com todo cuidado" para saber se havia desentendimentos entre os mineiros e outras pessoas, algo que pudesse colocar a ordem das minas em xeque. Os desordeiros deviam ser presos, "e os não soltará sem primeiro fazerem termo de não entenderem um com o outro, e tendo cometido culpa por que algum mereça maior castigo procederá como for direito"[119].

Isso provocou, por exemplo, a necessidade de construção das cadeias públicas para a aplicação deste artigo. Nas minas do Serro do Frio, pode ter havido uma cadeia[120], muito parecida ou a mesma citada em vereação de 12 de fevereiro 1722, num rancho "coberto de capim e assentado sobre seis forquilhas",[121] conforme registrou o Dr. Dario. Fato é que a rua da Cadeia (antiga rua de Baixo), paralela e abaixo da rua Direita, abrigou esse prédio público, até o final do século XIX, quando foi transferida para o alto da cidade, no antigo Gambá.

No artigo 2º, o regimento descreve a metodologia dos descobrimentos. Ao chegar às minas, o superintendente — ou o chefe dos bandeirantes no caso das minas do Serro do Frio — devia "examinar os ribeiros que estão descobertos, a riqueza deles e se a pinta é geral"[122]. A pinta — mancha ou marca do ouro — dizia respeito à concentração e à extensão dos veios de ouro na beira rio que determinavam as repartições das braças de terras ou lavras. Caso a extensão fosse grande, os guardas-menores seriam encarregados de parcelar as terras[123]. O *Regimento* instruía a partir da predominância das técnicas de exploração do ouro no Brasil daquele período, concentradas na busca do ouro de aluvião ou ouro de lavagem nos veios achados nos leitos dos rios.

De acordo com Paul Ferrand, no serviço dos veios, buscava-se, "de preferência, o cascalho aurífero, encontrado descoberto nos rios"[124]. Por causa disso, explicava-se a "vinda tão rápida de um grande número de aventureiros, atraídos ao mesmo tempo para a explotação dos rios"[125], em

[118] CCM, p. 323.

[119] CCM, p. 313; APM-SC 01.

[120] No Arquivo do Iphan Serro, podem ser consultados alguns livros sobre o cotidiano das prisões, seus motivos ou termos, multas e alvarás de soltura: Livro Registro de Alvará de soltura da Vila do Príncipe 1736-1756 (Doc. 06, Cx. 43), Livro de Termos de Prisão da Vila do Príncipe 1750 (Doc. 03, Cx. 43), Livro de Assento dos Presos da Cadeia de Vila do Príncipe 1762 (Doc. 05, Cx. 88), Livro Mandados de Prisão de Escravos na Vila do Príncipe 1763-1768 (Doc. 05, Cx. 43), Livro de Assento dos Presos da Cadeia de Vila do Príncipe 1767 (Doc. 01, Cx. 89), Livro de Termos de Prisão da Vila do Príncipe 1782-1793 (Doc. 04, Cx. 43), Livro de Assento dos Presos da Cadeia de Vila do Príncipe 1796 (Doc. 02, Cx. 89).

[121] SILVA, 1928, p. 38.

[122] CCM, p. 314; APM-SC 01.

[123] O artigo 19º previa que os ribeiros eram comumente muito extensos e, por isso, regulou sua exploração para além da divisão aos descobridores e outros por sorteio. Assim, estabeleceu: "como sucede que os ribeiros são tão ricos que entra a sua riqueza muitas braças pela terra dentro, havendo pessoas que tenham ficado sem data, pedindo-a nas sobrequadras, se lhes repartirá na mesma forma que [tenho] disposto no capítulo quinto. Porém, no caso que todos estejam acomodados com datas e acabando de lavrar a data que lhes tocou, por ter notícia que alguma data das repartidas a outras pessoas é de pinta rica e por isso pedir-se lhes dê a sobrequadra dela, em tal caso se lhes não dará, porque essa pertence ao que lavrou ou está lavrando a tal data de que se pede a sobrequadra" (CCM, p. 320; APM-SC 01).

[124] FERRAND, 1998, p. 98.

[125] FERRAND, 1998, p. 98.

que estes "desprovidos de todos os meios, extraíam o ouro estrando na água para remexer as areais com estacas afiadas, que recolhiam em seguida em pequenos recipientes [...] gamelas de madeira, nas quais separavam os grãos de ouro com os dedos"[126]. Essa apuração do ouro foi feita nos ribeiros serranos pelos escravos comandados pelos bandeirantes, uma vez que eles dominavam a técnica. Não por acaso, o mesmo autor acrescentou em seus estudos que as gamelas de madeiras "foram substituídas mais tarde por um vaso em forma de funil ou de cone muito aberto, a *bateia* provavelmente importada das África, quando da entrada dos negros na colônia"[127].

Resta saber se no cotidiano das minas do Serro do Frio a bateia importada da África — assim como a mão de obra escrava dominante a partir de então — já estava presente na primeira inspeção dos ribeiros, ou seja, se já havia o comércio internacional das bateias que permitisse os bandeirantes paulistas desfrutar desse artefato. Estamos diante de um gesto pedagógico colonial fundamental, como estamos destacando passo a passo: não há acaso no negócio das minas de ouro, tratando-se de serviço altamente qualificado, dependente de mão de obra escrava especializada e de utensílios e técnicas que permitam dinamizar o processo e aumentar seus rendimentos. Entende-se que com o passar do tempo, em plena vigência do *Regimento* de 1702, a captura dos indígenas pelos bandeirantes paulistas tenha diminuído ou praticamente tenha acabado, uma vez que havia necessidade de outro fluxo migratório, ou seja, de escravos africanos especializados em mineração. A historiadora Cláudia Damasceno Fonseca destacou, ainda, que o negócio com o "tráfico negreiro era extremamente lucrativo para os negociantes da metrópole – assim como para Coroa, que tributava essa atividade –, ao passo que a caça e o comércio de indígenas não passavam de um negócio interno, restrito aos colonos"[128].

Assim, a passagem de uma mão de obra escrava indígena para uma mão de obra escrava africana (ou de escravos nascidos no Brasil) parece ter coincidido nas minas do Serro do Frio de maneira clara. Isso se evidencia com a presença de índias e índios quintando seus achados, bem como a lista de escravos de 1717, que também consta os escravos carijós, nativos ou vermelhos.

Concorda com nossa análise o historiador Renato Pinto Venancio, quando esclarece que na "Minas Gerais colonial, a escravidão baseada na exploração do braço nativo foi implantada pelos bandeirantes; já francamente decadente em São Paulo seiscentista, a instituição sobreviveu até a segunda década de ocupação da região do ouro, para em seguida praticamente desaparecer das vilas, arrais e lavras mineiras"[129]. Os índios escravizados, quando atuavam nas minas, eram conhecidos como "*carijós* e *negros da terra* ou, segundo expressão local, *como cabras da terra*, representavam apenas 0,4% dos 11.797 cativos ocupados nas lavras da Vila do Carmo"[130], por exemplo.

Isso não quer dizer que na Comarca do Serro do Frio a dizimação dos indígenas e as guerras de conquista de terras tenha parado em algum momento. Antes, pelo contrário, ela foi intensificada quanto mais a mineração avançava pela bacia do rio Doce, em direção ao território dos "botocudos", na mata do Peçanha. Essas complexas sociedades indígenas cruzaram o território mineiro desde sempre, pois eram nômades ou seminômades[131]. Eram os Cataguases, Coroado, Puri, Croados,

---

[126] FERRAND, 1998, p. 98.

[127] FERRAND, 1998, p. 98.

[128] FONSECA, 2011, p. 63-64.

[129] VENANCIO, Renato Pinto. Os últimos carijós: escravidão indígena em Minas Gerais: 1711-1725. *Revista Brasileira de História*, São Paulo, v. 17, n. 34, 1997, s/p.

[130] VENANCIO, 1997, s/p, grifos do autor.

[131] Insistimos na noção equivocada de sertão vazio de povos tradicionais ou de "'vazio demográfico', na qual a colonização se processa desprovida de quaisquer conflitos, como se a conquista transcorresse por territórios despovoados" (PAIVA, 2016a, p. 27). Esse autor denomina os sertões com o interessante registro de "domínios dos índios, com o qual concordamos" (PAIVA, 2016a, p. 151).

Emborés, Kamakã, Pataxó, Panhame, Maxacali, Mapoxós, Tapuias, Tupiniquins, Tapajós, Caiapós, Kiriris, Caipós, Aymorés, Tupis, Carijós, Tamoyos, Araris, Araxás, Bororós, Chopotós, Camacans, Mongoyó, Cumanoxó, Cutaxó, Malali, Baenã, Kamakã, Acroás-Mirins, Chacriabás, entre outras.

Os povos indígenas ensinavam seus costumes aos filhos ao seu modo, a partir de suas tradições, mais antigas no tempo que a Pedagogia criada no século XVIII na Europa, com o advento da sociedade de massas, urbana e industrial. Os povos indígenas no século XVIII deslocaram-se geograficamente no território mineiro por conta da invasão de suas terras e de seus recursos naturais ou por conta de seus hábitos culturais. As sociedades indígenas foram importantes agentes sociais na formação sociocultural da Comarca do Serro do Frio antes da chegada dos descobridores e durante o período colonial. Assim,

> Se os índios enfrentaram os conflitos violentos nos sertões, também resistiram a todo custo quando foram incorporados à sociedade colonial. Desta vez, contra a prática de escravização nas vilas e nos lugarejos da capitania. A presença de indígenas e seus descendentes, nos arraiais e vilas, pode ser atribuída a diversas razões. Em parte, eram "carijós" que passaram a Minas na companhia dos paulistas – muitos, inclusive, aprisionados durante as entradas nos sertões, no final do século XVII, e que viveram uma diáspora a seu tempo, como descreveram alguns relatos do Códice Costa Matoso. Outro tanto foi resultado da preagem das bandeiras, armadas pelos colonos e, muitas vezes, financiadas pelo Estado durante todo o período colonial. Portanto, muito diferente do que se faz crer, a conquista dos indígenas – o "ouro vermelho" – não cessou com as novas descobertas, culminando com o desfecho da guerra contra o Botocudo em 1808. Mesmo que a motivação das expedições estivesse associada à extração de metais preciosos e, por extensão, à concessão de sesmarias, cargos e outras benesses, não se pode subestimar que a captura dos nativos, ainda que residual, tivesse despertado o interesse de muitos participantes das bandeiras. Por todo o período colonial, as entradas nos sertões foram movidas por este tripé. Não há dúvidas, portanto, de que uma boa parcela dos índios foi capturada nestes confrontos e se prestou como reduto de mão-de-obra para a lavra mineral, agrícola ou serviços domésticos[132].

Espalhando-se pelo norte do atual estado de Minas Gerais, as sociedades indígenas que vivenciaram a colonização portuguesa de suas terras pelos bandeirantes paulistas no extenso território que se configurou como a Comarca do Serro do Frio nos primeiros anos do século XVIII educavam seus filhos. Praticavam rituais de iniciação na passagem da infância para a adolescência. Cultuavam seus mortos. Sabiam construir suas aldeias para se protegerem do frio e do calor. Dominavam a pesca, a caça, os rios, as florestas, as montanhas. Dançavam e brincavam nas suas festas. Foi pela troca cultural e tecnológica com as sociedades indígenas que os bandeirantes paulistas nomearam os rios, as montanhas, os picos, traduzindo seus termos para o idioma português[133].

Por fim, o cargo abaixo do superintendente das minas ou descobertos era o de guarda-mor. Ele era provisionado para conceder a licença para pessoas descobrirem novas minas, fazer a medição das lavras em braças e a sua repartição, verificar o número de escravos[134] que trabalhavam nas minas e exercer, por meio de registros oficiais, esse controle[135], para além de ser o responsável oficial por

---

[132] RESENDE, Maria Leônia Chaves de; LANGFUR, Hal. Minas Gerais indígena: a resistência dos índios nos sertões e nas vilas de El-Rei. *Tempo*, Niterói, v. 12, n. 23, p. 5-22, 2007, p. 14-15.

[133] A presença de indígenas no censo demográfico realizado por Saint-Hilaire em 1816 demonstra o complexo processo de miscigenação em curso ainda no período colonial, perpassado pela dizimação de suas aldeias. Não fica claro no censo se os indígenas eram escravizados ou não, e como se organizavam no interior da sociedade serrana. Ver: Saint-Hilaire (1934, p. 276).

[134] De acordo com Gomes (2021, p. 76), "em meados do século XVIII o número médio de escravos por proprietário em Minas Gerais era treze, mas havia plantéis enormes, com cem ou mais cativos".

[135] Ver: Figura 12.

medidas para evitar o descaminho ou tráfico do ouro em pó, algo extremamente comum nesse contexto de eldorado[136] brasileiro. O artigo 13º do regimento estabeleceu que o guarda-mor faria uso de "um livro rubricado pelo superintendente", a fim de assentar os ribeiros descobertos "com título à parte do dia, mês e ano em que se descobriu, do dia em que se repartiram as datas" apresentando "declaração das pessoas a quem se repartiram, braças de terra que se deram a cada um, confrontações e marcos que se lhes puseram, e de tudo se fará fazer termo, em que assinará o guarda-mor e cada um dos mineiros a que se repartir a data"[137]. Esse livro é o da Receita Real que chegou em branco nas minas do Serro do Frio[138] e de certa forma registrou vários descobertos, especialmente anotando as arrematações das lavras[139] e o quinto do ouro, com a as sagradas letras do escrivão Lourenço Carlos Mascarenhas de Araújo.

Vejamos, então, como foram organizados os serviços burocráticos de controle do distrito das minas do Serro do Frio em seus primeiros anos, a partir da distribuição de cargos provisionados pela Coroa portuguesa.

---

[136] O mito do Eldorado segundo Galeano (2017, p. 33) nasceu em torno da figura do "rei banhado em ouro que os indígenas inventaram para afastar os intrusos: de Gonzalo Pizarro a Walter Raleigh, muitos o perseguiram em vão nas florestas e nas águas do Amazonas e do Orinoco; a quimera do 'monte que manava prata' se tornou realidade em 1545, com o descobrimento de Potosí, mas antes já haviam morrido, vencidos pela fome, pelas doenças ou atravessados por flechas indígenas, muitos dos expedicionários que, subindo o rio Paraná, tentaram infrutiferamente alcançar o manancial de prata". O mito do Eldorado criou uma certa mentalidade da Coroa portuguesa preocupada com a sobrevivência nas minas. De fato, como os espanhóis encontraram grande quantidade de ouro e prata antes dos portugueses no século XVI, o mito do Eldorado era como um destino manifesto das minas de ouro em solo brasileiro: devia ser evitado, ou na melhor das hipóteses, controlado para evitar que a ganância descontrolada gerasse o caos no território. Por isso, os vinte primeiros anos do século XVIII nas Minas Gerais são fundamentais para a estruturação do sistema de capitação do ouro através de uma malha tributária que cobrava impostos por cabeça de escravos até multas por aprisionamento na cadeia. Tudo era feito para tirar das minas de ouro o metal precioso e leva-lo para Portugal. O mito do Eldorado explica muito do que se pensava dos paulistas quando saiam em bandeiras: segundo representação corrente no Brasil colonial não havia paulista que, "mais ou menos, deixasse de afagar o pensamento de descobrir minas" (D'OLIVEIRA, 1864, p. 114). O imaginário em torno do Eldorado era um misto de fortuna e desventura, riqueza fácil e empobrecimento rápido, ou seja, em torno de uma noção de que todo sentimento extremo de ganância e ambição poderiam ser punidas com o abandono da graça divina. Por isso, normalmente os antigos ao biografar os bandeirantes terminam seu relato indicando se conseguiram ou não manter sua opulência e passá-la aos filhos.

[137] CCM, p. 318; APM-SC 01.

[138] SILVA, 1928, p. 20.

[139] Conforme ordenava o regimento de 1702 em seu artigo 22º: "Porquanto as datas que pertencerem à minha Fazenda se deve ter nelas toda a boa arrecadação, e tem mostrado a experiência os vários descaminhos que tem havido neste particular, a que é preciso acudir com remédio, mando ao superintendente que ponha na praça as datas que pertencem à minha Fazenda para se arrematarem a quem mais der, e andarão em pregão nove dias, e o escrivão tomará os lanços que cada um lhes der e, ao mesmo tempo, mandará por todas as partes circunvizinhas por onde se minerar pôr também as ditas datas em pregão para que venha à notícia de todos para poderem lançar nelas e [procurará] que todos possam livremente lançar nas ditas datas, sem respeito algum aos poderosos, que fará castigar como merecerem no caso que, por algum modo, impeçam aos lançadores que quiserem lançar nas ditas datas, fazendo sobre isso os autos que lhe parecerem necessários. E no caso que não haja lançadores que lancem preço equivalente nas ditas datas, o superintendente as mandará lavrar por conta de minha Fazenda, para o que puxará pelos índios que lhe forem necessários e lhes pagará pela minha Fazenda o mesmo que lhes costumam pagar os particulares quando os servem, e nomeará pessoa que assista à dita lavoura que tenha inteligência e bom procedimento, e lhe nomeará um escrivão, pessoa fiel e desinteressada, a quem dará por ele um livro numerado e rubricado, em que lançará, por dias, todo ouro que naquele dia se tirar e quantos índios no mesmo dia batearam, de que fará termo e assinará com a pessoa que assistir a dita lavoura" (CCM, 1999, p. 320-321).

CAPÍTULO TRÊS

OS DESCOBRIDORES DAS MINAS DO SERRO DO FRIO E SUAS LUTAS PELO PODER

Digo tudo, disse: matar-e-morrer? Toleima.
Nisso mesmo era que eu não pensava. Descarecia.
Era assim: eu ia indo, cumprindo ordens;
tinha de chegar num lugar; aperrar as armas;
acontecia o seguinte, o que viesse vinha; tudo não é sina?

(João Guimarães Rosa – Grande Sertão: Veredas)

A hierarquia dos descobrimentos das minas de ouro era determinada pelos regimentos oficiais, modelados, ou seja, escritos, de acordo com os conflitos resolvidos e solucionados no dia a dia das lavras, especialmente na região das minas de ouro e pedras preciosas do território que viria a ser as Minas Gerais.

De fato, podemos afirmar que os regimentos eram antecedidos pela prática de ocupação dos territórios auríferos e pela trama de interesses da Coroa portuguesa — leia-se Governo-Geral do Brasil em conluio com os governadores de capitanias — que sempre dava seu jeito de colocar os interesses reais bastante evidentes e justificados. Isso porque a única justificativa para a exploração das terras brasileiras, mineiras, serranas é que ela era concedida por privilégio monárquico.

Toda a colônia pertencia ao rei.

Dessa forma, pela compreensão das razões de estado próprias ao absolutismo ou Antigo Regime português, ao rei, era o proprietário-mor da colônia. Era o rei quem ordenava a distribuição dos privilégios de exploração.

Por isso, a hierarquia dos descobrimentos era prática, funcional e formalizada pelos regimentos, para se evitarem dúvidas de jurisdição. Podemos, pois, afirmar que alguns "homens bons" tinham mais direitos que outros em determinados territórios. Isso fazia parte do jogo da mineração. Havia nas minas do Serro do Frio o primeiro escalão do descobrimento oficial capitaneado pelo guarda--mor Antônio Soares Ferreira. O segundo escalão eram seus amigos ou camaradas (normalmente aparentados por casamentos), parceiros na empreitada de ocupação e exploração das minas de ouro.

O segundo escalão das minas do Serro do Frio apresenta nomes clássicos do bandeirismo paulista, homens conhecidos pela capacidade de primar os descobertos e lucrar com os privilégios reais dos cargos remunerados ou das melhores lavras a que tinham direito garantido. Conhecer um pouco mais da história desses descobridores é nosso objetivo a partir desse momento.

1 O GUARDA-MOR ANTÔNIO SOARES FERREIRA (C.1670-1720) E A REVOLTA DO SERRO DO FRIO (1718-1720)

Por ordem de merecimento e reconhecimento de sua bandeira vitoriosa na descoberta de ouro, o cargo de superintendente deveria ter sido dado ao descobridor das minas do Serro do Frio, o capitão Antônio Soares Ferreira[140], logo após a publicação do *Regimento* de 1702. Não funcionou dessa maneira.

O descobridor apenas recebeu o cargo de guarda-mor. É o que aparece nos documentos oficiais: em 14 de março de 1702,[141] ele foi reconhecido como guarda-mor descobridor das minas[142], para quem os mineradores entregavam o quinto do ouro, recebendo sua carta de quintação, podendo circular com ouro em pó, normalmente voltando em direção aos currais da Bahia. Em 20 de fevereiro de 1704, ele se autointitulava guarda-mor das minas do Serro do Frio tendo enviado uma carta ao governador-geral do Brasil, D. Rodrigo da Costa (1702-1708)[143], respondida com o mesmo reconhecimento de sua função em 17 de março de 1705[144].

No dia 19 de março de 1705, foi enviada a sua patente de capitão-mor dos distritos do Serro do Frio e Itacambira em carta enviada pelo governador-geral do Brasil D. Rodrigo da Costa, em que se lê:

> O grande serviço que vossa mercê tem feito à sua majestade, que Deus guarde, assim no descobrimento dessas minas, e arrecadação de sua Real Fazenda, e zelo com que se aplica aos mesmos descobrimentos, prendas, e mais circunstâncias que em vossa mercê reconheço; e ser filho de um pai, a quem este estado em grande parte deve verse livre da opressão do gentio bárbaro, me obriga a mostrar a vossa mercê, a minha boa vontade, sem retribuição

---

[140] Segundo Leme (1904, V. VI, p. 223), a origem da família de Antônio Soares Ferreira [o moço] é a seguinte: Izabel Cubas [avó materna], filha de Gaspar Cubas foi primeiro casada com Sebastião da Costa, falecido em 1614 em São Paulo, e segunda vez com Luiz Soares [avô materno]. Teve do primeiro marido a filha única, chamada Maria (sem herdeiros); do segundo esposo, Izabel Cubas teve os filhos sargento-mor Antonio Soares Ferreira [o sargento-mor Antonio Soares Ferreira tinha este posto com 600$000 de soldo, e foi conquistador dos Tupinambás no sertão da Bahia; recebeu honrosas cartas de el-rei Dom Pedro II com promessa de dois hábitos de Cristo; lutou contra índios maracás em missão oficial para o Governo-Geral do Brasil por volta de 1673], Gaspar Soares, Miguel Soares Ferreira, Izabel Soares e Maria. O sargento-mor Antonio Soares Ferreira [o velho], foi casado com Domingas Antunes, falecida em 1665 em São Paulo. Teve naturais da Conceição dos Guarulhos, 6 filhos: o capitão Antonio Soares Ferreira que foi casado com Maria de Freitas, falecida em 1702 em Itu, filha de Henrique da Cunha Gago e de Anna de Almeida; Maria Soares Ferreira foi primeiro casada com Miguel de Almeida Prado filho de Henrique da Cunha Gago (o neto) e de Anna de Almeida Prado, com 4 filhos; segunda vez casou em 1688 em Itu com Sebastião Gil de Godoy; faleceu em 1726 em Itu; Ana Soares Ferreira foi casada com o capitão Antonio Fernandes de Abreu, assassinado por um dos irmãos, João ou Lourenço Leme, em 1717 em Itu, filho de Manoel Fernandes de Abreu e de Maria Bicudo de Mendonça; Izabel Cubas Ferreira casou em 1682 em Itu com Paschoal Delgado Lobo filho do capitão João de Anhaya de Almeida e de Izabel Delgado. Faleceu Izabel Cubas em 1747 em Itu com 87 anos de idade; Luiz Soares Ferreira se casou com Catharina Dias Paes filha de Fernão Dias Paes e de Maria Garcia Betim; e Miguel Soares Ferreira último filho. Em resumo: o descobridor das minas do Serro do Frio era neto de Izabel Cubas e Luiz Soares, filho de Antônio Soares Ferreira [o velho] e Izabel Cubas. Segundo Leme (1904, v. V, p. 7), Antônio Soares Ferreira [o moço] foi casado com Maria de Freitas, falecida em 1702 em Itu; ele era natural de Conceição dos Guarulhos [Guarulhos], filho do sargento-mor do mesmo nome e teve os filhos: João Soares Paes [ou Ferreira], casado primeiro em 1693 em Itu com Maria de Proença, filha de João Borralho de Almada e de Maria Leme; segunda vez se casou em 1734 em Sorocaba com Anna de Sousa, filha de João Ferreira de Mendonça e de Antônia Dias. Teve com a segunda esposa os filhos: Jerônimo Soares Paes, casado primeiro em 1768 em Sorocaba com Anna Vaz dos Reis, filha de João Nunes de Siqueira e de Maria Francisca; segunda vez em 1781 na mesma vila com Izabel Dias, filha de Antonio Dias e de Francisca de Souza.

[141] No dia 28 de novembro, os oficiais da Vila da Cachoeira próxima a Salvador, nos caminhos da Bahia enviaram carta ao governador-geral do Brasil Rodrigo da Costa sobre os descobrimentos do Serro do Frio; a resposta foi passada no dia 10 de dezembro de 1704: "Recebi a carta de vossas mercês de 28 de novembro passado, em que me dão conta de se haverem descoberto no Serro do Frio, umas minas que se fabricavam de novo, as quais pertenciam à jurisdição dessa capitania, por ficarem para a parte do rio de São Francisco, para eu mandar examinar este negócio, e dispor o que fosse mais acertado. Sua majestade, que Deus guarde, foi servido ordenar se impedissem os descobrimentos das minas que houvesse nos sertões da jurisdição desta capitania, e por essa causa me não é possível, mandar à averiguação das ditas minas: proporei este negócio no conselho da Fazenda, para nele se resolver o que for mais conveniente ao serviço de sua majestade e de utilidade aos seus vassalos. Deus guarde a vossas mercês. Bahia e dezembro 10 de 1704" (BN-DH, 1938, v. XL, p. 258-259).

[142] PINTO, 1902, p. 939; APM-CC 1002.

[143] Ver: Figuras 21 a 23.

[144] BN-DH, 1938, v. XLI, p. 352-360.

do afeto que vossa mercê tem mostrado nos meus particulares; e porque por ora me não é possível remunerar a vossa mercê como desejo, o que espero fazer nas ocasiões possíveis que se me oferecerem, dos acrescentamentos de vossa mercê, lhe remeto essa patente de capitão-mor desses distritos, para que tenha e exercite este posto como espero de quem é, obrando nele tão ajustado ao serviço de sua majestade, e bem desse povo, como me seguro: e para que vossa mercê tenha quem o ajude remeto também patente de sargento-mor dos mesmos distritos ao capitão Baltasar de Lemos de Morais, procurador da Coroa, e Fazenda de el-rei nosso senhor e a vossa mercê ofereço esse bastão para o dia que tomar posse desse posto. Deus guarde a vossa mercê. Bahia e março 19 de 1705. Dom Rodrigo da Costa[145].

Interessante correspondência levada até D. Rodrigo da Costa pelo guarda-mor Antônio Soares Ferreira dá conta das relações iniciais de poder, autoridade e privilégios nas minas do Serro do Frio. As cartas levavam meses para ter uma resposta lida por seu emissário.

Outra carta datada de 28 de janeiro de 1704 foi remetida ao governador-geral do Brasil pelo frei padre Pedro da Cruz — a quem é usado o pronome de tratamento vossa paternidade — e que obteve a seguinte resposta, em 17 de março de 1705:

O dito capitão sendo filho de um pai, que também serviu a sua majestade, que Deus guarde, neste estado não pode deixar de ter todas as prendas que vossa paternidade me segura, e assim o tem mostrado, no desinteresse, e ativos brios com que se emprega no serviço do dito Senhor, e arrecadação de sua Real Fazenda, e bem temporal e espiritual desse povo, com o que da eleição que nele fiz não só aceito agradecimento que vossa paternidade me dá, mas também espero se me deem os parabéns dela, como se me devem, pelo singular gosto que tenho de tão grande acerto. As apelações e agravos que vieram do visitador do Rio de Janeiro, pertencentes a esta Relação, ainda se não decidiram, por terem sido férias, e se abrir há poucos dias: e como o correio se resolver a ir sem a decisão deste negócio, a respeito das travessias (que não sei como as achará neste tempo) não posso dizer a vossa paternidade nenhuma outra cousa mais neste particular, em que espero tenha esse povo as felicidades que desejo. A notícia que vossa paternidade me dá do grande rendimento que tem o ribeiro em que assiste, pois sendo as bateadas de libra, e de meia libra, não pode ser mais lucroso, e rico: e assim quisera que vossa paternidade me explicara a razão, para que sendo a pinta como me diz, de dois vinténs, meia pataca, e daí para cima, se não vendeu esta data, a respeito do maior lucro: e como vossa paternidade é mineiro, não lhe é dificultoso de me soltar este problema sem que publique a minha imperícia. Vai a cópia da carta de sua majestade em que promete as mercês que nela consta aos que descobrirem minas ricas, para que à vista dela, obrem os descobridores o que tanto convém aos seus desejos, e aumento da Fazenda Real e felicidade do meu Governo. Deus guarde a vossa paternidade muitos anos. Bahia e março 17 de 1705. Dom Rodrigo da Costa[146].

Destacamos um trecho da carta de Soares Ferreira ao governador-geral D. Rodrigo da Costa, escrita no dia 20 de fevereiro de 1705 e que foi respondida oficialmente em 17 de março de 1705. Nela aparece que a provisão de guarda-mor foi dada pelo governador na Bahia, com autorização da Coroa portuguesa. Além disso, revela-se o privilégio familiar dos bandeirantes: o pai do descobridor das minas do Serro do Frio de mesmo nome, já tinha feito sua fama na extinção dos gentios, ou seja, no aprisionamento, escravização e dizimação das aldeias indígenas nos sertões brasileiros, ao norte de São Paulo. A carta possui aspecto comemorativo pelos descobrimentos do ouro, deixando o bandeirante todos os seus outros interesses, ou seja, a sua propriedade rural no Vale do Paraíba:

---

[145] BN-DH, 1938, v. XLI, p. 11-12.
[146] BN-DH, 1938, v. XLI, p. 9-10.

Estimo muito estar vossa mercê entregue da provisão, que lhe remeti, de guarda-mor desses seus descobrimentos, e de posse do dito cargo, sem contradição de pessoa alguma, antes me consta, ser com grande gosto, e satisfação desse povo, o que não posso duvidar, assim pelo grande zelo que vossa mercê mostra no serviço de sua majestade, que Deus guarde, como por filho de um pai tão digno de sua real grandeza, o que bem testemunha este estado, e capitania respeito da grande parte que teve na extinção do gentio, que a inficionava, e assim espero, ver em vossa mercê lograda aquelas mercês, que o dito senhor lhe deve fazer, pois com tanto trabalho e despesa de sua fazenda se expôs a lhe fazer este tão grande serviço, só por aumentar a do mesmo Senhor, de que lhe hão de resultar tão lucrosos aumentos; e pelo que me toca a mim nesta parte, dou a vossa mercê, quanto me é possível, e posso, os agradecimentos, e parabéns, do bem que tem obrado, deixando todos os mais interesses, só afim de conseguir estes descobrimentos. Sinto que o doutor José Vaz Pinto, usasse com vossa mercê, as incivilidades de que se queixa, sendo vossa mercê digno, de toda a galanteria, entendendo ser vossa mercê filho daquele pai, e não ignorando o serviço que ia fazer a el-rei nosso senhor, que pelo haver feito superintendente das minas gerais entenderia, não podia vossa mercê fazer estes descobrimentos, sem expressa licença sua, há atendendo, que estes sertões da Baia, lhe há podem pertencer, sem sua majestade assim o declarar[147].

A última anotação de pagamentos dos quintos do ouro que menciona o nome de Antônio Soares Ferreira e seu cargo é datado de 17 de fevereiro de 1707, no *Livro da Receita da Fazenda Real*, aberto em 1702[148]:

Aos doze dias do mês de fevereiro de mil setecentos e sete anos quintou Manuel Luís da Silva que vai que vai destas minas para os currais da Bahia cento e cinquenta e nove oitavas e meia de ouro de que pagou de quintos à Fazenda de sua majestade, que Deus guarde, trinta e uma oitavas e meia e ficaram cento e vinte e oito oitavas que declarou o dito Manuel Luís mandava João Francisco Feitel[149] a entregar João Borges Diniz as quais vão em pó por não haver ainda fundição nestas minas declaro que os ditos quintos recebeu logo perante mim escrivão o guarda-mor Antônio Soares Ferreira por falta de tesoureiro de que fiz este termo que o dito Manuel Luís assinou e o dito guarda-mor comigo escrivão e eu, João Mendes da Mota, o escrevi e assinei. João Mendes da Mota, Manuel Luís da Silva[150].

O último lançamento que se tem notícia em livros oficiais da Fazenda Real relativo ao descobridor das minas serranas se deu no 27 de setembro de 1712. Na oportunidade, foi lavrado um termo de entrega em receita viva, ou seja, em ouro em pó, ao provedor dos quintos reais o capitão Manuel Rodrigues da Fontoura por conta da ausência do tesoureiro Manuel Gonçalves de Souza, a quantia de 403 oitavas

[...] que devia de quintos a sua majestade que Deus guarde pelas haver recebido de várias pessoas que tinham quintado no tempo que ele guarda digo que ele era guarda-mor nestas minas do Serro do Frio, como consta dos termos do livro que com ele servia, e por estar entregue da dita quantia fiz este termo em que assinou o dito provedor[151].

---

[147] BN-DH, 1938, v. XL, p. 352-353.

[148] Ver: Anexos 2 e 3.

[149] Nessa viagem, foi preso pelos funcionários da alfândega da Superintendência das Minas e levado dessa forma ao governador-geral. É o que está relatado na carta enviada pelo governador-geral do Brasil, D. Rodrigo da Costa, em 17 de março de 1705, ao guarda-mor das minas do Serro do Frio, Antônio Soares Ferreira: "em 20 de fevereiro próximo passado, deste ano, recebi a carta de vossa mercê de 20 de novembro de 704, pelo próprio João Francisco Feitel há por se ter encontrado, com os soldados e cabo que trago nos sertões desta capitania, a respeito dos comboios, e descaminhos do ouro, que vem por quintar, por quem foi preso, e seu companheiro; diz ser esta a causa da sua detença, sem embargo de virem logo remetidos a esta cidade, o que não sucedera se vossa mercê lhe passara a eles, como aos demais, a sua carta de quintos, ou certidão de os haverem pagos, não tiveram tido estes encontros" (BN-DH, v. XL, 1938, p. 352).

[150] PINTO, 1902, p. 961; APM-CC 1002.

[151] APM-CC 1005. Segundo Franco (1989, p. 162), "em 1714, com patente de capitão de ordenança passada a 23 de junho, era mandado que auxiliasse uma diligência em Guarapiranga, referente à mineração de ouro. Em 1718, o governo ordenava que ele encerrasse a sua mineração em Serro-Frio, distribuindo as datas do novo descobrimento que havia feito em certo morro, que havia tomado o seu nome".

A REVOLTA DO SERRO DO FRIO (1718-1720)

A Revolta do Serro do Frio aconteceu no período de 1718 a 1720 e colocou em combate e disputa de interesses o descobridor das minas do Serro do Frio Antônio Soares Ferreira e seus camaradas paulistas dos achados das minas do Serro do Frio, especialmente Manuel Rodrigues Arzão e João Soares Ferreira. Todos contra o governo da capitania mineira.

Se por um lado, para que houvesse a criação da Vila do Príncipe em 1714 houve a Revolta do Rio do Peixe (1711-1715), colocando em disputa armada o grupo do superintendente do distrito das minas serranas Manuel Rodrigues Arzão e outro grupo do paulista Geraldo Domingues, ambos "homens bons" e opulentados mineradores, por conta da primazia e distribuição das lavras para a Coroa portuguesa, por outro lado, foi necessário a Revolta do Serro do Frio para que se oficializasse a criação da Comarca do Serro do Frio em 1720.

Como veremos posteriormente, a Revolta do Rio do Peixe promoveu nas minas do Serro do Frio a passagem da ordem política do *Regimento dos Superintendentes e Guarda-mores* de 1702 para a lógica das *Ordenações*. Das minas serranas surgiu o concelho administrativo formando uma nova organização política no distrito e seu termo.

Da mesma forma, para que se efetivasse a lógica de criação da Comarca do Serro do Frio para administração da justiça ao norte da Capitania de São Paulo e Minas do Ouro (1709-1720) — o que de certa forma acelerou o processo de separação da capitania paulista da mineira com a criação das Minas Gerais — houve necessidade de uma guerra no território serrano para que fosse declarada a criação da nova Comarca do Serro do Frio, derivada da divisão territorial da Comarca de Sabará. Uma vila nova para criar um concelho e dar poder aos "homens bons" extinguindo a autoridade dos descobridores. Da mesma forma, criou-se uma comarca nova para ampliar o poder dos ouvidores ou corregedores-gerais no antigo território dominado pelos descobridores paulistas. Os ouvidores serranos obedeciam diretamente ao governo da nova capitania e às ordens da Coroa portuguesa, tornando-se os olhos e a voz dos governadores da capitania mineira no distrito serrano.

Dessa maneira, Antônio Soares Ferreira ao descobrir as minas do Serro do Frio fez o "serviço sujo da colonização", que incluía a tensa repartição inicial das lavras com pintas de ouro, alvo de disputas entre os próprios bandeirantes e os arrematadores que chegavam posteriormente com seus direitos garantidos por número de escravos em seu plantel. Ele impôs uma certa ordem e organização nas minas serranas e seu distrito. Ele distribuiu as lavras para si mesmo por conta do primado garantido pelo *Regimento* de 1702 e repartiu outras tantas lavras para a Coroa portuguesa, garantindo sua rentabilidade (pelo menos até a Revolta do Rio do Peixe e a criação da Vila do Príncipe em 1714). Ele ordenou a cobrança dos quintos do ouro dando autoridade ao procurador da Fazenda Real desde 1702 e comandou a exploração inicial das minas serranas da forma conhecida pelos bandeirantes, ou seja, com ampliação de sua própria autoridade e de seus camaradas com cartas de provisão e novas patentes expedidas pelo Governo-Geral do Brasil com sede em Salvador, na Bahia.

Depois da organização das minas do Serro do Frio, como era de costume, o descobridor Antônio Soares Ferreira, ou, para ser exato, o colonizador do Serro do Frio onde surgiu o concelho da Vila do Príncipe, passou para outro lugar à procura de novas primazias. Após as tensões e motins que originaram a criação da Vila do Príncipe, foi o ano de 1720[152] o auge das tensões locais

---

[152] A cronologia dos fatos da Revolta do Serro do Frio parece por vezes estar caótica. Isso se deve ao fato da demora de chegada das notícias por meio das cartas oficiais e suas repercussões. É preciso atentar-se ao fundo da questão: o conde de Assumar queria implantar uma nova comarca com capital na Vila do Príncipe por reordenar definitivamente o distrito de cabo a rabo, ou seja, em sua totalidade. Para fazer essa mudança radical, era

que deram origem — ou justificaram para a Coroa portuguesa — como era intenção do governo do conde de Assumar, a criação de uma comarca nova, com seu novo ouvidor[153], submisso ao governo da capitania. Assim, "tornara-se imprescindível a criação de novas comarcas amputadas à Sabará".

Em resumo, a Revolta do Serro do Frio pode ser contada assim: o descobridor das minas do Serro do Frio Antônio Soares Ferreira mudou-se em busca de novos descobrimentos para as proximidades do arraial de Conceição do Mato Dentro (fundado por Ponce de Leon, amigo do descobridor serrano), para ser exato, no morro que levava seu nome. Nesse lugar, depois de uma disputa com conde de Assumar por poder e autoridade locais e troca de acusações, acabou assassinado em 1720, com uma guerra entre os seus defensores e a comitiva do coronel José Borges Pinto, destacado para levar vivo ou morto o bandeirante paulista. Tudo foi orquestrado pelo governador da Capitania de São Paulo e Minas do Ouro, D. Pedro Miguel de Almeida Portugal, o conde de Assumar,[154] que viu seu opositor assassinado ao tentar fugir da ordem de prisão por desobediência às ordens de abandonar aquelas minas. Rei morto, rei posto. Bandeirante morto, comarca nova criada.

Vejamos, então, a dinâmica da Revolta do Serro do Frio, seus motivos, o desenvolvimento da disputa e seu fim, com as consequências práticas do motim.

---

necessário tirar os bandeirantes de cena com ardilosos processos de culpabilização de usurpação. É preciso lembrar que no ano de 1720 em Vila Rica os questionamentos da autoridade do conde de Assumar levaram à Revolta de Filipe dos Santos. No distrito serrano, o opositor do conde de Assumar foi o descobridor serrano Antônio Soares Ferreira e o grupo que fizera a colonização do distrito serrano. Tirar os antigos mandatários, colocar novos chefes locais, essa era a intenção do conde de Assumar nesse contexto.

[153] Para Morais (1942, p. 32), "os ouvidores, autoridades máximas nas Comarca, representantes direitos da Coroa Portuguesa, absorviam, a um só tempo, várias incumbências: Ouvidor Geral, Provedor de Defuntos, Ausentes e Resíduos, Capelas e da Fazenda Real, Corregedor supremo em toda a Comarca e Intendente da Real Fundição. O Ouvidor do Serro Frio exercia jurisdição ordinária, civil e criminal em seu distrito, por bem do regimento dos ouvidores do Rio de Janeiro". Além disso, o ouvidor podia constituir o corpo administrativo com seus funcionários nomeados por provisões e patentes, garantindo novos cargos para os "homens bons" do distrito serrano. Essa era a troca mais importante: com a chegada de uma nova ordem em 1714 com a Vila do Príncipe e com a criação da Comarca do Serro do Frio em 1720 o conde de Assumar angariou o respeito dos "homens bons" interessados na distribuição das novas mercês. Os bandeirantes perderam sua notoriedade para os oficiais do Senado da Câmara, os ouvidores e seus funcionários. A antiga ordem bandeirante do *Regimento* de 1702 deu lugar ao novo corpo político das *Ordenações*.

[154] Governador da Capitania de São Paulo e Minas do Ouro entre 14 de setembro de 1717 a 4 de setembro de 1721. Seu governo teve como fundamento o gesto pedagógico da violência, especialmente reconhecido pelos historiadores no desfecho da Revolta de Vila Rica, em 1720, quando usou da dissimulação e da mentira para negociar o conflito em torno da arrecadação dos impostos pela construção das casas de fundição em território mineiro. Ele mandou enforcar e esquartejar o corpo de Filipe dos Santos, homem pobre (que segundo possuía o dom da oratória, ou seja, era capaz de usar o discurso para mobilizar seus pares, sendo muito querido pelo povo (VASCONCELOS, 1974c). O assassinato do guarda-mor descobridor das minas do Serro do Frio Antônio Soares Ferreira antecede a morte de Filipe dos Santos, demonstrando como o governo do conde de Assumar não estava para brincadeira: seu fundamento era a violência, gesto pedagógico que demonstra a fraca relação de poder e de autoridade metropolitana em território mineiro e a sua incapacidade — ou desprezo absoluto — em criar mecanismos de diálogo com o corpo político colonial. Talvez, por isso, os Senados da Câmara tenham se tornado uma instituição ambígua em alguns casos: se por um lado negociavam com o governo da Capitania, do Brasil ou de Portugal ajustando medidas em função da república, por outro, acabavam por denunciar os desvios de conduta — a desobediência civil — e tomavam as providências no sentido de manter o ordenamento em benefício do governo metropolitano. Um jogo de poder complexo, com relações micromoleculares de poder, baseadas em acordos, interesses difusos, narrativas múltiplas e por vezes desencontradas. Isso fica claro na narrativa da revolta de Vila Rica — ou a justificativa do assassinato de Filipe dos Santos — escrita por jesuítas com auxílio do conde de Assumar, em 1720: "Explicarei brevemente o modo com que neste país se formam os motins, e o com que o povo neles entra. Estes jamais se fazem senão pela meia-noite, no maior silêncio dela; e esta é bastante prova de que o povo, nem agora, nem nas sublevações passadas cuidou nunca em levantar-se, ainda que, depois de excitados à força pelos cabeças, parece que por seu gosto sustenta o tumulto, tal é a natureza do vulgo, que para se alegrar e folgar com seu próprio mal, basta ser novidade e sem razão, porque tem por hombridade e capricho, seguir tudo o que vem contra a razão, contra a piedade e contra o agradecimento [...] Começa-se ordinariamente a formar o motim por seis ou sete mascarados, a que acompanham trinta ou quarenta negros armados, dos quais a uns fazem ocupar as bocas das ruas, a outros mandam ir batendo, e onde logo não se abre, arrombam as portas dos moradores, que, como pela maior parte sejam térreas, limitadas e de pouca resistência, qualquer empuxão as tira de seus eixos. Correndo assim as ruas, e gritando – Viva o povo, senão morra! – os moradores, por não experimentarem naquele repente alguma violência na fazenda ou na vida, vão dando passos em seu dano, como rebanhos de ovelhas, após os mesmos lobos que as devoram. Depois de terem alarmado o povo, que ainda ignora o para que é semelhante ajuntamento, levanta-se um mascarado, e começa a dizer em voz alta: Meu povo, quereis que façamos isto ou aquilo? E se todos não dizem que sim, os negros armados ou ferem, ou matam alguns dos que lhes ficam mais à mão; até que os outros, por não caírem em igual desgraça, convêm no que dizem os máscaras" (FUNDAÇÃO JOÃO PINHEIRO, 1994, p. 84-85). *Cf.* Moura (2013, p. 373).

O conde de Assumar[155] considerou que o bandeirante paulista Antônio Soares Ferreira usurpara as datas de ouro pertencentes à Coroa portuguesa no Mato Dentro. Isso, de fato, era um crime grave, pois a providência contra ele estava prevista no *Regimento* de 1702. Contudo, ao que parece, não era bem esse o motivo. A dissimulação do conde de Assumar era bastante conhecida[156] e ele era hábil em criar situações para defender seus interesses e não permitir questionamentos de sua autoridade.

Analisando os documentos, fica claro que a queixa do governador em relação às lavras de ouro do bandeirante paulista baseava-se na necessária lucratividade para a Coroa portuguesa, da qual fazia-se defensor dos interesses. Assim, essas datas dariam menor rendimento do que o necessário ou se equipaririam com as datas de cobre, de valor bastante reduzido naquele contexto.

Esse é o motivo que aparece na primeira ordem de proibição das lavras, expedida em 10 de dezembro de 1718[157], completada com outra ordem ao mestre-de-campo Jerônimo Pereira da Afonseca para que não mais permitisse qualquer pessoa de minerar nas terras, por ser o rendimento inferior às minas de cobre. Isso incluía os escravos de Manuel Corrêa Arzão. Três dias depois, em 13 de dezembro, a situação já havia mudado completamente, pois o mesmo governador conde de Assumar mandou uma carta a Antônio Soares Ferreira declarando que após segunda pesquisa sobre o ouro de sua lavra autorizava a exploração, confirmando que ele não teria usurpado as terras da Coroa portuguesa.

A questão girava até então em torno do rendimento das lavras de ouro, não de sua divisão correta, com a previsão das terras da Coroa portuguesa aparentemente tendo sido realizadas e arrematadas como de costume, em conformidade com o *Regimento* de 1702. No mesmo dia 13 de dezembro, o conde de Assumar mandou o mestre-de-campo autorizar a exploração das lavras do paulista descobridor das minas do Serro do Frio por terem o mesmo rendimento que as de Pitangui.

Parece que o conde de Assumar, disposto a comprovar sua autoridade nas Minas Gerais, questionada na Vila Rica com sedição liderada por Filipe dos Santos (28/06/1720) aproveitou-se do clima de revanchismo e desautorizações de seu governo provindos nas Minas Gerais provindos de vários lugares e por diversas lideranças locais, e acabou por decretar a prisão de Antônio Soares Ferreira. Não havia motivo para mandar prendê-lo, exceto aquele de mostrar-se mais poderoso que o governador do distrito serrano das minas.

O conde de Assumar mandou prender o bandeirante paulista por capricho ou proteção de seu cargo? Tratou-se de uma ação impensada ou o uso clássico da razão instrumental na governamentalidade?

Fato é que no mesmo ano da morte de Filipe dos Santos na Vila Rica foi também assassinado o descobridor das minas serranas, praticamente ao mesmo tempo, em lugares diferentes. A aversão do conde de Assumar pelos sertanistas paulistas ou súditos desobedientes que por algum motivo questionavam sua autoridade fica evidente na sua carta escrita no dia 10 de dezembro de 1717 ao rei de Portugal, em que solicitava a criação das justiças na Vila do Príncipe, ou seja, a criação do cargo de ouvidor-geral com uma nova comarca nas Minas Gerais. A resposta de D. João V foi a seguinte, no dia 10 de setembro de 1718:

> Dom João por graça de Deus rei de Portugal e dos Algarves [...] faço saber a vós dom Pedro de Almeida, conde de Assumar, governador da Capitania General da Capitania de São Paulo e terras das Minas que se viu a vossa carta de dez de dezembro do ano passado em que dais conta de que nos sertões desse governo há uma vila de que chamam do Príncipe

---

[155] Ver: Figura 55.

[156] Segundo Franco (1989, p. 162), um hipócrita: "o conde de Assumar, em carta de Vila Rica de 6 de agosto de 1720, dirigida ao coronel Borges, lamentava hipocritamente o fato".

[157] RAPM, 1933, p. 512.

na Serra do Frio distante oito ou dez dias da Vila do Sabará a qual se há povoando de paulistas e criminosos fugidos à justiça e como no tal sítio se hão descobrindo novas minas mui abundantes, seria conveniente nomear-se para ele um ouvidor por que ainda que no princípio lhe não fosse fácil o administrar justiça livremente pouco a pouco se costumariam os moradores a recorrerem à justiça como tinha sucedido nas mais ouvidorias, e que além destas razões convinha haver o tal ministro na dita vila, assim por terem os habitadores dela mais perto ministro a quem recorressem, como para ter cuidado nos quintos em que a experiência mostrava tanta dificuldade na cobrança pela distância em que se achava e que dando-se-lhe boa ordem no princípio poderiam ter grande acréscimo os quintos por serem as tais minas muito abundantes de ouro, e sem este remédio muita dificuldade depois a tirá-las do mau costume em que se achavam na posse de os não pagar faltando os meios de os obrigar a força e assim vos parecia que criando-se o dito ouvidor fosse tal ministro em que concorresse além das mais partes a do bom modo para suavemente estabelecer e conservar com os moradores por ser a experiência certa que melhor aceitos são os ministros que com a docilidade administram justiça que os que com o rigor das leis a querem executar. E pareceu [...] que visto vos ter concedido doze mil cruzados pela ocasião das jornadas e visitar que haveis de fazer nas terras do vosso governo vades no tempo que for mais oportuno ao dito distrito com o ouvidor-geral mais vizinho que se entende deve ser o da sua comarca, instituais juiz ordinário e vereadores das pessoas de mais confiança e prudência úteis para este ministro, e o tal ouvidor com toda a suavidade procurar unir aos demais moradores a boa forma da república e obediência às leis, regimentos e ordens minhas, e no caso que se aumente esta povoação e poderia então criar o lugar de ouvidor como apontais. El rei nosso senhor mandou por João Teles da Silva [...][158].

A ligação estreita entre os adjetivos "paulistas" e "criminosos" parece explicitar os motivos pelos quais havia uma oposição do conde de Assumar aos primeiros sertanistas das minas do Serro do Frio[159]. Depois da Revolta do Rio do Peixe e a criação da Vila do Príncipe[160] como remédio político imediato (em que o sertanista Geraldo Domingues fora também pacificado), a movimentação de Antônio Soares Ferreira livremente pelas minas serranas não se sujeitando à administração do Concelho da vila, estava com os dias contados. O conde de Assumar praticava uma razão de estado diversa daquela que guiou os bandeirantes para as minas do Serro do Frio. Agora, com o crescimento urbano esperava-se o sossego republicano pelas vias da aplicação da justiça imediatamente, sob o olhar atento do ouvidor-geral.

Importante é o papel do chamado regalismo como razão de estado e doutrina para a administração ou governamentalidade de D. João V de 1706 a 1750. O conde de Assumar era um dos defensores dessa postura de sossegamento da república ou da presença massiva dos mecanismos de ordenamento social diante dos olhos dos súditos. Os procedimentos disciplinares da governamentalidade portuguesa da última etapa do Antigo Regime português reverberou no gesto pedagógico colonial da organização política brasileira, mineira e serrana.

De simples arraial de lavras de ouro, as minas do Serro do Frio rapidamente se transformaram em território fundamental para a colonização do vale do Jequitinhonha, dos caminhos gerais da Serra do Espinhaço e dos caminhos da Bahia na Serra de Itacambira, e já no século XVIII, previa-se

---

[158] APM-SC 04, fl. 184-187.

[159] A aversão dos governadores de capitanias a terem que tratar diretamente com os bandeirantes contrasta com a chamada "tradição paulista" evocada por Pāiva (2016b, p. 111-170) para explicar como o pertencimento hereditário ou político/civil (vínculos sociais e identitários) à herança ou legado desses "homens bons" — muitos integrados à nobreza da terra — auxiliava na conquista de privilégios reais no sistema das mercês, como foi o caso de sertanistas na segunda metade do século XVIII. O autor defende que "a conexão com a geração heroica dos primeiros descobridores" (PAIVA, 2016b, p. 111) auxiliava os novos sertanistas a se apresentarem aptos para privilégios reais em documentos oficiais. É a continuidade do gesto pedagógico colonial dos descobrimentos pela via da filiação política ou hereditária, que gerou muitas uniões matrimoniais para que os filhos e parentes continuassem a desfrutar dessas benesses da pretensa boa qualidade das famílias e de seus antepassados.

[160] Ver: Anexos 6, 7 e 8.

expansão para o vale do rio Doce. Paróquia com vigário encomendado em 1713, a Vila do Príncipe instalou seu Senado da Câmara em 1714, abrigando a capital da Comarca do Serro do Frio em 1720, recebendo o título de paróquia colada em 1724 com a nomeação do vigário Simão Pacheco (o mais bem remunerado da capitania mineira do século XVIII) e recebeu a destinação da Real Casa de Fundição em 1751. A história da vila serrana com tantos "homens bons" em sua sede espalhando-se pelos diversos povoados e arraiais, com constante trânsito interprovincial e intercontinental não poderia passar despercebida no cenário político do século XVIII quando o tema é o regalismo.

O regalismo do Antigo Regime português na Vila do Príncipe ultrapassa apenas o gerenciamento do sistema do padroado real com a interferência na nomeação dos bispos e vigários. De fato, o regalismo político do Antigo Regime português incorporou evidentemente o padroado submetendo a Igreja católica ávida em implantar sua reforma tridentina e sua contrarreforma, disciplinando sua expansão pelos territórios colonizados. Contudo, essa forma própria de regalismo adaptado ao século XVIII serrano ultrapassou o sistema padroado e se mostrou no cotidiano da Vila do Príncipe como uma cultura política no sistema das mercês e na distribuição dos privilégios dos cargos públicos honoríficos ou nobiliárquicos.

Se, por um lado, a razão de estado regalista portuguesa baseava-se na mentalidade da troca justa por favores com seus súditos ou vassalos, os "homens bons", por outro lado, já era uma forma bastante moderna, numa sociedade escravista baseada no mercantilismo e no metalismo, de criar em torno de si uma coesão social sem precedentes. Tudo na vila era feito em nome do rei, por sua causa, em sua honra, em seu benefício.

Mas quem recebia os favores do rei, as suas mercês, senão os "homens bons"?

Ora, temos na afirmação do sistema do padroado — o rei concedia o direito da Igreja católica em instalar dioceses em seu território e nomear vigários proprietários de paróquias ou freguesias — e no sistema das mercês — o rei concedia títulos, patente e provisões, sesmarias de terras[161], concessão

---

[161] Segundo Carrara (1999, p. 18-21), "há um enxame de ordens régias extravagantes ao título das Ordenações Filipinas sobre as sesmarias, a maior parte das quais, de pouca utilidade, dadas as próprias características da economia mineira. [...] A legislação extravagante e seus reflexos nas fórmulas das concessões sesmarias foi a seguinte: 1.Ordem Régia de 22.10.1698, estabelecendo o prazo de dois anos para cultivo e povoação das terras concedidas por sesmaria, findos os quais, e não o fazendo ... se lhe denegará mais tempo e se julgarão por devolutas; nas concessões de sesmarias deviam ainda os suplicantes pedir confirmação no tempo que se lhes designar, conforme a distância. A validade das informações prestadas pelos peticionários era medida pelo requerimento e informação dados pelo peticionário ao Governador da Capitania, e se não oferecer dúvida... (concessões de 1710-1). Mais tarde, esses requisitos foram substituídos pela informação dos D.D. Provedor e Procurador da Fazenda Real e da Coroa (cartas posteriores a 20.11.1725). A exigência relativa ao prazo de cultivo, povoação e demarcação das terras concedidas (dois anos, segundo a Ordem Régia de 22 de outubro de 1698), foi alterada nas concessões de 3 de outubro de 1727 (... dentro de um ano/oito meses) e, depois, a partir de 12 de junho de 1728 (dez meses da data da concessão demarcará judicialmente). A partir de 1725, exigia-se que antes de se demarcar, serão primeiro notificados os vizinhos e moradores que vizinharem com as terras desta sesmaria para alegarem prejuízo que tiverem e embargarem a demarcação judicialmente, se lhe[s] prejudicar. Evidentemente, estavam previstas as consequências das concessões em terras já povoadas: ... achando-se dentro delas algum morador com título de primeiro povoador, ou de haver comprado, não será expulso, e menos obrigado a aforar-se, porém não roçará de novo (concessões a partir de 1710-1). Mais tarde, com a corrida para o arraial do Tijuco, as consequências tornaram-se mais rigorosas: ... sem prejuízo de terceiro ou direito régio; nem também daquelas pessoas que tiverem direito às referidas terras ou pelas houverem [sic] povoado, ocupado ou cultivado ou delas terem sesmaria, ou outro título, reservando-se aos vizinhos e moradores que com o suplicante partirem, não só os seus sítios, mas as vertentes deles que lhe forem competentes e terras que justamente deverem pertencer aos ditos sítios, sem que os referidos vizinhos e moradores, com o pretexto de vertentes, se queiram apropriar de demasiadas terras, em prejuízo desta mercê; ...ficarão reservadas algumas casas de vivenda ou ranchos em que assistirem alguns moradores tratando da sua vida, aos quais o suplicante não poderá expulsar das ditas terras, porém, inquietando ao suplicante ou prejudicando-o na possessão e uso das terras desta sesmaria, serão castigados severamente (concessões a partir de 1733). Sem dúvida, o quesito que menor atenção obteve da parte dos concessionários foi o da confirmação das concessões. Em 3 de junho de 1726, uma Carta Régia ordenava o exame das confirmações reais. Caso os sesmeiros não as tivessem, ordenava-se tomar posse delas em nome de Sua Majestade. 2. Ordem Régia de 27.06.1711, na qual se ordena ao Governador de São Paulo e Minas, que nas concessões de terras que fizer, se ponha a condição de nelas não sucederem religiões por algum título, e acontecendo e elas possuindo-as será com o encargo de delas se deverem e pagarem dízimos, como se fossem possuídas por seculares, e faltando-se ao referido se julgarão por devolutas e se darão a quem as denunciar. Esta Ordem Régia, contudo, teve vida efêmera, pois em 4.9.1718, outra Ordem Régia ordenava que se publique a toque de caixas a Ordem Régia estabelecendo que nas concessões de sesmaria se retire a condição de nelas não sucederem religiões. 3. Ordem Régia de 01.04.1713, na qual se ordena ao Governador que na data das terras por sesmaria se

de lavras etc. – os motivos pelos quais se reconheciam como rei o benfeitor de seus súditos. Essa relação regalista seria, no fundo, meramente uma relação clientelista e de patronagem da Coroa portuguesa não fosse por um detalhe: a forma de execução do regalismo no século XVIII na Vila do Príncipe incorporou refinados dispositivos do poder disciplinar.

O regalismo modernizado como governamentalidade do estado português exigia de súditos e vassalos obediência inquestionável da autoridade da figura real. Mas não haveria autoridade da figura do rei e espaço para sua atuação no sistema do padroado e no sistema das mercês se não houvesse o Estado modernizado, em contraposição ao seu papel praticamente nulo no período medieval. Na Vila do Príncipe, o estado português experimentou técnicas de disciplinamento dos corpos de seus súditos e vassalos, de obediência inquestionável e irrestrita aos seus comandos, de dispositivos de punição e medo baseados na violência e na violação dos corpos jamais vistos.

Ao mesmo tempo que o regalismo se capilarizava nas minas do Serro do Frio — títulos da organização do povoado em expansão, arraial, vila e a pleiteada capital da comarca pelo conde de Assumar desde 1717 — criava-se a modernidade política em que se deve dizer de tudo, de tudo falar publicamente (para vários historiadores a época moderna inicia-se em 1789 apenas, mas considera-mos que seus fundamentos são articulados em transição anterior, no Antigo Regime). A insistência do conde de Assumar em colocar um ouvidor-geral na Vila do Príncipe pode ser justificada pelo próprio nome do magistrado: um ouvidor é quem escuta as queixas dos habitadores para promover a justiça a quem tira o sossego da república. Um ouvidor é também um corregedor, um magistrado especializado em disciplinar os habitadores ou súditos pelo cumprimento dos regimentos e ordens da Coroa portuguesa. Por trás do regalismo, há duas virtudes próprias do Antigo Regime, a honra e a cumplicidade, que de certa forma sedimentavam as alianças entre a Coroa portuguesa e seus magistrados e os "homens bons":

haja com parcimônia, que pede o grande número de gente que concorre para as minas, e a fertilidade das terras; que deixe sempre terras bastantes nos termos das novas vilas, para S.M. lhes poder dar alguma parte delas, ficando bens do Concelho, e para ficar outra parte ao Patrimônio Real, e que nas datas, que der das minas, reserve alguma mais rica para se lavrar por conta de S.M. A partir de 11.12.1713, passou a constar da fórmula de concessão: e acontecendo que nelas [nas sesmarias] se descubram minas de ouro ou qualquer outro metal será obrigado a dar logo parte a este Governo. Pouco depois, em 7.12.1715, outra Ordem Régia declarava que se tem reparado em não ter o Governador dado conta sobre o que se determina nesta Ordem de 1713, e que na forma dela deve dar à Câmara da Vila do Carmo e às mais Vilas terras competentes. Mais tarde, em 20.11.1725, determinou-se que as concessões fossem de meia légua apenas afim de que chegassem as terras para todos que nelas vivessem. Da mesma forma que a distribuição das terras, a distribuição das águas mereceu alguma atenção. A Carta Régia de 24.02.1720, em resposta à representação do guarda-mor das Minas Garcia Pais informava que na repartição das águas em que se lavram as minas não havia até agora forma conveniente porque os mais poderosos se senhoreavam delas e as divertiam para as suas lavras e os que podiam menos as queriam também levar para as suas eram forçados a comprá-las por preços exorbitantes ou perder as datas que têm em que não podiam lavrar sem ter água de que desta desigualdade resultavam continuas bulhas', determinou que sem licença de Guardas-mores ninguém se aproprie de água de córregos e que não tendo terra para lavrar nem escravos competentes devolva a dita água para novamente ser repartida. 4. Ordem Régia de 13.04.1738, ao Governador de Minas para que em todas as Vilas da Capitania mande publicar por bando (de 14 de maio de 1738) e editais, porque venha a notícia de todos os moradores, que aqueles que se acharem de posse de algumas terras sem títulos, lhas peçam de sesmaria, para se lhe darem na forma das Ordens Reais, que foram no termo de um ano com a cominação, de que passando ele, ninguém se poderá valer da posse, que tiver sem título de sesmaria; e se darão as terras assim possuídas a quem as pedir. Esta Ordem Régia provocou um verdadeiro levantamento fundiário da Capitania, a partir de 1739. Por fim, as últimas Ordens Régias que cristalizavam todos os procedimentos anteriores: as Ordens Régias (28.03.1743, 16.04.1744 e 11.03.1754) ordenando que a diligência das posses e demarcações das sesmarias se cometessem aos Intendentes, e que nas concessões das sesmarias se executasse o determinado por Resolução do Conselho Ultramarino de 15.03.1731, que de outra sorte não se confirmariam as cartas. Esta Resolução determinou ainda que as sesmarias a serem concedidas em terras onde houvesse minas, e nos caminhos para elas, fossem de meia légua em quadra. No sertão seriam de três léguas, ouvidas as Câmaras dos sítios a que pertencessem. As que se dessem nas margens dos rios caudalosos que se descobrissem pelos sertões e necessitassem de barcas para se atravessarem, não seriam dadas de sesmarias mais que de uma só margem do porto, reservada a outra ao menos meia légua para uso público. Deve-se recordar que as sesmarias dentro e vizinhas da Demarcação dos Diamantes tinham fórmula específica: outrossim será obrigado [o concessionário] a vigiar as terras da sua demarcação, não consentindo nelas negros fugidos a minerar, nem outra pessoa que se presuma ande furtivamente extraindo Diamantes, e achando algum buraco ou sinal nas ditas terras por onde se venha no conhecimento de que se fez experiência, irá logo dar parte na Intendência dos Diamantes do que achar de novidade, e ficando distante dela, ao Cabo da Patrulha que estiver mais vizinho, para se mandar averiguar quem seria o transgressor da real proibição; e constando se não podia fazer a dita experiência, sem ser ciente dela, será castigado conforme o dano que se achar e declaram os bandos".

No Antigo Regime, a honra não era um mero valor, uma distinção etérea e subjetiva. Ela devia se materializar em privilégios, isenções e liberdades que permitiam enquadrar o indivíduo na hierarquia social. Pouco valia ser honrado e permanecer sem os títulos e as benesses da monarquia. Como reconhecimento da honra, o soberano concedia privilégios, cargos, patentes e títulos que tornavam visível a posição social do súdito. Deixava, assim, a honra de ser apenas um epíteto para materializar-se, torna-se referência social. Com o reconhecimento régio, o indivíduo estava apto a ocupar posições nobres, contar com justiça especial, isenções de determinados impostos, receber tenças ou vultuosas comendas, exercer cargos disponíveis ao segundo estado, introduzir-se nos melhores ambientes e desfrutar da sociabilidade de seus pares[162].

A resposta de D. João V foi para não criar a comarca serrana no ano de 1718. Em dois anos, ou seja, em 1720, sua mentalidade mudou e ele resolveu dividir o território brasileiro criando a capitania de Minas Gerais separada da de São Paulo e fundando a Comarca do Serro do Frio, desmembrando a justiça das Minas Gerais, aproximando os "homens bons" serranos do regalismo português.

Foi o conde de Assumar que não desistiu de criar a comarca serrana. O que nos interessa agora é mostrar outra carta do governador estabelecido em Minas Gerais em que ele trata do problema dos desobedientes, especialmente os "paulistas" e "criminosos". Ele descreve sua visão política do descobridor das minas do Serro do Frio, Antônio Soares Ferreira. O governador temia como ninguém a desagregação da obediência popular pela presença e conluios entre os "homens bons" do descobrimento. A carta é longa, por isso, vamos destacar alguns trechos que nos mostram diretamente o ponto que nos interessa analisar nesse momento: as motivações para o assassinato do bandeirante paulista Soares Ferreira.

Em primeiro lugar, a data da carta, 30 de maio de 1720 (em resposta a outra carta do dia 10 de setembro de 1718), posterior à expedição oficial que culminou com o assassinato de Soares Ferreira, carta esta contemporânea da tomada dos terrenos do bandeirante paulista em Conceição do Mato Dentro, em que o governador já havia autorizado a expedição do sertanista José Borges Pinto para prendê-lo. Ela mostra que o processo de criação da Comarca do Serro do Frio coincidiu inteiramente com as providências para acabar com a autoridade de Soares Ferreira nas minas serranas.

Vejamos: no dia 17 de fevereiro de 1720, foi expedida a ordem régia comunicando ao conde de Assumar, "que se mandou criar ouvidor para a Vila do Príncipe do Serro do Frio, com o mesmo ordenado que têm os mais ouvidores gerais das comarcas de Minas Gerais, o qual lhe será pago em moeda, e não em oitavas, como está disposto"[163]. No dia 21 de fevereiro de 1720, foi enviada uma carta,

> [...] na qual se declara que se tem resoluto criar-se um novo governo em São Paulo, separado do de Minas, e que para se evitar a disputa entre os confins das Minas Gerais com o governo do Rio de Janeiro, Bahia e Pernambuco, tomasse ele, governador conde de Assumar, as informações necessárias sobre este particular, dando conta do que se assentar com o seu parecer, e se puder, tomar a resolução que for mais conveniente[164].

No dia 16 de março de 1720, foi enviada uma ordem

> [...] na qual se declara ao governador de Minas Gerais que se mandou criar o lugar de ouvidor-geral da Vila do Príncipe e prover nele ao bacharel Antônio Rodrigues Banha, e que vença o ordenado de quinhentos mil réis como os mais ouvidores de Minas Gerais, e que estes lhe sejam pagos em moeda e não em oitavas[165].

---

[162] RAMINELLI, Ronald. Justificando nobrezas: velhas e novas elites coloniais 1750-1807. *História*, São Paulo, v. 35, p. 1-26, 2016, p. 2.

[163] BNP-DR, Doc. 76, Cód. 1612, 17/02/1720.

[164] BNP-DR, Doc. 76, Cód. 1612, 21/02/1720.

[165] VASCONCELOS, 1974b, p. 178; BNP-DR, Doc. 77, Cód. 1612, 16/03/1720.

Em segundo lugar, a carta de 30/05/1720 é tardia em relação às ordens régias de criação da comarca, por causa do tempo necessário de envio de Lisboa para a Vila Rica. D. João V já havia decidido pela criação da comarca serrana. Por isso, a carta relata o contexto do conde de Assumar: expedição nas minas serranas e os problemas da sedição da Vila Rica liderada por Filipe dos Santos. Esse anacronismo permite entender o que se passava no governo do conde de Assumar, ou seja, focos de desobediência civil na capital mineira e na Vila do Príncipe. O governador afirmou que o impedimento de uma ouvidoria serrana daria os benefícios aos criminosos,

> [...] fiados em que a distância que os constitui senhores de suas ações os isente dos castigos justamente devidos aos seus procedimentos vindo por este respeito a ser aquele distrito um como asilo de inumeráveis malfeitores porque o Cerro onde mais se avizinha a Vila Real do Sabará e Rio das Velhas, cabeça da comarca são cento e dez dias de violentas marchas e sempre por passos trabalhosos[166].

Assumar gostaria de magistrados para coibir a ação dos criminosos pela presença física de um ouvidor-geral.

Em terceiro lugar, a visão do conde de Assumar das minas do Serro do Frio era semelhante a um território sem lei, destituído de qualquer controle dos magistrados da Coroa portuguesa. Ele afirmou que "é Cerro cemitério de tanta fazenda alheia e centro de tanto assassino quantos são os seus habitadores, por que toda aquele aquém ou o delito ou a dívida sustar e põe em cuidado por não andar com mais receios"[167] os cobradores do governo. Um lugar de excessos e desmandos. Veja bem que o governador está se dirigindo ao rei português, tentando persuadi-lo de que ele, o governador, está em campanha de moralização do gesto pedagógico colonial, ou seja, está tentando implantar o império da lei segundo os regimentos da Coroa portuguesa. Sem saber da aprovação da criação da comarca, o governador continua seus apontamentos contra os habitadores criminosos, aqueles que descaminham os rendimentos dos quintos através do contrabando e não pagam suas obrigações para com a Coroa portuguesa.

Em quarto lugar, agora, sim, o governador parece justificar sua ação que culminou com a morte do paulista Antônio Soares Ferreira. Seu objetivo é informar ao rei dos desmandos do antigo descobridor, considerado o líder dos revoltosos, por quem se deixava proteger, a fim de não cumprir com suas obrigações com a Coroa portuguesa. A acusação era de que o bandeirante paulista usurpava as minas, ou seja, não pagava as obrigações do quinto do ouro e desviava os rendimentos. Assim, o conde de Assumar afirmou que:

> Ainda não param aqui os danos que experimenta a Fazenda Real também o tem não pequeno em que os mais poderosos se apressam e apropriam de muitas terras minerais onde a pinta é maior e só elas lavram tirando a vossa majestade a conveniência que há em lavrassem muitos naquelas partes em que ouro mais cinge e se extrai com mais abundância e facilidade e baste por todos Antônio Soares Ferreira o qual ordenando-lhe eu o ano passado que em permutação de outras me mandasse duas libras de ouro do seu morro para remeter a vossa majestade segundo a sua ordem que por queixas da Bahia e Rio de Janeiro a pedia para dele se fazer exame e advertido segunda vez não só não remeteu o ouro, mas nem resposta me tornou, porque está certo que ao longe encontram mandá-lo como ele merecia atacar, e tão déspótico se conserva que nas Mato Dentro da que ele território se tem levantado com o tal morro que notoriamente é grandioso e dilatado com pinta visto e descoberto por todo ele não consentindo que outra pessoa alguma lavre e cate no dito morro assim

[166] APM-SC 04, fl. 807.
[167] APM-SC 04, fl. 808.

como os anos passados o havia feito Domingos da Silva Monteiro no morro chamado de Antônio Dias sobranceiro ao Ouro Preto, o qual livre e franqueado depois com o levante contra os paulistas ele só tem largamente dado a quinta parte do ouro que há saído de todas estas minas e ainda hoje trabalham e mineram nele o melhor de quatro mil negros podendo outros tantos lavrar no morro que ocupa e defende o dito Antônio Soares[168].

Pronto, a acusação de usurpação das minas de ouro pertencentes à Coroa portuguesa estava formalizada de maneira discreta, incluída numa petição tardia para criação da comarca serrana, a fim de tirar o poder dos desobedientes.

Outros documentos relatam a dinâmica da vingança do conde de Assumar por seu desafeto serrano: no dia 4 de maio de 1720, expediu ordem ao coronel José Borges Pinto "para ir ao Mato Dentro e prender o capitão-mor Antônio Soares Ferreira e trazê-lo à sua presença para ser castigado"[169], conforme se lê a seguir:

> Para o coronel José Borges Pinto - Vossa mercê é única pessoa a quem neste governo tenho encomendado as diligências mais dificultosas que tem havido por entender que ninguém daria delas melhor satisfação, e porque o conhecido valor de vossa mercê e o zelo do serviço de sua majestade fazem que eu tenha sempre os olhos nele para as ocasiões de empenho, por isso agora fiz só da pessoa de vossa mercê e de ninguém mais a prisão do capitão-mor Antônio Soares Ferreira morador em Mato Dentro por ser assim conveniente ao real serviço, e veja vossa mercê o como dispõe esta prisão para que eu não suceda, como a de Manuel Rodrigues Soares, mas espero que use vossa mercê da mesma astúcia que usou na prisão do falcão dispondo-se dela com sorte e com tanto segredo que senão suponha que por hora eu tal lhe mandei, e possa colher os negros de Manuel Correa Arzão na lavra desarmados para que lhe não façam a vossa mercê alguma oposição, e dando vossa mercê disto boa satisfação lhe empenho a minha palavra de fazer com sua majestade todos os esforços possíveis para que lhe dê o prêmio correspondente a este serviço e aos demais, e além disto experimentará vossa mercê em mim um agradecimento mui sincero naquilo que vossa mercê mais deseja [...][170].

No mesmo dia da ordem anterior, outro mandato "a todos os oficiais de milícia de qualquer distrito para prestarem todo o auxílio que lhes solicitar o coronel José Borges Pinto, na diligência de que está encarregado"[171]. Ainda no mesmo dia, outra carta expedida:

> Ao juiz ordinário da Vila do Príncipe [Domingos do Vale Padilha]: depois de deliberar os motivos determinantes da prisão que mandou efetuar do capitão-mor Antônio Soares Ferreira, residente em Mato Dentro – um rebelde contra as ordens e bandos e determinações régias – recomenda-lhe tomar conhecimento judicial das suas culpas em cartório, remetendo o resultado dessa diligência para o final julgamento em junta de justiça; determina entregar a ordem inclusa a quem servir de guarda-mor para repartir o morro que o dito Antônio Soares usurpara, depois de tirar a data de sua majestade[172].

> Para o juiz ordinário da Vila do Príncipe - Como tenho mandado prender ao capitão-mor Antônio Soares Ferreira pelas muitas queixas que dele me chegavam desse Serro, e principalmente porque no distrito de Mato Dentro donde morava senão admitia gênero nenhum de justiça, nem era possível dar-se a execução as minhas ordens e os meus bandos pela oposição que ele e os seus sequazes faziam a tudo o que era do serviço de sua majestade, e juntamente

[168] APM-SC 01, fl. 810-811.
[169] RAPM, 1933, p. 668.
[170] APM-SC 09, Rolo 02, fl. 227.
[171] RAPM, 1933, p. 668-669.
[172] RAPM, 1933, p. 669.

porque havendo lhe ordenado, haverá mais de um ano, remetesse ao provedor da Fazenda Real duas libras de ouro da sua lavra para serem trocadas, e remetidas a sua majestade, conforme a ordem expressa que tive para isto, para se fazerem algumas experiências que eram convenientes ao serviço do dito senhor, não só as não remeteu escorraçando-se que não tirava ouro, constando-me que e uma só cata tirava seis mil oitavas, mas fez ludíbrio público da dita ordem, o que suposto de todos os casos sobreditos irá vossa mercê logo tomar conhecimento judicial na forma da lei, e com este documento me remeterá também todas as culpas que houver do dito Antônio Soares Ferreira nesse cartório para se sentenciarem em junta, ou aonde convier, segundo o merecimento dos autos, e recomendo a vossa mercê toda a boa diligência e inteireza neste particular porque lá mando para melhor observar o que vossa mercê obra nestes casos, e feito isto entregará vossa mercê a ordem inclusa a pessoa que servir de guarda-mor para que logo reparta o morro que o dito Antônio Soares trás usurpado, tirando-se primeiro que tudo a data de sua majestade, e as mais a quem toca pelo regimento.

Deus guarde vossa mercê [...] Vila do Carmo 4 de maio de 1720 Conde

O guarda-mor do distrito irá logo a Mato Dentro no Serro do Frio e repartirá o morro que se chama de Antônio Soares Ferreira que este traz usurpado, e tirando primeiro a data de sua majestade e as mais que tocam pelo regimento, e na forma dele repartirá o dito morro pelos demais mineiros na forma que ordena sua majestade Vila do Carmo 4 de maio de 1720. Com a rubrica de sua excelência[173].

Nas citações anteriores, percebe-se, mais uma vez, a forma dissimulada de agir do conde de Assumar[174]. Há dois anos legalizara a exploração das minas, afirmando que estava tudo correto. O que mudou nesse período? Qual a nova acusação?

A de usurpação das terras reais, ou seja, acusou Antônio Soares Ferreira de não distribuir e fazer arrematar as braças de terras da Coroa portuguesa.

Para justificar sua ação, o conde de Assumar ordenou ao "guarda-mor do distrito para ir ao Mato Dentro do Serro do Frio e repartir pelos mineiros o morro que se chama Antônio Soares Ferreira e que foi por este usurpado, tirando previamente a data de sua majestade"[175]. O resultado foi um motim do bandeirante paulista Antônio Soares Ferreira que contou com a participação de todos os seus camaradas e escravos. No conflito, acabou assassinado. Isso foi confirmado por carta do conde de Assumar ao coronel José Borges Pinto, datada de 6 de agosto de 1720. Nela, o governador afirmou — não sabemos se de maneira debochada ou não — que o coronel preferia não tivesse Antônio Soares Ferreira morrido.

As providências seguintes são bem interessantes do ponto de vista do *modus operandi* do conde de Assumar: segundo o relato do coronel, os participantes do motim juraram vingança, especialmente

---

[173] APM-SC 09, Rolo 02, fl. 227v.-228.

[174] Outra ordem parece estar deslocada do conjunto de ações intimidatórias em relação ao Serro do Frio, mas explica como o conde de Assumar queria impor sua autoridade no distrito. Trata-se da proibição de negros coroarem reis e rainhas em suas festas do Rosário, datada de 20/02/1720: "Se proibir aos negros no Serro do Frio ousarem nas suas festas de coroarem reis e rainhas - D. Pedro de Almeida Portugal. Faço saber que sendo um dos principais cuidados do meu governo como se vê da repetida promulgação de tantos bandos, desarmar pelas razões que facilmente se consideram aos negros e tirar-lhes aquelas forças que inconsideravelmente lhes permitiam seus senhores, por ser esta licença ocasião de vários excessos e desaforos; faltava remediar no Serro do Frio o erro que ainda hoje se lhes consente lá, que nas suas festas aclamem e coroem os negros reis e rainhas ato e solenidade que como tão repugnante com a condição humilde de escravos em que se devem conservar; e a tempo se lhes proibiu em todas estas Minas, e porque importante fazê-los reconhecer a sujeição sem a menor liberdade e que nem pela memória lhes passe este estímulo e incentivo de maioria e superioridade que eles no que a afetam bem mostram muito que a desejam, portanto ordeno que se lhe não permita daqui em diante este gênero de celebridade, e quando suceda pelo contrário; sendo o negro cativo o perderá seu senhor, se cujo valor será a metade para a fazenda real e a metade para quem o denunciar, e sendo forro será açoitado ao pé do pelourinho e degredado para a nova colônia e o vigário que lhe der posse e o coroar perderá a côngrua que sua majestade que Deus guarde lhe manda dar, e as justiças farão observar o também que lhes hei por mui recomendada e para que venha a notícia de todos mando publicarem ao som de caixas e se registrará nos livros da secretaria deste governo [como] da câmara da Vila do Príncipe e nos mais a que tocar. Vila do Carmo 20 de maio de 1720. Conde D. Pedro de Almeida" (APM-SC 09, Rolo 02, fl. 288v.; RAPM, 1933, fl. 666).

[175] RAPM, 1933, p. 669.

Manuel Corrêa Arzão, um de seus parentes. Ele mandou, então, o coronel prender Manuel Corrêa Arzão e mandá-lo para Vila Rica. Resolver a situação dos escravos, possivelmente arrematando-os e recolhendo os rendimentos para a coroa. Regularizar as lavras, conferindo seu funcionamento. Além disso, em pagamento simbólico pela ação resoluta, autorizou o coronel José Borges Pinto a assumir a "regência provisória do distrito do Serro do Frio ficando a outra parte a cargo de Pedro Pereira [de Miranda], divisão essa que deliberou fazer agora por ser aquele distrito muito extenso"[176]. A divisão ficou confirmada — o Mato Dentro para o coronel José Borges Pinto e a Vila do Príncipe para Pedro Pereira de Miranda[177] — por carta datada de 8 de dezembro de 1720.

O gesto pedagógico colonial do conde de Assumar é deveras radical na punição de seus desafetos para não ser analisado com mais vagar. A violência política na região das minas de ouro foi um fenômeno comum, relatado exaustivamente por estudos históricos coloniais: a formação de quilombos e as medidas para sua extinção, as guerras indígenas pela defesa de seus territórios, a Guerra dos Emboabas, a Revolta de Vila Rica são alguns exemplos. Estabelecer uma hierarquia de cargos, uma burocracia de processos para consulta, a partir das letras sagradas dos magistrados, era fundamental para haver um mínimo de ordenamento jurídico e garantias de soberania do estado português nos territórios de sua colônia. Assim, de cordo com o entendimento de Hannah Arendt, o poder das leis e, por consequência, a autoridade das instituições que a fazem cumprir, é um jogo social de consentimentos: "é o apoio do povo que confere poder às instituições de um país, e esse apoio não é mais do que a continuação do consentimento que trouxe as leis à existência"[178].

O *Regimento* de 1702 estabeleceu parâmetros de governança dos territórios minerais baseados no reconhecimento da autoridade dos descobridores das minas, bem como no detalhamento de suas funções *pari passu* com a legislação portuguesa das Ordenações Filipinas[179]. O impacto do assassinato do descobridor das minas do Serro do Frio foi a redução de poder do governo da capitania — o conde de Assumar já era bastante reconhecido pelo uso extensivo de dispositivos violentos de punição — em terras minerais, em incipiente processo de espelhamento da legislação metropolitana. É que, para Arendt, a opinião popular é o que sustenta ou declina o poder do governo, uma vez que este poder depende de números.

Nesse sentido, o poder de um governo e a tomada de suas medidas legisladoras se assenta no "vigor da opinião" enquanto a violência, "até certo ponto, pode operar sem eles, por que·se assenta em implementos"[180]. Por consequência, se levado ao extremo, o poder pode se definir na fórmula de todos contra um e, por outro lado, a violência é o um contra todos, que não consegue se efetivar a não ser através de instrumentos. O uso da violência é apenas um instrumento que pretende multiplicar a energia de quem comanda, não sem minar a sua autoridade.

O conde de Assumar passou por cima de uma das regras básicas da política, em que "jamais existiu um governo exclusivamente baseado nos meios de violência", porque mesmo o mais violento governo precisa de uma certa base de apoio — seja sua polícia, seja a rede de informantes. Por isso, "homens sozinhos, sem outros para apoiá-los, nunca tiveram poder suficiente para usar da violência com sucesso"[181].

---

[176] RAPM, 1933, p. 669.

[177] O cargo de capitão-mor da Vila do Príncipe já era exercido pelo coronel Pedro Pereira de Miranda sendo confirmado pela patente de capitão-mor das Ordenanças da Vila do Príncipe passada no dia 20 de julho de 1716 (Ver: Anexo 18); isso se confirma também por carta expedida a ele pelo do governador no dia 16 de agosto de 1719, encarregando o mestre-de-campo José Quaresma Franco no posto de seu substituto em caso de ausência ou impedimento (RAPM, 1933, p. 576). Confirmado também em: Silva (1928, p. 150).

[178] ARENDT, 1994, p. 35.

[179] *Cf.* Almeida (1870).

[180] ARENDT, 1994, p. 35.

[181] ARENDT, 1994, p. 41.

A autoridade do descobridor das minas do Serro do Frio foi posta à prova pelo conde de Assumar. Não por acaso, a ordem de prisão mobilizou todos os camaradas do guarda-mor em sua defesa — eles lutaram ao seu lado contra o grupo do conde de Assumar —, o que gerou perseguição posterior a vários deles, em especial a Manuel Corrêa Arzão, perseguição esta documentada oficialmente. Por isso, em última análise, a vitória do conde de Assumar foi simbólica — se considerada pelo ponto de vista de fazer cumprir o seu mandado de prisão —, mas nisso houve perda de poder, pois seu gesto pedagógico minou a sua autoridade para negociar com as populações dos descobertos. Nos casos em que a política é dominada pelo uso da violência acontece que "do cano de uma arma emerge o comando mais efetivo, resultando na mais perfeita e instantânea obediência", mas "o que nunca emergirá daí é o poder". Diferentemente da tradição que equaciona poder e violência, para Arendt, quando a violência é total o poder está se deteriorando ou já chegou ao seu fim. Na política, "substituir o poder pela violência pode trazer a vitória, mas o preço é muito alto; pois ele é não apenas pago pelo vencido como também pelo vencedor, em termos de seu próprio poder"[182].

A violência política — cuja ameaça maior é a morte — destrói a política. Para fazermos um comparativo dos erros portugueses na colonização do território das minas, basta lembrar que num governo moderno — esse foi um longo aprendizado dos povos colonizados em sua relação com a Coroa portuguesa — o poder não se enquadra, segundo Arendt, no binômio mando-obediência. Pelo contrário: o poder é essencialmente cooperativo, permite a pluralidade de opiniões, uma vez que "corresponde à habilidade humana não apenas para agir, mas para agir em concerto", agir em conjunto, "em simultaneidade com os outros"[183].

Ademais, continuando o raciocínio de Arendt, "o poder emerge onde quer que as pessoas se unam e ajam em concerto, mas sua legitimidade deriva mais do estar junto inicial do que de qualquer ação que então possa seguir-se"[184]. O retorno da violência não é o poder, é a impotência. A impotência retorna ao espaço público na mesma proporção da violência utilizada contra os cidadãos. Arendt desqualifica a violência como ferramenta política de geração de poder.

Arendt é enfática ao afirmar que a violência "não promove causas, nem a história, nem a revolução, nem o progresso, nem o retrocesso". Se há uma concessão política à violência, é enquanto ação de curto prazo que possa colaborar para chamar a atenção sobre a decadência do poder e da autoridade de algum sistema político. A violência só tem sentido se desmascara a impotência do poder e comunica ao mundo a sua decadência. Nesse sentido, "ao contrário do que seus profetas tentam nos dizer, a violência é a arma mais da reforma do que da revolução". A rapidez na ação instrumental violenta só se justifica diante de um resultado rápido, porque senão, "o resultado será não apenas a derrota, mas a introdução da prática da violência na totalidade do corpo político. A ação é irreversível, e um retorno ao *status quo* em caso de derrota é sempre improvável". Dessa forma, a "prática da violência, como toda ação, muda o mundo, mas a mudança mais provável é para um mundo mais violento"[185].

Parece que para os antigos governantes o gesto pedagógico colonial da desobediência civil dos bandeirantes se somava ao medo que tinham dos caminhos, dos gentios e das montanhas, como expressava D. Rodrigo da Costa, governador-geral do Brasil, em 1704[186].

---

[182] ARENDT, 1994, p. 42.

[183] ARENDT, 1994, p. 36.

[184] ARENDT, 1994, p. 41.

[185] ARENDT, 1994, p. 58.

[186] *Cf.* BN-DH (1938, v. XL, p. 357).

2 O CAPITÃO-MOR DO DISTRITO MANUEL CORRÊA ARZÃO (C.1670-1733)

Além de Antônio Soares Ferreira, outro descobridor exerceu a função de guarda-mor nas minas do Serro do Frio. Trata-se de Manuel Corrêa Arzão, que substituiu o guarda-mor oficial em várias circunstâncias, aparecendo em declarações de quinto do ouro como autoridade máxima para autorizar a transação. Além disso, assumiu o controle das minas do Serro do Frio em 1708. Ele esteve no distrito desde o início de sua ocupação oficial em 1702.

Foi durante seu mandato de guarda-mor — talvez, nesse momento Antônio Soares Ferreira estivesse em novos descobrimentos pelo distrito das minas do Serro do Frio, provavelmente na direção do Mato Dentro — que houve uma das maiores crises na exploração de ouro nas Minas Gerais, ainda sem capitania definida, vinculada, assim como São Paulo, à Capitania do Rio de Janeiro. A Guerra dos Emboabas (1709-1711)[187] provocou disputa pelo território das minas entre paulistas e portugueses. O impacto nas minas do Serro do Frio fez-se sentir tardiamente, com documentos partindo aos montes para as providências do guarda-mor.

Os documentos enviados para o guarda-mor contam histórias de proibições e limitações de exploração, mostrando incertezas em relação às reais motivações dessas proibições, deixando claro que o pano de fundo era a crise de governamentalidade portuguesa em sua colônia brasileira. São três documentos enviados ao guarda-mor coronel Manuel Corrêa Arzão. O primeiro foi escrito em 7 de maio de 1708, suspendeu oficialmente a cultura das minas (medida que nunca entrou de fato, em vigor) e solicitava o envio do ouro dos quintos:

> Pela própria carta de sua majestade, que Deus guarde, que remeto a vossa mercê, verá o que sem embargo das dificuldades que propus ao dito senhor, se me ofereciam para se suspender a cultura das minas do distrito desta Capitania, foi servido resolver se suspendesse nela, pelas razões que na dita carta se insinuam: pelo que ordeno a vossa mercê, faça com toda a indústria possível (se por força se não puder conseguir, no caso que seja necessário usar dela) que nas minas que forem do distrito desta capitania, não haja cultura, nem se trabalhe nelas por modo algum; cobrando, antes que se proceda a esta diligência, todo o ouro dos quintos que se estiver devendo; porque com esta alteração, se fará mais difícil, e violenta a cobrança dele; e o que se cobrar poderá vossa mercê entregar, com todo o que estiver junto, ao ajudante André Marques, a quem mando a esta diligência, precedendo na entrega as clarezas costumadas. Ao capitão-mor Antônio Soares Ferreira, e a Baltazar de Lemos de Morais procurador da Coroa escrevo sobre este particular, para que fiquem entendendo o que sua majestade manda, e juntamente concorram com vossa mercê para a execução desta diligência, a qual por ser tanto do serviço do dito senhor, espero eu se porte vossa mercê nela de sorte que conheça ele, que ainda nas partes mais distantes do seu reino, tem em vossa mercê vassalo, que o sirva com zelo, e fidelidade, e que por este serviço se faça vossa mercê acredor da sua grandeza, o que eu lhe farei presente, para que vossa mercê também veja, que em agradecimento do que obrar, hei de concorrer juntamente para os seus aumentos. Deus guarde a vossa mercê. Bahia 7 de maio de 1708. Luiz César de Menezes[188].

O segundo documento foi escrito no mesmo dia emitido para o procurador da Coroa e Fazenda Real das minas do Serro do Frio, Baltasar de Lemos de Morais, e ao capitão-mor Antônio Soares Ferreira, a fim de não continuar na cultura daquelas minas.

---

[187] Utilizamos a datação de Alencastro (2000, p. 203) e não outra, que considera o período de 1707-1709.
[188] BN-DH, 1938, v. XLI, p. 227-228.

Ao coronel Manuel Correia Arzão, guarda-mor dessas minas, escrevo, remetendo a carta de sua majestade, que Deus guarde pela qual ordena, se não cultivem as minas que estiverem no distrito desta capitania sem embargo dos inconvenientes que lhe representei havia para isso; e como ao dito coronel encomendo que faça executar esta ordem, pelo modo que lhe for possível, e há de ser necessário precisamente que vossa mercê concorra para a execução dela: me parece dizer a vossa mercê que nesta diligência obre com tal zelo, e eficácia, que tenha sua majestade, que remunerar-lhe, e eu que agradecer-lhe. Deus guarde a vossa mercê. Bahia e maio 7 de 1708. Luiz César de Menezes[189].

O terceiro documento reflete a mentalidade portuguesa para sua colônia, em especial, a sua forma de lidar com os riscos de perda do controle sobre os (des)caminhos do ouro, tentando manter certo ordenamento jurídico, a partir das autoridades reconhecidas minimamente pelos moradores dos povoados (teriam os aventureiros do ouro alguma coesão social, a não ser a fortuna rápida?), em três frentes: a militar, a jurídica e a eclesiástica, a fim de conter a guerra civil nas regiões das minas de ouro. Era necessário criar um ambiente de conveniente paz social, ou como os documentos antigos assinalam de maneira reiterada, o sossego dos moradores. Esse longo documento foi escrito em 17 de julho de 1709 pelo Conselho Ultramarino de Lisboa, que se posicionou sobre como controlar um corpo político em ebulição pela corrida do ouro, que ainda ia permanecer até o final 1720 quando a Coroa portuguesa conseguiu espalhar por todos os lados da vida social o seu poder simbólico e iniciou um modelo de funcionamento do gesto pedagógico colonial com êxito em seus complexos dispositivos de biopolítica, os ícones do poder.

Assim, podemos compreender que o jeito barroco serrano de ser[190] foi uma estrutura ontológica constitutiva do modo de pensar e agir no mundo comum, cujo fundamento na biopolítica moderna é o medo internalizado dos ícones do poder disciplinar — o pelourinho, a Casa de Fundição e o padre. O jeito barroco serrano de ser modelou-se pelas relações biopolíticas com o estado

---

[189] BN-DH, 1938, v. XLI, p. 228-229.

[190] Trata-se da estrutura ontológica constitutiva do modo de pensar e agir no mundo comum, cujo fundamento na biopolítica moderna é o medo internalizado dos ícones do poder disciplinar — o pelourinho, a Casa de Fundição e o padre. São as expressões sociais, culturais, religiosas, políticas, culinárias e arquitetônicas originadas na Vila do Príncipe no século XVIII e que mantêm seus traços originais ainda presentes na civilização serrana e na Comarca do Serro do Frio. O jeito barroco serrano de ser é um constante processo de conflito coletivo e individual entre o bem e o mal, entre o puro e o impuro, entre o belo e o feio, entre o mundo e o imundo, entre o sagrado e profano. Essa constituição ontológica resultou das formas de ajustamento próprias e singulares, criadoras de estruturas sociais para a expressão do desejo e da vontade dos fundadores da cidade, ou seja, como a povoação inventou seu processo civilizatório (ELIAS, 1993, 1994). Por isso, a população serrana criou uma complexa visão de mundo na tentativa de formar um costume comum, comunitário, coletivo, moralizante e moralizador, estabilizante e estabilizador em que os moradores se reconheciam construtores de uma visão de mundo própria. A moralidade serrana foi desde o século XVIII pedagogicamente ensinada às novas gerações pelo poder simbólico expresso implícita ou explicitamente pelas edificações, pelas igrejas, pelo pelourinho, pela separação das classes sociais, pela separação entre cativos, forros e homens livres, entre meninos e meninas, entre pobres e ricos. Consolidou-se o paradigma do poder simbólico (BOURDIEU, 2011), em que as relações mantidas pela coercitividade e pela centralidade dos adultos que já fizeram suas escolhas morais antes dos recém-nascidos estavam por todos os lugares e espaços sociais e foi vivido e revivido pelas gerações de adultos e ensinado às novas gerações nas minas do Serro do Frio. As formas familiares, eclesiásticas, governamentais e policiais constituintes de uma sociedade são ensinadas e aprendidas cotidianamente. Depreende-se, assim, que são formas de reprodução do poder simbólico. A convivência do indivíduo em grupos é permeada por relações de poder do próprio indivíduo, de outros indivíduos, do seu grupo e de outros grupos. Assim, aprende-se de maneira formal e também de maneira informal na convivência com os outros e com os objetos da sociedade, nesse caso, a própria cidade e suas centralidades culturais, religiosas, econômicas etc. O jeito barroco serrano de ser é o modo específico de ser, pensar e agir daquela sociedade em relações de poder simbólico reproduzidas pelas instituições sociais, como a escola, por exemplo. Compreendemos o termo jeito barroco serrano de ser como um conjunto de comportamentos econômicos, sociais, familiares, religiosos, artísticos e políticos vivenciados e reproduzidos por cada indivíduo na Vila do Príncipe, no século XVIII e que constitui a sua identidade cultural e sua forma de autorreferenciar-se na comparação com outros jeitos de ser de outros lugares. Usamos o termo autorreferência com o significado de que um sistema de interações dá para si mesmo, ou seja, como um grupo ou um indivíduo se autodenomina em relação aos outros: "por isso a autorreferência só pode ocorrer num ambiente e em relação a um ambiente" (LUHMANN, 1997, p. 40). Dessa forma, buscamos uma ontologia do ser serrano nesse contexto. Barroco é entendido como a divisão moderna da existência do indivíduo no mundo comum em que este modernamente se encontra fragmentado entre duas dimensões e entre elas oscila na sua apreensão e compreensão do mundo: o mortal e o imortal, o finito e o infinito, o privado e o público, o secular e o religioso, o bem e o mal, a verdade e a mentira, a cidade de Deus e a cidade dos homens, a luz e a sombra, a sabedoria e a ignorância, o livre e o cativo, o masculino e o feminino. O jeito barroco serrano de ser na educação diz respeito à reprodução dessa forma de ver o mundo nos espaços de letramento e escolarização. Ver: Briskievicz (2020).

português duplamente — o pelourinho complementou-se com a cadeia e as milícias armadas, as Ordenanças. A Casa de Fundição anunciada a partir de 1751 e em pleno funcionamento em 1753 já estava no projeto de ocupação com a proibição de transitar com ouro em pó. A Igreja com o sistema do padroado real[191] encaixava-se perfeitamente no sistema de controle biopolítico, por meio de dispositivos como a orientação espiritual dos padres em matriz, capelas e capelania nas mais diversas irmandades. Assim, formou-se o jeito barroco serrano de ser: expressões sociais, culturais, religiosas, políticas, culinárias e arquitetônicas originadas na Vila do Príncipe no século XVIII e que mantem seus traços originais ainda presentes na civilização serrana e na Comarca do Serro do Frio. Ele é um constante processo de conflito coletivo e individual entre o bem e o mal, entre o puro e o impuro, entre o belo e o feio, entre o mundo e o imundo, entre o sagrado e profano.

Essa constituição ontológica resultou das formas de ajustamento próprias e singulares, criadoras de estruturas sociais para a expressão do desejo e da vontade dos fundadores da cidade, ou seja, como a povoação inventou seu processo civilizatório[192]. O documento registra a necessidade urgente de colocar os arraiais, pousadas, pousos e povoados na mais estrita ordem social, como se vê a seguir num breve recorte do texto original:

> Pareceu ao conselheiro Antônio Rodrigues da Costa, que este negócio tem três partes, uma que pertence a defesa da costa do Rio de Janeiro, outra à administração pela justiça e governo político da gente que assiste e trabalha nas minas do ouro, e a terceira que respeita à arrecadação dos quintos. [...] Quanto à segunda parte que se dirige à boa administração da justiça e ao bom governo político do grande número de gente que se ocupa nas minas, [...] e pede um cuidado e vigilância muito exata e a dissolução e desordem em que aquela gente vive governada somente pela insociável cobiça do ouro necessita de que vossa majestade lhe mande acudir com pronto e eficaz remédio. Nem se pode esperar que de uma multidão de gente confusa sem lei, sem ordem, sem obediência, sem temor dos magistrados, sem receio do castigo e sem esperança de prêmio que o príncipe possa tirar dela tributo ou conveniência alguma [...], parece preciso que vossa majestade mande às minas não uma só pessoa, porque não e possível achar em uma só os requisitos e autoridade necessária para coisas tão diferentes, como são fundar igrejas, constituir párocos, tomar conhecimento das causas eclesiásticas, fundar vilas e povoações, ordenar milícias, estabelecer a arrecadação dos quintos e dos dízimos, pôr justiças, castigar delitos e outras muitas coisas todas mui diversas que requerem coerente prática e ciência. Pelo que parece que vossa majestade

[191] Para Villalta (1998, p. 3-4), "o surgimento e a conformação do espaço urbano em Minas encontram-se profundamente ligados aos ditames que orientaram o processo colonizatório. Primeiramente, neste processo, havia o bifrontismo, o objetivo de colonizar para incorporar almas e territórios, dilatar o Império e estender a fé e, com isso, acumular riquezas. Este bifrontismo, expresso de modo claro no padroado – através do qual a Coroa garantia a interferência nos assuntos eclesiásticos, assumindo a responsabilidade pela construção e manutenção de templos e pelo pagamento dos eclesiásticos, administrando receitas, apresentando a Santa Sé nomes para dignidades eclesiásticas maiores (abadias, bispados, arcebispados) e menores (conezias, curas, etc.) e rejeitando bulas e breves papais com os quais estivesse em desacordo –, conduziu à secularização da administração dos assuntos eclesiásticos e, inversamente, à intromissão da igreja nas questões seculares, misturando o sagrado ao profano e vice-versa. No processo colonizatório, verificava-se, ainda, a presença de normas de política econômica e de relações econômicas efetivas – o que se convencionou chamar sistema colonial: monopólio comercial metropolitano sobre a colônia, latifúndio, escravidão, produção em larga escala de artigos coloniais, exação fiscal e extração da maior quantidade de metais preciosos no menor espaço de tempo possível –, cujo sentido era produzir, extrair e acumular riquezas, carreando-as para a metrópole. E, por fim, o desenvolvimento de atividades econômicas à margem desta orientação geral e a ocorrência de conflitos entre colonos e autoridades em torno das riquezas, ou mesmo, de usurpações dos direitos régios por estas últimas. A sombra da Coroa e da Cruz e as linhas do antigo sistema de colonial, contudo, nos momentos iniciais da ocupação dos territórios, de modo geral, foram estendidas antes por obra de grupos ou de indivíduos do que por ações controladas rigidamente pelo Estado e pela Igreja: foram aventureiros intrépidos e, muitas vezes, sem escrúpulos, que se lançaram pelo litoral no século XVI e que, a partir de meados do mesmo século, iniciaram o avanço sobre os sertões, à busca de peças, pedras e metais preciosos. A ampliação das fronteiras do domínio português na América foi, deste modo, iniciativa mais privada do que pública. Em Minas Gerais, os aventureiros igualmente precederam às instituições administrativas e eclesiásticas, desbravando o território, construindo os rudimentos da vida social e urbana. As Bandeiras eram recomendadas e aprovadas por el-rei, e tinham sacerdotes entre seus componentes, mas Igreja e Estado, enquanto instituições, chegaram as Gerais apenas mais tarde".
[192] Cf. Elias (1993, 1994).

devia ser servido ordenar que sejam três as pessoas a que se encarregar a execução deste grande negócio, uma das quais deve ser eclesiástica e parecer proporcionado o bispo do Rio de Janeiro de cuja diocese é aquele distrito, porque além de ser um prelado douto e prudente pelo seu caráter conciliará mais respeito entre aquela gente, a outra deve ser militar e também de autoridade, resolução e prudência e de ir acompanhada de um cerco de infantaria, para que a obediência seja certa e segura, e não prenda somente da cortesia e do respeito, que soa vínculos muito débeis e fracos em gente tão dissoluta, a terceira deve ser um desembargador de suposição e prudência, e todas três sendo possível, de um desinteresse e limpeza muito provada, porque o ministério e a matéria em que hão de exercitar o poder e jurisdição que Vossa Majestade lhes der é a mais perigosa e de maior tentação que pode haver para a fragilidade humana, pois são poucos os homens que podem resistir à ambição do ouro. Destas três pessoas parece se deve compor um conselho ou junta a que vossa majestade poderá dar o governo daquele distrito das minas independente do governo do Rio de Janeiro e do da rainha enquanto se faz a diligência que se pretende de estabelecer justiças e governo político entre aquelas gentes[193].

A tarefa do guarda-mor não era nada fácil naquele contexto de criação ou fundação de um arraial que ninguém sabia se sobreviveria após os descobrimentos do ouro, tentando obrigar as minas a se espelharem nos ordenamentos jurídico, eclesiástico e militar portugueses. Mesmo depois das duras lições da Guerra dos Emboabas, houve nas minas do Serro do Frio uma guerra civil entre os descobridores e os mineiros nela instalados. O guarda-mor Manuel Corrêa Arzão acabou entrando em litígio com Geraldo Domingues em 1711, por conta das lavras do Rio do Peixe.

O litígio só foi resolvido de fato com a elevação do arraial à Vila do Príncipe, em 1714. No meio do processo de devassas e prisões, o governador da Capitania de São Paulo e Minas do Ouro, D. Brás Baltazar da Silveira referendou, em 25 de maio de 1711, o pedido de Arzão para assumir o cargo de capitão-mor do distrito das minas do Serro do Frio, "atendendo a pessoa de Manuel Corrêa Arzão e o estar servindo de guarda-mor no *distrito do Serro do Frio*, cargo que *exercia há anos*, ordena ao dito Manuel Corrêa Arzão, governe como capitão-mor o dito distrito"[194]. A provisão saiu tempos depois, em 17 de abril de 1714[195], com os seguintes termos:

Faço saber [...] que tendo consideração aos merecimentos, nobreza e mais requisitos que concorrem na pessoa de Manuel Correia Arzão a ser um dos primeiros descobridores do sertão do Serro do Frio, tendo servido naquele distrito em tudo quanto se lhe encarregou com grande acerto e satisfação, e confiando dele que com a mesma maneira procederá daqui em diante, hei por bem de nomear e prover no posto de capitão-mor das Ordenanças da Vila Nova do Príncipe e seu distrito para servir por tempo de três anos. Se no entanto eu o houver por bem e sua majestade não mandar o contrário, por esta o hei por empossado no dito posto com o qual gozará de todas as honras, privilégios, isenções e liberdades que por ele lhe pertencerem, e ordeno a todos os oficiais e soldados das Ordenanças o conheçam por seu capitão-mor e como tal lhe obedeçam e cumpram suas ordens assim por escrito como de palavra tão pontualmente como devem e são obrigados, e para firmeza de tudo lhe mandei dar esta patente por mim assinada e selada com o sinete de minhas armas que

[193] BN-DH, 1951, v. XCIII, p. 228-229.

[194] SILVA, 1928, p. 10, grifos do autor.

[195] A provisão de capitão-mor foi transcrita no dia 20 de junho de 1714 no *Livro de registros de cartas, ordens, despachos, instruções, bandos, cartas-patentes, provisões e sesmarias do governador – 1713-1717* (Apmes, Cad. 2, s/p): "e por esta hei por empossado do dito posto com o qual gozará de todas as honras, privilégios, isenções e liberdades que por ele lhe pertencerem, e ordeno a todos os oficiais e soldados das ordenanças o conheçam por seu capitão-mor, e como tal lhe obedeçam e cumpram suas ordem assim por escrito como de palavra tão pontualmente como devem e são obrigados e por firmeza de tudo lhe mandei dar esta patente por mim assinada e selada com o sinete de minhas armas que se cumprirá tão inteiramente como nela se contem registrando-se nos livros da secretaria deste governo e nos da Câmara da dita vila".

se cumprirá tão inteiramente como nela se contém, registrando-se nos livros da Secretaria deste governo e nos da câmara da dita vila[196].

Uma análise breve da provisão explica muito sobre a criação do distrito do Serro do Frio e sua ocupação primitiva, além do processo de sua elevação à categoria de vila ou municipalidade. Arzão foi um dos primeiros descobridores, mas não comandou a bandeira de descobrimento. Ele era um homem de confiança do guarda-mor Antônio Soares Ferreira. Parece que o governador retribuía a atuação de Arzão na resolução do conflito com Geraldo Domingues em 1711, o que de certa forma pacificou o distrito das minas. Mas o que vem a ser o posto de capitão-mor das Ordenanças que não estava previsto no *Regimento* de 1702?

Pelo regimento de 10 de dezembro de 1570 foram criadas no Brasil as Companhias de Ordenanças, espelhando as forças militares da Coroa portuguesa. Os seus funcionários eram os moradores da colônia, encarregadas da manutenção da ordem interna[197]. Na opinião de Sodré[198], as Companhias de Ordenanças surgiram por conta da instalação de uma estrutura administrativa colonial mais complexa, especialmente por conta da criação dos cargos de governador-geral, ouvidor-geral e provedor-mor, a questão da defesa assumiu um destaque maior. Para governar foi necessário criar um sistema de proteção e defesa territorial. No século XVI, houve uma reordenação militar com a Lei das Armas, promulgada em 9 de dezembro de 1569 por D. Sebastião, garantindo que em seus reinos haveria "gente armada, a pé e a cavalo [...] com comandos, oficiais, exercícios periódicos e processos de instrução"[199]. Depois de várias transformações em regimentos nos anos seguintes, em alvará de 18 de outubro de 1709, ficou estabelecido que para ocupar o lugar de capitão-mor seriam escolhidas, pelos oficiais da câmara junto com o ouvidor ou provedor da comarca, três pessoas "da melhor nobreza, cristandade e desinteresse"[200], cujos nomes seriam enviados para o general ou cabo que comandasse as Armas na capitania.

A Vila do Príncipe foi elevada a concelho em 1714, começando o processo de suas vereações e nomeações. Parece que o governador da capitania D. Brás Baltazar da Silveira resolveu por um ato monocrático nomear Arzão ao cargo de capitão-mor do distrito da Vila do Príncipe. O motivo teria sido a libertação de Geraldo Domingues pela anistia de 1715, indulto dado aos revoltosos de 1711, e o reconhecimento da autoridade política do desafeto de Arzão, que foi eleito para o cargo de juiz ordinário, governando a vila com os vereadores o capitão Antônio de Moura Coutinho[201], Luiz Lopes de Carvalho, Antônio Sardinha de Castro e o procurador do ano, Manuel Mendes Fagundes.

Para os postos de sargento-mor e capitão de Companhia de Ordenanças, seriam seguidos os mesmos procedimentos, mas a eleição contaria com a participação do capitão-mor, donatário ou alcaide-mor, e, na falta destes, com o sargento-mor da comarca. Esse alvará também se referia aos ajudantes de ordenanças, que antes eram providos por eleição e que passavam, a partir daquele momento, a serem nomeados pelo capitão-mor.

Em suma, o cargo de capitão-mor não competia com o cargo de superintendente e guarda-mor do distrito das minas do Serro do Serro e da Vila do Príncipe, antes, havia a possibilidade de ampliação dos cargos provisionados entre os mesmos descobridores, cada um aumentando seus rendimentos

[196] SILVA NETO, Casimiro Pedro da. *Desbravadores do Brasil*. Brasília: Sesc-DF, 2018. p. 105.

[197] *Cf.* Salgado (1985, p. 97).

[198] SODRÉ, Nelson Werneck. *História militar do Brasil*. Rio de Janeiro: Civilização Brasileira, 1965. p. 19.

[199] MELLO, Christiane Figueiredo Pagano de. *Forças militares na segunda metade do século XVIII*. Rio de Janeiro: E-Papers, 2009. p. 29.

[200] PORTUGAL. Lei de 18 de outubro de 1709. Em que se declara a forma em como daqui por diante se hão de fazer as eleições para capitães-mores e dos mais oficiais da Ordenança. *Sistema, ou Coleção de regimentos reais, compilados por José Roberto Monteiro de Campos Coelho e Sousa*. Tomo V. Lisboa, 1789. p. 202-205, p. 203. Disponível em: http://www.governodosoutros.ics.ul.pt/. Acesso em: 12 jun. 2023.

[201] No dia no 28 de março de 1726, sepultou no adro da matriz seu escravo de nome Antônio (AEAD, ÓBITOS 1725-1797, fl. 1).

e influência política no território mineiro. Arzão exerceu o cargo até 1720, quando participou da revolta contra o mandado de prisão do conde de Assumar expedido contra Antônio Soares Ferreira, ocasião em que o bandeirante foi assassinado em fuga. Depois disso, Arzão teve prisão e sequestro de seus bens decretada em 6 de agosto de 1720, e ele desobedeceu a ordem, fugindo para as minas da Capitania de Mato Grosso, onde teria recebido sua anistia em 1733, segundo Silva Neto, "achando-se na vila de Cuiabá", onde "obteve patente para o posto de tenente-coronel"[202], falecendo em 1736[203].

3 O SUPERINTENDENTE LOURENÇO CARLOS MASCARENHAS DE ARAÚJO (C.1670-C.1730)

No artigo 3º do *Regimento* de 1702, ficou estabelecido que o foro para qualquer representação contra a medição das datas seria a própria figura do superintendente ou guarda-mor considerando-se como critério "o que estiver mais perto"[204]. É que, no caso de algum mineiro acreditasse ter recebido valor menor do que havia arrematado, caberia ao superintendente ou guarda-mor solucionar o problema, mandando novamente tirar as medidas, ratificando ou retificando a primeira medição.

As regras estabelecidas no artigo 3º relacionam-se diretamente com o artigo 4º que trata da esbulhação das datas de algum mineiro "pobre ou miserável" por outro poderoso, em terras ou datas com pinta rica, ou seja, com ouro em grande quantidade em suas lavras. Depois de ouvidas oralmente as partes, ficaria a cargo do superintendente, esse caso houvesse a confirmação do esbulho, faria a restituição imediata. Caso não houvesse pacificação do caso pelas partes, o esbulhado depois de justificar seu prejuízo, deveria ser restituído em sua data ou lavra pelo abusador, que

> [...] lhe fará restituir toda a perda e dano que nisso lhe tiver dado, que se liquidará pelo rendimento das braças na mesma data, dando-se ao esbulhado pelas braças que lhe tomarem outro tanto como importarem outras tantas braças que lavrar da mesma data, e em pena do esbulho se lhe fará satisfazer isso que se liquidar em dobro[205].

Em caso de litígio, o superintendente deveria ter a capacidade de pacificação dos casos, evitando-se guerras e motins.

De fato, esbulhar as minas alheias era algo muito comum nos distritos minerais. Para Silva, esbulhar diz respeito ao ato de "desapossar, tirar alguém, esbulhá-lo da posse", sendo o esbulho o "ato de tomar alguma coisa a alguém contra sua vontade, sem legítima autoridade, ou direito"[206]. Isso poderia se dar pela invasão deliberada das braças dos terrenos auríferos arrematadas diante da Fazenda Real, ou mesmo pelos faisqueiros[207] que vagassem pelos terrenos à procura de ouro.

---

[202] SILVA NETO, 2018, p. 106.

[203] Segundo Gomes (2021, p. 38), eram as minas de Cuyabá, "a segunda maior descoberta de pedras e minerais preciosos do Brasil depois de Minas Gerais" e por conta da descoberta por volta de 1719 e com a divulgação da notícia, no dia 1º de janeiro de 1727, "na presença do governador da capitania de São Paulo, Rodrigo César de Meneses, o pequeno e caótico arraial de Vila Real do Bom Jesus do Cuiabá seria elevado à categoria de vila". Isso significa que Arzão dominava sua rede de informantes sobre onde estar para continuar suas atividades mineradoras.

[204] CCM, p. 314; APM-SC 01.

[205] CCM, p. 314; APM-SC 01.

[206] SILVA, Antônio de Morais. *Diccionario da lingua portugueza composto pelo padre D. Rafael Bluteau*. Reformado, e accrescentado por Antônio de Morais Silva natural do Rio de Janeiro. Lisboa: Officina de Simão Thaddeo Ferreira, 1789. 2 v. p. 527.

[207] Segundo Ferrand (1998, p. 99-100), os trabalhos nos leitos dos rios era feito com bateias remexendo os cascalhos e os faiscadores [faisqueiros] são os herdeiros desse método, que normalmente trabalhando em lavras abandonadas, "durante a estação das chuvas, vão buscar o ouro trazido pelos aluviões há pouco depositados nos cursos d'água, depois das grandes cheias; [...] instala antecipadamente de cada lado do rio, com a ajuda de estacas e ramagens, pequenos diques transversais que vão alternadamente de uma margem para o meio da água, de modo a romper o curso e obrigar as matérias arrastadas a se depositarem; quando, depois de grandes chuvas, o depósito atingiu uma certa espessura, armado de uma bateia de 60 a 75 centímetros de diâmetro, entra na água, com frequência até os joelhos, e enfia a bateia no cascalho do rio. [...] São, em geral, negros pobres que se dedicam a esse

Manter a ordem nas lavras de ouro no distrito do Serro do Frio não devia ser tarefa fácil nas primeiras décadas da sua exploração, quando chegavam aos ribeiros inúmeras pessoas em busca de enriquecimento rápido pela cata do ouro nos depósitos aluvisionais. Dessa forma, prossegue o *Regimento* de 1702, estabelecendo em seu artigo 5º o ponto central de toda mineração, o pressuposto de todo empreendimento ou empresa nas minas: o tamanho dos terrenos, lavras ou datas a quem teriam direito os seus exploradores. O processo de demarcação dos descobertos começava como de costume pelo superintendente, que tendo conhecimento dos ribeiros com pinta de ouro, deveria ordenar imediatamente o guarda-mor "medir o comprimento deles para saber as braças que têm e, feito, saberá as pessoas que estão presentes e os negros que cada um tem, tomando disso informações certas, e ordenará ao guarda-mor faça a repartição das datas"[208].

A medição de um ribeiro podia levar dias, de acordo com a sua extensão. Por direito, a primeira data seria dada a quem a houvesse encontrado:

> [...] a qual lhe há de dar na parte aonde ele apontar, e logo repartirá outra data para a minha Fazenda no mais bem parado do dito ribeiro, e ao descobridor dará logo outra data como lavrador em outra qualquer parte que ele apontar, por convir que os descobridores sejam em tudo favorecidos e esta mercê os anime a fazer muitos descobrimentos.

Esse era o primado dos descobridores: adquirir as melhores lavras. Por isso, explica-se que a bandeira serrana não parou com a descoberta dos ribeiros Lucas e Quatro Vinténs e sua demarcação. O primado dos descobridores prosseguia em cada novo ribeiro encontrado com pinta de ouro, ampliando o seu poder dentro do distrito, e por extensão, os seus rendimentos. Todos deveriam, então, esperar que o descobridor — guarda-mor ou superintendente por primazia — repartisse as lavras de acordo com sua vontade[209]. Por isso, "no caso que um descobridor descubra quatro ribeiros, no último se lhe darão quatro datas, duas como descobridor e duas como lavrador". Está subentendido que as lavras de primazia dos descobridores seriam exploradas por número suficiente de

---

trabalho excessivamente penoso por causa da diferença de temperatura suportada pelo corpo, que se encontra exposto, aos raios de um sol escaldante e, embaixo, ao frio da água corrente". Segundo Rezende (2013, p. 87-88), "a faiscação foi uma alternativa para aqueles que, encontrando-se à margem neste espaço social, forjaram papeis de destaque na economia minerária. Na prática, muitos escravos faiscadores recebiam dos senhores o direito de andarem faiscando pelas áreas já lavradas de suas propriedades, pelas lavras abandonadas, tanto nos ribeiros quanto nos morros, ou nas áreas consideradas realengas ou comum a todos. Em troca, deveriam entregar ao senhor uma parcela do ouro extraído, o que consistia no pagamento do jornal, podendo ficar com o restante. Dessa forma, muitos escravos conseguiram acumular algum pecúlio, o qual poderia ser utilizado para pagar sua alforria aos poucos, através da coartação. Esse sistema consiste, basicamente, na alforria cujo pagamento é feito a prazo. Esses escravos podiam inclusive acumular bens, já que a posse dos mesmos não era vedada aos escravos jornaleiros. Os coartados ficavam, geralmente, desobrigados de pagar os jornais aos senhores durante o período de vigência do contrato de coartação. Nesse tempo não entregavam um valor ao fim da jornada de trabalho, mas, normalmente, um valor fixo anual. Durante esse período os cativos tinham assegurado, por meio da "carta de corte", o direito de perambularem por certo espaço, com limite as vezes definidos nessas cartas, em busca de algum ganho para seu sustento e para o acúmulo do pecúlio necessário à quitação das parcelas de sua autocompra. Sabemos que a faiscação, inclusive nos morros, foi uma das atividades a que esses escravos recorreram para isso. [...] Esse costume de deixar os escravos andarem faiscando pelas vilas era algo praticado pelos senhores desde os primeiros anos de ocupação das Minas. [...] Era vantajosa para ambas as partes: para o senhor, porque não tinha que arcar com o sustento do escravo e recebia um jornal semanal, e para o escravo, que gozava de certa liberdade de ação e ainda podia acumular algum pecúlio". Para Boxer (1963, p. 51), "faisqueiras, porque ao sol faiscavam as partículas maiores" de ouro aluvial no leito dos ribeiros.

[208] CCM, p. 314; APM-SC 01.

[209] Além da remuneração anual do cargo de guarda-mor das minas do Serro do Frio e Itacambira, Antônio Soares Ferreira lavrou as pintas de ouro que lhe eram garantidas por direito. Isso é comprovado pelo termo de pagamento do quinto do ouro datado de 11 de setembro de 1705, em que pagou 64 oitavas de ouro para a Coroa portuguesa das 320 oitavas retiradas de suas lavras (PINTO, 1902, p. 947-948; APM-CC 1002). Isso mostra que o guarda-mor possuía escravos para trabalharem nas suas terras. A primazia dos descobrimentos compensava o investimento feito nas bandeiras, pois além do privilégio do cargo público remunerado pelo Governo-Geral do Brasil, o descobridor podia também explorar as melhores lavras, antes de dividir outra parte para a Coroa portuguesa. Além disso, os valores são impressionantes: uma oitava de ouro equivale a 3,59 gramas, ou seja, 320 oitavas lavradas deram cerca de 1,15 quilos de ouro. Outro lançamento de quintos do guarda-mor serrano é datado de 30 de março de 1706, em que se registrou um termo de pagamento de trinta oitavas referente às 150 oitavas retiradas das lavras em suas terras. Em menos de seis anos o guarda-mor lavrou 470 oitavas de ouro, equivalentes a 1,7 quilos, uma média de 350 gramas por ano.

seus escravos. Aliás, era por cabeça de escravo que se dividiam as demais lavras determinadas pelo guarda-mor ou superintendente, "regulando-se pelos escravos que cada um tiver, que em chegando a doze escravos ou daí para cima fará repartição de uma data de trinta braças conforme o estilo"[210]. Estes eram os grandes mineradores, abaixo dos descobridores[211].

Abaixo de 12 escravos, ou seja, exatamente de 11 para baixo, "serão repartidas duas braças e meia por cada escravo, para que igualmente fiquem todos logrando da mercê que lhes faço". E para que a repartição fosse justa em sua divisão entre pobres e ricos (informação confirmada no artigo 20º), para que se evitassem reclamações na repartição dos melhores sítios "por amizade ou respeito", de acordo com o *Regimento*, será lançada a sorte. Dessa forma, seguindo a tradição da eleição dos oficiais dos Senados da Câmara – prevista nas Ordenações Filipinas, a sorte seria lançada usando-a a ingenuidade de uma criança menor de idade e os pelouros com os nomes de cada um dos pretendentes. Dessa forma, "o primeiro que sair lhe assinará a sua data" respeitada a primazia do "descobridor como lavrador"[212] até todos serem contemplados. A obrigação de colocação dos marcos ficaria a cargo de cada mineiro para delimitar sua lavra.

O artigo 12º acrescentou a seguinte recomendação (complementada nos artigos 23º e 24º):

> E sucedendo fazerem-se alguns descobrimentos em partes muito remotas das em que assistir o superintendente ou guarda-mor, o descobridor o fará logo a saber ao superintendente, para que mande o guarda-mor fazer repartição das datas na forma que lhe é ordenado, e não podendo o guarda-mor ir fazer a dita repartição nomeará o superintendente um guarda-menor que a vá fazer, e nunca, em nenhum caso, poderão os descobridores fazer a repartição em outra forma. E não dando os descobridores a dita parte ao superintendente, ocultando o tal descobrimento, se lhes não darão datas algumas; antes, as que se lhes haviam de dar se darão às pessoas a que dela relatar o tal descobrimento que se tinha ocultado[213].

Quem seriam os mineiros contemplados pelo primeiro sorteio dos pelouros? O artigo 6º explica que antes dos mineiros avulsos vindos até os ribeiros por conta própria, era direito garantido a partilha das terras ou lavras a quem tivesse ajudado os bandeirantes a descobrir os ribeiros, ficando garantido que "as pessoas que acompanharem ao dito descobridor entrem na repartição do tal ribeiro com as datas que lhe tocar"[214].

Seria possível fazer sorteios regulares com a chegada de mais e mais aventureiros do ouro no distrito do Serro do Frio? Evidente que não. Fica, portanto, a norma: comparecendo aos ribeiros, o bandeirante teria direito garantido sobre eles e poderia então ordenar a sua exploração. A primazia dos bandeirantes deve ter gerado muitas disputas com os mineiros e provocado revoltas recorrentes entre os mineiros já estabelecidos nas lavras[215]. De fato, a dinâmica de ocupação das lavras ou datas

---

[210] CCM, p. 315; APM-SC 01.

[211] O *Regimento* insiste em seu artigo 18º que os descobrimentos deveriam ter um prazo determinado para comunicação oficial. Evidentemente que o objetivo era regular a exploração, impedindo que os aventureiros tirassem ouro ao largo do controle oficial do superintendente ou guarda-mor. Assim, "sucede, descobrindo-se ribeiros, pedirem os descobridores dias para o exame deles, o que procuram com dolo, a fim de os minerar e escavar; e depois de terem tirado o precioso, dão conta ao superintendente e guarda-mor, em que a minha Fazenda e meus vassalos ficam prejudicados. E por evitar este descaminho, o superintendente lhes concederá só oito dias para o exame, e no caso que excedam o tempo concedido perderão as datas que deviam de ter naquele ribeiro como descobridor e lavrador; porém, se o ribeiro for muito dilatado e as catas muito fundas, parecendo ao superintendente se não poderá fazer o exame em tão poucos dias, ficará na sua eleição conceder-lhes os que lhe parecer convenientes" (CCM, 1999, p. 319).

[212] CCM, p. 315; APM-SC 01.

[213] CCM, p. 317; APM-SC 01.

[214] CCM, p. 315; APM-SC 01.

[215] Segundo Boxer (1963, p. 63), cabia ao descobridor "escolher o ponto das primeiras duas datas; a terceira era consignada à Coroa, e a quarta ao representante da Coroa, ou guarda-mor. A essas dava-se o nome de *datas-inteiras*, e media cada uma trinta braças quadradas. Todas as outras *datas* eram distribuídas em lotes desenhados, marcados na proporção dos escravos trabalhadores que cada mineiro empregava, na base de duas braças quadradas por escravo".

de ouro seguia o ritmo do mercado comum. Depois de feitos os sorteios e a divisão, "os mineiros poderiam comprar, vender, trocar, ou amalgamar suas posses através de negociações mútuas"[216].

Para evitar o acúmulo de terras, lavras ou datas em posse dos "poderosos" em detrimento dos "pobres", o artigo 7º estabeleceu que para "evitar estas injustiças se não dará segunda data a pessoa alguma sem que tenha lavrado a primeira" desde que houvesse ainda algum mineiro sem suas datas, caso contrário, se todos estivessem acomodados "e havendo mais terra para repartir, então se atenderá aos que tiverem mais negros, porque tendo mais dos doze pertencentes à primeira data se fará com eles a repartição na forma do capítulo quinto deste regimento, dando-se duas braças e meia a cada negro"[217].

E caso algum mineiro recebesse terras, datas ou lavras não começasse a trabalhar nelas imediatamente?

O artigo 8º previu o prazo para começar a empreitada de 40 dias. A partir do descumprimento desse prazo, começariam as providências legais: o superintendente ordenava ao guarda-mor com seu escrivão que fizesse um termo de vistoria das minas intactas com pelo menos duas testemunhas, e ouvindo a parte apenas para constar no termo — a medida seria monocrática e incontestável — as lavras voltariam para a Real Fazenda, "e havendo denunciantes se lhes dará a terça parte" (o que estimulava as denúncias formais). Ao final, caso ninguém se interessasse pelas lavras "por estarem muito distantes"[218] elas seriam deixadas por invernadas, falta de mantimentos ou de saúde.

O funcionamento do *Regimento* era bastante prático, estabelecido a partir do que já era, de certa forma, praticado nas minas de ouro. De fato, os descobertos começavam sua história de ocupação — alguns com mais prosperidade que outros, alguns desaparecidos no tempo, outros elevados à categoria de paróquia ou freguesia ou vila — como está no documento.

Foi assim o ato de fundação das minas do Serro do Frio e do seu distrito se expandiu em várias direções para que os descobridores tivessem seu primado sobre as lavras ou datas: em direção ao rio do Peixe (região do Condado e Várzea) e rio Jequitinhonha chegaram a Milho Verde, São Gonçalo do Rio das Pedras e ao Tijuco[219].

Na direção inversa, ocuparam outro trecho do Rio do Peixe, Itapanhoacanga, Mato Dentro; na direção do Pico do Itambé ocuparam os ribeiros do Itambé[220]. Na direção do rio Correntes e Gua-

---

[216] BOXER, 1963, p. 62.

[217] CCM, p. 315; APM-SC 01.

[218] CCM, p. 316; APM-SC 01.

[219] Boschi (1998, p. 33) registra um mapa antigo do distrito do Serro do Frio com algumas datas dos descobertos, talvez imprecisas, e nomes dos descobridores — no caso do Serro equivocado —, mas que servem para balizar a ideia central de que a partir da Vila do Príncipe partiram os bandeirantes para ocupar por primazia outros ribeiros, criando seus arraiais e depois suas paróquias ou freguesias: "Mapa da demarcação de região produtiva de diamantes. A Villa do Príncipe Capital da Comarca do Serro do Frio, se fundou em/1714 no Sítio das Lavras Velhas, descuberto por Lucas de Freitas. Ao Arrayal do Tijuco, deu nome Jeronimo Correa natural da Bahia em 713. O Arraial do Milho verde descobrio Manuel Rodrigues Milho verde, natural da província do Minho em 1713. O Arraial de São gonçalo descobrio Domingos Barboza natural do, Minho, donde fundou huã Ermida a este Santo em 1729.Tomou nome o Arraial do Rio manço da mancidão com que pello meyo delle corre o tal Rio, e delle foi o primeiro povoador Jozê de Godoy Passo Paulista em 1719. Descubriu Kacté mey Antônio Rapozo Paulista em 1714. Foy o 1º Situador do Arraial do Hynhaby e quem lhe deu o nome o Tapuyo Thome Ribeiro em 1716. De hue viuva chamada fl. de Gouvea natural de Portogal, houve nome e princípio o Arraial de Gouvea em 1715. A povoação do Rio Parahuna foi/principiada em 1713, por João Borges Delgado". *Petipé de 5 léguas. (Post. a 1729).260x330 m., Color, Av.* Ver: Figuras 5 e 6, 25 a 28.

[220] Segundo Santos (1976, p. 41), os bandeirantes usaram os recursos dos marcos naturais para se guiarem no território das minas do Serro do Frio. Assim, "não traziam bússola, não possuíam relógio, não conheciam as estrelas: e para que? Olhavam o Itambé, que assoberbava sobranceiro no horizonte, com seu pico sempre coroado de vapores, como o cone gigantesco de um vulcão extinto perfurando as nuvens: era o farol granítico dos viajantes, era o centro de um círculo de sessenta léguas de diâmetro, que podiam revolver sem receio de se extraviarem". Ver: Figura 11.

nhães, o caminho que avançando no tempo deu na mata do Peçanha[221] e no rio Doce. Até 1720 — o ano de 1713[222] parece ser um marco importante para o alargamento do distrito das minas do Serro do Frio — quando a Vila do Príncipe se tornou capital da Comarca do Serro do Frio, o primado dos primeiros descobridores e de seus camaradas pareceu condicionar os processos de ocupação dos ribeiros, dos seus ranchos, pousos, pousadas e dos arraiais.

Em cada descoberto havia regras próprias a regular a vida cotidiana, havia interesses diferentes — o gosto pelas paragens, o sentir-se bem, o querer ficar para sempre, o acesso à água potável[223], pastos para a criação do gado, acesso à madeira nas matas, terras férteis para a agricultura — e conflitos das mais variadas naturezas, desde a luta pelas lavras, passando pela negociação de um aforamento para construção de uma casa, chegando às questões religiosas como a edificação das primeiras ermidas, normalmente em torno das quais se desenvolveu a vida em comum das primeiras comunidades.

O artigo 9º do *Regimento* exortava os funcionários da Fazenda Real a se dedicarem exclusivamente aos seus negócios, diminuindo o seu interesse nas lavras e aumentando sua motivação em fiscalizar os seus rendimentos. Por isso, os superintendentes e guardas-mores, assim como seus funcionários, deveriam se contentar com seus salários ordenados oficialmente no regimento. Talvez, esse seja o ponto de conflito que provocou a ira dos governantes mineiros: os superintendentes e guardas-mores não se contentaram apenas com seus salários, mas também primavam pelos descobertos. Com isso, aumentavam seus rendimentos e seu poder local, obtendo recursos financeiros para comprar armas e traficar escravos. Eles concentravam muito poder em suas mãos. Pelo artigo 10º conhecemos seus vencimentos anuais (diferente dos dias atuais em que calculamos o salário mensal, normalmente), para que "tenham comodamente de que vivam, segundo a qualidade do lugar, trabalho de suas ocupações"[224]: o superintendente recebia por ano 3.500 cruzados (1:400$000 réis), o guarda-mor 2.000 cruzados (800$000 réis), o guarda-menor 1.000 cruzados (400$000 réis), o meirinho e o escrivão da Superintendência 500 cruzados (200$000 réis)[225].

---

[221] Segundo Silva (1928, p. 8, grifos do autor), "existem nos papéis velhos antiquíssimas referências, primitivas, e arraialetes ínfimos como Andréquicé, Piçarrão e outros; sempre se falou em Rio do Peixe, Itapanhoacanga, Córregos, Tapera, Paraúna, Congonhas, Mato Dentro ou Conceição, Itambé, Gouveia, Tijuco"; e ainda: "Mas não é tudo. No Arquivo Público Mineiro de Belo Horizonte, graças à bondade cativante do Dr. Feu, encontrei outro diferente livro fiscal, o de *Lançamento dos Dízimos do Serro do Frio*. Esse outro caderno começou a ser escriturado em 1711 e vai... até a Vila do Príncipe! O primeiro assentamento é de abril de 1711 *nestas minas do Serro do Frio e casas do* atual superintendente Lourenço Carlos, o ex-escrivão, que já tinha casas aí. Num lançamento a seguir, de 1712, se diz: *nestas minas do Serro do Frio e Rio do Peixe*. Em outro, de 1713, se lê: *nestas minas do Serro do Frio e arraial de Itapanhoacanga*. Em outro, de 1714, já se lê: *nesta Vila do Príncipe*, pousada do Dr. Queirós, ouvidor de Sabará!".

[222] Foi criada a paróquia de Nossa Senhora da Conceição. Segundo Bueno (2009, p. 253), "a solicitação de elevação ao estatuto de capela e freguesia era feita pela população junto ao bispado, que, por ocasião das visitações do bispo às capitanias, também podia elevar, a seu bel-prazer, esse ou aquele a tais categorias. Já a condição de vila era concedida pelo capitão-donatário ou por Ordem Régia. Em solo urbano, a elevação à categoria de vila implicava na concomitante edificação de uma casa de câmara e cadeia e de um pelourinho fronteiro a ela. Símbolos da autonomia municipal e sede da administração, os vereadores e juízes cumpriam, na câmara, funções legislativas, executivas e judiciárias. Ao Concelho Municipal cabia zelar pelo patrimônio público (aí incluso o rossio), bem como conceder os terrenos urbanos (datas) e rurais (sesmarias) a particulares". Acrescenta (BUENO, 2009, p. 252-253) que "a rede eclesiástica precedia a rede civil e, em termos jurídicos, ficava submetida a ela. Através da Igreja, de suas instâncias de base, umbilicalmente ligadas às do próprio Estado, a institucionalização de povoados dispersos dava-se, inicialmente, pela oficialização de sua ermida. A elevação de uma comunidade ao estatuto de capela curada significava a ascensão de uma região inóspita a núcleo reconhecido pela Igreja e também a garantia de visita de um pároco (cura). Tanto o acesso à assistência religiosa como o reconhecimento de fato e de direito perante a Igreja e o Estado motivavam a solicitação junto ao bispado. A subsequente elevação à condição de freguesia garantia o acesso ao batismo, ao casamento, ao amparo dos enfermos, aos sacramentos, aos registros de nascimento, de matrimônio, de óbito, com todas suas implicações jurídicas e sociais. Para além do acesso ao rito litúrgico, a elevação de uma capela a freguesia implicava em usufruto da formalidade civil. Na freguesia, a antiga ermida merecia nomenclatura de matriz, ganhando a construção de uma sacristia anexa. Para lá se dirigia a população das capelas curadas vizinhas, para registro de nascimentos, matrimônios e óbitos. No entanto, em caso de auxílio jurídico, ambas – capela ou freguesia –, recorriam à vila de cujo 'termo' eram parte. A elevação ao estatuto de vila significava acesso a uma outra categoria institucional e à autonomia política e administrativa".

[223] Ver: Figuras 49 a 51.

[224] CCM, p. 317; APM-SC 01.

[225] A conversão de cruzados para réis foi feita por: Ferrand (1998, p. 146).

Para calcular o salário desses funcionários da Fazenda Real, é necessário recorrer ao preço de alguns produtos comercializados no período. Os preços na colônia, em especial nos distritos mineradores, dispararam entre 1690 e 1750, muito inflacionados especialmente até 1720 por causa da corrida do ouro. Em 1703, um ano após a publicação do *Regimento*, o preço de um escravo — em torno de 200$000 réis — era oito vezes o valor praticado, em 1690 — 50$000 réis. O preço pago por uma galinha, em 1690, 80 réis, chegou a 5$250 réis, em 1730. A arroba da carne de boi no mesmo período passou de 160 réis para 48$000 réis.

Os dados econômicos desse período mostram que nas minas de ouro, seus arraiais e vilas havia nos primeiros anos do século XVIII mais oferta de escravos a baixo custo do que de alimentos em alto preço[226]. A oferta da produção agropastoril local nas Minas Gerais aumentou com o passar dos anos o que fez o preço diminuir, abandonando aos poucos a dependência de outras capitanias. Isso aconteceu por vários fatores, sendo o mais importante a transferência dos rendimentos do ouro para a compra de terras agricultáveis, transformando muitos mineiros em fazendeiros ou mineiros-fazendeiros.

Houve uma expansão da fronteira agrícola na segunda metade do século XVIII em que grupos de fazendeiros se organizavam em torno de capelas ou pequenas ermidas nas zonas rurais do território, fundando outros povoados ou arraiais[227]. No caso da Vila do Príncipe, essa fronteira se expandiu bem antes por conta das relações com o arraial do Tijuco e o distrito diamantino[228] [1734-1819] e com a própria Vila do Príncipe, ambos necessitados de abastecimento de produtos agrícolas e carne bovina. Contudo, é importante esclarecer que nos terrenos das lavras ou datas a beira dos rios com água abundante além da casa de telhado de palha ou de telhas de barro era comum a criação de galinhas e de porcos, bem como a plantação de hortas e árvores frutíferas[229].

---

[226] Ver: Mattoso (2017). Os escravos, assim como outras mercadorias, tornam-se no Brasil colônia, um ativo negociável ou um fator de produção, por vezes um objeto de luxo (ALENCASTRO, 2000, p. 38).

[227] Ver: Fonseca (2011, p. 110-111).

[228] O fornecimento de produtos agropastoris para o mercado do arraial do Tijuco e sua demarcação dos diamantes parece ter se intensificado ao mesmo tempo que a Vila do Príncipe passou a requerer os mesmos produtos por conta de seu crescimento urbano. No início do século XIX, esse comércio entre a zona rural e urbana se intensificou por conta da dialética campo-cidade: os proprietários de comércio de mercadorias eram ao mesmo tempo grandes comerciantes. Um dado importante: a fase da prosperidade do ouro e dos diamantes não gerou a decadência econômica ou populacional no termo da Vila do Príncipe. Ao contrário, a população continuou em pleno crescimento. Isso pode ser verificado pelo comparativo entre o Censo Provincial de 1840 em que a cidade do Serro contava com 5.195 habitantes, aumentando esse número para 10.584 em 1858, a partir de dados estimativos do mesmo governo provincial (SOUZA, 1993, p. 116). Isso representa uma taxa de crescimento na ordem de 4%. O censo realizado em 1890 dava à paróquia de Nossa Senhora da Conceição do Serro a população de 17.392 habitantes, sendo 8.892 homens e 8.500 mulheres, enquanto a população de todo o município era de 75.270 habitantes, sendo 38.818 homens e 36.452 mulheres (PEREIRA FILHO, 1995, p. 23). Contudo, o desenvolvimento das atividades ligadas ao cultivo da terra pela exploração da mão-de-obra escrava gerou a percepção das elites locais de grande "lentidão dos processos acumulativos" (SOUZA, 1993, p. 118), o que de certa forma explica o crescimento exponencial das casas comerciais na rua da Cavalhada. Por lá, o comércio diversificado dos empresários serranos que normalmente eram proprietários de fazendas, se unia ao primeiro mercado municipal da cidade, no rancho do Carmo, abastecido pelas tropas que circulavam pelas estradas do interior mineiro. A cidade do Serro tornou-se um importante entreposto comercial do norte de Minas Gerais, articulado entre o Rio de Janeiro e Ouro Preto através das comitivas dos tropeiros. O Serro passou a ser reconhecida por sua dialética campo-cidade em que o lento retorno financeiro das atividades agropastoris era compensado pelas superavitárias atividades comerciais. Uma dialética de compensação, não unicamente de oposição, uma vez que uma atividade reforçava a outra. A modernização agropastoril e comercial da cidade acabou por coligá-la profundamente ao seu termo — e durante décadas abasteceu o mercado de Diamantina, antiga sede da Demarcação Diamantina —, expandido seu alcance até o Vale do Rio Doce e depois para a região central do estado, com a inauguração, em 1897, de Belo Horizonte, a nova capital mineira. Isso não impedia que as elites estivessem "sempre conscientes de que a produtividade do trabalho agrícola é adequada à fraqueza do mercado regional" (SOUZA, 1993, p. 119).

[229] Em 1817, o naturalista e botânico francês Auguste de Saint-Hilaire visitou a Vila do Príncipe publicando suas impressões no livro *Viagem pelas províncias do Rio de Janeiro e Minas Gerais*. Ele registrou que "cada casa possui um pequeno jardim em que se plantam, sem ordem, bananeiras, mamoeiros, laranjeiras, cafeeiros, e se cultivam, a mais, couves e algumas espécies de cucurbitáceas. Das janelas que se abrem para o campo goza-se de agradável panorama: avistam-se as casas próximas entremeadas de massas espessas de verdura formada pelo arvoredo dos jardins; mais além descortina-se o vale estreito que se estende ao pé da cidade e em cujo fundo corre o Quatro Vinténs; do outro lado do vale o olhar repousa em alturas quase completamente cobertas da mais linda relva; finalmente, nos planos mais distantes, algumas moitas de arvoredo se avistam entre os morros. Obrigado a retribuir as numerosas visitas que recebi, tive oportunidade de ver os interiores das principais casas e achei-os longe de oferecerem a imagem da opulência" (SAINT-HILAIRE, 1934, p. 283). O que o visitante francês chamou de pequeno jardim eram os quintais da Vila do Príncipe.

Nas primeiras duas décadas do século XVIII, a Vila do Príncipe ainda não havia passado pelo parcelamento das grandes propriedades iniciais à beira rio medindo cerca de 4.400 m² (os lotes atuais giram em torno de 360m²). Um dos motivos, talvez, tenha sido o artigo 11º do *Regimento*. Ele ordenava que se evitassem as vendas das datas, conforme se lê:

> Sou informado que algumas pessoas vendem as datas que lhes foram repartidas a fim de as poderem ter em melhor ribeiro, o que é contra a igualdade com que as mando repartir a todos os meus vassalos. Mando que nenhuma pessoa possa vender nem comprar semelhantes datas, mas que todos desfrutem as que lhes forem repartidas, como acima fica ordenado, e fazendo o contrário o comprador seja condenado no rendimento que tiver a dita data e o vendedor em outro tanto, tudo aplicado na forma acima dita no capítulo 9º. Porém, no caso que for repartida alguma data a quem não possa desfrutar, por lhe falecerem ou faltarem os escravos que tinha, nesse caso a poderá vender, fazendo primeiro certo ao superintendente a causa que tem para fazer a dita venda, o qual lhe concederá licença para o poder fazer, porém lhe não dará nova data, nem o guarda-mor lhe repartirá sem lhe constar tem novos escravos com que a desfrute[230].

O parcelamento das lavras primitivas — quando a partir do esgotamento de muitas lavras foram vendidos partes de terra ou divididas por testamentos, processo que será determinante a partir de 1730 — foi fundamental para a ampliação da oferta de lotes para edificação de casas no entorno da igreja matriz, ou seja, na rua Direita, rua de Baixo (ou da Cadeia, a partir de 1735) e rua de Cima (até o entorno da capela da Purificação), além do arraial de Baixo. E no final século e primeiras décadas, nas imediações da capela do Carmo (na antiga Cavalhada) e na capela de Santa Rita.

Quem foi oficialmente, então, o primeiro superintendente do distrito do Serro do Frio? O sargento-mor Lourenço Carlos Mascarenhas de Araújo. Ele chegou às minas do Serro do Frio com outros bandeirantes comandados por Antônio Soares Ferreira e escreveu a certidão de descobrimento no livro da Receita da Fazenda Real, aberto em 14 de março de 1702 pelo procurador oficial da Coroa portuguesa Baltasar de Lemos de Morais Navarro. Ele foi nomeado no dia 3 de fevereiro de 1711 pelo primeiro governador da Capitania de São Paulo e Minas do Ouro (separada da Capitania do Rio de Janeiro, em 9 de janeiro de 1709) Antônio de Albuquerque Coelho de Carvalho (1710-1713). A nomeação foi transcrita pelo Dr. Dario em suas memórias:

> Porque se faz conveniente haver no distrito do Serro do Frio um superintendente que administre justiça a todos os moradores dele e atendendo eu à boa informação do sargento-mor Lourenço Carlos Mascarenhas [de Araújo], que se acha morador no distrito do Serro do Frio há anos, donde foi à Bahia levar quintos e estar atualmente ocupando o posto de sargento-mor do coronel Manuel Corrêa Arzão, hei por bem elegê-lo no cargo de superintendente de todo o distrito do Serro do Frio e seus arraiais para que administre

---

Eles ocupavam os fundos de cada casa até o final do seu quarteirão. Os quintais foram perdendo sua finalidade alimentar com suas árvores frutíferas, hortaliças, legumes e a criação de animais como galinhas e porcos para o abastecimento das residências, por sua substituição pelo comércio local e a abertura do mercado público. Os quintais funcionavam como um microcosmo rural dentro da vila, de grande utilidade para a economia familiar, diminuindo custos e agilizando os processos da alimentação cotidiana. Saint-Hilaire percebeu as distâncias entre os imóveis serranos de uma maneira curiosa. Para ele, o edifício da Real Casa de Fundição do Ouro ou Casa da Intendência era insignificante e fora da vila, ou seja, estava para além da rua Direita e da Matriz no pé da encosta oriental. Encontrava-se no subúrbio da vila. Isso diz muito sobre o ponto de vista das distâncias naquela época. O lugar onde a vila começou com sua pousada sabarense estaria longe do núcleo urbano desenvolvido em torno da igreja matriz. O gesto pedagógico colonial de subsistência operou importante gama de relações culturais nos arrais e vila, como afirma Algranti (1999, p. 143), "a falta de produtos de primeira necessidade estimulou a produção doméstica e a tendência à autossuficiência tanto nos sítios como nas grandes propriedades [...]; nas vilas e arraiais, [...] a prática de beneficiamento de produtos alheios, como milho e mandioca, floresceu com maior intensidade, principalmente quando a quantidade exigia técnicas mais sofisticadas [...]; pequenas quantidades, para o consumo doméstico, porém, eram produzidas em casa a partir de técnicas mais primitivas e trabalhosas".

[230] CCM, p. 317; APM-SC 01.

justiça em causas ordinárias e no crime, prendendo, tirando devassas. E, outrossim, lhe hei por muito encarregado a boa arrecadação da Fazenda Real, confiscando comboios que entrarem no distrito pela estrada dos currais da Bahia como também o ouro que sair pelas ditas estradas sem quintar[231].

A história do antigo escrivão do descobrimento das minas do Serro do Frio se confunde com os primeiros 20 anos desse território, que vai se tornar o termo da Vila do Príncipe. Além de escrever a certidão do descobrimento, ele presenciou praticamente todos os recolhimentos dos quintos de ouro realizados pela Fazenda Real no distrito anotados no livro próprio. Conheceu todos os mineiros — homens e mulheres, aventureiros ou não, que passaram pelo arraial mais antigo do distrito onde ele morou durante toda a sua vida — desde 1702, arraial este depois elevado à Vila do Príncipe em 1714. Pelo registro dos documentos, ele afastou-se do arraial uma única vez em 1706 quando foi para a Salvador[232], a cidade da Bahia[233], capital do Brasil na época, a fim de levar a arrecadação do quinto do ouro para a Provedoria/Superintendência das Minas, em companhia de Domingos Fernandes Bitencourt e mais uma comitiva formada por escravos e, possivelmente, alguns índios. É o que ficou registrado no dia 10 de abril daquele ano:

> Aos dez dias do mês de abril de mil setecentos e seis anos nestas minas do Serro do Frio e pousadas do capitão-mor Antônio Soares Ferreira guarda-mor delas, aí apareceram presentes Lourenço Carlos Mascarenhas de Araújo e o capitão Domingos Fernandes Bitencourt aos quais pelo dito guarda-mor foram entregues as duas mil quinhentas e sessenta e cinco oitavas de ouro em pó da importância da receita deste livro até hoje que os sobreditos se obrigarão por suas pessoas e bens móveis e de raiz havido e por haver pôr na cidade da Bahia a custa por conta e risco dele dito guarda-mor e entregar ao provedor-mor deste estado do Brasil na forma do estilo de que fiz este termo que os sobreditos assinaram e eu, João Mendes da Mota, escrivão da Fazenda Real o escrevi. Domingos Francisco Bitencourt, Lourenço Carlos Mascarenhas de Araújo[234].

Os descobridores das minas do Serro do Frio — Serro do Frio era o arraial dos primeiros descobrimentos nos seus ribeiros Quatro Vinténs e Lucas elevado à Vila do Príncipe, onde foi edificada a primeira pousada, rancho ou pouso e depois houve o arraial de cima e o de baixo — moraram nos primeiros anos nesse sítio. De lá deslocaram-se para fazer outras descobertas nos ribeiros com margens ou praias com pintas de ouro de aluvião. Isso fica claro quando é citada a pousada do capitão-mor Antônio Soares Ferreira, o guarda-mor.

A quantidade de ouro em pó era excepcional para os quatro primeiros anos de exploração dos ribeiros: 2.565 oitavas, resultado do quinto do ouro e arrematações de terras da Coroa portuguesa. A oitava do ouro recebeu esse nome por ser a oitava parte da onça, medida de peso equivalente a 28,69 gramas, arredondadas em dois dígitos depois da vírgula. Uma oitava de ouro equivale a 3,59

[231] SILVA, 1928, p. 9-10. O original encontra-se em: APM-SC 07, Rolo 02, fl. 62. Ver: Anexo 13.

[232] Viagem anunciada pelo governador-geral do Brasil D. Rodrigo da Costa, em carta do dia 17 de março de 1705 ao guarda-mor Antônio Soares Ferreira: "O ouro dos quintos, e rematações das datas, que Vossa Mercê pretende mandar, espero seja com toda a segurança, porque não haja algum desvio, que embarace a sua arrecadação; e quando venha o deve Vossa Mercê mandar remetido ao provedor-mor da Fazenda Real deste Estado que hoje é, ou quem seu cargo servir, dando-me conta com toda a miudeza, e distinção, de umas e outras partidas" (BN-DH, 1938, v. XL, p. 358-359). Ver: Figura 20.

[233] Nos documentos serranos, há muita confusão em relação aos nomes usados para se referir ao território baiano: a capital do Brasil era a cidade de Salvador (1594 até 1763) na Capitania da Bahia; mas se usavam os termos "currais da cidade da Bahia" para designar proximidade da capital brasileira; "currais da Bahia" para designar a Capitania da Bahia e mesmo "caminhos da Bahia" para designar as estradas de Minas Gerais para o sertão norte. Como bem explicou Boxer (1963, p. 123-124), "a palavra Bahia era também aplicada à vasta capitania daquele nome, que se limitava toscamente com o Rio São Francisco, ao norte e a oeste, e com as Capitanias de Ilhéus e Minas Gerais ao sul; Bahia-cidade e Bahia-capitania designadas indiscriminadamente com a palavra Bahia, durante séculos".

[234] PINTO, 1902, p. 955-956; APM-CC 1002.

gramas arredondadas em dois dígitos depois da vírgula. Isso representava 9,2 quilogramas de ouro em pó carregados por mais de 1.000 quilômetros pelos caminhos da Bahia.

O sargento-mor paulista Lourenço Carlos Mascarenhas de Araújo chegou nas minas como escrivão da Fazenda Real e assumiu o mais alto posto na Companhia das Ordenanças, em 1711, tornando-se superintendente do distrito serrano e de seus arraiais. Um registro importante encontrava-se no livro fiscal *Lançamento dos Dízimos do Serro do Frio* de abril de 1711 (conforme ordenou o Art. 26º, 27º e 28º do *Regimento*), feito pelo dr. Dario livro este infelizmente desaparecido no Arquivo Público Mineiro. Silva anotou a partir da leitura do livro que "o primeiro assentamento é de abril de 1711 *nestas minas do Serro do Frio e casas do* atual superintendente Lourenço Carlos, o ex-escrivão, que já tinha casas aí"[235]. A provisão de superintendente do Serro do Frio foi registrada em livro próprio com data de 03 de fevereiro de 1711:

Provisão que o sargento-mor Lourenço Carlos Mascarenhas servir do cargo de superintendente do Serro Frio

Antônio de Albuquerque Coelho de Carvalho. Faço saber aos que esta minha provisão virem que porque se faz conveniente haver no distrito do Serro Frio um superintendente que administre que esta a todos os moradores dele, por se achar separado, e em tão grande distância destas Minas Gerais e se evitar as desordens, e [sem razões], que experimenta aquele povo com a falha de ministro, que defira as partes assim no civil, como no crime que se deve proceder para que o castigo sirva de exemplo; havendo-se a boa informação, que tive da suficiência, e talento do sargento-mor Lourenço Carlos Mascarenhas, que se acha morador no dito distrito do Serro Frio a anos, donde foi a cidade da Bahia levar os quintos do ouro que tocavam a sua majestade que Deus guarde e os entregou ao tesoureiro da Fazenda Real, como consta da petição que me apresentou, em essa viagem experimentou bastantes trabalhos, e em outras necessidades de entradas do sertão e descobrimentos, e estar atualmente ocupando o posto do sargento-mor do coronel Manuel Corrêa Arzão, com satisfação, e espera dele se haverá com a mesma condição o lhe for encarregado do serviço do dito senhor; hei por bem elegê-lo, e provê-lo como por esta o faço, no cargo de superintendente de todo o distrito do Serro Frio, e seus arraiais, para que administre a justiça, as partes com toda decisão, e como dispõe a ordenação dos mesmos em causas ordinárias, processando só as que forem precisas quando [primeiro não] possa consertar aquelas em suas contendas, por se citarem pleitos, [em tudo], que fosse de haver; como crime procederá somente procedendo, e tirando devassa nos casos que o pedirem, e nos de morte se que o trará bens, suspendendo a sentença, e mandará parte com as devassas, e nas mais assim crimes como cíveis, e querelas dará apelação para [vossa mercê], e eu as mandar determinar como for junta e for minha letra, e nesta forma e com a requerida jurisdição procederá o dito superintendente em todos os casos, e outrossim lhe hei governá-lo em todos os casos, digo, lhe hei portanto encarregado com arrecadação de tudo que pertença a fazenda real, pondo todo o cuidado em confiscar os comboios que entrarem naquele distrito que da estrada dos currais da Bahia, que sua majestade for servido proibir, dando-me outrossim logo parte do dito [confisco] como também fará no ouro, que sair pelas estradas sem se quintar com ordem ou licença minha, e si o da importância de gados, que entrarem no dito distrito, poderá o dito superintendente quintar, e deixar sair com certidão, que lhe passará, sabendo-se que este feito por conta, o gado que entra, e peço ponha vendido, tudo com minha clareza, e por termos com o seu escrivão em livros que para esse efeito terá [...][236]

[235] SILVA, 1928, p. 9, grifos do autor.
[236] APM-SC 09, Rolo 02, fl. 62

Em 1716, o superintendente assumiu o cargo de oficial do Senado da Câmara, tendo sido eleito juiz ordinário. Em 1717, ele foi eleito para o cargo de vereador, juntamente com Gabriel Gonçalves Pena e Domingos Barbosa Moreira. O juiz ordinário era Antônio Sardinha de Castro e o procurador do ano Paulo Pires de Miranda[237]. Nesse mesmo ano, em vereação dos oficiais, registrou-se a ampliação da malha eclesiástica no termo da Vila do Príncipe, com a criação de duas novas freguesias, depois das reclamações dos moradores ao bispo D. Francisco de São Jerônimo:

> [...] principalmente agora com a criação das duas freguesias, uma limitada pelo rio Paraúna pelas partes dos campos, outra pelo ribeirão Escadinha para o Mato Dentro, ficando desta sorte os moradores de Itapanhoacanga[238] e Rio do Peixe fregueses desta vila e a freguesia da Conceição para os moradores das Congonhas[239].

Contar partes da vida do escrivão e primeiro superintendente das minas do Serro do Frio é expor essencialmente o gesto pedagógico colonial. Ele incorporou o papel social do "homem bom" letrado especializado nas sagradas letras para a escrita de processos para consulta a serviço do governo português, por meio de seus cargos na Fazenda Real (escrivão), na Companhia das Ordenanças (sargento-mor superintendente) e no Senado da Câmara (juiz ordinário e vereador). Com ele, aprendemos como se organizou a instituição de um descoberto dos ribeiros com pintas de ouro de aluvião pelos bandeirantes paulistas, a divisão das terras, lavras ou datas, a arrecadação dos quintos do ouro, a distribuição dos privilégios dos cargos públicos para homens bons letrados. A autoridade de Lourenço Carlos Mascarenhas de Araújo começou pelo domínio das primeiras letras, da competência em escrever com sagradas letras em livros oficiais assentos para além daquele momento e daquele lugar, para servir de documento comprobatório dos achados e da distribuição da justiça nas minas do Serro do Frio.

Nos primeiros anos das minas do Serro do Frio e seu distrito e da Vila do Príncipe e seu termo, o gesto pedagógico colonial da escrita das sagradas letras foi importado de Sabará, que antes havia saído do interior paulista, promoveu o privilégio dos descobertos e dos cargos públicos. Nos primeiros anos, os paulistas vindos de Sabará trouxeram a escrita como gesto pedagógico colonial, mas não estavam preocupados em difundir o aprendizado das primeiras letras naquele lugar. O brilho do ouro ofuscava a instrução pública, a preocupação era a exploração dos ribeiros auríferos, não difundir em aulas régias a alfabetização.

É por isso que pelo gesto pedagógico colonial o que se escrevia vinha importado, como praticamente tudo naquele lugar provisório da pousada sabarense, onde ainda se ensaiava uma organização social, cultural e econômica que permitisse a vida em comunidade. A preocupação era o ouro. O brilho do ouro ofuscou a educação[240]. Assim, o gesto pedagógico colonial nas duas primeiras décadas do século XVIII nas minas do Serro do Frio e Vila do Príncipe baseou-se na presença física dos descobridores — num conflito entre ações oficiais do procurador da Fazenda Real e de seu escrivão regulado pelo livro levado em branco para os descobertos e a autoridade do descobridor e de seus camaradas — que exerceram sua autoridade entre os aventureiros do ouro, marcaram o território

---

[237] Recebeu sua patente de sargento-mor da cavalaria das Ordenanças do distrito de Itacambira, termo da Vila do Príncipe no dia 30 de abril de 1717. Ver: Anexo 17 e Briskievicz (2017).

[238] A ampliação da malha eclesiástica se justificava por conta das constantes sesmarias passadas pelo governo. No mês de junho de 1711, por exemplo, foi dada "carta de sesmaria passada ao capitão Manuel de Almeida Costa de um sítio no Itapanhoacanga e os matos circunvizinhos começando do caminho novo que vai para São Bartolomeu costeando a serra até o sítio de Francisco de Novaes Pereira exclusive que serão mil braças de testada do dito sítio buscando o rumo de São Bartolomeu até a roça de Manuel de Almeida Pereira e da roça do dito buscando a passagem do ribeirão que está no caminho velho de São Bartolomeu a que chamam a aguada – fazendo quadra no dito caminho novo que poderá ser mil braças com as ditas demarcações" (RAPM, 1927, p. 304).

[239] SILVA, 1928, p. 12.

[240] Conclusão sobre a história da educação tirada por: Briskievicz (2020).

com sua suas disputas pelo poder presente nas desobediências civis e motins armados e fundaram os costumes iniciais da civilização serrana.

Entre o sonho e a realidade, entre o pensado e o viável fundou-se um conjunto de manifestações do gesto pedagógico colonial: muito foi ensinado, muito foi aprendido, entre o brilho do ouro e a difícil vida concreta daquele período.

4 ABASTECIMENTO DE CARNE E OS CAMINHOS DAS MINAS

Os artigos 14º, 15º, 16º e 17º do *Regimento dos Superintendentes* de 1702 apresentam importante tema para o abastecimento alimentar das minas serranas. O *Regimento* é um tratado legislativo, a partir de sólida observação das práticas mineradoras do século XVII. Trata do processo inteiro das minas, desde sua descoberta nos ribeiros, anotação nos livros oficiais, divisão das terras e distribuição dos cargos administrativos baseados na autoridade dos bandeirantes descobridores e de seus camaradas. Em suas linhas, encontram-se importantes informações sobre o tráfego de pessoas e de gado bovino pelos caminhos da Bahia ou daquele distrito até as minas do Serro do Frio, ou seja, até a antiga Vila do Príncipe.

Assim, como o pagamento do gado ou de carne bovina era feito em ouro em pó, a instrução dada pelo *Regimento* para o superintendente e guarda-mor era uma só: cautela para se evitarem os descaminhos do ouro[241] como previsto no artigo 25º. Por isso, ordenava o *Regimento*: "chegado algum gado às minas façam logo notificar à pessoa ou pessoas que o trouxerem para [que] venham dar entrada das cabeças" e o responsável das minas "saberá o preço porque vendem o dito gado para, conforme a isso se cobrarem os quintos do ouro que se lhe der em pagamento, não se fazendo este com ouro já quintado"[242].

Importante comprovação da preocupação do Governo-Geral do Brasil encontra-se na correspondência com o guarda-mor das minas do Serro do Frio Antônio Soares Ferreira, enviada pelo bandeirante paulista no dia 20 de fevereiro de 1704 e respondida pelo magistrado no dia 17 de março de 1705. Ela comprova um intenso comércio pelos caminhos da Bahia de secos — grãos, peixes e carnes salgadas, material agrícola, ferramentas de trabalho, tecidos, roupas, sapatos, mobiliário etc. — e molhados — vinho, azeite de oliveira etc. — além do gado, devendo toda mercadoria ser quintada, ou seja, ter os direitos reais assegurados pela arrecadação própria feita dos quintos pagos para a Fazenda Real:

[241] A correspondência entre o guarda-mor Antônio Soares Ferreira e o governador-geral do Brasil na Bahia D. Rodrigo da Costa enviada no dia 20 de fevereiro de 1704 e respondida em 17 de março de 1705 esclarece o fundamento dos descobertos — recolher impostos para a Coroa portuguesa, evitando-se qualquer descaminho. Essa é sem dúvida a maior prerrogativa da organização militar das minas do Serro do Frio, fazer com que todos respeitem as lavras concedidas pelo rei, desde que paguem seus devidos impostos: "a queixa geral de todos os que servimos a sua majestade nesta América, e ainda em Portugal, é dos manifestos roubos que há na sua Real Fazenda pelos descaminhos dos quintos do ouro, que se deixam fazer nas Minas Gerais, ou por incúria dos oficiais a quem pertence esta arrecadação, ou por destreza, dos que se eximem de pagar a el-rei nosso senhor o que de direito divino, e humano, se lhe deve, como senhor absoluto das nossas vidas, e fazendas; principalmente de todos os tesouros, e metais que seus vassalos descobrem; e não há dúvida, que nasce esta grande falta, de se não tomarem, com a exação devida, as entradas dos gados, e mais fazendas, que vão por negócio, na forma em que vossa mercê tem disposto; e eu lhe advirto, e não duvido, que em algum dos ministros da mesma arrecadação seja negócio, este mesmo descuido; porque a ambição de maiores lucros, os persuade, ou se deixam persuadir, de semelhante infâmia; a inumanidade que se usa, com os que vão para as ditas minas, com comboios, sem licença minha, toda é bem merecida, do seu atrevimento, por faltarem ao respeito das ordens de sua majestade, e dos maus bandos, ratificados com novas ordens que me vieram de Portugal, o ano passado, em confirmação das antigas, e das execuções que faço, e tenho mandado fazer. E ainda que a ordem de sua majestade se queira entender *stricti juris*, nunca é possível ser assim, pela pouca execução, que se lhes dá, tanto que os comboios estão dentro das mesmas minas, aonde acham a melhor carta de seguro; e para o que pode ir para essas como são da minha jurisdição, não posso deixar de respeitar tudo aquilo que for a bem do sustento desse povo, e aumento da Fazenda Real, e dos mais descobrimentos que espero se consigam por meio do zelo de vossa mercê e da sua grande atividade, advertindo, que para lhe há serem tomados os comboios que levarem devem ir com licença minha, ou de quem governar este Estado, e se lhe há de passar na forma do estilo: e todos os que não levarem licença corrente, pelo provedor-mor da Fazenda Real os haverá vossa mercê por perdidos, para a desta Fazenda o que hei lhe hei por mui recomendado, e assim o ordeno o vossa mercê, esperando o execute muito pontualmente" (BN-DH, v. XL, 1938, p. 354-355).
[242] CCM, p. 318; APM-SC 01.

> Tudo o que vossa mercê tem obrado, sobre a entrada dos gados que vão dos currais desta capitania, e das mais partes, para esses descobrimentos, clareza, e distinção que vossa mercê manda fazer no termo das ditas entradas obrigando aos compradores, e vendedores, por sua pessoa, e bens, a pagar os quintos do ouro procedido do mesmo gado e mais cautelas que usa, a bem da arrecadação dos ditos quintos do ouro procedido muito bem; só me parece advertir a vossa mercê, que em todas as mais fazendas, que também vão, secas, e molhadas, deve tanto seguir esta mesma ordem, lançando todas as adições dos quintos que pagam, como faz, no livro de sua receita; mas com distinção das mesmas fazendas, passando aos que quintarem carta de guia, com a mesma clareza por evitar os subterfúgios que pode haver, nos que deixam de pagar os quintos; e tudo o mais que vossa mercê vir pode obrar, para se evitar este descaminho, espero se aplique, com o seu grande zelo, a impedir, se possam extraviar[243].

O primeiro registro oficial do tráfego de gado pelas minas do Serro do Frio foi assentado em 1º de dezembro de 1704 no *Livro da Receita da Fazenda Real* aberto em 1702, o mesmo do descobrimento. Nesse dia, foi quintado o comerciante de gado Gonçalo Viegas[244] que levou um comboio ou carregamento da cidade da Bahia às minas como se lê:

> Ao primeiro dia do mês de dezembro de mil setecentos e quatro anos quintou Gonçalo Viegas que veio dos currais da cidade da Bahia com gado a estas minas seiscentas e cinquenta oitavas de ouro de que pagou de quintos à fazenda de sua majestade, que Deus guarde, cento e trinta, que logo perante mim, escrivão e o guarda-mor Antônio Soares Ferreira, recebeu o tesoureiro José Borges Pinto e ficaram quinhentos e vinte oitavas que leva o dito Gonçalo Viegas em pó por não haver ainda fundição nestas minas de que fiz este termo que ele assinou e o dito tesoureiro e guarda-mor comigo escrivão e eu, Lourenço Carlos Mascarenhas de Araújo, o escrevi e assinei. Antônio Soares Ferreira, Lourenço Carlos Mascarenhas de Araújo, José Borges Pinto, Gonçalo Viegas[245].

A transação de gado nas minas do Serro do Frio por Gonçalo Viegas gerou um rendimento de 650 oitavas de ouro em pó[246], descontados os 20% dos quintos reais, sobraram ainda 520 oitavas. A transformação em dinheiro antigo é simples: cada oitava valia em torno de 1$440 réis (1$200 descontados os impostos).

Assim, ele arrecadou com a venda do seu gado, descontados os impostos, um total de 748$800 réis, ou seja, quase o valor do salário anual do guarda-mor. Pelo registro do pagamento do imposto de Gonçalo Viegas não é possível concluir nada sobre o tempo que ele permaneceu nas minas do Serro do Frio, com quem comercializou suas cabeças de gado — se havia matrizes de vacas de leite, bezerros (boiadas) ou outros tipos de animais como carneiros, cabritos ou cavalos (bastante raros

---

[243] BN-DH, 1938, v. XL, p. 353-354.

[244] Segundo Libby (2018, p. 314), "menos estudado é o processo de penetração no território mineiro de criadores de gado oriundos do sul da Bahia. Após décadas de avanços para o oeste e para o sul, ao final do século XVII, os pecuaristas baianos também tinham chegado ao futuro centro minerador, tendo estabelecido pastos ao redor da lendária serra do Sabarabuçu com suas imaginadas riquezas de metais e pedras preciosos. Junto com os vaqueiros baianos vinham escravizados indígenas e talvez alguns poucos africanos. É bastante provável que alguns desses escravos tivessem formado família e vivessem em relativo isolamento cuidando de seus rebanhos".

[245] PINTO, 1902, p. 943-944; APM-CC 1002.

[246] Em carta de 20 de fevereiro de 1704, o guarda-mor das minas do Serro do Frio Antônio Soares Ferreira solicitou cunhos com as armas reais, provavelmente para carimbar as guias de recolhimento dos quintos de ouro para que os viajantes pudessem apresentar nos registros e alfândegas dos caminhos da Bahia. Contudo, a resposta do governador-geral do Brasil D. Rodrigo da Costa escrita no dia 17 de março de 1705 informou que "os cunhos que vossa mercê me pede, com as armas reais, para se porem no ouro que se tira nesses descobrimentos, não vão pelo portador, pela pressa com que parte, e se não puder deter mais tempo, a respeito das travessias, que não sei como as poderá já achar; e também por querer dar conta a sua majestade do serviço que vossa mercê lhe tem feito, e o de que se oferece de novo fazer, na casa dos quintos, que pretende fabricar à custa da sua própria fazenda, e com resposta do dito senhor, poderei com acerto dizer a vossa mercê, o que ele for servido ordenar-me neste particular: e entretanto deve vossa mercê continuar a arrecadação dos quintos, na forma, em que os tem disposto" (BN-DH, v. XL, 1938, p. 356).

no período) — ou se ele mesmo se dedicava ao abate das rezes bovinas para vender a carne a granel, chamadas carnes verdes — animais abatidos na véspera do consumo, sem qualquer conservação.

A partir de cálculos feitos das posturas de 1725[247] — em que 1 quarto de rês grande valia 3 oitavas, 1 quarto de rês menor valia 2 oitavas, 1 quarto de vaca e oitavas e carne para o povo 28 libras [12,7 quilos] valia 1 oitava — é provável que o carregamento de gado girasse em torno de 50 cabeças, para mais ou para menos.

Uma conclusão importante para nosso estudo é que a transação de gado de Gonçalo Viegas demonstra que a fronteira agrícola[248] — não há atividade agrícola sem atividade pecuária nas fazendas — foi alargada desde cedo nas minas do Serro do Frio, com o comércio de gado ativando outras possibilidades de rendimentos para além das lavras de ouro. Um caso serrano esclarece como a fronteira agrícola expandiu-se rapidamente para além das lavras de ouro.

Trata-se do pasto do Padilha, antiga fazenda dos descendentes de Domingos do Vale Padilha[249], quintado em 9 de outubro 1705, em 80 oitavas de ouro, das quais pagou 16 à Fazenda Real mandando por Antônio da Rocha Branco para os currais da Bahia (como ordenava o Art. 30º do *Regimento*). Ele foi eleito juiz ordinário do Senado da Câmara em 1720[250], ou seja, pertencia ao grupo dos "homens bons" da Vila do Príncipe e residia em seu termo, provavelmente no seu arrabalde, em fazenda com um pasto apropriado para engorda ou invernada, onde o gado deveria recuperar seu peso, evitando o prejuízo do abate do boi magro. Em torno dessa fazenda e de seu pasto, muitas negociações devem ter se desenrolado, inclusive com porcentagens para o seu proprietário.

Além disso, as técnicas de criação de gado, de sua reprodução, da produção de leite e seus derivados, do transporte, do abate e comercialização da carne eram ensinadas e discutidas por meio das conversas em torno do tema. O gesto pedagógico colonial de aprender com quem sabe foi fundamental para a expansão da fronteira agrícola ou agropastoril. Por meio dele muitos mineiros se tornaram fazendeiros. Esse pode ter sido um caminho viável para a rápida exaustão dos veios de ouro à beira dos ribeiros. Por isso, a informação de Boxer parece ganhar sentido nas minas do Serro do Frio, pois para ele "muita gente, de fato, depressa considerou mais lucrativo plantar a fim de fornecer alimento aos mineiros, do que se entregar ela própria á mineração, já que os preços permaneciam muito altos, em consequência da procura ser maior do que a quantidade disponível"[251].

A chegada de Gonçalo Viegas nas minas do Serro do Frio conta outra história importante. Ele era alfabetizado, pois assinou o termo de pagamento dos direitos reais, o quinto do ouro[252] diante do guarda-mor Antônio Soares Ferreira e do tesoureiro José Borges Pinto. Ele não levou seu

---

[247] *Cf.* Silva (1928, p. 119).

[248] *Cf.* Fonseca (2011, p. 110-111). Ver: Figura 22. Não podemos nos esquecer que as fazendas de gado serviam para consolidar a expulsão indígena, ou seja, as feitorias nas roças impediam o retorno das tribos indígenas, por conta da destruição da mata e a ocupação da terra de forma diversa às necessidades dos povos tradicionais brasileiros. Ver: Alencastro (2000, p. 340-345), "O gado contra os índios". Por outro lado, Paiva (2016a, p. 153-190) analisa a concessão de sesmarias como política colonialista de ocupação das terras indígenas, sendo que "a intensa concessão de títulos de sesmarias provocou inúmeros transtornos junto aos administradores do aldeamento, pois os colonos invadiram as glebas demarcadas para os índios" (PAIVA, 2016a, p. 155).

[249] No dia 27 de julho de 1727, mandou sepultar sua escrava por nome Brígida no adro da igreja matriz serrana (AEAD, ÓBITOS 1725-1797, fl. 2v.).

[250] *Cf.* Silva (1928, p. 11 e 152).

[251] BOXER, 1963, p. 59.

[252] Segundo Renger (2006, p. 92), "o quinto é uma instituição tributária antiga, muito anterior à descoberta do ouro nas futuras Minas Gerais, e tem suas origens no direito feudal ibérico, incidindo sobre coisas diversas, tais como a produção mineral ou agrícola, e sobre despojos de guerra dos súditos do rei, entre outros. Quinto não é um imposto, nem contribuição ou tributo: na realidade, trata-se do pagamento de um direito (como existe até hoje na forma dos royalties)". A primeira cobrança e arrecadação em Minas Gerais foi recebida "na forma de ouro em pó pelo tenente-general Manuel Borba Gato, guarda-mor das minas do Rio das Velhas, na sua quinta do Bom Retiro no arraial de Santo Antônio, hoje Roças Grandes, cerca de 2 km à jusante da atual cidade de Sabará. Uma primeira remessa desses quintos, com peso de 1.080 oitavas (3,872 kg) de ouro, foi entregue por Borba Gato ao secretário do governador Artur de Sá e Menezes, José Rebelo Perdigão, em 18 de abril de 1701" (RENGER, 2006, p. 98).

gado — conhecido também por boi-em-pé — sozinho. Ele precisava de outros funcionários para manter sua boiada, procurando pastos e água. Para guiar pelos caminhos da Bahia era necessário um comboio, autorizado pelo governo. Há duas hipóteses para sua chegada às minas do Serro do Frio: a primeira é que ele era o proprietário de seu próprio curral, fazenda ou sesmaria ao norte do Brasil e dedicava-se a vender seu gado pelos caminhos da Bahia. A segunda é que se tratava de um funcionário de algum grande fazendeiro que o enviou para comerciar nas minas, recebendo sua comissão pelos serviços prestados[253].

Infelizmente, os documentos se calam sobre outros comboios de gado ou boiadas chegadas às minas e Vila do Príncipe. Há que se considerar a presença de vários gestos pedagógicos coloniais se revelam na presença dos forasteiros nas regiões das minas de ouro: a troca de informações sobre técnicas de criação do gado. O intercâmbio entre culturas diferentes possibilitando assimilações e aculturações. A formação de arraiais e pousos para a manutenção das boiadas e, por fim, a ampliação das possiblidades de emigração no interior do Brasil e no caso das minas, da intensificação das dinâmicas de mestiçagens biológicas.

Parece-nos, contudo, que a presença de Gonçalo Viegas explica muito sobre os caminhos aos quais as minas do Serro do Frio se interligavam no período colonial. Já vimos que os caminhos da Bahia ligavam as minas ao governo da colônia e suas instituições de arrecadação dos quintos do ouro. O próprio Lourenço Carlos Mascarenhas de Araújo transitou pelos caminhos, a fim de cumprir sua função de oficial da Receita Real. O comércio de gado do viajante Viegas pode ter sido também uma ampliação do mesmo comércio já desenvolvido em outros distritos mineiros como os de Sabará ou Ouro Preto. O boiadeiro pode ter ampliado sua rede de contatos aos limites mais ao norte das Minas Gerais.

Mas outros caminhos interessavam à Coroa portuguesa. De acordo com o *Regimento* de 1702, em seu artigo 17º, há a explícita tentativa de regular as mercadorias dos caminhos entre a Bahia e as Minas Gerais, proibindo "outras fazendas ou gênero que não sejam gados"[254] e manifestando o interesse do governo em fortalecer a vocação comercial dos caminhos. Assim, "querendo trazer outras fazendas, as naveguem pela barra do Rio de Janeiro e as poderão conduzir por Taubaté ou São Paulo, como fazem os mais, para que desta sorte se evite o levarem ouro em pó, e eles ficam fazendo o seu negócio como fazem os mais vassalos"[255].

Por isso, os caminhos das minas do Serro do Frio, da Vila do Príncipe e do seu termo ou mesmo da Demarcação Diamantina foram rotas ou trilhas antigas do Brasil, continuadas, interligadas, reconquistadas. Esses caminhos antigos e, em especial, aqueles que foram abertos entre São Paulo, Bahia e Rio de Janeiro em direção às Minas Gerais são em regra apropriações das trilhas consolidadas pelas sociedades indígenas, os peabiru (*pe* — caminho; *abiru* — gramado amassado). O nome serro do frio, por exemplo, é uma tradução para o português de *ibiti-ruí* — *ibiti* como morro, serra, outeiro ou serro e *ruí* ou *roí* como frio[256].

O caminho da Bahia — ou caminho dos currais do sertão e suas variações — ligava a Capitania da Bahia e sua capital Salvador às minas do Serro do Frio. Provavelmente foi por esse caminho que o gado de Gonçalo Viegas passou em 1704. Não há um percurso exato. O caminho era uma extensa rota que, a partir de fins da segunda metade do século XVII, ligava a região do Recôncavo Baiano ao

---

[253] *Cf.* Cardoso (1988).
[254] CCM, p. 318; APM-SC 01.
[255] CCM, p. 319; APM-SC 01.
[256] *Cf.* Mauro (1957).

vale do rio das Velhas, abastecendo de gado a zona mineradora. O seu percurso partia de Salvador em direção ao Recôncavo, onde acompanhava as margens do rio Paraguaçu até alcançar Tranqueira, na região da vila de Rio de Contas. Prosseguia até às margens do rio São Francisco, na altura de Malhada, acompanhando o seu curso até Barra do Rio das Velhas (Guaicuí, no município de Várzea da Palma). No vale desse rio, o caminho acompanhava as suas margens até alcançar Sabará[257]. Para os antigos, esse caminho prosseguia para o rumo de Caeté, passando pela Serra do Cipó até chegar às minas do Serro do Frio e Vila do Príncipe[258]. No início do século XVIII, anteriormente a 1709, uma extensa variante deste caminho foi aberta pelo sertanista baiano João Gonçalves do Prado. Essa variante iniciava-se em Tranqueira, alcançando as nascentes dos rios Pardo, Gorutuba e Verde Grande, prosseguindo para o Campo da Garça (Morro da Garça), onde se reunia ao primitivo percurso, na altura do rio São Francisco.

Fato é que pelo caminho da Bahia as minas do Serro do Frio escoavam seu ouro e importavam mercadorias, escravos e produtos primários para a exploração do ouro nos primeiros anos de sua fundação. E pelos caminhos da Bahia se conectou primeiramente com o mundo em constante, intenso e dinâmico trânsito de culturas, saberes e gestos pedagógicos. Os encontros culturais no caminho da Bahia — em seus mais de mil quilômetros da Vila do Príncipe até Salvador — foram inumeráveis fizeram surgir gestos pedagógicos tão mestiçados quanto sua população e cultura. Basta lembrar que, para Antonil[259], esse caminho era superior às demais vias de acesso, por ser menos íngreme e mais farto em víveres e mantimentos, ou seja, em saberes culinários e comerciais. É por isso que o caminho da Bahia somente teve a sua importância diminuída com a progressiva afirmação do Rio de Janeiro[260] como principal porto de acesso e entreposto mercantil para as Minas Gerais.

---

[257] Antonil (1837, p. 181-182) faz seu relato desse caminho: "Partindo da cidade da Bahia, a primeira pousada he na Cachoeira; da Cachoeira vão à Aldeia de Santo Antônio de João Amaro: e dahi à Tranqueira que divide-se o caminho: e, tomando-o à mão direita, vão aos currais do Filgueira logo à nascença do Rio das Rãs. Dahi passão ao curral do Coronel Antônio Vieira Lima e deste curral vão ao arraial de Mathias Cardozo. Mas se quiserem seguir o caminho à mão esquerda, chegando à Tranqueira, mettem-se logo no caminho novo e mais breve que fez João Gonçalves do Prado, e vão adiante até à nascença do Rio Verde. Da dita nascença vão ao Campo da Garça: e daí subindo pelo rio acima vão ao arraial do Borba donde brevemente chegão as Minas Geraes do Rio das Velhas. Os que seguirão o caminho da Tranqueira à mão direita, chegando ao arraial de Mathias Cardozo, vão longo do Rio de S. Francisco acima, até darem na barra do Rio das Velhas: e dahi como está dito, logo chegão às minas do mesmo rio. Mas porque nesta jornada da Bahia huns caminhão até ao meio dia, outros até às três da tarde, e outros de sol a sol: porei a distância certa por legoas destes dous caminhos da Bahia para as minas do Rio das Velhas, que he o seguinte: Da cidade da Bahia até à Cachoeira, doze legoas. Da Cachoeira até à Aldeia de João Amaro, vinte e cinco legoas. Da Aldeia de João Amaro até à Tranqueira, quarenta e três legoas. Da Tranqueira caminhando à mão direita até ao arraial de Mathias Cardozo, cincoenta e duas legoas. Do Arraial de Mathias Cardozo até à Barra do Rio das Velhas, cincoenta e quatro legoas. Da Barra do Rio das Velhas até ao Arraial do Borba, aonde estão as minas, cincoenta e huma legoas. E são por todas, duzentas e trinta e sete legoas. Tomando o caminho da Tranqueira, à mão esquerda, que da Bahia até aí consta de oitenta legoas: são da Tranqueira até à nascença do Rio Guararutiba trinta e três legoas. Da dita nascença até ao último curral do Rio das Velhas, quarenta e seis legoas. Deste curral até o Borba, vinte e sete legoas. E são por todas, cento e oitenta e seis legoas. Este caminho da Bahia para as minas he muito melhor que o do Rio de Janeiro, e da vila de S. Paulo: porque, posto que mais comprido, he menos difficultoso, por ser mais aberto para as boiadas, mais abundante para o sustento, e mais accomodado para as cavalgaduras e para as cargas".

[258] Cf. Silva (1928, p. 14).

[259] Importante descrição desses caminhos, talvez a mais utilizada entre os estudiosos. Cf. Antonil (1837).

[260] A conexão histórica, eclesiástica e mercantil das minas do Serro do Frio e da Vila do Príncipe com o Rio de Janeiro é tema que merece maior aprofundamento. Aos poucos, durante o período de 1702 a 1714, houve crescente afrouxamento das relações com o Governo-Geral em Salvador. No dia a dia, a conexão com a Bahia era mais complicada, sendo o Rio de janeiro o lugar preferido das elites serranas no decorrer do século XVIII para o estabelecimento de suas relações de sociabilidades. Isso se deve ao fato de o arraial do Tijuco — termo da freguesia e da Vila do Príncipe — tornar-se o início da Estrada Real; além disso, podemos observar que do Rio de Janeiro houve importação de moda arquitetônica, em especial dos sobrados, em que se comercializava nas portas da rua e se habitava no segundo andar. Segundo Sampaio (2012, p. 128), "a ligação entre essa elite e os sobrados é bastante clara; tanto aqui quanto em Portugal, eram em sobrados que os negociantes viviam e trabalhavam". O mesmo autor explica a relação entre as chácaras do subúrbio carioca e sua relação com a região central e profundamente comercial do Rio de Janeiro, muito semelhante ao modelo serrano de desenvolvimento e investimento de recursos advindos da mineração. O capital da mineração foi reinvestido em fazendas e propriedades de arrabalde e chácaras, além claro, da comercialização de produtos, bens e serviços, a fim de promover outra fonte de renda. Os homens de negócio souberam investir seus recursos em lavras, terras e no comércio. Um ciclo perfeito de garantia de rendimentos.

Voltamos agora ao trecho do artigo 17º do *Regimento* que pretendeu proibir "outras fazendas ou gênero que não sejam gados" de transitar pelos caminhos da Bahia em favorecimento de outro, aquele que deveria ser usado "querendo trazer outras fazendas, as naveguem pela barra do Rio de Janeiro e as poderão conduzir por Taubaté ou São Paulo, como fazem os mais, para que desta sorte se evite o levarem ouro em pó, e eles ficam fazendo o seu negócio como fazem os mais vassalos"[261].

O objetivo do artigo 17º era o de regular o fluxo de mercadorias em cada um dos caminhos facilitando a sua fiscalização. O caminho do Rio de Janeiro — ou caminho velho do Rio de Janeiro ou oficialmente a Estrada Real — foi criado a partir dos peabiru dos indígenas, ligando primeiramente as minas do Serro do Frio a Paraty, ou, melhor, Ouro Preto a Paraty oficialmente, pois só depois que passou a incluir os novos descobertos do distrito do Serro do Frio. Chegando a Paraty, o ouro embarcava para o Rio de Janeiro e de lá para Portugal. O caminho novo ligava as Minas Gerais ao Rio de Janeiro — o fundo da baia de Guanabara — diretamente, usando grande parte do caminho velho. Aberto, por Garcia Rodrigues Pais em 1707, evitava a rota marítima entre Paraty e o Rio de Janeiro. Seu percurso iniciava em portos do rio Iguaçu ou do rio Pilar, como Piedade do Iguaçu, hoje Iguaçu Velho em Nova Iguaçu, ou Pilar do Iguaçu, hoje um bairro de Duque de Caxias. Seguia dos portos fluviais até a vila de Xerém, passava pela atual Reserva Biológica do Tinguá, pela extinta freguesia, arraial e igreja de Santana das Palmeiras, subia a serra até Paty do Alferes e, dali, descia em direção a Paraíba do Sul onde cruzava o rio do mesmo nome. Seguia até Ouro Branco[262].

A mudança nas rotas de abastecimento da população e de escoamento da produção do ouro das minas do Serro do Frio começou, como vimos, pelo caminho da Bahia, para Salvador, primeira capital brasileira (1549-1763), num percurso de mais de 1.000 quilômetros. Com passar do tempo, a centralidade da cidade do Rio de Janeiro se impôs em relação às Minas Gerais acabando por ser elevada a capital do Brasil (1763-1960) e sua estrada real de fato ajudou nessa nova centralidade, visto que seu percurso, a partir das minas do Serro do Frio gira em torno de 670 quilômetros. As minas do Serro do Frio estavam, de uma vez por todas, integrada ao complexo sistema de trocas de mercadorias interprovincial e intercontinental do século XVIII.

5 A NOVA ORDEM POLÍTICA E O PROCURADOR BALTAZAR DE LEMOS DE MORAIS NAVARRO (C.1660-1740)

A presença de Baltazar de Lemos de Morais Navarro no ato oficial do descobrimento das minas do Serro do Frio explica muito sobre o gesto pedagógico colonial. Ele levou consigo de Taubaté, em São Paulo, um livro em branco, bico de pena e tinteiro para o território das minas do Serro do Frio. Tudo isso foi feito para escrever um ato oficial da qual era procurador, ou seja, ele representava naquele momento da Fazenda Real, um órgão diretamente ligado ao Governo-Geral do Brasil e à Coroa portuguesa. Ele tomou um livro em branco que levava consigo justamente para aquele ato, até então sem nenhum registro oficial, sem nenhum assento para ser lido para além daquele momento. Seu gesto foi todo ele ordenado, orientado e guiado pelas práticas minerais consagradas pelo *Regimento* de 1702. Tomou um bico de pena, embebeu seu instrumento de escrita de tinta, retomou mentalmente sua fórmula oficial e escreveu as primeiras sagradas letras de processos para consulta serranas:

---

[261] CCM, p. 319; APM-SC 01.
[262] *Cf.* Abreu (1975). Ver: Figuras 21 e 23.

Livro primeiro da Receita da Fazenda Real destas Minas do Serro do Frio e Tucambira, de que é guarda-mor explorador o capitão Antônio Soares. 1702. Livro que há de servir da receita da Fazenda Real destas Minas do Serro do Frio e Tucambira, de que é descobridor o guarda-mor Antônio Soares Ferreira, que numerei e rubriquei pela faculdade que para isso tenho, e tem princípio em catorze de março de mil setecentos e dois anos. O procurador da Coroa e Fazenda Real Baltazar de Lemos de Morais Navarro[263].

Pouco tempo depois, em carta enviada ao governador-geral do Brasil D. Rodrigo da Costa no dia 6 de dezembro de 1704 o procurador da Fazenda Real já enviava missiva, na qual reclamava seus rendimentos anuais e pedia providências em relação ao escandaloso comportamento do padre visitador das Minas Gerais de São Paulo o cônego Gaspar Ribeiro Pereira. A formalidade do gesto pedagógico colonial se mostra na polidez e deferimento da autoridade tanto do guarda-mor quanto do sargento-mor e procurador da Fazenda Real dos distritos do Serro do Frio e Itacambira:

Pela carta que de vossa mercê recebi de 6 de dezembro do ano passado, vejo ficar vossa mercê de posse do cargo de procurador da Coroa, e Fazenda Real desses distritos sem contradição de pessoa alguma, como também o guarda-mor Antônio Soares Ferreira, de cujos eleições me acho mui bem satisfeito pelo que vossas mercês tem obrado, e obram no serviço de sua majestade de quem vossa mercê deve esperar a remuneração que merece o seu grande zelo, e merecimento; e assim pode vossa mercê estar certo o hei de fazer presente ao dito Senhor, e desejarei conheça vossa mercê, não tem quem com mais vontade solicite tudo o que for utilidade sua[264].

A carta de patente ou provisão do sargento-mor dos distritos do Serro do Frio e Itacambira foi remetida ao procurador da Fazenda Real Morais Navarro, no dia 19 de março de 1705, anexa à carta seguinte:

Em tudo quero experimente vossa mercê a minha boa vontade, mostrando a vossa mercê, o muito que me interesso nos seus acrescentamentos, em remuneração do serviço que vossa mercê faz, e tem feito a sua majestade que Deus guarde, nessas minas, e cargo que exercita de procurador da Coroa e Fazenda Real desses descobrimentos, e seus reais quintos; pelo que remeto a vossa mercê a patente inclusa de sargento-maior desses distritos; esperando que vossa mercê neste posto, se avantaje com tantos merecimentos, que se faça digno de todos os mais em que o desejo ver. Deus guarde a vossa mercê. Bahia e março 19 de 1705. Dom Rodrigo da Costa[265].

Continuando a história do livro do descobrimento, depois de pronto, ele estava aberto e poderia ser reconhecido como ato oficial do emissário do governo português futuramente a quem quisesse saber o que havia acontecido naquele dia, com aqueles homens descobridores das minas do Serro do Frio.

---

[263] PINTO, 1902, p. 939; APM-CC 1002. O livro correspondente ao período de 1702 a 1712 é este que vamos utilizar para a abordagem dos primeiros anos das minas do Serro do Frio. Infelizmente, outros livros de quintos se perderam, informação confirmada por Maria Eremita de Souza (Apmes, Cad. 50, s/p) retirada do "Livro n. 42 de 24-04-1768 a 04-12-1768", à fl. 232: "certidão que o dr. ouvidor-geral e corregedor mandou passar para remeter ao Desembargo de sua majestade: 'não achei livros alguns que servissem do recebimento do Real Quinto que se houvesse cobrado por este senado nos anos de 1714 até o de 1734; a mesma forma não conta os haja da remessa que do mesmo quinto se fizesse se acham dois livros que serviram naqueles anos de vereações a saber um muito velho sem capa com falta das primeiras folhas digo primeiras dezenove folhas e no verso da folha 20 que primeiro se encontra se acha um termo de vereação feito a 04 de abril de1715 e consta do mesmo livro servir este de vereação e registro de ordem e mais papéis tendentes ao Senado da Câmara até 11 de maio de 1722 em que foi visto em correição com o qual provimento findou o dito livro e outro livro de vereações do mesmo senado que consta pelo primeiro termo de vereação nele a folha uma principia em 20 de maio do mesmo ano de 1722 em o qual dele se mostra continuar até 12 de maio de 1735 em que findou os quais livros apresentei na Real Intendência e Casa de Fundição passo o referido na verdade e para constar passei a presente certidão [...]".

[264] BN-DH, 1938, v. XLI, p. 6.

[265] BN-DH, 1938, v. XLI, p. 10-11.

Há dois momentos distintos no livro: o primeiro é o de sua abertura oficial pelo procurador que registra a sua função como processo para consulta, escrito na primeira folha no dia 14 de março de 1702, cujo nome dos descobertos aparece como as minas do Serro do Frio e Tucambira. O segundo é o de seu primeiro registro autorizado pelo procurador realizado pelo escrivão da Fazenda Real Lourenço Carlos Mascarenhas de Araújo, feito no dia seguinte, 15 de março de 1702, no qual ele acresceu ao nome dado pelo procurador o nome de minas de Santo Antônio do Bom Retiro do Serro do Frio, no arraial de seu ribeirão,

> [...] pousada do guarda-mor Soares, mandou este ao seu escrivão que nesse mesmo livro declarasse a sua muita pertinácia por descobrir novas minas, à sua custa, com diligências exatíssimas, deixando de assistir nas Minas Gerais do Rio das Velhas, donde se separou com seus escravos, abandonando cômodos mais fáceis [...] e aqui pousou[266].

Os atos oficiais do procurador do dia 14 de março e de seu escrivão no dia seguinte criaram uma controvérsia, em relação à localização do arraial onde a história das minas do Serro do Frio começou, de fato. As sagradas letras não deixaram claro para a posteridade qual era o desejo do nome daquele lugar em que fizeram uma pousada, um rancho ou pouso e de onde partiram para fazer novos descobrimentos. É necessário tomar o registro com cuidado, para não criar absurdos históricos.

Qual era a intenção oficial?

Registrar em livro o descobrimento das minas do Serro do Frio que se encontravam no mesmo lugar onde foi feito o primeiro arraial ou pousada onde seu descobridor Antônio Soares Ferreira fez seu rancho, pouso ou pousada.

Santo Antônio foi considerado o protetor ou patrono do descobrimento, por isso mesmo recebendo a homenagem pela graça alcançada. Por extensão, o ribeirão do descobrimento onde foram achadas as pintas de ouro recebeu naquele ato oficial o nome de ribeirão de Santo Antônio do Bom Retiro. Isso no registro oficial do escrivão Lourenço Carlos Mascarenhas de Araújo. Na abertura do livro realizada pelo procurador da Fazenda Real aparece não um arraial, um pouso ou uma pousada, mas um vastíssimo território entre a Serra de Tucambira [Itacambira] e a Serra do Espinhaço.

É fundamental lançar um olhar retrospectivo do Serro e de sua história administrativa e territorial: a sua elevação a cidade foi tardia, no ano de 1838. Antes, em 1714, foi ereta uma Vila do Príncipe por decisão e nomeação de D. Brás Baltazar da Silveira, que escolheu seu lugar e determinou que nas minas do Serro do Frio fosse instalada com Senado da Câmara. As minas do Serro do Frio dedicadas a Santo Antônio onde se fez um bom retiro ou pousada para abrigar os descobridores próximos ao ribeirão foi o ponto de partida para a ocupação do vasto território entre Itacambira e o Espinhaço. O arraial, pousada, rancho ou pouso dos descobridores foi edificado nas minas do Serro do Frio, ou seja, em seu arraial. Disso decorre que em documentos oficiais posteriores ao registro do escrivão Lourenço Carlos nunca foi assentado o nome de Santo Antônio do Bom Retiro, antes, sempre aparece referenciado como sede de um distrito do Serro do Frio. Foi a partir e em torno do arraial do Serro do Frio — base militar, civil e religiosa dos descobrimentos — que houve a expansão dos descobrimentos formando o seu distrito.

Agora, em olhar prospectivo: as minas do Serro do Frio foram descobertas em 1702 e surgiram os arraiais de Baixo (com o mesmo nome até os dias atuais) e de Cima (Praia e rua Direita), sendo que este último (onde ficou erguida a matriz e a casa da Câmara) foi elevado à Vila do Príncipe em 1714, unificando o arraial de Baixo, e à cidade em 1838.

---

[266] PINTO, 1902, p. 939; APM-CC 1002.

Uma questão: entre 1702 e 1714, como aparece no mesmo livro do descobrimento antes de ir para a Bahia levar o ouro em pó para onde se dirigiam os mineiros com seu ouro não quintado?

Ao arraial-sede do distrito das minas do Serro do Frio, o Serro do Frio.

Outra questão: a quem os mineiros pagavam seus quintos?

Na presença do guarda-mor Antônio Soares Ferreira, ou do capitão-mor Manuel Corrêa Arzão, ou do superintendente Lourenço Carlos Mascarenhas de Araújo, sob o testemunho escrito de um escrivão e do procurador da Fazenda Real. Todos residiam primeiramente no arraial do Serro do Frio e de lá administravam o seu distrito. Para confirmar nosso ponto de vista, o Dr. Dario Augusto Ferreira da Silva apresentou em seu livro *Memória sobre o Serro antigo* cinco argumentos favoráveis a que o arraial do Serro do Frio seja considerado a mesma Vila do Príncipe e o mesmo Serro.

Primeiro, a tradição, visto que "em todos os tempos, em todas as memórias, em todas as referências ou escritos, ainda os mais antigos, justamente em se tratando do Serro atual acode a expedição sabarense como descobridora, alterados uns nomes aqui, uma data ali, mas no principal, há coincidência"[267].

Segundo, os fatos, pois "segundo se lê no citado *Livro* fiscal, o guarda-mor descobridor Antônio Soares assentou pousada *nestas minas do Serro do Frio*, arraial do ribeirão; aí fez ponto final a expedição sabarense, aí ficou aberta a escrituração oficial; aí começou a vida mineira desde 1702 e o referido livro foi escrito minuciosamente", ou seja,

> [...] desde 14 de março de 1702 até 30 de junho de 1712, ou seja, durante dez anos, na mesmíssima pousada e sempre nestas minas do Serro do Frio, funcionando os mesmíssimos funcionários do rei, foram lançados os quintos, as arrematações de datas minerais e os dízimos: a pousada ficou pois o centro governamental, uma pequena e longínqua como capital administrativa[268].

Terceiro, os livros, uma vez que "a enfiada de nomes, ainda nesse mesmo Livro fiscal, teve vida muito efêmera: foi somente a batismal", pois "o procurador da Coroa apenas escreveu: nestas minas do Serro do Frio; já em segundo lugar é que o escrivão Lourenço Carlos saiu-se com *estas minas de Santo Antônio do Bom Retiro do Serro do Frio, arraial do ribeirão delas, pousada* do guarda-mor". Assim, "em assento nenhum posterior, em lugar nenhum mais a seguir, houve repetição desses nomes; todos os assentos seguintes se fizeram pelo mesmíssimo escrivão *nestas minas do Serro do Frio, pousada* do guarda-mor". Conclui-se "aí a facilidade à metonímia: facilmente o nome dado à região ficou pertencendo à pousada"[269].

Quarto, os atos oficiais, pois "também de atos oficiais a identidade se revela; em 5 de fevereiro de 1711, o governador Albuquerque nomeou Lourenço Carlos superintendente [...]. Mas onde era morador há anos Lourenço Carlos? Donde saiu para levar o ouro do rei? Para onde voltou e onde tinha casa"[270], senão no mesmo arraial do Serro do Frio? Além disso, há dois documentos importantes relativos à transição de arraial do Serro do Frio para Vila do Príncipe. O primeiro registro foi assentado no livro próprio cobrindo os anos de 1713 a 1717 do governo de d. Brás Baltazar da Silveira: "Atendendo ao muito que convém ao serviço de sua majestade que Deus guarde ao sossego e bom governo de seus moradores desse distrito se faça uma vila [...] a qual seja sua denominação do Príncipe"[271], descrevendo

[267] SILVA, 1928, p. 7.
[268] SILVA, 1928, p. 7.
[269] SILVA, 1928, p. 8.
[270] SILVA, 1928, p. 9-10.
[271] APM-SC 09, Rolo 02, fl. 5v. Ver: Anexos 4, 7 e 8.

a decisão pela criação da Vila do Príncipe. No dia seguinte, 30 de janeiro, o ouvidor da Comarca do Rio das Velhas foi comunicado da elevação das minas do Serro do Frio a Vila do Príncipe[272]. O segundo é uma consequência do primeiro, ou seja, é o registro da instalação da Vila Nova da Rainha, datado de 11 de fevereiro de 1714, em que se reproduz o assento ampliado do dia 29 de janeiro de 1714:

> Aos 29 dias deste mês de janeiro de 1714, nos paços em que assiste o exmo. sr. dom Brás Baltazar da Silveira, governador e capitão deste estado foi dito pelo mesmo senhor que atendendo a que nos distritos de Caeté e Serro do Frio havia capacidade para se levantar uma vila em cada um deles; e tendo outrossim consideração ao muito que convém ao serviço de sua majestade, e ao bom governo e conservação dos povos daqueles distritos que neles se fizessem vilas, e se lhes introduzisse as justiças para o seu bom regimento, às quais recorressem para o seu remédio, e dar a cada um o que fosse seu, e o castigo a quem merecesse, para que desta sorte na obediência das leis pudessem viver socialmente, tinha resoluto mandar levantar uma vila em cada um dos ditos distritos; e que a do Serro do Frio tivesse a denominação de – Vila do Príncipe – e a do Caeté de – Vila Nova da Rainha – usando da faculdade e jurisdição que sua majestade que Deus guarde deu ao governador Antônio de Albuquerque, para o dito efeito, continuada na pessoa dele, presente governador e para as referidas criações mandava passar as ordens necessárias e desta determinação mandou o dito senhor fazer este termo que assinou e eu Manuel Fonseca, secretário deste governo, o escrevi[273].

Quinto, a criação da freguesia ou da paróquia no arraial-sede das minas do Serro do Frio — entre 1713 e 1715 — em torno da ereção da matriz da qual surgiu uma extensa malha eclesiástica[274].

Insistimos metodicamente até esse ponto na ocupação territorial das minas do Serro do Frio tendo como base o *Regimento* de 1702, derivado das Ordenações Filipinas de 1595/1603, dos regimentos de 1603 e 1618 e, acima de tudo, na forma das sagradas letras usadas para a escrita de processos para consulta a fim de perpetuar como documento ou jurisprudência a voz dos ausentes[275]. Como o gesto pedagógico colonial é indissociável das pessoas que o constituíram como realidade sociocultural é fundamental narrar as suas biografias para alargar a compreensão sobre as formas de perpetuação desse gesto. Nesse sentido, parece-nos importante entender como a função pública e o gesto pedagógico colonial se misturaram na biografia do procurador da Receita da Fazenda Real Baltasar de Lemos de Morais Navarro.

Seguindo o perfil de seus camaradas dos descobrimentos no distrito das minas do Serro do Frio, Morais Navarro era paulista — a referência da residência desses bandeirantes era Taubaté por conta das rotas comerciais de aprisionamento de indígenas que ligavam aquela região, bem como o acesso ao caminho da Bahia e seus sertões. Essas rotas de escravização indígena foram usadas largamente pelos paulistas. Como já dissemos, a atividade comercial dos bandeirantes paulistas estava ligada às propriedades rurais e ao mercado de escravos da terra, aos poucos modificada para a economia dos descobrimentos do ouro ao final do século XVII e primeiras décadas do século XVIII. Morais Navarro nasceu por volta de 1660 e faleceu em 1740.

O procurador da Receita da Fazenda Real estava no descobrimento das minas do Serro do Frio em missão oficial da Coroa portuguesa, autorizada pelo Governo-Geral do Brasil, juntamente com seu escrivão. Ele foi fundamental para confirmar documentalmente os achados de ouro. Seu cargo mostra a relação com o governo, pois, além de capitão, era procurador. Ele recebeu seu cargo de capitão das Ordenanças, porque era um "homem bom", herdeiro do capital simbólico de sua família e de seus amigos influentes. Por isso,

---

[272] APM-SC 09, Rolo 02, fl. 6.

[273] APM, 1897, p. 89.

[274] *Cf.* Silva (1928, p. 12).

[275] HESPANHA, 1994, p. 291.

Supunha-se que os membros das famílias localmente mais prestigiadas e antigas dispunham de uma autoridade natural, ou seja, sedimentada pelo tempo, que mais facilmente seria acatada pelos de baixo. Pensava-se também que os mais nobres e ricos seriam igualmente os que davam maiores garantias de isenção ("desinteresse") e independência no desempenho dos seus ofícios, no sentido de poderem viver para eles sem deles viverem[276].

O paulista Morais Navarro era filho de Maria Bueno de Camargo e Baltazar de Lemos e Morais[277]. Ele casou-se duas vezes. Na primeira, em 1696, em Santana do Parnaíba, com Izabel Pires Monteiro, filha de Salvador Jorge Velho. Tornar-se genro de Salvador Jorge Velho garantia grande visibilidade social ou para ser mais exato, era privilégio garantido diante dos olhos da Coroa portuguesa. Dessa forma,

> Este Salvador Jorge Velho foi descobridor das minas de ouro em Curitiba, as quais tomaram o seu nome; prestou relevantes serviços à coroa de Portugal, pelo que mereceu receber uma honrosa carta, firmada pelo real punho em 1698; foi muito opulento, possuindo fazendas de cultura em Parnaíba, móveis de ouro e prata, além de 560 índios carijós, cuja administração lhe passou por herança de sua tia Agostinha Rodrigues; faleceu em 1705 e teve 11 filhos[278].

De fato, Morais Navarro andou pelas minas de Curitiba com seu sogro por volta de 1698 e passou para o território mineiro onde foi nomeado procurador da Coroa portuguesa. A provisão de procurador data de 13 de fevereiro de 1701[279].

Em carta remetida ao governador-geral do Brasil, na Bahia, D. Rodrigo da Costa pelo guarda-mor Antônio Soares Ferreira no dia 20 de fevereiro de 1704 e respondida em 17 de março de 1705, há importante nota sobre Morais Navarro:

> De Baltasar de Lemos de Morais, procurador da Coroa e Fazenda, dos quintos desse distrito, tive carta, em que me dá conta de estar de posse do dito cargo, sem contradição, como vossa mercê me repete, e todos os instantes, me desvaneço da grande eleição que tenho feito, assim na sua pessoa dele, como na de vossa mercê, para os mesmos cargos; porque sei, hei de sem dúvida sair mui bem desempenhado, pelo grande acerto, desta eleição e não menos, da que vossa mercê fez de escrivão, e tesoureiro, em Lourenço Carlos Mascarenhas e a José Borges Pinto, de quem já tenho algum conhecimento, mas a aprovação de vossa mercê, é só, o que para comigo os acredita[280].

De acordo com os estudos de Franco, Morais Navarro deixou as minas do Serro do Frio por volta de 1709, seguindo o irmão do sertanista Geraldo Domingues, Antônio Luís dos Passos, para embrenharem-se nos sertões mineiros em busca das esmeraldas, "tendo promessa do governo de mercês e honras no caso delas serem descobertas, mas não sabemos daí em diante o desse ousado paulista"[281].

Um detalhe importante nas biografias dos descobridores serranos é a estrita relação familiar. Muitos deles mantiveram suas esposas em suas propriedades rurais paulistas, evitando transferi-las para a região das minas. Esse é um tema que exige ainda muitos estudos, pois as relações de parentesco nem sempre eram lineares no mundo colonial em seus primeiros anos, no sentido de estar centrada

---

[276] MONTEIRO, Nuno Gonçalo. Poderes municipais e elites sociais locais (séculos XVII-XIX): Estado de uma questão. *In:* CENTRO DE ESTUDOS DE HISTÓRIA DO ATLÂNTICO, *O município português*. Funchal: Centro de Estudos de História do Atlântico, 1998. p. 300-349. p. 325.

[277] LEME, Luiz Gonzaga da Silva. *Genealogia paulistana*. São Paulo: Duprat & Comp., 1903-1907. p. 363.

[278] LEME, 1903-1907, p. 363.

[279] *Cf.* Franco (1989, p. 270).

[280] BN-DH, 1938, v. XL, p. 355-356.

[281] FRANCO, Francisco de Assis Carvalho. *Dicionário de bandeirantes e sertanistas do Brasil*: século XVI-XVII-XVIII. São Paulo: Editora da Universidade de São Paulo, 1989. p. 270.

unicamente na geração de filhos naturais (herdeiros diretos dos seus pais), podendo haver grande descendência dos bandeirantes com outras mulheres, escravas, forras e índias. Um caso serrano é a descendência dos irmãos Ottoni, ligada a uma ancestral índia. Segundo Silva,

> Quem escreve esta *Memória* descende pela materna de uma indígena Joana Francisca da Guerra, paulista, casada com o branco Antônio Ferreira Neto. Dela também descendeu Cristiano Ottoni, o qual confessa o fato na sua *Autobiografia* e por aí explica o seu caráter *desconfiado*. Os bugres nesta Vila somente incomodavam, e muito, as plantações e os porcos em Senhora do Porto e no Peçanha, mas não o sangue. Não devia haver por igual o menosprezo pelos mulatos. Havia deles uma grande cópia no Tijuco e também nesta Vila e o Senado deles se serviu para companhias militares. Ora, eles são descendentes de branco, às vezes de branco nobre como o Desembargador João Fernandes[282].

Por fim, alguns esclarecimentos sobre os cargos do procurador e capitão Morais Navarro em suas atividades nas minas do Serro do Frio são necessários. A princípio, seus rendimentos eram determinados por suas patentes e provisões: era capitão de Ordenanças e isso devido ao seu privilégio familiar, sua renda anual e posição social. Era também procurador, ou seja, um representante *ad hoc* do provedor--mor da capitania, cargo pelo qual talvez recebesse algum ordenado anual. Não fica claro qual seria sua porcentagem oficial — se é que houve — nos descobertos de ouro. A princípio, então, ele recebia seus rendimentos anuais provisionados ou pagos pela Coroa portuguesa através dos cofres da capitania.

Um fato político foi determinante para afastar os bandeirantes descobridores do território do arraial-sede das minas Serro do Frio: a ampliada autonomia para nomeações e provisões do Senado da Câmara instituído a partir da elevação do arraial à vila em 1714. Isso de certa maneira permitiu que as decisões de provisões passassem pelos oficiais, que mantinham, inclusive, um livro específico para esse tipo de nomeação, comum na administração do Concelho, dentro do sistema das mercês. O primeiro juiz ordinário, por exemplo, foi Geraldo Domingues, o mesmo que lutou contra Manuel Corrêa Arzão em 1711 no Rio do Peixe, sendo julgado e preso, depois anistiado. É que a relação entre os descobridores e os "homens bons" eleitos para a constituição do Senado da Câmara a partir de 1714 girou em torno de novas redes de poder e de autoridade.

Enquanto os descobridores chegavam com suas patentes e provisões de bandeirantes e funcionários do estado português, podendo galgar novos cargos — de sargento-mor para superintendente, por exemplo — a criação da vila impôs uma nova ordem na distribuição dos privilégios reais, concentrando as nomeações, provisões ou patentes em torno dos interesses desses oficiais e suas relações com o ouvidor e o governador da Capitania de Minas Gerais, ambos a partir de 1720.

O ambiente era de muitas transformações na antiga ordem da distribuição dos privilégios para os paulistas — a Guerra dos Emboabas é um exemplo emblemático desse conflito entre reinóis e brasileiros. Nas minas de ouro, novas situações foram criadas. Novas disputas pelo território se intensificaram. Essa situação foi regimentalmente resolvida com a publicação em 1709, do alvará de 18 de outubro. Ele pretendia acabar com as crescentes irregularidades praticadas nas câmaras legitimamente criadas no processo de eleição dos postos, efetuando transformações com a finalidade de promover uma interferência maior da Coroa na escolha dos ocupantes dos cargos[283].

As câmaras, senados da câmara ou concelhos reorganizaram as relações de poder nos antigos descobrimentos do ouro, afastando a interferência dos bandeirantes. O alvará de 1709 pretendeu equilibrar as novas relações políticas emergentes, fazendo vigorar outros critérios. Quem conseguiu transitar entre as duas realidades — antes e depois da Vila do Príncipe e seu Senado da Câmara —

---

[282] SILVA, 1928, p. 106, grifos do autor.
[283] *Cf.* Mello (2002, p. 69).

foi o superintendente Lourenço Carlos Mascarenhas, eleito juiz ordinário em 1717 e vereador em 1718. Dessa forma, surgiram critérios de poder e autoridade, talvez, mais comunitários, originados do corpo político mais denso e orbitando em torno de homens bons e fidalgos, como os critérios de "melhor nobreza, cristandade e desinteresse"[284].

Portanto, o gesto pedagógico colonial da economia dos privilégios políticos, eclesiásticos e militares se colocou para os descobridores das minas do Serro do Frio que conviveram com novas ordenações régias localmente resolvidas. É por isso que há um desaparecimento político de Morais Navarro, talvez de volta para sua terra natal, talvez em busca de outros descobrimentos. O mesmo aconteceu com outra figura importante nessa história da fundação das minas do Serro do Frio: o filho do descobridor, o também bandeirante João Soares Ferreira.

6 FILHO DE PEIXE, PEIXINHO É: JOÃO SOARES FERREIRA (C.1680-C.1750)

João Soares Ferreira [ou Paes], filho do descobridor das minas do Serro do Frio, viveu entre São Paulo e Minas Gerais. Ele herdou o privilégio familiar de seu pai e dos avós, todos ligados desde o século XVI ao aprisionamento de indígenas nos sertões do Brasil.

Segundo Leme, o filho do descobridor foi casado em primeiras núpcias em 1693, em Itu, São Paulo, com Maria de Proença, filha de João Borralho de Almada e de Maria Leme. Na segunda vez, casou-se em 1734 em Sorocaba/SP, com Ana de Sousa (filha de João Ferreira de Mendonça e de Antônia Dias). Percebe-se, então, que ele retornou às origens paulistanas depois do assassinato do pai pelo conde de Assumar em 1720, residindo em Sorocaba.

Com a segunda esposa, João Soares Paes ou Ferreira teve um único filho, Jerônimo Soares Paes (casado primeiro em 1768 em Sorocaba com Ana Vaz dos Reis, filha de João Nunes de Siqueira e de Maria Francisca. A segunda vez em 1781 na mesma vila com Izabel Dias, filha de Antônio Dias e de Francisca de Souza)[285].

Teria ele acompanhado o seu pai por outros descobertos?

Nada sabemos.

O que fica claro é que ele foi descrito como descobridor das minas do Serro do Frio juntamente com seu pai e Manuel Corrêa Arzão. Isso garantiu sua fama diante da Coroa portuguesa e a possibilidade de exploração de outras tantas lavras de ouro, possivelmente dividindo os rendimentos com seu pai. Não consta que tenha recebido cargos régios nas minas do Serro do Frio ou mesmo na Vila do Príncipe, encontrando-se em Sorocaba por ocasião de seu segundo casamento em 1734. Em 1720, havia sido decretada a prisão e sequestro de bens de seu pai. A reação contra a prisão mobilizou o grupo dos bandeirantes. Provavelmente o filho esteve ao lado do pai no dia seu assassinato, em 1720.

7 EQUÍVOCOS DA HISTÓRIA DAS MINAS DO SERRO DO FRIO: QUEM ESTÁ COM A RAZÃO?

A história das minas do Serro do Frio nos seus 18 anos iniciais, ou seja, do descobrimento até sua elevação de arraial surgido em 1702 para Vila do Príncipe em 1714, chegando à capital da Comarca

---

[284] PORTUGAL, 1789, p. 203.
[285] LEME, 1903-1907, v. V, p. 7.

do Serro do Frio em 1720, demonstra a modelagem ou estruturação do seu gesto pedagógico colonial. A partir do gesto pedagógico inicial, muitas estruturas serão perpetuadas culturalmente durante um período de longa duração. Temos chamado esse gesto pedagógico colonial de estrutura ontológica da civilização serrana de jeito barroco serrano de ser. Assim, o fundamento desse complexo gesto perpassa múltiplos fatores sociais: a política e a organização de um corpo político, a economia e a estruturação de um sistema ajustado à cobrança de impostos para a Coroa portuguesa e a cultura e suas ilimitadas dinâmicas de mestiçagens em variados trânsitos de saberes.

Por isso, temos insistido na noção de que o gesto pedagógico colonial serrano se fundou em solo brasileiro e mineiro como uma tentativa de espelhamento da organização política, econômica e cultural portuguesa (especialmente a religião cristã/católica pelo sistema do padroado real), como uma extensão ou tentáculo dos fundamentos metropolitanos com infinitos pontos de conflito e tensão para serem ajustados com o passar do tempo. Isso não significa o abandono dos acoplamentos funcionais com outras culturas advindas do contato com as sociedades africanas por conta da escravidão transatlântica e mesmo com as múltiplas sociedades indígenas, em seus saberes e tecnologias indispensáveis à sobrevivência na região das minas de ouro, ou seja, na constituição de uma civilização serrana pluripedagógica.

Para viver nas minas de ouro, foi necessário interações culturais profundas, de múltiplas matrizes pedagógicas, com seus mais diversos gestos pedagógicos em novo território, em nova realidade social, cultural e biológica. Em momento algum é nossa intenção classificar como melhor ou pior as culturas em troca de saberes, afirmando que a cultura portuguesa teve preponderância no território brasileiro por uma superioridade de qualquer natureza.

Nada disso. A dominação portuguesa fez apagar muitas marcas de outras culturas, pois para que seu gesto pedagógico se capilarizasse molecularmente, esse foi um discurso de coesão social do ponto de vista do dominador. Então, queremos identificar que o poder e a autoridade dos portugueses nas minas de ouro e seus territórios se construiu pelo uso massivo da violência, impondo a exploração em torno do produto de exportação — o ouro — por meio de sua arrecadação em microprocessos cotidianos, até os processos os macroprocessos internacionais como a articulação do mercado da escravidão e o aparelhamento de uma gigantesca malha tributária colonial. Não se tira a riqueza de um território e a leva para outro continente sem uma malha de punição em torno da arrecadação — diminuindo ao máximo as perdas e os descaminhos da sonegação — dos impostos, multas, sobreimpostos.

Os primeiros 20 anos do século XVIII foram determinantes para o aprendizado de como efetivamente deveria ser exercido o controle do território brasileiro. As minas do Serro do Frio são parte desse aprendizado de como dominar territórios do ultramar com eficiência. Por isso, nesse território, o gesto pedagógico colonial em microcosmo pode nos ajudar a entender o Brasil colonial numa visão mais alargada, em macrocosmo. Nada deveria fugir à capilaridade do poder disciplinar metropolitano.

Dessa forma, a Coroa portuguesa insistiu com bastante sucesso na economia dos privilégios. São eles: os familiares, em especial na ancestralidade como autoridade política dos bandeirantes paulistas. Os de cor, mantendo o privilégio da propriedade rural para as elites locais e a escravidão como estrutura econômica tanto de indígenas e depois africanos. Os de nacionalidade ou cidadania, uma vez que os reinóis continuaram a preponderar sobre os brasileiros depois da criação das vilas e seus concelhos. E os de sangue visto que a divisão do mundo do trabalho entre os de sangue infecto

— judeus, mouros e negros e os que se assemelhavam pelo trabalho mecânico — e os de sangue nobre — destacados como "homens bons" —, no fundo mostra com clareza o funcionamento de um tipo de sociedade marcada pela classificação baseada na renda, ou seja, entre os ricos e os pobres em seus mais diversos estratos de abastamento/abundância ou carência/desprovisão.

Contudo, ainda nos falta contar algumas histórias sobre os primeiros homens e mulheres, a partir dos documentos oficiais preservados em arquivos públicos. Por eles, podemos narrar e analisar contextos e conflitos sociais, econômicos e culturais. Nosso objetivo é demonstrar como a história pode ser ingrata para quem deseja exatidão de datas e nomes, locais e fatos verídicos, especialmente quando tratamos do século XVIII e de seu gesto pedagógico. Por isso, vamos investigar algumas narrativas sobre as minas do Serro do Frio publicadas em livros, a fim de entender como biografias e fatos podem ser narrados de diferentes formas, inclusive em conflito.

Somos da posição de que os documentos oficiais e não oficiais devem ser priorizados na pesquisa histórica sem, contudo, desvalorizar a sua contextualização e o desvelamento de seus conflitos internos e externos. Ler o século XVIII ou o período colonial brasileiro estendido até 1822 é uma tarefa de remontagem constante de cenários, personagens e narrativas. Para isso, começamos por mostrar algumas narrativas sobre o descobrimento das minas do Serro do Frio, a fim de esclarecer quem e de que forma apareceu nesses relatos, trazendo à tona o conflito histórico presentes nos livros sobre os primeiros nomes das minas serranas.

José Joaquim da Rocha (1777-1848) escreveu seu livro *Memória histórica da Capitania de Minas Gerais*, em 1797. Nele se lê sobre a Comarca do Serro do Frio, onde se afirma que "Gaspar Soares, natural de São Paulo, avançando maior salto que todos os outros descobridores, atravessou os sertões ao note de São Paulo e descobriu o grande Serro, vulgarmente chamado o do Frio, que na língua gentílica era nomeado por *Hiveturái*". Ele continua explicando que por causa desse descobridor "proveio o nome a uma de suas serras, que hoje se conhece pelo Morro de Gaspar Soares, onde está situado um arraial, ao sudoeste da Vila do Príncipe". E para realizar o descobrimento do Serro do Frio teria se associado "um Antônio Rodrigues Arzão, descendente do primeiro Arzão de quem já se deu notícia, e um Lucas de Freitas, que foi o primeiro povoador da Vila do Príncipe; e dele tomou nome um córrego, que para ao norte da Vila chamado o Lucas"[286].

Segundo o Dr. Dario, "tudo isso é história... mal contada", pois "do *Morro* ao *Serro* não há nem houve sertão algum; ao contrário, havia vastíssimo *caeté* ou extensíssimo *mato dentro*. [...] Quanto a *Gaspar* Soares é confusão com *Antônio* Soares". Para Dr. Dario, o morro de Gaspar Soares se deve a outro, com nome de Gaspar Soares Coelho, que esteve na "na Vila do Príncipe, em 1714, vindo do Morro [...] o qual passou procuração bastante nas notas do tabelião Luís Falcão[287]" sendo que "em 28 de julho de 1748, este mesmo Gaspar Soares Coelho, no morro de seu nome assinou como testemunha uma carta de alforria, a qual foi registrada nas notas da Vila"[288], concluindo que "se assim é, esse Gaspar Soares ficou a mineirar ouro e a perfilhar penhas no *Morro* de seu nome; cá no Serro, porém, é que nada descobriu a não ser o cartório do tabelião Falcão". Ele acrescenta na página seguinte outras informações, entre elas que "com relação a Lucas de Freitas está igualmente errada a menção do seu nome como um dos descobridores" visto que "somente em 1706 é que nos

[286] ROCHA, José Joaquim da. *Geografia histórica da Capitania de Minas Gerais*. Descrição geográfica, topográfica, histórica e política da Capitania de Minas Gerais. Memória histórica da Capitania de Minas Gerais. Belo Horizonte: Fundação João Pinheiro, 1995, p. 128.

[287] Trata-se de Luís Lopes Falcão Pereira de Castro, que em requerimento datado de 16 de março de 1735, pedia provisão por um ano, para servir no ofício de tabelião da Vila do Príncipe, Comarca do Serro do Frio, nomeado pelo proprietário Bernardo da Fonseca Lobo. *Cf*. Briskievicz (2017, s/p).

[288] SILVA, 1928, p. 25.

assentos fiscais aparece seu nome como pagando *quintos*; mas não foi lembrado como companheiro da expedição, nem como dos *primeiros* quintados, nem como arrematante da data mineral"; dessa forma, "fosse de *companheiro* e seu nome, como um dos primeiros, seria lembrado, porque era de destaque, de alto posto. Lucas era sertanista principalmente de esmeraldas; era capitão, era conhecido da alta administração e... gostava de *primar*", pois "em 1714, ao tempo da *Vila*, alcançou uma sesmaria de terras, no sertão diamantino, hoje fazenda do *Pé do Morro*, terras que ele *havia descoberto e opulentado de gado*". Por fim, "temos de fato embaixo da cidade o córrego do *Lucas*, o ribeirão da pousada sabarense; mas dos mais citados livros fiscais, de 1702 à *Vila*, não consta nenhum ribeirão do *Lucas*"[289]. O nome Serro do Frio é de origem indígena *Ibiti-ruí*, em que *ibiti* quer dizer morro, serra ou outeiro e *ruí* ou *roí* quer dizer frio.

Entre os viajantes estrangeiros, as informações sobre datas e eventos serranos também não ajudaram muito na exatidão histórica. John Mawe (1764-1829), mineralogista e geólogo, publicou seu livro *Viagens ao interior do Brasil*, em que narra sua trajetória de Vila Rica ao Tijuco, nos anos de 1809 a 1810. Segundo ele, a "Vila do Príncipe foi erigida em comarca ou distrito em 1730, época na qual as lavagens de ouro eram mais produtivas, mas esta cidade fora fundada quinze anos antes quando os paulistas começando a deixar Vila Rica e os cantões vizinhos aqui vieram se estabelecer"[290]. Seguindo a indicação dele, teríamos a elevação das minas do Serro do Frio à Vila do Príncipe em 1715 — o correto é 29 de janeiro de 1714 — e à capital da Comarca do Serro do Frio em 1730 — o correto é o ano de 1720.

A longa visita do naturalista e botânico francês Auguste de Saint-Hilaire à Vila do Príncipe foi narrada em seu livro *Viagem pelas províncias do Rio de Janeiro e Minas Gerais*. Segundo ele, a "Vila do Príncipe é a capital da Comarca de Serro do Frio, que se divide em dois termos, o do Serro do Frio propriamente dito, e o de Minas Novas", assim "basta dizer que o principal magistrado da comarca (ouvidor), e os funcionários do governo residem nessa vila"[291]. O problema não é a pouca referência histórica ou documental do viajante — o que revela sua moderação em tratar do tema, mas foi a nota de rodapé explicando o que o naturalista não escreveu. A nota de rodapé da mesma página pertence ao mesmo tradutor da obra em português, Clado Ribeiro de Lessa que registrou: "o Serro do Frio foi descoberto por ANTÔNIO SOARES e por seu companheiro ANTÔNIO RODRIGUES ARZÃO, descendente desse aventureiro do mesmo nome que foi o primeiro a encontrar ouro na província de Minas Geraes". Os descobridores foram: Antônio Soares Ferreira [o moço], seu filho João Soares Ferreira [Paes], Manuel Corrêa Arzão, Lourenço Carlos Mascarenhas de Araújo e Baltasar de Lemos de Morais Navarro. Antônio Rodrigues Arzão foi um bandeirante nascido em Taubaté, e não tinha o mesmo nome do pai que era o capitão Manuel Rodrigues Arzão.

Outros visitantes chegaram à Vila do Príncipe em maio de 1818. Spix e Martius saíram do Rio de Janeiro, passaram por Vila Rica e foram em direção ao Distrito Diamantino, passando pelo cabeça da Comarca do Serro do Frio. Essa rápida descrição começa pela demarcação das distâncias até Vila Rica, Sabará e o Tijuco e a anotação da altitude calculada em 3.200 pés. A Vila do Príncipe estaria sobre um outeiro prolongando-se em recôncavo formado por montanhas mais elevadas, com cobertura de pastos. Esses viajantes não trataram objetivamente do tema dos descobrimentos pelos bandeirantes paulistas em seu relato publicado no livro *Viagem pelo Brasil, 1817-1820*.

---

[289] SILVA, 1928, p. 26.

[290] MAWE, John. *Viagens ao interior do Brasil*. Rio de Janeiro: Zélio Valverde, 1944, p. 208.

[291] SAINT-HILAIRE, 1934, p. 276.

O historiador mineiro Diogo de Vasconcelos (1843-1927) publicou seu livro *História antiga de Minas Gerais*, em 1904. No capítulo quinto, intitulado "Últimos descobridores", conta a história dos descobrimentos das minas do Serro do Frio afirmando que no começo de 1701 o coronel Antônio Soares Ferreira, provisionado por Artur de Sá para conduzir uma expedição para o sertão das esmeraldas,

> [...] deparou o ribeirão de Santo Antônio do Bom Retiro, cuja riqueza o atraiu; e de fato nele se estabeleceu; [...] repartiu as datas do Santo Antônio a 2 de março desse ano de 1701; [...] o coronel Manuel Correia e Antônio Correia prosseguiram com Lourenço Carlos e foram descobrir e repartir das minas do Serro Frio (Ibiti-ruí) ao passo que Gaspar Soares ia também fazer o mesmo às do Morro, que adquiriu seu nome (1703)[292].

Vasconcelos é considerado um dos fundadores da historiografia mineira, reconhecido pelo objetivismo histórico que intenciona a crítica documental[293]. Como já demonstramos, a provisão foi do Governo-Geral em Salvador, não do governo da Capitania do Rio de Janeiro. Os equívocos da narrativa construída em torno da separação entre o ribeirão de Santo Antônio do Bom Retiro, de um lado, e as minas do Serro Frio, por outro, juntam-se ao problema da datação do descobrimento, acontecido oficialmente em 1702. Segundo Silva:

> Se assim fosse temos: (a) que as minas de Santo Antônio do *Bom Retiro* ficaram para atrás e nelas remanesceu Antônio Soares; as minas do *Serro* estariam adiante; (b) os *dois* Arzões com Lourenço Carlos e com o procurador régio Baltazar de Lemos é que prosseguindo descobriram o Serro mais adiante. Que salvação não foi esse *Livro da Receita da Fazenda Real destas minas do Serro do Frio e Tucambira, de que é descobridor o guarda-mor Antônio Soares Ferreira*!!! Não aparecesse este livro e o só nome autorizadíssimo do dr. Diogo mataria a verdade dos fatos. Ora, desse livro consta miudamente que desde a partida de Sabará até a última e definitiva pousada *nestas minas do Serro do Frio*, sempre companheiros juntos e constantes *todos aí* chegaram e se conservaram e fundaram o arraial do ribeirão... a saber: o guarda-mor Antônio Soares Ferreira, seu filho João Soares, o capitão *Manuel* Corrêa Arzão, o escrivão Lourenço Carlos e procurador régio Baltazar Lemos. Nenhum *desses* se deixou ficar atrasado, nenhum *desses* seguiu sem os companheiros: do princípio ao fim. Nada de *Antônio* Arzão. Nada de Gaspar Soares[294].

Ao final do século XIX e primeiras décadas do século XX, dois importantes pesquisadores da história do Serro tentaram voltar aos documentos originais do descobrimento das Minas do Serro do Frio[295].

O primeiro foi o alferes Luiz Antônio Pinto (1841-1924), tio-avô do presidente do estado de Minas Gerais, o republicano histórico João Pinheiro da Silva (1860-1906). Nascido em Caeté/MG mudou-se para o Serro onde foi secretário e protegido do Dr. Bernardino José Pereira de Queirós,

---

[292] VASCONCELOS, Diogo de. *História antiga das Minas Gerais*. Belo Horizonte: Imprensa Oficial, 1974a. p. 126.

[293] *Cf.* RAPM (1919, p. 211-220).

[294] SILVA, 1928, p. 23-24, grifos do autor. *Cf.* Silva (2020, com ortografia atualizada).

[295] Interessante relato histórico sobre as minas do Serro do Frio e Itacambira encontra-se no livro de Urbino Vianna (1935, p. 137-138): "quanto às entradas e aos descobrimentos, bandeiras e bandeirantes, ou melhor, sertanistas, Orville Derby assignalou o esforço bahiano, nesses movimentos como factor importante da civilização brasileira. Chegou à conclusão de que as minas de Caethé e Itacambira (aliás Tucambira), na região chamada Serro do frio, foram, primeiramente, descobertas pelo lado da Bahia e não pelo de São Paulo"; o autor chega a citar o descobrimento das minas por Manoel João de oliveira, entre 1678-88, "conforme registro no Livro de Patentes do Governo, que traz aquela data, pág. 203, Arch. Publ. da Bahia" (VIANNA, 1935, p. 148). Mas como o mesmo autor explicou, o descobrimento ou prospecção não gerou a ocupação baiana, ficando a cargo dos paulistas a criação da rede de estradas, arraiais, vilas e a constituição da complexa rede eclesiástica com ermidas, oratórios, capelas e matrizes, fundamental para o crescimento das populações nas minas serranas e mineiras.

administrador da Fazenda Bom Sucesso do Barão de Diamantina, por volta de 1861[296]. Republicano e abolicionista, assumiu a redação do jornal *A Sentinella* no início do século XX. Sua capacidade de ler diretamente os documentos antigos mostra que ele tinha trânsito livre a esses registros — inventários, testamentos, livros de câmara e registros paroquiais — tornando-o sábio genealogista das famílias serranas e dos grandes vultos nacionais que passaram pela Vila do Príncipe e seu território. O alferes Luiz Pinto assumiu importante papel na história mineira quando aceitou colaborar com a *Revista do Arquivo Público Mineiro*, escritório de guarda documental criado em Ouro Preto, antiga capital mineira, em 11 de julho de 1895. Seu trabalho era transcrever documentos interessantes de livros antigos, organizar a narrativa e enviar os manuscritos para publicação. É dele a transcrição do *Livro primeiro da Receita da Fazenda Real destas Minas do Serro do Frio e Tucambira, de que é guarda--mor explorador o capitão Antônio Soares. 1702*[297]. O livro foi transcrito do acervo do Arquivo Público Mineiro. Não publicou um livro de suas memórias e registros, mas possui importante acervo que leva seu nome no Arquivo Público Mineiro, o Fundo Alferes Luiz Antônio Pinto.

O segundo pesquisador da história serrana foi o juiz de direito Dario Augusto Ferreira da Silva (1859-1927). Contemporâneo do alferes Luiz Antônio Pinto, depois de aposentado, esse serrano dedicou-se a escrever colunas sobre a história serrana no jornal *O Ibiti-Ruí* com o pseudônimo Serrano Prístino. É dele o mais importante relato do descobrimento das minas do Serro do Frio — das rotas dos bandeirantes ao funcionamento do Senado da Câmara, das correções históricas ao registro das posturas dos séculos XVIII e XIX — no livro publicado em 1928, intitulado *Memória sobre o Serro antigo*. Pesquisou os arquivos serranos com grande habilidade de transcrição dos assentos. Pesquisou no Arquivo Público Mineiro onde, "graças à bondade cativante do dr. Feu [Theophilo Feu de Carvalho, diretor do Arquivo à época], encontrei outro diferente livro fiscal, o de *Lançamento dos Dízimos do Serro do Frio*"[298]. O título da primeira página que é abertura do mesmo livro, de fato, descreve o *Livro que há de servir da receita da Fazenda Real nesta Superintendência das minas do Serro do Frio, 1711-1714*[299]. Esse livro dos dízimos é o mesmo dos quintos reais[300], dando continuidade ao primeiro, dos descobrimentos das minas serranas:

> Esse outro caderno começou a ser escriturado em 1711 e vai... até a Vila do Príncipe! O primeiro assentamento é de abril de 1711·*nestas minas do Serro do Frio e casas do* atual superintendente Lourenço Carlos, o ex-escrivão, que já tinha casas aí. Num lançamento a seguir, de 1712, se diz: *nestas minas do Serro do Frio e Rio do Peixe.* Em outro, de 1713, se lê: *nestas minas do Serro do Frio e arraial de Itapanhoacanga.* Em outro, de 1714, já se lê: *nesta Vila do Príncipe*, pousada do dr. Queirós, ouvidor de Sabará![301].

O terceiro pesquisador da história antiga das minas do Serro do Frio foi o advogado serrano Nelson Coelho de Senna (1876-1952). Ele dirigiu a publicação do *Anuário de Minas Gerais* de 1906 a 1918, publicou um ensaio de 22 páginas sobre a *Memória histórica e descriptiva da cidade e município*

---

[296] *Cf.* Pires (2015, p. 184-185).

[297] PINTO, 1902, p. 939; APM-CC 1002.

[298] SILVA, 1928, p. 9.

[299] Ver: Anexo 4.

[300] Segundo Boxer (1963, p. 172), havia três tipos de dízimos, reais, mistos ou pessoais. Os dízimos reais "compreendiam a décima parte – ou o equivalente em ouro – dos produtos agrícolas, tais como mandioca, milho, arroz, açúcar, tabaco, vegetais e frutas" e "pelo menos teoricamente, a décima parte de outros produtos da terra, tal como madeira, fosse de crescimento espontâneo, fosse cultivada"; os mistos eram "os recolhidos em gado e aves, colmeias, mel, cera, queijo e materiais de construção, bem como sobre os produtos dos engenhos e destilarias de aguardente, fornos de pão etc."; os pessoais "eram parte do lucro líquido de qualquer cargo, comércio ou ofício" pagos diretamente ao clero, como conhecenças, por ocasião da Páscoa".

[301] SILVA, 1928, p. 9.

do Serro, em 1895; e teve seu artigo sobre *Serranos ilustres* publicado na *Revista do Arquivo Público Mineiro*, em 1905[302].

Interessante é o fato de Senna desconhecer o *Livro primeiro da Receita da Fazenda Real destas Minas do Serro do Frio e Tucambira, de que é guarda-mor explorador o capitão Antônio* Soares, de 1702, uma vez que não registrou este documento em nenhum de seus textos. Contudo, ele nunca corroborou com a versão de José Joaquim da Rocha ou a de Diogo de Vasconcelos, as mais importantes fontes citadas exaustivamente por outros pesquisadores nos séculos XIX e XX. Assim é que se lê em sua *Memória Histórica*: "Arzão e Soares são considerados os verdadeiros descobridores do sítio onde está assentada a cidade do Serro; essas cercanias eram habitadas por indígenas, em cuja língua a palavra *Hivituruhy* designava o vento frio que soprava das montanhas vizinhas" e então "trocaram o nome indígena pelo de Serro do Frio"[303].

O *Álbum do Bicentenário* do Serro de 1914 parece sedimentar o reconhecimento do acerto em relação aos descobridores serranos compartilhado entre Pinto, Silva e Senna. Trata-se de um importante registro da história serrana publicado por ocasião dos 200 anos de elevação à Vila do Príncipe. Foi organizado no Serro e impresso na Imprensa Oficial de Belo Horizonte. No Serro, recebeu a colaboração do fotógrafo e tipógrafo Antônio Lima da Costa a quem coube o encargo de fotografar os homens notáveis da cidade em seu estúdio. Muitos textos do *Álbum* foram escritos pelo professor Alcibíades Nunes de Ávila e Silva. Outros textos são de Pinto e Senna. O Dr. Dario parece não ter participado da publicação. Há um constante ufanismo da "*mater* criadora do norte de Minas Gerais", expressão usada por Senna, num documento importante para a consolidação da memória dos descobridores e para o registro da comunidade serrana para a posteridade, em seu jeito barroco serrano de ser.

Depois do falecimento do alferes Luiz Antônio Pinto, do dr. Dario Augusto Ferreira da Silva e de Nelson Coelho de Senna, poucos serranos se aventuraram a escrever livros sobre a história do descobrimento das minas do Serro do Frio. Somente em 1972, foi publicado o livro de Aluízio Ribeiro de Miranda (1899-1979) intitulado *Serro: três séculos de história*. O objetivo do livro foi prosseguir nos estudos da história serrana para além do livro do Dr. Dario *Memória sobre o Serro antigo* — que de fato cobriu com ênfase o período entre 1702 e 1828, ano da publicação da lei que acabou com os antigos senados da câmara e institui as câmaras municipais — "não levando a um conhecimento completo, por ter focalizado apensa alguns aspectos da questão; o que era preciso, e que estou tentando fazer, era coligir todos os dados que foram escritos sobre o Serro sem todos os tempos"[304]. À página 22, o antigo arraial das minas do Serro do Frio foi nomeado como Arraial das Lavras Velhas do Serro. Ao que tudo indica, essa denominação surgiu em antagonismo ao antigo nome do município de Minas Novas, que seria algo parecido com *Arraial das Lavras Novas dos Campos de São Pedro do Fanado*.

O problema é evidente: para ser chamado de arraial das Lavras Velhas seria necessário que as Lavras Novas tivessem sido descobertas entre 1702 e 1714 quando ainda a Vila do Príncipe era um arraial. Contudo, a fonte histórica usada para essa referência é a mesma que aceita que o descobridor das lavras foi Sebastião Leme do Prado, em 1727, ou seja, 13 anos depois de o arraial das minas do Serro do Frio ter sido elevado à vila. Assim, seria impossível que as pessoas usassem o nome lavras

[302] RAPM, 1905, v. X, p. 167-210.

[303] SENNA, Nelson Coelho de. *Memória histórica e descritiva da cidade e município do Serro.* Ouro Preto: Typ. Ferreira Lopes & C., 1895. p. 6.

[304] MIRANDA, Aluízio Ribeiro de. *Serro:* três séculos de história. Belo Horizonte: Imprensa Oficial, 1972. p. 13.

velhas para designar um arraial que não tinha outro para lhe opor em antiguidade, no caso as lavras novas, as minas novas.

Para ser exato, é necessário esclarecer que o arraial das minas do Serro do Frio teve duas referências usadas pelos de fora e pelos de dentro, pelos forasteiros quando falavam do território do arraial e seu distrito e os que construíram o mesmo arraial, morando nele: quem falava de fora — ou para os de fora — usava arraial das minas do Serro do Frio, aos poucos, reduzido apenas para Serro do Frio. Os moradores entre os anos de 1702 e 1714 entre si eram mais específicos em sua localização usando os nomes de Arraial de Cima (onde foi criada a rua direita, com o Senado da Câmara, pelourinho, matriz e cadeia), Arraial de Baixo (acesso para o Rio do Peixe e Itambé) e Arraial dos Forros (acesso para o Mato Dentro, o mais novo entre eles). Para os moradores, o Arraial de Baixo manteve o nome até os dias atuais, o Arraial de Cima perdeu seu nome para a Praia e Largo do Pelourinho, centro e cidade — "ir para a cidade" é usual ainda hoje. O Arraial dos Forros tornou-se com o passar do tempo Rapador ou Rapadouro, depois do Gambá.

No ano de 1999, a professora serrana Maria Eremita de Souza (1913-2003) publicou seu único livro intitulado *Aconteceu no Serro*. Trata-se de uma importante compilação de algumas de suas pesquisas, em que estão reunidos textos importantes sobre biografias de serranos e serranas, indicações sobre nomes de ruas e seus moradores bem como extensos estudos sobre a cultura serrana, em especial a questão da escravidão negra. A leitura atenta mostra que Souza teve várias influências em seus escritos: Senna, Dr. Dario e o alferes Luiz Pinto. Seus estudos genealógicos de famílias serranas começaram muito cedo em sua vida, quando teve contato com Francisco de Assis Gomes Pinheiro. Foi ele quem a ensinou certa metodologia de pesquisa em livros antigos cotejados com a memória oral de sua própria mãe Donatila e de outras mulheres serranas[305]. Tudo foi registrado em seus mais de 220 cadernos escolares manuscritos, reunidos atualmente em arquivo digital. Souza também registrou que o arraial das minas do Serro do Frio teria se chamado arraial das Lavras Velhas: "desde então, a pousada sabarense do guarda-mor Soares, encravada nas terras indígenas do Hivituruhí tomou o nome de arraial do ribeirão das Lavras Velhas, pois documentos antigos faziam referências às lavras novas do campo, daí o nome arraial das Minas Novas"[306]. Como visto anteriormente, o nome seria dado muito posteriormente usado anacronicamente para dar conta de um antagonismo entre minas novas e minas velhas. Na mesma página, por exemplo, ela afirma que D. Brás Baltazar da Silveira esteve na pousada sabarense, a fim de conhecer as minas. Isso, de fato, nunca aconteceu, sendo o arraial elevado a Vila do Príncipe à distância, quando o mesmo governador instalou o Senado da Câmara da Vila Nova da Rainha (Caeté), no dia 11 de fevereiro de 1714[307].

Demonstramos anteriormente como o estudo da história quando parametrizado pelos documentos históricos — quando passíveis de consulta e tradução, bem como acesso e cotejamento com outras fontes — ajustado por relatos de várias épocas podem evitar equívocos históricos. No caso dos estudos sobre a história das minas do Serro do Frio em seus primeiros vinte anos são questões importantes para serem pautadas, mais uma vez, nosso estudo atual. Percorremos alguns autores

---

[305] *Cf.* Briskievicz (2020, p. 269-280).

[306] SOUZA, 1999, p. 26.

[307] APM, 1897, v. II, p. 89. Joaquim Ferreira de Salles (1879-1932) publicou seu livro *Se não me falha a memória* em colunas de jornal e depois, em ótima reunião desses escritos, pudemos ter acesso às suas lembranças, em edição do Instituto Moreira Salles, de 1993. Geraldo Azevedo Freire (1918-1990), postumamente, teve seus *Caminhos da memória* repisados, em edição única, numa publicação de 1997. Zenaide Generoso Guerra (1906-?) publicou dois livros de memórias intitulados *Memórias do meu passado* que veio a lume em 1988 e *Reminiscências*, de 1992. A última publicação importante para a memória serrana foi o livro de 2015, *Valores do Serro: uma coletânea de perfis serranos*, escrito por Maria de Lourdes Moreira Pires, a D. Lourdes.

fundamentais para a história serrana [mineira e brasileira por extensão, de acordo com sua influência e número de leitores] a fim apresentar um breve estado da arte.

Acreditamos que esse levantamento curto — fugiria ao nosso estudo alongarmos demais nesse tópico ou tema — apontou com clareza quem — historiadores e personagens, quando — com enorme variação —, e de que forma — quem conta história está inserido em seu tempo e em sua mentalidade — foram construídas biografias, fatos históricos e seus equívocos de datação e de localização[308]. É que um equívoco histórico nasce de um contexto complexo, envolvendo vários fatores como a falta de cotejamento entre variadas fontes e sua disponibilidade em arquivos públicos. Desconhecimento dos documentos nesse mesmo arquivo, muitas vezes sem catalogação, servindo apenas de depósitos de documentos. E o constante desaparecimento dos documentos desses mesmos arquivos como apontamos anteriormente — a certidão de descobrimento das minas do Serro do Frio e o livro dos dízimos nunca mais foram encontrados para pesquisa o que impede sua conferência, servindo-nos como fontes apenas transcrições em revistas que podem conter erros tipográficos e mesmo textos incompletos. Parece-nos que a partir dessa discussão anterior estamos mais preparados para entender que muitas biografias surgem e desaparecem, de acordo com as narrativas de cada época e suas demandas sociais, políticas e culturais.

Podemos apresentar um exemplo desse conflito entre narrativas. Em nenhum dos autores acima citados apareceu o assassinato do bandeirante Antônio Soares Ferreira pelo governo da Capitania de São Paulo e Minas do Ouro, em 1720, por desobediência civil (talvez, um termo *avant la lettre*, mas preciso em sua noção política atual) ao governo português, no caso representado por seu governador da Capitania de São Paulo e Minas do Ouro que enviou seu procurador. Há várias hipóteses possíveis para o ocultamento do fato. Desconhecimento dos fatos. Ausência de documentos em arquivos públicos. Dúvidas sobre o acontecido etc.

Contudo, podemos nos perguntar, de maneira crítica: por que apenas o gesto pedagógico colonial de fundação importou e não o desfecho trágico da biografia do descobridor, evidenciando o uso da violência massiva nas minas de ouro? Talvez — e isso é uma hipótese a ser comprovada por outros estudos —, porque o imaginário relativo à figura dos bandeirantes descobridores se assente sobre a virtude da coragem e do destemor, e não da desobediência civil e a revolta contra o governo.

Avançando em nossa hipótese. Com o tempo, no fluxo histórico brasileiro consolidou-se uma representação compartilhada entre as elites brasileiras, paulistas e mineiras — especialmente na segunda metade do século XIX — de que os desbravadores dos sertões brasileiros lutaram contra tudo e contra todos — especialmente os índios selvagens — para a interiorização da civilização portuguesa em contraponto com outras culturas menos importantes.

Dessa forma, esses paulistas são apresentados como colonizadores de terras para a modernização da economia nacional, expandindo para o interior do Brasil o progresso. Constrói-se uma representação compartilhada socialmente. Quem descende desses desbravadores — econômica ou espiritualmente — teria um certo merecimento natural para ocupar os melhores cargos públicos (o "homem bom" português é reinventado diariamente no Brasil, de diversas formas, especialmente na defesa da estratificação social necessária e irresolvível). Assim, as elites nacionais criam um elaborado discurso pacificador transmitido pela educação majoritariamente para a população em geral. Forma-se o senso comum, essa visão muitas vezes acrítica do passado que afeta diretamente as formas de contestação do tempo presente.

---

[308] A lista não está completa. Mais à frente, trataremos da biografia de Jacinta de Siqueira e os equívocos, contradições e problemas em torno da sua biografia, especialmente os que surgem a partir das narrativas do Códice Costa Matoso.

É que por meio da microfísica do poder haja inda a perpetuação do mito fundador do povo brasileiro, com a noção de destino manifesto, de um momento pacífico de surgimento de uma brasilidade mesmo que tardia, mas possível apenas por conta das virtudes de seus fundadores destemidos. Essa perfectibilidade ilimitada da ação dos bandeirantes — que se fez representar no discurso das elites paulistas, mineiras e brasileiras no decorrer de vários contextos sociais, em diversos gestos pedagógicos, normalmente ligadas à ideia de progresso, desenvolvimento e modernização — estaria presente desde sempre, seja no passado remoto (por isso ele também não podia se desviar do destino manifesto) — numa visão de passado que mais se assemelha a um mundo sem problemas, conflitos, tensões, guerras civis e assassinatos.

Esta mitologia em torno do bandeirante como um missionário vocacionado por um destino manifesto desde tempos imemoriais, talhado para fazer surgir um grande país, que cedo ou tarde se revelaria na conformação do território e povo brasileiros, reverberou na obra máxima de Gilberto Freyre *Casa-grande e senzala*, publicado em 1933. Nesta publicação, o modelo freyriano é apresentado como teoria para a construção da identidade cultural brasileira, de nossa brasilidade[309]. Este estudo é um dos marcos dos estudos culturais no Brasil a partir de ideias aprendidas com os pensadores norte-americanos dos anos 1930, por vezes a escravidão africana aparece moto-contínuo naturalizada socialmente. As matrizes raciais nacionais aparecem graduadas em constante comparação antropológica — os portugueses seriam naturalmente propensos à miscibilidade com outras etnias; o surgimento da brasilidade parece pacífico e estranhamente sem convulsões sociais, guerras civis, dizimação de sociedades indígenas, escravidão. Em suma, o projeto português de ocupação do território brasileiro não foi resultado da natureza desbravadora e miscigenadora dos bandeirantes — os pais fundadores do Brasil por serem descendentes de portugueses — antes, foi um projeto que obteve sucesso a longo prazo pela utilização do trabalho escravo, seja de índios, seja de africanos.

Sérgio Buarque de Holanda publicou seu livro *Raízes do Brasil* em 1936 e parece ecoar o mito do bandeirismo missionário, não o dos sertanistas brasileiros. Este seria por demais votado ao personalismo, ao privilégio, aos interesses familiares. Seria preciso repensar as origens da brasilidade e a partir da crítica do homem cordial, retomar o padrão inquieto, racional, impessoal e cumpridor da legislação do ordenamento social como faziam os bandeirantes espanhóis em seus territórios, votados à noção de impessoalidade das coisas do estado. O bandeirante brasileiro, herdeiro do espírito português, determinou o surgimento de um tipo de homem cordial como vocação nacional de necessária revisão, crítica e mudança para outros padrões mais civilizados. Mais uma vez: foi o passado que de certa forma determinou a vocação à brasilidade. Ela é posta como pressuposto ou raiz do povo brasileiro. Como afirmamos anteriormente, o mito do destino manifesto brasileiro via bandeirismo desbravador, aventureiro ou heroico necessita de rigoroso estudo para apurar se de fato, essas representações sociais interferiram e ainda interferem nas narrativas históricas brasileiras[310].

---

[309] *Cf.* Vainfas (1999, p. 229).

[310] Boxer (1963, p. 37) acusa o movimento contrário do destino manifesto dos bandeirantes herdeiros dos portugueses "na idealização do ameríndio [...] depois que o país libertou-se da dominação portuguesa, nos primórdios do século XIX; num gesto inteiramente artificial e romântico de repulsa contra suas origens lusitanas, muitos brasileiros, que não tinham nas veias uma só gora de sangue ameríndio, mudaram, então, seus sobrenomes portugueses de Sousa, Costa, etc., para outros que traziam a melíflua sonoridade da língua tupi, como, por exemplo, Paraguaçu". A crítica do historiador inglês é no sentido de demonstrar a tentativa de um destino manifesto: antes, dos portugueses; depois, dos verdadeiros nativos do país, que sempre lutaram por sua liberdade. De fato, o destino manifesto parece modelar um gesto pedagógico histórico em que se pretende retornar ao passado como justificação do tempo presente. Por outro lado, Boxer (1963, p. 46-47) revela o destino manifesto representado no século XX, em especial depois da Proclamação da República em 1889, pelas pinturas e esculturas dos paulistas do século XVII, mostrados como "uma espécie de *Pilgrim Father*, em seu trajo, e com altas botas de montar; mas na verdade, eles, ao que parece, muito pouca coisa usaram além do chapelão de abas largas, barbas, camisa e ceroulas; caminhavam quase sempre descalços".

CAPÍTULO QUATRO

OS AUXILIARES NOS DESCOBRIMENTOS DO OURO NAS MINAS SERRANAS

Diadorim vinha constante comigo. Saudade de amizade.
Assumi que ele estava cansado, sofrido também.

(João Guimarães Rosa – Grande Sertão: Veredas)

A hierarquia dos descobrimentos das minas de ouro era determinada pelos regimentos oficiais, modelados, ou seja, escritos, de acordo com os conflitos resolvidos e solucionados no dia a dia das lavras. De fato, podemos afirmar que os regimentos eram antecedidos pela prática de ocupação dos territórios auríferos e pela trama de interesses da Coroa portuguesa — leia-se Governo-Geral do Brasil — que sempre dava seu jeito de colocar os interesses reais bastante evidentes e justificados. Isso porque a única justificativa para a exploração das terras brasileiras, mineiras, serranas é que elas eram concedidas por privilégio monárquico. Toda a colônia pertencia ao rei. Dessa forma, pela compreensão das razões de estado próprias ao absolutismo ou antigo regime português, ao rei, era o proprietário-mor da colônia. Era o rei quem ordenava a distribuição dos privilégios de exploração.

Por isso, a hierarquia dos descobrimentos era prática e formalizada pelos regimentos. Podemos, pois, afirmar que alguns "homens bons" tinham mais direitos que outros em determinados territórios. Isso fazia parte do jogo da mineração. Dessa forma, havia nas minas do Serro do Frio o primeiro escalão do descobrimento oficial capitaneado pelo guarda-mor Antônio Soares Ferreira. O segundo escalão eram seus amigos ou camaradas (normalmente aparentados por casamentos), parceiros na empreitada de ocupação e exploração das minas de ouro.

O segundo escalão das minas do Serro do Frio apresenta nomes clássicos do bandeirismo paulista, homens conhecidos pela capacidade de primar os descobertos e lucrar com os privilégios reais dos cargos remunerados ou das melhores lavras a que tinham direito garantido.

1 GASPAR SOARES FERREIRA (C.1680-C.1715)

Outro personagem comumente acrescentado às narrativas sobre o descobrimento das minas do Serro do Frio é Gaspar Soares Ferreira. Em torno de sua figura, muitos equívocos foram produzidos, especialmente por conta do nome, confundido com outro Gaspar Soares, seu tio-avô (século XVII), irmão de Antônio Soares Ferreira [o velho], conhecido bandeirante que circulou pelos sertões brasileiros expulsando índios e os escravizando.

O Gaspar Soares Ferreira que por vezes é citado como integrante da bandeira de seu tio Antônio Soares Ferreira [o moço] era filho de Luiz Soares Ferreira e Catarina de Siqueira Mendonça. Seu pai era irmão de Antônio Soares Ferreira [o moço], descobridor das minas do Serro do Frio em 1702, ou seja, ele era sobrinho do descobridor das minas serranas e primo de João Soares Ferreira[311]. Sua

[311] *Cf.* Leme (1903-1907, v. V, p. 223).

história é envolta em grande mistério histórico: conta-se que o Morro do Pilar teria sido ocupado por ele, derivando o nome Morro, Morro de Gaspar Soares, Morro do Mato Dentro ou Morro do Mato.

A questão fica mais complexa quando o historiador serrano Dr. Dario Augusto Ferreira da Silva entra nessa história e procura esclarecer que o morro não tem nada a ver com Gaspar Soares, sobrinho do descobridor das minas do Serro do Frio. Para ele, trata-se de Gaspar Soares Coelho, que passou procuração no Cartório de Notas do tabelião Luiz Falcão e que no dia 28 de julho de 1748 "no morro de seu nome assinou como testemunha uma carta de alforria, a qual foi registrada nas notas da Vila"[312] concluindo que "se assim é, esse Gaspar Soares ficou a mineirar ouro e a perfilhar penhas no *Morro* de seu nome; cá no Serro, porém, é que nada descobriu a não ser o cartório do tabelião Falcão"[313]. Ele não aparece em documentos oficiais pagando o quinto do ouro, não arrematou braças de terras ou sequer solicitou aforamentos[314].

2 GABRIEL PONCE DE LEON (C.1665-C.1745)

Ponce de Leon é outro personagem relacionado a várias narrativas sobre o descobrimento das minas do Serro do Frio e os seus desdobramentos pelos ribeiros de sua região. Ele ligou-se desde os primeiros anos das minas serranas ao avanço do povoamento em direção ao Mato Dentro, tendo chegado por lá por volta de 1703. Assim, tendo à frente Gabriel Ponce de Leon, Manuel Correia de Paiva e Gaspar Soares Ferreira, partiu das minas do Serro do Frio, já descoberta e com seu rancho instalado, outra expedição tomando o rumo sul em direção ao Rio Santo Antônio e afluentes. Formaram-se, então, os arraiais de Tapera, Córregos ou Córgos, Conceição do Mato Dentro e Morro do Pilar.

Dos três fundadores de Conceição do Mato Dentro, dois têm comprovação em documentos nos arquivos da atual cidade do Serro: Manuel Correia de Paiva e Gabriel Ponce de Leon. Eles aparecem nos ditos Códices 2 e 3 do Arquivo Eclesiástico e o testamento de Manuel Ponce de Leon foi registrado no livro 3, fl. 31v., de 1736, em que declarou haver levantado a antiga capela do arraial:

> [...] que o meu dito testamenteiro nomeado entregue para as obras da Matriz cem oitavas de ouro da promessa que fiz ao padre Manuel de Faria, declaro que o terreno do Vintém faço doar a Senhora de Santana para sua ermida. Deixo de esmolas cem missas para a Santíssimo Senhora da Conceição, dez pelas Almas do Purgatório, vinte para S. Francisco, vinte para S. Gabriel, dez para o meu Anjo da Guarda e trinta e cinco oitavas para sufrágios. Desejo que o meu corpo seja enterrado dentro do arco no lugar dos clérigos como o excelentíssimo Dom Guadalupe assim quis, como regalia e graças, por ter eu levantado a antiga capela morada da Senhora da Conceição nossa mãe cuja imagem mandei vir de itu em 1703 e também ter contribuído eficazmente parra a constrição da igreja mais decente. Desejo que minha mulher Maria Valente[315] seja enterrada na mesma cova em que estiver meu corpo com o hábito de S. Francisco. Deixo para o meu testamenteiro sessenta e quatro oitavas

[312] SILVA, 1928, p. 25.

[313] SILVA, 1928, p. 26.

[314] Ver: Anexo 1. Ver: Figura 10.

[315] Leme (1907, p. 223) informa que Ponce de Leon "casou em 1685 em Itu com Maria Leme, filha do capitão Antonio Bicudo Leme e de Apolônia da Veiga". A presença das esposas nas minas de ouro era fato bastante raro. Não sabemos em que ano Maria Valente/Leme reencontrou seu esposo, provavelmente após a consolidação do arraial do Mato Dentro. Fato importante é ter Ponce de Leon sair do Vale do Paraíba, passar pelas minas do Serro do Frio e fazer definitivamente sua morada naquele lugar, abandonando a primazia dos descobrimentos. Suas relações sociais são marcadamente de um fundador de arraial, construindo capelas, buscando imagens em sua terra natal, relacionando-se altas autoridades da Igreja e preiteando seu reconhecimento social a ponto de pedir para ser sepultado na área reservada aos padres ("lugar dos clérigos") com autorização do bispo D. frei Antônio de Guadalupe, quarto bispo do Rio de Janeiro que governou sua diocese de 1725 a 1740.

e para as obras do corpo da igreja da Senhora do Rosário setenta e para a fábrica trinta e cinco. Declaro que devo ao sargento Luiz Mendes da Costa morador no Itapanhoacanga a quantia de duzentas oitavas[316].

A conclusão de Morais sobre as disposições pias do testamento de Ponce de Leon é bastante interessante e informa muito sobre o gesto pedagógico colonial dos bandeirantes:

> Por este documento concluímos que Gabriel Ponce de Leon, rico senhor, e proprietário de vastas sesmarias, foi quem mandou construir por sua conta 'a antiga capela morada da Senhora da Conceição' e que a atual imagem da padroeira foi adquirida em Itu no ano de 1703. Portanto, se consideramos que o dia 8 de dezembro é consagrado à Imaculada Conceição, deduzimos *ipso facto* que no ano anterior, isto é, na data de 8 de dezembro de 1702, Ponce de Leon acompanhado de outros caudilhos havia descoberto as preciosas lavras auríferas do Mato Dentro, e, certamente, movidos pelo espírito religioso que predominava nos bandeirantes, renderam graças à Virgem Maria e em sua homenagem ou e profundo sinal de gratidão, cognominaram o 'descobrimento' de Conceição do Mato Dentro, erigindo uma capelinha sob o seu orago[317].

Assim como o arraial do Mato Dentro, as minas do Serro do Frio receberam dos seus primeiros bandeirantes a sua primeira imagem e a construção de sua primeira capela que se tornaria futuramente a matriz da paróquia[318]. De fato, a paróquia ou freguesia nas minas do Serro do Frio foi criada em 1713 com o nome de Nossa Senhora da Conceição, formada a partir da primeira capela do lugar, coberta de palha, onde foi batizado José Álvares Maciel. Ele contou em seu testamento de 1754: "sou natural da Costa da Mina e fui batizado na Igreja de palha que antigamente houve nesta Vila"[319]; da mesma forma, "na rua da Cadeia [...] havia também uma capelinha onde se celebravam atos religiosos, missas, comunhão dos presos, etc.; da capela à cadeia fronteira foi construído um telheiro, debaixo do qual devidamente escoltados ficavam os presos"[320].

O nome Gabriel Ponce de Leon, assim como o de Antônio Soares Ferreira se repete na ascendência de suas famílias em vários momentos, o que exige cuidado para fazer a datação de sua genealogia. O Gabriel Ponce de Leon ligado à história serrana e de seus territórios é neto de Maria de Torales, que foi casada com Gabriel Ponce de Leon (já era falecido em 1723), natural da Cidade Real de Guayra[321] — província do Paraguai, filho de Barnabé de Contreras e de Violante de Gusman. Segundo Leme, Leon foi "ilustre cavalheiro da província do Paraguai, dali veio por terra a S. Paulo juntamente com outros fidalgos seus parentes [...]; nesse trajeto demoraram algum tempo estas famílias na campanha da Vacaria, passando dali a S. Paulo pelos anos de 1630 a 1634, dando lugar a

---

[316] MORAIS, MORAIS, Geraldo Dutra de. *História de Conceição do Mato Dentro*. Belo Horizonte: Biblioteca Mineira de Cultura, 1942. p. 43-44; COSTA, *Conceição do Mato Dentro*, fonte de saudade. Belo Horizonte: Itatiaia, 1975. p. 111-112.

[317] MORAIS, 1942, p. 44.

[318] Ver: Figura 24.

[319] SILVA, 1928, p. 38.

[320] SILVA, 1928, p. 46.

[321] A disputa por este território do Paraguai legou aos bandeirantes e sertanistas profundo ódio dos padres jesuítas da Companhia de Jesus. Quem nos apresenta esta moldura do gesto pedagógico colonial é Paiva (2016b, p. 172): "os escritos de Vaisette e Charlevoix classificavam os paulistas como 'bárbaros', homens de 'sangue sujo', 'mestiços', 'corsários cruéis', 'matadores de índios', e 'inimigos da fé'. Segundo frei Gaspar da Madre de Deus, os autores apoiaram-se nos documentos produzidos pelos jesuítas do Paraguai, que narraram os ataques dos paulistas a 31 grandes povoações de índios nas 'províncias do Guairá, Itaty e Tapé'. Para o religioso, os paulistas atacavam e destruíam Missões, pois estavam em territórios portugueses, impedindo o avanço do inimigo nos territórios do Brasil e Capitania de São Vicente pelo rio Paranapanema. Em seu entender, se 'aqueles famosos sertanistas' não desalojassem os padres castelhanos não desfrutaria Portugal das 'minas de Paranapanema, Apiay, Coritiba; e da mesma sorte, as de Cuyabá, Mato Grosso e Goyazes'".

que se desconfiasse que essa transmigração fosse motivada por algum crime de lesa-majestade"[322]. Ele faleceu em 1655, em São Paulo, e teve o filho capitão André de Zunega y Leon (casado com sua tia Cecilia de Abreu). Filha do segundo casamento do capitão Baltazar Fernandes, a qual faleceu com testamento em 1698 na vila de Sorocaba, São Paulo. Esse casal teve o filho Gabriel Ponce de Leon. Ele casou-se em 1685, em Itu, com Maria Leme. Ainda para Leme, ele "andou pelo sertão e já era falecido ao tempo do inventário de sua mãe em 1746"[323].

A história da família Ponce de Leon demonstra como as dinâmicas de mestiçagens demográficas e biológicas aconteciam em território brasileiro de forma (re)corrente, contínua e com aceitação social no mesmo estrato social[324], com raras exceções entre estratos diferentes (em termo de ordens ou estamentos a mobilidade tendia a menor). Era fato comum que as relações familiares fossem ampliadas por casamentos com estrangeiros — os portugueses não pararam de chegar da metrópole em nenhum momento do período colonial — quando não por filhos bastardos com índias e depois com africanas.

Por outro lado, a narrativa conta-nos de um crime de lesa-majestade, ou seja, contra o governo espanhol, colonizador do território do Paraguai, e que por isso a família teria fugido para o interior do Brasil. Contudo, o crime de lesa-majestade não tirava a nobreza familiar, antes, confirma que o gesto pedagógico colonial de desobediência civil era muito mais comum do que se supõe, gerando, evidentemente, as consequências para quem não desejava ir preso, ter seus bens sequestrados pelo governo e viver como criminoso em sua comunidade. Fugir da opressão era um ato de coragem colonial inclusive praticado pelas famílias com privilégios reais[325].

[322] LEME, 1903-1907, v. VII, p. 229.

[323] LEME, 1903-1907, v. VII, p. 229.

[324] Estrato social é uma subdivisão do que no século XIX se convencionou chamar classe social. A classe social seria uma evolução dos termos "estado", "estamento", "ordem" ou "casta", termos usados no chamado período do Antigo Regime português e francês [a revolução de 1789 pretendeu acabar essa estratificação social oficialmente]. Assim, segundo Novais (1999, p. 31-32), "a sociedade colonial [...] configura uma sociedade estamental com grande mobilidade" onde criou-se uma "sensação de ambiguidade" que "aparece quando consideramos em particular o estrato superior dos colonos, os senhores da terra e de escravos: a dominação direta sobre os homens (escravidão) e a posse de terras (ainda mais recebidas por doação) imprimiam-lhes na mentalidade uma configuração fortemente senhorial; mas, agentes de uma produção mercantilizada em extremo, defrontavam-se no dia-a-dia com o mercado, o que lhes exigia um comportamento fundamentalmente burguês". Classificar indivíduos era fundamental para o bom funcionamento da economia dos privilégios exercido por Portugal e suas colônias. Quando se classificam indivíduos são usados critérios como renda, cor, atividade no mundo do trabalho e pela condição livre ou cativa. Contudo, estrato social representa divisões o interior das ordens ou estamentos, ou mais modernamente, nas classes sociais. Assim, uma classe dominante pela posse de terras, minas de ouro, escravos e privilégios reais também pode aparecer estratificada: a Guerra dos Emboabas, por exemplo, mostrou o conflito entre a classe dominante e seus estratos – paulista e reinol; nas lavras ou minas eram mais poderosos os homens e mulheres que tivessem maior número de escravos conforme previa o *Regimento* de 1702; para as ordens ou estamentos não dominantes eram comuns estratos sociais bem definidos como o dos escravos, forros, livres, empregados, desempregados e mesmo os desclassificados; Esse estrato social Souza (1986, p. 63), era ocupante de "todo o 'vácuo imenso' que se abriu entre os extremos da escola social", formando um estrato social sem "estrutura social configurada", fluida, instável, de trabalho esporádico, "incerto e aleatório". Souza (2011; 2018) a classifica pelo nome de ralé. Esta seria composta "por cativos, negros forros, mulatos forros, lavradores, faiscadores [ou faisqueiros], subempregados, desempregados, ou seja, a mão de obra barata para qualquer serviço pesado, manual e mal remunerado"; assim, já no século XIX "a classe dos muito ricos era composta pelos grandes proprietários de capital [alguns com investimentos em mercados especulativos], terras [latifundiários das atividades agrícolas e pastoris] e de minas de ouro [muitas em consórcios de investidores] e de diamantes; entre a ralé e os muito ricos fez-se uma classe média urbana, que se tornou-se efetivamente participativa das discussões políticas locais, o que fez com que seus integrantes passassem a aspirar para seus filhos um lugar social mais privilegiado; a tensão entre os estratos sociais ficou mais evidente e os lugares sociais privilegiados passaram a ser disputados com mais avidez, sendo que a escolarização passou a ser determinante para os projetos de ascensão social" (BRISKIEVICZ, 2020, p. 106).

[325] De acordo com Alencastro (2000, p. 205), "a respeito de outra imigração – a dos espanhóis do Paraguai arribados nos anos 1620-30 a São Paulo e eventualmente implicados no legendário movimento independentista de abril de 1641 – Taques refere: desconfiou-se estarem famílias 'incursas [por Madri] em crime de lesa-majestade que os obrigou a semelhante transmigração'. Seriam famílias cristãs-novas e gente disso acusada pelo comissariado do Tribunal Inquisitorial em Assunção, após a ofensiva paulista sobre o Guaíra? Quero crer que sim".

3 LUCAS DE FREITAS DE AZEVEDO (C.1673-C.1740)

O território das minas do Serro do Frio era conhecido pelos sertanistas desde a segunda metade do século XVII por apresentar a esperança de grandes depósitos de esmeraldas e de ouro. O diamante só viria depois, no termo do arraial do Tijuco. Em torno das esmeraldas, produziu-se um vasto imaginário entre os sertanistas paulistas. Lucas de Freitas de Azevedo parece ser, entre os habitantes das minas do Serro do Frio, aquele que tentou mais e mais encontrar esmeraldas e por isso investiu tempo, conhecimento e tecnologia para alcançar seu objetivo. Assim, segundo Rodrigues[326] foi "considerado pela tradição como um dos primeiros moradores da região do Serro do Frio" participou das "expedições de Fernão Dias Paes e com isso acumulou um vasto conhecimento geográfico sobre a região".

Segundo Franco, "a busca das esmeraldas foi a iniciativa que mais perdurou na história bandeirante" e "veio persistentemente através do tempo, até a última arrancada de seus crentes, que foram certamente Garcia Rodrigues Velho, Sebastião Pinheiro da Fonseca Raposo, Lucas de Freitas de Azevedo, Brás Esteves Leme, Sebastião Leme do Prado e Domingos Dias do Prado"[327]. Ele não participou como descobridor das minas do Serro do Frio, pelo menos como indica o documento oficial, o livro da *Receita da Fazenda Real*. Contudo, sua história de vida aconteceu no território dessas minas entre Itacambira e o Espinhaço.

Sua primeira carta de sesmaria foi emitida no dia 24 de janeiro de 1717 pelo governador D. Brás Baltasar da Silveira, em que se informa que o sertanista era "morador no sítio da Vila do Príncipe que ele atualmente estava situado em suas terras que descobriu nas quais fez fazenda de gado e mantimentos"[328]. Para Paiva,

> O paulista Lucas de Freitas [de] Azevedo foi dotado da patente de "mestre de campo do descobrimento das esmeraldas e mais pedras preciosas das matas do Serro [do] Frio" (AHU – C.U. – Brasil/MG – Cx:4, Doc: 67, [20/09/1723]). Pela carta patente, o Coronel seria reconhecido pelo seu corpo de arregimentados e respeitado como líder dando continuidade às suas expedições de procura de pedrarias (1717) (RAPM. Ano 01 – Fasc. 04, 1896: 758-760). Neste mesmo período, o sertanista solicitou a confirmação da carta de sesmaria nas terras em que descobriu, consolidando uma fazenda de gado e mantimentos, no "sítio do pé do morro". Lucas de Freiras era povoador da propriedade havia mais de seis anos, demarcando três léguas de terras com um "pião" na lagoa do Junco, "seguindo légua e meia para a parte do sul, e outra légua e meia para as mais partes correspondentes à medição (RAPM. Ano 01 – Fasc. 04, 1986:755-756)[329].

Em 2 de novembro 1720, foi expedida ao bandeirante uma carta de sesmaria das terras tomadas para si para fazenda de gados, no sítio do Pé do Morro. A carta oficial o intitula por mestre-de-campo[330] e foi remetida por D. Brás Baltazar da Silveira, governador da Capitania de São Paulo e Minas do Ouro e registrada no livro de Registro Geral do Senado da Câmara[331] e foi transcrita pelo alferes Luiz Antônio Pinto em 1902, publicado na Revista do Arquivo Público[332].

---

[326] RODRIGUES, 2014, p. 87; 2017, p. 8).

[327] FRANCO, Francisco de Assis Carvalho. *Bandeiras e bandeirantes de São Paulo*. São Paulo: Companhia Editora Nacional, 1940. p. 179.

[328] APM-SC 09, fl. 218. Ver: Anexo 16.

[329] PAIVA, Adriano Toledo. *Uma tradição paulista nas Minas:* descobridores e conquistadores nos sertões dourados. Belo Horizonte: Fino Traço Editora, 2016b. p. 87.

[330] A patente foi expedida no dia 17 de junho de 1717 (APM-SC 09, fl. 253) e D. Brás Baltazar da Silveira, governador da Capitania de São Paulo e Minas do Ouro fez elogios ao descobrimento das esmeraldas.

[331] IPHAN-SE, REGISTRO GERAL 1717-1727, Doc. 02, Cx. 50.

[332] *Cf.* Pinto (1902, p. 755-756) e Anexos 15 e 16.

A carta informa muitas características sobre a atividade do bandeirante nas minas do Serro do Frio. A mais importante é que seguindo as determinações do *Regimento* de 1702 havia sempre o hábito do primado dos descobertos. E os bandeirantes perseguiam esse primado, expandindo a ocupação do território. Por isso, o caminho das minas do Serro do Frio era aberto para todos os bandeirantes que seguissem a determinação do governo em manter a arrecadação dos quintos reais e disciplinar a ocupação territorial, dividindo lavras, concedendo arrematações, recolhendo dízimos, capitando impostos sobre os escravos. Assim, a carta de sesmaria começa por anunciar que o pedido foi feito pelo interessado em garantir oficialmente seus sítios para além de sua morada na Vila do Príncipe. Talvez, ele morasse de fato na vila ou usou como referência a antiga pousada sabarense para identificar sua relação com os descobertos e o grupo de Antônio Soares Ferreira[333]. As terras eram grandiosas: três léguas de testa sem avançar por cima de terras alheias, nas quais ele se obrigava a cultivá-la em dois anos o que feito em contrário seria repartida para novos povoadores e lavradores. Devia cuidar de garantir aos moradores os serviços eclesiásticos. A carta ao ser registrada no Senado da Câmara informou que ele morava nesse sítio há seis anos, pouco mais ou menos, assentando que um funcionário do mesmo Senado deveria fazer pião, ou seja, marcar o ponto de referência e a partir dele légua e meia para a parte do Jequitinhonha. O sertão ainda possuía terrenos desabitados.

A vida se organizava nesses tempos no vasto sertão em torno da casa dos bandeirantes e por acréscimo às capelas de devoção popular, sendo que nas vilas o processo era bem parecido, dando-se em torno da matriz da paróquia. Isso se dava cotidianamente no território das minas do Serro do Frio: os arraiais surgiam em torno da lavra do bandeirante, das lavras secundárias, à beira rio, em torno de um templo religioso em que os serviços eclesiásticos aos fregueses ou paroquianos eram ofertados no sistema do padroado a um padre que recebia conhecenças ou côngruas, garantido o patrimônio ou fábrica do templo.

O modelo de povoamento das lavras ou sesmarias rurais levava em conta que a vida deveria ter uma certa lógica de tempo de trabalho, tempo de repouso, tempo de prece e tempo de festa. Para isso, em torno da casa do fundador e da igreja era elevada a aplicação, termo que pretende explicar a forma de ocupação territorial, em que "certos pedidos de concessão de sesmaria, bem como em petições e outros tipos de correspondência, a 'aplicação' [zona habitada pelos fiéis sob responsabilidade de um padre] é o primeiro território de residência mencionado pelos habitantes"[334], seguindo-se posteriormente as benfeitorias que conformam o território do arraial em freguesia e vila.

[333] Segundo Franco (1940, p. 181-183), "o capitão-mor Domingos de Freitas de Azevedo teve de seu casamento dous filhos, um dos quais foi Lucas de Freitas de Azevedo, nascido cerca de 1673 e que, como bandeirante, aparece no Serro-Frio, logo após o seu descobrimento pelos paulistas Gaspar [já vimos que se trata de uma versão incorreta] e Antônio Soares Ferreira, em 1701 [o certo é 1702]. Aí minerou ouro e fundou uma fazenda de criar, obtendo uma sesmaria, dada pelo governador D. Brás Baltazar da Silveira, a 24 de janeiro de 1717. Nesse ano preparou uma caravana, com intuito do descobrimento das esmeraldas, tendo por parte do referido governador, patente de mestre-de-campo, a 17 de junho de 1717. Dessa sua primeira tentativa, subida do Serro Frio, parece nulo foi o resultado, continuando, no entanto, Lucas de Freitas de Azevedo no seu intento e disso faz prova uma segunda patente do mesmo posto, que lhe foi dada pelo governador d. Pedro de Almeida Portugal, a 6 de março de 1718. Um documento datado de 1792 esclarece que descobriu uma serra que denominou das Esmeraldas, a qual deu em manifesto, além do Suaçuí-Grande, para as Minas-Novas, mas pelos muitos índios que por ali habitam, não se tem descoberto nada.' Em tais diligências o acompanhou seu cunhado, o padre Antônio de Mendanha Souto Maior e, segundo refere João da Silva Guimarães numa informação ao conde de Sabugosa, datada de 12 de julho de 1734, chegou a fazer escavações profundas em tal sitio, que supunha fosse o mesmo em que estivera Marcos Antônio de Azeredo Coutinho e no qual também fora ter o capitão-mor Garcia Rodrigues Paes. O certo é que até 1724 andava Lucas de Freitas de Azevedo em pós a sua miragem, pelo Jequitinhonha abaixo, entre Ilhéus e Porto Seguro, em pleno sertão baiano, tendo ao que consta colhido amostras de turmalinas verdes. Tendo assim abandonado as suas terras do Serro Frio, Lucas de Freitas, depois de ultimar as pesquisas de 1724, foi proposto pelo coronel Pedro Barbosa Leal, para comandante de um arraial que franqueasse o sertão das cabeceiras de Porto Seguro, rio Caravelas até o rio Doce. Daí em diante perdemos os seus traços. Foi casado, em Minas Geraes, com Izabel de Mendanha Souto Maior, irmã do primeiro vigário encomendado da então vila do Príncipe, o padre Antônio de Mendanha Souto Maior".
[334] FONSECA, 2011, p. 112.

Os bandeirantes nunca andavam sozinhos pelo território das minas do Serro do Frio. Por isso, quando as terras foram sendo ocupadas, não há como negar que as dinâmicas de mestiçagens aconteciam o tempo todo, misturando tecnologias e saberes das mais diversas culturas, misturando também o sangue, por meio da reprodução dos filhos bastardos ou legitimados. Quem compunha as bandeiras? Todo tipo de gente: os de confiança do mestre-de-campo, os seus escravos africanos e indígenas para os serviços pesados — o trato dos animais, abertura de picadas, construção dos ranchos ou pousos. Por isso, Pinto cita Baltazar de Lemos e Siqueira como um dos "mais valentes e leais companheiros do mestre-de-campo Lucas de Freitas de Azevedo nas diligências das esmeraldas"[335].

De fato, Lucas de Freitas era primo dos irmãos Baltazar e Bartolomeu Bueno de Siqueira. Isso era comum, pois a confiança fazia parte do negócio dos descobrimentos. Assim, o camarada Baltazar recebeu também carta de sesmaria, sendo que o pião deveria ser tirado na extrema de Lucas de Freitas até a mata de São João, com mais ou menos quatro léguas. A carta de Baltazar é de 1717, mesmo ano da concessão de patente de mestre-de-campo para Lucas de Freitas, assentada no dia 18 de julho, em que se lê:

> [...] se não desanime nesta expedição antes mande com autoridade e respeito as pessoas que nela servirem e com o confiar dele que obrará com o mesmo zelo no dito descobrimento; hei por bem de o nomear e prover no posto de mestre-de-campo do descobrimento das esmeraldas e mais pedras preciosas[336].

O alferes Luiz Antônio Pinto não se sentiu feliz apenas em transcrever as cartas de sesmarias de Lucas de Freitas e seu camarada. Fez alguns comentários muito interessantes sobre esse personagem dos descobrimentos nas minas do Serro do Frio. Pretendia recuperar a memória do bandeirante, esquecida "por quase todos os escritores que tem tratado do Serro; o *Almanak de 1864* em que colaborou um filho desta cidade, o finado José Marques de Oliveira, esqueceu-se também de Lucas de Freitas à p. 197"[337]. Contudo, a crítica ao professor Tocantins[338], ao tentar recompor a biografia de Lucas de Freitas, parece ser bem fundamentada em documentos:

> O professor Tocantins, também falou em Lucas de Freitas em o n. 50 do *Mensageiro*[339], mas tão desastradamente que o chamou de Lucas Soares e fê-lo irmão de Gaspar Soares e amante de Jacinta de Siqueira, a célebre negra mina que descobriu ouro no córrego Quanto Vinténs; se deus me der vida e saúde havemos de corrigir tantos disparates e omissões[340].

---

[335] PINTO, Luiz Antônio. Memórias municipaes. Arquivo da Câmara Municipal da Villa do Príncipe hoje cidade do Serro. *Revista do Arquivo Público Mineiro*, Belo Horizonte/MG, n. IV, ano I, p. 755-797, 1896, p. 757.

[336] PINTO, 1896, p. 758.

[337] PINTO, 1896, p. 759.

[338] Segundo Briskievicz (2020, p. 143), "o advogado José Coelho Tocantins de Gouvêa, falecido em 1896 atuou também como professor de Gramática Latina; [...] foi professor de humanidades no Serro, tendo tido como discípulos o Dr. Joaquim Vieira de Andrade, Pedro Lessa e d. Epaminondas N. de Ávila e Silva' tendo sido deputado à Assembleia Provincial de Minas Gerais nos biênios de 1870-1872 e 1882-1883. Em 1876 atuou como vereador da Câmara Municipal, integrando a comissão de ofícios [...]. No dia 02 de novembro de 1876 o professor Tocantins escreveu um importante registro sobre a saúde pública do Serro. Respondendo ao ofício do governo provincial [...]. A saúde pública e a educação eram problemas de primeira grandeza nesse contexto social serrano. Em relação às aulas do professor Tocantins sabe-se que por elas passaram vários serranos que partiram para o Rio de Janeiro, São Paulo e Ouro Preto para fazerem seus estudos superiores, entre eles o futuro ministro do Superior Tribunal Federal, Pedro Lessa. Em 1880, o professor Tocantins assumiu a cadeira de latim do recém-inaugurado Liceu de Artes e Ofícios do Serro, criado pela lei n. 2.543, de 06 de dezembro de 1879 e que funcionou ao lado da escola do professor Francisco/Chico Carangonço, no prédio alugado pelo governo provincial dos herdeiros do Barão de Diamantina".

[339] Segundo Briskievicz (2002, p. 46), "o periódico católico *O Mensageiro* apareceu em 1891, permanecendo no cenário da imprensa serrana até 09 de março de 1893, data de seu último número, exemplar 69, constante em arquivos públicos. Revista católica e social, *O Mensageiro* publicou-se às quintas-feiras, sendo dirigido pelo Padre José Maria Reis, vigário da paróquia de Nossa Senhora da Conceição naquele ano: 'era órgão conservador e católico, também exclusivamente confeccionado pelo vigário José Maria dos Reis, padre moço, professor do Seminário Menor de Diamantina, orador sacro dos mais brilhantes que tenho ouvido'", dizia Joaquim de Salles.

[340] PINTO, 1896, p. 759.

Nos dias atuais, o rio do Lucas que corta a cidade do Serro, é considerado em sua junção com o afluente Quatro Vinténs o território marco zero dos descobrimentos nas minas do Serro do Frio. Contudo, como já visto, o escrivão da Fazenda Real Lourenço Carlos Mascarenhas de Araújo achou por bem dar o primeiro nome de Santo Antônio — tanto à pousada sabarense quanto ao ribeiro. Ao que tudo indica, o nome do ribeiro nunca foi um ponto de consenso entre os historiadores serranos. Nelson Coelho de Senna foi criticado pelo alferes Luiz Antônio Pinto afirmando que "o ribeirão que banha esta cidade e tem o nome de Lucas, dele tomou o nome, não do negro José Lucas como diz o estudioso e inteligente serrano – o jovem Nelson de Senna – em sua *Memória histórica e Descriptiva* à página oito, linhas, dezessete e dezenove"[341]. Por outro lado, reverberando a opinião de Nelson de Senna, o dr. Dario sem se referir ao José Lucas[342], nega qualquer relação do ribeiro do descobrimento com o Lucas de Freitas:

> Temos de fato em baixo da cidade o córrego do *Lucas*, o ribeirão da pousada sabarense; mas dos mais citados livros fiscais, de 1702 à *Vila*, não consta nenhum ribeirão do *Lucas*. Há menção de serem arrematadas datas no córrego da *Conceição*, até hoje com este nome; no córrego de *São Bento*, hoje ignorado, mas onde frei Columbano fez um batizado que foi registrado, na matriz da *Vila*; constam os córregos do *Iguapé*, da *Purificação*, da *Glória*, hoje ignorados; do *Lucas* nada consta nos antigos tempos. Nestes tempos de nobreza e acatamento coagido, com pena de multas e cadeia, jamais ninguém deixaria de *dobrar a língua*. Ninguém diria tão pobremente, tão plebeiamente – córrego do *Lucas*, como se dizia do córrego do *Camões*, um pobre unioculado, *do Simão*, do *Valente*, etc., todos pobre-coitados. O *Lucas* que ligou o nome ao córrego ao nosso antigo *ribeirão* foi um *Lucas* qualquer. Lucas de Freitas, o mestre-de-campo, chegou mais tarde, sentiu-se apoucado e passou para adiante[343].

Ele vai ainda mais longe na sua discordância com o alferes Luiz Antônio Pinto. Enquanto este parece gostar da ideia de que Lucas de Freitas está estreitamente ligado ao descobrimento das minas do Serro do Frio, aquele parece ir na direção inversa. Assim, ele afirma categoricamente que:

> Com relação a Lucas de Freitas está igualmente errada a menção do seu nome como um dos descobridores. Somente em 1706[344] é que nos assentos fiscais aparece seu nome como pagando *quintos*. Mas não foi lembrado como companheiro da expedição, nem como dos *primeiros* quintados, nem como arrematante da data mineral. Fosse de *companheiro* e seu nome, como um dos primeiros, seria lembrado, porque era de destaque, de alto posto. Lucas era sertanista principalmente de esmeraldas; era capitão, era conhecido da alta administração e... gostava de *primar*. Em 1714, ao tempo da *Vila*, alcançou uma sesmaria de terras, no sertão diamantino, hoje fazenda do *Pé do Morro*, terras que ele *havia descoberto e opulentado de gado*. Em 1717, teve patente de mestre-de-campo para esmeraldas – *com o que já tem gasto tempo, despesas e cuidados*, diz a patente. O Padre João Pedro de Almeida, mestre de *ler* no *Peçanha*, entre outras cousas escreveu para cá ao Senado da Câmara: entre os dois *Suassuís* e para *Minas Novas* existem muitas grandezas naturais, entre as quais a *Serra das Esmeraldas, que Lucas de Freitas deu a manifesto*[345].

---

[341] PINTO, 1896, p. 760-761.

[342] Encontramos a afirmação de Senna (1895, p. 8) em seu ensaio *Memória histórica e descriptiva da cidade e município do Serro*, sem apresentação de um documento comprobatório: "Em 1729, o dr. Antônio Ferreira do Vale, que era ouvidor da Vila do Príncipe, expedio um regulamento tendente a uniformizar o serviço da mineração e a prevenir as dúvidas que então se levantavam sobre a posse das datas. E assim prosperavam a olhos a sede e o município do torrão generoso de Hivitutuhy sobre o qual o negro José Lucas fora um dos primeiros bandeirantes a edificar a sua choupana, às margens do riacho que, banhando a cidade, traz ainda seu nome".

[343] SILVA, 1928, p. 25-26, grifos do autor.

[344] Lançado no livro da *Receita da Fazenda Real das Minas do Serro do Frio e Tucambira*, em 30 de junho de 1706, no valor total de 64 oitavas, dos quais foram quintados 12 ½ oitavas. Contudo, o imposto foi pago pelo procurador de Lucas de Freitas, Simão da Silva. Não consta que o Lucas de Freitas estivesse no Serro do Frio.

[345] SILVA, 1928, p. 26, grifos do autor.

Podemos concluir dessa dissenção entre Senna e Dr. Dario de um lado, e alferes Luiz Antônio Pinto do outro, que a narrativa sobre o nome de um ribeiro dividiu opiniões, cada um levando em questão narrativas diferentes — parece que Senna radicaliza em torno de um "negro José Lucas" em oposição ao bandeirante Lucas de Freitas. Oposição total de narrativa. Dr. Dario aceita o ponto de partida de Senna, mas opta pela estratégia de afirmar apenas tratar-se de um "Lucas qualquer". Poderíamos criar outra opção narrativa?

Uma estratégia nova poderia surgir a partir do acesso a novos documentos. Contudo, eles não apareceram. Acreditamos que o nome Lucas faz parte do conjunto do léxico urbano consolidado na Vila do Príncipe no século XIX — assim como os seus prédios mais monumentais como a terceira matriz terminada em 1872, que apresenta muitos documentos de obras sobre a ponte do Lucas, obras na fonte do Lucas, sobre as lavadeiras às margens do Lucas etc. Houve uma retomada necessária de um nome para designar o primeiro ribeiro descoberto da vila. Ao final do século XVIII — segundo nossa hipótese de trabalho no ano de 1773 — já havia a capela do Bom Jesus do Matozinhos edificada, necessitando de acesso melhorado para as pessoas "do alto da vila". As procissões e festas exigiam obras constantes de socavões, calçamento e da própria ponte para o bom trânsito dos fiéis devotos. Em 1737, a principal rua da Vila do Príncipe era a Ladeira do Pelourinho. Em 1821, com a mudança do pelourinho para a rua da Cadeia (ou de Baixo), consolidou-se o nome de ladeira da Matriz. Então, somente depois da edificação da capela do Matozinhos é que houve necessidade de unir a ladeira em continuidade direta ao novo templo, coligando-o com parte de cima da vila ou para a matriz de Nossa Senhora da Conceição. Por isso, o Lucas que deu nome ao ribeiro pode bem ser um Lucas mais tardio, não necessariamente ligado aos primeiros dias, meses e anos do descobrimento. Faltam, contudo, documentos para isso: não há nos registros que restaram dos primeiros anos serranos de lavras dadas a qualquer Lucas.

Por fim, no livro da *Receita da Fazenda Real das Minas do Serro do Frio e Tucambira*[346] há uma arrematação de 30 braças de terras no ribeirão de Santo Antônio por Manuel do Vale Neves testamenteiro de um certo Araújo Costa, em registro feito em 27 de outubro de 1707. Seria esse o futuro córrego do Lucas do século XIX? Uma conclusão resultante de nossos estudos garante que os primeiros nomes dos córregos Lucas era Ribeirão de Santo Antônio e o Quatro Vinténs simplesmente Ribeirão da Purificação. Ou se quisermos usar a linguagem cotidiana, rio Santo Antônio e córrego da Purificação.

4 JOSÉ LUÍS BORGES PINTO (C.1675-C.1745)

A expansão dos cargos públicos provisionados ou de patentes entre os descobridores e os primeiros moradores das minas do Serro do Frio era apenas uma questão de tempo. Conforme a política do Governo-Geral sediado em Salvador, na Bahia, era necessário com o advento dos recursos do ouro, ampliar a burocracia em torno das minas do Serro do Frio. Isso facilitou o controle. Quanto mais funcionários, mais eficiente a fiscalização dos (des)caminhos do ouro[347].

Assim, de 18 de setembro de 1702, quando houve o primeiro assento ou registro no livro da Fazenda Real dos quintos do ouro, até o lançamento do dia 27 de outubro de 1704, não havia tesoureiro oficialmente provisionado nesse cargo. Somente em 1 de dezembro de 1704 surgiu a figura de

---

[346] Ver: Anexos 2, 3 e 4.

[347] Segundo Boxer (1963, p. 57), parte desse ouro em pó ou em barra desencaminhava-se para o mercado de escravos africanos com a Guiné nos primeiros anos do século XVIII; o ouro era ocultado com facilidade pelos mercadores, que ainda levavam rum e fumo para as trocas por escravos.

um novo funcionário da Coroa portuguesa nas minas serranas. Trata-se de José Luís Borges Pinto que fez o lançamento dos quintos do gado de Gonçalo Viegas[348]. Ele sabia ler e escrever, gesto pedagógico colonial fundamental para o cargo de tesoureiro, pois precisava dominar as primeiras letras, a fim de copiar registros e enviar e receber cartas para a Superintendência das Minas, em Salvador. Inclusive, foi de lá que veio sua provisão, referendada por carta enviada pelo governador-geral do Brasil, D. Rodrigo da Costa, datada de 17 de março de 1705, endereçada ao sargento-mor Baltasar de Lemos Morais Navarro:

> Pela carta que de vossa mercê recebi de 6 de dezembro do ano passado, vejo ficar vossa mercê de posse do cargo de procurador da Coroa e Fazenda Real desses distritos sem contradição de pessoa alguma, como também o guarda-mor Antônio Soares Ferreira, de cujas eleições me acho mui bem satisfeito pelo que vossas mercês tem obrado, e obram no serviço de sua majestade de quem vossa mercê deve esperar a remuneração que merece o seu grande zelo, e merecimento; e assim pode vossa mercê estar certo o hei de fazer presente ao dito Senhor, e desejarei conheça vossa mercê, não tem quem com mais vontade solicite tudo o que for utilidade sua. A eleição de tesoureiro, e escrivão dos quintos, e datas dos descobrimentos, entendo não podia deixar de ser com grande acerto e em sujeitos tão beneméritos como vossa mercê me segura, pois sendo escolha de Antônio Soares Ferreira e da aprovação de vossa mercê, é certo, hão de ter todos os requisitos que os fazem dignos destes cargos sobre as excomunhões do visitador das Minas Gerais de São Paulo, em ordem a se colar vigário nesse distrito por parte do Rio de Janeiro, me parece demasiadamente acelerado este procedimento sobre o que escrevo ao dito visitador, e o fiz ao bispo do mesmo Rio, para que mande sustar nas excomunhões, até a determinação desta causa, a que se não pode deferir por serem férias, e se abrir esta Relação, há mui poucos dias, e do estado em que ficam as apelações, e agravos, que também vieram ao Eclesiástico deve dar conta o procurador a quem se remeteu: e pode vossa mercê estar certo, que em tudo o que me for possível, e der lugar a justiça, há de experimentar esse povo, a vontade com que o desejo ver livre de semelhantes vexações. Deus guarde a vossa mercê. Bahia e março 17 de 1705. Dom Rodrigo da Costa[349].

Borges Pinto, o tesoureiro dos primeiros anos das minas do Serro do Frio, era "sertanista das Minas Gerais que em 1705 andava em descobrimento no Serro-Frio, de cujas minas foi tesoureiro nesse ano". O documento anterior mostrou-nos que ele assumiu sua função pública no final de 1704. Além disso, "em 1726 e 1728 no governo de D. Lourenço de Almeida, realizou três entradas, saindo do arraial de Guarapiranga para o rio da Casca, em demanda de minas de ouro; explorou as margens do Xopotó, Matipó e Casca, chegando à barra do rio dos Coroados". A notícia desta entrada pelo sertão foi dada por ele mesmo ao padre Diogo Soares. No dia 21 de outubro de 1739, o "rei o nomeava para o cargo de capitão-mor do sertão do sul e todas vertentes do rio Doce até o rio Pardo, e na patente que se lhe passou declara-se que foi conquistador de índios bravos, descobridor de ouro" e, por isso mesmo,

> [...] grande sertanista, destruidor de um grande quilombo naquele região, havendo-se com notório zelo quando os franceses invadiram o Rio de Janeiro em 1711, assistindo o conde de Assumar na ocasião do levante de 1720, servindo de provedor dos quintos e de guarda-mor dos ditos sertões com notória honradez[350].

---

[348] *Cf.* Pinto (1902, p. 943-944) e APM-CC 1002.

[349] BN-DH, 1938, v. XLI, p. 6-7.

[350] FRANCO, Francisco de Assis Carvalho. *Dicionário de bandeirantes e sertanistas do Brasil*: século XVI-XVII-XVIII. São Paulo: Editora da Universidade de São Paulo, 1989, p. 308.

O relato segue a lógica da saída de Borges Pinto da Fazenda Real das minas do Serro do Frio, pois em 30 de junho de 1712 quando o superintendente-mor encerrou o primeiro livro fez constar:

> As cento e vinte e duas oitavas de ouro em pó que conta dos dois termos na lauda atrás estão pagas e vão lançadas em receita ao superintendente Lourenço Carlos Mascarenhas de Araújo que as recebeu por falta de tesoureiro a folhas quatro e verso do Livro Primeiro da Receita da Fazenda Real da Superintendência hoje trinta de junho de mil setecentos e doze anos[351].

Essa biografia mostra de forma clara o gesto pedagógico colonial dos descobrimentos e as regras do jogo político do qual participava os bandeirantes ou sertanistas. Eles entravam, organizavam as lavras de ouro, depois experimentavam as agitações populares e as debelava, indicavam a melhor estratégia de conter os descaminhos do ouro, ganhavam suas provisões, patentes e privilégios e partiam para outro descobrimento, para outra empreitada. Como poucos, a biografia do tesoureiro das minas do Serro do Frio mostra o perfil violento desses homens[352].

Não se tratava apenas de uma violência necessária para debelar motins. Era, ao que parece, algo ontológico, fazia parte da constituição do ser bandeirante ou sertanista. A relação de serviços prestados ao governo português vai de extermínio de tribos indígenas em aldeias dos Coroados até a destruição de um quilombo. Nas minas do Serro do Frio, a violência como garantia do poder e da autoridade chegou em 1702 e nos faz perguntar qual o traço de violência, coerção e violação foi incorporado no jeito barroco serrano de ser, próprio da civilização gerada nesse contexto de assassinatos daqueles que não se ajustavam ao colonialismo português.

Quanto dessa violência restou nas formas de conviver e educar dos serranos e foram perpetuadas nos anos seguintes às estas experiências fundadoras? Importante ressaltar que José Borges Pinto foi contratado pelo conde de Assumar para com sua comitiva mandar prender o descobridor das minas do Serro do Frio em 1720, fato que culminou com o assassinato do sertanista paulista. Teria sido o antigo tesoureiro quem atirou e matou Antônio Soares Ferreira? Não sabemos. Fato é que o antigo tesoureiro das minas do Serro do Frio se uniu ao conde de Assumar para finalizar com o poder e autoridade dos antigos sertanistas paulistas, pois logo depois do assassinato de Antônio Soares Ferreira, o seu filho João Soares Ferreira desapareceu dos documentos oficiais e Manuel Corrêa Arzão fugiu para o interior do Brasil para continuar suas atividades na mineração.

É isso que explica Franco, quando assinalou a ligação do antigo tesoureiro das minas serranas com o governador, na oportunidade em que "assistindo o conde de Assumar na ocasião do levante de 1720 [morte de Antônio Soares Ferreira], servindo de provedor dos quintos e de guarda-mor dos ditos sertões [Conceição do Mato Dentro] com notória honradez"[353]. Franco, contudo, esqueceu-se de observar o contexto da conquista do novo cargo do antigo tesoureiro em Conceição do Mato Dentro nomeado pelo conde de Assumar: depois do assassinato do descobridor das minas serranas, houve a partilha de suas terras e juntamente com a administração de suas lavras — o espólio da batalha — Borges Pinto substituiu o sertanista paulista morto.

Sertanista morto, sertanista posto.

---

[351] PINTO, 1902, p. 962; APM-CC 1002.

[352] *Cf.* Monteiro (1994) e Alencastro (2000).

[353] FRANCO, 1989, p. 308.

Figura 1 – Roteiro de arraiais e vilas de São Paulo para as Minas Gerais, c.1710. Os mapas das minas circulavam entre os bandeirantes, que necessitavam ter aprendido as primeiras letras para se orientarem pelo território paulista e mineiro

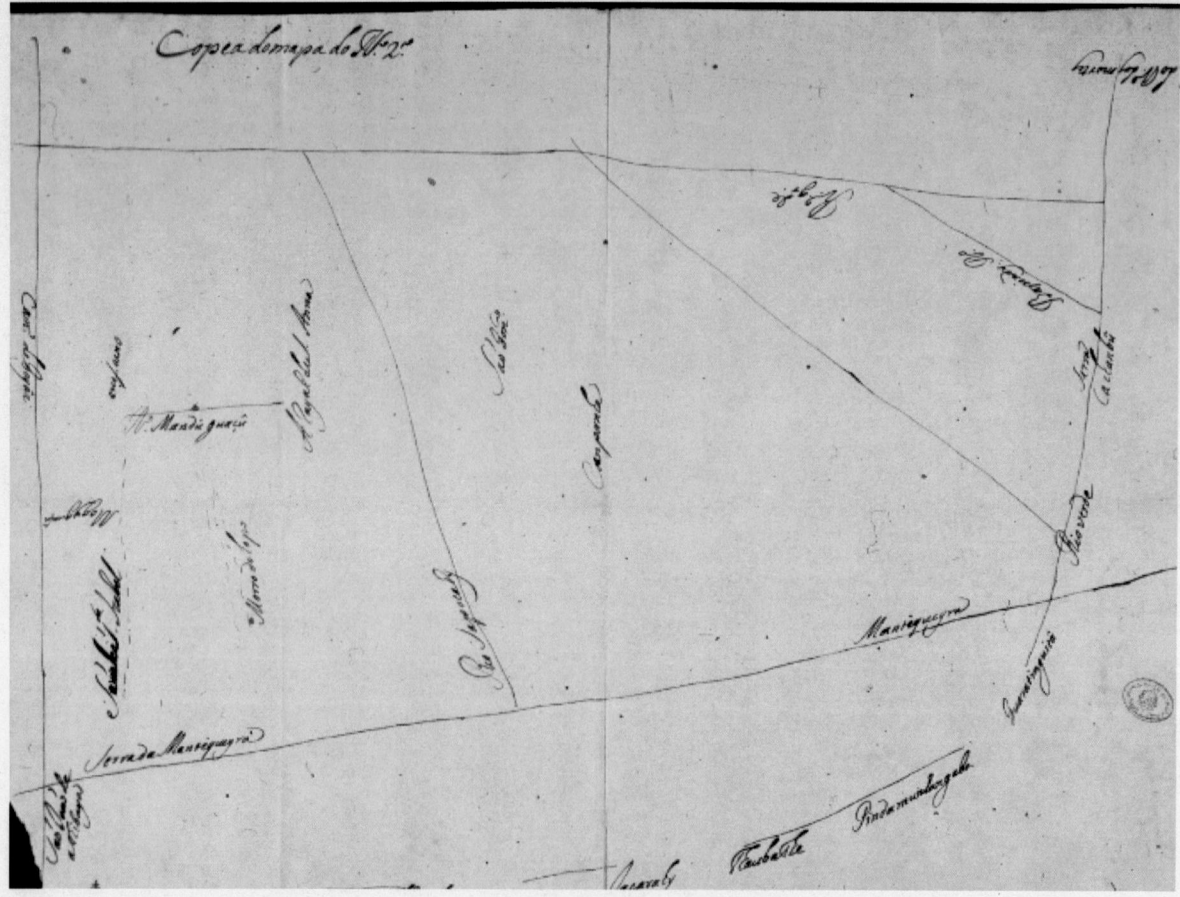

Fonte: AHU

Figura 2 – Mapa das minas do ouro de São Paulo e a costa do mar que lhe pertence, c.1714 (com detalhe da localização da Vila do Príncipe). Abaixo, uma tentativa de registro da Vila de Nossa Senhora do Carmo, elevada à cidade de Mariana em 1745

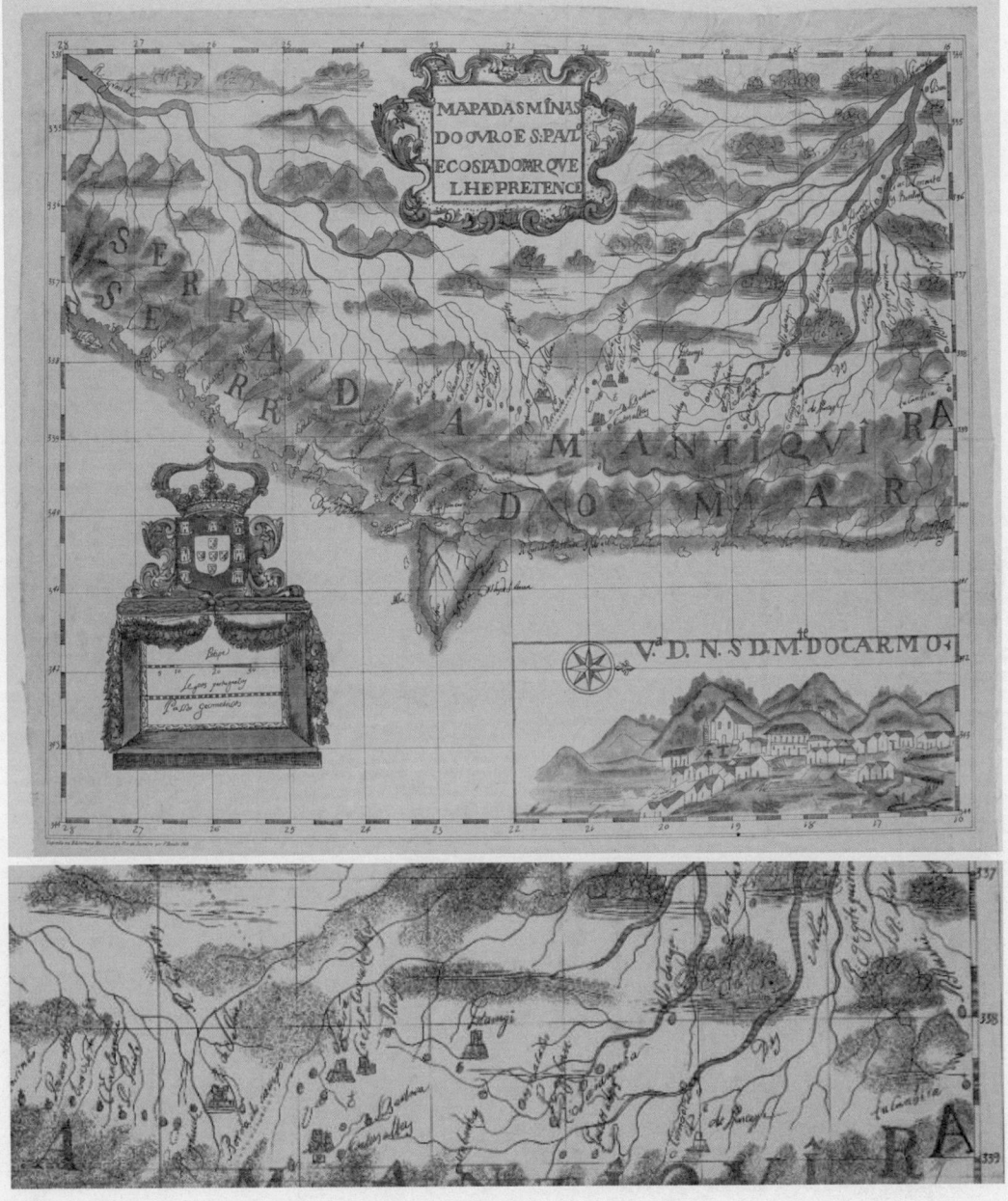

Fonte: BND

Figura 3 – Mapa de parte de Minas Gerais, com os caminhos entre a Vila do Príncipe e seu termo, c.1714

Fonte: BND

Figura 4 – Mapa parcial da região compreendida do Sertão do Ceará até a Vila do Príncipe, c.1714

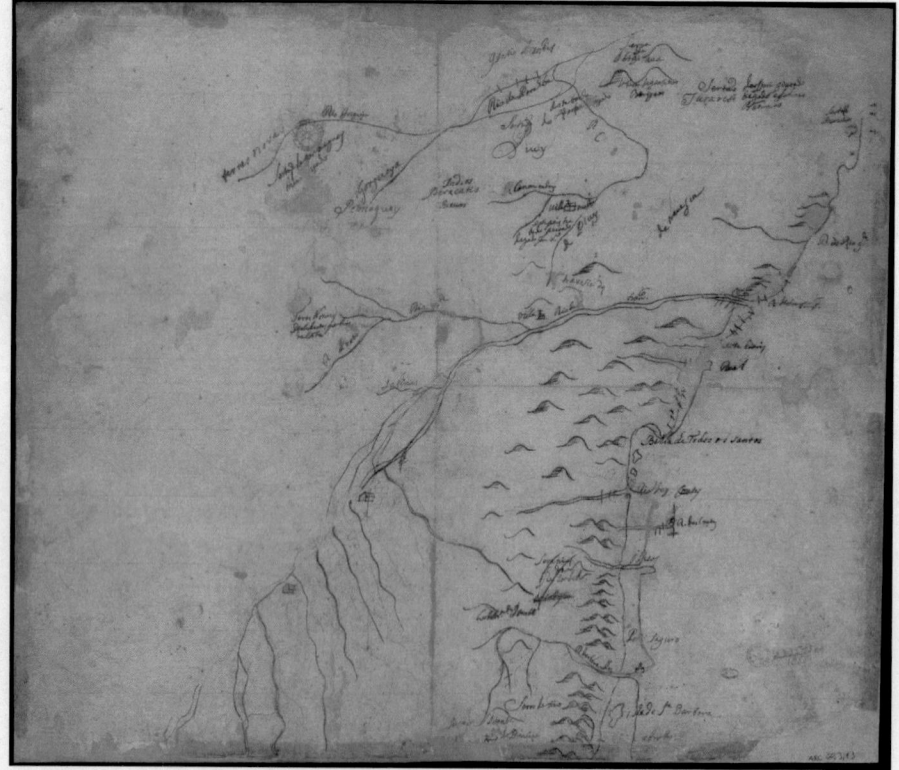

Fonte: BND

Figura 5 – Carta topográfica da Villa do Principe no Serro Frio e do seu distrito, posterior a 1714

Fonte: BND

Figura 6 – Detalhe dos arraiais do termo da Vila do Príncipe da carta topográfica, posterior a 1714

Fonte: BND

Figura 7 – Detalhe do termo da Vila do Príncipe da carta topográfica, posterior a 1714. A indicação de paróquia na Vila do Príncipe aparece na igreja com crucifixo na fachada

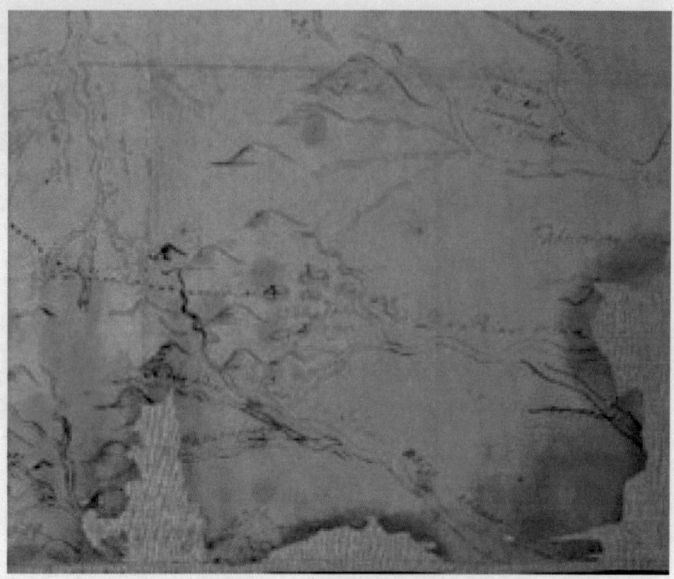

Fonte: BND

Figura 8 – Carta topográfica da Comarca do Rio das Velhas, da Comarca do Serro Frio e da Comarca do Rio das Mortes, posterior a 1720 [parte 1 apenas]

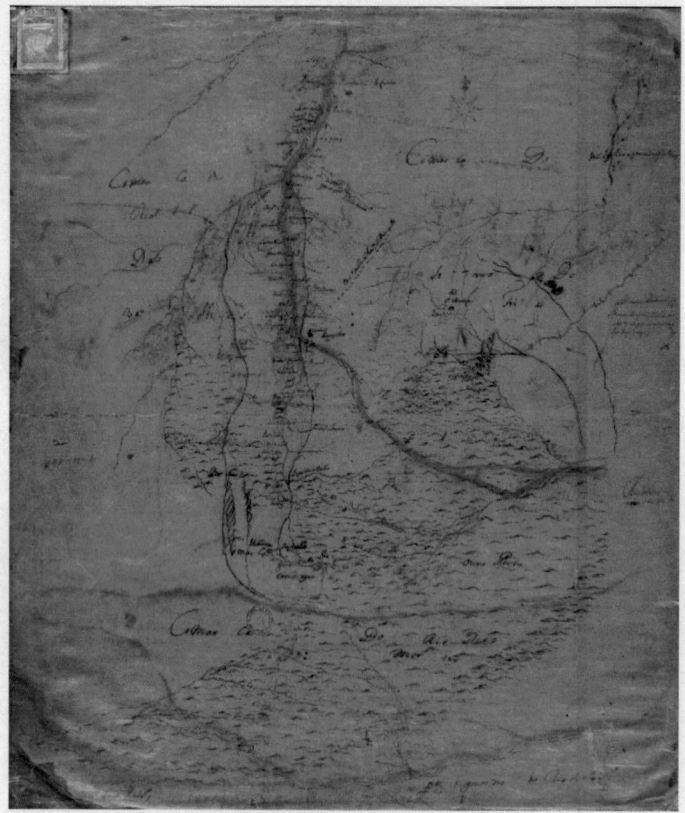

Fonte: BND

Figura 9 – Detalhe da carta topográfica da Comarca do Rio das Velhas, da Comarca do Serro Frio e da Comarca do Rio das Mortes, posterior a 1720. A Vila do Príncipe surge imprecisa, como ponto final da comarca

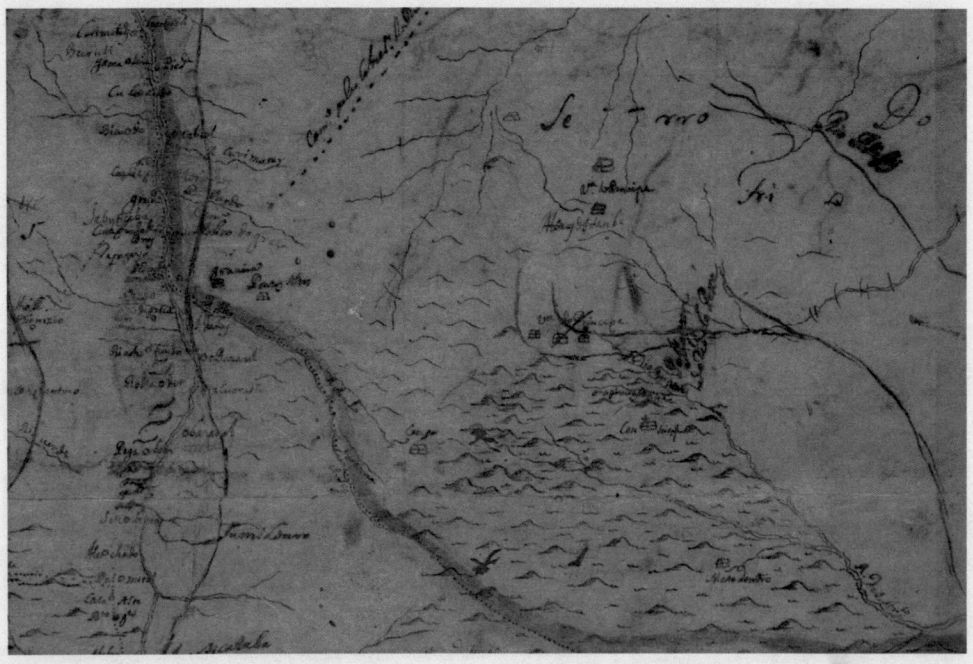

Fonte: BND

Figura 10 – Genealogia de Antônio Soares Ferreira

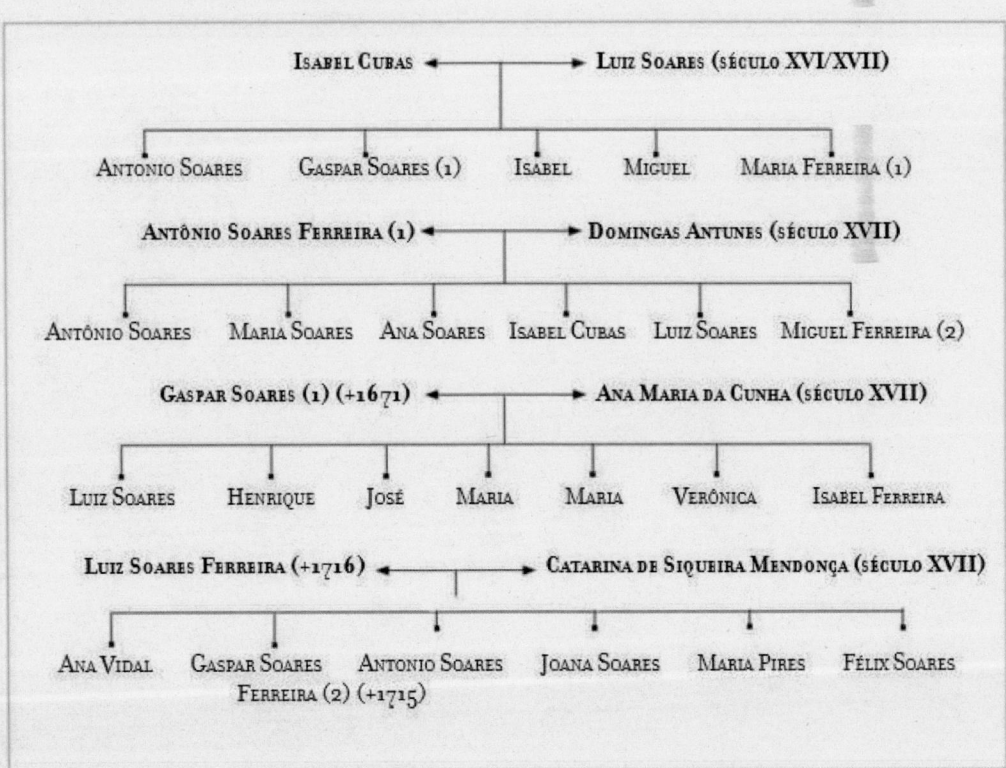

Fonte: Instituto Espinhaço *apud* Genealogia Paulistana (2014, p. 56). O item (2) indica a data de seu falecimento

Figura 11 – Serra do Itambé, c. 1817-1820

Fonte: Spix e Martius (1981)

Figura 12 – Mineiros lavam o ouro sob a atenta vigilância de funcionários da Coroa, c. 1817-1820

Fonte: Spix e Martius (1981)

Figura 13 – Índios em suas cabanas, c. 1821 a 1824

Fonte: Rugendas (1940)

Figura 14 – Soldados conduzem índios selvagens aprisionados. Nos primeiros anos das minas serranas ainda era comum que os bandeirantes fizessem esse tipo de aprisionamento para lucrar com a venda dos cativos, c.1816-1831

Fonte: Debret (1834)

Figura 15 – Selvagens civilizados, soldados indígenas de Mogi das Cruzes (Província de São Paulo) combatem os Botocudos. O aspecto onírico desta gravura remete às dificuldades civilizatórias do ponto de vista dos "desbravadores dos sertões brasileiros", c.1816-1831

Fonte: Debret (1834)

Figura 16 – Catedral de São Francisco das Chagas, 1865. Antiga matriz de Taubaté (São Paulo) construída originalmente por volta de 1645. A Diocese de Taubaté foi criada em 1908. De 1909 a 1935 foi administrada pelo bispo serrano D. Epaminondas Nunes de Ávila e Silva, sagrado nas escadarias da igreja do Carmo, no Serro

Fonte: Diocese de Taubaté

Figura 17 – Sabará, cerca de 1821 a 1824

Fonte: Rugendas (1940)

Figura 18 – Campos nas bordas do Rio das Velhas, c.1821 a 1824

Fonte: Rugendas (1940)

Figura 19 – Moradores de Minas Gerais, c.1821 a 1824

Fonte: Rugendas (1940)

Figura 20 – Dom Rodrigo da Costa, governador-geral do Brasil, de 1702 a 1707, que manteve correspondência com os bandeirantes descobridores das minas do Serro do Frio, em especial, Antônio Soares Ferreira, c. 1686-1690

Fonte: Archaeological Survey of India

Figura 21 – Mapa do Caminho da Bahia

Fonte: Koehne (2020)

Figura 22 – Mapa Século XVIII, seus caminhos e rede comercial

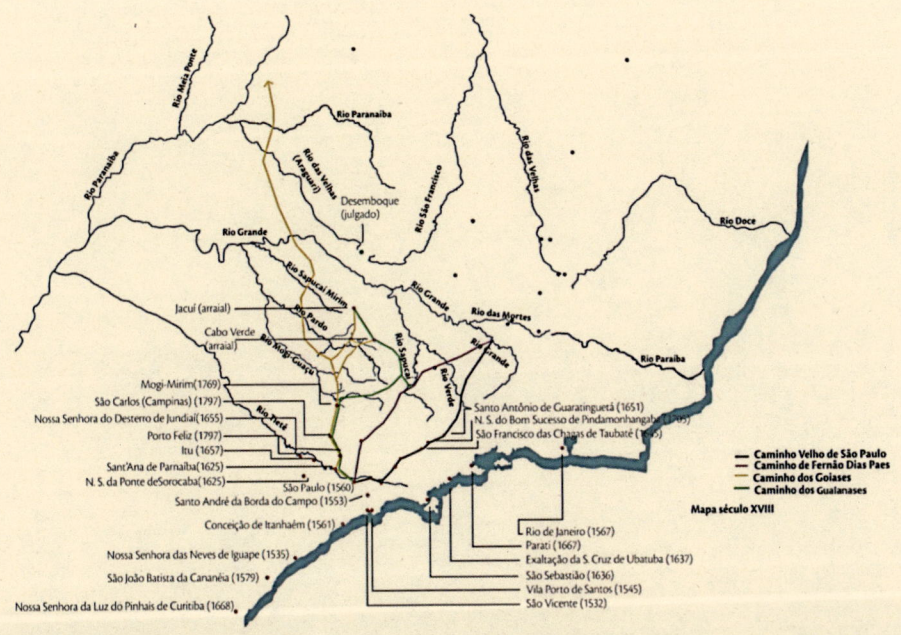

Fonte: Ferreira (2017, p. 319)

Figura 23 – Mapa atualizado e turístico da estrada real (caminho velho e novo), 2020

Fonte: Instituto Estrada Real

Figura 24 – Igreja Matriz de Nossa Senhora da Conceição, Conceição do Mato Dentro, c. 1978. Foi mandada construir por Ponce de Leon que solicitou seu sepultamento no mesmo lugar dos padres, por ordem do bispo do Rio de Janeiro

Fonte: Acervo Histórico Celso Cirino

Figura 25 – Matriz de Nossa Senhora da Conceição, Serro, 1938

Fonte: ACI-RJ

Figura 26 – Itapanhoacanga, igreja de São José, 1938

Fonte: ACI-RJ

Figura 27 – Itapanhoacanga, igreja de São José, 2020

Fonte: Iphan

Figura 28 – Igreja matriz de Santo Antônio, antigo arraial do Rio do Peixe, atual cidade de Alvorada de Minas, 2020

Fonte: Descubra Minas

Figura 29 – Lançamento de Luzia Mendes por Manuel Mendes Razo no livro de capitação de escravos – 1718 a 1720; ela não assinou a declaração, o que foi feito por Manuel Mendes Razo que não sabendo ler e escrever fez um sinal de cruz

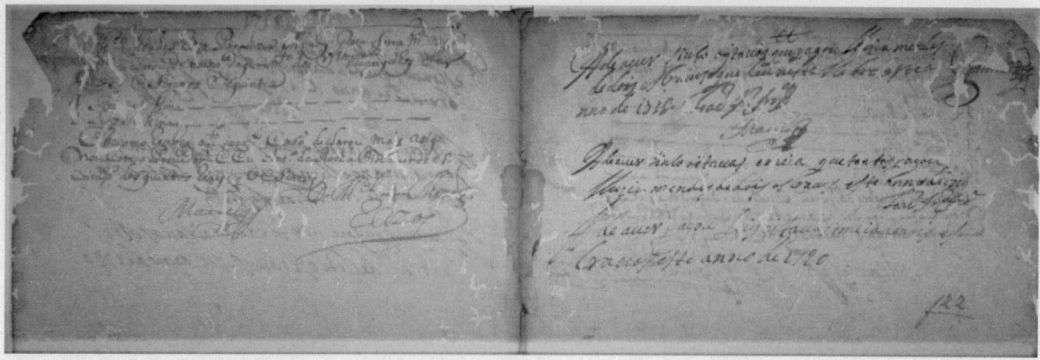

Fonte: APM-FALP, Lap-5.1, Doc.01, Cx.09, fl. 21v-22

Figura 30 – Lançamento de Luzia de Barros da Fonseca no livro de capitação de escravos – 1718 a 1720; a assinatura de Luzia indica ela não sabia ler e escrever, apenas desenhar as letras de seu nome

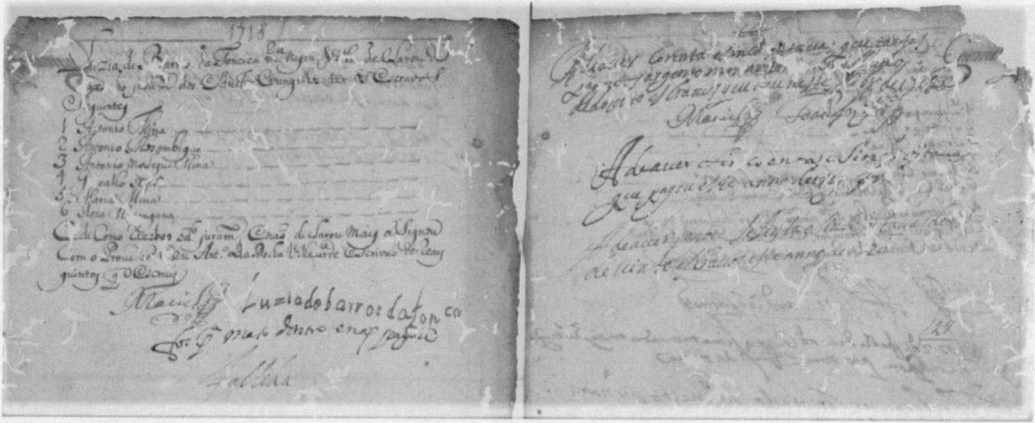

Fonte: APM-FALP, Lap-5.1, Doc. 01, Cx. 09, fl. 28v-29

Figura 31 – Lançamento de Elena Maria realizado por Estevão da Silveira Rabello no livro de capitação de escravos – 1718 a 1720; a assinatura cursiva de Estevão comprova que ele aprendeu as primeiras letras e sabia ler escrever

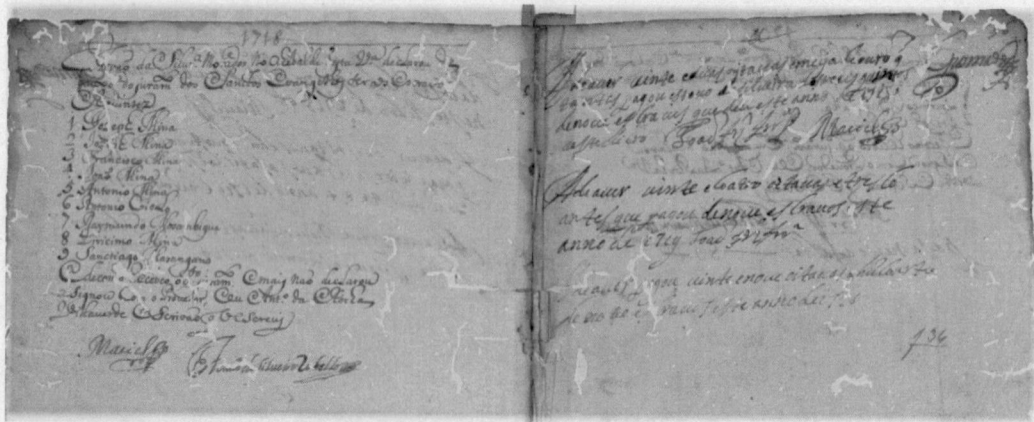

Fonte: APM-FALP, Lap-5.1, Doc. 01, Cx. 09, fl. 35v.-36

Figura 32 – Lançamento de Tereza da Silva no livro de capitação de escravos – 1718 a 1720. Tereza não sabia ler e escrever, apenas fazer um sinal em cruz para garantir a autenticidade de suas informações.

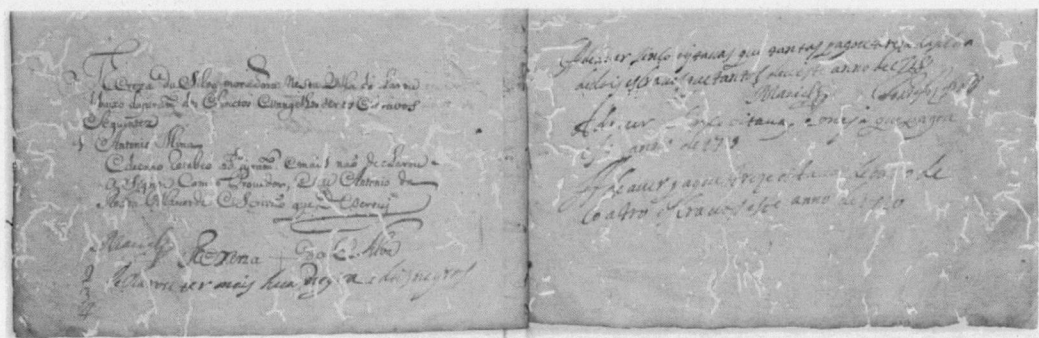

Fonte: APM-FALP, Lap-5.1, Doc. 01, Cx. 09, fl. 45v-46

Figura 33 – Lançamento de Ignez Dias Leme por seu sogro Dionísio Fernandes Bicudo no livro de capitação de escravos – 1718 a 1720

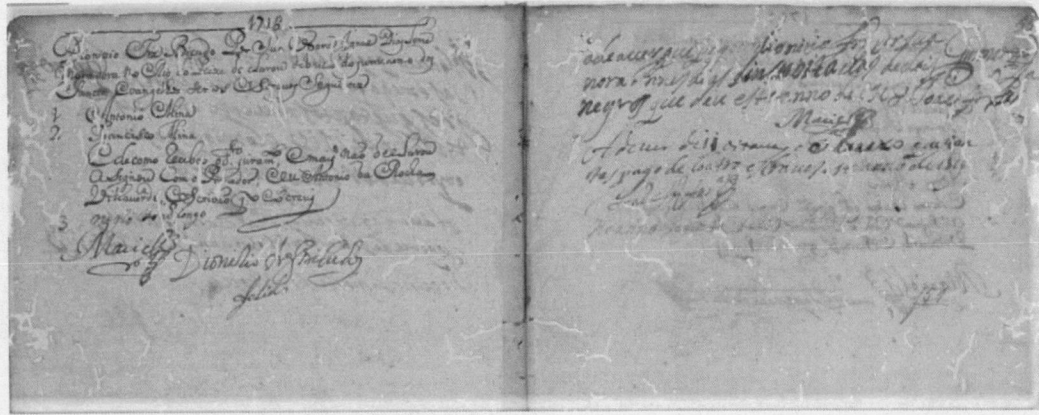

Fonte: APM-FALP, Lap-5.1, Doc. 01, Cx. 09, fl. 50v-51

Figura 34 – O comércio atlântico no século XVIII e no início do século XIX

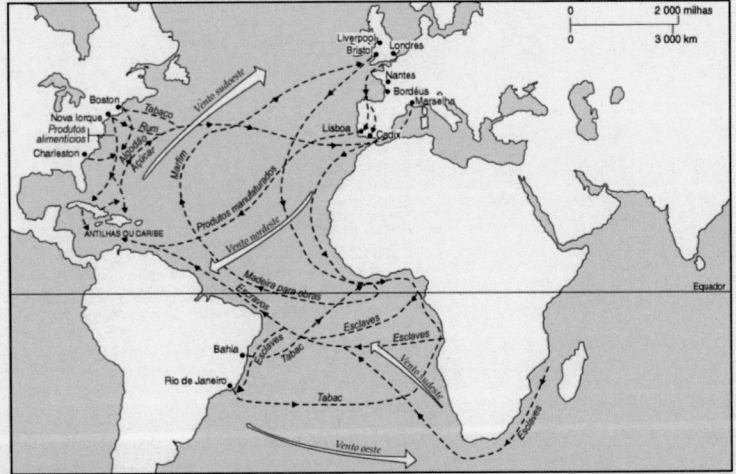

Fonte: INIKORI, 2010, p. 94. [Mapa original: A. G. Hopkins, 1973]

Figura 35 – Regiões da África Ocidental onde os portugueses obtinham escravos

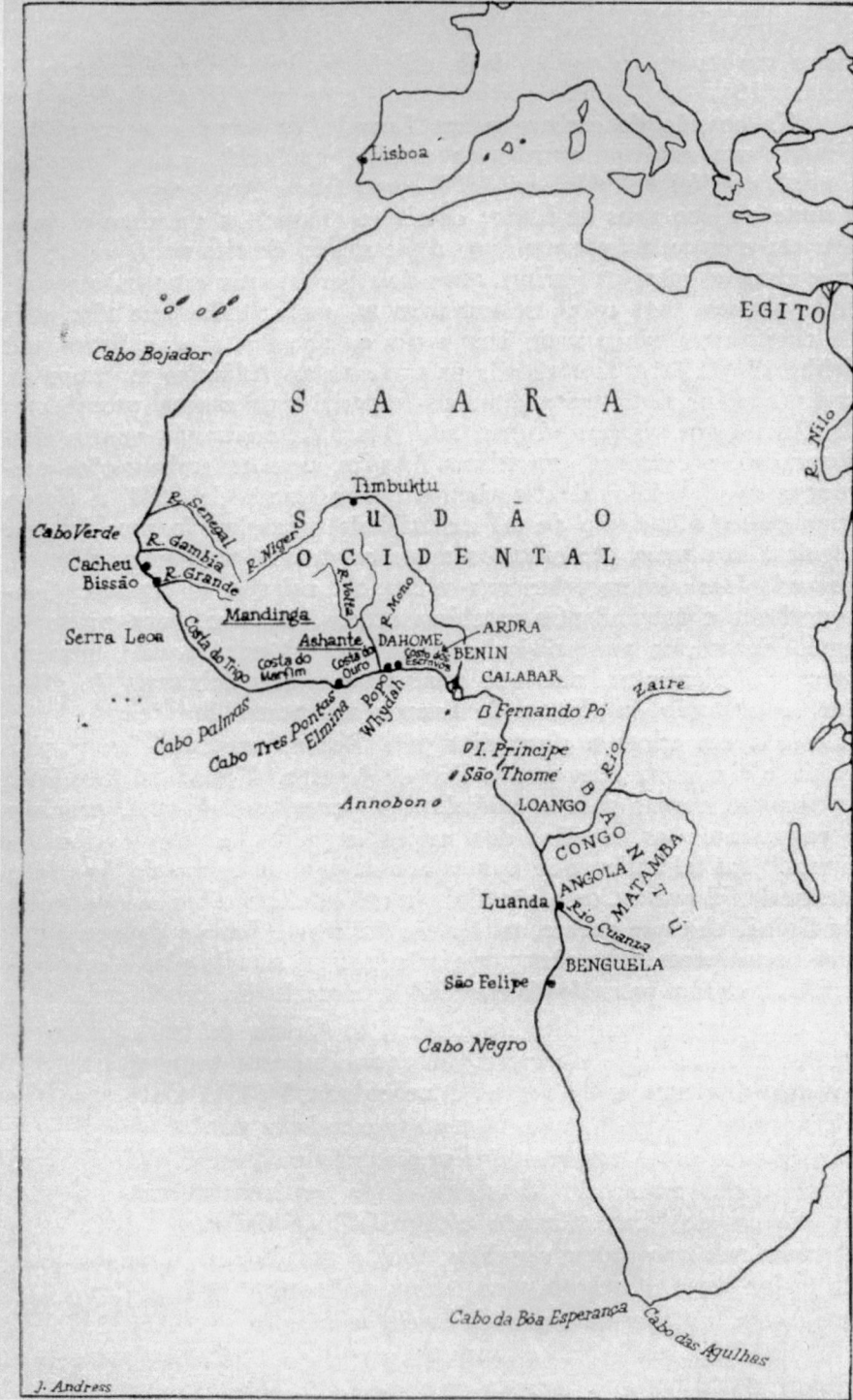

Fonte: Boxer (1963, p. 26)

Figura 36 – Lançamento de Jacinta de Siqueira no livro de capitação de escravos – 1718 a 1720. Ela não sabia ler e escrever, apenas fazer um sinal em cruz para garantir a autenticidade de suas informações

Fonte: APM-FALP, Lap-5.1, Doc. 01, Cx. 09, fl. 17v-18

Figura 37 – Capela de Nossa Senhora da Purificação em 1915, hoje desaparecida

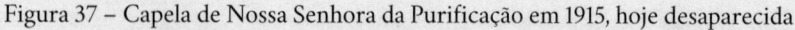

Fonte: ACI-RJ

Figura 38 – Vestimentas de escravas pedintes na festa do Rosário, c.1776

Fonte: Julião (1940)

Figura 39 – Cortejo da Rainha Negra na festa de Reis, c.1776

Fonte: Julião (1940)

Figura 40 – Coroação de uma rainha negra na festa de Reis, c.1776

Fonte: Julião (1940)

Figura 41 – Rei e Rainha negros da festa de Reis, c.1776

Fonte: Julião (1940)

Figura 42 – Coroação de um Rei nos festejos de Reis, c.1776

Fonte: Julião (1940)

Figura 43 – Lançamento de Antônio de Campos Lara no livro de capitação de escravos, em 1718

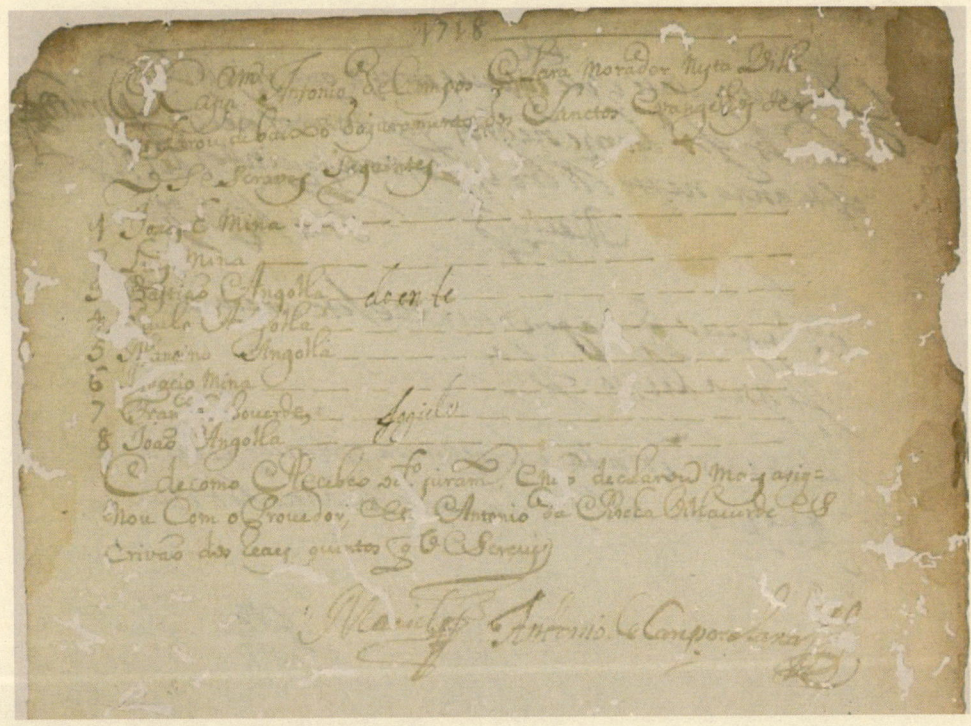

Fonte: APM-FALP, Lap-5.1, Doc. 01, Cx. 09, fl. 16v.

Figura 44 – Assinaturas dos vereadores de 1719, da esquerda para a direita: Antônio José de Campos Lara, Pedro Vander Marck e Antônio Sardinha de Castro

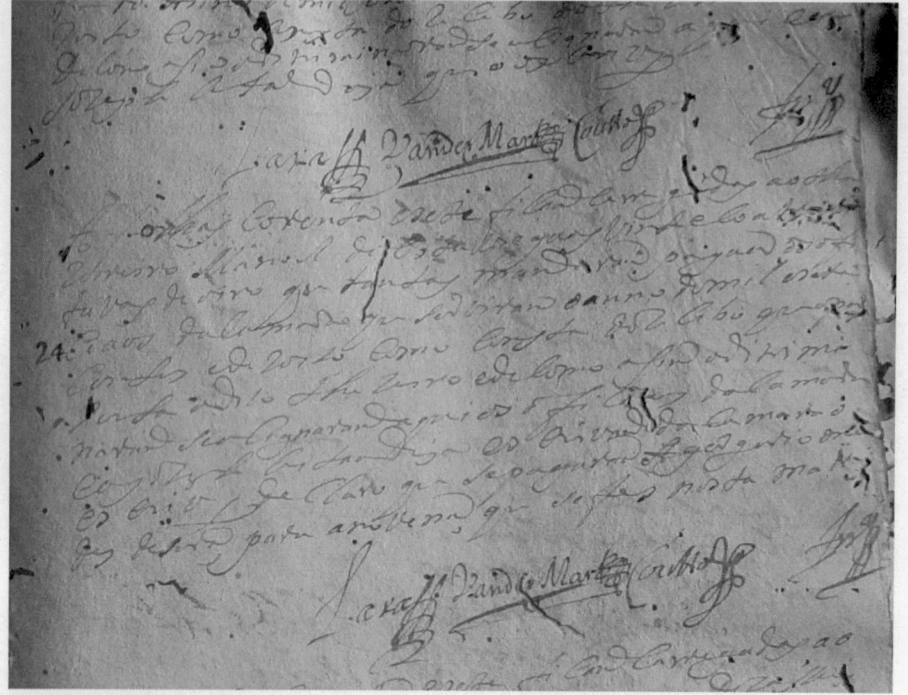

Fonte: IPHAN-SE, RECEITA E DESPESA 1724 [1717], Doc. 02 Cx. 91, fl. 45

Figura 45 – Fotografia do Serro de 1906 da coleção de Raymundo Pinto. No primeiro plano o encontro entre o rio do Lucas e o córrego Quatro Vinténs

Fonte: APM

Figura 46 – Fotografia do Serro de 1913, mostra o caminho entre a matriz de Nossa Senhora da Conceição e a capela do Bom Jesus do Matozinhos, onde no meio do percurso se encontram o rio do Lucas e o córrego Quatro Vinténs

Fonte: IPHAN-SE

Figura 47 – Na antiga rua das Flores, no ano de 1938, diante do antigo Senado da Câmara, moradores transitam em atividades cotidianas: crianças levam mantimentos, uma mulher leva um pote de água nas costas

Fonte: ACI-RJ

Figura 49 – No ano de 1938, moradores transitam pelo beco do Botavira para buscar água

Fonte: ACI-RJ

Figura 49 – Carregadores de água, 1821-1824, Rio de Janeiro (?). Sem água potável seria impossível a vida nas minas serranas. Com o passar do tempo os escravos e forros que se dedicavam a buscar água nas fontes eram chamados de "dadeiros de água". As fontes mais importantes no século XVIII foram a do Vigário, a da Praia e a do Botavira

Fonte: Rugendas (1940)

Figura 50 – Abertura do livro de rendimentos do gado para corte em que se lê: "Ano de nascimento de [nosso] senhor Jesus Cristo de mil setecentos e dez anos [em pousa]das do capitão Geraldo Domingues comigo escrivão [...] [cho] aos sete dias do mês de [janeiro] do dito ano [...] [folhas] do livro do registro da fazenda de sua majestade que Deus guarde e se acharam neste livro cinquenta e seis folhas aos quais o dito capitão Geraldo Domingues com folha por folha contou de que me mandou fazer este termo e comigo assinou no seu arraial destas lavras velhas do Serro do Frio Ribeiro de Nossa Senhora da Purificação e eu Marçal Nunes Simões escrivão o escrevi e o assinei. Marçal Nunes Simões, Geraldo Domingues"

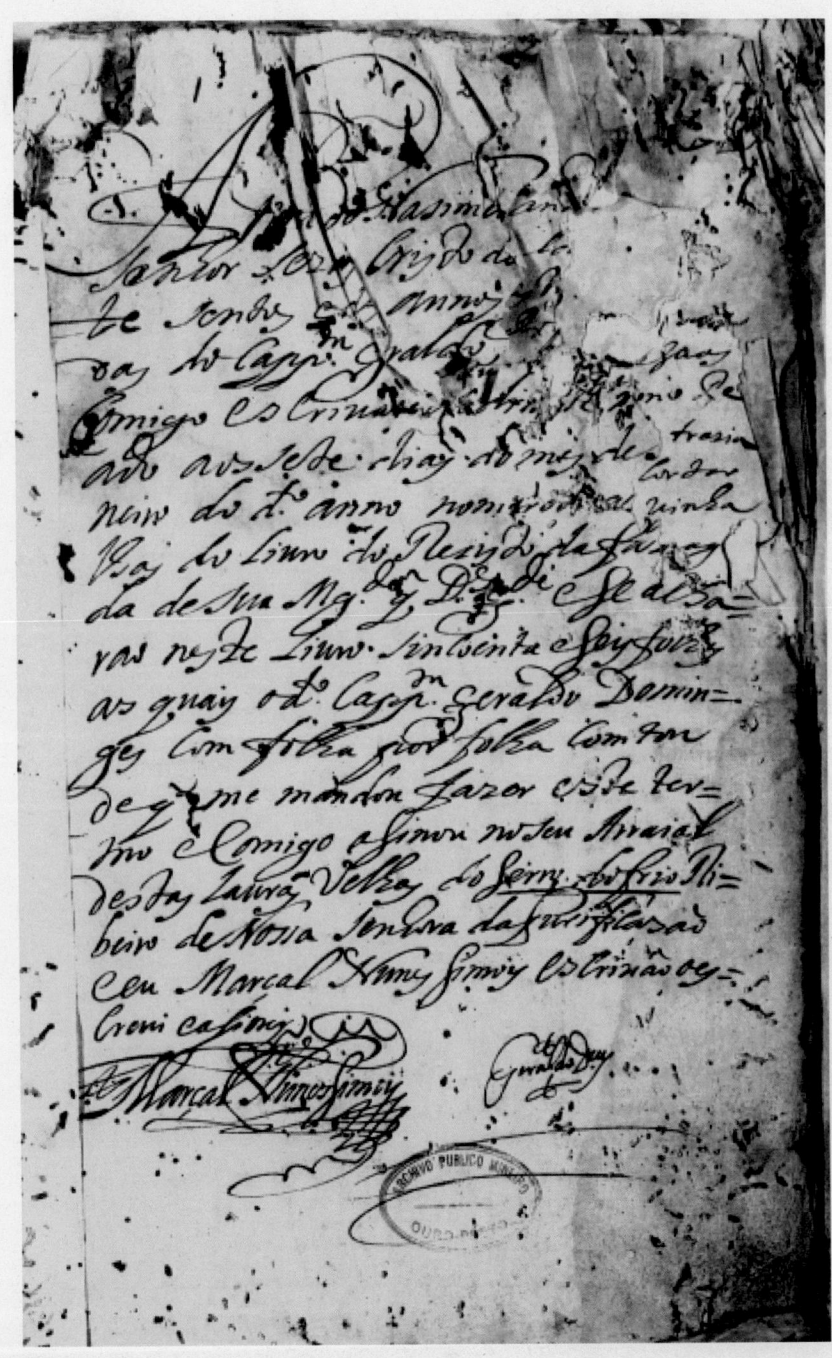

Fonte: APM-CC 1003

Figura 51 – Patente de coronel de infantaria das Ordenanças de Geraldo Domingues, passada em 23/08/1734

Fonte: ANTT, REGISTO GERAL DE MERCÊS, Mercês de D. João V, Livro 26, fl. 106

Figura 52 – No livro da *Receita da Fazenda Real* um lançamento de 04 de novembro de 1705. Três assinaturas: José Borges Luiz Pinto, futuro comandante da comitiva que assassinou o guarda-mor Antônio Soares Ferreira em 1720; a rubrica de Antônio Soares Ferreira em que usava a espada de mestre de campo como símbolo pessoal; a rebuscada assinatura do escrivão Lourenço Carlos Mascarenhas de Araújo

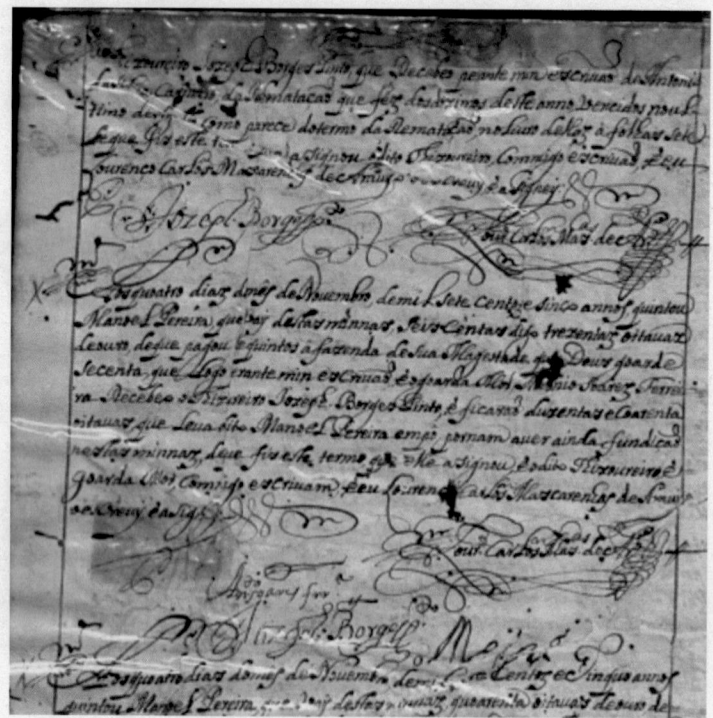

Fonte: APM-SC 1002

Figura 53 – No livro da *Receita da Fazenda Real* um lançamento de 19 de julho de 1709 com assinatura do coronel e guarda-mor Manuel Corrêa Arzão, do escrivão e João Mendes da Mota e o quintado Francisco Teixeira de Abreu

Fonte: APM-SC 1002

Figura 54 – Termo de vereação de 23 de julho de 1740 sobre quilombolas

Fonte: IPHAN-SE, VEREAÇÕES 1735 a 1742, Doc. 03 Caixa 03, p. 135-135v. Fotografia: Danilo Arnaldo Briskievicz

Figura 55 – Pedro Miguel de Almeida Portugal e Vasconcelos, conde de Assumar (1688-1756)

Fonte: FUNDAÇÃO DAS CASAS DE FRONTEIRA E ALORNA, Palácio Fronteira, Lisboa, Portugal

Figura 56 – Um rancho para viajantes, c.1821 a 1824

Fonte: Rugendas (1940)

Figura 57 – Mapa indicativo do descobrimento/fundação de alguns arraiais derivados das minas do Serro do Frio: "A Villa do Príncipe Capital da Comarca do Serro do Frio, se fundou em/1714 no Sítio das Lavras Velhas, descuberto por Lucas de Freitas. Ao Arrayal do Tijuco, deu nome Jeronimo Correa natural da Bahia em 713. O Arrayal do Milho verde descobrio Manuel Rodrigues Milho verde, natural da província do Minho em 1713. O Arraial de São gonçalo descobrio Domingos Barboza natural do, Minho, donde fundou huã Ermida a este Santo em 1729. Tomou nome o Arraial do Rio manço da mancidão com que pello meyo delle corre o tal Rio, e delle foi o primeiro povoador Jozê de Godoy Passo Paulista em 1719. Descubriu Kacté mey Antônio Rapozo Paulista em 1714. Foy o 1º Situador do Arraial do Hynhaby e quem lhe deu o nome o Tapuyo Thome Ribeiro em 1716. De hue viuva chamada fl. de Gouvea natural de Portogal, houve nome e princípio o Arraial de Gouvea em 1715. A povoação do Rio Parahuna foi/principiada em 1713, por João Borges Delgado"

Fonte: AHU

CAPÍTULO CINCO

AS MULHERES NAS MINAS DO SERRO DO FRIO

Brasil: inferno dos negros,
purgatório dos brancos,
e paraíso dos mulatos.

(Dom Francisco Manuel de Melo, 1660)

A presença das mulheres nas minas do Serro do Frio é relatada por poucos documentos oficiais em arquivos públicos. De fato, há apenas dois: o primeiro é o livro do descobrimento ou da *Fazenda Real destas Minas do Serro do Frio e Tucambira* que registra a arrecadação dos quintos reais e arrematações de lavras no período de 1702 a 1712, aparentemente com várias folhas perdidas. O segundo livro é o de lançamentos da capitação de escravos que registra em apenas 51 folhas restantes num total de 144, o movimento do mundo do trabalho escravo na Vila do Príncipe entre 1717 e 1719.

No caso do primeiro livro, surgem duas histórias femininas nas lavras das minas do Serro do Frio com poucos detalhes sobre quem de fato eram essas mulheres; no caso do segundo livro, surge a história de seis mulheres na Vila do Príncipe e seu termo se expande um pouco mais, com detalhes sobre a propriedade de seus escravos e de suas qualidades, permitindo outras análises ligadas ao contexto colonial e a formação de novidades no gesto pedagógico colonial.

Conhecer as relações sociais dessas mulheres nas minas serranas é oportunidade de trabalhar com documentos esparsos que de alguma forma trazidos à luz, podem nos dar outra visão mais ampliada da vida diária nas lavras de ouro, muitas vezes tida como ambiente de homens bravos e destemidos. Seriam as mulheres das minas serranas a comprovação de uma sociedade que se estabeleceu também com suas matrifocalidades? Essa é a discussão proposta neste capítulo.

1 MÉCIA PRETA, SUA SENHORA IZABEL MARIA DA CRUZ E O FREI JOÃO BATISTA

O primeiro documento em que aparecem mulheres ligadas às lavras de ouro é o livro do descobrimento ou da *Fazenda Real destas Minas do Serro do Frio e Tucambira*, aberto oficialmente em 1702 pelo procurador Baltasar de Lemos de Morais Navarro e com assentos escritos pelo escrivão Lourenço Carlos Mascarenhas de Araújo, com encerramento em 1712 (Quadro 1).

Além do documento oficial usamos uma transcrição realizada pelo alferes Luiz Antônio Pinto na *Revista do Arquivo Público Mineiro*[354]. O original foi copiado no mesmo Arquivo Público Mineiro e nele faltam várias folhas.

Acreditamos que no original houvesse apenas as folhas transcritas pelo alferes Luiz Pinto. Sobre o livro o alferes não deixou comentários. No total, são 51 assentos predominando os lançamentos de quintos de ouro, seguidos de arrematações de braças de terras.

---

[354] PINTO, 1902, p. 939-962.

Quadro 1 – Receita da Fazenda Real – Minas do Serro do Frio e Itacambira
Arrecadação dos quintos do ouro, alfabetização e destino – 1702-1712

Ordem	Data	Nome	Lê e escreve	Total Oit.	Quinto Oit.
33	18/03/1706	Mécia Preta por sua senhora Izabel Maria da Cruz	Não	120	24
34	18/03/1706	Mécia Preta pelo padre Frei João Batista monge do patriarca de São Bento	Sim	60	12

Fonte: Pinto (1902, p. 939-962); APM-CC 1002

Nesse primeiro livro, aparecem duas mulheres: no mesmo dia 18 de março de 1706, a escrava Mécia Preta apresentou em nome de sua senhora Izabel Maria da Cruz 120 oitavas de ouro em pó que foram quintadas em 24 oitavas, recebendo sua guia de recolhimento ou carta guia autorizando-a seu transporte por onde quisesse. A mesma escrava Mécia Preta, no mesmo dia, apresentou 60 oitavas de ouro em pó que foram quintadas 12 oitavas em nome do padre frei João Batista. Este é o primeiro registro oficial de mulheres nas minas do Serro do Frio. O alferes Luiz Antônio Pinto era exímio transcritor de documentos antigos. Contudo, grafou "Mexia" que não é nome próprio na língua portuguesa várias vezes em dois lançamentos. Seria a grafia alterada e corrompida de Mécia, como aparecem em registros da *Genealogia Paulistana*, de Leme? Tudo indica que sim.

Acreditamos, então, que o nome correto é Mécia. Sabe-se pelo documento que à condição de escrava de Mécia acrescentou-se a qualidade "preta"[355], ou seja, era uma escrava possivelmente africana pertencente a Izabel Maria da Cruz. Esta mesma escrava africana prestou serviços ao padre frei beneditino João Batista.

O fato de não aparecer o pronome de tratamento "dona" antes do nome de Izabel Maria da Cruz pode indicar que ela fosse uma negra forra, e nesse caso essas mulheres normalmente não eram reconhecidas e tratadas com essa distinção formal. Para se ter uma ideia desse costume colonial, Maria Eremita de Souza ao transcrever o livro da Irmandade de Nossa Senhora do Rosário dos Homens Pretos da Vila do Príncipe, de 1848 (p. 6) acrescentou um comentário depois da inscrição de Josefa Angélica de Jesus que explica esse tipo de continuísmo da época das minas de ouro: "devia ser preta, porque não tinha o tratamento de dona"[356]. Podia ser o caso de Izabel Maria não ser uma mulher casada, tendo partido para as minas com seus escravos a fim de aventurar-se na busca de pintas de ouro, depois voltando para os currais da Bahia, como era de costume à época. Pode ser também que a negativa de uso do pronome de tratamento "dona" tenha sido apenas para indicar que Izabel Maria era uma mulher ainda jovem para os padrões coloniais[357].

Contudo, esse registro demonstra relações coloniais mais complexas do que aparentemente negar-se o pronome de tratamento "dona" para Izabel Maria ou chamar a atenção da autonomia da escrava Mécia em se tornar "procuradora" de sua senhora e de um padre. Há relações próximas entre essas três personagens históricas — uma mineira senhora de escravos, uma escrava com independência no trânsito e negociação nas minas de ouro e um frei beneditino aventureiro do ouro.

---

[355] Segundo Pinheiro (2018, p. 44), "a cor era um fator de identificação e classificação social, facilmente associado ao estatuto jurídico e usado de maneira ambígua para afastar ou aproximar alguém da escravidão ou do seu passado em cativeiro". A relação "entreolhares" era determinante para ar o lugar social requerido pelo sujeito que se anuncia e pelo sujeito que faz o registro oficial. Nesse caso, "preta" poderia designar que ela se dava à liberdade de relações afetivas não convencionais, por ser "de fora", "de outro lugar". Sua liberdade de minerar vinha dessa relação entre sua senhora Izabel e seu senhor o padre Frei João Batista.

[356] Apmes, Cad. 184, s/p.

[357] SILVA, 2017. Ver: Figuras 38 a 43.

Mécia Preta administrava as lavras de sua senhora e do padre, tendo autorização para se apresentar como procuradora deles. Ela era reconhecida socialmente como tal pelo escrivão e guarda-mor das minas do Serro do Frio, naturalmente tratada como seus enviados.

Seria apenas uma relação meramente profissional e financeira ou também havia uma relação de concubinato de Mécia Preta ou de sua senhora com o padre?

O fato é que essas aproximações eram muito comuns nas minas de ouro coloniais. Era um gesto pedagógico colonial compartilhado socialmente e que não gerava estranhamento a ponto de se tornar motivo de aprisionamento dos seus envolvidos, pelo menos se não gerasse comoção social. As relações de concubinato entre padres, escravas e forras eram bastante comuns[358].

Para se ter uma ideia dessa normalização do concubinato dos padres[359], segundo Silva, em 1719, o governador de São Paulo e Minas do Ouro, D. Pedro de Almeida, o conde de Assumar, escreveu sobre os clérigos que "o seu menor vício é estarem publicamente amancebados, fazendo gala de que se distingam por mais pomposas e bem trajadas as suas concubinas pelas quais toma duelos e tem públicas contendas como os mais profanos". Mais à frente a autora acrescenta que no mesmo ano era comum comentários ao estilo de "é prática comum entre os mais dos eclesiásticos que nestas minas se não pode viver sem uma concubina, pondo este caso não só em possibilidade moral, mas física"[360].

Outra informação importante é que a escrava Mécia Preta e possivelmente sua senhora Maria Izabel não sabiam ler ou escrever. Eram analfabetas. De fato, saber ler e escrever eram necessidades menores nas minas de ouro, o fundamental era dominar as técnicas de exploração do ouro, saber catar nas lavras as pintas de ouro de aluvião. Isso parece ser o pressuposto da presença delas naquele território inóspito, disputado palmo a palmo pelos aventureiros cujo maior objetivo de vida era fazer fortuna nos negócios passageiros das minas de ouro. Para Mécia Preta e sua senhora Maria Izabel, saber ler e escrever não acrescentaria nenhum privilégio, mudança de status social ou melhores condições de vida e de tratamento o fato de ser alfabetizada.

Talvez, em outro contexto, numa sociedade serrana mais complexa, com outas relações de poder estabelecidas fosse diferente. No seu primeiro momento, nas minas do Serro do Frio era tudo bastante provisório, as relações de poder, inclusive, podiam mudar rapidamente. As pessoas trafegavam pelas lavras ainda sem fatores de coesão social rígidos e estabelecidos temporalmente. Para essas mulheres, interessava, como todos que ali estavam, o brilho do ouro. Mécia Preta não quis sequer fazer um sinal no livro da Fazenda Real, indicando que ela esteve presente para quintar o ouro de sua senhora e do padre. Ela pediu para que João Mendes da Mota fizesse o favor de assinar, ou seja, trata-se de uma assinatura a rogo, a seu pedido, no livro oficial.

A situação do padre Frei João Batista era bastante controversa nas minas do Serro do Frio. Se por um lado, ele estava proibido de possuir terras por ter feito seus votos de pobreza numa ordem

---

[358] Para Venancio (2012, p. 56), "sem dúvida, conforme sublinhou Gilberto Freyre, 'não há escravidão sem depravação sexual; é da essência mesma do regime'. Isso, contudo, não impede a identificação de matizes de variações, no interior desse universo moral".

[359] Vainfas (1997, p. 98-99) desconfia da normalização do concubinato como regra social aceita de maneira corriqueira, pois "a sociedade colonial era perfeitamente capaz de distinguir entre o casamento e o concubinato, valorizando e legitimando o primeiro, estigmatizando e reprovando o segundo – ainda que essa reprovação variasse de grau, conforme a qualidade e o estado civil dos amantes. Distinguiam-se claramente os casados dos que 'viviam como se o fosse'; diferenciavam-se, sem hesitação, os esposos dos que 'andavam juntos', 'pousava' ou 'estavam um na casa do outro'. O 'estar juntos' [...] era claro sinal de culpa, um homem e uma mulher não casados, porém habituados a andar juntos, seguramente 'usavam mal de si' – sentenciava a comunidade. Ficavam todos a observar a vida alheia, a espreitar o vizinho, a murmurar... murmuração talvez inofensiva, só convertida em denúncia pelas pressões que fazia a Igreja sobre a população. Mas, de um modo ou de outro, bastava que o visitador afixasse o monitório de culpas para que o 'rumor público' viesse à tona, transformando-se de simples mexerico em testemunho de acusação".

[360] SILVA, Maria Beatriz Nizza da. *Donas mineiras do período colonial.* São Paulo: Unifesp, 2017. p. 135.

religiosa, por outro, era proibido de se casar oficialmente por sua condição de monge e padre beneditino, interditando relações de parentesco mais duráveis com os potentados das minas.

Se por um lado, o monge/frei/frade era um estrangeiro nas lavras de ouro — não sabemos sua
nacionalidade ou naturalidade —, por outro, gozava de certo prestígio social por poder ministrar
sacramentos ao povo do território e questionar a autoridade da metrópole nas minas. Não podia
assumir uma paróquia, por não ser oficialmente reconhecido pelo Arcebispado da Bahia ou a Diocese
do Rio de Janeiro, que ainda disputavam os fregueses de suas capelas, ainda de telhados de capim
ou palha. É por causa dessas ambiguidades que o imaginário em torno da presença e atuação desses
clérigos nas minas mostrou-se na maioria das vezes negativo, ligado aos mais diversos escândalos
e à relaxação dos costumes, em dissonância com os interesses portugueses, como relatou Coelho,
em texto de 1780:

> A notícia do descobrimento do ouro na Capitania de Minas logo se espalhou por toda a
> América e neste Reino: de todas as partes entraram a concorrer novos povoadores movi-
> dos da sua ambição. Os frades de diversas religiões, levados pelo espírito de interesse, e
> não do bem das almas, acrescentaram em grande parte o número do povo: eles, como se
> fossem seculares, se fizeram mineiros e se ocuparam em negociações e em adquirir cabe-
> dais por meios ilícitos, sórdidos e impróprios do seu estado. Seguiu-se logo a escandalosa
> relaxação dos costumes, como sucede sempre àqueles regulares que, abandonando as suas
> comunidades, não observam os seus institutos: entraram logo a perturbar o sossego dos
> povos, aconselhando-os para não pagarem à Sua Majestade os direitos que são devidos e
> descompondo os governadores e ministros nos púlpitos, até que, ultimamente, passaram
> a ser os principais chefes do levante de Minas[361].

O imaginário negativo das autoridades oficiais perdurou durante muito tempo em relação aos
freis beneditinos, carmelitas, franciscanos e tantos outros de tantas outras ordens que tentaram em
vão se espalhar nas Minas Gerais em seus primeiros anos[362], como já tinham feito na Bahia. Obser-
vemos, contudo, que o gesto pedagógico colonial de concubinato dos padres está posto mais uma
vez na narrativa de José João Teixeira Coelho. Acusa-os de se tornarem homens comuns, seculares.
Mas não se critica no discurso anterior o fato de serem eles amasiados com escravas ou forras, de
terem suas relações amorosas. Nada disso. Isso era naturalizado.

O que provocou a irã dos oficiais da Coroa portuguesa nas minas de ouro — a reverência aos
direitos reais no texto fica evidente — foi o fato de eles se tornarem autoridades rebeldes, pois, assim
agindo, tiravam o sossego dos povos, ou seja, falavam abertamente em desviar o ouro, em não pagar
os quintos, fonte de rendimento da Coroa portuguesa. O descaminho do ouro é um tema recorrente
em praticamente todo o gesto pedagógico colonial reforçado repetidas vezes por documentos oficiais. Tudo nas minas era feito para que fossem eles evitados. A desobediência civil de não pagar

---

[361] COELHO, José João Teixeira. *Instrução para o governo da Capitania de Minas Gerais.* Belo Horizonte: Fundação João Pinheiro, 1994. p. 110.

[362] Para Boschi (2007, p. 60), "o enfático envolvimento de eclesiásticos com o comércio e com o abastecimento, sua aversão em se submeter ao pagamento dos tributos régios próprios à exploração aurífera, a promoção de pregações antitributárias junto à população, a 'escandalosa relaxação dos costumes' são alguns dos motivos que explicam a decisão régia de tolher a livre circulação de religiosos na região e impedir a construção de mosteiros e conventos nas Minas Gerais Setecentistas. Assim, repita-se: opostamente ao que se observa e se constata em outras partes do império colonial português, se não em todo ele, na Minas Gerais colonial as ordens religiosas não tiveram lugar nem espaço". Contudo, nas minas do Serro do Frio esses freis e frades foram os primeiros a celebrar missas, realizar batismos e casamentos, assim como encomendar almas em missas fúnebres e a batizar muitos dos seus ribeiros. Trindade (1928, p. 37) é menos polido nas críticas aos religiosos nas minas de ouro: "antes de tudo é preciso não confundil-o com essa aluvião de frades sem Deus e sem lei, que, devorados pela ganancia e aturdidos pela sensualidade, desertores do dever, duplamente apostatas, se derramaram pelas Minas, esquadrinhando-as de canto a canto, desedificando-as ferozmente e fazendo recahir a responsabilidade de suas torpezas sobre o clero laborioso e constructor – o primeiro a deplorar, com a Egreja, a ignorância desses demolidores, tão engenhosos que contra eles sempre resultaram impotentes as medidas mais severas da própria Metropole, em mais de trinta annos de nutrida lucta, empenhada em vão em arrendal-os de Minas".

impostos e promover a crítica ao governo português era mais preocupante que o concubinato e a vida ao estilo mundano e profano.

Para se ter uma ideia dessa ambiguidade, o padre Frei João Batista deve ter chegado às minas do Serro do Frio na mesma leva de aventureiros da qual fez parte outro beneditino, o padre Frei Columbano de Santa Escolástica. Este chegou a colocar nome num ribeiro serrano, batizando-o como córrego de São Bento, tendo batismos registrados nos documentos da matriz[363]. Em 8 de outubro de 1705, ele levou 100 oitavas de ouro em pó aos descobridores das minas do Serro do Frio para serem quintados.

O jogo político entre os frades religiosos e os padres seculares sem vínculo empregatício em paróquias administradas pelo sistema do padroado real, o governo cada dia mais autoritário para manter a ordem nos territórios mineiros e a população das Minas Gerais cada vez mais volúvel em seu trânsito em aventuras de fortuna pelas lavras, resultou na interdição da presença desses homens de espírito livre. Publicou-se, em 9 de junho de 1711, a carta régia estabelecendo uma nova ordem para os desordeiros: a expulsão de todos os religiosos e padres seculares sem paróquias desse território de uma vez por todas[364].

A expulsão dos religiosos foi um longo processo que se consolidou verdadeiramente com a elevação das capelas a paróquias encomendadas e coladas (nas Minas Gerais eram 31 em 1715, em 1718 já eram 50), em que eram aceitos exclusivamente os padres seculares. Assim, uma ordem governamental datada de 12 de novembro de 1718 ao juiz ordinário da Vila do Príncipe, na época Manuel da Silva Rio (o segundo juiz era Antônio de Moura Coutinho), mandava que "caso os padres frei João Freyre da Ordem do Carmo e frei Miguel da Encarnação, da Ordem de São Bento, não cumpram as ordens que lhes mandou, prenda-os e mande-os à sua presença com toda aquela decência devida ao seu caráter"[365], o que se seguiram duas ordens no dia seguinte para que os freis comparecessem imediatamente diante do juiz ordinário do Senado da Câmara da Vila do Príncipe.

A partir de então, nas Minas Gerais, a história desses homens de relaxada moral com um imaginário negativo a respeito de sua atuação social especialmente por parte de bispos e governadores teve novo ajustamento de conduta. Alguns padres mineiros seculares assumiram paróquias por conhecenças. Outros tantos frades religiosos foram banidos do território, retornando pelos caminhos da Bahia para lugares desconhecidos, muitas vezes levando suas concubinas e filhos.

2 AS MULHERES DA ESCRAVIDÃO: O SEGUNDO LIVRO

O segundo livro com registro de mulheres nas minas dos Serro do Frio é o de lançamentos da capitação de escravos, escrito em três anos, 1718, 1719 e 1720. Trata-se de um livro sem termo de abertura, com poucas folhas. A assinatura no cabeçalho das folhas é *Gusmão*, ou seja, presume-se que o livro tenha sido aberto por ordem do ouvidor da Comarca do Rio das Velhas à qual a Vila do Príncipe pertenceu até 1720, Dr. Bernardo Pereira de Gusmão, com os registros sob a responsabilidade dos oficiais do Senado da Câmara. Esse livro foi encerrado à folha 144, com registro bastante ilegível.

A capitação dos escravos foi lançada pelo escrivão Manuel Gomes da Costa sob a supervisão do provedor, o licenciado (prerrogativas de advogado) Antônio da Rocha Vilaverde. O que restou do livro totaliza 51 folhas que cobrem de forma específica o ano de 1718, com registros comple-

---

[363] *Cf.* Silva (1928, p. 26-27).
[364] *Cf.* Boxer (1963, p. 63-64).
[365] RAPM, 1933, p. 505.

mentares de movimentação de escravos relativos a 1719 e 1720 por compra, falecimento, dote ou empréstimo. Como se trata de um documento prejudicado em seu conjunto podemos fazer alguns cruzamentos de informações com outro documento[366].

Parece que o Dr. Dario Augusto Ferreira da Silva também teve acesso ao documento que hoje se encontra no Arquivo Público Mineiro. Ele afirmou que:

> No caderno para lançamento dos escravos, cousa dos reais quintos, figuram o *Itambé* e Rio do Peixe ainda do distrito da Vila; eram, pois, roças e terras minerais, em 1718, desse distrito. Matricularam seus escravos no *Itambé* José Rodrigues, Luiz Alves de Paiva, Antônio Cubas e José Fajardo. No *Rio do Peixe* – João Mendes da Mota, Dionísio Fernandes Bicudo, Ignez Dias Leme – sua nora e Manuel Fernandes. Quanto a *São Gonçalo, Milho Verde, Rio Vermelho* e *Turvo* as *notas* mais antigas são referências a sítios agrícolas junto ou perto das capelas respectivas, às quais pois figuram como já existentes[367].

Segundo anotação de Maria Eremita de Souza de um livro de Registro Geral do Senado da Câmara, folhas 70-73, no dia 26 de junho de 1719, ficou assentado um ajuste de contas entre o governo e os procuradores das câmaras, a fim de enviar a arrecadação para Lisboa. No documento, está a seguinte informação:

> Ordem do Sr. Dom Pedro de Almeida mandou ajuntar a todos os procuradores das Câmaras para o efeito de receber cada um a lista de suas vilas. [...] e o dito lançamento se faz presente na forma seguinte: vilas das Minas negros que se deram do ano de 1717 para o de 1718 lojas que se deram do ano de 1717 para 1718; negros que se deram de 1718 para 1719, lojas que se deram de 1718 para 1719. [...] Vila do Príncipe: escravos de 1717 para 1718: 2.096; lojas idem: 30; escravos de 1718 para 1719: 2.090; lojas idem: 30 [...] Pela conta acima se mostra serem os negros que vieram nas ditas listas [Vila do Carmo, Vila Rica, Vila de Sabará, Vila do Príncipe, Vila de São João del Rei, Vila Nova da Rainha, Vila do Príncipe e Vila do Pitangui] assim dos seculares como dos eclesiásticos 34.939 que a 2 oitavas e ¾ importam 906.082 oitavas e ¼; as lojas importam em 9.694 oitavas[368].

---

[366] Parece que o Dr. Dario Augusto Ferreira da Silva também teve acesso ao documento que hoje se encontra no Arquivo Público Mineiro. Ele afirma que "no caderno para lançamento dos escravos, cousa dos reais quintos, figuram o *Itambé* e Rio do Peixe ainda do distrito da Vila; eram, pois, roças e terras minerais, em 1718, desse distrito. Matricularam seus escravos no *Itambé* José Rodrigues, Luiz Alves de Paiva, Antônio Cubas e José Fajardo. No *Rio do Peixe* – João Mendes da Motta, Dionísio Fernandes Bicudo, Ignez Dias Leme – sua nora e Manuel Fernandes. Quanto a *São Gonçalo, Milho Verde, Rio Vermelho* e *Turvo* as *notas* mais antigas são referências a sítios agrícolas junto ou perto das capelas respectivas, às quais pois figuram como já existentes" (SILVA, 1928, p. 51, grifos do autor).

[367] SILVA, 1928, p. 51, grifos do autor.

[368] Apmes, Cad. 70, s/p. No edital do dia 18 de maio de 1720, foi publicado "o lançamento dos quintos sobre escravos e lojas das comarcas das Minas de 1718 para 1719 e de 1719 pra 1720 sendo o total de negros para 1719, 34-939 e lojas 969; para 1720, negros 31500 e lojas 857 de cada negro se pagavam 3 oitavas e ¼ de cada venda 12 oitavas" (RAPM, 1933, p. 672). Nesse contexto de listas de escravos transitando pelo território mineiro, no dia 7 de dezembro de 1719, Jerônimo Pereira da Fonseca recebeu uma carta do governador estranhando "o procedimento dos provedores dos quintos do Serro do Frio e na baixa de negros mortos ou fugidos depois da remessa das listas" (RAPM, 1933, p. 607). A reclamação diz respeito à inexatidão das informações das relações enviadas ao governo. Libby (2018, p. 316) comenta esses dados da seguinte forma: "Para se ter uma ideia de como a população escrava de Minas foi evoluindo, variadas fontes fiscais – direta ou indiretamente baseadas em arrolamentos de cativos – servem como os indicadores mais confiáveis, embora deixem muito a desejar do ponto de vista da demografia histórica. Para a década de 1710 e início da 1720, contagens elaboradas para calcular o quinto real em cada uma das oito vilas existentes apontam para um total de 21.500 escravos. Já por volta de 1728, os dados sugerem a presença de 52.400 escravos, ou seja, um aumento de 60%. As cifras tiradas da documentação gerada pela capitação, datada entre 1735 e 1749, mostram uma flutuação do volume de escravos situada ente 1735 e 1749, mostram uma flutuação do volume de escravos situada entre cerca de 88 mil e aproximadamente 102 mil. A maioria desses escravos era composta de africanos, mas havia também uma parcela nada desprezível de jovens nascidos em colo colônia. É difícil saber qual o motivo de as cifras da capitação apresentarem uma tendência de diminuição dos cativos arrolados. Conhece-se pouco sobre os métodos utilizados na elaboração das contagens semianuais, e é plausível imaginar que alguns proprietários tivessem conseguido isenções fiscais ao longo do tempo. É ainda possível que uma ou mais epidemias (varíola, rubéola, influenza) tivessem ceifado grande número de escravos". *Cf.* Diniz (1965, p. 89-94), com descrição do *Livro de Arrolamento de Escravos de Piedade do Pitangui*, como comparativo dos dados serranos.

Dessa forma, sabemos que o imposto de capitação de escravos na Vila do Príncipe e seu termo em 1717 totalizou 2.096 indivíduos e um número de 30 lojas[369]. A renda total da capitação nas Minas Gerais foi de 906.082 oitavas e ¼ para um número global de 34.939 escravos registrados; as lojas renderam mais 9.694 oitavas.

Em resumo: o livro de capitação de escravos de 1717 da Vila do Príncipe registrou oficialmente 2.096 indivíduos. Desse total, as 51 folhas desse livro que restaram no Arquivo Público Mineiro temos o registro de 383 escravos com o nome de 61 proprietários homens e mulheres. No Quadro 2, podemos identificar das 51 folhas de lançamentos do imposto de capitação que restaram, a presença de seis mulheres proprietárias de escravos: Jacinta de Siqueira (moradora da Vila do Príncipe com 10 escravos), Luzia Mendes (moradora da Vila do Príncipe com dois escravos), Luzia de Barros da Fonseca (moradora da Vila do Príncipe, com seis escravos, deixando a vila no ano seguinte[370]), Elena Maria (moradora distante da Vila do Príncipe com um escravo), Tereza da Silva (moradora da Vila do Príncipe com quatro escravos)[371] e Inês Dias Leme (moradora do Rio do Peixe com três escravos)[372].

---

[369] O mundo do trabalho no Brasil no século XVII fundamentou-se na escravidão indígena e na transição progressiva para a escravidão africana. Nesse período, estima-se que entre 560.000 a 865.000 africanos foram destinados ao Brasil, sendo o primeiro número dos que chegaram vivos e o segundo em número incluindo os que morreram na travessia transatlântica. Segundo Paiva (2015, p. 90), "mesmo imprecisos, os dados não escondem o que eles, de toda maneira, têm para mostrar: sua extraordinária grandeza e importância; em um período não muito longo, isso representou impacto demográfico e cultual absurdo". No século XVIII, por conta dos descobrimentos de ouro e diamantes nas Minas Gerais e minas do Serro do Frio, o número de escravos africanos comercializados para o Brasil girou em torno de 1.677.135 (ELTIS; RICHARDSON, 2008, p. 49-50) a 1.700.300 (ALENCASTRO, 2000, p. 69). Por conta do comércio escravista, "tudo foi alterado, desde o banal de todos os dias, como os alimentos produzidos e consumidos, os sons e ritmos e as formas de comunicação, até a organização do trabalho, a demografia das regiões e a estrutura de administração local, regional e geral" (PAIVA, 2015, p. 92). Sobre a substituição dos índios pelos africanos no trabalho compulsório, isso se deu por conta da gradual conexão entre os circuitos atlânticos, e em especial ao tráfico negreiro. Ver: Alencastro (2000, p. 245).

[370] Um registro de óbito do escravo João feito por Luzia de Barros leva a crer que se trata desta mesma moradora da Vila do Príncipe em trânsito pelos caminhos da Bahia (AEAD, ÓBITOS 1725-1797, fl. 3v.).

[371] No dia 27 de novembro de 1725, sepultou no adro da matriz sua escrava Antônia (AEAD, ÓBITOS 1725-1797, fl. 1) e seu anjinho, criança falecida sem batismo, no dia 6 de abril de 1727, no interior da matriz serrana, mostrando que ela tinha reconhecimento social e recursos para bancar o sepultamento (AEAD, ÓBITOS 1725-1797, fl. 2v.). Outro anjinho dela foi sepultado também no interior da matriz no dia 6 de fevereiro de 1727 (AEAD, ÓBITOS 1725-1797, fl. 2v.).

[372] Ver: Anexo 9. Venancio (2012, p. 43-74) escreveu sobre a cativa do reino, posteriormente forra, Angela da Cruz (1716-1744), uma biografia digna de nota pelos detalhes do seu trânsito de Portugal, na vila de Entremoz, província do Alentejo e o Brasil, no mesmo período que Jacinta de Siqueira e outras mulheres faziam sua incursão pelas minas serranas. O autor utiliza o conceito de gesto pedagógico colonial *avant la lettre* ao discutir o papel da alfabetização de Angela da Cruz, diminuído em importância diante do aprendizado necessário do trabalho doméstico (VENANCIO, 2012, p. 45). Ver também: cap. VII, p. 185-210. Outro autor a explorar as relações pedagógicas coloniais: Russell-Wood (2012, p. 25). Ver: Figura 30.

DANILO ARNALDO BRISKIEVICZ

Quadro 2 – 1718 a 1720 – Relação de escravos – Mulheres proprietárias de escravos e lavras – Vila do Príncipe

Ordem	Folha	Proprietária	Escravos (as)
11	17v.-18	Jacinta de Siqueira [Vila do Príncipe]	1.Ambrozio Angola; 2.José Crabari; 3.Miguel Mina; 4.Antônio Mina; 5.Francisco Mina; 6.João Mina; 7.Antônio Mina; 8.Joanna Mina; 9.Leonor Mina; 10.Ignacia Mina
15	21v.-22	Manuel Mendes Razo por Luzia Mendes preta forra [Vila do Príncipe]	1.A[...] Mina; 2.Luiza Mina
21	27v.-28	Luzia de Barros da Fonseca [Vila do Príncipe]	1.Antônio Mina; 2.Antônio Moçambique; 3.Antônio Moleque Mina; 4.Gonçalo Xara [?]; 5.Maria Mina; 6.Roza M...ngana
29	35v.-36	Estevão da Silveira Rabelo por sua negra forra por nome Elena Maria [arrabalde desta Vila]	1.Salvador Mina
44	45v.-46	Tereza da Silva [Vila do Príncipe]	1.Antônio Mina; declarou ter mais uma negra e dois negros; 2; 3; 4.
51	50v.-51	Dionizio Fernandes Bicudo por sua nora Ignez Dias Leme [Rio do Peixe]	1.Antônio Mina; 2.Francisco Mina; 3.Negro João Congo

Fonte: APM-FALP, Lap-5.1, Doc. 01, Cx. 09. Ver: Anexo 9

O Quadro 2 mostra as relações entre as lavras de ouro e a escravidão na Vila do Príncipe e seu termo no seu momento mais complexo, onde, de fato, houve um aumento exponencial de sua população. Em 1711, quando houve a luta por territórios e sua jurisdição entre Geraldo Domingues e o descobridor das minas do Serro do Frio capitão Manuel Corrêa Arzão foi necessário criar uma vila para resolver as tensões internas no território, anistiando os revoltosos. Geraldo Domingues se tornou vereador, Arzão chegou a guarda-mor.

Em 1718, quando o provedor da Vila do Príncipe e de seu termo assumiu o encargo de registrar os escravos e lojas a serviço do ouvidor de Sabará, não apenas a tensão local estava estabelecida num território que exigia contínua reformulação de sua legislação para dar conta dos descaminhos do ouro e das diversas crises sociais que resultaram de uma população ávida por ouro, terras e privilégios sociais nos descobertos. Não mais resolviam as sucessivas ampliações do poder local dos antigos descobridores, a constante ampliação dos ordenamentos do Senado da Câmara e crescimento da fiscalização das Ordenanças a cavalo e a pé.

A crise política desse momento — desordenado crescimento populacional e crescente desca-minho do ouro — gerou uma solução prática por parte da Coroa portuguesa: separar, em 1720, o território mineiro da Capitania de São Paulo e Minas do Ouro. A Vila do Príncipe estava no meio da disputa: no dia 17 de fevereiro de 1720 havia se tornado a capital da Comarca do Serro do Frio desmembrada da Comarca do Rio das Velhas com capital na Vila Real de Sabará. No dia 21 de fevereiro, houve a criação da Capitania de Minas Gerais. No dia 16 de março, o bacharel Antônio Rodrigues Banha foi nomeado ouvidor da nova comarca mineira[373]. Assim, o documento de capitação

---

[373] *Cf.* Boschi e Quintão (2017, p. 80-81) e Gomes (2021, p. 155-156).

de escravos ajuda a explicar esse contexto de crise da antiga ordem do *Regimento* de 1702 e a tentativa de um novo programa para a economia dos descobrimentos de ouro. Nesse cenário de disputas caleidoscópicas pelo território das antigas minas do Serro do Frio, agora Vila do Príncipe, surgem possibilidades novas de outros contrastes com a antiga ordem estabelecida até então. As dinâmicas de mestiçagens demográficas, culturais e biológicas no território das minas do Serro do Frio ou da Vila do Príncipe e do seu termo, talvez, expliquem o novo cenário para novos gestos pedagógicos coloniais em que a atuação das mulheres parece ter se tornado possível.

3 CINCO MULHERES NA ESCRAVIDÃO

O livro do imposto de capitação de escravos de 1718 a 1720 registrou cinco mulheres com trajetórias desconhecidas nas minas do Serro do Frio. Pouco se sabe sobre elas e suas famílias, as suas propriedades ou mesmo como se deram suas relações sociais. O que temos são informações oficiais sobre suas posses de escravos e outras notas minúsculas, que podem dar algumas pistas sobre as dinâmicas sociais e de mestiçagens dessas mulheres.

A primeira mulher a usar a escravidão nas minas do Serro do Frio chamava-se Luzia Mendes. Não foi ela quem declarou seus escravos. Quem o fez por ela foi Manuel Mendes Razo. Esse declarante pertencia ao grande grupo dos portugueses considerados pelo alferes Luiz Antônio Pinto colonizadores do Serro "que para aqui vieram, se estabeleceram, se casaram ou não se casaram, mas formaram famílias; e cuja descendência é hoje assombrosa"[374]. Ele fez seu testamento em 1758, no mesmo ano que outros portugueses, o capitão João Leite Pinto[375], o capitão Antônio Gonçalves Chaves e Antônio Linhares Chaves. Ele era irmão de Antônio Mendes Razo, falecido na Vila do Príncipe em 8 de dezembro de 1744, com testamento escrito em 11 de maio de 1744, no mesmo ano em que outros dois portugueses que deixaram seus testamentos, Pedro Homem Leonardo e o capitão José de Souza Ribeiro[376].

Luzia Mendes recebeu o sobrenome de Manuel Mendes Razo por ocasião da assinatura de sua carta de alforria, desaparecendo sua qualidade — mina, angola, moçambique etc. — de escrava africana. Tornou-se uma Mendes. A declaração dos dois, Manuel e Luzia, foram idênticas nos anos de 1718, 1719 e 1720[377]. Ele possuía grande quantidade de escravos para a época, sendo 6 mina e 1 angola. Todos os cativos eram homens. Os laços de afeto que ligaram Luzia e Manuel são desconhecidos — o seu testamento não foi encontrado em arquivos públicos —, se de sentimento paterno/filial, de marido por sua esposa numa relação matrimonial oficial ou de um amante por sua concubina numa relação à margem das regras eclesiásticas[378]. Ele não declarou os escravos de uma esposa, mas fez questão de declarar os de sua escrava alforriada, com seu sobrenome.

---

[374] Apmes, Cad. 3, n.p.

[375] No dia 7 de novembro de 1727, mandou sepultar no adro da igreja mátria serrana seu escravo por nome José (AEAD, ÓBITOS 1725-1797, fl. 2v.).

[376] *Cf.* Apmes (Cad. 70, s/p).

[377] Ver: Figura 31.

[378] Segundo Castelnau-L'Estoile (2016, s/p), "nas *Constituições Eclesiásticas* do Arcebispado da Bahia, proclamadas em 1707, e que retomavam a legislação tridentina sobre o assunto, os impedimentos constituíam uma extensa lista de catorze pontos, a saber: o erro de pessoa; ignorância da condição servil; o pronunciamento de votos; o parentesco de três tipos: natural (consanguinidade), espiritual (batismo), legal (adoção); impedimento de crime (fomentar o crime de um dos cônjuges); disparidade de culto (um fiel não poderia se casar com um descrente); violência e medo; impedimento de ordem sagrada; pronunciar as palavras do casamento mesmo que o casamento não tenha sido consumado; impedimento de pública honestidade (não se poderia casar com um parente de segundo grau de uma pessoa da qual se foi noivo); impedimento de afinidade (o casamento cria relações de afinidade com parentes consanguíneos até o quarto grau; a cópula cria relações de afinidade com parentes consanguíneos até o segundo grau); a impotência do marido antes do casamento; rapto; ausência do pároco e de duas testemunhas". *Cf.* Vide (2010, Livro I, § 285, p. 249).

Com esse gesto pedagógico colonial, Manuel quis mostrar que Luzia tinha posses, passando de escrava a proprietária de escravos, ascendendo socialmente, ficando mais parecida em posses com o declarante. O gesto teve a intencionalidade de garantir uma certa projeção social de Luzia, oficialmente reconhecida em registro público. Luzia e Manuel não sabiam ler e escrever: ele não aprendeu as primeiras letras em Portugal e ela não as aprendeu no Brasil.

A capacidade de acumular patrimônio — lavras, terras, bens, escravos — era um gesto pedagógico colonial que no caso de Luzia e Manuel estava ainda separado do aprendizado do letramento. Em relação às perspectivas educacionais para portugueses e colonos brasileiros:

> Foram limitadas pela precariedade da existência da maioria dos indivíduos: a luta para subsistir, reduzindo-se quase literalmente ao sobreviverem impedia-os de alimentar maiores expectativas em relação à escola, que já lhes era inacessível pelos múltiplos obstáculos colocados pelo próprio estado. Os limites de sua experiência no mundo, suas diminutas possibilidades de agir e aprender pela realidade, confinavam-nos no desinteresse pelo saber. Numa realidade marcadamente rural e selvagem, poucos desfrutavam de uma posição social sólida que permitisse a ultrapassagem de tais limites[379].

A segunda mulher na escravidão serrana chamava-se Luzia de Barros da Fonseca. Ela morava na Vila do Príncipe. A posse de escravos era grande para os padrões da época. Dos seis escravos declarados, a maioria era da qualidade mina, preferidos nas regiões de lavras de ouro por conta de sua habilidade para lidar com o garimpo. Duas escravas são declaradas. A presença de escravas entre as mulheres nas minas do Serro do Frio é bastante comum. Talvez, pela necessidade de serviços domésticos ligados ao cotidiano feminino na casa, aos cuidados com o corpo de mulher em que a presença de outras mulheres seria necessária para manter a privacidade do banho, da higiene, do parto, da amamentação etc.

A assinatura de Luzia no livro oficial de impostos de capitação de escravos demonstra que ela não sabia ler e escrever, antes dominava apenas o desenho de seu nome, não em letras cursivas, mas em letras de forma, cometendo erros de ortografia ao grafar com letra minúscula os sobrenomes[380]. Era uma cópia de assinatura, decorada para sempre, repetida mecanicamente. Em comparação com as assinaturas dos homens letrados, percebe-se que ela com toda dificuldade aprendeu o desenho das letras. Isso mostra que para essa mulher assinar o nome era um gesto pedagógico identificado com um privilégio social, alguma distinção, uma diferenciação de outros estratos sociais. Ao que tudo indica, ela aprendeu com outras mulheres da sua família a decorar o desenho de seu nome, em ensino doméstico das primeiras letras, ou, talvez, das únicas letras necessárias para se apresentar como quem assinava o próprio nome, não precisando de solicitar assinatura a rogo ou por sinal.

Luzia usou o gesto pedagógico colonial de mostrar que sabia assinar o próprio como poder simbólico, a fim de se perfilar socialmente de maneira privilegiada, talvez, para manter o status do nome de família.

A terceira mulher na escravidão nas minas serranas teve a declaração de um escravo mina feita por um homem, Estevão da Silveira Rabelo[381]. Ele declarou que uma negra forra por nome Elena Maria vivia no arrabalde da Vila do Príncipe, ou seja, distante da matriz da vila, na casa do sobredito

---

[379] VILLALTA, Luiz Carlos. O que se fala e o que se lê: língua, instrução e leitura. *In:* NOVAIS, Fernando Antônio (coord.). *História da vida privada no Brasil:* cotidiano e vida privada na América portuguesa. Volume 1. São Paulo: Companhia das Letras, 1999, p. 331-385, p. 352.

[380] Ver: Figura 30.

[381] Ver: Figura 31.

declarante. Estevão da Silveira Rabelo era um mineiro opulentado, pois declarou no mesmo dia que possuía nove escravos, entre eles seis da qualidade mina, um moçambique e um crioulo. O número foi confirmado em 1719 e 1720.

O gesto pedagógico colonial de citar uma negra forra proprietária de um escravo esclarece que havia um desejo de dar visibilidade dessa condição para Elena. Ele poderia muito bem ter declarado que aquele escravo era dele, arrolar o nome e pronto. Mas ele não fez assim, antes, Estevão quis afirmar a condição nova de preta forra.

Qual sentimento envolvia os dois? Havia uma relação de proteção pura e simples, uma relação matrimonial ajustada aos padrões eclesiásticos ou era um concubinato?

Segundo Ronaldo Vainfas, "rival e cúmplice do casamento a um só tempo [...] o concubinato moldava relações extraconjugais da Colônia, relações em boa medida pluriétnicas, não sendo comum naquele tempo a ocorrência de casamentos entre nubentes de posições sociais díspares; casavam-se todos 'dentro da mesma igualha'"[382].

Seja qual for a situação dos sentimentos entre os dois, Estevão e Elena aparecem numa relação de proteção em que o homem potentado de lavras e escravos faz questão de apresentar publicamente uma preta forra como quem tinha também sua propriedade. Teria sido ele quem alforriou Elena? Qual teria sido o acordo? Os documentos se calam, mais uma vez. Elena Maria não sabia ler e escrever, o que era comum entre as escravas africanas e mais ainda nas minas do Serro do Frio nos seus primeiros anos em que o ouro ofuscava a instrução pública, tornando objeto de prestígio e nobreza apenas entre os letrados, que, por necessidade da governamentalidade portuguesa, estava centrada num gesto pedagógico primário — o processo escrito como peça de consulta[383].

A quarta mulher a escrever sua história nas minas serranas foi Tereza da Silva. Ela declarou 1 escravo mina e depois afirmou possuir mais 3 negros, entre os quais 1 negra. Isso quer dizer que todos seus escravos eram africanos, haviam cruzado o Atlântico, chegados ao Brasil, vendidos e distribuídos nas minas do Serro do Frio. Ela era moradora da Vila do Príncipe. Ela manteve a informação de seus escravos nos anos seguintes, 1719 e 1720. Ela não sabia ler e escrever, por isso, fez um sinal de cruz para indicar que os lançamentos eram verdadeiros[384].

A quinta mulher chamava-se Inês Dias Leme, moradora no Rio do Peixe, no termo da Vila do Príncipe. Quem declarou seus 3 escravos — 2 mina e 1 congo — foi seu sogro Dionísio Fernandes Bicudo. O mesmo Dionísio declarou que Francisco Lopes morava em sua companhia, fazendo registrar dois de seus escravos de qualidade benguela e carabari. Sobre Inês Dias Leme sabe-se que era descendente dos Leme ou Lemes, estabelecidos desde o século XVI entre São Vicente, São Paulo e Santos com parentes mais remotos vindos para o Brasil da Ilha da Madeira. Como gesto pedagógico colonial era comum que as alianças entre as famílias fossem determinadas pelo dote recebido pela futura esposa como garantia de constituição do patrimônio inicial da família, somado ao patrimônio do futuro esposo.

---

[382] VAINFAS, 1999, p. 238.

[383] *Cf.* Hespanha (1994, p. 291).

[384] Ver: Figura 32.

Assim, Inês Dias Leme era paulista[385], o mesmo podendo ser afirmado de seu sogro Dionísio e do seu filho. Era, pois, uma mulher bem-nascida[386]. O sogro de Inês sabia ler e escrever[387]. No ano de 1720, o documento informa que o declarante Dionísio se ausentou. Acrescenta que ele se encontrava em situação de falido, ou como quem momentaneamente não trabalhava nas lavras. Isso pode ser entendido como mudança de localidade dentro do território das minas do Serro do Frio ou mesmo retorno ao seu lugar de origem, talvez, ao interior de São Paulo.

Teria a família — sogro, nora e filhos — se ausentado do Rio do Peixe para sempre ou foi apenas uma viagem para rever os parentes paulistas?

O gesto pedagógico colonial nos auxilia na compreensão do poder simbólico em torno das cinco mulheres proprietárias de escravos na Vila do Príncipe e seu termo.

O que essas mulheres ensinavam e aprendiam cotidianamente: como vivenciavam suas emoções — afetos e desafetos, suas intimidades e intimidações, suas crenças e descrenças, seus conflitos em torno da maternidade e da sobrevivência dos filhos?

Os documentos se calam diante dessas questões.

A finalidade dos registros oficiais era controlar a população por meio dos bem elaborados dispositivos biopolíticos da governamentalidade política moderna que na colônia começava a dar seus primeiros passos, importando procedimentos e disciplinas da metrópole portuguesa. Dessa forma, adentrar pelos domicílios para compartilhar diálogos e mentalidades é impossível apenas por documentos formais. O que podemos inferir sobre o cotidiano dessas mulheres é que o espaço de ação de cada uma delas era composto por possibilidades e limitações.

Havia a real possibilidade para as escravas se tornarem forras. Isso aconteceu com Luzia Mendes, preta forra e Elena Maria, negra forra. Elas eram pretas forras, ou seja, mulheres escravizadas vindas do continente africano e vendidas no Brasil, transitando pelo território colonial até chegar às minas serranas, tendo seus corpos controlados por complexos processos do lucrativo tráfico de pessoas. Contudo, elas encontraram uma oportunidade por meio da mobilização de suas relações sociais no interior da economia da alforria de terem sua carta de libertação assinada, modificando sua condição escrava para outra, forra.

Utilizar estratégias afetivas para romper os laços da escravidão é compreender com autonomia os seus mecanismos e operar dentro de sua lógica. Isso requer uma visão do contexto social, pessoal e familiar em que se devia escolher o melhor momento para agir e capturar a atenção de quem lhe podia garantir um privilégio. Dentro dessa nova civilização serrana com muitas dinâmicas de mestiçagens[388] operando ao mesmo tempo — processo de formação de novos valores e costumes por conta

---

[385] Encontramos um sobrenome Dias Leme apenas, segundo Leme (1905, p. 552) em: "1-7 Luiz Dias Leme, último filho do Cap. 5.º(1) 'foi Fernando Dias, assim em Santo André como em São Paulo, uma das pessoas de maior respeito e das primeiras do governo da república, cujos cargos ocupou repetidas vezes, como se vê dos livros da câmara de S. Paulo, e no ano de 1590 era juiz ordinário, sendo seu companheiro Antônio de Saavedra. Fez o seu estabelecimento no sítio dos Pinheiros onde teve uma grande fazenda de cultura, cujas terras de matos e campos chegavam até a ribeira do Ypiranga, compreendendo a distância de uma légua']. Escreveu Pedro Taques: 'Foi estabelecido nas vilas de Santos e S. Vicente, e o homem de maior respeito e autoridade que houve nesse lugar, geralmente estimado por suas virtudes. Foi da governança da terra com o 1.º voto em todas as assembleias da vila de S. Vicente; foi ele o eleito para aclamar rei a dom João IV, em oposição ao partido dos poderosos castelhanos, que, tendo aclamado rei de S. Paulo a Amador Bueno da Ribeira, o leal vassalo que mostrou sua lealdade, repelindo essa honra, pretendiam continuar a servir os interesses de Castela. Foi capitão da vila de S. Vicente e segundo fundador da capela de Sant'Anna, que havia principiado Afonso Pellaes. Faleceu em 1659 com testamento e foi sepultado na igreja de S. Francisco como irmão terceiro. Foi casado com Catharina Pellaes, natural de S. Vicente, filha de Afonso Pellaes, cavalheiro castelhano, e de Luzia de Siqueira e Mendonça, natural de S. Vicente, da nobre família de seu apelido. Tit. Siqueiras Mendonças'".

[386] Cf. Silva (2017, p. 10).

[387] Ver: Figura 33.

[388] Cf. Paiva (2015, p. 14); ideia defendida por: Alencastro (2010, p. 346; 353).

dos inéditos encontros culturais interraciais, intercontinentais —, essas mulheres conseguiram com sua ação individual descobrir soluções para suas vidas. Constituíram dentro de suas possibilidades, instâncias de desestabilização e criação de fissuras e novos tensionamentos das normas. Por meio da inserção social na comunidade colonial serrana, elas outras formas de existência numa sociedade de padrão dominante.

Dessa forma, nas minas do Serro do Frio e em sua Vila do Príncipe muito rapidamente, nos seus primeiros anos de ajuntamento social, foram assimilados os dispositivos da economia da alforria tanto para os proprietários de escravos quanto para os próprios cativos. Assim, entre escravos e forros, viviam-se complexos processos das dinâmicas de mestiçagens com a naturalização das coartações[389], dos pecúlios e outras formas de libertação do cativeiro. Nesse caso, na Vila do Príncipe, essas mulheres já usavam dispositivos de alforria consagrados pelo mundo afora, como explica Paiva:

> Desde a escravidão antiga, passando pela escravidão dos cristãos entre os muçulmanos do norte da África subsaariana, antes mesmo da chegada dos primeiros europeus nessa região, surgiram e foram praticadas algumas formas de libertação de escravos; o termo alforria que tem origem árabe, significa liberdade e seu emprego, além de ser muito antigo, indica igualmente a ancestralidade desse procedimento. A escravidão moderna, com toda sua diversidade e complexidade de formação e de funcionamento, fomentou algumas dessas antigas práticas de manumissão (termo de origem latina que também significa libertação) e inventou outros[390].

Isso não quer dizer que todos os escravos conseguiram se organizar para atuar dentro da economia da alforria. Faltam dados na Vila do Príncipe para identificar até que ponto e qual porcentagem de cativos conseguiu usar os dispositivos da alforria para alcançar a sua libertação. E se depois de libertos, conseguiram viver com dignidade de moradia, de alimentação, de vestuário e com acesso ao mundo do trabalho. A resistência por fuga e formação de quilombos não nos deixa acreditar numa solução pacífica e linear do problema da escravidão nas minas do Serro do Frio.

As heranças da escravidão perduram até os dias atuais, perpassando ainda muitos processos de inclusão social. Quem nos auxilia na explicação desse contexto colonial é Novais quando afirma que "mobilidade, dispersão, instabilidade enfim, são características da população nas colônias, que vão demarcando o quadro dentro do qual se engajaram os laços primários e se foi desenrolando a vida do dia-a-dia"[391]. Dessa forma, a "instabilidade, precariedade, provisoriedade parecem, pois, formar o núcleo dessa camada de sensações que, provindo das estruturas mais profundas da colonização, enquadram as demais, dando o tom de conjunto na vida de relações nessa parte do Novo Mundo na Época Moderna"[392].

---

[389] Segundo Paiva (1995, p. 49), "tratava-se, grosso modo, do pagamento parcelado da manumissão [alforria legal de um escravo], podendo o coartado se ausentar do domínio senhorial durante anos seguidos" tornando-se "prática recorrente nas Minas do Setecentos, mas muito pouco conhecida pela historiografia brasileira sobre escravidão". Em outro texto, Paiva (2015, p. 119) explica que "a frequência com que as coartações foram praticadas, a relativa facilidade para se estabelecer o acordo, que era acertado diretamente entre as partes envolvidas, e sua longevidade denotavam as possibilidades de acúmulo de pecúlio por parte dos escravos sem sociedades que permitiram e incentivaram esses caminhos de libertação". Assim, "para pagar as parcelas da libertação e para se sustentarem, os (as) coartados(as) exerciam variados serviços que ofereciam aos moradores, comercializavam alimentos e bebidas, catavam ouro e se prostituíam também". Por fim, o autor explica que "quanto mais os coartados africanos adquiriam mobilidade, mais fortemente se consolidaram como agentes de mesclas biológicas e culturais".

[390] PAIVA, Eduardo França. Alforria e coartação. In: ROMEIRO, Adriana; BOTELHO, Angela Vianna. Dicionário histórico das Minas Gerais. Período Colonial. 3. ed. Belo Horizonte: Autêntica, 2013. p. 31-33, p. 31.

[391] NOVAIS, Fernando Antônio. Condições da privacidade na colônia. In: NOVAIS, Fernando Antônio (coord.). História da vida privada no Brasil: cotidiano e vida privada na América portuguesa. Volume 1. São Paulo: Companhia das Letras, 1999. p. 13-40, p. 22.

[392] NOVAIS, 1999, p. 32.

As outras três mulheres — Luzia de Barros da Fonseca, Tereza da Silva e Inês Dias Leme — vivenciaram outros processos culturais na moralidade pedagógica em formação nas minas do Serro do Frio. Compartilharam socialmente a reprodução dos costumes, ou seja, a internalização da moral social por meio do processo da socialização iniciada com o nascimento no mundo que já existe. Não há no gesto pedagógico colonial dessas mulheres algo que poderíamos crer fosse instaurador de um novo papel social ou um questionamento da sociedade da época. Elas ocuparam um espaço de ação permitido e mediado por padrões morais pedagogicamente ensinados e aprendidos. Elas continuaram a reproduzir, umas mais, outras menos, o paradigma cultural coletivamente compartilhado. Para além do paradigma reprodutivista do ordenamento social, elas também vivenciaram o paradigma do poder simbólico em que as relações mantidas pela coercitividade e pela centralidade dos adultos que já fizeram suas escolhas morais antes dos recém-nascidos estão por todos os lugares e espaços sociais e foi vivido e revivido pelas gerações de adultos e ensinado às novas gerações nas minas do Serro do Frio[393].

É o filósofo francês Pierre Bourdieu que nos auxilia na reflexão sobre padrões culturais de comportamento. O poder simbólico é uma forma de conhecimento praxiológico em que se coloca a questão do traço de união e de relação entre quem age e a sociedade existente. O poder simbólico é entendido como "não somente o sistema de relações objetivas que o modo de conhecimento objetivista constrói"[394], mas se dá no interior das "relações dialéticas entre essas estruturas objetivas e as disposições estruturadas nas quais elas se atualizam e que tendem a reproduzi-las". As formas familiares, eclesiásticas, governamentais, policiais constituintes de uma sociedade são ensinadas e aprendidas cotidianamente como gesto pedagógico: são formas de reprodução do poder simbólico.

A convivência do indivíduo em grupos é permeada pelo poder simbólico do próprio indivíduo, de outros indivíduos, do seu grupo e de outros grupos. Aprendemos no coletivo, nunca sozinhos.

Nesse sentido, Bourdieu explica que vivemos envolvidos por um habitus, que é a moldura da existência dos indivíduos, determinando sua forma de ocupar o seu lugar no mundo, o seu espaço de sociabilidade, em que suas redes de significados se estabelecem. Ele é o "sistema de disposições duráveis, estruturas estruturadas predisposta a funcionarem como estruturas estruturantes"[395], ou seja, age "como princípio que gera e estrutura as práticas e as representações que podem ser objetivamente regulamentadas e 'reguladas' sem que por isso sejam o produto de obediência de regras, objetivamente adaptadas a um fim". O campo em que a ação do indivíduo se dá e se dava é, pois, um "espaço onde as posições dos agentes se encontram a priori fixadas" uma vez que "o campo se define como o lócus onde se trava uma luta concorrencial entre os atores em torno de interesses específicos que caracterizam a área em questão"[396].

Em conclusão, as relações aprendidas socialmente estruturam-se formando indivíduos assujeitados, predispostos aos costumes por conta da existência de um poder simbólico que estrutura ontologicamente as relações sociais. Nesse sentido, a formação social ensina de maneira eficiente e eficaz, de maneira a conformar os indivíduos aos seus padrões, alcançando uma reprodução dos costumes, das formas de ver e viver a vida, de entender a própria história. Isso se faz como prática social uma vez que ninguém se constitui solitariamente, de forma apartada, ilhado em relação aos costumes de um grupo ou classe.

---

[393] *Cf.* Briskievicz (2020).

[394] BOURDIEU, 1972 *apud* ORTIZ, Renato (org.). *Pierre Bourdieu:* Sociologia. São Paulo: Ática, 1983. p. 8.

[395] BOURDIEU, 1972 *apud* ORTIZ, 1983, p. 15.

[396] ORTIZ, 1983, p. 19.

Dessa forma, a evidência do paradigma reprodutivista do poder simbólico, dos padrões e costumes nos leva à análise da educação informal no povoado serrano e de seus ofícios para descobrirmos como o ensino espontâneo reproduz, também, as relações de dominação. Dessa forma, podemos entender o cotidiano dessas mulheres: elas reproduziram os padrões culturais de sua época, e se em algum momento elas transgrediram os costumes socioculturais vivenciados coletivamente, é porque de certa maneira, dentro do mesmo sistema havia a permissão para que isso fosse feito.

CAPÍTULO SEIS

UMA HISTÓRIA NECESSÁRIA: JACINTA DE SIQUEIRA

O cortejo dos baianos cava parecença com uma festa.
No sertão, até enterro simples é festa.
Às vezes eu penso: seria o caso de pessoas de fé
e posição se reunirem, em algum apropriado lugar,
no meio das gerais, para se viver só em altas rezas,
fortíssimas, louvando a Deus e pedindo
glória do perdão do mundo.

(João Guimarães Rosa – Grande Sertão: Veredas)

A biografia de Jacinta de Siqueira é, sem dúvida, uma das mais reveladoras do gesto pedagógico colonial e do jeito barroco serrano de ser.

Se, por um lado, o gesto pedagógico colonial ensinava como as pessoas deviam conviver uns com outros e quais eram os limites e alcances dos papéis sociais das mulheres nessa sociedade, por outro, parece sugerir a constante possibilidade de alargamento da atuação do corpo feminino na civilização serrana em formação inicial de sua moralidade pedagógica.

Se, por um lado, o jeito barroco serrano de ser apresentava nas primeiras duas décadas do século XVII maleabilidade no seu jogo de permissões e proibições públicas e privadas, sagradas e profanas, por outro, estava aderido fundamentalmente aos costumes conservadores portugueses, em especial ao catolicismo romano, catequético e eclesiástico, centrado no padroado e na divisão da vida social entre dois mundos, a cidade de Deus e a cidade dos homens, determinando a reprodução de costumes dentro de uma hierarquia imaginada como verdadeira, real e válida para a salvação das almas e a disciplina dos corpos.

O gesto pedagógico colonial é baseado no que Pierre Bourdieu entendia por paradigma reprodutivista em que os indivíduos convivem repartindo entre si, em sua vida cotidiana, valores que escolheram como válidos para estabelecer suas relações[397]. No contato com as instituições sociais a reprodução de valores o indivíduo estabelecia relação com um todo previamente organizado, as estruturas estruturadas. Tudo funcionaria, então, na mais perfeita ordem, criada pelos mesmos que mantinham essa ordem, reproduzindo-a como naturalizada em suas estruturas estruturadas que um dia, no passado, foram estruturas estruturantes, ou seja, foram consideradas importantes para o funcionamento do ordenamento social.

Dessa forma, as estruturas estruturadas criaram no Brasil colonial — uma generalização de comportamentos reproduzidos em povoados, vilas e cidades desse período — um "sentido imediato do mundo"[398], em forma de conhecimento e consenso, tornando-se visíveis nas instituições sociais, estabelecendo operações lógicas e gnosiológicas como apreensão imediata do mundo, das coisas, das pessoas, das identidades. Por outro lado, as estruturas estruturantes operavam como princípio

---

[397] *Cf.* Bourdieu (2011).
[398] BOURDIEU, 2011, p. 5.

gerador das práticas e representações sociais, dando sustentação às estruturas estruturadas. Assim, formou-se uma dialética entre o fixo e o móvel, entre o rígido e o maleável, entre consenso e dissenso, entre instituição social e indivíduo.

O gesto pedagógico colonial é fundamentado no que Michel Foucault definia por microfísica do poder e biopolítica[399]. O poder de ação e de discurso, ou seja, o uso do corpo em sociedade, por meio do se convencionou chamar liberdade, é um construto coletivo, torna-se verdade e saber na prática social. O poder de ação e de discurso é molecular pois opera em todos os níveis da vida social e individual. Ele opera com dispositivos de internalização da norma social para assujeitar os indivíduos e disciplinar o seu pensamento, bem como de sua exteriorização quando o indivíduo usa seu corpo como presença na relação com os outros corpos, mostrando se esse comportamento/aparição é ou não aceitável, correto, disciplinado, justo, adequado, possível, autorizado etc.

A capilaridade do poder é ilimitada, o que nos leva à questão fundamental — os indivíduos na modernidade são, de fato, livres ou disciplinados?

De outra forma, Foucault explica que a partir do século XVIII — e isso fez parte dos ensaios políticos portugueses na colônia de maneira radical — surgiu uma nova forma de dominação, baseada em dispositivos de punição do corpo e no medo. O biopoder controla os indivíduos, separando, classificando, registrando, especificando, processando seus corpos. Ação e discurso passam a ser disciplinados radicalmente por dispositivos biopolíticos espalhados por toda a sociedade — não apenas pelo estado ou sua polícia, mas também por eles, uma vez que ele está difuso entre todos os corpos. Na modernidade, por medidas de controle da vida dos corpos e a constante necessidade de manter esses corpos em atividades de trabalho como mão de obra, os indivíduos foram compartilhando práticas de coerção, naturalizando essas práticas como o aprisionamento de criminosos em cadeias (um marco das vilas era erigir um prédio com essa finalidade), a classificação das doenças (os andaços — epidemias — eram tratados por médicos ou licenciados contratados pelas câmaras), a regulação das relações sexuais pela instituição da economia do casamento/matrimônio (as paróquias com suas regras para as uniões oficiais antecediam a criação das vilas). Por isso, qual o espaço para a ação e discurso totalmente livres — independentes, criativas, contraditórias — numa sociedade colonial como que se formou nas minas do Serro do Frio?

Na moldura do biopoder mesmo a transgressão — qual delas não era ainda regulada, classificada e ordenada? — devia ser considerada uma forma de materialização do biopoder, daquilo que estava já anteriormente previsto no controle social[400]. Assim, para os normais, havia seu oposto os anormais, para os inteligentes, os loucos, para os homens bons, os de sangue infecto, para as mulheres honestas, outras concubinas, para os que alcançaram a salvação celeste, outros perdidos e condenados ao inferno, para os ofícios nobres, outros chamados de defeito mecânico, para sangue bom e puro, outros de sangue impuro.

Para escrever uma biografia como a de Jacinta de Siqueira é fundamental compreender as molduras socioculturais envolventes dos seus indivíduos, o paradigma reprodutivista, a microfísica do poder e as relações do biopoder. Assim, antes mesmo de propor uma abordagem macro-histórica em diálogo com outra, a micro-história, a fim de narrar as experiências de Jacinta de Siqueira como gesto pedagógico colonial nas minas do Serro do Frio e sua Vila do Príncipe é justo colocar a discussão sobre o poder e da política como ponto de partida conceitual para o diálogo com a história, seus documentos e narrativas.

---

[399] Cf. Foucault (2017).
[400] Cf. Foucault (2014).

O que seria a macro-história? Narrar eventos históricos — a escravidão africana interconti-nental, a formação de um mercado global das mercadorias manufaturadas em escala plurioceânica[401], a globalização do tráfico de diamantes etc. —, a partir da consideração de que é necessário conhecer o funcionamento das estruturas estruturadas que antecedem e por vezes determinam a ação e o discurso dos indivíduos em seus espaços moleculares de poder[402].

O que seria a micro-história? Narrar eventos históricos a partir do cotidiano dos indivíduos, como eles transitavam seus corpos entre costumes, valores, instituições sociais. Como eles convi-viam entre si, o que vestiam, o que comiam, como se casavam, se sabiam ler e escrever, como eram sepultados, quais eram seus livros e os objetos e pessoas listados em seus inventários e testamentos *post mortem*. A micro-história é uma proposta de indagação e revelação das estruturas aparente-mente invisíveis, mas que permitiram em algum momento histórico a articulação de experiências individuais e coletivas[403].

A questão de fundo é, por um lado não, perder uma certa visão de conjunto do contexto da escravidão no Brasil e suas relações com a metrópole, a África e entre suas capitanias. Por outro lado, aprofundar o olhar microanalítico nas relações socioculturais nas minas do Serro do Frio e sua Vila do Príncipe. Um jogo não apenas de escalas — o global e o local —, mas de estratégia de conhecimento do gesto pedagógico colonial.

1 A ESCRAVIDÃO INTERCONTINENTAL: O MUITO GRANDE

Nos primeiros anos do século XVIII três continentes – Europa, África e América – ligaram--se por uma nova ordem econômica mundial em que nasceram os pressupostos do capitalismo mercantilista[404]. Duas nações em expansão pelas grandes navegações após guerras internas para a consolidação de seu território: Portugal e Espanha, ainda em expansão de seus descobrimentos e da consolidação de territórios coloniais. Nesse contexto global, a Europa promoveu conquistas de territórios na América (no Brasil a interiorização do litoral para o sertão) e na África (a constante luta pelos portos em torno do Castelo de São Jorge da Mina[405]).

Segundo o historiador africano Inikori, a nova ordem mundial teve impactos iniciais na África "a partir do momento em que o Novo Mundo, após a viagem de Cristóvão Colombo, em 1492, abriu-se à exploração europeia um tráfico de escravos africanos, envolvendo números muito maiores" superando os números do antigo tráfico[406] que operava entre o continente e territórios europeus próximos ao Mar Mediterrâneo e Ásia. Por isso,

> [...] trata-se do tráfico transatlântico de escravos, praticado do século VI até meados do século XIX. Os dois tráficos perpetuaram-se simultaneamente durante quase quatro

---

[401] De acordo com Russell-Wood (2012, p. 13), ao problematizar a escala de observação dos historiadores sobre as pessoas, animais, plantas e mercadorias, para reconstituir suas formas de organização.

[402] *Cf.* Revel (2010).

[403] VAINFAS, 2002; CHARTIER, 1990; 2009; GINZBURG; CASTELNUOVO; PONI, 1989.

[404] Segundo Vainfas (2000, p. 392-393), transitando entre o sistema feudal em decomposição e o nascente capitalismo, o mercantilismo é identificado também com a chamada fase de acumulação primitiva do capital, ou do capitalismo comercial. Dentre as características mais apontadas para defini-lo, destacam-se: a) intervencionismo do Estado nas práticas econômicas, através de políticas monopolistas e fiscais relativamente rígidas; b) o metalismo, ou a crença de que a acumulação de metais preciosos era a única forma de enriquecimento dos Estados; c) a busca de uma balança comercial favorável.

[405] *Cf.* Alencastro (2010, p. 30).

[406] A opinião de Boxer (1963, p. 22) é a mesma: a escravidão existia em África, não sendo os portugueses seus inventores; contudo, "foram pioneiros no que se refere à escravatura a serviço da lavoura, pelo menos quanto a essa prática em escala considerável; o grosso dos escravos que obtiveram na África ocidental, foi, de início, comprado na costa da Guiné, e quase todos pertenciam à raça sudanesa ocidental".

séculos e arrancaram milhões de africanos de sua pátria. Até hoje, o papel desse comércio no desenrolar da história mundial ainda não foi devidamente evidenciado[407].

Ainda seguindo os passos de Inikori, o autor propõe analisar o nascente sistema atlântico sobre a Europa — isso explica o ritmo de cada nação em sua inserção no mercado de escravos na África — em dois períodos, de 1500 a 1650 e de 1650 a 1820: "durante o primeiro período, as economias e as sociedades da região atlântica ainda não possuíam as estruturas necessárias para que as forças presentes no mercado assumissem totalmente o funcionamento de um sistema econômico único, capaz de dividir funções e lucros entre seus membros"[408].

O historiador africano ainda explica que no segundo período, "no Novo Mundo, a produção de metais preciosos continuou a desempenhar um papel importante, particularmente por ocasião da entrada do Brasil, no século XVIII, em sua fase de grande produção"[409], em que "um comércio muito ativo organizou -se em torno do transporte marítimo de mercadorias da África e das Américas: os escravos africanos partiam rumo às Américas[410], enquanto os produtos agrícolas e metais preciosos eram enviados das Américas rumo à Europa Ocidental"[411]. Ele finaliza afirmando que "as novas possibilidades econômicas geradas pela expansão no sistema atlântico levaram à criação de empregos, estimulando assim o crescimento demográfico em toda Europa Ocidental, em contraste com a queda constatada no século XVII"[412].

O objetivo europeu na nova ordem econômica mundial fundamentou-se na troca de mercadorias manufaturadas: nas colônias de ultramar uma ampla rede comercial produzia aos grandes comerciantes europeus grande lucro. Portugal tentava manter com o Brasil a estrita relação de dependência estrutural baseada no exclusivo comercial e limitava iniciativas de qualquer indústria entre seus colonos. Com a descoberta do ouro com previsão de exploração em larga escala na região das Minas Gerais, as relações mercantis ampliaram-se: a escravidão passou a ser referenciada como solução para a rápida ocupação dos territórios mineiros, já que a metrópole não dispunha de número suficiente de pessoas dispostas a imigrarem para as minas a fim de exercer atividades não nobilitantes. A escravidão colonial de indígenas fora praticamente abandonada.

Outra, mais lucrativa — a escravidão africana —, por envolver redes comerciais intercontinentais mantidas por relações entre a Coroa portuguesa e autoridades locais, navios de grande porte preparados para o transporte pelo Atlântico Sul, aportes de grandes fortunas capitalizadas com garantia de retorno a curto prazo, teve rápida adesão entre os novos ricos da metrópole, o estado português a quem interessava a capitação de impostos, os mercadores de escravos nos portos africanos e os mineiros do território das Minas Gerais, a quem interessava acumular mais riquezas além do ouro, ou seja, escravos para investimento financeiro como garantia de futuras trocas por moeda corrente. A escravidão africana nesse contexto — apesar da violência inequívoca, da imoralidade inquestionável, da desumanidade explícita — interessou aos mercados europeu/português, africano e brasileiro. O lucro ofuscou a dignidade humana[413].

[407] INIKORI, Joseph E. A África na história do mundo: o tráfico de escravos a partir da África e a emergência de uma ordem econômica no Atlântico. *In:* OGOT, Bethwell Allan (ed.). *História Geral da África.* África do século XVI ao XVIII. Brasília: UNESCO, 2010. v. V. p. 91-134, p. 91.
[408] INIKORI, 2010, p. 102.
[409] INIKORI, 2020, p. 106.
[410] Ver: Figura 34.
[411] INIKORI, 2020, p. 107.
[412] INIKORI, 2020, p. 107.
[413] Para Alencastro (2000), o escravismo tornou-se fundamentalmente um comércio bipolar entre Angola e a Costa dos Escravos por extensão e o Brasil, em especial os portos de Pernambuco, Bahia e Rio de Janeiro. Isso se deu muito em função da Restauração angolana, em 1648. Para compreender o

Assim, a escravidão africana para o Brasil é parte de conexões do capitalismo em expansão do Velho Mundo para outros territórios e povos:

> Partimos, aqui, da ideia segundo a qual uma primeira ordem econômica, atribuidora de coesão a grande parte do mundo e composta por várias regiões – Europa Ocidental, América do Norte, América Latina, Antilhas e África – apareceu no século XIX, na zona do Atlântico. A Europa Ocidental e, mais tarde, a América do Norte formaram o centro dessa ordem, ao passo que a periferia era constituída pela América Latina, pelas Antilhas e pela África. Tal configuração traçou o perfil das estruturas econômicas, sociais e políticas dessa ordem. A extensão, nos séculos XIX e XX, da ordem econômica atlântica à Ásia e ao resto da Europa resultou na ordem econômica mundial moderna que, desde então, só sofreu mudanças, por assim dizer, de pequena envergadura. Vale observar que, mesmo no âmbito da ordem ampliada, a posição central ou periférica das regiões que a compõem permaneceu inalterada, comparativamente ao século XIX. A evolução dos séculos XIX e XX somente acrescentou um ou dois novos territórios aos dois centros, enquanto a periferia se estendeu consideravelmente[414].

De fato, isso explica a transição de uma escravidão dos "gentios" ou "escravos da terra" para a escravidão africana como decisão importante em torno de uma nova ordem mundial do capitalismo mercantilista europeu e a descoberta das minas de ouro nas Minas Gerais. Por isso, o mundo do trabalho no Brasil no século XVII fundamentou-se na escravidão indígena e na transição progressiva para a escravidão africana. Nesse período, estima-se que entre 560.000 e 865.000 africanos foram destinados ao Brasil, sendo o primeiro número dos que chegaram vivos e o segundo em número incluindo os que morreram na travessia transatlântica.

Segundo Eduardo França Paiva, "mesmo imprecisos, os dados não escondem o que eles, de toda maneira, têm para mostrar: sua extraordinária grandeza e importância; em um período não muito longo, isso representou impacto demográfico e cultual absurdo"[415].

No século XVIII, por conta dos descobrimentos de ouro e diamantes nas Minas Gerais e minas do Serro do Frio, o número de escravos africanos comercializados para o Brasil girou em torno de 1.677.135 a 1.700.300[416]. Por conta do comércio escravista, "tudo foi alterado, desde o banal de todos os dias, como os alimentos produzidos e consumidos, os sons e ritmos e as formas de comunicação, até a organização do trabalho, a demografia das regiões e a estrutura de administração local, regional e geral"[417].

---

fundamento doutrinário produzido em especial pelos padres jesuítas da Companhia de Jesus, ou seja, a justificação teológica da escravidão baseada na exegese bíblica, ver: Alencastro (2000, p. 155-187). Em resumo: retirar cristãos recém-batizados para o embarque nos navios negreiros da companhia dos gentios na África era um benefício para os escravizados; a dessocialização e despersonalização dos escravizados seriam benéficos para esquecerem a vida antiga de pecado e se manterem firmes na nova fé; o sofrimento do cativeiro — em especial dos açoites e surras e castigos por fuga e desobediência — deviam ser vistos como detentores, pois também o Cristo teria sofrido e vertido seu sangue para a salvação de muitos; o Brasil seria um lugar para a plena evangelização dos recém-convertidos e batizados chegados em navios negreiros e os seus proprietários deviam agir como seus educadores na fé, seus reais evangelizadores; haveria benefício pleno de evangelização se tudo se desse no Brasil. Conclui Alencastro (2000, p. 186), "dessa forma, a teoria negreira jesuíta ajuda a compor o patriarcalismo senhorial luso-brasileiro". Importante estudo sobre os escravos da Companhia de Jesus encontra-se em: Amantino (2014, p. 145-168). A autora retoma em sua análise as práticas jesuítas visando a formação de um projeto escravista-cristão, alicerçadas nas teorias tridentinas escravistas do padre Benci e Antonil. Sobre os escravos dos jesuítas sob o domínio público, ver: Rocha (2018, p. 37-46).

[414] INIKORI, 2010, p. 95.

[415] PAIVA, 2015, p. 90.

[416] ELTIS, David; RICHARDSON, David. A New Assessment of the Transatlantic Slave Trade. *In:* ELTIS, David; RICHARDSON, David (ed.). *Extending the Frontiers.* Essays on the new Transatlantic Slave Trade Database. New Have: Yale University Press, 2008. p. 1-60, p. 49-50; ALENCASTRO, 2000, p. 69.

[417] PAIVA, 2015, p. 92.

Da África ocidental foram comercializados escravos para abastecer os mercados da América Ibérica. O número de africanos ocidentais — na região litorânea entre o rio Senegal [Senegal] até o cabo Lopez, na linha do Equador [Gabão] — que chegaram comercializados com o Brasil entre 1550 e 1850 é estimado em torno de 1,2 milhão, entre crianças, homens e mulheres. Os africanos ocidentais chegaram às minas do Serro do Frio em grande quantidade, preferidos por suas habilidades no trabalho nas minas de ouro.

De acordo com os estudos de Parés, os africanos ocidentais eram "originários de sociedades políticas e culturalmente muito variadas, situadas com frequência perto do litoral, mas algumas vezes localizadas em terras interioranas a centenas de quilômetros do mar"[418]. O embarque das caravanas dos cativos se dava em diferentes portos. Assim, "a primeira área que teve incidência significativa no tráfico destinado ao Brasil foi a Alta Guiné que do rio Senegal até o cabo Monte (na atual Libéria); a diversidade cultural dessa região é notória na sua riqueza linguística"[419]. Várias línguas eram faladas nesta região — wolof, seres, balanta, fula, temme, assim como as línguas mandê do interior, mandinga, soninke, bambara. Ele acrescenta que "além das ilhas de Cabo Verde, os principais enclaves do tráfico português nessa zona foram os portos de Cacheu e Bissau (na atual Guiné-Bissau)"[420].

Os africanos ocidentais estão ligados diretamente à história das minas do Serro do Frio. Foram eles em sua maioria que exploraram as lavras de ouro. Conhecidos por negro mina, preto mina, negra mina e preta mina nos registros oficiais. É que "no início, 'mina' foi um termo utilizado para designar os africanos embarcados no castelo de São Jorge da Minas (fundado pelos portugueses entre 1482 e 1488). Em seguida tornou-se, porém, uma expressão genérica para designar qualquer escravo importado da Costa da Mina"[421]. Para Gomes, "a importância da denominação mina era tão desproporcionalmente maior nos plantéis de escravos que, em 1741, Antônio Costa Peixoto publicou um dicionário mina/português, a *Obra nova da língua geral de Mina*"[422], cuja finalidade era aproximar os portugueses do cotidiano linguístico mina, a fim de compreender suas conversas e ampliar o controle social.

A economia da escravidão provocou mudanças na interpretação das nações africanas chegadas ao Brasil ao ponto de a expressão "mina" identificar um conjunto imenso de povos africanos. Para identificar os escravos comprados para o trabalho nas lavras de ouro das Minas Gerais e nas minas do Serro do Frio, acabou-se por generalizar os africanos ocidentais como "mina", até porque "aos poucos os africanos [...] se apropriaram [disso] como formas de pertencimento coletivo que lhes ajudavam a se reorganizar e a enfrentar a adversidade na sociedade escravocrata"[423].

Na chamada Costa dos Escravos (parte oriental da Costa da Mina, do rio volta até o rio Lagos), ocorreu a concentração de escravos para o Brasil. Nas décadas de 1710 e 1720, na região mineradora de Vila Rica e Vila do Carmo, os africanos ocidentais "perfaziam 57% dos africanos escravizados, contra 28% de centro-ocidentais [Congo e Angola]; grosso modo, havia dois minas para cada angola, uma proporção parecida à encontrada na Bahia no século XVIII"[424]. Os outros 15% seriam da Costa Leste [Moçambique][425].

[418] PARÉS, 2018, p. 77.

[419] PARÉS, 2018, p. 77-78.

[420] PARÉS, 2018, p. 78.

[421] PARÉS, 2018, p. 79.

[422] GOMES, Laurentino. *Escravidão*. Da corrida do ouro em Minas Gerais até a chegada da corte de dom João ao Brasil. Rio de Janeiro: Globo Livros, 2021, v. II, p. 86.

[423] PARÉS, Luis Nicolau. Africanos ocidentais. *In*: SCHWARCS, Lilia Moritz; GOMES, Flávio dos Santos (org.). *Dicionário da escravidão e liberdade: 50 textos críticos*. São Paulo: Companhia das Letras, 2018, p. 77-83, p. 79.

[424] PARÉS, 2018, p. 81.

[425] Ver: Figura 35. Segundo Alencastro (2000, p. 255), defensor das relações bipolares entre Brasil e Angola no século XVIII, baseadas no tráfico negreiro da África financiado pela cachaça e pela mandioca das fazendas tupiniquins, "Luanda transforma-se num grande porto negreiro porque

Qual seria, então, do total de escravos embarcados para o Brasil e chegados vivos na travessia transatlântica, o número dos que foram comercializados para o serviço nas lavras de ouro nas primeiras décadas do século XVIII?

Quem explica essa realidade mais local é o historiador Douglas Libby, a partir das fontes oficiais, os registros de capitação de escravos nas minas de ouro. Assim, "para se ter uma ideia de como a população escrava de Minas foi evoluindo [...] para a década de 1710 e início da 1720, contagens elaboradas para calcular o quinto real em cada uma das oito vilas existentes apontam para um total de 21.500 escravos". Já por volta do ano de 1728, "os dados sugerem a presença de 52.400 escravos, ou seja, um aumento de 60%". Já por volta do período entre 1735 e 1749, os dados registrados mostram "uma flutuação do volume [...] de 88 mil e aproximadamente 102 mil". O historiador acrescenta que "a maioria desses escravos era composta de africanos, mas havia também uma parcela nada desprezível de jovens nascidos em solo colonial"[426].

Dessa parcela geral, qual seria o número de escravos africanos e crioulos — negros e mulatos nascidos em território brasileiro — na Vila do Príncipe e seu termo?

Segundo registro oficial assentado numa carta do governador da Capitania de São Paulo de Minas do Ouro, D. Pedro Miguel de Almeida Portugal e Vasconcelos o imposto de capitação do ano de 1718 anotou na Vila do Príncipe um total de 2.090 escravos[427].

Portanto, numa visão macro-histórica, Jacinta de Siqueira foi uma vítima do lucrativo comércio de escravos africanos dentro da nova ordem mundial do capitalismo mercantilista europeu e português que se espalhou com grande capilaridade pela África e pelo Brasil, em especial pelo comércio por meio do Atlântico Sul[428]. Sua escravidão se deveu, então, a processos econômicos que afetaram a Europa, a América e a África na segunda metade do século XVII e durante todo o século XVIII. No Brasil, houve uma solução interna na economia da escravidão. Optou-se pela substituição da escravidão dos "gentios", "escravos da terra" ou indígenas, pela escravidão africana, por oferecer mão de obra qualificada para as minas de ouro. Proporcionar um povoamento do território brasileiro sem diminuir a população metropolitana. Gerava grandes lucros para os mercadores de navios negreiros e para a Coroa portuguesa pelos impostos de capitação em África e no Brasil.

A escravidão africana foi uma aposta das elites portuguesas, africanas e brasileiras para fazer girar ainda mais rapidamente os lucros da economia em benefício de quem detinha os dispositivos de poder instalados nesses territórios.

---

produz, importa e estoca alimentos para sustentar contínuos de gente arrastada do interior para ser deportada além-mar". Para esse historiador, Luanda era o maior porto negreiro do Atlântico.

[426] LIBBY, Douglas Cole. Mineração escravista. *In:* SCHWARCS, Lilia Moritz; GOMES, Flávio dos Santos (org.). *Dicionário da escravidão e liberdade:* 50 textos críticos. São Paulo: Companhia das Letras, 2018, p. 314-321, p. 316.

[427] *Cf.* Apmes (Cad. 70, s/p).

[428] Alencastro (2000, p. 379) estimou que entre 1650-1700, período em que Jacinta de Siqueira foi capturada, levada para o Porto de São Jorge da Mina, embarcada em navio negreiro e vendida provavelmente em Salvador para seu proprietário secundário, o capitão Antônio José de Campos Lara, foram comercializados 185 mil escravos entre 1651-1675 e 175 mil em 1676-1700. As perdas por morte giravam em torno de 20 a 10% do total de embarcados. Para Mattoso (2020, p. 58), entre 1701 e 1800, 70% dos escravos importados vinham de Angola; Philip Curtin calculou que teriam sido 1.414.500 durante o mesmo período. Esse substancial tráfico de Angola não teria sido feito sem a intervenção das companhias privilegiadas, e sem nenhuma eventual regulamentação centralizadora eficaz por parte da metrópole. A explicação disso tudo poderia ser que os portugueses, permanente e fortemente instalados em Angola desde o final do século XVI, além de senhores do mercado, praticamente não sofriam concorrência de outros países europeus. O tráfico de escravos podia tranquilamente ser confiado à iniciativa privada". Sobre o contexto do tráfico africano no século XVII, ver Miller (2019, p. 60-71). Mais que estabelecer seu local de nascimento, ponto de difícil concordância por conta das variáveis enormes do tráfico negreiro, queremos apresentar um contexto global do processo ao qual a futura colonizadora das minas serranas esteve sujeita e não teve uma alternativa senão criar suas próprias estratégias de sobrevivência.

DANILO ARNALDO BRISKIEVICZ

Em conclusão, o caminho seguido por Jacinta de Siqueira da África — provavelmente ela foi embarcada na Costa dos Escravos na parte oriental da Costa da Mina, entre os reinos do Daomé [Benin] e o reino de Oyó [Nigéria] — para a América do Sul — provavelmente foi desembarcada e negociada na cidade da Bahia, Salvador —, onde sua história teve novos acontecimentos, até que nos primeiros dias do descobrimento das minas do Serro do Frio, ela desembarcou para nunca mais sair. Ou dito de outra forma: ainda muito jovem, a menina ou moça Jacinta de Siqueira foi aprisionada em alguma parte do atual território de Angola, levada para o porto de São Jorge da Mina, transportada para o porto de Salvador, onde chegou depois de quase 12 meses, foi adquirida pelo capitão Antônio José de Campos Lara, provavelmente pelo intermédio de algum comerciante de escravos que a conduziu em comboio com outros escravos para sua fazenda ou engenho de cana-de-açúcar do Recôncavo Baiano.

2 AS MINAS DO SERRO DO FRIO: O MUITO PEQUENO

Nos anos de 1718, 1719 e 1720 Jacinta de Siqueira, moradora na Vila do Príncipe declarou ao provedor da Comarca de Sabará (Quadro 3), o licenciado Antônio da Rocha Vilaverde e seu escrivão Manuel Gomes da Costa, ser proprietária de dez escravos. A maioria deles era proveniente da Costa Ocidental da África, possivelmente embarcados na Costa dos Escravos, no Porto de São Jorge da Mina: um cravari, oito mina. Apenas um da qualidade angola, ou seja, originário da África Centro Oriental. No grupo, duas escravas mina — Joanna e Inácia.

Quadro 3 – 1718 a 1720 – Relação de escravos – Mulheres proprietárias de escravos e lavras – Vila do Príncipe

Ordem	Folha	Proprietária	Escravos (as)
11	17v.-18	Jacinta de Siqueira [Vila do Príncipe]	1.Ambrozio Angola; 2.José Cravari; 3.Miguel Mina; 4.Antônio Mina; 5.Francisco Mina; 6.João Mina; 7.Antônio Mina; 8.Joanna Mina; 9.Leonor Mina; 10.Ignácia Mina

Fonte: APM-FALP, Lap-5.1, Doc. 01, Cx. 09

Entre as mulheres proprietárias de escravos na Vila do Príncipe registradas nas folhas do livro entre os anos de 1718 e 1720[429], Jacinta era a que possuía o maior número trabalhando em suas lavras (Quadro 4). Outras mulheres possuíam entre 1 e 6 escravos. Além disso, havia oito proprietários com maior número de escravos que Jacinta, possuindo entre 37 e 11 escravos. A maior concentração de proprietários de escravos desse grupo (11) possuía 2 escravos, o segundo maior grupo (7) possuía 4 escravos e o terceiro maior grupo (6) possuía 7 escravos. Isso significa que a posse de 10 escravos colocava Jacinta de Siqueira como a maior proprietária de escravos da Vila do Príncipe (Quadro 6) entre as mulheres da mesma condição, acima da média local da Vila do Príncipe e seu termo, incluídos mulheres e homens.

---

[429] Ver: Figura 36.

Quadro 4 – Quantitativo de proprietários e escravos – 21/04/1718 a 28/11/1718-1719-1720

Proprietários	Proprietárias	Número escravos	Total de escravos
1		37	37
1		33	33
1		24	24
1		21	21
1		19	19
1		14	14
1		13	13
2		11	22
1	1[1]	10	20
1		9	9
2		8	16
6		7	42
1	1[2]	6	12
3		5	15
7	1[3]	4	32
7	1[4]	3	24
11	1[5]	2	24
5	1[6]	1	6
53	6	383	383

[1]Jacinta de Siqueira, [2]Luzia de Barros da Fonseca, [3]Tereza da Silva, [4] Ignez Dias Leme, [5] Luzia Mendes, [6] Elena Maria.
Fonte: APM-FALP, Lap-5.1, Doc. 01, Cx. 09

Quadro 5 – Residência dos proprietários/as de escravos – 21/04/1718 a 28/11/1718-1719-1720

	Homens	Mulheres	Total
Vila do Príncipe	41	4	45
Distrito desta Vila	1		1
Arrabalde desta Vila	7		7
Itambé	4		4
Rio do Peixe	2		2
Total	55	4	59
	93%	7%	100

Fonte: APM-FALP, Lap-5.1, Doc. 01, Cx. 09

Em relação aos direitos de exploração das lavras de ouro garantidos pelo *Regimento dos Superintendentes, Guarda-mores e Oficiais Deputados* de 1702, o número oficial de escravos para garantir uma área quadrada de 2,5 braças (5,5 metros) depois de feita a divisão entre os descobridores e a Coroa portuguesa, era de 12 escravos; somente depois do sorteio entre os proprietários de 12 escravos, sobravam as lavras para os de número inferior[430].

---
[430] Ver: Anexo 1.

Isso o que diz respeito ao primado dos descobertos, ou seja, quando em um ribeiro, córrego ou rio o descobridor oficial teria seus direitos de exploração de 30 braças garantidos, seguindo as demais divisões por sorteio. O direito previa que para quem tivesse mais de doze escravos podia receber, desde que restassem terras a serem repartidas, depois do provimento de todos os descobridores e potentados em escravos, uma superfície de 2,5 braças para cada cabeça de escravo excedente.

Como exemplo, um proprietário de 37 escravos — o maior registrado no livro analisado — teria garantido uma lavra de 2,5 braças (5,5 metros) por 12 escravos e de excedente os 25 escravos lhe renderiam cada um o direito de 2,5 braças cada um, totalizando mais 62,5 braças de terras (344 metros ou cerca de 3.900m^2). Isso diz respeito, até este ponto, à cronologia dos descobrimentos: quem chegou primeiro teve seus direitos garantidos. Contudo, com o passar do tempo, as lavras podiam ser arrematadas diretamente com os oficiais das minas do Serro do Frio, desde que pagassem por elas as oitavas correspondentes, de acordo com a apuração da pinta de ouro inicial.

Por isso, as arrematações variaram por braça de terras à beira rio, conforme mostra o Quadro 6: tudo era calculado pela projeção de ganhos futuros pela pinta de ouro da primeira apuração. O *Livro da Receita da Fazenda Real*, do qual possuímos um original e uma transcrição realizada pelo alferes Luiz Antônio Pinto para a *Revista do Arquivo Público Mineiro*, provavelmente incompleto em suas folhas, registra 8 arrematações de terras do tesouro da Coroa portuguesa, e 1 de dízimos nos anos de 1704 e 1705. Segundo Boxer, "a *data* pertencente à Coroa era imediatamente vendida pelo lance mais alto a quem ali quisesse minerar por sua própria conta, o preço sendo levado a crédito do tesouro real"[431].

Quadro 6 – Receita da Fazenda Real – Minas do Serro do Frio e Tucambira – Arrematação de braças de terras e dízimos – 1702-1712

Data	Arrematante	Braças/Lugar
16/05/1704	Domingos Pereira de Barros	15 Ribeiro do Bom Jesus de Iguapé
05/08/1704	Manuel Antunes de Almeida por seu procurador Antônio da Costa do Amaral	30 Ribeiro da Purificação de Nossa Senhora
05/08/1704	Hilário Pinto de Almeida	30 Córrego Nossa Senhora da Conceição
27/10/1707	Manuel do Vale Neves testamenteiro do defunto... de Araújo Costa	30 Ribeirão de Santo Antônio
22/03/1705	Capitão Sebastião Leme Bahim fiador e principal pagador de Francisco Romeiro Guellas	30 Ribeiro de São Bento
15/07/1705	José Borges Pinto	30 Ribeiro do Bom Jesus de Taubaté
10/09/1705	Capitão Sebastião Leme Bahim	30 Ribeiro de Nossa Senhora da Graça
09/10/1705	Antônio da Silva Carneiro	Dízimos do ano [vencido em agosto]*

---

[431] BOXER, 1963, p. 62, grifo do autor.

Data	Arrematante	Braças/Lugar
../11/1705	Antônio da Silva Carneiro	30 Ribeiro de Nossa Senhora da Conceição
	Total	**225 braças (1237,5 metros)**

*Trata-se do dízimo real, na proporção de 10% sobre produtos agrícolas, pago à Igreja pelo monarca português "na condição de grão-mestre da Ordem de Cristo e representante oficial da Santa Sé em todos os seus territórios" (GOMES, 2021, p. 97).
Fonte: Livro da Fazenda Real destas Minas do Serro do Frio e Tucambira, 1702 (PINTO, 1902, p. 939-962; APM-CC 1002)

O interesse dos descobridores nos primeiros anos das minas do Serro do Frio era retomar rapidamente o investimento realizado com sua bandeira, o que envolvia compra e manutenção de armas, de animais, escravos e ajudantes. Depois, garantir a cobrança do quinto do ouro para justificar suas descobertas diante da Coroa portuguesa, o que implicava manter registro em livro da Fazenda Real (Quadro 7) para futura conferência do governo na Bahia (o primeiro envio dos quintos data de 10 de abril de 1706[432]), em especial da Superintendência ou Provedoria das Minas.

Quadro 7 – Receita da Fazenda Real – Minas do Serro do Frio e Tucambira – Arrecadação do quinto do ouro – 1702-1709

Nº	Data	Nome
1	18/09/1702	Antônio Camelo/Domingos de Brito da Costa
2	16/05/1704	Domingos Ferreira
3	09/10/1704	Francisco Barbosa
4	09/10/1704	Pedro Vaz
5	10/10/1704	Jacinto Gonçalves
6	10/10/1704	Martinho de Almeida
7	10/10/1704	Tomás Luiz Moreira
8	01/12/1704	Gonçalo Viegas [gado]
9	01/12/1704	Joaquim Lopes Soeiro
10	23/02/1705	Paulo Pires de Miranda
11	20/03/1705	Sebastião Leme
12	28/03/1705	Francisco Teixeira de Abreu
13	23/05/1705	Manuel Francisco dos Santos

---

[432] Segundo Briskievicz (2017, s/p), nesse dia, "o Livro da Receita da Fazenda Real importa um valor até esta data de 2.565 oitavas de ouro em pó: 'importa a receita deste livro até aqui como dele se vê duas mil e quinhentas e sessenta e cinco oitavas de ouro em pó hoje dez de abril de mil setecentos e seis anos'; partem das minas do Serro do Frio o escrivão Lourenço Carlos [Mascarenhas de Araújo] e Domingos [Fernandes] Bitencourt comissionados a levar ao provedor-mor na Bahia 2.565 oitavas de ouro em pó, pertencentes ao Rei: 'aos dez dias do mês de abril de mil setecentos e seis anos nestas minas do Serro do Frio e pousadas do capitão-mor Antônio Soares Ferreira guarda-mor delas, aí apareceram presentes Lourenço Carlos Mascarenhas de Araújo e o capitão Domingos Fernandes Bitencourt aos quais pelo dito guarda-mor foram entregues as duas mil quinhentas e sessenta e cinco oitavas de ouro em pó da importância da receita deste livro até hoje que os sobreditos se obrigarão por suas pessoas e bens móveis e de raiz havido e por haver pôr na cidade da Bahia a custa por conta e risco dele dito guarda-mor e entregar ao provedor-mor deste estado do Brasil na forma do estilo de que fiz este termo que os sobreditos assinaram e eu, João Mendes da Mota, escrivão da Fazenda Real o escrevi. Domingos Francisco Bitencourt, Lourenço Carlos Mascarenhas de Araújo'".

Nº	Data	Nome
14	08/06/1705	Francisco Mendes Barros
15	15/07/1705	Fernão Rabelo
16	11/08/1705	Manuel Luiz
17	11/08/1705	Manuel Soares
18	05/09/1705	Sebastião Ribeiro
19	10/09/1705	Sebastiao Leme
20	11/09/1705	Guarda-mor Antônio Soares Ferreira
21	07/10/1705	Padre Inocêncio de Carvalho
22	07/10/1705	Domingos Lopes
23	07/10/1705	Antônio da Rocha Branco
24	08/10/1705	Padre Frei Columbano de Santa Escolástica
25	09/10/1705	Antônio da Rocha Branco
26	04/11/1705	Manuel Pereira
27	04/11/1705	Manuel Pereira
28	02/01/1706	Tomás Luís
29	08/01/1706	Antônio Gomes Estrada
30	20/01/1706	Sebastião Ribeiro
31	04/03/1706	João Francisco Leite
32	13/03/1706	Gonçalo Ferreira de Sousa
33	13/03/1706	Mateus Afonso
34	15/03/1706	Antônio da Silva Carneiro
35	18/03/1706	Mécia preta por Izabel Maria da Cruz
36	18/03/1706	Mécia preta por padre Frei João Batista
37	23/03/1706	Antônio Alves
38	29/03/1706	Padre Sebastião Rodrigues Benavides [1]
39	29/03/1706	Antônio da Rocha Branco [pelo escrivão]
40	30/03/1706	Guarda-mor Antônio Soares Ferreira
41	12/07/1706	Tomás Luís Moreira
42	12/07/1706	Martinho de Almeida
43	13/07/1706	Martinho de Almeida
44	13/07/1706	Francisco Teixeira
45	13/07/1706	Antônio da Silva Carneiro

Nº	Data	Nome
46	13/07/1706	Padre Sebastião Rodrigues Benavides
47	30/07/1706	Manuel Fernandez
48	30/07/1706	João Francisco Feitel
49	30/07/1706	Manuel Fernandez
50	30/07/1706	Simão da Silva por Lucas de Freitas
51	15/12/1706	Damásio de Souza Barros [2]
52	07/01/1707	Alexandre de Paiva
53	07/01/1707	Alexandre de Paiva por Faustino da Silva
54	07/01/1707	Alexandre de Paiva por Domingos Teixeira
55	12/02/1707	Manuel Luis da Silva
56	12/02/1707	Manuel Luis da Silva
57	19/07/1709	Francisco Teixeira de Abreu
58	29/07/1709	Antônio Pinheiro Guimarães por Domingos Alvarez de Oliveira

[1] Na transcrição do Alferes Luiz Antônio Pinto consta 19/03/1706, mas cotejando com o original a data correta é 29/03/1706.
[2] Na transcrição do Alferes Luiz Antônio Pinto consta 15/09/1706, mas cotejando com o original a data correta é 15/12/1706.
Fonte: Livro da Fazenda Real destas Minas do Serro do Frio e Tucambira, 1702 (PINTO, 1902, p. 939-962; APM-CC 1002)

Somente a partir de 1709, com a criação da Capitania de São Paulo e Minas do Ouro, essa obrigação do controle das arrematações de braças de terras/lavras passou a ser devida diretamente ao governo paulista das minas. Com a criação da Vila do Príncipe em 1714 e depois de 1720, com a criação da Comarca do Serro do Frio, o ouvidor residente na Vila do Príncipe passou a ser o regulador e fiscal oficial das lavras, subordinado ao governo da Capitania de Minas Gerais, com capital em Vila Rica. Os livros oficiais não registram acordos individuais entre os mineiros nos seus primeiros anos. Os livros de vereações, registros e despesas começam a ser escritos em profusão com a instalação da vila e seu Senado da Câmara. Antes disso, nos anos iniciais — de 1702 até 1714 —, restam poucos documentos oficiais sobre o funcionamento das lavras e de seus acordos cotidianos.

A partir do livro de capitação de escravos dos anos de 1718, 1719 e 1720[433], é possível levantar com alguma precisão a "qualidade" da maior parte dos escravos e escravos comercializados nas minas do Serro do Frio (Quadro 9). Para a identificação cotidiana dos escravos nas minas de ouro

[433] Para Boxer (1963, p. 57), houve no início do século XVIII reiterados esforços da Coroa portuguesa para limitar a entrada de escravos nas Minas Gerais. Assim, "em janeiro de 1701 a Coroa decretou que só 200 escravos poderiam ser importados anualmente da África Ocidental, via Rio de Janeiro, para as minas e os outros mercados de escravos do Brasil tiveram proibição expressa de vender escravos aos mineiros; tais restrições foram relaxadas por um outro decreto de março de 1709, mas, devido às reclamações dos senhores de engenho, a Coroa tornou a modificá-lo dois anos depois. O decreto de fevereiro de 1711 ordenava que os negros ocupados em trabalhos agrícolas não fossem vendidos para o serviço das minas, com a exceção única daqueles que 'pella perversidade dos seus naturaes não sejam convenientes para o trato dos Engenhos e das suas lavouras'. A tangente bastante clara que tal concessão oferecia foi integralmente explorada pelos proprietários de escravos, apesar dos castigos severos com que eram ameaçados os transgressores da letra e do espírito da lei; em 1703, a Coroa instituía uma cota de importação anual de 1200 escravos africanos para o Rio de Janeiro, 1300 para Pernambuco e, na proporção, para a Bahia, enquanto mantinha o limite existente de 200, em termos de reexportação, para Minas Gerais; também essa lei permaneceu morta, e o sistema de cota foi abolido, finalmente em 1715".

e, de maneira geral, nas áreas urbanas e rurais pelo Brasil colonial, usava-se um nome, seguido da qualidade (nação, tipo de mestiçagem prevalente ou mesmo idade — moleque para crianças e adolescentes — ou situação civil quando "casado/a" poderia diferenciar a pessoa) e da condição (escravo/a ou forro/a, fugido/a, morto/a, doente, dado/a em dote, arrendado/a)[434].

Via de regra, os africanos ocidentais foram comprados para o trabalho nas minas de ouro por suas especialidades técnicas nas lavras africanas, em alguns casos mais desenvolvidas tecnologicamente que no Brasil colonial. Assim, os "mina" eram a maioria da mão de obra nas minas de ouro serranas com 212 homens e 4 mulheres, num total de 216. Esse número representa 56% da mão de obra escrava usada nas lavras de ouro e que podia ser estendida para atividades variadas como construção de benfeitorias, empreitada de pequenas obras e atividades domésticas.

Além dos "mina", outros grupos de escravos aparecem nas anotações do livro de capitação de 1718-1720: os "caboverde" (10) representavam perto de 3% do total. Os "crabari" ou "carabari" (6) representavam cerca de 2% do total. Os "cobós" ou "cobus" (4) representavam cerca de 1% do total e os "fula mina" (2) cerca de 0,5%. No total geral, os africanos ocidentais contavam 238 escravos, ou seja, um pouco mais de 62% de escravos registrados.

É que o número de africanos ocidentais — na região litorânea entre o rio Senegal [atual Senegal] até o cabo Lopez, na linha do equador [Gabão] — que chegaram comercializados com o Brasil entre 1550 e 1850 é estimado em torno de 1,2 milhão, entre crianças, homens e mulheres[435]. A Costa dos Escravos incluía o porto do Castelo de São Jorge da Mina [Gana], um dos mais importantes para o comércio escravista transatlântico.

Algumas observações importantes: em relação aos "caboverde", Moura afirma que eram "mestiços de índio com negro; é nome comum na área da Bahia; o mesmo que cafuzo, caboré, etc."[436]. Os "crabari" ou "carabari" e os "cobós" ou "cobus" e "fula" eram nações africanas, conhecidas por sua variação linguística. Por isso,

> [...] várias línguas eram faladas nesta região – wolof, seres, balanta, fula, temme, assim como as línguas mandê do interior, mandinga, soninke, bambara. Assim, "além das ilhas de Cabo Verde, os principais enclaves do tráfico português nessa zona foram os portos de Cacheu e Bissau (na atual Guiné-Bissau)[437].

Com o passar do século XVIII, a disputa pelos mercados de escravos atraiu mercadores do Rio de Janeiro para a Costa da Mina e gerou disputas com os mercadores da Bahia. Por isso, "na disputa pela oferta de mão de obra, os negociantes lisboetas do Rio e os baianos acabaram por criar uma oposição estereotipada entre angolas e minas" considerados de grande força física, e apesar de "insurgentes eram apreciados como 'os melhores mineiros das minas de ouro do Brasil'"[438]. Por fim,

> Para além do aporte fundamental da sua força de trabalho e conhecimento técnico ao desenvolvimento da economia mineradora e da plantation colonial os "africanos ocidentais" tiveram um protagonismo decisivo na formação e institucionalização da cultura afro-brasileira. Escravizados e libertos, interagindo, a partir de seus saberes e costumes, com as outras nações africanas, inclusive com as culturas ameríndias, caboclas e ibéricas, foram agentes criativos de novas formas de sociabilidade e pertencimento. Os vários povos

---

[434] Ver: Anexo 10.

[435] *Cf.* Parés (2018, p. 77-83).

[436] MOURA, Clóvis. *Dicionário da escravidão negra no Brasil*. São Paulo: Edusp, 2013. p. 75.

[437] PARÉS, 2018, p. 78.

[438] PARÉS, 2018, p. 80.

subsumidos na nação mina participam e se organizaram nas irmandades católicas, com suas folias e batuques, de onde emergiram reisados, maracatus, bumba meu boi e tantas outras manifestações da cultura popular negro-brasileira[439].

O segundo maior grupo de escravizados nas minas do Serro do frio era composto por homens e mulheres aprisionados na África centro ocidental. Eles eram identificados pela qualidade "angola", "congo" e "benguela" e "luanda". Nas minas do Serro do Frio, os "angola" (54) eram o segundo maior grupo de trabalhadores nas lavras. O número representa cerca de 14% do total. Os "benguela" (23) representavam 6% do total[440]. Os "congos" (14) representavam cerca de 3% e os "luanda" (2) cerca de 0,5% do total. Na soma (93), os africanos centro-ocidentais representavam cerca de 24% do total dos escravizados nas minas do Serro do Frio.

O terceiro grupo de escravizados provinha da Costa Leste africana, especialmente Moçambique. Nas minas do Serro do Frio, eles representavam em 1718 a 1720 um grupo de 6 cativos. Desse grupo (4), os "moçambique" ou "mossambigue" representavam 1% do número total. Os "massangano" (2) fechavam o grupo com mais 0,5% do total. Os "massangano" eram escravizados angoleses, embarcados provavelmente no Forte de Nossa Senhora da Vitória de Massangano, na localidade de mesmo nome, no município de Cambambe, na Província de Kwanza-Norte:

> O trabalho que lhes era exigido não se distinguia do de seus irmãos e irmãs da África Ocidental e Centro Ocidental. Labutavam nos cafezais e minas, trabalhavam como domésticos e faziam serviços urbanos no Rio e em outras cidades. Socialmente, organizavam-se em irmandades religiosas, como outros afro-brasileiros; culturalmente tentavam atingir um equilíbrio dotado de sentido entre a rememoração de sua cultura na terra natal e a conversão em brasileiros. Junto com outros africanos e afro-brasileiros de espírito independente, alguns africanos orientais certamente se isolaram e formaram quilombos, ou se juntaram a estes[441].

A escravidão indígena, ou dos "escravos da terra", ou dos "gentios" apareceu nos registros oficiais como resquício da gradativa mudança para a escravidão africana. Assim, os "carijó" (2) e os "vermelho" (2) aparecem nos registros, representando 1% do total dos escravizados. A qualidade "carijó", também chamados "cariós" e "cários" eram indígenas que viviam no território que ia de Cananeia, em São Paulo, até a Lagoa dos Patos, no Rio Grande do Sul, por volta do século XVI:

> Alguns indícios mostram, porém, que entre fins do século XVII e início do XVIII o gentio teve uma participação bastante significativa na vida social e econômica local. Nos anos 1707-1709 [1711], por exemplo, os carijós mostraram-se fiéis aos próprios senhores, lutando aos milhares na Guerra dos Emboabas. Na década seguinte, os dados dos inventários *post mortem*, estes últimos conservados somente em uma parcela mínima, arrolam várias lavras mineradoras em que os grupos ameríndios respondiam por um porcentual importante da escravaria. Em 1716, Antônia Leme herdou do marido importantes lavras, e junto a elas 23 cativos, sendo 12 deles carijós. O mesmo ocorreu com Ana Maria Borba que, apesar de ser filha de uma das mais ricas e influentes famílias locais, manteve até a morte quatro carijós em seu plantel de 15 escravos. Mesmo os senhores mais poderosos de Mariana, aqueles que podiam recorrer ao mercado internacional de escravos, não deixavam de dispor de alguns índios remanescentes da primeira fase do povoamento. Não há como negar que os ameríndios tenham tido um papel econômico importante na fase inicial da

---

[439] PARÉS, 2018, p. 82-83.

[440] *Cf.* Candido (2013).

[441] ALPERS, Edward A. Africanos orientais. *In:* SCHWARCS, Lilia Moritz; GOMES, Flávio dos Santos (org.). *Dicionário da escravidão e liberdade:* 50 textos críticos. São Paulo: Companhia das Letras, 2018, p. 84-9, p. 90.

extração do ouro. Aliás, alguns testemunhos revelam, bem antes da ocupação sistemática de Minas Gerais, a habilidade do gentio da terra na lide aurífera. É isso, pelo menos, o que sugere a *Instrução de Regimento de D. Rodrigo de Castelo Branco*, datada de 1679, cujo texto arrola os carijós como trabalhadores regulares nas pobres lavras de Iguape e Cananéia: 'terão particular cuidado de que o Apontador Francisco João da Cunha *com os índios e ferramentas necessárias trabalhem na data de sua Alteza* que lhe mandei medir no Ribeiro de N. Senhora da Conceição, *e o Ouro que tirarem os índios*, se entregará com recibo ao Apontador Francisco João da Cunha.' Nas mais diversas atividades, a população ameríndia era explorada ou servia de aliada aos bandeirantes paulistas. O levantamento dos raros inventários sobreviventes à ação devastadora dos parasitas e da umidade releva que, no início da década de 1710, os cativos carijós respondiam por 16 a 23% da força de trabalho da Vila do Carmo. É bastante provável que o gentio também fosse utilizado localmente nas tarefas tradicionalmente a ele atribuídas em São Paulo colonial. Dada a ausência de caminhos, os cabras da terra deviam percorrer as íngremes trilhas que uniam as lavras ao núcleo urbano, transportando mercadorias essenciais para a sobrevivência do garimpo. A caça, a pesca e a coleta, em virtude da irregularidade das linhas de abastecimento, também parecem ter tido bastante importância nos primeiros tempos da colonização mineira. Enquanto os homens encarregavam-se destas tarefas, as mulheres ocupavam-se do artesanato doméstico ou então trabalhavam na agricultura de subsistência[442].

O último agrupamento de escravos diz respeito àqueles que nas dinâmicas de mestiçagens biológicas e demográficas nasceram no Brasil dentro de um processo chamado de crioulização ou de hibridização. Assim, "os nativos do Novo Mundo foram gradualmente perdendo o domínio sobre o território, e os conquistadores foram interiorizando sua presença, ampliando os impérios, extraindo e produzindo mais riquezas", e, por isso, "dependiam de mais gente para trabalhar e para proteger as posses; os *mestizos*/mestiços, filhos de europeus e índios, o que equivale a dizer os primeiros 'americanos', desempenharam papel importante nesse contexto"[443].

Por outro lado, a crioulização[444] ou mestiçagem diz respeito nos dicionários antigos a uma visão negativa da mestiçagem racial. Por isso,

> [...] os termos mestiço e mulato, por conta de sua origem, são empregados e dicionarizados de modo a realçar sua anormalidade, ou até mesmo sua monstruosidade, associando-os a animais, frutas e monstros, ou seja, considerando-os como anomalias da natureza por serem a resultante de cruzamento de raças diferentes[445].

Dessa forma, a mistura racial numa linguagem mais acadêmica equivale a encontros não previstos, misturas não ortodoxas, aparecendo a noção de "impureza". Assim, crioulidade ou crioulização foi um fenômeno transcultural quando "grupos subordinados ou marginalizados selecionam ou inventam a partir dos materiais a eles transmitidos pela cultura metropolitana dominante"[446].

[442] VENANCIO, 1997, s/p, grifos do autor. Ver: Figuras 13 a 15.

[443] PAIVA, 2015, p. 50.

[444] Segundo Pinheiro (2018), os "pretos novos" provenientes dos mercados da África deram lugar, no decorrer do século XVIII e, em especial, a partir de 1780 com a decadência das minas de ouro, ao surgimento da "'crioulização' da propriedade cativa, além de um considerável crescimento do número de livres de cor". Para Silva (1928, p. 53-54), o número de mulatos não parava de crescer devido ao fluxo de aventureiros para a Vila do Príncipe à procura de enriquecimento rápido com o ouro. Por isso, em 14 de agosto de 1758, uma vereação do Senado da Câmara "atendendo que no Tijuco há de mulatos uma grande abundância resolve criar uma companhia (que possuía 60 homens) de homens pardos para Ordenança nesta Vila como já o havia feito nesta Vila para idêntico fim". Isso porque "a princípio somente os homens brancos serviam nas ordenanças, mesmo como praças. Os nossos antepassados tinham grande repugnância a se unirem aos homens de cor, pretos ou mulatos".

[445] FIGUEIREDO, Eurídice. Os discursos da mestiçagem: interseções com outros discursos, críticas, ressematizações. *Gragoatá*, Niterói/RJ, n. 22, p. 63-84, 1. sem. 2007, p. 64.

[446] HALL, Stuart. *Da diáspora*. Belo Horizonte: Editora UFMG. 2008, p. 31.

Mas como no dia a dia das minas do Serro do Frio a crioulização ou mestiçagem era vista, percebida e compartilhada socialmente? No interior da economia da escravidão, esse processo gerou uma percepção peculiar dos escravos mulatos, crioulos e cabras. Eles eram uma outra "qualidade" de escravos, com suas virtudes e defeitos. No dicionário de Silva, define-se crioulo como "escravo que nasce em casa do senhor"[447], ou seja, não foi comprado, é cria da senzala. Mulato é definido como "filho ou filha de preto com branca, ou às avessas, ou de mulato com branca, até certo grau"[448]. Cabra podia ser considerado o filho de negro com índio. No dicionário de Moura, seria o filho mestiço de negro e mulato, "mulato com negro, mulato escuro ou caboclo escuro". Não raro, podia ser chamado de "pardo, fula, ou fulo, bode ou cabrito, todos, em suma, mestiços nos quais a dosagem dos 'sangues inferiores' é maior"; daí a palavra ganhar o sentido de "homem valente, audacioso, atrevido"[449].

Dessa forma, as qualidades "mulato", "crioulo" e "cabra" parecem refletir a mentalidade colonial com seu gesto pedagógico colonial crescente de dividir os grupos nas mais diversas qualificações, a fim de minar qualquer possibilidade de pertencimento a grupos definidos que pudessem gerar certa identificação e processos de coesão social em torno de suas reinvindicações. Segundo Alpers, "essas designações logo se cristalizaram como estereótipos étnicos[450] que permitiram aos europeus no Brasil classificar os africanos por suas alegadas características"[451], favorecendo a sua estratificação social, desvalorizando ou não suas "qualidades".

Portanto, a divisão serrana da escravidão em seus primeiros anos de funcionamento, no seu primeiro registro oficial, retratou o seguinte:

Quadro 8 – Qualidade dos escravos(as) – 1718-1719-1720

Qualidade	Escravos	Escravas	Total
Mina [1]	212	4	216
Caboverde	10		10
Fula Mina	2		2
Crabari [2]	6		6
Cobó	4		4
			238(62%)
Angola [3]	53	1	54
Benguela	23		23
Congo	14		14

---

[447] SILVA, 1789, p. 349.

[448] SILVA, 1789, p. 103.

[449] MOURA, 2013, p. 75.

[450] Segundo Figueiredo (2007, p. 70), foi "a partir da obra de Gilberto Freyre, a imagem do mestiço começa a passar por um processo de valoração, abrandando o estigma que lhe era anteriormente atribuído. Segundo Freyre, os filhos mulatos do senhor eram alforriados pelo pai à beira da morte [...], eram criados e educados na casa-grande com e como os filhos legítimos [...], e, apesar da bastardia, eles muitas vezes chegavam a ter uma educação superior, o que não era o caso dos filhos legítimos [...]. Assim, quando a aristocracia rural começa a perder poder para as novas forças das cidades, as posições de mando são ocupadas por bacharéis e militares, muitas vezes mulatos [...]. Ele fala do prestígio e da beleza do mulato, seu sucesso junto às mulheres brancas, a despeito de preconceitos de branquidade nas famílias de elite [...]. Os séculos XIX e XX tiveram inúmeros mulatos em posição de destaque, independentemente de sua cor ou origem".

[451] ALPERS, 2018, p. 86.

Qualidade	Escravos	Escravas	Total
Luanda	2		2
			93(24%)
Moçambique	4		4
Massangano	2		2
			6 (1,5%)
Carijó	2		2
Vermelho	1	1	2
			4(1%)
Mulato	1		1
Crioulo	10		10
Cabra	2		2
			13(3%)
Indeterminado [4]	25	3	28
			28 (7%)
Total	374	9	383
%	97,7%	2,3%	100%

[1] Incluídos 3 moleques [meninos ou adolescentes]; [2] incluído 1 moleque [menino ou adolescente]; [3] incluídos dois escravos massanganos; [4] incluídos 3 moleques [meninos ou adolescentes].
Fonte: APM-FALP, Lap-5.1 - Doc. 01 Cx. 09

Uma primeira conclusão sobre Jacinta de Siqueira e os assentos oficiais: ela não apareceu nos assentos de recolhimento do quinto de ouro e não arrematou terras com os oficiais da Fazenda Real (Quadro 7). Podemos objetar que os documentos são incompletos tanto para quintos do ouro, quanto para arrematações. Isso é verdadeiro, de fato.

Segunda conclusão: não aparece nas minas do Serro do Frio em sua pousada do descobrimento o nome do córrego Quatro Vinténs. Todos os ribeiros receberam o nome de santos da Igreja. Três devoções de santos se consolidaram nas minas do Serro do Frio: Santo Antônio foi dado como padroeiro do bom retiro no momento do descobrimento, Nossa Senhora da Conceição deu nome à paróquia em 1713 e Nossa Senhora da Purificação na Vila do Príncipe recebeu sua capela também por volta de 1713.

Contudo, há apenas dois córregos que correm pelo vale da Vila do Príncipe (na região chamada de Praia) e que foram descobertos pelos bandeirantes paulistas, de nomes consagrados ao final do século XVIII — rio do Lucas e seu afluente, o córrego Quatro Vinténs[452]. Quais seriam os nomes

---

[452] Ver: Figura 56.

desses ribeiros nos primeiros anos das lavras em plena exploração em seus leitos? Não há documentação que resolva o impasse. Ficamos com uma segunda opção que é o nome popular dos ribeiros. De fato, aí temos os nomes do rio do Lucas e córrego Quatro Vinténs. Esses são documentados já no século XVIII com os ditos nomes populares.

Terceira conclusão: o primeiro registro oficial de Jacinta de Siqueira em documentos oficiais das minas do Serro do Frio e sua Vila do Príncipe é o pagamento de seus impostos de capitação de escravos de 1718, 1719 e 1720. Neles, vê-se uma proprietária de 10 escravos (8 homens e 2 mulheres) que considerando o contexto do mesmo documento, a posiciona entre as mais opulentadas mulheres da Vila do Príncipe entre as outras mulheres proprietárias de cativos. Contudo, ela não figura entre os maiores proprietários de escravos, ficando numa linha intermediária em comparação com os que controlam um plantel entre 1 e 37 cativos.

Por isso, os documentos não informam sobre sua presença no momento inicial do descobrimento das minas do Serro do Frio, pelo fato de ela não surgir como arrematante de braças de terras e não ter sido quintada no ano de 1702. Pela falta de folhas no documento original ou na transcrição do alferes Luiz Antônio Pinto, pode ser que seu registro tenha se perdido, de fato. Em contraste com os primeiros anos das minas do Serro do Frio, o testamento *post mortem* de Jacinta de Siqueira datado de 15 de abril de 1751 contém relevantes informações sobre sua vida.

3 O TESTAMENTO DE JACINTA DE SIQUEIRA

No dia 15 de abril de 1751, o testamento de Jacinta de Siqueira foi registrado no Livro n.º 8, às fls. 33v.-38v. no Cartório de Notas[453]. O testamenteiro José Ricardo de Sampaio escreveu na forma da lei os pedidos de Jacinta, um a um, distribuindo sua fortuna para as filhas e netas. Tudo se passou na Vila do Príncipe, inclusive a ordem de sepultamento do corpo amortalhado de Jacinta em hábito de São Francisco, que devia ser depositado solenemente em missa de corpo presente na matriz de Nossa Senhora da Conceição.

O testamenteiro foi o mesmo que, em 31 de dezembro de 1762, foi preso pelo ouvidor José Pereira Sarmento por emitir ofensas e injúrias a esta autoridade máxima da Comarca do Serro do Frio. Sua prisão foi compartilhada com outros "nobres da terra", Antônio José da Fonseca Mimoso, João da Silva Bacelar, Manuel F. da Silva, Gregório Cardoso Pereira e o advogado Dr. João Freire da Fonseca[454]. Jacinta de Siqueira também fez parte ao seu modo, dos estratos superiores da elite serrana, tendo estruturado seu grande patrimônio em torno da escravidão[455].

---

[453] Ver: Anexo 11.

[454] *Cf.* Silva (1928, p. 68).

[455] Para Souza (1999, p. 71-72), os alforriados opulentados faziam parte da realidade social serrana no século XVIII. Assim, "lembra-se aqui o José Coelho Sampaio, homem preto, natural a Costa da Mina, escravo que foi do reverendo Dr. Domingos José Coelho Sampaio que apresentou à Câmara uma carta de alforria que lhe passou o dito senhor e compareceu à Câmara dizendo que pretendia ir para fora desta Comarca e ainda para o Reino de Portugal, requerendo fosse passada a Carta de Alforria. O reverendo Domingos era vigário de vara em 1762. O sobrenome era dado ao cativo alforriado. Ainda vários escravos da Bahia vieram alforriados para o Serro, dentre eles a famosa Jacinta Siqueira que também se tornou rica. Documentos dão conta de outros inúmeros pretos ricos: João de Oliveira fez fortuna e voltando à África esteve ligado ao tráfico de escravos para a Bahia. No Serro um exemplo frisante foi daquele que se tornou tão rico e poderoso proprietário de muitas fazendas e de tanto prestígio que chegou a ser imperador do Divino o que na época só poderia ser o homem branco e considerado entre os homens bons da vila. Contava uma descendente dele, senhora de fé, infelizmente falecida há anos, que quando ele recebeu a coroa disse: "não colocarei na minha cabeça uma coroa de lata, por que o divino merece uma de prata". E mandou fazer aquela que é usada no Império. Seja lenda ou folclore este episódio foi-nos contado por pessoa verídica que ouvira de seus antepassados".

Os testamentos do século XVIII são relatos individuais lúcidos, marcados por desejos pessoais, normalmente pios e devocionais, dirigidos aos vivos como memória afetiva e sentimental[456]. Deixar bens pela divisão do patrimônio conquistado em uma vida era o objetivo principal do ato oficial, cartorial, que era cumprido à risca ponto por ponto pelo testamenteiro. Há nos testamentos certa idealização da vida após a morte, com tentativa de garantir um acesso aos bens espirituais, especialmente com a oferta de esmolas e doações para as irmandades e fábricas das igrejas e capelas, bem como o pagamento de missas para a própria alma e de seus antepassados. Jacinta de Siqueira não fugiu à regra dos testamentos.

O testamento de Jacinta de Siqueira é um gênero claro de gesto pedagógico colonial. Nesse documento escrito para ser lido pelos vivos, a partir das vontades de uma recém-falecida — fazer falar os ausentes, como temos insistido —, ela demonstra suas vontades e seus motivos de orgulho existenciais, bem como parte de sua história, em especial, sua inserção na sociedade serrana da primeira metade do século XVIII por meio das irmandades religiosas. Ela ensinou em seu momento derradeiro os motivos e motivações de sua vida, os seus afetos e predileções, sua expressão de fé mais profunda. Por isso, "os testamentos são relatos individuais que, não raro, expressam modos de viver coletivos e informa sobre o comportamento, quando não de uma sociedade, pelo menos de grupos sociais"[457].

Como gesto pedagógico colonial havia uma cartilha dos testamentos. O de Jacinta seguiu passo a passo essa cartilha, as chamadas disposições testamentais.

4 AS DISPOSIÇÕES TESTAMENTAIS

De acordo com a compreensão de Eduardo França Paiva, a primeira disposição testamental, geralmente seguia os seguintes passos:

> [...] invocação da Santíssima Trindade; localização e datação do documento; identificação do testador (nome/condição – no caso de libertos – naturalidade/ nacionalidade/ filiação/ domicílio/ estado civil/ cônjuge/ filhos/ofício; a data de nascimento ou mesmo a idade aproximada nunca eram registradas) e indicação do(s) testamenteiro(s) e herdeiro(s) universal(ais)[458].

A segunda disposição referia-se aos "legados espirituais, local e forma do sepultamento, número de missas por intenção da própria alma e pelas almas de outras pessoas, bem como o local ou locais dessas missas"[459]. A terceira disposição seria o "inventário resumido (às vezes completo) dos bens móveis e imóveis; alforrias, coartações, arrestos e vendas de escravos; disposições e legados materiais e identificação das dívidas e créditos"[460]. A quarta seriam "disposições gerais, com a assinatura ou sinal do testador, assinaturas do escrivão e do oficial pelo registro, pela aprovação e pela abertura do testamento"[461]. Por fim, os raros codicilos, uma espécie de resumo do testamento, não presente nesse registro.

---

[456] Cf. Paiva (2006, 2009, 2019, p. 161-179).

[457] PAIVA, Eduardo França. Escravos e libertos nas Minas Gerais do século XVIII. Estratégias de resistência através dos testamentos. 3. ed. São Paulo: Annablume; Belo Horizonte: PPGH-UFMG, 2009. p. 43.

[458] PAIVA, 2009, p. 47.

[459] PAIVA, 2009, p. 48.

[460] PAIVA, 2009, p. 47.

[461] PAIVA, 2009, p. 47-48.

O testamento de Jacinta da Siqueira parece seguir esse gesto pedagógico colonial como tantos outros o fizeram nas suas disposições finais da vida. Pela cartilha do direito colonial, surgiu um processo para consulta em que a vontade expressa de seu emissor — ausente por conta de seu falecimento — seria garantido pelas sagradas letras e pela honra de seu testamenteiro. O processo para consulta faria "fazer falar os ausentes"[462].

O registro do testamento teve início pelo nome da testadora, o local e data de assento do documento: "registro do testamento com que faleceu Jacinta de Siqueira nesta Vila do Príncipe aos 15 dias do mês de abril de 1751 de quem é testamenteiro José Ribeiro de Sampaio"[463]. Seguiu-se a invocação da "Santíssima Trindade Padre, Filho e Espírito Santo, três pessoas distintas e um só Deus verdadeiro"[464].

A primeira disposição escrita foi a previsão imediata para o conforto da alma penitente, encomendada à "Santíssima Trindade e rogo ao Padre Eterno pela morte e paixão de seu unigênito filho a queira receber como recebeu a sua estando para morrer na árvore da vera cruz e o meu Senhor Jesus Cristo" pedindo "por suas divinas chagas que já que na vida me fez mercê dar seu precioso sangue e merecimento de seus trabalhos me faça também nesta vida que esperamos dar o prêmio deles que é a glória". Outro pedido feito "a sempre virgem Maria Nossa Senhora e a todos os Santos da Corte do Céu especialmente a meu anjo da guarda e a Santa do meu nome[465] e a Senhora Santa Ana"[466].

O nome "Jacinta" devia-se, dessa maneira, à provável referência a santa Jacinta de Mariscotti, nascida na província de Viterbo, próximo a Roma, na Itália, em 1585. Era uma freira italiana da Terceira Ordem Regular de São Francisco. Segundo a hagiologia católica, essa santa pertenceu a uma família nobre, filha do príncipe Marco Antônio Mariscotti e de Otávia Orsini, sendo parente dos príncipes Orsini. Ela recebeu uma refinada educação, digna dos nobres, bem como os irmãos. Esses nobres, da aristocracia de Roma, tinham vínculos fortes com a Igreja Católica. Por isso, a educação cristã que recebiam era uma herança preciosa a ser passada aos filhos. Ainda criança foi entregue às religiosas franciscanas, onde Inocência, sua irmã mais velha, já vivia uma vida religiosa fervorosamente, como uma santa. Seus pais queriam que Jacinta vivesse a mesma vida com a irmã, mas ela nunca demonstrou a mesma vocação.

Muito pelo contrário, não queria saber da vida religiosa. Jacinta era uma mulher bonita, independente e culta, mas gostava de levar uma vida fútil, isso segundo a tradição da hagiografia católica, cheia de vaidade e com muito luxo. Sonhava com o casamento e não pensava numa vida religiosa. Mas teve uma grande decepção quando a irmã mais nova se casou com o Marquês de Capizuochi, que Jacinta queria conquistar. Tempos depois, com outro pretendente, o casamento também não aconteceu. Após esses acontecimentos, Jacinta tornou-se mais altiva, fútil e insuportável. Ela procurava as diversões oferecidas pela alta sociedade. Vendo a vida que levava, seus pais enviam Jacinta para o Mosteiro de São Bernardino de Viterbo, da Ordem Terceira de São Francisco, junto da irmã Inocência. Muito à contragosto, vestiu o hábito, trocou seu nome para Jacinta e iniciou sua experiência religiosa. Suas vaidades a acompanharam no convento e, por dez anos, ela não foi exemplo

---

[462] HESPANHA, 1994, p. 291.

[463] AJ-SE, LIVRO DE REGISTROS DE TESTAMENTOS, 1751, fl. 33v.

[464] AJ-SE, LIVRO DE REGISTROS DE TESTAMENTOS, 1751, fl. 33v.

[465] *Cf.* Mershman (1910). Tudo leva a crer que o nome de Jacinta de Siqueira foi o de batismo antes do embarque para o Brasil, pois, como explica Thornton (2019, p. 113), "escravos não batizados (a maioria da população [de Angola]) tinham mais liberdade para reter seus nomes originais e frequentemente acrescentavam um nome cristão a seus nomes africanos".

[466] AJ-SE, LIVRO DE REGISTROS DE TESTAMENTOS, 1751, fl. 34.

para suas irmãs de hábito. Não respeitava o espírito de pobreza da vida religiosa, vivendo no luxo de um quarto que mandou decorar e usando belas roupas de seda.

Porém, Deus havia reservado a hora certa para a conversão definitiva de Jacinta. Sua mudança interior começou com a notícia de que seu pai tinha sido assassinado. Jacinta começou a questionar os valores da vida, da riqueza e dos títulos da nobreza. Depois, ao ficar gravemente doente, o capelão que servia o convento não quis atender sua confissão, recusando-se a entrar no luxuoso quarto de Jacinta e dizendo-lhe com severidade: "O Paraíso não é feito para pessoas vãs e soberbas". Essas palavras tocaram profundamente Jacinta, a ponto de dizer ao confessor: "Quer dizer que não há mais salvação para mim!". O capelão respondeu-lhe que a única maneira de salvar sua alma era pedindo perdão a Deus, reparando os maus exemplos que ela havia dado às companheiras e mudando de vida. Jacinta prometeu tudo ao capelão.

Depois, seguindo os conselhos do religioso, foi até o refeitório do convento no momento que toda a comunidade estava reunida e, sob muitas lágrimas, prostrou-se reconhecendo suas falhas e erros em voz alta, pedindo perdão de todos os escândalos. As irmãs, espantadas e comovidas com seu ato de humildade, alegraram-se e prometeram unir suas orações às dela, a fim de que tamanha graça fosse consumada. Tempos depois, contra a sua vontade, Jacinta foi eleita como superiora do convento e mestra das noviças. Suas penitências severas e prolongadas orações eram sempre em favor de todos os pecadores. Sob sua orientação, muitas pessoas, depois de convertidas, fundaram instituições religiosas, orfanatos e asilos.

Mesmo vivendo no convento, ela e suas amigas encontraram meios de exercer a caridade. Durante uma grave epidemia que atingiu a região, ela criou duas associações: uma para conseguir esmolas para os mendigos, convalescentes e presos; a outra para construir um hospital. A essas duas associações ela chamou de Oblatas de Maria. Elas existem até hoje em Viterbo. Jacinta não tinha completado 50 anos, quando foi atacada por um mal súbito que a levou à morte em poucas horas. Ela faleceu no dia 30 de janeiro de 1640 e foi sepultada na igreja do convento, em Viterbo, onde se converteu. O Cardeal Mariscotti, sobrinho de Jacinta, solicitou a sua beatificação, que foi pronunciada em 1726 pelo Papa Bento XIII, membro da família. O Papa Pio VII a canonizou em 24 de maio de 1807.

Voltando à Jacinta de Siqueira, ela ainda acrescentou as suas devoções pessoais no testamento:

> E ao glorioso Santo Antônio e as almas do Purgatório intercedam e roguem por mim agora e quando minha alma desse corpo sair porque como verdadeiro cristão protesto viver e morrer em Santa Fé Católica e crer o que crê e tem a Santa Madre Igreja de Roma e em esta fé espero salvar minha alma não por meus merecimentos, mas pelos da Santíssima Paixão do unigênito filho de Deus[467].

A segunda disposição trata da formalização de seus testamenteiros, ou seja, por ela Jacinta pede e roga "em primeiro lugar a João Pinto Coelho, em segundo lugar a José Ribeiro Sampaio, em terceiro lugar, o meu genro Francisco da Costa Antunes que por serviço de Deus e por me fazerem esmola e mercê queiram ser meus testamenteiros cada um por si *in solidum* conforme a ordem da nomeação"[468].

Em seguida, sua terceira disposição é anunciada: "meu corpo será sepultado na igreja matriz desta vila amortalhado em hábito de São Francisco" com acompanhamento dos clérigos que se

---

[467] AJ-SE, LIVRO DE REGISTROS DE TESTAMENTOS, 1751, fl. 34.
[468] AJ-SE, LIVRO DE REGISTROS DE TESTAMENTOS, 1751, fl. 34.

acharem e "onde missa [me] dirão de corpo presente pela minha alma e se lhe dará cera costumada e peço a Irmandade das Almas, de Nossa Senhora do Rosário e do Terço que de todas sou irmã me acompanhem a sepultura"[469]. As irmandades leigas citadas em seu testamento funcionavam, de fato, na igreja matriz de Nossa Senhora da Conceição sendo que a da Senhora do Rosário ainda não havia construído sua capela própria, consagrada em 1758.

Segue-se a declaração de que nunca foi casada, não possuindo marido para arrolar no testamento, apenas tendo direito aos seus bens suas filhas Bernarda da Conceição casada com um certo João. Quitéria Joana Batista Lopes casada com Luiz Rodrigues Fraga, Rita de Jesus Mascarenhas[470] casada com Francisco da Costa Antunes, Josefa Gonçalves Siqueira casada com Caetano da Gama Marcos.

Havia uma outra filha, Vitória, já falecida. Assim, ela declarou que "todas quatro institou por minhas herdeiras em igual parte nas ditas partes de meus bens"[471] e que da sua terça parte dispunha como bem entendia. Segue-se uma lista de seu patrimônio, revelador de sua posição social na Vila do Príncipe.

Jacinta alforriou pelo testamento depois de sua morte sua escrava Ângela mina "pelos bons serviços que me tem feito e me ter servido bem e ter dado suas crias, e o valor da dita minha escrava tomo no mais bem passado de minha terça e que logo por minha morte diretamente fique forra e desde agora para então a hei por liberta tanto que eu falecer". Para depois de sua morte deixou missas pagas por sua alma, conforme o costume da época, "o mais breve que puder ser vinte missas a Senhora Santa Ana, outras vinte ao Senhor Santo Antônio outras vinte pelas almas do purgatório de esmola cada uma de meia oitava de ouro e ditos nesta vila", além de outras dez missas para serem ditas "no altar privilegiado das almas da igreja matriz desta vila"[472].

Jacinta de Siqueira completou seus desejos com mais dez missas "pela alma de minha filha Vitoria Tavares digo Vitoria Pereira Tavares falecida e outras dez pela alma do capitão Antônio José de Campos Lara"[473].

Jacinta deixou o seu testamento pago com a previsão de 50 oitavas de ouro e o restante da sua terça parte de seu patrimônio pediu que fosse dividido igualmente entre suas duas netas, "a saber Ana, filha de Rita Mascarenhas de Jesus e Ana de Siqueira da Almeida, filha de minha filha Bernarda da Conceição e Lara". Os testamenteiros deviam usar o dinheiro de sua parte para saldar uma dívida com "Teixeira Leitão de resto de um negro bugre que lhe comprei por [...] e vinte oitavas cento e quatorze oitavas [...] cujo negro dei em dote [a minha filha] casada com Luis Rodrigues Fraga", além da dívida com o capitão Bartolomeu Ferraz Tinoco "por um crédito de resto de uma negra [...bel] cabo verde que lhe comprei cinquenta e cinco oitavas de ouro"[474]. Citou também sua dívida com um padre "dos seus direitos por missas trinta oitavas de ouro mais ou menos"[475], além de reconhecer dever à Irmandade de Nossa Senhora do Rosário da vila trinta e quatro oitavas de ouro.

Segue-se uma lista de escravos:

---

[469] Esses desejos ou disposições fazem parte da "terça", ou seja, a legislação da época permitia que no momento da morte a declarante usasse um terço dos seus próprios bens, a fim de realizar livre transmissão e gastar como desejava, especialmente em cerimônias religiosas, como no caso de Jacinta de Siqueira.

[470] Falecida na Vila do Príncipe no dia 15 de fevereiro de 1774, com testamento registrado no livro n.º 18, fl. 40v. (APM-FALP, Lap 5.2, Doc. 13, Cx. 11).

[471] AJ-SE, LIVRO DE REGISTROS DE TESTAMENTOS, 1751, fl. 34.

[472] AJ-SE, LIVRO DE REGISTROS DE TESTAMENTOS, 1751, fl. 34.

[473] AJ-SE, LIVRO DE REGISTROS DE TESTAMENTOS, 1751, fl. 34.

[474] AJ-SE, LIVRO DE REGISTROS DE TESTAMENTOS, 1751, fl. 34.

[475] AJ-SE, LIVRO DE REGISTROS DE TESTAMENTOS, 1751, fl. 35.

Deixo [...] deste testamento possuo os bens seguintes, escravos Aleixo cobu, Luis mina, Antônio mina, Salvador mina, José mina, Antônio crioulo e Ambrozio que já não pago capitação e está declarado por [...] na Intendência, escravas e crias dos delas; Angela mina sua filha Rita de idade de doze anos pouco mais ou menos; Domingas crioula três filhos da dita por nomes Mathias crioulo de ano e meio, Agostinho crioulo de três para quatro anos e uma cabrinha por nome Ana de idade de sete anos pouco mais ou menos, Ana crioula, Rita crioula, Maria mulata, Cipriana crioula, e uma filha da dita por nome Tomazia crioula de idade de onze anos, Izabel cabo verde e mais duas escravas das ditas por mim merecidas na Intendência por nomes Mariana crioula, e Joana mina[476].

Os chamados bens de raiz foram arrolados no testamento de Jacinta de Siqueira. Segundo sua declaração, eram umas casas em que ela morava com seu quintal, uma casinha que foi de Antô-nio Machado.

Os bens móveis eram três tigelas, um bofete (ou bufete, móvel comprido, geralmente de sala de jantar, dotado de arrumação na parte inferior para louça, copos, toalhas e de um tampo que serve de apoio para pratos ou travessas com comida durante as refeições, móvel para serviço de iguarias e bebidas em festas e reuniões). Seis morichos cobertos de couro, um catre de jacarandá torneado com seu cortinado, três caixas grandes um armário, um oratório fechado e pintado com uma imagem de Santo Cristo, outra de Nossa Senhora das Mercês, outra de Santa Ana. Dois fornos de cobre de torrar farinha, um novo e outro já remendado. Uma bacia de pés de cobre e outra de ornar. Duas ditas de cobre de fazer pão de ló digo duas ditas de fazer pão de ló uma de cobre e outro de latão. Dois rolos, um de cobre e outro de latão. Três caldeiras de cobre dois maiores e um pequeno. Uma chocolateira de cobre. Uma corrente de ferro com quatro colares. Umas algemas com seu cadeado. Três machados. Três forcas, duas enxadas grandes, cinco sacos, uma pouca de louça, seis colheres e cinco garfos de prata. Uma caldeirinha de prata com sua corrente. Uma tomboladeira de prata[477], 18 pires, 11 xícaras e 8 pratos de louça da Índia. Dez lençóis, 8 de linho e 2 de Bretanha, e 11 fronhas do mesmo com sua renda, 4 toalhas de Bretanha de renda, 2 lisas ditas de pano de linho, 2 toalhas de mesa com seis guardanapos uma de Guimarães e outra de festão, um par de meias de seda novas, uma saia de tecido preto e outra da dita de cor, uma dita de sarja de cor, outra dita de seda preta duas ditas de estaminha, uma preta e outra de cor uma coberta de seda outra de chita uma coberta de papa, 3 cortinas de porta, 2 ceroulas de pano, 1 capote de 15 camisas boas. Um prato de mão de cobre, 1 catre liso, mais 2 sopeiras grandes e 1 da Índia, 4 garrafas, 2 frascos de cristal, 3 copos do dito 1 grande, 2 mais pequenos, 5 frascos, 1 canoa grande de banhar, 1 gamela grande e 2 balanças de pesar — uma de quarto e outra de meia libra.

Jacinta declarou ainda os escravos que deixava para suas filhas e netas, bem como lembrou-se dos seus escravos mortos, fato esse incomum nos testamentos, e não sabemos se esses teriam morrido no ano do seu testamento, o que é bem possível, "por nomes João Mina, Francisco Moçambique, Antônio mina, José mina, outro Antônio mina, Maria mina, Josefa mina, Mariana mina, Florinda crioula, Tereza mina, outra Teresa mina, Ana crioula"[478].

Jacinta arrolou também os escravos dados em dote para suas filhas. Dessa forma, acabou revelando um pouco do movimento de compra e venda da escravaria que compunha seu opulento patrimônio:

---

[476] AJ-SE, LIVRO DE REGISTROS DE TESTAMENTOS, 1751, fl. 35.

[477] Recipiente de prata que serve para provar o vinho em formato de uma concha cujos bordos são trabalhados de forma a refletir a cor do vinho; o seu uso está ligado aos profissionais do vinho em todo o mundo, sendo elemento identificativo dos escanções.

[478] AJ-SE, LIVRO DE REGISTROS DE TESTAMENTOS, 1751, fl. 35.

A negra Izabel Cabo Verde e o negro que comprei a João Teixeira Leitão[479] e dei a minha filha Quitéria; declaro que também dei e dotei a minha filha Josefa casada com Caetano da Gama os escravos seguintes: João cabra, Geraldo cabra e Antônio angola; e depois de casada dei a uma sua filha e minha neta Ana Maria da Penha uma mulatinha por nome Maria Madalena, que terá de idade cinco anos e outra, filha da dita Penha minha neta por nome Maria dei uma crioulinha de peito por nome Francisca; declaro que dei e dotei a minha filha Quitéria casada com Luis Rodrigues Fraga, uma crioula por nome Maria, e um negro que comprei a João Teixeira Leitão, que hoje se chama Antônio e a uma filha dos ditos, minha neta chamada Ana, dei uma mulatinha por nome Maria e a outra minha neta, filha dos ditos por nome Quitéria, dei um crioulinho chamado Geraldo; declaro que dei e dotei a dita minha filha Rita, casada com Francisco da Costa Antônio, digo Francisco da Costa Antunes, um negro por nome Gregório, uma crioula por nome Josefa e uma negra por nome Caterina [...][480].

Por fim, Jacinta de Siqueira reiterou o desejo de que seus testamenteiros aceitassem o encargo de validar sua partilha, insistiu que havia deixado suas filhas todas casadas, acrescentou o pedido para que se dissessem 20 missas por sua intenção a Nossa Senhora das Mercês, na Vila do Príncipe, e outras, pela alma do capitão Antônio José de Campos Lara. Ela finalizou seu testamento com um gesto pedagógico colonial marcante: um desenho de uma cruz "que é seu sinal com que se assinou como testemunha que fiz e assino a rogo da testadora, Luiz Coelho do Amaral"[481]. O testamento foi aberto no dia 15 de abril de 1751, na casa do Dr. Francisco Pereira.

Algumas considerações sobre o testamento de Jacinta de Siqueira se fazem necessárias. Ela foi sepultada no interior da matriz de Nossa Senhora da Conceição da Vila do Príncipe, em campa encomendada, sob os auspícios da Irmandade de Nossa Senhora do Rosário, que teve seu compromisso oficializado em 1728[482]. Os irmãos e irmãs do Rosário se reuniam na igreja matriz de Nossa Senhora da Conceição por não haver ainda sua capela na Vila do Príncipe.

De fato, a capela ficou pronta apenas depois da morte de Jacinta de Siqueira, por volta de 1758, quando a irmandade solicitou a benção do templo, a fim de celebrarem-se os ofícios divinos, faltando ainda a constituição de um patrimônio ou fábrica[483]. Talvez, esse patrimônio possa ter recebido o aporte do testamento de Jacinta, no valor de 34 oitavas de ouro ou cerca de 500$000 réis, descontado o quinto do ouro. De qualquer forma, o testamento ajudou a irmandade a se emancipar da igreja matriz e construir sua própria capela.

O gesto de caridade nos testamentos coloniais como o de Jacinta de Siqueira contrasta a princípio com o objetivo da Irmandade do Rosário, que era ampliar as alforrias na Vila do Príncipe de irmãos escravos e reunindo esforços para que pudessem sobreviver depois da libertação. Um olhar mais atento ao contexto histórico da época mostra que temos elementos suficientes para afirmar que Jacinta participava da economia da alforria como todos os proprietários de escravos do

---

[479] Um dos homens mais ricos da Vila do Príncipe, ainda em 1756 (AHU, Cx. 70, Doc. 41), nomeado para auxiliar na reconstrução de Lisboa por causa do terremoto de 1755.

[480] AJ-SE, LIVRO DE REGISTROS DE TESTAMENTOS, 1751, fl. 35.

[481] AJ-SE, LIVRO DE REGISTROS DE TESTAMENTOS, 1751, fl. 37.

[482] COMPROMISSO DA IRMANDADE DE NOSSA SENHORA DO ROZÁRIO NA FREGUEZIA DA CONCEYÇÃO DA VILLA DO PRÍNCIPE DO SERRO DO FRIO NO ANNO DE 1728. Serro: Edição do Autor, 1979 (mandado imprimir por José Nunes Mourão, Zé de Fina). Ver: Figura 44.

[483] FUNDAÇÃO JOÃO PINHEIRO. *Minas Gerais*. Monumentos históricos e artísticos. Circuito do diamante. Belo Horizonte: Fundação João Pinheiro, 1995 (Revista Barroco 16). p. 179. Caso raro, pois normalmente as irmandades constituíam patrimônio ou fábrica "propriedade fundiária própria do templo", segundo Fonseca (2011, p. 111), e depois edificavam sua capela, normalmente pedindo dispensa do tributo de aforamento ao Senado da Câmara e garantiam com esses bens a continuidade de sua manutenção e reformas futuras, além do dinheiro necessário para as côngruas do padre capelão, bem como para pagamento de despesas cotidianas da irmandade como livros e utensílios litúrgicos.

período, além do mercado de compra e venda de cativos. Ela comercializava escravos, comprando e vendendo, dando em dote para o casamento das filhas, e alforriou no fim da vida quando achou interessante para sua paz de consciência.

Não há no testamento evidências de que algum escravo ou escravo lhe deviam valores de coartação já negociados e em andamento. Para que um proprietário concedesse uma carta de alforria para seu escravo ou escrava era necessária uma longa negociação financeira entre ambos, com valores e prazos estipulados previamente. Ou, então, que a bondade do testador se revelasse como gesto afetuoso de caridade ou sentimento paternal ou maternal para autorizar a liberdade do cativeiro. Não foi o caso de nenhum escravo de Jacinta de Siqueira. Em conclusão, ela foi irmã do Rosário, irmã de compromisso como se dizia à época, mas não conheceu a igreja do Rosário, construída depois de sua morte.

A matriz de Nossa Senhora da Conceição em que Jacinta pediu para ser sepultada era a segunda da Vila do Príncipe. A primeira era coberta de palha e funcionou até 1724. Entre 1725 e 1737, foi edificada a segunda matriz da vila. A terceira, ainda sem a escadaria de pedra sabão na frente (concluída em 1872), ficou pronta depois de 1776[484]. Seu corpo foi sepultado na campa da segunda matriz. A Irmandade do Santíssimo Sacramento, confraria exclusivamente masculina, foi a responsável pelo templo desde sempre e negociou com outras irmandades o funcionamento de suas reuniões, enquanto não fizessem suas capelas. Nas obras da matriz era comum transferir seus ofícios sagrados para a igreja da Purificação ou ao final do século XVIII para a igreja do Carmo. Ela conheceu, portanto, a segunda matriz da Vila do Príncipe.

A capela de Nossa Senhora da Purificação ficou pronta para os ofícios divinos alguns meses depois do dia 30 de dezembro de 1742. Nessa data, os irmãos da Purificação comunicaram ao Senado da Câmara a constituição de seu patrimônio ou fábrica, a partir da compra de uma casa coberta de telhas ao capitão José da Fonseca, na rua que ia para a cadeia. Eles pediam isenção dos foros, ou seja, isenção de cobrança de taxa para construção do seu templo, concedida imediatamente[485]. Conta-se — *si non è vero, è ben trovato* — que a primeira capela da Purificação de Nossa Senhora coberta de palha foi erguida a mando de Jacinta Siqueira[486]. O fato é que ela pediu para ser amortalhada no hábito de São Francisco[487], patrono da Confraria do Cordão de São Francisco, que se tornou mantenedora da segunda capela da Purificação, alguns anos depois de sua morte. Conta-se, inclusive, como fato consumado, que o sino da mesma capela teria sido encomendado, transportado e pago em ouro por Jacinta. Ela conhecia como ninguém a capela de Nossa Senhora da Purificação, mas preferiu ser sepultada na matriz da paróquia serrana.

A residência de Jacinta de Siqueira na Vila do Príncipe devia ser próxima à matriz, na rua Direita ou entre a matriz e a capela da Purificação. Acreditamos que o Botavira foi a região de exploração de suas lavras nas minas de ouro serranas. Toda sua vida religiosa transcorreu nessas igrejas e suas irmandades. Ela conviveu também com a construção da capela de Santa Rita, considerada pronta e

---

[484] FJP, 1995, p. 157-158.

[485] SILVA, 1928, p. 43.

[486] Ver: Figura 37.

[487] As *Constituições Primeiras do Arcebispado da Bahia* incentivavam este gesto pedagógico colonial, prevendo no Número 843, Título LIII como deviam ser sepultados os fiéis devotos: "é costume pio, antigo e louvável na Igreja Católica enterrarem-se os corpos dos fiéis cristãos defuntos nas igrejas e cemitérios delas; porque, como são lugares a que todos os fiéis concorrem para ouvir e assistir ás missas e ofícios divinos e orações tendo à vista as sepulturas, se lembrarão de encomendar a Deus Nosso Senhor as almas dos ditos defuntos, especialmente os seus, para que mais cedo sejam livres das penas do purgatório, e se não esquecerão da morte, antes lhes será aos vivos muito proveitoso ter memória dela nas sepulturas. Portanto, ordenamos e mandamos que todos os fiéis que neste nosso arcebispado falecerem sejam enterrados nas igrejas e cemitérios, e não em lugares não-sagrados, ainda que eles assim o mandem, porque esta sua disposição, como torpe e menos rigorosa, se não deve cumprir" (VIDE, 2010, p. 441-442).

decente para receber ofícios divinos em 1745, mas não consta que ela fosse devota dessa santa dos milagres impossíveis. As demais igrejas, a do Bom Jesus do Matozinhos e do Carmo estavam prontas para benção e funcionamento em 1773 e 1781, respectivamente, depois da sua morte.

No seu testamento, Jacinta fugiu à regra e não anunciou sua condição de escrava forra, nem sua naturalidade ou nacionalidade, algum território, povoado, arraial ou cidade da África Ocidental, ou qualquer outro que pudéssemos identificar sua origem no Brasil ou na África. Ela foi vendida oficialmente no porto de São Jorge da Mina, segundo a qualidade "mina" encontrada em documentos de batizados de suas netas. Jacinta era uma africana ocidental, embarcada para Salvador, capital do Brasil, por volta do terceiro quartel século XVII. Não sabemos seu verdadeiro idioma, aprendido com seus pais[488]. Ela não contou sua origem africana no testamento.

Algumas outras considerações sobre Jacinta de Siqueira foram fornecidas pelo estudo de Júnia Furtado. Ela anotou que Jacinta de Siqueira a fim de "afirmar sua religiosidade, deixou esmolas em ouro — por exemplo, as 34 oitavas de ouro legadas à Irmandade do Rosário —, feito com que tornava público seu poder, pois só podia ser caridoso quem possuísse bens de que dispor"[489]. Além disso, "determinou também que fossem celebradas missas, indispensáveis para a ascensão das almas, para si própria, além da de corpo presente, a ser realizada na igreja matriz da vila, onde seria sepultada", deixando encomendado, ou seja, pago pelo testamenteiro, mais 55 missas, "das quais quinze em devoção de Santo Antônio, vinte para as demais almas do purgatório, dez para a alma de Antônio Quaresma (sic), e dez para a de Vitória Pereira, sua filha já falecida" sendo que "a preocupação com Antônio Quaresma (sic) confirma a relação de ambos em vida, como revelou Costa Matoso"[490].

Ainda segundo a historiadora Júnia Furtado, o testamento de Jacinta de Siqueira "revela a ascensão social por ela alcançada graças ao acesso às lavras e ao concubinato com alguns homens brancos", uma vez que ela "declarou nunca ter se casado, mas tinha cinco filhas mulatas, Bernarda, Quitéria, Rita, Josefa e Vitória". Assim,

> [...] sua principal conquista, não apenas de ordem financeira, mas também social, concretizou-se ao casar legalmente todas as filhas com homens brancos, meio pelo qual puderam se inserir na sociedade hierárquica da época e, assim, apagar o estigma da cor e da escravidão que carregavam.

Dessa forma, "vivendo em uma sociedade que valorizava mais a condição dos antepassados do que a trajetória de vida, Jacinta omitiu suas origens no testamento, tratando de nomear detalhadamente apenas sua descendência e os laços tecidos com a sociedade branca por intermédio dos casamentos". É por isso que

> [...] tais laços foram reafirmados quando se aproximava a morte, pois [...] a enferma lembrou-se de contribuir para que as almas de seus entes queridos buscassem a salvação além de escravos, que a inseriam na elite proprietária da vila, vários bens, tanto móveis como imóveis, foram arrolados em seu testamento[491].

---

[488] Segundo Paiva (2015, p. 37), "ao longo dos séculos, tudo isso foi se conformando e se consolidando e no final do setecentos não havia muitos problemas de comunicação entre as populações ibero-americanas. Não havia grandes problemas nem mesmo para entender os negros 'boçais', que chegavam sem falar as línguas dominantes nas áreas ibéricas. Lembre-se que o português ou línguas crioulas nele baseadas tornaram-se línguas gerais ou francas em várias áreas africanas entre os séculos XVI e XVIII".

[489] FURTADO, Júnia Ferreira. *Chica da Silva e o contratador dos diamantes*. O outro lado do mito. 4. reimp. São Paulo: Companhia das Letras, 2017. p. 107-108.

[490] FURTADO, 2017, p. 108.

[491] FURTADO, 2017, p. 107.

Jacinta de Siqueira foi mãe de cinco filhas, todas da qualidade mulata[492] [seus pais eram homens brancos] e/ou crioula, uma vez que foram filhas de uma escrava africana forra nascidas no Brasil. Como afirmou em seu testamento, ela não foi casada oficialmente com nenhum homem português, baiano ou paulista. Por isso, as filhas tiveram pais biológicos diferentes: Bernarda da Conceição e Lara, Quitéria Joana Batista Lopes, Rita de Jesus Mascarenhas, Josefa Gonçalves de Siqueira e Vitória Pereira, falecida antes do testamento.

Bernarda da Conceição e Lara foi a que recebeu mais escravos de sua mãe em vida e que foram citados no seu testamento. No total, foram 20, sendo que dez já haviam morrido, três foram dados como dote de casamento e um resgatado do penhor. O sobrenome indica que era filha do capitão Antônio José de Campos Lara, o mesmo que conduziu Jacinta para as minas do Serro do Frio, em companhia protetora, como amigo ou amante, em condição de escrava ou já alforriada[493]. Antônio José de Campos Lara tornou-se um dos fundadores da Irmandade do Rosário, sendo o primeiro a assinar o seu compromisso, escrito e enviado para a aprovação do bispo do Rio de Janeiro, em 1728[494].

Quitéria Joana Batista Lopes foi casada com Luiz Rodrigues Fraga. Ela recebeu também de sua mãe três escravos por herança, pelo menos dois como dote de casamento. O filho dela, Joaquim Rodrigues Fraga, casou-se com Maria Eusébia Pontes Rosa (filha de José Leandro da Gama e Vitória Nunes de Oliveira), no dia 13 de fevereiro de 1773, na igreja matriz de Nossa Senhora da Conceição da Vila do Príncipe[495]. O neto de Jacinta de Siqueira foi proprietário do Retiro Pouso Alegre, no ribeirão da Cachoeira, conforme documento seguinte:

> Retiro Pouso Alegre – Pedro Generoso. Sítio de matos e capoeiras denominado ribeirão da Cachoeira com rancho coberto de capim que partem de um lado com terras do reverendo Inácio Belo de Freitas, para outro com Gonçalo Mz. Ferreira e com quem suas haja de partir. Era de Manuel Nunes da Paixão, este o vende a Joaquim Rodrigues Fraga [este neto de Jacinta de Siqueira] e este e sua mulher Maria Euzébia Ponte Rasa o revende ao padre Inácio Belo de Freitas. Depois passou a José Ribeiro Peixoto, deste para Bernardo José Ferreira Rabelo, depois sua viúva e filhos, em seguida para Pedro Generoso Filho e

---

[492] Segundo Dantas (2015, p. 125-126), "de certa forma, grande parte da história da família colonial mineira, assim como brasileira em geral, foi a história dos relacionamentos íntimos que se desenvolveram entre homens portugueses brancos e mulheres africanas. Ora forçados, ora consensuais, ora temporários, ora duradouros, e finalmente, ora informais, ora legalmente formalizados, esses relacionamentos resultaram na formação de novas gerações de indivíduos cujas trajetórias de vida foram marcadas por suas origens raciais mistas. A posição ambígua que esse grupo ocupou em uma sociedade fundamentalmente estruturada em torno da prática da escravidão, e de relações desiguais de poder, resultou em uma gama de estratégias familiares que visaram garantir o bem-estar socioeconômico, e em alguns casos até mesmo influência política, desses indivíduos". Os privilégios ligados ao mulatismo não eram desconhecidos de Jacinta de Siqueira, antes, acreditamos que ela se serviu plenamente dessa prerrogativa de gerar filhas de homens brancos e "bons" para que sua parentela garantisse boa reputação no mercado de casamentos (a parte branca do sangue era fundamental para garantir a liberdade das filhas e netos). Para Alencastro (2000, p. 349-355), a invenção do mulato e de sua boa reputação tem a ver com a participação nas guerras coloniais e da boa recomendação para os trabalhos nas fazendas. O mulatismo é uma forma de arranjo brasileiro das dinâmicas de mestiçagens pressionadas pela centralidade do escravismo sistêmico colonial.

[493] A condição de submissão ao seu antigo proprietário parece ter se estabelecido mesmo depois da carta de alforria que podia ser revogada, inclusive sob o argumento da ingratidão, como não era incomum neste contexto histórico. A relação de Jacinta com Campos Lara parece ter uma base econômica, religiosa, familiar e predominantemente afetiva. Ver: Gonçalves (2011, p. 47). A alforria de Jacinta de Siqueira foi um privilégio dado pelo seu antigo proprietário: ela mudou de estamento social, tornou-se de cativa e escrava a liberta/forra poderosa e opulentada senhora de escravos — um ativo financeiro fundamental para garantir investimentos nas minas do Serro do Frio e na compra de terras para fazendas de abastecimento e pecuária —, representando sua ascensão social indiscutível. De fato, a alforria de Jacinta de Siqueira não foi apenas uma negociação entre uma escrava e um senhor, antes, possui outros elementos mais refinados, como os sentimentos, os laços afetivos, a relação de constituída por interesses mútuos. Os dois se ligaram a vida inteira pelos laços dessa alforria, que parece sim, simbolicamente, um atestado de afeição mútua. A frase comum das cartas de alforria era: "passará a gozar de sua liberdade como se do ventre livre da mãe nascesse". No caso de Jacinta e Campos Lara, a liberdade nasceu da relação amorosa, proteção e negócios que se se perpetuou durante toda vida, culminando nas expressões de afeto em seu testamento *post-mortem*. Isso se confirma por: Gonçalves (2011, p. 122): "os forros desprovidos de qualquer propriedade certamente representariam a maioria dos libertos vivendo nas Minas Gerais". Esse não foi o caso de Jacinta de Siqueira.

[494] Ver: Figuras 37 a 44.

[495] *Cf.* Apmes (Cad. 49, s/p).

hoje de sua viúva e filho dr. Félix Generoso (Livro 98 de Notas 1793, fl. 15). Nesta fazenda funciona hoje [1966] a Escola Rural Fazenda Pouso Alegre[496].

Outro filho de Quitéria, Francisco Rodrigues Fraga, casou-se com Rosa da Silva Guedes (filha de Joana Guedes, preta forra da nação mina, batizada no Tijuco), no dia 2 de agosto de 1775[497].

Rita de Jesus Mascarenhas foi casada com Francisco da Costa Antunes. Ela também recebeu três escravos como herança de sua mãe, pelo menos dois como dote de casamento. Segundo o alferes Luiz Antônio Pinto, citado por Gilberto Freyre, "os pais de todos os filhos de Jacintha Siqueira – acrescenta o genealogista – foram homens importantes e ricos e muitos figurão entre os homens da governança [...]. Entre outros, um sargento-mor"[498]. Um sargento-mor de sobrenome Mascarenhas foi o escrivão do descobrimento das minas do Serro do Frio, Lourenço Carlos Mascarenhas de Araújo, nomeado para o cargo, em 5 de fevereiro de 1711, e que no ato de sua nomeação foi chamado apenas por Lourenço Carlos Mascarenhas. Ele também foi eleito vereador para o Senado da Câmara em 1716 e 1717, governando a Vila do Príncipe como oficial. Há um registro de terras que haviam sido de Rita e seu marido Francisco:

> Rio do Peixe Pequeno – em 28 de novembro de 1783 Antônio Gomes de Moura vende ao capitão João Pinto Coelho um sítio que tinha sido do falecido Francisco da Costa Antunes e sua mulher Rita de Jesus Mascarenhas [filha e genro de Jacinta de Siqueira] e foi arrematado em praça com... matas virgens e capoeiras (Livro 85, fl. 113v.)[499].

Josefa Gonçalves de Siqueira herdou de sua mãe três escravos, pelo menos dois como dote de casamento. Era filha de Jacinta de Siqueira com o capitão Antônio Gonçalves de Oliveira[500], natural da cidade da Bahia. Josefa casou-se com Caetano da Gama Marcos. Eles batizaram sua filha Vitória no dia 12 de outubro de 1747, nascida em 26 de setembro do mesmo ano. Nesse registro de batismo, a identidade, ou para ser mais exato, o nome seguido da qualidade de Jacinta, que fica assim esclarecida e comprovada: "Jacinta de Siqueira, preta forra nação mina"[501].

As netas e uma bisneta de Jacinta de Siqueira receberam cada uma, um ou dois mulatinhos cada. Os escravos garantiriam para suas descendentes alguma renda e um melhor posicionamento no mercado de matrimônios da Vila do Príncipe e de seu termo.

Ao final de sua vida, em 1751, Jacinta de Siqueira havia conseguido praticamente triplicar o número de dez escravos que declarara na capitação de 1718, 1719 e 1720[502]. Por certo, ela comercializava escravos, comprando e vendendo em função de suas necessidades do momento, dava-os em dote para as filhas no momento do casamento, fazendo girar sua fortuna em torno da escravidão. Por isso, ela pôde, durante sua vida opulenta, seguir "os padrões da elite do arraial no que se refere ao mobiliário de suas moradas", pois em sua casa "havia um bufete, três caixas grandes, um armário,

---

[496] Apmes, Cad. 8, n.p.

[497] *Cf*. Apmes (Cad. 49, s/p).

[498] FREYRE, Gilberto. *Casa-grande e senzala*. 23. ed. Rio de Janeiro: Livraria José Olympio, 1984, nota 31, p. LXXVII.

[499] Apmes, Cad. 3, s/p.

[500] Na relação dos homens mais ricos da Vila do Príncipe em 1756 aparece um dito Manuel Gonçalves de Oliveira, cuja profissão era roceiro (AHU, Cx. 70, Doc. 41), talvez seu irmão.

[501] AEAD, LIVRO DE BATIZADOS – 1740/1754, fl. 86v.; PEREIRA FILHO, Jorge da Cunha. Boletim do Projeto "Pesquisa Genealógica Sobre as Origens da Família CUNHA PEREIRA", Ano 01, n. 09, 1995.

[502] Seus escravos trabalhando nas lavras minerais giravam em torno de 13, declarados para o pagamento do imposto de capitação de 1738 (APM-CC 1068, matrícula 1219, s/p). Isso quer dizer que Jacinta mantinha escravos em sua residência, em sua fazenda e nos trabalhos das lavras, potencializando as relações de compra e venda deles no termo da Vila do Príncipe. Ela conhecia, de fato, o trato com os escravos e potencializa seus rendimentos com este comércio na vila, na zona rural e nas minas de ouro e de diamantes. Ver: Anexo 19.

uma mesa de jantar, um catre liso e um de jacarandá torneado com cortinado e uma colcha de seda, bem como lençóis e fronhas de linho"[503].

Além disso, "guardava cinco oratórios, com as imagens de Cristo, de Nossa Senhora das Mercês, de Santa Ana com seu resplendor de ouro, de Nossa Senhora com uma coroa dourada, e, por fim, de santo Antônio encimado por uma coroa de prata"[504].

No momento de sua morte, "os sinais exteriores de honra tinham a pretensão de mostras que ela conseguira se retirar do mundo da desclassificação que a cor e a condição de escrava haviam lhe impingido"[505].

Outras situações da vida de Jacinta de Siqueira merecem destaque e não entraram na pauta dos estudos sobre sua trajetória de vida. Trata-se de esclarecer sua movimentação em relação aos sepultamentos de seus anjinhos, seus filhos mortos ao nascer sem batismo e os enterros de seus escravos. Assim, o primeiro registro que possuímos em arquivos públicos relata que no dia 20 de maio de 1726 "faleceu da vida presente um anjinho de Jacinta de Siqueira, foi sepultada na igreja"[506]. Os anjinhos eram sepultados no adro da igreja, costumeiramente nunca em seu interior por se tratar da teologia da época que destinava o limbo e não a glória da Igreja Triunfante como moradia dessas crianças. Outros anjinhos de Jacinta aparecem: no dia 26 de outubro de 1727, ela sepultou outro na igreja[507]. No dia 28 de junho de 1728, novamente outro anjinho seu foi sepultado na igreja[508]. Alguns anos depois, no dia 4 de setembro de 1732, outro anjinho seu foi sepultado na igreja[509]. Jacinta tinha autorização do vigário Simão Pacheco para sepultar dentro da igreja, pagando, claro as taxas para a paróquia e a Irmandade das Almas. Entre 1726 e 1732, Jacinta perdeu quatro crianças.

Para contrastar sua atitude de mãe em relação aos seus anjinhos, ela sepultava seus escravos sem a mesma distinção do interior da igreja. Ela não fazia questão. Assim, no dia 15 de junho de 1732 Francisca, sua escrava, foi sepultada no adro da igreja matriz[510], e alguns dias depois no dia 15 de julho de 1732 Manuel, seu escravo, foi sepultado no adro[511]. No ano de sua morte, Jacinta mandou sepultar no dia 19 de janeiro de 1751 Ana parda inocente, sua escrava também no adro da igreja matriz[512]. Aos escravos, o adro. Aos anjinhos, filhos de "homens bons" da Vila do Príncipe, o interior da matriz.

A distinção de Jacinta de Siqueira na rede de sociabilidades serrana se faz perceptível no assento de batismo seguinte, realizado pelo padre coadjutor João Antunes Ferreira: "aos dois dias do mês de novembro de mil setecentos e trinta e três anos batizei e pus Santos Óleos a Joana, filha de Tereza Corrêa Botelho, preta forra, de pais incógnitos. Foram padrinhos Félix de Oliveira Costa e Rita de Jesus Mascarenhas, *filha de Jacinta de Siqueira*. O coadjutor João Antunes Ferreira"[513].

Entre os três mais importantes historiadores — o serrano Nelson Coelho de Senna (1876-1952), falecido aos 76 anos, o serrano Dario Augusto Ferreira da Silva (1859-1927) falecido aos 67 anos,

---

[503] FURTADO, 2017, p. 133.

[504] FURTADO, 2017, p. 137.

[505] FURTADO, 2017, p. 181.

[506] AEAD, ÓBITOS 1725-1797, fl. 1.

[507] AEAD, ÓBITOS 1725-1797, fl. 3.

[508] AEAD, ÓBITOS 1725-1797, fl. 2.

[509] AEAD, ÓBITOS 1725-1797, fl. 3.

[510] AEAD, ÓBITOS 1725-1797, fl. 3v.

[511] AEAD, ÓBITOS 1725-1797, fl. 3v.

[512] AEAD, ÓBITOS 1725-1797, fl. 18.

[513] AEAD, BATISMOS 1731-1732, fl. 29v., grifos nossos.

e o caeteense alferes Luiz Antônio Pinto (1841-1924) falecido com 83 anos, houve o que podemos denominar de "questão Jacinta de Siqueira". Os três grandes estudiosos da história Setecentista das minas do Serro do Frio foram contemporâneos, tiveram oportunidade de conversar sobre suas pesquisas e leram-se mutuamente pela revista do Arquivo Público Mineiro (Senna e Pinto), pelos jornais serranos (Silva pelo *O Ibiti-ruí* e Pinto pelo *O Serro*) e tiveram contato entre si em eventos públicos como a comemoração dos 200 anos da Vila do Príncipe comemorado com grandes festejos em 1914, no qual Sena foi orador, Pinto ajudou na elaboração do *Álbum do Bicentenário* e Silva era importante juiz aposentado da Comarca de Ferros, já de volta para a cidade do Serro. Contudo, entre eles surgiu uma querela em torno de quem foi e o que fez Jacinta de Siqueira. Cada um agiu de uma forma dissonante com os outros.

Senna publicou em 1895 um ensaio chamado *Memória histórica e descriptiva da cidade e município do Serro.* Ele se recusou radicalmente a nomear nesse manuscrito o nome de Jacinta de Siqueira como figura importante nos primeiros anos das minas do Serro do Frio. A sua forma lacunar de contar o que ele chama de lenda de uma tal negra mina aparentemente desconhecida em nome e origem é bastante interessante do ponto de vista da narrativa histórica:

> Conta a lenda – esse véu nebuloso da história – que uma africana (*negra mina*), cujo nome se desconhece, se enriqueceu com a quantidade extraordinária de *pepitas* de ouro, por ela encontradas no córrego *Quatro Vinténs*, que banha a atual cidade do Serro; – o que, em agradecimento a Deus, levantara ela, onde se vê hoje o poético e elegante templo da *Purificação*, uma tosca capela – simples e modesto embrião do culto naquelas paragens – núcleo primitivo da população que para ali logo afluiu. Essa descoberta dos abundantes veios de ouro no território serrano motivou o rápido desenvolvimento da zona, então pouco conhecida e desabitada. Tanto assim, que, chegando aos ouvidos de dom Brás Baltazar da Silveira, – que era governador da Capitania unida de Minas e São Paulo, naquele tempo, – a notícia de sua importância que iam assumindo as minas do *Serro Frio* e seu consequente povoamento, foi ele, em 1713, visitá-las. E tal a sua boa impressão, que pediu ao rei D. João V a ereção a vila, do distrito do *Serro Frio*, no que foi atendido pelo alvará régio de 29 de janeiro de 1714, que elevava o Serro à categoria de vila, com o nome de Vila do Príncipe[514].

Detalhe dessa narrativa é que Senna nasceu na casa defronte da demolida capela da Purificação. Viveu sua infância no Serro. Ele deve ter escutado muitas histórias sobre aquele templo. Não sabia ele quem teria sido a primeira mulher a mandar construir aquela "tosca capela" que deu origem ao "poético e elegante templo da Purificação"? Ele identificou a elevação das minas do Serro por uma mobilização do governador D. Brás Baltazar da Silveira. De fato, o primeiro pedido da população serrana foi a criação da paróquia de Nossa Senhora da Conceição criada em 1713. Depois veio a elevação à vila, em função da complexidade do controle exigido nos descaminhos do ouro nas minas serranas.

Contudo, a opinião de Senna sobre Jacinta de Siqueira mudou no texto intitulado *Traços biographicos de serranos ilustres, já fallecidos,* publicado na Revista do Instituto Histórico e Geográfico Brasileiro, em 1903, e republicado pela Revista do Arquivo Público Mineiro, em 1905. Nele, Jacinta de Siqueira aparece completando as lacunas de seu texto de 1895: "a própria africana Jacintha de Siqueira, annunciadora feliz do ouro a granel, no córrego desde então chamado *Quatro Vintens*, levantara a primeira rustica ermida catholica, onde hoje é a egreja da Purificação. Não tardariam os sacerdotes"[515].

---

[514] SENNA, 1895, p. 6.
[515] RAPM, 1905, p. 171, grifos do autor.

O que teria feito Senna mudar de opinião e considerar Jacinta de Siqueira a protagonista da descoberta do ouro no ribeiro Quatro Vinténs? Uma explicação parece plausível: em 1895, sendo a capital mineira ainda Ouro Preto talvez houvesse certo constrangimento em assumir o protagonismo de uma mulher africana alforriada nos descobrimentos mineiros. Nesse contexto, buscava-se a valorização dos heróis nacionais que pudessem criar um imaginário favorável à república recém-implantada por um golpe de estado. Os bandeirantes paulistas desbravadores do sertão brasileiro pareciam propícios à criação desse imaginário ligado ao mito fundador nacional ou a concretização de seu destino manifesto na moldura da república ainda nascente, em que os vultos nacionais estavam sendo escolhidos a dedo. Com o passar do tempo, foi preferida a figura de Tiradentes, por conta do seu ideal de liberdade nacional, mais afeito ao ideário republicano[516].

O Dr. Dario por sua vez escreveu em 1924-1925 seu livro *Memória sobre o Serro antigo*, publicado em 1928, depois de seu falecimento. Ele nada escreveu nesse manuscrito sobre Jacinta de Siqueira. Absolutamente nada. Conhecedor das lendas sobre o Serro antigo, dos seus caminhos mais remotos, dos documentos do Senado da Câmara mais escondidos em arquivos públicos, pesquisador acostumado aos testamentos antigos nada escreveu sobre Jacinta de Siqueira.

Em desacordo com Senna e Silva, o alferes Luiz Pinto escreveu, descreveu, problematizou, divulgou e acentuou a importância de Jacinta de Siqueira para a constituição das minas do Serro do Frio. Um texto dele enfiado entre suas cartas e cadernos, datado de 5 de março de 1895, foi copiado pela historiadora Maria Eremita de Souza em um de seus cadernos. Ele explica, em tom de ironia e inconformação com o distrato da ancestralidade negra dos serranos, o que se passava:

> Jacinta de Siqueira – a negra mina que primeiro achou ouro no córrego Quatro Vinténs – se admite primeiro que ninguém gosta de apurar gerações quando souber que alguém de seus maiorais alisou negros fogões. Outrora tinham razões, hoje porém é asneira; e se todos pensassem como eu, veriam em breve a minha galeria de africanas que se celebrizaram por seus descendentes, e haviam de gostar porque o mal de muitos é consolo, e muitos são os que eu posso em poucos manuscritos alistar nas fileiras de meu batalhão. Nada farei: sou velho e sou prudente, não quero assanhar abelhas contra mim. Seja branco quem quiser, certo que nada direi do que sei[517].

Toda a narrativa anônima de Senna ganhou o nome de Jacinta de Siqueira, no mesmo ano em que ele publicou sua memória serrana. A crítica de Pinto parece carregar uma luta pessoal contra o racismo dos últimos anos do século XIX. Ele havia participado da criação em 1870 da Associação Filantrópica Os Obreiros da Emancipação a fim de auxiliar na libertação de escravos na região serrana. Depois da abolição de 1888, pareceu-lhe "asneira" impedir que a verdade sobre as famílias serranas fosse dita abertamente: a maioria dos grandes homens da cidade teriam, de fato, africanas em sua árvore genealógica. Seu texto de desabafo contrasta *a fortiori* com sua postura de historiador insistente em incensar — normalmente em manuscritos encomendados pela *Revista do Arquivo Público Mineiro* — os grandes vultos portugueses da colonização serrana e seus descendentes. Não consta em seu acervo de documentos pessoais, anotações de pesquisas e genealogias que ele tenha feito um percurso de pesquisa em torno de Jacinta de Siqueira, por exemplo. Contudo, Gilberto Freyre teria usado um manuscrito escrito por ele no seu livro *Casa-grande e senzala*, publicado em 1933, nove anos depois da morte do historiador caeteense. Sigamos o que escreveu Freyre:

> Estes cadernos, tive a fortuna de encontrá-los em recente viagem a Minas. Acham-se alguns em Caeté, outros em Belo Horizonte, em mãos de um particular, que gentilmente nos franqueou à leitura. Representam o esforço pachorrento, e tudo indica que escrupuloso, não de

---

[516] *Cf.* Carvalho (2017, p. 58-78).

[517] Apmes, Cad. 18, s/p.

um simples bisbilhoteiro, mas de velho pesquisador municipal, falecido há anos: Luís Pinto. Pinto passou a vida vasculhando arquivos, atas, livros de registro de casamento e batismo, testamentos, na colheita de dados genealógicos de algumas das mais importantes famílias mineiras. Tive o gosto de ver confirmadas por esses dados generalizações a que me arriscara, na primeira edição deste trabalho, sobre a formação da família naquelas zonas do Brasil onde foi maior a escassez de mulher branca. É assim que Jacintha de Siqueira, "a célebre mulher africana que em fins do século XVII ou princípios do XVIII veio com diversos bandeirantes da Bahia" e a quem "se deve o descobrimento de ouro no córrego Quatro Vinténs e ereção do arraial à Villa Nova do Príncipe em 1714", aparece identificada como o tronco, por assim dizer matriarcal, de todo um grupo de ilustres famílias do nosso país. "Os pais de todos os filhos de Jacintha Siqueira – acrescenta o genealogista – foram homens importantes e ricos e muitos figurão entre os homens da governança [...]." Entre outros, um sargento-mor[518].

A presença de Jacinta de Siqueira no mais importante livro de Freyre não pode ser minimizada. O papel de Jacinta na sua obra — o livro é composto de mosaicos culturais para dar uma noção geral de cultura brasileira, civilização brasileira, povo brasileiro ou de brasilidade — é o de referendar a ideia de intoxicação sexual reinante nos trópicos[519]. A mulher africana (e a indígena, primeiramente) surge nesses relatos como objeto de desejo dos portugueses — o mito da negra mina como amuleto de sorte é recorrente nessa narrativa — para o qual são arrastados naturalmente, num aparente inevitável descontrole emocional e moral (para os antigos, abaixo da Linha do Equador não havia pecado — *Ultra aequinoxialem non peccari*). Por conta dessa intoxicação sexual, Jacinta teria se tornado amante de homens poderosos do Brasil. A crítica a essa representação do corpo da mulher negra é bem conhecida dos estudos culturais mais recentes[520].

Esses estudos mais recentes pretendem mostrar a violência simbólica contida nessa prática patriarcal colonial: em torno da devassidão dos homens do poder — a escravidão é uma violação absoluta do corpo feminino — a culpa pelo pecado da carne seria imputada totalmente à mulher, responsável unicamente pela própria violação. O matriarcado de Jacinta foi periférico, posto que nunca foi reconhecido oficialmente pela Coroa portuguesa nem pela Igreja, uma vez que suas filhas não receberam a herança de seus pais e elas não usufruíram de seu direito de linhagem direta dos homens da governança.

Já vimos anteriormente que o próprio alferes Luiz Pinto denunciava o descaso dos descendentes de Jacinta por sua história, pelo matriarcado iniciado com o nascimento da primeira filha do primeiro amante em algum lugar da Bahia. Jacinta soube usar do concubinato para criar uma extensa rede de proteção, a fim de transitar com autonomia nos territórios mineiros. Ela usou a proteção de seus amantes — uma relação sujeita a complexos rituais de sedução e submissão, alegrias

---

[518] FREYRE, 1984, nota 31, p. LXXVII.

[519] FREYRE, 1984, p. 90-91; 93; 288-289; 410-480.

[520] *Cf*. Azevedo (1962), Araújo (1994) e Bocayuva (2001). Souza (2017, p. 27-28) afirma que Freyre "era prisioneiro do racismo científico, tendo sido exposto, no entanto, nos anos 20 do século passado, ao culturalismo à época de vanguarda [...]; elaborou uma interpretação culturalista que procurou levar o culturalismo vira-lata ao seu limite lógico"; Souza (2018, p. 43-44) critica a "virada culturalista" de Freyre em que "sua tese é a de que o Brasil como parte do horizonte cultural lusitano, realiza aqui, com uma intensidade sem igual no mundo, as virtualidades da 'plasticidade' cultural do português; a influência dessa ideia entre nós não poderia ter sido maior. Afinal, ela poderia, essa era (e ainda é) a suposição implícita, ser 'comprovada empiricamente' a efetiva cor mestiça que caracteriza o brasileiro não imigrante. Bastaria 'olhar' a realidade das ruas do povo brasileiro e mestiço para que sua tese fosse confirmada. Depois, e este é o ponto decisivo, a mistura étnica e cultural do brasileiro, ao invés de ser um fator de vergonha, deveria, ao contrário, ser percebida como motivo de orgulho: a partir dela é que poderíamos nos pensar como o povo do encontro cultural por excelência, da unidade na diversidade, desenvolvendo uma sociedade única no mundo precisamente por sua capacidade de articular e unir os contrários [...]. Para Freyre, enfim, o mestiço 'is beautiful'".

e tristezas, acordos e desacordos, amor e ódio —, transformando-a com grande sabedoria em patrimônio particular, acesso às minas de ouro, ao mercado de escravos e aquisição de terras e casas[521].

Por isso, Maria Eremita de Souza fez uma anotação importante para explicar quem foi Jacinta de Siqueira nessas minas do Serro do Frio. A informação chegou a Maria Eremita por meio de uma leitura, de um amigo, de uma lenda. Ela prontamente registrou em seu caderno para em momento oportuno aprofundar a informação, mas nunca chegou a ser estudada a fundo. Segundo esse relato brevíssimo, um homem teria acompanhado Jacinta de Siqueira para as minas do Serro do Frio. Segundo sua anotação, "Antônio [José] de Campos Lara veio da Bahia trazendo Jacinta Siqueira"[522]. Para a historiadora serrana, Jacinta de Siqueira "veio como companheira de seu senhor da Bahia"[523]. A informação a princípio parece solucionar o problema sobre quem conduziu Jacinta pelo sertão brasileiro com destino à região serrana, tratando-se de seu proprietário com quem mantinha uma relação de concubinato e teria sido alforriada nas minas serranas. Mas continuam as dúvidas[524]. A primeira é se se trata objetivamente da Capitania da Bahia e seu território no século XVII. Jacinta morava então em alguma região mineradora, como Cachoeira ou Jacobina, ou morava em Salvador ou outro arraial?

A segunda é se se tratava dos caminhos da Bahia, podendo indicar que Jacinta de Siqueira teria passado antes por Sabará, na pousada dos bandeirantes oficiais do território das Minas Gerais, porta de entrada para as serras do Espinhaço e Itacambira, entre os vales dos rios Jequitinhonha e Doce. Se ela passou pelos caminhos da Bahia pode ser que tenha se aventurado em terras paulistas antes de aventurar-se no sertão mineiro. As famílias dos bandeirantes paulistas da região do Vale do Paraíba, Itu, Taubaté, Sorocaba tiveram desde o século XVI relações com o sertão baiano, casando famílias nos caminhos entre a Bahia e São Paulo.

---

[521] Somos da opinião de que Jacinta de Siqueira não pode ser compreendida sem a figura protetora de seu ex-proprietário e amante o capitão Antônio José de Campos Lara. Primeiro, Campos Lara se recusou a vincular sua parentela — a primeira filha de Jacinta e aparentemente a única filha deste casal foi Bernarda da Conceição e Lara que no testamento aparece como quem havia recebido mais escravos de sua mãe em no total foram 20, sendo que dez já haviam morrido, três foram dados como dote de casamento e um resgatado do penhor — à senzala, libertando Jacinta para que sua filha gozasse da liberdade como mulata; segundo, o relacionamento migrou para as minas serranas, fugindo dos olhares nem sempre comedidos e cúmplices do relacionamento entre um branco e sua escrava alforriada. Em resumo, a relação de Jacinta e Campos Lara mostra uma tentativa de estabelecer uma relação amorosa para além da Bahia, em outro lugar, as minas do Serro do Frio, distantes dos olhares dos familiares e convivas de Campos Lara, bem como se evitou uma família perpetuada no cativeiro (a filha nasceu livre), ou seja, uma recusa de participar efetivamente enquanto núcleo familiar e amoroso da "cultura escrava" (SLENES, 2011, p. 48). Segundo Mattoso (2020, p. 201), "o costume jurídico brasileiro, como o de todas as sociedades escravistas, determinava que os filhos nascidos de não escrava eram escravos, mesmo quando o pai era homem livre: *Partus sequitur ventrem*. Única exceção à regra: a criança nascida da relação sexual do senhor com escrava se tornava livre após a morte de seu pai, mas ainda era preciso que fosse reconhecido". Nenhuma filha de Jacinta de Siqueira foi reconhecida pelos pais, o que não impediu que elas recebessem os sobrenomes dos seus progenitores. Campos Lara faleceu antes de Jacinta, mas já havia libertado sua amante e por conseguinte suas filhas nasceram livres.

[522] Apmes, Cad. 184, s/p.

[523] SOUZA, 1999, p. 73.

[524] Uma dúvida solucionada com a presença de Jacinta de Siqueira nas minas do Serro do Frio era saber se sua carta de alforria estava com ela, para ser apresentada quando solicitado oficialmente. Ela portava uma carta de alforria definitiva. Não era uma negra forra "liberta pela metade" e sim, com "alforria plena". Ela não tinha obrigações com seu antigo senhor ou antiga senhora. Segundo Pinheiro (2018, p. 53), os libertos em parte deviam obrigações ao seus antigos donos e por isso era uma situação de fragilidade da liberdade, uma vez que "a situação dos africanos e crioulos que aguardavam viver em estado livre enquanto eram mantidos subordinados aos patronos ou a seus familiares; durante esse tempo, enquanto cumpriam suas obrigações, muitos deles trabalhavam e eram tratados como se ainda estivessem no cativeiro; efetivamente, pouca ou nenhuma transformação ocorria na vida cotidiana da maioria dos portadores de alforrias condicionadas, tanto que, vez ou outra, eram confundidos como escravos". Para Mattoso (2020, p. 200), "se não havia documento escrito, era preciso provar por meio de testemunhas que houve alforria. Entretanto, em geral, a alforria era concedida por carta, assinada pelo senhor ou, a seu pedido, por um terceiro, quando era iletrado. Para evitar contestações, o uso determinava que a carta fosse registrada em cartório por tabelião na presença de testemunhas. Por outro lado, vários anos podiam se passar entre a outorga da liberdade e seu registro diante do tabelião". Ainda segundo a autora (MATTOSO, 2020, p. 209), "em relação as alforrias de mulheres e crianças, dispomos de estudos feitos no Rio de Janeiro, em Salvador e em Paraty. Nessas três localidades brasileiras, as mulheres obtinham a liberdade mais facilmente na proporção de duas mulheres para cada homem. Por outro lado, na população escrava dois homens para cada mulher. As alforrias eram concedidas então mais facilmente para as mulheres para as mulheres que viviam na intimidade do senhor ou exerciam profissão de vendedoras ambulantes. Além disso, elas custavam menos para serem substituídas e envelheciam mais rápido que os homens. Assim, mercadoria preciosa quando agradava ou mercadoria de rápida depreciação, a mulher escrava conseguia mais facilmente a liberdade, sua ou de seu filho".

O capitão Antônio José de Campos Lara teve seus sobrenomes "Campos" e "Lara" esquadrinhados na *Genealogia Paulistana*[525]. Contudo, não apareceu o resultado para seu costado. Não surgiu qualquer nome de Antônio na genealogia dessa família.

Fato é que Jacinta de Siqueira precisou de companhia especializada para chegar às minas do Serro do Frio.

Teria chegado já opulentada de escravos ou os adquiriu nas minas serranas?

Não sabemos quem assinou sua carta de alforria, se foi na Bahia ou no Serro. Desconhecemos em que condições: se por conta de pecúlio (compra parcelada da liberdade), escrava de ganho (faisqueira de ouro ou vendedora de tabuleiro), afeto paternal/maternal de seu dono ou de sua dona concedendo a carta com bens materiais ou mesmo escravos ou concubinato (as relações amorosas teriam resultado além de suas filhas, presentes de seus amantes, como propriedades de terras e escravos).

Ao que tudo indica, Jacinta de Siqueira era protegida desde a juventude por homens opulentados e transitava como ninguém entre os membros da elite bandeirante — baiana e paulistas — do final do século XVII. Ela teria conseguido proteção afetiva, material e informações privilegiadas de seus amantes para ampliar sua riqueza. Assim, o testamento de Jacinta de Siqueira mostrou que ela conseguiu ajuntar grande riqueza desde muito cedo, sendo capaz de fazer investimentos pessoais — amantes, protetores, parceiros —, em ouro — por meio da atividade mineradora — e em moeda corrente — transformando dinheiro em propriedade rurais e casas. Portanto, segundo Júnia Furtado:

> O que chama a atenção eram os móveis que compunham a casa de Jacinta e que denotavam um ambiente de luxo, ao contrário da precariedade da vida que caracterizava as habitações da época. Possuía um catre de jacarandá, torneado com cortinado e uma colcha de seda onde podia dormir, confortavelmente, entre lençóis e fronhas de linho. Para expressar sua devoção, possuía dois oratórios e várias imagens de santos com coroas de ouro e prata. Sua mesa era posta com garfos e colheres de prata, louças da índia, toalhas de mesa com guardanapos de renda e linho, onde podia receber seus convivas, refinando-lhes o paladar com o fino chocolate derretido em sua própria chocolateira, acompanhados de pão-de-ló, feitos em bacia para este fim. O licor e os sucos eram servidos em garrafas e copos de cristal. A negra Jacinta, que afirmara em seu testamento ser analfabeta, reuniu entre as paredes de sua casa todos os objetos que permitiam sua inserção na cultura branca portuguesa, assumindo seus hábitos e portando-se como uma Dona[526], a partir do domínio sobre a cultura material, que lhe distanciava, cada vez mais, do mundo da senzala onde nascera[527].

---

[525] LEME, Pedro Taques de Almeida Paes. *Nobiliarquia Paulistana Histórica e Genealógica.* Tomo I. 5. ed. Belo Horizonte: Itatiaia, 1980. t. 1, p. 253-280.

[526] O termo se refere ao que Boxer (1963, p. 21-22) apresenta como comportamento comum entre as mulheres brancas e ricas — compartilhado socialmente pelas negras forras opulentas — em desprezar as atividades manuais. Por isso, "desde os mais recuados dias da colonização do Brasil, um escravo era, habitualmente, chamado 'os pés e as mãos' do senhor – e da senhora – e todos, menos os brancos muitíssimo pobres, dependiam do trabalho escravo". Quanto maior a distância das atividades manuais — função dos escravos —, maior a nobreza da "dona", a proprietária; a relação de mando-obediência ampliava a nobreza da "dona"; não por acaso, Chica da Silva foi apelidada "Chica que manda" (SANTOS, 1976, p. 124). Talvez nesse sentido de "dona" possamos opor o significado de "solteira", conforme mostrou Vainfas (1997, p. 69): "era mulher desimpedida, livre, sem proteção de família ou marido, passível de envolver-se em quaisquer relações amorosas ou sexuais; [...] na Espanha, *soltera* era a mulher suspeita de viver desregradamente [...]; com sentido muito diferente da celibatária – mulher que aspirava a casar-se ou que optara pela castidade sem ingressar em religião –, solteira era, como se dizia, a 'mulher que nunca se casou', 'mulher que não tem marido', 'mulher pública', quase sinônimo de meretriz, ainda que sem conotação profissional". Vainfas (1997, p. 73) ainda complementa: "à fornicação tropical não faltaram, pois, normas bem rígidas. Índias, negras e mulatas, reduzidas à prostituição velada ou explícita, degradadas em graus variáveis, assimiladas às 'solteiras do mundo', tais eram as mulheres que 'atenuavam' o pecado da fornicação na sociedade colonial. Por mais sexualmente intoxicada que tenha sido a Colônia, como quer Gilberto Freyre, os valores da família, mescla da cultura popular e do discurso oficial, se fizeram presentes. E, desde o século XVI, andaram a povoar a imaginação e as palavras dos colonos lusitanos, articulados à tradicional misoginia herdade de Portugal, e ao preconceito racial que o colonialismo escravista não tardaria a difundir". *Cf.* Slenes (2011, p. 35-37).

[527] FURTADO, 2008, p. 144.

Nossos estudos apontam para a seguinte conclusão sobre a chegada e permanência de Jacinta de Siqueira às minas serranas: após os descobrimentos oficiais de 1702, a notícia das minas serranas, a notícia chegou até os ouvidos do capitão Antônio José de Campos Lara, morador na Bahia, provavelmente no Recôncavo Baiano[528]. O capitão baiano viveu em concubinato com Jacinta de Siqueira, negra mina, liberta pelo próprio capitão de quem era escrava, provavelmente no Serro do Frio, lhe opulentou com a propriedade de alguns escravos, capitados em 1718.

A comprovação dessa relação amorosa entre o capitão e sua escrava forra é o registro em testamento do nome de sua primeira filha, Bernarda Conceição e Lara, que teve ainda bastante jovem. Essa filha de Jacinta com o capitão Campos Lara teve sua escrava por nome Francisca sepultada no interior da igreja matriz da Vila do Príncipe, fato bastante incomum, já que aos escravos era determinado que fossem sepultados no adro do templo, como de costume. É possível que Francisca tivesse tido grande importância na vida de Bernarda, tendo sido, por exemplo, presente de sua mãe ou de seu pai, como ama de companhia ou mesmo em composição de seu dote de casamento.

Jacinta de Siqueira distanciou-se de seu antigo amante baiano, o capitão Campos e Lara, e se relacionou com outros "homens bons" nas minas do Serro do Frio, entre eles o sargento-mor Lourenço Carlos Mascarenhas de Araújo, que assumiu esse posto em 1711, com quem teve a filha Rita de Jesus Mascarenhas. Jacinta e o capitão Campos Lara[529] mantiveram suas devoções religiosas,

---

[528] Importante recomendação de Andrade (2018, p. 261-263), "demarcar o Recôncavo colonial é ainda mais arriscado, visto que se tratava de uma região bastante heterogênea no tocante ao povoamento e uso predominante. O litoral da Baía de Todos os Santos, tomado pela cidade de Salvador, de um lado, e, do outro, pelas cinco vilas criadas até o final do período colonial, era, relativamente àquele tempo, bem povoado e ocupado por diversos outros níveis de ajuntamento, como as fazendas, sedes de freguesias, pousos de tropeiros e portos fluviais. Todavia, à medida que se distanciava em direção a oeste, o povoamento era mais disperso, ficando restrito às concentrações de pessoas junto aos caminhos que levavam a outras regiões coloniais (mormente às minas), desbravando assim os ermos sertões. Desta forma, os imensos termos das vilas (território pertencente às Câmaras, domínio municipal) que circundavam a baía chegavam até a atual Chapada Diamantina. A diversidade de usos do território do Recôncavo também era marcante, negando assim a hipótese de um Recôncavo baiano como uma região homogênea, segundo esse critério. Havia uma predominância da extração da mandioca e seus derivados, ao sul (Recôncavo mandioqueiro); nas bordas da baía, mormente ao norte da região, plantava-se abundantemente a cana-de-açúcar (Recôncavo canavieiro) e, ao centro, nas terras dos tabuleiros, prevalecia a lavoura do tabaco (Recôncavo fumageiro), além de uma miríade de outras atividades que aconteciam concomitantemente. Apesar da dificuldade destacada, para demarcar precisamente o Recôncavo baiano há um consenso sobre sua importância para a essa região, identificando as suas articulações internas e vínculos com outras áreas coloniais ao longo do século XVIII.O Recôncavo, no século XVIII, vivia uma fase de consolidação da riqueza produzida pelas lavouras canavieiras e tabageiras, além de se constituir numa importante hinterlândia fornecedora de produtos para Salvador e para as embarcações que aportavam no porto da capital colonial. Não obstante esse destacado papel produtivo, essa área do entorno da baía recebia produtos do reino, dos sertões e já estabelecia os primeiros contatos com as minas ao oeste. Ou seja, além do povoamento, significativo para aquele momento histórico, havia uma intensa ocupação e uso daquele território e essa importância regional não passou despercebida pelas esferas da administração da empresa colonial portuguesa. Havia a necessidade premente de estender os tentáculos formais da Coroa ao Recôncavo (a Igreja e os agentes privados já haviam feito) e a decisão foi tomada e executada com a ereção estratégica das cinco vilas distribuídas no interior da baía em pontos criteriosamente posicionados junto a leitos hídricos, nos seus limites navegáveis (onde os caminhos do mar e dos rios se encontravam com os terrestres)". Alencastro (2000, p. 320) insiste no predomínio das fazendas de engenho para produção da cachaça nos últimos anos do século XVII e durante o século XVIII, ou seja, segundo sua visão, Campos Lara podia se dedicar à mineração tendo como origem de seu capital fazendas de gado, engenhos de cachaça e roças de mandioca, estes dois últimos exportados para Angola em troca de escravos.

[529] Por volta de 1711, o capitão Campos Lara fazia parte da elite serrana com o cargo público de cabo dos confiscos do distrito serrano. Ele fez, por exemplo, uma diligência juntamente com o meirinho da Superintendência Laureano Ferreiro Serras que resultou no confisco "dois fardos pequenos de carga de cavalo cozidos, e assim mais um patuá de couro cru com seu cadeado, e uma canastra fechada, que disseram tinham confiscado dentro nesses matos desviado do caminho, que vai para o sítio de Itaibé de Sebastião Leme por denunciação, que daquilo que se lhe tinha feito e se lhe tinha ido mostrar por ser de comboio vindo pelos currais [...] contra as ordens de sua majestade que Deus guarde, e se dizia ser de João Monteiro, o qual mandou o dito superintendente vir perante si para dar a chave do dito patuá, e canastra, e se abrirem perante ele, como também descoserem os fardos para assim vistoriar tudo, disse o dito João Monteiro não era nada do referido, nem tinha as ditas chaves, nem sabia quem fosse seu dono perante mim escrivão, de que dou fé, a vista do que mandou o dito superintendente abrir o dito patuá, e canastra, e descoserem os fardos em que se achou" (BN-CC, 09/11/1711) grande quantidade de mercadorias. O rol segue na lista de confisco. Chama atenção que Campos Lara devia obediência ao superintendente do distrito serrano Lourenço Carlos Mascarenhas de Araújo, um dos amantes de Jacinta de Siqueira, pai de sua filha Rita de Jesus Mascarenhas. A sua função no distrito serrano era de percorrer os caminhos do sertão em busca de contrabando de ouro. Para isso, claro, era necessária grande habilidade para conhecer as rotas e percorrer seus caminhos. Neste registro de confisco não é possível saber se o Itaibé, ou seja, Itambé, era o de Caeté ou já o arraial do Itambé, próximo das minas do Serro do Frio. Da mesma forma Sebastião Leme [Bahim] pode ser o arrematador de lavras do ribeiro de São Bento e Nossa Senhora da Graça que aparece em registros de pagamentos de quintos do ouro em 1705. As informações são bem

erigindo a capela de Nossa Senhora da Purificação, de devoção tipicamente baiana, participando das irmandades, sendo que o capitão foi o fundador oficial da Irmandade do Rosário, da qual se tornou o nome mais importante, sendo o primeiro a assinar o compromisso aprovado em 1728, pelo bispo da Diocese do Rio de Janeiro. Contudo, o testamento não deixa dúvida do grande apreço que Jacinta de Siqueira devotava a Antônio José de Campos Lara[530], aquele que a conduziu para as minas serranas e que a ajudou se tornar uma das mulheres mais opulentadas e influentes da Vila do Príncipe, capitão esse lembrado em seu testamento, para quem ela deixou encomendadas missas, por ter ele falecido antes dela.

5 LENDA E HISTÓRIA

A "questão Jacinta de Siqueira" gerou entre os historiadores serranos três posturas diferentes: Nelson Coelho de Senna fez ouvidos de mercador em sua primeira narrativa sobre a "negra africana", tornando anônimo seu relato sobre a negra mina das pepitas de ouro no córrego Quatro Vinténs. Dr. Dario Augusto Ferreira da Silva nada disse sobre ela em seu livro. O alferes Luiz Antônio Pinto fez grande elogio da presença de Jacinta desde o início dos descobrimentos nas minas do Serro do Frio e sua versão foi importante para o argumento de uma certa matrifocalidade no livro *Casa-grande e Senzala,* de Gilberto Freyre.

Podemos datar a "descoberta" de Jacinta de Siqueira no ano de 1895. Nos anos seguintes, em torno dessa memória — muitas vezes fantasiosa e exagerada, equivocada e sem base documental —, construiu-se uma representação sociocultural de Jacinta de Siqueira. A versão popular, agradável ao senso comum pela capacidade de responder ao princípio do imaginário fantástico, acabou por aproximar Jacinta de Siqueira de outra negra forra, Chica da Silva. Isso tem lá suas razões: ambas amantes de homens poderosos e opulentados[531], ligadas à mineração de ouro e diamantes, donas de seus próprios destinos, mulheres exemplares de um feminismo *avant la lettre* — mulheres à frente de seu tempo, ostentadoras de riquezas, luxo e poder nos seus círculos sociais etc. Quem nunca ouviu falar do lago artificial de Chica da Silva, com barco para navegar? Quem não ouviu dizer o espírito de Jacinta de Siqueira tocava seu sino da Purificação nas noites frias do Serro como alma penada? Um rico imaginário popular vinculou essas duas mulheres. Entre a ficção e a realidade dos documentos, entre a lenda e história, surgiu um outro relato, dessa vez tido como definitivo para definir o alcance do poder de Jacinta de Siqueira nas minas do Serro do Frio.

Trata-se do *Códice Costa Matoso – Coleção das notícias dos primeiros descobrimentos das minas na América que fez o doutor Caetano da Costa Matoso sendo ouvidor-geral das do Ouro Preto, de que tomou posse em fevereiro de, 1749, & vários papéis,* republicado em 1999 pela Fundação João Pinheiro, em

---

poucas para uma conclusão definitiva. Outro detalhe é o sobrenome do capitão que surge no registro: Campos e Lara, assim como usou sua filha com Jacinta de Siqueira, Bernarda Conceição e Lara.

[530] Ver: Anexo 11.

[531] A versão sobre a "intoxicação sexual" tão reverenciada por Freyre em seu livro *Casa-grande e senzala* tem base histórica em alguns relatos do século XVII, especialmente os que envolviam a cidade da Bahia, ou seja, Salvador. Boxer (1963, p. 33) esclarece que a "atração sexual que as mulheres de cor exercem sobre muitos portugueses é bastante conhecida para que se lhe dê, aqui, qualquer ênfase adicional". Ele está se referindo a Gilberto Freyre. Contudo, ele acrescenta uma importante informação para entendermos Jacinta de Siqueira. No ano de 1641 os vereadores da câmara de Salvador descreviam o concubinato como gesto pedagógico colonial normalizado entre as mulheres escravas. Seria uma forma de conseguir a alforria? Ao que tudo indica, sim: "esta cidade estava mais dissoluta no trajo das escravas que chegavão a tanto que com as muitas galas que lhes davão os seus amigos que chegavão a tanto estremo que por elas muitos cazados deixavão suas mulheres he a fazenda perecia". E acrescenta que, em 1695-1696, o Conselho Ultramarino "alegou que nem mesmo padres se mostravam imunes àquelas tentações". A narrativa prossegue relatando as mulatas na Cidade do México — "mosca em leche", segundo Gage, quando vestidas em mantas brancas — e afirmando que "muitas dessas são, ou foram, escravas, embora o amor as fizesse livres, com a liberdade de escravizar almas ao pecado e a Satã".

dois volumes. Naquele mesmo ano, a historiadora Júnia Ferreira Furtado publicou o artigo "Saberes e negócios: os diamantes e o artífice da memória, Caetano Costa Matoso".

No artigo mencionado, Júnia Furtado explica que as minas do Serro do Frio receberam uma versão importante para sua história:

> A fundação da Vila do Príncipe foi atribuída pelo Ouvidor, de forma inédita, aos caprichos de uma negra. Segundo sua descrição, o pelourinho foi erguido por ordem do Ouvidor de Sabará, Luís Botelho de Queirós, em um local distante apenas duas léguas do arraial do Tijuco. Mas, passado pouco tempo, o juiz *Antônio Quaresma* (sic) mudou a povoação para um novo sítio, onde está até hoje, distante do arraial nove léguas, tudo a instâncias de uma sua amiga negra, por nome Jacinta, existente ainda hoje, que vivia naquele sítio com lavras suas. Como Jacinta, nas Minas no século XVIII, eram muitas as negras e mulatas que estabeleciam relacionamentos ilícitos com o sexo oposto. [...] O Ouvidor Caetano Costa Matoso reuniu em seus apontamentos três documentos referentes à região diamantina da Capitania de Minas, que circundava o antigo arraial do Tijuco. O primeiro, de sua própria lavra, era uma compilação dos principais acontecimentos desde as descobertas do ouro e dos diamantes na região, na forma de uma corografia da Vila do Príncipe e do próprio arraial, até por volta do ano de 1750. [...] Todos os documentos apontam interessantes caminhos de pesquisa para o historiador, apesar do primeiro ser, aparentemente, o mais instigante pela amplitude e originalidade dos temas abordados. Tratava-se de Jacinta de Siqueira, umas das primeiras moradoras da região, que viveu na Vila do Príncipe e ali morreu em abril de 1751[532].

Em 2003, Furtado publicou o livro *Chica da Silva e o contratador dos diamantes*. Nele, mais uma vez, a versão de Costa Matoso foi repetida:

> Segundo o ouvidor Caetano Costa Matoso, a história da região diamantina sempre esteve ligada às negras e mulatas forras que, poderosas, como Chica da Silva, submetiam os homens brancos a seus desejos. Revelou ele que a fundação da Vila do Príncipe se deveu aos caprichos de uma delas. O pelourinho teria sido erguido em um local distante apenas duas léguas do arraial do Tijuco por ordem de Luiz Botelho de Queirós, ouvidor de Sabará mas, pouco tempo depois, *o juiz Antônio Quaresma* (sic) mudou a povoação para um novo sítio, onde está até hoje, distante do arraial nove léguas, tudo "a instâncias de uma amiga negra, por nome Jacinta, existente ainda hoje, que vivia naquele sítio com lavras suas". Referia-se à negra forra Jacinta de Siqueira, uma das primeiras moradoras da Vila do Príncipe, que viveu na primeira metade do século XVIII, tendo falecido em abril de 1751[533].

A versão de Furtado sobre Jacinta de Siqueira foi transcrita em teses e dissertações pelo Brasil afora. Artigos acadêmicos foram escritos tendo por base a afirmação de Furtado/Matoso. Em 2011, Cláudia Damasceno Fonseca publicou em livro sua tese de doutorado, afirmando que:

> A Vila do Príncipe, erigida em 1714, oferece outro exemplo de mudança de sítio urbano. No entanto, as modificações da transferência foram ali totalmente diferentes, como vemos num relato histórico anônimo, feito por volta de 1750: "fundou-se e levantou-se pelourinho no morro de Santo Antônio, duas léguas distantes do Tijuco, o que foi mandado levantar pelo ouvidor de Sabará Luiz Botelho de Queirós, e passados poucos anos se mudou esta vila para o sítio que hoje existe, distante do primeiro onze léguas e do Tijuco nove, *pelo juiz ordinário Antônio Quaresma* (sic), a instâncias de uma sua amiga negra, por nome Jacinta[...]. Porém, os terrenos da amásia do juiz da Vila do Príncipe iriam se revelar pouco propícios

[532] FURTADO, Júnia Ferreira. Saberes e negócios: os diamantes e o artífice da memória, Caetano Costa Matoso. *Varia Historia*, Belo Horizonte/MG, n. 21, 1999, p. 295-306, p. 295, grifos nossos.
[533] FURTADO, 2017, p. 107, grifo nosso.

a uma implantação urbana, por serem acidentados e estarem ainda ocupados por lavras de ouro. Em 1731, Antônio Ferreira de Melo, ouvidor da Comarca do Serro do Frio, afirmava que a vila não possuía, então, mais que sessenta casa, a maioria "coberta de palha", e que ela jamais teria aumento, "pela ruim paragem em que fica"[534].

Em resumo, as historiadoras explicam, a partir de Matoso, que as minas do Serro do Frio descobertas em 1702 tiveram sua vila oficialmente mandada erigir por decreto régio de 1714 mudada de lugar por conta de um pedido de Jacinta de Siqueira ao seu amante, o juiz ordinário Antônio Quaresma. Tanto Furtado quanto Fonseca não tiveram o trabalho de cotejar as informações de Matoso com o livro do Dr. Dario Augusto Ferreira da Silva, *Memória sobre o Serro antigo*, com o ensaio de Nelson Coelho de Senna, *Memória histórica e descritiva da cidade e município do Serro*, ou mesmo as memórias municipais da *Revista do Arquivo Público Mineiro*, onde o alferes Luiz Antônio Pinto transcreveu o *Livro da Fazenda Real das minas do Serro do Frio e Tucambira*. Estaria toda a tradição histórica serrana errada em relação à elevação das minas do Serro do Frio, entre os córregos Quatro Vinténs e o rio do Lucas, em Vila do Príncipe? As medidas usadas por Matoso estariam certas? Existiu o morro de Santo Antônio? Antônio Quaresma foi juiz onde, quando, em que arraial ou vila?[535]

Antes de problematizar a versão de Matoso reproduzida por Furtado e Fonseca, é importante retomar o texto original. Vamos fazer isso em duas partes. Na primeira, as considerações dos paleógrafos responsáveis pela transcrição do documento original, depois o texto do Códice, propriamente dito:

> O relato parece ter sido encomendado pelo ouvidor Caetano da Costa Matoso, nos primeiros anos de sua atuação como ouvidor de Vila Rica (1749-52), a antigo morador capaz de testemunhar sobre a ocupação do território das Minas Gerais. O interesse do ouvidor em reunir relatos sobre o povoamento de Minas Gerais, seja por exigências do cargo ou por seu perfil intelectual, coincide com ó falecimento dos remanescentes dos primeiros povoadores de Minas e com a fixação de suas reminiscências sob a forma escrita, colecionadas por particulares. É também revelador, por outro lado, do apreço do compilador pelos aspectos técnicos na região. Autoria, local e data: anônimo; Vila do Príncipe; ca.1750[536].

Agora, o texto anônimo com a história da Vila do Príncipe:

> Fundou-se e levantou-se pelourinho no morro de Santo Antônio, duas léguas distante do Tijuco, o qual foi mandado levantar pelo ouvidor do Sabará Luís Botelho de Queirós, e passados poucos anos se mudou esta vila para o sítio em que hoje existe, distante do primeiro onze léguas e do Tijuco nove, pelo juiz ordinário Antônio Quaresma, a instâncias de uma sua amiga negra, por nome Jacinta, existente ainda hoje, que vivia naquele sítio com lavras

---

[534] FONSECA, 2011, p. 510.

[535] No testamento de Jacinta de Siqueira não existe o nome de Antônio Quaresma, mesmo porque esse personagem nunca existiu. Seguindo o equívoco do manuscrito apócrifo que a historiadora Júnia Furtado nomeou como sendo da lavra do próprio ouvidor, ela repetiu o nome Antônio Quaresma como se tirado do testamento oficial. Ela afirma categoricamente (FURTADO, 2017, p. 108), que Jacinta de Siqueira teria deixado encomendado, ou seja, pago pelo testamenteiro, mais 55 missas, "das quais quinze em devoção de Santo Antônio, vinte para as demais almas do purgatório, dez para a alma de Antônio Quaresma (*sic*) e dez para a de Vitória Pereira, sua filha já falecida" sendo que "a preocupação com Antônio Quaresma confirma a relação de ambos em vida, como revelou Costa Matoso". Contudo, Antônio Quaresma que nunca existiu, seria o capitão Antônio José de Campos Lara, o mesmo que a levou como escrava ou forra para as minas do Serro do Frio, e é citado três vezes em seu testamento. A confusão poderia ter sido resolvida facilmente, se houvessem sido consultadas as fontes da história serrana, em especial, o livro *Memória sobre o Serro antigo* (1928, p. 152), do Dr. Dario. Nele fica claro o problema inicial do Códice Costa Matoso, uma confusão sem precedentes com os nomes dos juízes e vereadores não de 1714, mas de 1719: José Quaresma Franco e Antônio [José] de Campos Lara. A historiadora acabou por creditar o nome dado erradamente no Códice Costa Matoso grafado como Antônio Quaresma, tornando-o presente não sabemos por qual motivo, no testamento de Jacinta de Siqueira. Antônio Quaresma seria, então, o capitão Antônio José de Campos Lara. Teria ele pedido para mudar a vila de lugar seguindo os caprichos de Jacinta. Não acreditamos seja possível devido aos equívocos esclarecidos em nome da história, desfazendo-se, mais uma vez a lenda ou o mito.

[536] CCM, p. 845-846.

suas. E para ali fez mudar o pelourinho e tudo o mais que pôde, e se foi aumentando, e tem hoje bastantes moradores com Casas de Câmara e Cadeia e residência dos ouvidores, que hoje naquela comarca há, em que foi o primeiro Antônio Rodrigues Banha pelos anos de 1725, e este se retirou pela Bahia, onde faleceu [...][537].

O primeiro problema do texto anônimo é exatamente saber quem é o seu autor, onde morava, quais os seus interesses em contar a história dessa forma[538]. Trata-se de uma fonte anônima e desconhecida, aceita como narrativa verdadeira.

Não sabendo quem foi o seu autor — como ficou informado sobre o acontecido, usou documentos ou baseou-se em intrigas populares? —, a fonte continua sendo válida?

Furtado afirma em seu artigo que o relato sobre a Vila do Príncipe era da lavra do ouvidor Costa Matoso, informação não confirmada pelos paleógrafos, que dizem ser anônimo o manuscrito. Poderíamos buscar a validação da informação no critério de sua antiguidade. Mesmo assim caímos no mesmo dilema anterior de afirmar que é verdadeira uma narrativa antiga pelo simples fato de ser antiga, e isso bastaria. Se fosse assim, a versão mais antiga sobre a escrava africana que descobriu ouro no córrego Quatro Vinténs não seria Jacinta de Siqueira nas minas do Serro do Frio, mas uma anônima, como a narrou Senna, em 1895. Uma informação incorreta será sempre incorreta, independentemente de sua antiguidade.

Contudo, há evidências de que a informação tenha sido dada pelo coronel Bento Fernandes Furtado (c.1690-1765), natural de São Paulo, falecido com testamento na Vila do Príncipe. Ele era considerado um importante conhecedor da história mineira dos primeiros tempos. Segundo Veiga, ele:

> Conhecia muito os fatos concernentes aos primeiros tempos da Capitania de Minas Gerais, sobre os quais ministrou valioso apontamento a Cláudio Manuel da Costa, que relata isso no 'fundamento histórico' do seu poema *Vila Rica*, reconhecendo no coronel Bento Fernandes Furtado gênio curioso, de conhecida inteligência e probidade. O seu falecimento consta do Livro 14 de Registro de Testamentos, do arquivo municipal do Serro, de onde tirou cópia do seu testamento e a ofereceu ao Arquivo Público Mineiro o prestante cidadão Sr. Alferes Luiz Antônio Pinto, hábil e dedicado auxiliar da mesma instituição e pacientíssimo pesquisador de cousas interessantes para nossa história. Um dos antepassados do coronel Bento Fernandes Furtado era um outro paulista, coronel Salvador Fernandes Furtado, sertanista dos mais ousado e intrépidos, que fez entrada em terra mineira nos últimos anos do século XVII. Ao nome do coronel Salvador Fernandes Furtado liga-se a recordação de uma das tradições poéticas e interessantes da formosa história mineira. Perpetuou-a a musa de Cláudio Manoel no supracitado poema, no mimoso episódio de *Aurora*, que abrilhanta-lhe o 2º Canto[539].

---

[537] CCM, p. 847.

[538] A esse respeito, Boschi (1999, p. 119-120) alertou sobre os problemas do manuscrito, quando analisando o propósito e as formas, afirma que "a sua festejada *Coleção das notícias* deveria passar por sucessivas análises complementares, uma vez que seria "difícil – por ora, impossível – identificar quais critérios teriam orientado o diligente ouvidor a distinguir estes (e não outros) textos normativos. Se, porventura, o critério fosse de natureza cronológica, já se poderia oferecer reparos à opção. Outros tantos documentos, que certamente Costa Matoso compulsou, como as ordens régias dirigidas a governadores da indigitada capitania"; por outro lado, "novo exemplo poderia ser evocado para se excluir o critério cronológico como elemento de escolha; é o que se constata em relação ao documento que leva o n. 43 na *Coleção das notícias*. Datado de 28 de abril de 1744, o assunto nele exposto já tinha sido objeto de, pelo menos, um outro texto legal, ou seja, o aviso régio de 4 de dezembro de 1737, que o nosso ouvidor não desconheceria, pois também compunha o acervo documental da Secretaria do Governo da Capitania de Minas Gerais, *locus* por excelência do trabalho de recolha realizada por Costa Matoso. Sem referir que, por seu turno, o citado aviso régio era mera ratificado da lei de 20 de março de 1720, igualmente registrada na aludida Secretaria. Outros exemplos poderiam ser apontados. Quem destaca ou isola para análise o documento n. 39 da *Coleção das notícias* corre o risco de entendê-lo inédito e original no assunto de que trata, quando, na realidade, trinta anos antes, isto é, por carta de 9 de novembro de 1709".

[539] VEIGA, José Pedro Xavier da. *Ephemerides Mineiras* (1664-1897). Volume IV (outubro a dezembro). Ouro Preto: Imprensa Oficial do Estado de Minas, 1897, v. IV, p. 82-84.

O trecho do "fundamento histórico" que se refere ao coronel Bento Fernandes Furtado é o que se segue:

> Entre os desta conduta deu um importante socorro o Coronel Bento Fernandes Furtado, natural da Cidade de São Paulo, que há poucos anos faleceu no Serro do Frio, tendo sido morador no Arraial de São Caetano, distrito da Cidade Mariana. Confiou ele do Autor em sua vida alguns apontamentos que fizera, e achando-os o Autor em muita parte dissonantes do que havia lido na *História* de Sebastião de Pita Rocha e outros escritores das cousas da América, procurou confirmar-se na verdade pelos monumentos das Câmeras e Secretarias dos Governos das duas Capitanias, São Paulo e Minas[540].

O problema está nas informações prestadas por meio do coronel Bento Fernandes Furtado e copiadas por Cláudio Manuel da Costa ainda no "fundamento histórico":

> *Serro Frio, Vila do Príncipe*
> ANTÔNIO SOARES, natural de São Paulo, avançando maior salto que todos os outros, atravessou os Sertões ao norte de São Paulo, descobriu o grande Serro vulgarmente chamado o do Frio, que na língua gentílica era tratado por *Hivituraí,* por ser combatido de frigidíssimos ventos, todo penhascoso e intratável: do seu descobridor proveio o nome a uma das suas serras, que hoje se conhece pelo Morro d'Antônio Soares. Neste descobrimento se associou um Antônio Rodrigues Arzão, descendente do primeiro Arzão, de quem já se deu notícia. As grandes preciosidades deste continente em ouro, diamantes e todo o gênero de pedras estimáveis são bem conhecidas por toda a Europa: nele se estabeleceu o Real Contrato Diamantino, que tem devido aos Senhores Reis de Portugal a maior vigilância e zelo. A Capital denominada Vila do Príncipe foi criada por D. Brás da Silveira, em 29 de janeiro de 1714. Está situada em 18 graus e 23 minutos[541].

O coronel Bento Fernandes Furtado grafou Ibiti-ruí como Hivituraí. Escreveu o nome de Antônio Soares Ferreira subtraindo o último sobrenome. Trocou o nome de Manuel Corrêa Arzão por um tal Antônio Rodrigues Arzão. Cometeu três erros históricos, acertando a data de criação da Vila do Príncipe. Teria, por acaso, Cláudio Manuel da Costa subtraído o trecho sobre Jacinta de Siqueira por tê-lo considerado lendário ao extremo? Fato é que no poema a história serrana apareceu como segue:

> Do Carmo a Vila, e a Vila do Ouro
> Preto Formarão das conquistas o projeto;
> Junto ao Rio, a que as Velhas deram nome,
> A terceira erguerá, que o foral tome.
> lá vens cortando o mar para rendê-lo,
> Magnânimo Silveira; do teu zelo Fia o
> Rei se adiante o novo Empório:
> Em trinta arrobas de ouro faz notório
> Por esta vez o Povo o seu tributo,
> E agradecido o Rei conhece o fruto
> Da tua persuasão, sem que a violência
> Arrastasse os esforços da prudência.
> Do teu Antecessor seguindo a estrada,
> Passas a ver com glória edificada
> A Vila que escondida o Fado tinha

[540] COSTA, Cláudio Manuel da [1773]. *Vila Rica*. Edição de Referência: *A poesia dos inconfidentes.* Rio de Janeiro: Nova Aguilar, 1996. Disponível em: www.literaturabrasileira.ufsc.br/documentos/?id=144686. Acesso em: 12 jun. 2023.
[541] COSTA, 1773.

Com o precioso nome da Rainha;
E no distante Serro se levanta
A outra, que do Príncipe se canta;
Ditosas povoações, que hão de algum dia
Encher de lustre a Lusa Monarquia[542].

Nada de Jacinta de Siqueira. Nada de transferência da vila de um lugar para outro.

O segundo problema é que as autoras não questionaram a fonte da informação. Não houve tensionamento ou diálogo de pensamento entre Matoso e outras fontes históricas. Com isso, elas não levaram em conta o conhecimento histórico produzido na cidade do Serro por seus memorialistas e/ou historiadores. Se tivessem lido o livro do Dr. Dario teriam visto que nunca houve um juiz de nome Antônio Quaresma no Senado da Câmara da Vila do Príncipe. Ele nunca foi vereador ou procurador do ano. Se tivessem lido os textos do alferes Luiz Antônio Pinto e Nelson Coelho de Senna teriam visto que as minas do Serro do Frio — a pousada, pouso ou arraial dos descobridores oficiais — sempre foi o território que em 1714 elevou-se à vila. Em 1713, por exemplo, foi criada a paróquia de Nossa Senhora da Conceição cuja igreja matriz está no mesmo lugar desde 1702, com padres encomendados e colados. Além disso, há outro problema mais sério: o morro de Santo Antônio nunca existiu, exceto na imaginação do escritor do manuscrito. Não há nenhuma menção a esse morro distante duas léguas do Tijuco (em torno de 12 quilômetros) em documentos oficiais ou qualquer mapa produzido no século XVIII retratando o termo da Vila do Príncipe ou a demarcação diamantina. No *Livro da Fazenda Real destas Minas do Serro do Frio e Tucambira*, foi registrado o movimento de arrecadação do quinto do ouro entre 1702 e 1708, na sede do distrito das minas do Serro do Frio. Serro do Frio e Vila do Príncipe sempre foram o mesmo território, pousada, arraial, paróquia, capital da comarca.

Num raio de 2 léguas do Tijuco, atual município de Diamantina, considerando a légua em 6 quilômetros, quais seriam os arraiais em 1714 que poderiam ser elevados a Vila do Príncipe?

O ribeirão do Inferno fica a 9,6 km, mas não teve arraial que vingasse em seu leito. São Gonçalo do Rio das Pedras fica a 31,3 km e depois Milho Verde a 37,3km; restaria o povoado de Extração a 9,5km, mas que surgiu depois do Tijuco, após 1714. Nenhum desses povoados, arraiais ou pousos em 1714 ficavam no chamado morro de Santo Antônio.

O que levaria o governo da Capitania de São Paulo e Minas do Ouro escolher outro lugar para criar uma vila que não fosse no mesmo lugar onde já havia uma paróquia, igreja matriz, casas dos descobridores, irmandades religiosas, cemitério, recolhimento de dízimos? É contrário à razão de criação das vilas e concelhos que fossem escolhidos territórios sem as condições mínimas de sobrevivência para os seus moradores. Qual arraial teria as condições para receber pelourinho e se tornar vila em 1714 a não ser as minas do Serro do Frio descobertas em 1702 e onde moravam os seus descobridores?

Por isso, diferente do que registrou Costa Matoso, em 6 de abril de 1714, ocorreu a instalação da Vila do Príncipe com seu Senado da Câmara e oficiais eleitos: os juízes ordinários Geraldo Domingues e Jerônimo Pereira da Fonseca. Os vereadores Antônio de Moura Coutinho, Luiz Lopes de Carvalho, Antônio Sardinha de Castro e o procurador do ano, Manuel Mendes Fagundes[543].

Em conclusão, os acontecimentos da vida de Jacinta de Siqueira polarizaram entre a lenda e a história. Fato comum nas Minas Gerais, em que a aventura do ouro criou narrativas exageradas

---

[542] COSTA, 1773, s/p, grifo nosso.
[543] *Cf.* Silva (1928, p. 151).

dos seus descobridores e dos habitantes de seu território. Contudo, Jacinta de Siqueira não demanda narrativas irreais para se fazer personagem marcante nas minas do Serro do Frio. Ela viveu numa sociedade com gesto pedagógico colonial próprio em que concubinas tinham seu espaço de atuação e podiam criar redes protetivas para si e seus filhos. A fortuna e os bens de Jacinta de Siqueira fazem parte de um contexto social em que era comum e aceito o concubinato — ela não rompeu com os paradigmas sociais da escravidão, por exemplo, antes, movimentou-se no interior de um mundo com regras próprias, ainda cambiantes.

O jeito barroco serrano de ser estava ainda em formação, espelhando os mais variados valores e costumes, bem como se servindo das mais variadas tecnologias e técnicas para sobreviver num território ainda agressivo à presenta humana. A civilização serrana nos seus primeiros anos estava em processo de formação de seu gesto pedagógico colonial: parece que tudo era ainda muito novo, conviver socialmente ainda era provisório, onde até mesmo habitar transitava entre casas cobertas de palha e cobertas de telhado, onde as ermidas ainda se transformavam em capelas e capelas ensaiavam sua transformação em matrizes.

Nesse contexto, de fato, Jacinta de Siqueira contribui fazendo o que se esperava de uma proprietária de escravos no interior das complexas relações da economia da escravidão. Além disso, e nisso talvez esteja a sua grande contribuição para a formação do jeito barroco serrano de ser, ela criou suas filhas em organização matrifocal em que "famílias e grupos organizados em torno da mãe"[544]. Essa matrifocalidade é a marca mais forte de seu testamento e por ele se percebe a centralidade do corpo feminino numa sociedade patriarcal, em que o papel masculino é coadjuvante para a atuação das mulheres. Acreditamos que essa seja a principal lição da cultura africana que cruzou o Atlântico para o gesto pedagógico colonial nas minas do Serro do Frio e sua Vila do Príncipe.

---

[544] PAIVA, 2015, p. 232.

CAPÍTULO SETE

ARREMATADORES DE TERRAS E AS RELAÇÕES DE PODER

Ficou o nome no tempero da comida,
Nas fibras da carne
Na saliva,
No ouro da mina ficou o nome.

(C. D. de Andrade – Invocação irada, Farewall)

Os costumes minerais descritos no *Regimento dos Superintendentes e Guarda-mores e Oficiais Deputados* de 1702 criaram nas minas do Serro do Frio uma regulação de registros e processos para consulta escritos com as sagradas letras dos escrivães em livros que deviam ser mostrados como provas dos recolhimentos de quintos, de dízimos, das arrematações.

Quantos livros oficiais circularam nas minas do Serro do Frio de 1702 até 1714?

É difícil precisar, pois os cargos militares de Ordenanças exigiam livros próprios para atos oficiais, para suas diligências. Não encontramos em arquivos públicos a movimentação dos processos da cadeia — o que parece ter sido um rancho provisório até 1714 — com alvarás de prisão e de soltura ou mesmo envio de presos para São Paulo, Mariana ou Vila Rica, se é que houve, de fato.

Em 1713, por exemplo, com a criação da paróquia de Nossa Senhora da Conceição, mais livros foram escritos pelos padres e seus assistentes — de batismo, de casamentos e de óbitos. Temos poucos livros em arquivos públicos para remontar o cenário da extensa rede burocrática portuguesa que foi se instalando na pousada sabarense ou minas serranas.

As cartas circulavam com provisões, reclamações, ordens régias, decretos, normatizações de toda sorte. Levavam dias para chegar até as mãos dos descobridores e para se tornarem realidade levava meses, considerando as distâncias entre os primeiros arraiais que surgiam ditados pelas pintas de ouro no território, às margens dos ribeiros e sempre com disputas pelo primado dos descobertos. Descobrir novas lavras, segundo o *Regimento* de 1702, era ter a oportunidade de conquistar privilégios concretos de exploração e de galgar cargos públicos na lógica da administração portuguesa das minas de ouro. Podemos dividir, grosso modo, os privilégios buscados e alcançados pelos oficiais da Coroa portuguesa e pelos chamados aventureiros do ouro, na maioria arrematadores de braças de terras auríferas e, ao mesmo tempo, um grupo de sesmeiros, que começaram a ocupar as terras para a criação de suas fazendas de gado e de mantimentos.

A rede de privilégios do sistema das mercês parece alcançava a todos nas minas do Serro do Frio e havia os que conquistavam mais favores do Governo-Geral em Salvador, depois do governo da Capitania de São Paulo e Minas do Ouro e mesmo diretamente com a Coroa portuguesa. O objetivo deste capítulo é aprofundar a questão fundiária serrana — as braças de terras ou lavras com pintas de ouro – em sua divisão mais primordial de 1702 a 1714.

1 OS ARREMATADORES DE BRAÇAS DE TERRAS

Os homens mais opulentados — leia-se com muitos escravos e certa fortuna em oitavas de ouro para negociações cotidianas e futuras — chegavam às minas do Serro do Frio e arrematavam braças de terras. A arrematação das braças de terras de lavras de ouro ou as datas de pintas de ouro aluvisional era calculada por cabeça de escravo, que de certa forma determinava a capacidade de exploração da lavra ou data, bem como os rendimentos para a Fazenda Real.

Seguindo essa lógica das explotações minerárias nas minas do Serro do Frio, o maior arrematador de braças de terras dos primeiros anos das minas serranas foi Manuel do Vale Neves, testamenteiro de um certo Araújo Costa, no ribeirão de Santo Antônio (ou o rio do Lucas, atualmente), que por 30 braças pagou 350 oitavas de ouro. Provavelmente, suas lavras tenham sido as maiores das minas do Serro do Frio nesse período, pois contrasta e muito com a média dos outros arrematadores (Quadro 9). Todos esses homens assinaram o próprio nome, mostrando que sabiam ler e escrever. Eram alfabetizados, dominavam as primeiras letras num contexto em que essa instrução, talvez, não fizesse diferença para esses aventureiros do ouro.

Antônio da Silva Carneiro arrematou 30 braças de terras no ribeirão de Nossa Senhora da Conceição por 60 oitavas de ouro. Também arrematou os dízimos agrários por 350 oitavas[545]. Foi quintado em 25 oitavas, de um total de 120 oitavas que havia retirado de suas lavras em 1705. Em 1706, foi quintado em suas 40 oitavas de ouro, pagando 8 à Fazenda Real. Nos anos de 1705 e 1706, a vida financeira deste mineiro estava a todo vapor, investindo em arrematações, lavrando ouro, comercializando escravos. O historiador serrano Dr. Dario registrou sua permanência nas minas do Serro do Frio por toda sua vida, como ele mesmo sugere:

> Numa vereação de 1738 o procurador requereu fossem notificados todos os moradores da Vila, *desde a ponte do arraial de Baixo, casas de Antônio da Silva Carneiro...* afim de fazerem suas testadas. Ora, esta ponte do arraial de Baixo, esta casa de Antônio da Silva Carneiro, estão próximas de poucos metros do córrego da Conceição onde Carneiro minerava em data sua[546].

O tal Carneiro citado anteriormente permaneceu na Vila do Príncipe por mais de trinta anos.

---

[545] Segundo Carrara e Santiró (2013, p. 171-172), "no que respeita aos dízimos do Brasil, deve-se fazer uma distinção fundamental: até o descobrimento do ouro nos anos finais do século XVII, os dízimos correspondiam fundamentalmente à produção dos gêneros agrícolas destinados à exportação (açúcar e tabaco, principalmente). O arrendamento se concentrava no eixo Bahia-Pernambuco, que representava 80% da produção exportável brasileira, ao passo que nas áreas mineradoras os gêneros sobre os quais incidia a cobrança eram os destinados ao abastecimento interno: milho, feijão e carnes, especialmente. Esta diferença, por sua vez, transferiu-se à qualidade da documentação disponível. Assim, enquanto o arrendamento dos dízimos nas capitanias litorâneas gerou séries muito descontínuas dos valores dos contratos, em Minas Gerais a documentação permite análises muito mais detalhadas. Se no início os dízimos eram arrendados pelo valor estimado do conjunto da produção agrícola brasileira, a partir de 1628 o arrendamento ajustou-se à produção agropecuária de cada capitania. O sistema de cobrança e pagamento era simples: uma vez celebrado o contrato dos dízimos, o arrendatário estava obrigado a pagar trimestralmente nas provedorias o valor correspondente até alcançar o montante total contratado. Na Bahia, o contratador devia pagar, do valor estipulado, duas terças partes em dinheiro e uma outra em tecidos para os uniformes da infantaria daquela praça. No Rio de Janeiro, a proporção era de metade em dinheiro e outra metade em tecidos. Mas o "dinheiro" podia ser também açúcar, já que o que os arrendatários recebiam não era propriamente metal sonante, mas mercadorias, isto é, açúcar, gado, tabaco etc. Em Minas Gerais, por seu turno, a Real Fazenda só recebia o pagamento na moeda usual da capitania: ouro em pó. Em geral, um problema rondava permanentemente a prática dos contratos: as fraudes nas arrecadações das rendas reais. Não é exagerado afirmar que estas práticas eram inerentes ao sistema de cobrança de tributos. Contudo, o maior dos problemas enfrentados pela Real Fazenda, e não só em relação aos dízimos, foi a isenção fiscal pretendida pelas ordens religiosas. Os jesuítas já eram litigantes tradicionais, e em 1676 também requereram isenção os religiosos do Carmo da cidade da Bahia, alegando ser mendicantes. Estes problemas foram enfrentados pela Real Fazenda até o século XVIII".

[546] SILVA, 1928, p. 11-12.

Domingos Pereira de Barros[547] arrematou 15 braças de terras no ribeiro do Bom Jesus de Iguapé em 1704, por um valor relativamente alto de 40 oitavas.

Hilário Pinto de Almeida[548] compartilhou as margens do ribeiro de Nossa Senhora da Conceição com Antônio da Silva Carneiro, arrematando 30 braças de terras por 22 oitavas. Segundo Franco, "bandeirante baiano que andou no Serro-Frio, no primeiro quartel do século XVIII em busca de ouro"[549].

José Borges Luís Pinto arrematou 30 braças de terras por 35 oitavas de ouro para minerar lavras no ribeiro de Bom Jesus de Taubaté.

Manuel do Vale Neves como já dito logo acima foi o maior arrematador de lavras registrado em livro oficial da Fazenda Real. Ele pagou 350 oitavas por 30 braças de terras no ribeirão Santo Antônio para os filhos de um certo Araújo Costa, do qual foi testamenteiro, não nas minas do Serro do Frio, mas do arraial ou vila de seu testador.

Manuel Antunes de Almeida por seu procurador Antônio da Costa do Amaral arrematou 30 braças de terras por 128 oitavas de ouro para lavrar ouro no ribeiro da Purificação de Nossa Senhora.

O capitão Sebastião Leme Bahim era camarada ou sócio de Francisco Romeiro Guellas, pois foi seu fiador e principal pagador de sua arrematação de 128 oitavas de ouro por 30 braças de terras no ribeiro da Purificação de Nossa Senhora. No mesmo ano de 1705, arrematou 30 braças de terras no ribeiro de Nossa Senhora da Graça, por um valor bem menor, de 32 oitavas.

Quadro 9 – Receita da Fazenda Real – Minas do Serro do Frio e Tucambira – Arrematação de braças de terras e dízimos – 1702-1712

	Data	Arrematante	Escreve e lê		Oitavas	Braças/Lugar
1	16/05/1704	Domingos Pereira de Barros	Sim		40	15 Ribeiro do Bom Jesus de Iguapé
2 3	05/08/1704	Manuel Antunes de Almeida por seu procurador Antônio da Costa do Amaral	Sim Sim		128	30 Ribeiro da Purificação de Nossa Senhora
4	05/08/1704	Hilário Pinto de Almeida	Sim		22	30 Córrego Nossa Senhora da Conceição
5 6	27/10/1707	Manuel do Vale Neves testamenteiro do defunto... de Araújo Costa	Sim Sim		350	30 Ribeirão de Santo Antônio
7 8	22/03/1705	Capitão Sebastião Leme Bahim fiador e principal pagador de Francisco Romeiro Guellas	Sim Sim		40	30 Ribeiro de São Bento

[547] Cf. Leme (v. 3º, p. 275) "Pereira de Barros".
[548] Cf. Leme (v. 3º, p. 451) "Pinto de Almeida".
[549] FRANCO, 1989, p. 26.

	Data	Arrematante	Escreve e lê		Oitavas	Braças/Lugar
9	15/07/1705	José Borges Pinto	Sim		35	30 Ribeiro do Bom Jesus de Taubaté
10	10/09/1705	Capitão Sebastião Leme Bahim	Sim		32	30 Ribeiro de Nossa Senhora da Graça
11	09/10/1705	Antônio da Silva Carneiro	Sim		350	Dízimos do ano [vencido em agosto]
	../11/1705	Antônio da Silva Carneiro			60	30 Ribeiro de Nossa Senhora da Conceição
		Total	100%	0%	1057	**225 braças**

Fonte: Livro da Fazenda Real destas Minas do Serro do Frio e Tucambira, 1702 (PINTO, 1902, p. 939-962; APM-CC 1002)

Do grupo dos arrematadores de braças de terras de lavras de ouro a maioria era paulista do Vale do Paraíba, que atualmente engloba as cidades de São José dos Campos, Taubaté, Jacareí, Pindamonhangaba, Caçapava, Lorena, Ubatuba, São Sebastião, Cruzeiro, Guaratinguetá, Caraguatatuba, Campos do Jordão, Tremembé e Aparecida. Contudo, as minas do Serro do Frio foram conquistadas em 1702 por bandeirantes paulistas de Taubaté que fizeram antes sua pousada no rio das Velhas, em Sabará, ao final do século XVII.

Assim, em torno de Taubaté vários aventureiros do ouro acostumados aos sertões e apresamento de gentios ou indígenas acabaram por tentar sua vida nas minas de ouro. A história do Vale do Paraíba e de Taubaté ajuda a explicar o gesto pedagógico colonial que vai se deslocar para as minas do Serro do Frio. Antes dos portugueses, a primeira geração de desbravadores dos sertões das Minas Gerais foram os paulistas de Taubaté. Mas por que essa centralidade dos paulistas de Taubaté no descobrimento do ouro nas minas do Serro do Frio?

Durante o reinado do monarca português D. Pedro II (1668-1706), cinco programas de estímulo ao desenvolvimento da colônia brasileira foram estabelecidos a fim de aumentar os rendimentos da Coroa:

> 1. novo programa de incentivo à caça ao ouro; 2. criação da Colônia do Sacramento, visando a atrair o comércio da prata peruana; 3. encorajamento ao cultivo de sementeiras transportadas do Extremo Oriente para as capitanias do norte do Brasil, tentando desenvolver o cultivo de especiarias na América Portuguesa; 4. instituição da Junta do Tabaco, no esforço de explorar um melhor produto que pudesse ajudar a preencher a lacuna deixada pela economia do açúcar, em franco declínio; 5. tentativa de recuperar o contrato do monopólio de fornecimento de escravos africanos. [...] Há décadas vinha se processando a procura da riqueza mineral no Brasil, ocorrendo descobertas de metais e pedras preciosas nas imediações de São Paulo, de Santana de Parnaíba, do vale do Ribeira e da baía de Paranaguá, mantendo vivo o sonho da existência de mais riquezas nas longínquas terras do interior. [...] Os colonos foram incessantemente estimulados à descoberta de riqueza mineral. Ofertas de títulos de nobreza e outras formas de recompensa atuaram como incentivo para os sertanistas que, finalmente, puseram a descoberto os grandes tesouros das minas de Cataguazes em 1693/1695.Taubaté, elevada à condição de vila desde 1645, foi um dos polos de irradiação, bem como São Paulo e São Vicente e, posteriormente, Itu e Sorocaba. Coube aos taubateanos as primeiras descobertas das minas de Cataguases.

Expedições atravessaram a serra da Mantiqueira pelas gargantas do Sapucaí ou do Embaú. Do vale do Paraíba partiram centenas de "entradas" e "bandeiras", dirigindo-se às minas. [...] De Guaratinguetá, partiram expedições às minas, bem como da nascente povoação de Pindamonhangaba. O chamado Caminho Velho para as minas de Cataguases, apresentava o seguinte roteiro: de Taubaté ia-se até a freguesia de Piedade (atual Lorena) e dali cruzava-se a Mantiqueira em direção ao sertão das minas. Não havia um caminho direto entre as minas e o Rio de Janeiro, o que obrigava o trajeto inverso: Minas / Piedade (Lorena) / Taubaté / Facão (Cunha) / Parati / Rio de Janeiro[550].

Os paulistas de Taubaté dominaram as minas de ouro das Minas Gerais e fizeram o mesmo nas minas do Serro do Frio. Estavam acostumados às lavras e inspeção das pintas de ouro nos leitos dos rios. Foram eles que com o passar dos anos ao final do século XVII, demandaram escravos africanos para o aprimoramento das técnicas de exploração, substituindo progressivamente a escravidão dos indígenas pela escravidão intercontinental ou transatlântica. O modelo de ocupação das minas de ouro usado nas Minas Gerais e minas do Serro do Frio foram experimentadas primeiramente em território paulista. Por isso:

A Casa dos Quintos (1695) foi destinada a Taubaté, ponto obrigatório de passagem, e, a seguir, a Casa de Fundição (1697). O objetivo era combater a sonegação, legalizando o metal e cobrando a conhecida quinta parte destinada à Coroa. Durante os fins do século XVII, Taubaté funcionou como o ponto oficial de manipulação e encaminhamento do metal ao reino. Tudo quanto se dirigisse às Minas passava por Taubaté, inclusive os próprios baianos que, nos primórdios da mineração, tendo passe livre no território aurífero, voltavam para sua terra entrando pelo rio São Francisco através de Taubaté. O mesmo acontecia com os gêneros alimentícios, roupas, animais e escravos, destinados ao longínquo sertão das Gerais. Foram os taubateanos os verdadeiros abastecedores das minas, e a rota do vale do Paraíba a mais importante em fins do século XVII e nas três primeiras décadas do século XVIII. Embora severamente vigiado, sonegava-se o ouro; e tornou-se ineficiente o procedimento utilizado na Casa de Fundição taubateana, que cunhava as barretas a martelo, viabilizando a fabricação de cunhos falsos. Portugal determinou, em 1702, que Taubaté fosse aparelhada com uma máquina de cunhar. Mas as dificuldades do trajeto (via Parati), dado as péssimas condições do Caminho do Facão, impossibilitaram o transporte do engenho cunhador para Taubaté. A permanência da máquina em Parati levou o capitão-mor a transferir a Casa dos Quintos e a de Fundição para o litoral [em 1704]. Na primeira década do século XVIII, os conflitos nos territórios auríferos – entre paulistas, reinóis e baianos - são indícios do fim do monopólio dos primeiros na região descoberta. A pequena sociedade urbana do vale do Paraíba, que durante décadas fervilhara com o comércio, iniciou seu período de declínio[551].

Portanto, as minas do Serro do Frio tiveram seu território ocupado por paulistas que se deslocaram pelos sertões, dizimando, aprisionando e expulsando indígenas. Parece que essa ocupação sugere um modelo de funcionamento: os bandeirantes provisionados pela Coroa portuguesa recebiam a autorização para os descobrimentos do território dos sertões, organizavam suas expedições militares com armas, escravos indígenas e africanos, ajudantes, oficiais da Fazenda Real ou seus procuradores, estabeleciam a primeira benfeitoria — uma pousada, pouso ou rancho — na beira dos rios que apresentavam grande pinta de ouro.

---

[550] BUENO, Beatriz Piccolotto Siqueira. Dilatação dos confins: caminhos, vilas e cidades na formação da Capitania de São Paulo (1532-1822). *Anais do Museu Paulista*, São Paulo, v. 17. n. 2. p. 251-294. jul.- dez. 2009, p. 266-267.

[551] BUENO, 2009, p. 267-268.

No caso das minas do Serro do Frio, a partir do *Regimento* de 1702, eram divididas as braças de terras de acordo com os seus artigos — primado para os descobridores, seguido de sorteio das lavras para os proprietários com mais de 12 escravos e depois o que restava para os demais mineiros. Com essa estrutura básica de funcionamento inicial das minas de ouro, surgiu o território das minas do Serro do Frio e seu distrito. A expansão acontecia no impulso de primar, ou seja, descobrir novos ribeiros com pintas de ouro e fazer fortuna. Seguia-se, depois, a organização eclesiástica em torno de padres seculares e freis religiosos avulsos nas minas, que acabavam realizando missas, batizados, casamentos e missas de corpo presente nas ermidas e capelas de telhado de palha.

Contudo, esses padres seculares e de ordens religiosas foram expulsos do território mineiro por carta régia publicada em 9 de junho de 1711. A partir desse momento, somente padres seculares com paróquia podiam permanecer nas minas. Por isso, a paróquia das minas do Serro do Frio começou oficialmente em 1713, com o seu primeiro vigário encomendado. O que seguia é o que conhecemos: a elevação das minas e de sua paróquia a vila. Os bandeirantes paulistas entregavam a administração do território para os oficiais do Senado da Câmara, mantendo seu prestígio e privilégios de militares e em alguns raros casos, também eram eleitos como oficiais por fazerem parte do grupo dos "homens bons" da vila.

O gesto pedagógico colonial é claro: parece que havia uma intensão nesse funcionamento de se processar uma passagem gradual, contínua e inevitável da barbárie à civilização, do caos à ordem, do sertão para a colônia, das minas para a vila, da ermida para a capela, da capela para a matriz, dos bandeirantes para os oficiais da câmara, do improviso para o ordenamento, do beira rio para o alto das montanhas, do centro dos descobrimentos para a periferia do distrito. Nas minas do Serro do Frio, esse processo levou apenas 12 anos, de 1702 a 1714. Todo ele foi centrado nas decisões dos paulistas em ordenar o território e o espaço das minas de ouro, negociando diretamente com a Coroa portuguesa o seu ordenamento jurídico e a ampliação dos lucros através do uso crescente da escravidão africana[552].

2 A ORGANIZAÇÃO DO QUINTO DO OURO E AS EMIGRAÇÕES

O trânsito de aventureiros do ouro nas minas do Serro foi registrado no *Livro da Fazenda Real* pelo escrivão Lourenço Carlos Mascarenhas de Araújo. O procurador da Fazenda Real, representante do Governo-Geral do Brasil instalado em Salvador, na Bahia, era Baltasar de Lemos de Morais Navarro. Os descobridores oficiais e guarda-mor Antônio Soares Ferreira, seu filho João Soares Ferreira e o capitão Manuel Corrêa Arzão prosseguiram na guardamoria das minas e de seu distrito. O registro do quinto do ouro revela a presença de aventureiros do ouro de todos os estamentos sociais dos primeiros anos do século XVIII. Podemos ensaiar, lembrando sempre que as minas de ouro recebiam gente de todo tipo e de todos os lugares, formando vários estratos dentro dos estamentos sociais.

Grosso modo, em termos de privilégio, poder e autoridade estavam os descobridores e os oficiais provisionados pela Coroa portuguesa. Abaixo, os seus ajudantes, a milícia armada composta por homens de confiança do guarda-mor e depois do superintendente-mor das minas. Esse era o estamento alto, pois aos rendimentos das minas se somavam as remunerações da Coroa portuguesa. A princípio os oficiais não deviam minerar, apenas administrar, mas isso não foi regra seguida pelos descobridores e seus ajudantes nas minas serranas. Essa era a elite das minas serranas, até 1714.

[552] *Cf.* Leme (1954, 2004), Mazzuia (1976), Monteiro (1994), Neme (1943), Pupo (1969) e Quadro (1995).

Depois, o estamento médio, composto por paulistas que investiram sua fortuna nas lavras, seja por sorteio ou por arrematação, processo mais usual com o passar dos anos. Esse grupo possuía vários estratos: havia letrados que podiam disputar entre si cargos de escrivão e tentar uma remuneração fixa do governo e os analfabetos. Havia os padres seculares ordenados sacerdotes em dioceses e os padres religiosos ordenados sacerdotes em ordens religiosas. Havia homens casados com família e propriedades no Vale do Paraíba e homens solteiros enviados por seus pais para conseguirem alguma fortuna nas minas. Havia mulheres proprietárias de escravos em busca de pintas de ouro.

O estamento baixo era composto por trabalhadores manuais livres das minas, componentes essenciais da empreitada do ouro, pois eles recebiam os equipamentos comprados pelos proprietários das lavras e comandavam a administração das lavras, fiscalizando os serviços. Por outro lado, havia os trabalhadores manuais cativos das minas, os escravos, que tinham algum direito: alimentação e vestuário, moradia e proteção militar.

E, por fim, os desclassificados do ouro, os marginalizados das minas do Serro do Frio, ou seja, a ralé social. De acordo com a clássica definição de Souza, "o desclassificado social é um homem livre pobre – frequentemente miserável –, o que, numa sociedade escravista, não chega a apresentar grandes vantagens com relação ao escravo"[553]. Homens e mulheres da ralé ocupavam o imenso vácuo entre "os extremos da escala social, [...] caracterizada pela fluidez, pela instabilidade, pelo trabalho esporádico, incerto e aleatório [...]; ocupou as funções que o escravo não podia desempenhar, ou por antieconômico desviar mão-de-obra da produção, ou por colocar em risco a condição servil"[554].

Durante o século XVIII, os estamentos sociais sofreram mais estratificações em seus agrupamentos, com a distribuição de novos privilégios com novos cargos na vila, aumentando a fiscalização por meio das ordenanças e as milícias da Casa de Fundição. Entre os desclassificados do ouro a miséria aumentou, prejudicando ainda mais o acesso a trabalhos esporádicos, disputados cada vez mais por um número enorme de desocupados[555].

Retomemos o quadro geral dos pagadores do quinto do ouro. Eles faziam parte do estamento alto e médio das minas do Serro do Frio. No total, 48 nomes diferentes foram assentados no livro da Fazenda Real — nas folhas que restaram do documento transcrito pelo alferes Luiz Antônio Pinto —, entre 1702 (2), 1703 (0), 1704 (8), 1705 (14), 1706 (19), 1707 (4), 1709 (1).

A partir das assinaturas nos assentos relativas aos seus declarantes, pudemos colher a informação sobre a alfabetização dos mineiros. Assim, dos 48 nomes: 46 homens, sendo 4 analfabetos, totalizando 9% entre eles; 2 mulheres, sendo 2 analfabetas, totalizando 100% entre elas e 4% do total. A taxa total de analfabetismo entre homens e mulheres era de 14%. O analfabetismo diz respeito nesse contexto a não conseguir assinar o próprio nome no registro oficial, solicitando a assinatura por um terceiro, "a rogo" ou fazendo um sinal de cruz entre a assinatura do escrivão, confirmando sua autenticidade.

No grupo dos padres religiosos — Frei Columbano de Santa Escolástica, Frei João Batista — e seculares — Inocêncio de Carvalho e Sebastião Rodrigues Benavides —, todos obrigatoriamente

---

[553] SOUZA, Laura de Mello e. *Desclassificados do ouro*. A pobreza mineira no século XVIII. 4. ed. Rio de Janeiro: Graal, 1986, p. 14.

[554] SOUZA, 1986, p. 63.

[555] Seguindo a análise de Almeida (2010, p. 21), a sociedade mineradora apresentou constantemente uma "hierarquia social extremamente polarizada entre ricos e pobres", necessitando por conta de sua forma extensiva de produção "de constantes incorporações de matas virgens e mão de obra para se manter nos mesmo níveis; os maiores investimentos concentravam-se em escravos e bens móveis; uma hierarquia social extremamente excludente com a polarização dos níveis de riqueza e pobreza dos homens livres; o predomínio do capital mercantil como gerador dos maiores rendimentos. E a diversificação econômica como estratégia de redução dos custos de produção, compensação para os rendimentos decrescentes da economia e, principalmente, como mecanismo de resistência às crises conjunturais causadas pela escassez do produto principal, nesse caso, o ouro".

eram alfabetizados, sabendo ler e escrever o português, além de dominar o latim, língua oficial da Igreja Católica em seus ofícios divinos. Pelos lançamentos dos quintos do ouro é possível entender que esses freis e padres seculares podiam muito bem fazer parte da bandeira de Antônio Soares Ferreira. Contudo, os documentos históricos registram o Frei Columbano de Santa Escolástica e Sebastião Rodrigues Benavides[556] como os primeiros a escreverem documentos oficiais da capela de Nossa Senhora da Conceição, antes mesmo de se tornar a matriz da paróquia de mesmo nome. A paróquia ou freguesia foi criada antes da elevação das minas serranas à categoria administrativa de vila com seu Senado da Câmara, no ano de 1713, mostrando que havia uma organização eclesiástica em torno dos devotos das irmandades, da ministração cotidiana dos sacramentos, da celebração das missas e festividades religiosas, dos sepultamentos com missa de corpo presente e das adorações ao santíssimo sacramento.

Outro dado importante é relativo ao destino do ouro que estava sendo quintado e levado em pó pelos declarantes. Trata-se de 54 registros de arrecadação no total do livro. A maioria, ou seja, 22 (41%), afirmou levar o ouro em pó para a cidade da Bahia, ou seja, Salvador; 11 (20%) afirmaram que partiam para os currais da cidade da Bahia, ou seja, arredores de Salvador; 9 (17%) afirmaram que partiam para os Currais da Bahia. 7 (13%) registraram no livro a expressão "que leva" consigo; 5 (9%) afirmaram simplesmente "vai destas minas" e 2 (4%) partiram para Pernambuco.

Chama a atenção que, sendo a maioria dos mineiros paulistas do Vale do Paraíba a tirarem ouro nas minas do Serro do Frio, fosse informado que estão de partida ou vão enviar o ouro pelos caminhos da Bahia. Há duas hipóteses para essa afirmação majoritária: a primeira é que o ouro passaria por Sabará (rio das Velhas), no caminho da Bahia, de lá indo até o Vale do Paraíba, onde os mineiros eram reconhecidos pelas autoridades locais[557]. A segunda é que se tratava de uma informação genérica de autorização prévia para a circulação do ouro, fora da região das minas do Serro do Frio, uma espécie de salvo conduto dos portadores que levavam consigo a guia de recolhimento do quinto. Por isso, o deslocamento de pessoas para as minas serranas foi majoritariamente nos seus primeiros anos de paulistas, com apenas dois registros para Pernambuco, sendo um padre secular, o reverendo Inocêncio de Carvalho (que levava uma fortuna em ouro em pó, cerca de 600 oitavas, ou cerca de 2,1 kg) e Domingos Lopes.

Outro grupo de declarações deixa subentendido que se tratava de pessoas que usariam o ouro quintado, ou seja, legalizado, para usá-lo nas minas do Serro do Frio. Entre os assentos, 13% declararam "que leva" o ouro, ou seja, carrega consigo para destino não esclarecido. Se juntarmos o outro grupo dos 9% que afirmavam "vai destas minas", temos 19% de pessoas que parecem querer indicar aos oficiais da Fazenda Real sua circulação no distrito serrano das minas. Por isso, esses mineiros não temem a imprecisão da informação, uma vez que não serão revistados em "registros" por algum caminho pelo Brasil. Uma declaração falsa poderia gerar constrangimentos e prisões por ser considerado descaminho alfandegário do ouro.

---

[556] Ele se estabeleceu nas minas do Serro do Frio e conforme relata Carrara (1999, p. 55), ao analisar as sesmarias serranas, "as cento e vinte e duas sesmarias situadas dentro ou nas vizinhanças da Demarcação Diamantina, concedidas entre agosto de 1739 e dezembro de 1740, tinham em comum a dimensão (½/¼ de légua quadrada), e o serem todas posses fabricadas: um quinto de seus possuidores dizia possuir engenhos de pilões, e quarenta e duas haviam sido compradas a terceiros. Com uma légua eram as sesmarias de José Batista Rolim (sítio do Forno, no ribeirão do Inferno), do alferes Gregório Pereira da Silva (nos rios Inhaí e Jequitinhonha), do Padre Sebastião Rodrigues Benavides (na estrada Real dos currais pela contagem do Rabelo, pelo riacho Fundo e rio Pardo Pequeno) e de Antônio de Oliveira de Carvalho (no córrego Andréquicé, paragem de Nossa Senhora do Livramento)".

[557] A informação é referendada por Santos (2013, p. 64) sobre este caminho: "era um emaranhado de estradas, atalhos e picadas, que convergiam em direção ao rio São Francisco, tanto na sua parte baiana, quanto na mineira"; na p. 73 afirma que "até meados do século XVIII, a Vila Real de Nossa Senhora do Sabará era um ponto obrigatório para quem seguia rumo a Bahia".

Assim, se considerarmos o fluxo de pessoas pelas minas do Serro do Frio, 20% dos mineiros parecem indicar que o ouro seria usado para gastos pessoais na localidade: na construção ou melhoria de suas casas, na compra ou negociação de escravos, para a compra de alimentos, roupas, sapatos, utensílios para as lavras e hortas domésticas, para o pagamento aos padres pelos ofícios divinos e ministração dos sacramentos eclesiásticos como o batismo e o matrimônio e as missas de corpo presente para os recém-falecidos, para os mortos da família, para esmolas para os santos das ermidas e capelas. Por isso, não é de se estranhar que em torno das minas de ouro as vendas se fizessem presentes. Em 1718, havia pelo menos 30 vendas nas minas do Serro do Frio[558], das quais podemos concluir que ofertavam pequenos serviços de sapataria, alfaiataria, chapelaria, bem como material para aviamentos, produtos secos e molhados, além de bebida alcoólica.

Segundo Boxer, a corrida do ouro em Minas Gerais promoveu uma fuga dos oficiais mecânicos das maiores vilas e das cidades para as minas: "artesãos e técnicos iam aos bandos para as minas, procurando empregos melhor remunerados, e isso, por sua vez, aumentava o custo dos serviços essenciais no resto do Brasil"[559]. As minas do Serro do Frio atraiam pessoas dispostas ao trabalho pago em ouro.

Quadro 10 – Receita da Fazenda Real – Minas do Serro do Frio e Tucambira
Arrecadação dos quintos do ouro, alfabetização e destino – 1702-1712

N.	Data	Nome	Lê e escreve?		Total Oit.	Quinto Oit.	Destino					
1	18/09/1702	Antônio Camelo	Sim		140	28	C					
2		Domingos de Brito da Costa	Sim									
3	09/10/1704	Francisco Barbosa	Sim		108	60 [?]	C					
4	09/10/1704	Pedro Vaz		Não	72	40 [?]	C					
5	10/10/1704	Hilário Pinto de Almeida por	Sim		117	65 [?]	C					
6		Jacinto Gonçalves	Sim									
7	10/10/1704	Martinho de Almeida		Não	45	25 [?]		S				
8	10/10/1704	Tomás Luiz Moreira	Sim		72	40 [?]		S				
9	01/12/1704	Gonçalo Viegas	Sim		650	130						
10	01/12/1704	Gonçalo Viegas por João Lopes Soeiro	Sim		500	100			B			
11	23/02/1705	Paulo Pires de Miranda	Sim		110	22			B			
12	28/03/1705	Francisco Teixeira de Abreu	Sim		100	20			B			
13	27/05/1705	Manuel Francisco dos Santos	Sim		200	40			B			
14	08/07/1705	Francisco Mendes Barros	Sim		400	80			B			
15	11/08/1705	Manuel Luiz	Sim		400	80					V	
16	11/08/1705	Manuel Soares	Sim		400	80					V	

[558] *Cf.* Apmes (Cad. 70, s/p) e Libby (2018, p. 316).
[559] BOXER, 1963, p. 64.

N.	Data	Nome	Lê e escreve?		Total Oit.	Quinto Oit.	Destino					
17	05/09/1705	Sebastião Ribeiro	Sim		20	4					V	
18	11/09/1705	Antônio Soares Ferreira	Sim		380	64		S				
19	07/10/1705	Padre Inocêncio de Carvalho	Sim		600	120				P		
20	07/10/1705	Domingos Lopes		Não	100	20				P		
21	07/10/1705	Antônio da Rocha Branco	Sim		1920	380		S				
22	08/10/1705	Padre Frei Columbano de Santa Escolástica	Sim		100	20						Q
23	09/10/1705	Domingos do Vale Padilha por Antônio da Rocha Branco	Sim		80	16		S				
24	04/11/1705	Manuel Pereira	Sim		300	60					V	
	04/11/1705	Manuel Pereira			40	8					V	
	10/01/1706	Tomás Luiz Moreira por João Martins Gomes	Sim		115	23						Q
25	08/01/1706	Antônio Gomes de Estrada	Sim		40	8			B			
	22/01/1706	Sebastião Ribeiro	Sim		50	10			B			
26 27	04/03/1706	João Francisco Leite por José Borges Pinto	Sim Sim		200	40						Q
28	13/03/1706	Gonçalo Ferreira de Sousa	Sim		50	10			B			
29	13/03/1706	Mateus Afonso	Sim		100	20			B			
30	15/03/1706	Antônio da Silva Carneiro	Sim		120	25	C					
31	15/03/1706	Antônio de Sá da Fonseca por Antônio Rozado	Sim Sim		30	6			B			
32	18/03/1706	Mécia Preta por Izabel Maria da Cruz		Não Não	120	24						Q
33	18/03/1706	Mécia Preta pelo padre Frei João Batista	Sim		60	12						Q
34	23/03/1706	Antônio Alves	Sim		100	20			B			
35	19/03/1706	Padre Sebastião Rodrigues Benavides	Sim		56	11		S				
	29/03/1706	Antônio da Rocha Branco	Sim		50	10		S				
	30/03/1706	Antônio Soares Ferreira			180	30		S				
36	12/04/1706	Tomas Luiz Moreira	Sim		80	16		S				
	12/07/1706	Martinho de Almeida			160	32		S				
	13/07/1706	Martinho de Almeida			15	3		S				

N.	Data	Nome	Lê e escreve?		Total Oit.	Quinto Oit.	Destino					
	13/07/1706	Francisco Teixeira	Sim		1005	201		S				
	13/07/1706	Antônio da Silva Carneiro	Sim		40	8		S				
37	13/07/1706	Padre Sebastião Rodrigues Benavides	Sim		130	26		S				
38	30/07/1706	Manuel Fernandez		Não	500	100						Q
39	30/07/1706	João Francisco Feitel	Sim		50	10		S				
	30/07/1706	Manuel Fernandez			64	12		S				
40 41	30/07/1706	Capitão Lucas de Freitas de Azevedo por Simão da Silva	Sim Sim		64	12 ½		S				
42	15/09/1706	Damásio de Souza Barros	Sim		566	111						Q
43	07/01/1707	Alexandre de Paiva	Sim		500	100		S				
44	07/01/1707	Alexandre de Paiva por Faustino da Silva	Sim		170	32		S				
45	07/02/1707	Alexandre de Paiva por Domingos Teixeira	Sim		40	8		S				
46	12/02/1707	Manuel Luis da Silva	Sim		200	40	C					
	13/02/1707	Manuel Luis da Silva			189	31	C					
	19/07/1707	Francisco Teixeira de Abreu			380	76		S				
47	29/07/1709	Antônio Pinheiro Guimarães	Sim		230	46		S				
			42	6	12508 (a)	2615 ½ (b)	9	22	11	2	5	7
			87%	13%	15233 ½ oitavas (a+b)		17%	41%	20%	4%	9%	13%

[?] Não há explicação para que este valor seja acima de 20%, ou seja, 1/5 do total apresentado.
Legendas:
[C] Currais da Bahia [S] Cidade da Bahia – Salvador [B] Currais da Cidade da Bahia – arredores de Salvador
[P] Pernambuco [V] Vai destas minas [Q] Que leva
Fonte: Livro da Fazenda Real destas Minas do Serro do Frio e Tucambira, 1702 (PINTO, 1902, p. 939-962; APM-CC 1002)

Remontar a biografia de todos os aventureiros do óuro das minas do Serro do Frio registrados no *Livro da Fazenda Real destas minas do Serro e Tucambira* é praticamente impossível. Não há, infelizmente, um livro de controle da chegada desses homens e mulheres nas minas, antes, chegavam na base do improviso, despertados pela corrida do ouro. Já vimos que os arrematantes de braças de terras eram, em sua maioria, paulistas do Vale do Paraíba.

Nos primeiros anos das minas do Serro do Frio, o fluxo de paulistas foi constante, com idas e vindas parte pelo caminho velho que dava depois na parte mineira dos caminhos da Bahia (Quadro 11). A fim de mapear minimamente a origem dos primeiros mineiros usamos como método de verificação sete fontes de pesquisa: o livro *Memória sobre o Serro antigo*, os 220 cadernos do Arquivo Pessoal Maria Eremita de Souza, o Caderno 3 do Arquivo Pessoal Maria Eremita de Souza com relação de portugueses com testamentos na Vila do Príncipe feita pelo alferes Luiz Antônio Pinto, o *Livro da Fazenda Real das Minas do Serro do Frio e Tucambira*, a *Genealogia Paulistana*, a *Nobiliarquia Paulistana*, o *Dicionário de Bandeirantes e Sertanistas do Brasil* e o livro *A arte da crônica e suas anotações*.

Assim, dos 47 registros de quintos do ouro do Livro da Fazenda Real das Minas do Serro do Frio, considerando a relação de nomes foram identificadas as seguintes localidades de origem: 17 (1-17) não identificados, 9 (18-36) provenientes da Bahia — dos currais da Bahia, dos currais da cidade da Bahia e da cidade da Bahia (Salvador), 2 (27-28) provenientes da Capitania de Pernambuco, 3 (29-31) de Portugal, sem a possibilidade de determinar qual a vila ou cidade e 16 (32-47) provenientes de São Paulo, em sua maioria do Vale do Paraíba.

Quadro 11 – Arrecadação dos quintos do ouro – Local de Origem e Permanência na Vila do Príncipe

	Nome	Origem	Morador	Informação/fonte
1	Antônio de Sá da Fonseca	N.I.	N.I.	N.I.
2	Antônio Pinheiro Guimarães	N.I.	N.I.	N.I.
3	Damásio de Souza Barros	N.I.	N.I.	N.I.
4	Faustino da Silva	N.I.	N.I.	N.I.
5	Francisco Barbosa	N.I.	N.I.	N.I.
6	Francisco Mendes Barros	N.I.	N.I.	N.I.
7	Francisco Teixeira de Abreu	N.I.	N.I.	N.I.
8	Gonçalo Ferreira de Sousa	N.I.	N.I.	N.I.
9	Jacinto Gonçalves	N.I.	N.I.	N.I.
10	João Francisco Leite	N.I.	N.I.	N.I.
11	Manuel Francisco dos Santos	N.I.	N.I.	N.I.
12	Manuel Luis da Silva	N.I.	N.I.	N.I.
13	Manuel Soares Lopes	N.I.	N.I.	N.I.
14	Martinho de Almeida Barbosa	N.I.	N.I.	N.I.
15	Sebastião Ribeiro	N.I.	N.I.	N.I.
16	Simão da Silva	N.I.	N.I.	N.I.
17	Tomás Luiz Moreira	N.I.	N.I.	N.I.

	Nome	Origem	Morador	Informação/fonte
18	Manuel Pereira	Bahia	Não	"Militar da Bahia que seguiu como imediato do capitão-mor das entradas Francisco Veloso da Silva, juntamente com os militares João da Rocha e Manuel Rodrigues, numa grande arrancada feita em 1720, contra os índios bravos e mocambos desde Jaguaripe, Jequitinhonha, rio Pardo, rio das Contas, Cairu, Conquista até Araçuaí e na qual tomaram parte, como chefes, João Ribeiro Dias, Francisco da Silva Sampaio, Manuel Mendes Maria, José da Mota Verde, João de Sousa Ferreira, Nicolau de Sousa e Silva, Francisco Lopes Vilas-Boas e João de Couros Carneiro" (Franco, 1989, p. 298) [?].
19	Gonçalo Viegas	Bahia	Não	Comerciantes de gados dos arredores da cidade da Bahia, Salvador (Pinto, 1902)
20	Hilário Pinto de Almeida	Bahia	Não	Franco (1989, p. 26), "bandeirante baiano que andou no Serro-Frio, no primeiro quartel do século XVIII em busca de ouro". Ver Leme. *Genealogia Paulistana*, "Pinto de Almeida", v. 3, p. 451.
21	Izabel Maria da Cruz	Bahia	Não	Pinto, 1902.
22	João Francisco Feitel	Bahia	Sim	Levava ouro para Salvador (Pinto, 1902).
23	Mécia Preta	Bahia	Não	Pinto, 1902.
24	Padre Frei Columbano de Santa Escolástica	Bahia	Não	Pinto, 1902.
25	Padre Frei João Batista	Bahia	Não	Pinto, 1902.
26	Padre Sebastião Rodrigues Benavides	Bahia	Não	Pinto, 1902.
27	Domingos de Brito da Costa	Pernambuco	Não	Pinto, 1902.
28	Padre Inocêncio de Carvalho	Pernambuco	Não	Pinto, 1902.
29	Antônio Rozado	Portugal	Sim	Testamento em 1756; "portugueses que para aqui vieram, se estabeleceram, se casaram ou não se casaram, mas formaram famílias, e cuja descendência é hoje assombrosa" (Apmes, Cad. 3, n.p.)
30	Mateus Afonso	Portugal	Sim	Sebastião Lopes Afonso, sem testamento (Apmes, Cad. 3, n.p.)
31	João Lopes Soeiro	São Paulo	Sim	Manuel Jacome Soeiro serviu como vereador em 1764 e 1769 (Silva, 1928)
32	Alexandre de Paiva	São Paulo	Não	Leme. *Genealogia Paulistana*, "Faria Paiva", v. 7, p. 519.

	Nome	Origem	Morador	Informação/fonte
33	Antônio Alves [Muniz ou da Silva?]	São Paulo	Sim	No ano seguinte [1726], o Senado comprou uma casa a Manuel de Moura Bexiga, a qual fora de Antônio Alves Muniz, paga a compra com 300 oitavas de ouro e mais uma casinha anteriormente adquirida a Luís da Costa, no valor de 150 oitavas (Silva, 1928, p. 89). Antônio Alves Silva foi vereador em 1721, 1728 e 1735 (Silva, 1928).
34	Antônio Camello [Alcanforado]	São Paulo	Sim	Vereador em 1738 e 1755 (Silva, 1928); "1740 – 03 de outubro – requerimento de Antônio Camelo Alcanforado, escrivão de Órfãos solicitando prorrogação, por mais um ano, de seu exercício" (Briskievicz, 2017); testamento em 1757 (Apmes, Cad. 3, n.p.). Roceiro rico (AHU, Cx. 70, Doc. 41).
35	Antônio da Rocha Branco	São Paulo	Não	Franco, 1989.
36	Antônio da Silva Carneiro	São Paulo	Sim	"Numa vereação de 1738 o procurador requereu fossem notificados todos os moradores da Vila, *desde a ponte do arraial de Baixo, casas de Antônio da Silva Carneiro...* a fim de fazerem suas testadas. Ora, esta ponte do arraial de Baixo, esta casa de Antônio da Silva Carneiro, estão próximas de poucos metros do córrego da Conceição onde Carneiro minerava em data sua" (Silva, 1928, p. 11-12).
37	Antônio Gomes de Estrada	São Paulo	Não	Franco, 1989, p. 148.
38	Antônio Soares Ferreira	São Paulo	Sim	Descobridor e guarda-mor das minas do Serro do Frio (Pinto, 1902).
39	Domingos do Vale Padilha	São Paulo	Sim	Nessa mesma pousada, em 1705 foi *quintado* Domingos do Vale Padilha, posteriormente senador na Vila do Príncipe. Nela deixou numerosa prole, até hoje extensamente ramificada, e cujo nome se acha perpetuado em o nosso arrabalde – o belo *Pasto do Padilha* (Silva, p. 11).
40	Domingos Lopes [de Moura]	São Paulo	Sim	Procurador do Senado da Câmara em 1726 (Silva, 1928).
41	Domingos Teixeira [Pinheiro]	São Paulo	Sim	Vereador do Senado da Câmara em 1728 (Silva, 1928).
42	João Martins Gomes	São Paulo	Sim	Patente de capitão Antônio Martins Gomes do Tijuco [irmão?] (Apmes, Cad. 56, n.p.).
43	José Borges Pinto	São Paulo	Sim	Tesoureiro da Fazenda Real entre 01/12/1704 e 1709 (Pinto, 1902).

	Nome	Origem	Morador	Informação/fonte
44	Lucas de Freitas Azevedo	São Paulo	Sim	Franco, 1989, p. 52-53.
45	Manuel Fernandes [Ribeiro]	São Paulo	Sim	Juiz ordinário no Senado da Câmara em 1766 e 1773.
46	Paulo Pires de Miranda	São Paulo	Sim	Procurador do ano do Senado da Câmara em 1717 (Silva, 1928).
47	Pedro Vaz	São Paulo	Não	Irmão de Antônio Vaz [?]: "sertanista de São Paulo [...] e que agiu no território de Minas Gerais" (Franco, 1989, p. 424).

Legenda: [N.I.] Não Identificado.
Fonte: Livro da Fazenda Real destas Minas do Serro do Frio e Tucambira, 1702 (PINTO, 1902, p. 939-962; APM-CC 1002)

CAPÍTULO OITO

O GESTO PEDAGÓGICO COLONIAL DOS PORTUGUESES

> *Precisamos descobrir o Brasil!*
> *escondido atrás das florestas,*
> *com a água dos rios no meio,*
> *o Brasil está dormindo, coitado.*
> *Precisamos colonizar o Brasil.*
>
> *(C. D. de Andrade – Hino Nacional, Brejo das almas)*

A presença de reinóis ou portugueses no território das minas do Serro do Frio entre os anos de 1702 e 1714 parece indicar uma emigração derivada de outras localidades brasileiras. Podemos citar, por exemplo, a presença de portugueses na capital brasileira de Salvador, na Vila de São Paulo de Piratininga (elevada à cidade de São Paulo em 11 de setembro de 1711), bem como a constante presença de famílias importantes no Vale do Paraíba, comprovada pelos estudos genealógicos da *Genealogia Paulistana* ou mesmo da *Nobiliarquia Paulistana Histórica e Genealógica*. Os portugueses e seus descendentes compuseram desde o início o caleidoscópico cenário das dinâmicas de mestiçagens no território brasileiro e por extensão das Minas Gerais e das serranias.

As minas do Serro do Frio não ficaram de fora da emigração portuguesa por conta da aventura ou empresa da exploração de ouro nas lavras dos ribeiros. A fracassada política portuguesa de impedimento da emigração para as minas de ouro das Gerais revela-se na publicação sempre caducada de dispositivos legais em 1709, 1711, 1720 e 1744. Além disso, a emigração interna da região de produção açucareira se agravou com a descoberta das minas de ouro. De fato, "apesar da proibição do 'trânsito de escravos da Bahia para as Minas, ou de outros pontos da costa – como Rio de Janeiro, Santos, São Vicente e Espírito Santo –, pouco foi conseguido"[560]. Assim, "a corrida para as zonas mineradoras esvaziou as cidades do litoral e produziu o primeiro grande êxodo migratório para o interior brasileiro. Só de Portugal, entre meio milhão e 800 mil pessoas mudaram-se para o Brasil de 1700 a 1800"[561].

Neste capítulo, dividimos a abordagem da emigração portuguesa para o Serro em duas análises. A primeira, a partir dos dados levantados pelo alferes Luiz Antônio Pinto de reinóis falecidos na Vila do Príncipe com e sem testamento. Passamos posteriormente em segundo momento para as considerações técnicas sobre a emigração de portugueses da região do Minho, especialmente orientada para demonstrar como se operou a constante viagem intercontinental dos homens para as minas serranas, ou antes em conexão por outras regiões da colônia.

Temos em vista que muito do gesto pedagógico colonial serrano recebeu forte influência dos portugueses em trânsito pelo Atlântico, segundo Russell-Wood:

---

[560] MAGALHÃES, Joaquim Romero. As Câmaras Municipais, a Coroa e a cobrança dos quintos do ouro nas Minas Gerais (1711-1750). *In:* VENANCIO, Renato Pinto; GONÇALVES, Andréa Lisly; CHAVES, Cláudia Maria das Graças (org.). *Administrando impérios.* Portugal e brasil nos séculos XVIII e XIX. Belo Horizonte: Fino Traço, 2012, p. 121-140, p. 143.

[561] GOMES, 2021, p. 60.

Emigrantes portugueses levavam consigo seu legado cultural para a África, a Ásia e o Brasil. Seus descendentes eram herdeiros dos princípios morais e éticos que eram repetidamente reforçados por emigrantes posteriores. Alguns se tornariam líderes civis em suas comunidades, aldeias, vilas e cidades. Como representantes escolhidos do Senado da Câmara, a instituição mais próxima preocupada com governo e governança no nível local, esperava-se que continuassem a manter tais normas, princípios e expectativas coletivas[562].

1 PORTUGUESES FUNDADORES DE ARRAIAIS E OUTRAS HISTÓRIAS

Os dados estatísticos oficiais relativos aos portugueses que atravessaram o Atlântico e passaram pelas minas do Serro do Frio e sua Vila do Príncipe no período colonial inexistem. O que pôde ser encontrado para consulta são os interessantes dados dos reinóis compilados pelo historiador serrano alferes Luiz Antônio Pinto, em estudo particular e interessado na maioria das vezes em levantamentos genealógicos.

O alferes historiador intitulou sua relação de "Portugueses que para aqui vieram, se estabeleceram, se casaram ou não se casaram, mas formaram famílias, e cuja descendência é hoje assombrosa", transcrito por Maria Eremita de Souza em um de seus 220 cadernos de anotações de pesquisas[563]. O alferes dividiu os reinóis em dois grupos bem específicos, demonstrando sua habilidade de consulta aos documentos cartoriais e judiciais da vila serrana. O primeiro grupo é formado pelos portugueses que deixaram testamento com decisões para serem tomadas pelos testamenteiros depois de suas mortes (Quadro 12), e são por isso, considerados opulentados em bens, propriedades e escravos, normalmente. O outro grupo é composto pelos portugueses que não deixaram testamentos (Quadro 13), por isso, possivelmente, pouco opulentados, ou por vezes tomados de morte acidental ou dramática não tiveram tempo hábil para prepararam o documento oficial para seus herdeiros.

Quadro 12 – Portugueses falecidos com testamento – 1744-1798

1	Pedro Homem Leonardo	1744
2	Capitão José de Souza Ribeiro	1744
3	Antônio Mendes Razo	1744
4	João Francisco de Carvalho	1745
5	Fructuoso Francisco Guimarães	1747
6	Capitão Manuel de Almeida Cabral	1751
7	Antônio Francisco de Carvalho	1755
8	João Moreira da Silva	1755
9	Tenente Amaro dos Santos de Oliveira	1756
10	Antônio Rosado	1756
11	Guarda-mor Antônio Camelo Alcanforado	1757
12	Capitão-mor Luiz Vaz de Siqueira Monções	1756
13	Manuel João Alvarenga	1757
14	João Leite Pinto	1758

---

[562] RUSSELL-WOOD, 2012, p. 39.

[563] Apmes, Cad. 3, s/p.

15	Capitão Antônio Gonçalves Chaves	1758
16	Manuel Mendes Razo	1758
17	Sargento-mor Victoriano da Rocha de Oliveira	1759
18	Capitão-mor Bernardo da Fonseca Lobo	1761
19	Manuel Teixeira Leão	1761
20	Manuel Rodrigues de Meireles	1762
21	Bento Antônio Coelho [1]	1762
22	Manuel Rodrigues Alvarenga	1765
23	Antônio Durães	1766
24	Capitão Antônio Bernardo de Sobral e Almeida	1767
25	Onofre da Costa Pinheiro	1767
26	Francisco Martins Ferreira	1768
27	Antônio de Souza de Araújo	1768
28	Miguel Rodrigues de Miranda	1772
29	Sargento-mor Vicente Pereira de Morais e Castro [2]	1774
30	José Carvalho da Fonseca	1776
31	Tomé Fernandes Guimarães	1777
32	André Francisco de Carvalho [3]	1777
33	Domingos da Costa Vila Real	1778
34	Capitão João da Costa Coelho	1780
35	Amaro Machado Balieiro	1781
36	Luiz de Oliveira Anginho	1782
37	Sargento-mor Félix Marinho de Moura	1782
38	Sargento-mor Francisco Pereira Maciel [4]	1783
39	Alferes José Ribeiro Sampaio [5]	1783
40	Manuel Vieira Couto	1785
41	João Simões Barrocos	1785
42	Manuel Godinho de Jesus	1785
43	Capitão João Pinto Coelho [6]	1786
44	Sargento-mor João Batista Farnese	1786
45	Valério de Brito e Souza	1786
46	Capitão João Ribeiro Pinto	1786
47	Antônio Durães e Castro	1786
48	Capitão José de Moura e Oliveira	1787
49	Manuel Antunes dos Reis	1788
50	Sargento-mor José Barata de Lima	1788
51	Diogo da Silva Guimarães	1789
52	Tenente Francisco de Carvalho	1789
53	Francisco Leite da Mota	1790
54	Custódio Vieira Costa	1790

55	Antônio Pires de Moura [7]	1790
56	Custódio Alves Sampaio [8]	1793
57	Manuel Durães de Castro	1793
58	Manuel Gonçalves Nunes	1793
59	Miguel Gonçalves Vieira	1794
60	José Batista Rolim	1794
61	Capitão Bernardo dos Santos Carvalhais	1794
62	Antônio José Alves	1794
63	Silvestre Alves Pereira	1795
64	Bernardo José Pinto	1795
65	José de Castro Guimarães	1795
66	Mateus Luiz Porto	1796
67	Manuel Nogueira de Araújo	1797
68	Paulo de Almeida Saraiva [9]	1798
69	Capitão Antônio Rodrigues da Cunha	1798
70	João de Castro Porto	1798

[1] Roceiro rico da Vila do Príncipe em 1756 (AHU, Cx. 70, Doc. 41).
[2] Negociante rico da Vila do Príncipe em 1756 (AHU, Cx. 70, Doc. 41).
[3] Roceiro rico do arraial da Tapera em 1756 (AHU, Cx. 70, Doc. 41).
[4] Rico mineiro em Córregos no ano de 1756 (AHU, Cx. 70, Doc. 41).
[5] Alferes, rico negociante da Vila do Príncipe em 1756 (AHU, Cx. 70, Doc. 41).
[6] Negociante rico da Vila do Príncipe em 1756 (AHU, Cx. 70, Doc. 41).
[7] Negociante rico da Vila do Príncipe em 1756 (AHU, Cx. 70, Doc. 41).
[8] Negociante rico de São Gonçalo em 1756 (AHU, Cx. 70, Doc. 41).
[9] Boticário e rico na Vila do Príncipe em 1756 (AHU, Cx. 70, Doc. 41).
Fonte: APM-FALP, Lap. 4.1, Doc. 27, Cx. 07, fl. 1; Apmes, Cad. 3, s/p

O primeiro grupo resumido no Quadro 12 é composto por 70 testamentos encontrados no Arquivo Judicial da Comarca do Serro do Frio. Importante observação é que nenhum deles deixou testamento no período em que as minas do Serro do Frio funcionavam a pleno vapor. Todos os testamentos foram escritos quando as minas já tinham o grau de vila e de capital da Comarca do Serro do Frio. Podemos tomar como exemplo para o perfil desses portugueses a figura do sargento-mor Vicente Pereira de Morais e Castro, falecido com seu testamento em 3 de julho de 1774.

É um percurso de vida bastante interessante do ponto de vista do gesto pedagógico colonial, mesclando sua atuação no cotidiano da vila serrana entre rentáveis minas de ouro, construção de um dos maiores edifícios da vila ainda presente na cidade do Serro, investimento no comércio da antiga rua da Cavalhada, e questões morais típicas do período como o casamento e a possível concubina, assim também como o constante acesso aos privilégios através do sistema das mercês, o qual ele operava com grande maestria. Trata-se de um dos "homens bons" mais ricos que a Vila do Príncipe conheceu no século XVIII.

A história do português Vicente Pereira de Morais e Castro na Vila do Príncipe mostra o tamanho de sua influência política e econômica ligada à mineração: "homem bom", casado/chefe de família, opulentado, dono de escravos, recebeu o título de sargento-mor da vila e por causa disso chegou ao cargo de oficial do Senado da Câmara. No ano de 1743, o Senado da Câmara realizou como era de costume suas eleições anuais pelo sistema de pelouros, ou seja, por sorteio entre os nomes de "homens bons" indicados por seus pares. Foram escolhidos como primeiro juiz ordinário o guarda-mor Manuel Machado Carneiro e o segundo juiz o capitão Manuel de Almeida Cabral. Dos vereadores eleitos, o alferes Eusébio Gonçalves Lisboa já ocupara um cargo na câmara, seguido de dois novos oficiais, o sargento-mor Vicente Pereira de Morais e Castro e Bernardo Alves Neves, rico negociante da Vila do Príncipe. O procurador do ano foi João Teixeira Leitão.

Para se ter uma ideia do grupo de "homens bons" da Vila do Príncipe em 1743, a nomeação deles para segurar as varas do pálio na procissão de Corpus Christi constava alguns vereadores e outros notáveis da época: "os senhores alferes José de Souza, licenciado Bartolomeu Tinoco, tenente Amaro dos Santos, tenente Manuel Rodrigues, sargento-mor Vicente Pereira de Morais e Castro, capitão Francisco Lopes dos Santos [ou de Campos?] e também o alferes Eusébio Gonçalves para conduzir o estandarte do Senado da Câmara desta Vila"[564]. Nesse mesmo ano, para a festa da padroeira serrana Nossa Senhora da Conceição, o Senado da Câmara pagou pela música, ou seja, pela contratação das vozes de Manuel Marques, seu filho Luiz Rodrigues e de Manuel Figueiredo acompanhados pelos instrumentos rabecão, duas rabecas e um cravo.

Contudo, a história do sargento-mor Morais Pereira ligou-se para sempre à construção da capela da Ordem Terceira do Carmo que ficou pronta para os cultos divinos no ano de 1781. O problema principal em relação à capela da Ordem Terceira do Carmo parece residir na indeterminação de quem lhe doou os chãos para sua construção, acertada por volta de 1767. A informação do Dr. Dario sobre o aforamento das terras diz apenas:

> Em 1768, por despacho do Senado da Câmara foram concedidos à Ordem Terceira do Carmo, sem aforamento, os chãos que medeiam entre as casas do guarda-mor João Batista de Oliveira[565] e sargento-mor Vicente Pereira de Morais e Castro, na rua Direita da Cavalhada, com destino a erigir uma capela. É a atual igreja do Carmo[566].

O despacho dos oficiais do Senado da Câmara não foi encontrado, nem no livro de aforamentos — havia necessidade de registrar o imóvel, mas não haveria cobrança de taxas —, nem no livro de registro geral, nem no livro de vereações. A informação do Dr. Dario foi uma conclusão a partir de algum registro que não temos mais acesso, uma vez que sua descrição não está entre aspas, indicando que ele não transcreveu literalmente o assento.

O que há de fato registrado são duas notas laterais, uma à esquerda e outra à direita em outro aforamento, de 1764. Vejamos de que se trata o aforamento em sua íntegra:

> Termo de aforamento que adiante fez sobre si a este Senado Lourenço da Silva Seabra três braças e meia de terras sitas na rua da cavalhada entre as terras concedidas a Manuel Vieira da Mata e Rodrigo Antônio e passa para [...] ¼ [co] Aos vinte nove dias do mês de novembro de mil setecentos e sessenta e quatro anos nesta vila do Príncipe e casas de morada de mim escrivão ao diante nomeado e sendo aí apareceu perante Lourenço da Silva Seabra que reconheço pelo próprio e por ele me foi dada uma sua petição despachada pelo Senado da Comarca pedindo-me e requerendo-me lhe aceitasse e lhe desse inteiro cumprimento como nela se contém a qual eu escrivão lha aceitei e aqui [tomei] cujo seu teor é o seguinte: Diz Lourenço da Silva Seabra morador nesta vila do Príncipe que ele suplicante quer fazer umas casas e como se acham [terrenos] descobertos entre as casas

---

[564] SILVA, 1928, p. 94.

[565] Ao que tudo indica, o mesmo que morando em Diamantina, possuía 79 escravos, incluindo um reinol, um cativo do reino, "Maurício, pardo ferrador de Lisboa, de 37 anos", de acordo com informação trazida por Venancio (2012, p. 25).

[566] SILVA, 1928, p. 43.

do falecido guarda-mor João Batista de Oliveira e umas outras que pertencem a Rodrigo Antônio da Silva requer a vossas mercês sejam servidos conceder lhe nas ditas terras cinco braças e mandar que se lhe meçam e faça termo nos livros deste Nobre Senado para passar e for o conforme [estilo] = Peço a vossas mercês lhe façam mercê conceder lhe as ditas cinco braças de terras na forma [que] requer e recebera mercê = Despacho – Como as terras pedidas estão concedidas a Manuel Vieira da Mata e a Ventura de Souza Freitas[567] respondam estes ao requerimento do suplicante para se concederam Vila do Príncipe em câmara vinte e oito de novembro de mil setecentos e sessenta e quatro anos = [...] = Pereira = Mestre Fragoso e não se continha mais em a dita petição e seu despacho do que o mencionado acima e assinaram os ditos oficiais da câmara com as suas rubricas de que usam o que visto e conferido por mim escrivão a seu requerimento despacho na petição posta foi = Sita paragem medi e demarquei o suplicante nas terras pedidas três braças três braças e meia de terras que achei descobertas e por Manuel Vieira da Mata e Ventura de Souza responderem nesta vila de mim escrivão sendo lhe apresentado o despacho de Nobre Senado que não tinham dúvida em repartirem as ditas terras e darem o suplicante três braças e meia o que assim se ajustaram todos uniformemente e nesta forma lhe dei posse das ditas três braças e meia e terras e lhas medi e demarquei com a declaração que estas ficam confrontando com Rodrigo Antônio da Silva e Manuel Vieira da Mata e retro lhe ficam somente concedidas para fundos do fim das ditas casas que fizer das braças de terras por não excederem e privar a rua de cima que vai para a Senhora Santa Rita as pessoas que quiserem fazer casas na dita rua e que fazendo se [se] repartirão os ditos fundos ao meio e outrossim se obrigou a pagar afora a este Senado com o melhor de seus [bancos] mais parados deles e na falta nas mesmas terras e de haja para sempre fica reconhecendo a este Senado por seu direito senhorio a quem há de pagar afora em cada um ano que for [receitar] [...], e outrossim se obriga caso que a algum tempo venda as ditas terras [as por] piedade a fazer saber primeiro a este Senado para se fazer novo termo de [bons] [foramento] como Senhor das ditas terras e de como se obrigasse a todo o referido foi este termo que assinou sendo testemunhas presentes Manuel Pinho e João Rabelo de Macedo = Marcos Francisco e de tudo para constar fiz este termo eu Antônio Bernardo de Sobral e Almeida escrivão da câmara que o escrevi e assinei. Lourenço da Silva Seabra, Antônio Bernardo de Sobral e Almeida, João Rabelo de Macedo, Manuel [...], Marcos Francisco[568].

A variação do terreno aforado por pedido de Lourenço da Silva Seabra oscilava entre três e meio e cinco braças de terras, entre duas outras propriedades já aforadas e com casas edificadas, uma do falecido guarda-mor João Batista de Oliveira e Rodrigo Antônio da Silva. Não há documentos em cartório ou em outro livro que comprovem os limites concedidos ao requerente e que permitam delimitar claramente de qual terreno se trata, mesmo porque o pedido de aforamento é de apenas uma pequena parte do que foi concedido futuramente à Ordem Terceira do Carmo.

Nesse contexto de terras ainda em limites pouco regulados — trata-se de uma expansão ainda nos arredores do antigo largo da Carreira ou Cavalhada —, havia mesmo indefinição de como demarcar os seus limites entre os moradores já existentes e seus quintais enormes ocupados há mais de trinta anos. Havia interesse do Senado da Câmara de ampliar as casas de moradas, mas sem ferir os interesses dos moradores antigos. Antes de esclarecer toda a situação do terreno da capela da Ordem Terceira do Carmo é preciso ler mais duas notas que estão neste aforamento. O primeiro está à esquerda, onde se lê que "por ordem de Nobre Senado faço esta declaração que não teve efeito este termo por despacho do Nobre Senado por se deram estas terras a viúva d. Ana Rosa da Fontoura como certo do termo de 135"[569]. Outra inscrição à direita é mais explicativa: "estas terras

---

[567] Segundo Souza (Apmes, Cad. 12, s/p), em seu testamento de 25 de novembro de 1778 declarou possuir uma morada de casas na Cavalhada velha que servia de estalagem.

[568] IPHAN-SE, AFORAMENTOS, 1761, Doc. 01, Cx. 43, f.33-v-34v.

[569] IPHAN-SE, AFORAMENTOS, 1761, Doc. 01, Cx. 43, f. 33.

se concederam a ordem de Nossa Senhora do Monte do Carmo para nelas se fazerem a igreja da mesma Santa da Vila do Príncipe 04 de novembro de 1767. Manuel Simões Barrosas"[570].

O aforamento de Lourenço da Silva Seabra tornou-se sem efeito — pelo visto ele ainda não havia começado sua construção de casas de moradia —, ou seja, em 4 de novembro de 1767, já havia sido definido o terreno total solicitado pela Ordem Terceira do Carmo para a construção de sua capela e isso incluía as terras de seu antigo solicitante. O que fez os oficiais mudarem de ideia e cancelarem o aforamento já concedido em 1764? Um jogo de interesses políticos e econômicos para efetivar a urbanização do trecho de ruas entre a capela da Purificação e o antigo largo da Cavalhada. A decisão dos vereadores foi no sentido de dar maior notoriedade ao antigo largo e sua rua com uma suntuosa capela, dotando a rua mais nova da vila originalmente destinada ao crescimento do comércio, um símbolo da irmandade voltada exclusivamente para os "homens bons", suas esposas e filhos. A decisão foi anotada no aforamento anteriormente citado, assinado pelo vereador Manuel Simões Barrosas, que compunha o Senado da Câmara com outros dois vereadores, José Francisco Sanches e João Pinto Coelho, além dos juízes ordinários José Ribeiro Sampaio e Domingos da Silva e Azevedo, tendo como procurador do ano Manuel Ferreira da Silva.

Por trás desse processo de urbanização, estava o português Vicente Pereira de Morais e Castro, possivelmente o construtor da antiga casa das Fonseca[571], na rua da Cavalhada, conhecida por ter sido o a casa onde viveu Pedro Lessa, também chamada de sobrado das Fonsecas. Morais e Castro era um "homem bom", tendo sido escolhido para vereador da Vila do Príncipe em 1740 e 1743 e primeiro juiz ordinário em 1752 e 1753[572]. Em seu testamento registrado no Livro 18 de Testamentos, fl. 86v., datado de 3 de junho de 1774, ficou anotado a alforria dos escravos Francisco Pereira Cândido, seu irmão José e sua mãe Marcelina:

> Declaro que sou senhor e possuidor de uma cabra por nome Marcelina que tem dois filhos: um chamado José e outro Francisco e por ter recebido bons serviços e a dita cabra esta por minha morte como os ditos seus filhos ficarão forros e livres como se tal nascessem do ventre de suas mães e além disso pelos mesmos bons serviços se dará à dita cabra a quantia de 150 oitavas[573].

A alforria concedida à Marcelina, cabra, ou seja, filha de pais negros e indígenas, e aos seus filhos sem qualidade descrita no testamento mostra a mentalidade da época.

Em primeiro lugar, Marcelina parece ter sido muito mais que apenas uma escrava a prestar bons serviços ao seu senhor, mas se trata provavelmente de uma relação de concubinato com sargento-mor Morais e Castro, com quem parece ter tido os filhos alforriados no seu testamento.

Em segundo lugar, o valor da herança de 150 oitavas de ouro, ou cerca de 1:800$000 contos de réis explica os sentimentos que envolviam Marcelina e o sargento-mor português, tratando-se de uma das maiores fortunas da época. O sargento-mor não deixou seus afetos do coração desamparados. Ele era oficialmente casado com dona Luiza de Abreu Rangel, filha do tenente Amaro dos Santos Oliveira[574].

---

[570] IPHAN-SE, AFORAMENTOS, 1761, Doc. 01, Cx. 43, f. 33.

[571] SOUZA, 1999, p. 196.

[572] De acordo com Russell-Wood (2012, p. 16), "para terem elegibilidade era necessário satisfazer os seguintes critérios: idade [25 anos], residência [no termo da vila], propriedades, bens, parentesco com cristãos-velhos, probidade moral, ser branco e, se casado, a esposa deveria ser branca e cristã-velha".

[573] Apmes, Cad. 3, s/p.

[574] O Senado da Câmara de 1744 foi composto pelo primeiro juiz o guarda-mor Antônio Camelo Alcanforado e segundo juiz de barrete o tenente Amaro dos Santos Oliveira. Este juiz da Câmara era o pai de dona Luiza de Abreu Rangel casada com o português sargento-mor Vicente Pereira de Morais e Castro. O tenente Amaro era natural de Lisboa, nascido e batizado na freguesia dos Santos Velhos, filho legítimo de Domingos Gonçalves de Oliveira e sua mulher Inácia do Rosário de Campos, e faleceu na Vila do Príncipe com testamento, em 13 de junho de 1756. Eram seus filhos:

Quais os interesses do sargento-mor Morais e Castro em melhorar o acesso à sua enorme casa de moradas na rua Direita da Cavalhada com uma urbanização e nivelamento da mesma rua com o antigo largo?

O primeiro era a valorização de seu imóvel, com possibilidade de atrair mais negociantes a fim de alugarem seus cômodos térreos.

O segundo interesse do sargento-mor português era poder usar o dinheiro público nas obras, sem precisar dispender seus próprios recursos, usando apenas o seu prestígio social.

Por isso, em vereação do dia 6 de julho de 1759, o procurador do ano Félix Pereira do Lago, casado com a famosa Maria do Ouro Fino[575], D. Maria Angélica de Jesus, tios do inconfidente padre José da Silva e Oliveira Rolim, "requereu o procurador do ano que se mandasse *alargar* a rua que vai para a Cavalhada, desde o *Paço* próximo à casa do sargento-mor Vicente Pereira de Morais e Castro (*sobrado das Fonsecas*) desaterrando-se até a casa do guarda-mor João Batista de Oliveira (*viúva José Mórtimer*)"[576].

Entende-se, pois, que do sobrado do sargento-mor Morais e Castro até o largo da Cavalhada havia terras públicas para serem alargadas, não havendo casas entre a residência do sargento-mor e outra do mesmo lado da rua, mais distante, que pertencia ao guarda-mor João Batista de Oliveira, de frente para o mesmo largo.

Estamos próximos de entender o que se passou no ano de 1768 com as terras entre o sobrado do sargento-mor Morais e Castro e outra casa do guarda-mor João Batista de Oliveira. O Senado da Câmara de 1768 era composto pelo primeiro juiz ordinário João Pinto Coelho, segundo juiz José Batista Rolim, os vereadores Tomé Fernandes Guimarães (homem rico na Vila do Príncipe, dedicado às roças)[577], João da Silva Bacelar, Mateus Teixeira de Souza e o procurador do ano Antônio Peixoto Guimarães. Foi exatamente neste ano que o Senado da Câmara teria confirmado por despacho a cessão das terras para a construção da capela de Nossa Senhora do Carmo[578]. O terreno ou chãos ficavam, então entre as casas do sargento-mor Morais de Castro e o guarda-mor Oliveira, voltando atrás ou tornando sem efeito aquele aforamento de 1764, em benefício de Lourenço da Silva Seabra.

A figura central dessa negociação dos chãos da capela da Senhora do Monte Carmelo foi a viúva do guarda-mor João Batista de Oliveira, D. Ana Rosa da Fontoura, que requereu judicialmente o reconhecimento de suas terras usadas há mais de 30 anos como quintais, o que foi aceito pelos vereadores. Os chãos da viúva Fontoura dividiam com as terras do sargento-mor Morais e Castro. Foram essas terras concedidas à Ordem Terceira do Carmo.

Isso não responde à outra questão: no mesmo ano de 1768, os chãos onde foi edificado o rancho do Carmo também teriam sido aforados? O contexto da negociação indica que sim, pois o terreno do sargento-mor Morais e Castro ia até a rua do Corte, no beco da Via Sacra, o mesmo acontecendo com o terreno da viúva Fontoura, do outro lado.

Leonardo Manuel dos Santos Oliveira (foi para os lados de Goiás), João Francisco Barreto, Félix dos Santos e Oliveira (casado com dona Catarina Francisco Reboredo de Vasconcelos e dona Rosa de Morais Aragão, viúva que ficou de Manuel de Almeida Dória), Antônio dos Santos, Jorge da Fonseca, Pedro dos Santos, Francisco da Chagas, Quitéria do Rosário (casada em primeiras núpcias com o capitão Gil das Neves Correia e depois casou-se com o português Pedro Rodrigues de Oliveira, filho legítimo de Manuel Esteve e dona Teodora Maria), Maria de Abreu Rangel (casada com o capitão Joaquim Francisco Lisboa, rico negociante na Vila do Príncipe (AHU, Cx. 70, Doc. 41], falecida com testamento em 11/07/1759), Luzia de Abreu Rangel, Rita de Jesus, Maria da Assunção (casou-se com o capitão-mor Custódio Coelho Guimarães), Úrsula de Abreu (casada com Fernando dos Santos Valença, português natural da freguesia de São Mamede, termo de Valença do Minho, arquidiocese de Braga, filho legítimo de Paulo Pereira e sua mulher Maria Gonçalves, Inácia Maria do Rosário (casada com Antônio Pereira Parada, português, filho legítimo de Manuel Moreira Nogueira e de dona Maria Antônia), Tereza de Jesus e Izabel de Abreu (Apmes, Cad. 34, s/p).

[575] SOUZA, 1999, p. 115-120.

[576] SILVA, 1928, p. 43, grifos do autor.

[577] AHU, Cx. 70, Doc. 41.

[578] *Cf.* Silva (1928, p. 43).

Dessa forma, cai por terra a noção estreita de que os antigos não projetavam minimante suas ações de arruamento, praticando "urbanismo espontâneo". Primeiro, fez-se o alargamento da rua em 1759. Depois, a transformação de um quintal e um terreno em propriedade da Ordem Terceira do Carmo para a construção de seu templo, o que valorizou sobremaneira os imóveis já edificados. Por fim, a construção da capela para embelezamento do largo da Cavalhada e a construção de um rancho para comércio ou mercado público, a fim de ampliar o movimento comercial naquela rua que havia sido alargada, que serviria durante muitos anos para aumentar os rendimentos da Ordem do Carmo com o seu aluguel.

Por isso, o aforamento de 1768 transcrito pelo Dr. Dario parece ter sido a efetivação da negociação entre o sargento-mor Morais e Castro, a viúva do guarda-mor Oliveira (falecido em 1764), D. Ana Rosa da Fontoura e a Ordem Terceira do Carmo, com a intermediação do Senado da Câmara, que retroativamente desfez o aforamento de parte das terras, em 1764, em nome de Lourenço da Silva Seabra.

Portanto, a breve história do português sargento-mor Morais Pereira parece demonstrar como era a forma de atuação desses "homens bons" opulentados pela atividade mineradora e o investimento realizado em moradias e expansão das atividades comerciais.

2 OS PORTUGUESES DO SENADO DA CÂMARA E FUNDADORES DE ARRAIAIS

A curiosa relação do alferes Luiz Antônio Pinto de portugueses falecidos sem testamento resumido no Quadro 13 se aproxima mais da realidade das minas do Serro do Frio, objeto de nosso estudo neste momento. O primeiro da lista é Gaspar Gonçalves da Cunha, falecido em 1722, seguido do licenciado Daniel Pinto da Silva, falecido em 1723, e o alferes Manuel de Moura Bexiga falecido por volta de 1732[579]. Eles provavelmente vivenciaram a passagem das minas do Serro para a Vila do Príncipe em 1714.

Quadro 13 – Portugueses falecidos sem testamento – 1722-1801

1	Gaspar Gonçalves da Cunha	1722
2	Alferes Manuel de Moura Bexiga	1722
3	Licenciado Daniel Pinto da Silva	1723
4	Sebastião Lopes Afonso	1748
5	Manuel Antônio de Souza	1757
6	Capitão Custódio de Araújo Guimarães	1763
7	José Moreira Pinto	1783
8	Guarda-mor Francisco Pereira Maciel	1783
9	Alferes José Ribeiro Sampaio	1783
10	Manuel Vieira Couto	1785
11	João Simões Guimarães Barrocas	1785
12	Capitão João Pinto Coelho	1785
13	Manuel Godinho de Jesus	1785

---

[579] Nesse ano, no dia 29 de junho, mandou sepultar seu escravo por nome Manuel no adro da igreja matriz serrana (AEAD, ÓBITOS 1725-1797m fl. 3v.).

14	Capitão João Pinto Coelho	1786
15	Sargento-mor João Batista Farnese	1786
16	Valério de Brito e Souza	1786
17	Capitão João Ribeiro Pinto	1786
18	Antônio Durães e Castro	1786
19	Capitão José de Moura e Oliveira	1787
20	Manuel Antunes dos Reis	1788
21	Sargento-mor João Barata de Lima	1788
22	Diogo da Silva Guimarães	1789
23	Trocato Francisco de Carvalho	1789
24	José Dias da Costa	1789
25	Francisco Leite da Mota	1790
26	Custódio Vieira Costa	1790
27	Antônio Pires de Moura	1790
28	Custódio Alves Sampaio	1793
29	Manuel Durães de Castro	1793
30	Manuel Gonçalves Nunes	1793
31	Jerônimo de Almeida Brito	1797
32	Domingos Dias Chaves	1799
33	Manuel José Caldas	1801
34	Capitão Marcos da Costa Ribeiro	s.d.
35	Alferes Manuel Ribeiro Costa	s.d.

Fonte: APM-FALP, Lap. 4,1, Doc. 27, Cx. 07, fl. A-B; Apmes, Cad. 3, s/p

Sobre o reinol Gaspar Gonçalves da Cunha calam-se os documentos.

A respeito do licenciado Daniel Pinto da Silva encontramos alguns documentos que dizem respeito aos primeiros anos do Senado da Câmara e suas relações complexas com o ouvidor-geral da comarca, o que exigia pleno conhecimento das leis. Assim, uma vez que a função de oficial do Senado da Câmara exigia conhecimento das leis e domínio pleno das sagradas letras era comum a contratação de advogados para auxiliar nos assentos. Bem no início da Vila do Príncipe, em verea-ção de 1723 — talvez este tenha sido o primeiro advogado a servir na Câmara —, "foi contratado o licenciado Daniel Pinto da Silva para servir com suas letras jurídicas ao Senado, devendo assistir às vereações de modo a haver mais acerto e se poderem tratar as matérias importantes, recebendo o ordenado de 23 oitavas de ouro por ano; – o que aceitaram ambas as partes". Isso foi possível, porque "assim apertados trabalhavam os nossos avós em sua função: e como se explica que os vereadores, homens sem cultura, sujeitos às correições, penas e vexames, pudessem despachar, às vezes resistindo ao ouvidor? É que tomavam oficialmente um síndico ou advogado de partido"[580].

[580] SILVA, 1928, p. 87. O Senado da Câmara era responsável pela contratação de licenciados, advogados e/ou médicos. Um caso curioso de serviços advocatícios — ou judiciais — exercidos na Vila do Príncipe se deve ao padre Simão Pacheco. Segundo Briskievicz (2017), em 16 de fevereiro de 1724, a paróquia de Nossa Senhora da Conceição da Vila do Príncipe, por carta régia, obteve a elevação para natureza de benefício amovível. Assim, o primeiro vigário colado foi o licenciado padre Simão Pacheco (falecido em 1776), que como tal recebia côngruas. Ele foi apresentado e colado, isto é, recebeu a direção da freguesia. O padre Mendanha continuou da paróquia como padre encomendado. Um padre colado recebia côngruas diretamente

A nomeação e posse do licenciado se deu na vereação do dia 14 de janeiro de 1723. Ele servia nos Auditórios da Comarca do Serro do Frio, com um ordenado anual de 32 oitavas de ouro, ou cerca de 38$400 réis:

> Termo de vereação
>
> Aos quatorze do mês de janeiro de mil setecentos e vinte e três anos nesta Vila Nova do Príncipe e casas do Senado da dita donde foram vindos o juiz ordinário o sargento-mor Domingos Barbosa Moreira e os vereadores Pedro Coelho de Carvalho e Higino Monteiro de Araújo com assistência do procurador do concelho o alferes Julião Pereira de Brito para efeito de fazerem vereação estando também presente o vereador Gaspar Aires de Azevedo para efeito de fazerem vereação e nela deferirem aos feitos e partes que houvessem, e o mais conveniente a este Senado; e logo acordaram ele dito juiz vereadores e procurador do concelho que por quanto este senado se achava sem síndico que pudesse assistir as vereações para em mais acerto se poderem tratar as matérias importantes e convenientes ao mesmo Senado; e era justo [...] para ele eleger-se um dos advogados da vila para servir a dita ocupação fazendo-se ele para isso algum ordenado e logo consultando todos na pessoa que nomeariam ele juiz e vereadores; e procurador uniformemente nomearam e elegeram ao licenciado Daniel Pinto da Silva advogado dos Auditórios desta vila para servir o presente ano de síndico deste Senado para o que lhe fizeram de ordenado trinta e duas oitavas de ouro em pó que lhe serão pagas dos bens deste mesmo Senado a cujo pagamento os hão por obrigados; e logo mandaram vir a sua presença o dito Daniel Pinto da Silva; e por propondo-lhe a eleição que nele haviam feito com o referido ordenado por ele dizer que o aceitava logo ele juiz lhe deferiu o juramento dos santos evangelhos em um livro dele em que pôs sua mão direita sob cardo do qual lhe encarregaram que bem e verdadeiramente fizesse sua obrigação de síndico assistindo a este Senado; e tratando o dito das as matérias a ele importante e conveniente e de tudo o mais de qual é obrigado; e recebido por ele o dito juramento assim o prometeu fazer de que tudo dou fé e mais fazer este termo de vereação e juramento e posse que logo o houveram por dada ao dito síndico da dita ocupação; e com ele assinaram e eu Antônio de Morais escrivão da câmara que o escrevi[581].

O movimento de rendimentos e despesas do Senado da Câmara de 1724 anotou o seguinte expediente:

> Despesa - Que recebeu Daniel Pinto da Silva da mão do tesoureiro vinte oitavas e três quartos e cento e vinte réis de ouro a saber seis oitavas que lhe tocaram da devassa que tirou da morte que se fez a Domingos Jorge, do Itambé; e assim mais seis oitavas de ouro que tocaram da dita devassa ao meirinho José Correa e oito oitavas e três quartos e cento e vinte réis de ouro que tocaram ao escrivão José Pereira da Costa... 20 ¾[582].

da Coroa portuguesa; um padre encomendado era provisório ou temporário e cobrava conhecenças da população por serviços prestados — bastante elevadas, diga-se de passagem — como missas e a administração dos sacramentos ou capelania. O licenciado Simão Pacheco — especialista em Direito Canônico — atuou como advogado *profano*, como consta no Livro de Registro de Alvará de Soltura da Vila do Príncipe — 1736 a 1756 (IPHAN-SE, CADEIA, PRISÕES E SOLTURAS 1736-1756, Doc. 06, Cx. 43). Pela Comarca do Serro do Frio, circulavam licenciados em busca de cargos, como foi o caso do bacharel Henrique de Lemos Lobo, advogado nos Auditórios da Vila do Príncipe, que em 6 de julho de 1733 solicitou a mercê de provê-lo na serventia do ofício de procurador da Fazenda da referida Comarca (AHU, Cx. 23, Doc. 77). Em 1758, o Senado da Câmara contratou um cirurgião licenciado para o povo e para os presos, "sendo presente a necessidade que tem experimentado esta Vila por falta de cirurgião que por muitas vezes nenhum nela assiste agora, porém, encontra-se o licenciado Antônio Labedrene, o qual se obriga a morar na Vila com a porção de 100$ anuais; o que tudo e reciprocamente foi aceito e tomado por termo" (SILVA, 1928, p. 100). Ficou pouco tempo na Vila, partindo para o Tijuco em 1759, contratando-o outro licenciado, Domingos da Costa Machado, por 120$000 anuais.

581 IPHAN-SE, VEREAÇÕES 1722-1734, Doc. 03, Cx. 52, fl. 11v.-12v.

582 IPHAN-SE, RECEITA E DESPESA 1724 [1717], Doc. 02 Cx. 91, fl. 59.

O alferes Manuel de Moura Bexiga foi quem vendeu em 1726 uma de suas casas para o funcionamento do Senado da Câmara pela quantia de 300 oitavas de ouro[583]. O título de alferes indica que participava do sistema das mercês, conquistando o título através de negociações com a Coroa portuguesa. Alguns anos antes, no ano de 1719, era ainda capitão e exerceu o cargo de tesoureiro do Senado da Câmara como comprova o livro próprio, de receitas e despesas:

> Aos sete dias do mês de janeiro de mil setecentos e dezenove anos nesta Vila do Príncipe [em casas] do concelho dela donde se achava presente os oficiais da câmara abaixo assinados [...] apareceu o tesoureiro de bens [...] concelho o capitão Manuel de Moura Bexiga e para efeito de dar contas do que tinha [...] este ano de mil setecentos e dezoito anos e logo se [...] recebido doze oitavas de ouro dos [...] [...] na correição geral de que [rece...] do tesoureiro oito oitavas de ouro e quarto se [...] os oficiais de que assinou o dito [...] [...] [...] [...] escrivão da câmara o escrevi. Manuel da Costa [...]

> Despesa que fez o tesoureiro dos bens do concelho o alferes Manuel de Moura Bexiga [...] despachos da câmara do ano de 1719.
>
> Para o carregador da comarca por escusas...18
>
> Por [se deu] que se [quando] por a [câmara]...12
>
> Por uma fechadura por cofre dos pelouros...2
>
> Por um que se deu ao próprio [...] os pelouros...3
>
> Por um que se deu ao capitão Luis Pereira da Costa a [conta] das casas...2
>
> Por um que recebeu o capitão Luis Pereira da Costa das casas vendidas ao senado... [18]
>
> Por um que se deu a Jeronimo Pinto por mandado dos oficiais da câmara de [...] da casa da câmara vinte e oito oitavas de ouro [com....] se [..]...28
>
> Por dezesseis oitavas de ouro que [pagou] ao escrivão da câmara do serviço que mandaram-se os ditos oficiais da câmara... [16]
>
> Do que se deu a lista própria mandado dos oficiais da câmara [...] [...][negro] [...] [por] [...] [...] que fazendo ao povo...12
>
> Por [oitenta] oitavas de ouro que se deu a Manuel da Costa Viegas que se lhe ficou devendo quando fez ele registro...80[584].

Ele apareceu em outro documento do Senado da Câmara de 1720 já com o título de alferes, exercendo a mesma função de tesoureiro:

> Aos vinte dias de maio de mil setecentos e vinte anos nesta Vila Nova do Príncipe [...] casas do Senado da Câmara dela onde foram vindos o juiz ordinário o capitão Alexandre Pinto de Carvalho e mais vereadores e procurador do concelho abaixo declarados a efeito de fazerem pelouro dos bens do concelho [duas linhas ilegíveis] nomeassem [...] que o fosse o [alferes] Manuel de Moura Bexiga tesoureiro de [vara] [...] dos ditos bens [...] [...] mandaram vir na presença dele dito juiz e mais vereadores e procurador [...] concelho intimando-lhe o dito cargo não lhe [...] selo da data se [...] deste termo em diante o assino [...] todos bens do senado a [...] a dar contas em qualquer tribunal que ache [...] tomada por [conta] do que obrigava [...] pessoa [...] e por haver [como...] dele por fazer sempre [...] os ditos bens como assim seu [...] afirma que disso fica [...] aqui o presente termo com o dito juiz ordinário e mais vereadores e procurador do concelho [...] fiz eu [Antônio] de Morais escrivão da câmara que o escrevi. Manuel de Moura Bexiga, Brito, Sardinha, [...][585].

[583] Cf. Silva (1928, p. 89).

[584] IPHAN-SE, RECEITA E DESPESA 1724 [1717], Doc. 02 Cx. 91, 1v.

[585] IPHAN-SE, RECEITA E DESPESA 1724 [1717], Doc. 02 Cx. 91, fl. 4v.

O alferes tesoureiro do Senado da Câmara apresentou suas contas e a previsão dos rendimentos para o ano de 1723:

> Aos doze dias do mês de março de mil setecentos e vinte e três anos nesta Vila do Príncipe e casas do Senado dela a donde foram vindos o juiz ordinário o capitão Antônio Sardinha de Castro; e os vereadores Pedro Coelho de Carvalho; e Gaspar Aires de Azevedo e Higino Monteiro de Araújo com assistência do procurador do concelho o alferes Julião Pereira de Brito para efeito de se tomar contas ao tesoureiro do senado o alferes Manuel de Moura Bexiga; e ao procurador que serviu neste mesmo Senado do ano de mil setecentos e vinte e dois o tenente Francisco Muniz de Melo cujas contas e receitas e despesa dos ditos bens são as que ao diante se seguem de que fiz este termo em que uns; e outros aqui declarados assinaram e eu Antônio de Moraes escrivão da câmara que o escrevi. Sardinha, Carvalho, Brito, Azevedo. [Araújo], [...] Muniz de Melo, Manuel de Moura Bexiga[586].

Até o ano de 1726, o alferes manteve seu cargo de tesoureiro do Senado da Câmara, concretizando esta parceria vendendo uma de suas casas por 300 oitavas de ouro ao Concelho da vila. O alferes Manuel de Moura Bexiga tinha sua casa na rua da Cadeia da vila.

O licenciado Daniel Pinto da Silva trabalhou no Senado da Câmara e nos Auditórios da Comarca do Serro do Frio ao mesmo tempo que o alferes Manuel de Moura Bexiga serviu de tesoureiro da Câmara.

Uma questão levantada por outro documento, dessa vez, um mapa encontrado no Arquivo Histórico Ultramarino, dá conta de descobrimentos e fundações de arraiais por três portugueses. Vejamos o texto original na íntegra:

> A Villa do Príncipe Capital da Comarca do Serro do Frio, se fundou em/1714 no Sítio das Lavras Velhas, descuberto por Lucas de Freitas. Ao Arrayal do Tijuco, deu nome Jeronimo Correa natural da Bahia em 713. *O Arrayal do Milho verde descobrio Manuel Rodrigues Milho verde, natural da província do Minho em 1713. O Arraial de São gonçalo descobrio Domingos Barboza natural do, Minho, donde fundou huã Ermida a este Santo em 1729.* Tomou nome o Arraial do Rio manço da mancidão com que pello meyo delle corre o tal Rio, e delle foi o primeiro povoador Jozé de Godoy Passo Paulista em 1719. Descubriu Kacté mey Antônio Rapozo paulista em 1714. Foy o 1º Situador do Arraial do Hynhaby e quem lhe deu o nome o Tapuyo Thome Ribeiro em 1716. *De hue viuva chamada fl. de Gouvea natural de Portogal, houve nome e princípio o Arraial de Gouvea em 1715.* A povoação do Rio Parahuna foi/principiada em 1713, por João Borges Delgado"[587].

Temos nesse índice de descobrimentos do mapa posterior a 1729 informações desencontradas como o descobrimento do sítio das lavras velhas (Vila do Príncipe) por Lucas de Freitas.

Disso se infere que devemos abandonar as informações? Não é o caso. As confusões sobre o descobrimento das minas do Serro do Frio ocorrem até os dias atuais.

Por isso, é necessário focar em três portugueses que andaram pela região das minas serranas. O primeiro teria sido o descobridor de lavras de ouro e fundou o arraial do Milho Verde em 1713, que recebeu seu nome, Manuel Rodrigues Milho Verde. O segundo, Domingos Barbosa, teria descoberto o arraial de São Gonçalo do Rio das Pedras em 1729, construindo uma ermida. O terceiro português — um tal Gouvea — deixou que sua filha, uma viúva, se tornasse a mais importante moradora do arraial, iniciado por volta de 1715.

---

[586] IPHAN-SE, RECEITA E DESPESA 1724 [1717], Doc. 02 Cx. 91, fl. 53-57.

[587] AHU, *Mapa da demarcação diamantina.* Petipé de 5 léguas. (Post. a 1729), 260x330 m., Color, Av., grifos nossos. Ver: Figura 57. João Borges Delgado apareceu em 3 de junho de 1718 declarando 6 escravos congos e benguelas ao escrivão responsável Francisco Caetano Lacerda, documento em que assinou, mostrando ser alfabetizado (IPHAN-SE-NC, REGISTRO DE ESCRAVOS 1718, Cx. 09, s/p).

Há uma possibilidade de que Domingos Barbosa, o construtor de uma ermida para São Gonçalo seja o mesmo morador da Vila do Príncipe a exercer sucessivos mandatos como oficial do Senado da Câmara. Trata-se de Domingos Barbosa Moreira, que em alguns documentos surge apenas como Domingos Barbosa mesmo, como está no mapa que analisamos. Assim, no Senado da Câmara de 1717 ingressaram como primeiro juiz ordinário Antônio Sardinha de Castro e João de Azevedo e Carvalho, sobre o qual não encontramos capitação de escravos. Os vereadores eleitos foram Lourenço Carlos Mascarenhas de Araújo, Gabriel Gonçalves Pena e Domingos Barbosa Moreira. Na eleição pelo sistema de pelouro para o ano de 1723, ocorreu como de costume no mês de dezembro, exatamente no dia 3, e contou com a presença do ouvidor-geral da Comarca do Serro Frio, chegado à Vila do Príncipe recentemente para assumir seu cargo de corregedor. Neste dia fez-se a eleição dos oficiais para o ano de 1723, em que aparece Domingos Barbosa com o título de sargento-mor, investido do cargo de primeiro juiz ordinário:

> Termo de abertura do pelouro dos oficiais que andem a servir neste Senado da Câmara da Vila Nova do Príncipe e Comarca do Serro do Frio no ano de mil setecentos e vinte e três.
>
> Aos três dias de dezembro de mil setecentos e vinte e dois anos nesta Vila Nova do Príncipe e casas do Senado da Câmara dela aonde se acharam presentes o doutor Antônio Rodrigues Banha ouvidor-geral e corregedor desta comarca; e os juízes ordinários o capitão João Mendes da Mota e o capitão Alexandre Pinto de Carvalho; e os vereadores Leandro Teixeira Pinto e o capitão Antônio Sardinha de Castro com assistência do procurador do senado o tenente Francisco Muniz de Melo oficias que servem o presente ano aí e ele doutor [...] geral e corregedor da comarca com os ditos camaristas determinaram se abrisse o pelouro dos oficiais que guardem servir o ano que vem de mil setecentos e vinte e três para que logo mandaram vir a sua presença uma chave do cofre cujo se abriu na forma da lei e eu escrivão [forei] o pelouro que nele se achava em presença dele doutor ouvidor-geral e camaristas e saíram a saber por juízes o coronel João Teixeira de Souza e o sargento-mor Domingos Barbosa e por vereadores o capitão Sebastião de Godoi Moreira e Higino Monteiro de Araújo e Pedro Coelho e procurador o alferes Julião Pereira de Brito de que eu escrivão dou fé e nesta forma houveram ele doutor ouvidor-geral e corregedor da comarca com os ditos camaristas atuais por aberto; e publicado o dito pelouro com as solenidades da lei de que outrossim dou minha fé judicial por bem de meu ofício e para firmeza de tudo me mandaram fazer. Este termo de abertura do dito pelouro e publicação dele em que assinou o doutor corregedor desta comarca e juízes e vereadores e procurador deste senado havendo em tudo; e por tudo por firme e valioso e eu Antônio de Morais escrivão da câmara que o escrevi[588].

O primeiro assento do Senado da Câmara de 1723 foi o da posse e juramento dos oficiais do ano, realizada no dia 1º de janeiro, cumprindo uma importante formalidade para os "homens bons" da vila, grupo que fazia parte Domingues Barbosa:

> Auto de posse e juramento dado aos novos juízes e mais vereadores; e procurador que hão de servir neste Senado da Câmara da Vila do Príncipe e sua comarca neste ano de 1723. Ano de nascimento de Nosso Senhor Jesus Cristo de mil setecentos e vinte e três anos ao primeiro dia do mês de janeiro do dito ano nesta Vila Nova do Príncipe; e casas do Senado da Câmara dela aonde foram vindos o doutor Antônio Rodrigues Banha ouvidor-geral desta vila e sua comarca; e o capitão João Mendes da Mota; e o capitão Alexandre Pinto de Carvalho juízes ordinários atuais; e os vereadores Leandro Teixeira Pinto[589] e o capitão Antônio Sardinha de Castro com assistência do procurador o tenente Francisco Muniz

[588] IPHAN-SE, VEREAÇÕES 1722-1734, Doc. 03, Cx. 52, fl. 6v.
[589] No dia 25 de setembro de 1726, mandou sepultar sua escrava Antônia no adro da matriz serrana (AEAD, ÓBITOS 1725-1797, fl. 2v.).

de Melo para efeito de darem posse; e juramento aos novos juízes e mais vereadores e procurador que hão de servir nesta câmara o presente ano de mil setecentos e vinte e três; e logo no mesmo instante dia e era a mais declarado apareceram presentes o coronel João Teixeira de Souza e o sargento-mor Domingos Barbosa Moreira pelos quais cada um de por si foi requerido e apresentado ao doutor ouvidor-geral e camaristas as suas cartas de usança do cargo de juiz ordinário desta Vila Nova do Príncipe e sua comarca requerendo que por virtude dela lhe desse posse e juramento do dito cargo para assim o haverem se exercer; e outrossim apareceram presentes Pedro Coelho e Higino Monteiro pelos quais foram apresentadas duas cartas de usança para servirem de vereadores neste senado; e o procurador o alferes Julião Pereira de Brito que também apresentou sua carta de usança para com os referidos o fez servir neste senado o que tudo visto pelo doutor ouvidor-geral e juiz e vereadores e procurador atuais tomaram em suas mãos as ditas cartas de usança; e por virtude dela lhe foi a cada um de por si dado o juramento dos santos evangelhos em um livro dele que bem e verdadeiramente servissem guardando em tudo o serviço de Deus e de sua majestade; e as partes seu direito; e logo no mesmo dia e ano apareceu o sargento-mor Domingos Barbosa Moreira a quem o doutor ouvidor deu juramento dos santos evangelhos para em tudo fazer a sua obrigação e guardar e zelar o serviço de Deus e de sua majestade e as partes seu direito o qual assim o prometeu fazer e logo lhe meteram uma vara na mão e o mesmo se fez [serviço] com o vereador Pedro Coelho de Carvalho Higino Monteiro de Araújo e Julião Pereira de Brito que foram só os que se acharam presentes de que tudo dou fé e fiz este auto de posse em que assinaram com o doutor ouvidor-geral e camaristas e eu Antônio de Morais escrivão da câmara que o escrevi.

Auto de posse e juramento dado ao juiz de barrete o capitão Antônio Sardinha de Castro; e ao vereador também de barrete Gaspar Aires servirem neste Senado da Câmara com os referidos oficiais declarador a folha 7 deste livro neste ano de mil setecentos e vinte e três. Ano do nascimento de Nosso Senhor Jesus Cristo de mil setecentos e vinte e três ao primeiro dia do mês de janeiro do dito ano nesta Vila Nova do Príncipe e casas do Senado da Câmara dela estando fazendo vereação o juiz ordinário o sargento-mor Domingos Barbosa Moreira e os vereadores eleitos Pedro Coelho e Higino Monteiro de Araújo com a assistência do procurador do concelho o alferes Julião Pereira de Brito apareceu presente o doutor Antônio Rodrigues Banha e por ele junto com os referidos oficiais acima nomeados concordaram informalmente pela incapacidade do juiz eleito do pelouro que se abriu este presente ano na pessoa do coronel João Teixeira de Souza como também do vereador Sebastião de Godoi que vistas as razões que estes alegavam e estar na tal vereação feito juiz de barrete na forma da lei ao capitão Antônio Sardinha de Castro; e por vereador de barrete Gaspar Aires para servirem neste Senado com os referidos oficiais acima nomeador; e logo no mesmo instante aparecendo presentes; mandou ele doutor ouvidor-geral e camaristas a cada um de por si o juramento dos santos evangelhos em um livro deles o capitão Antônio Sardinha de Castro que servisse o cargo de juiz ordinário bem e verdadeiramente como Deus manda e é obrigação que dando em tudo o serviço de sua majestade que Deus guarde e partes seu direito; e tomado por ele o dito juramento assim o prometeu fazer debaixo deles e fazendo o mesmo Gaspar Aires dando se lhe o mesmo juramento para serviço de vereador também prometeu fazer a sua obrigação como deu e é obrigado e recebido por eles na forma que dito fica lhe meteram a cada um deles na mão uma vara vermelha com as armas reais que eles assistiram em sinal de que deles tomavam posse o qual ele doutor ouvidor e juiz e vereadores e procurador lhe houveram por [...] por esta maneira para com ela poderem usar na forma da lei do reino e juramento que lhe foi dado e por firmeza de tudo mandaram fazer este auto de posse que o assinou o doutor ouvidor-geral e juiz e vereadores e procurador e o juiz de barrete e vereador também de barrete aqui empossados e eu Antônio de Morais escrivão da Câmara que o escrevi[590].

---

[590] IPHAN-SE, VEREAÇÕES 1722-1734, Doc. 03, Cx. 52, fl. 7v.-9.

Essa anotação do mapa parece indicar um trânsito de portugueses bastante intenso na região das minas do Serro do Frio, fundando arraiais e mandando edificar ermida, além de ocupar cargos importantes no Senado da Câmara da Vila, como foi o caso de Domingos Barbosa Moreira. O trânsito desses portugueses do Minho teria sido diretamente para as minas do Serro do Frio e sua posterior vila, ou foi mediado pela passagem em Salvador, São Paulo ou Rio de Janeiro? Não sabemos.

O que fica esclarecido é que desde os últimos anos das minas do Serro do Frio e primeiros da Vila do Príncipe havia a presença de portugueses[591].

Por isso, no total, a relação do alferes Luiz Pinto nomeou 105 portugueses[592]. O maior número era de opulentados, o menor número era de portugueses que não quiseram gastar seu dinheiro com um testamenteiro. Na lista não aparece qualquer nome de mulher. A princípio, isso poderia indicar uma sociedade serrana formada por famílias tradicionais nos primeiros anos composta basicamente por relações patriarcais, patronais e masculinas, em que os homens teriam absoluta projeção social. Contudo, isso não condiz com os estudos atuais das famílias portuguesas emigrantes para as minas do Serro do Frio.

A emigração portuguesa para a Capitania de São Paulo e Minas do Ouro não passou despercebida pela Coroa portuguesa. No dia 7 de abril de 1713, o rei português D. João V enviou ao conde de Assumar uma ordem para acatar tolerante a presença de estrangeiros que fossem casados com portuguesas. O rei pedia tolerância enquanto esses estrangeiros realizavam suas vendas na capitania mineira, especialmente nos distritos do ouro[593]. A questão por trás dessa tolerância dos estrangeiros é a permissão de comercialização de Portugal para o Brasil, sendo que o oposto devia ser evitado, devido à política do exclusivo comercial em que era vedado a exportação da colônia de produtos manufaturados para a metrópole. A ordem é uma espécie de protecionismo comercial baseado nas relações familiares que afetavam o cotidiano português.

3 DE MINHOTOS A MINEIROS

De acordo com novos estudos, "nas últimas décadas, a história da vida familiar colonial conheceu novas interpretações", uma vez que "caiu por terra a visão tradicional restrita à análise da família extensa e patriarcal; a instituição deixou de ser descrita de forma monolítica, passando a englobar uma variedade de tipos diferentes" e "um deles é o da família encabeçada pela mulher, que surge no Brasil como um tipo importante, principalmente no final do período colonial e no período pós-Independência". Dessa forma, "tornou-se claro que os domicílios eram menores do que se supunha, revelou-se, também, que o casamento, pelo menos aquele definido como sacramentado pela Igreja, era a escolha de apenas uma pequena parcela da população adulta livre", apesar do "esforço e a pressão em contrário exercidos pela Coroa portuguesa e pela Igreja Católica"; assim, "para a grande maioria da população livre, o que se observa é a predominância de uniões consensuais, seja com coabitação ou não". Os estudos sugerem que a lista do alferes é um recorte dos documentos oficiais cartoriais que colidem com novas avaliações.

---

[591] Para Ferro (1995, p. 64), "calcula-se que a emigração para o Brasil, durante o século XVIII, não foi inferior ao meio milhão de indivíduos, tendo possivelmente atingido as 600.000 pessoas nas primeiras seis décadas do século". Para Venancio (2012, p. 68-69), em 1706, a província do Minho abrigava cerca de 22,3% da população portuguesa, com território correspondente a 8,1% de Portugal. Ver também: Godinho (1975), Monteiro (2009) e Souza e Alves (1997).

[592] Cf. Venancio (2012, p. 18-19), com importante estudo sobre os cativos do reino em Minas Gerais e relação de portugueses proprietários de cativos entre 1718-1738. Destaque para a biografia do português Rafael Pires Pardinho, que assumiu de 1734 a 1743 o posto de intendente dos diamantes no Distrito Diamantino (VENANCIO, 2012, p. 20).

[593] Cf. APM-SC 03, Rolo 01, fl. 64-65.

A primeira é que "a família portuguesa não era uniforme, sendo marcada por variações regionais distintas". A segunda é que "os imigrantes que vieram para Minas Gerais eram oriundos, principalmente, do norte de Portugal, uma região socialmente distinta". E terceiro que

> [...] a natureza e estrutura da família do norte de Portugal eram bastante similares às encontradas em Minas Gerais durante o século XVIII e início de século XIX; [...] tais similaridades podem ser explicadas por meio da predominância da imigração norte-portuguesa para a região aurífera de Minas Gerais, a qual tinha, num sentido amplo, características econômicas semelhantes às do norte de Portugal[594].

Essa é uma questão importante para os primeiros anos de formação da civilização serrana: qual a origem dos portugueses que chegaram às minas de ouro, quais os seus valores e formas de organização familiar? Será que era tão diferente das formas indígenas e africanas ou havia similaridades?

A resposta é que para além de um vago sentido do termo "herança cultural" é necessário buscar o gesto pedagógico colonial em que do trânsito "entre o norte de Portugal e Minas Gerais nasceu da convergência de valores e instituições sociais", no trânsito entre Brasil e Portugal e por conta disso "no final do século XVIII, a configuração sociodemográfica da família de Minas Gerais era muito semelhante à daquela região portuguesa"[595].

Os portugueses que chegaram às minas do Serro do Frio nos seus primeiros anos saíram majoritariamente do norte de Portugal, das províncias do Minho, Douro e Trás-os-Montes[596]. De fato, a forma de organização política e jurídica dessas províncias e comarcas portuguesas será espelhada nas minas do Serro do Frio. A nação portuguesa é uma das mais antigas da Europa, tanto na sua configuração territorial, quanto na divisão dos serviços políticos e jurídicos.

A partir do século XV, Portugal era dividido em grandes unidades administrativas chamadas comarcas, cada uma delas chefiada por um magistrado com poderes administrativo e judicial, representando o poder real na sua jurisdição. Eram "homens bons" chamados tenentes, depois meirinhos-mores e, por fim, corregedores. No século XVIII, a província e a comarca se separam em suas funções. A comarca ou correição tornou-se uma subdivisão da província, sob a jurisdição do corregedor. A província era comandada por um governador das armas (1641-1836).

Até 1751, havia seis governadores das armas, com seis províncias: Entre-Douro-e-Minho, Trás-os-Montes, Beira, Estremadura, Alentejo e Algarve. Em 1790, todas as ouvidorias foram transformadas em comarcas, com corregedor nomeado diretamente pela Coroa. Em 1801, Portugal era dividido em seis províncias: Província de Entre-Douro-e-Minho (comarcas de Valença, Viana, Braga, Barcelos, Guimarães, Porto e Penafiel), Província de Trás-os-Montes (comarcas de Bragança, Miranda, Moncorvo, Vila Real), Província da Beira (comarcas da Feira, Aveiro, Lamego, Trancoso, Pinhel, Guarda, Linhares, Viseu, Castelo Branco, Arganil e Coimbra), Província da Estremadura (comarcas da Leiria, Ourém, Cinco Vilas (Chão de Couce), Tomar, Alcobaça, Santarém, Alenquer, Torres Vedras, Ribatejo (Vila Franca de Xira), Lisboa, Setúbal), Província do Alentejo (comarcas do Crato, Portalegre, Vila Viçosa, Avis, Elvas, Évora, Beja, Ourique) e Reino do Algarve (comarca do Lagos, Faro e Tavira).

---

[594] RAMOS, Donald. Do Minho a Minas. *Revista do Arquivo Público Mineiro*, Belo Horizonte, n. 44, p. 132-153, jan./jun. 2008, p. 134.

[595] RAMOS, 2008, p. 134.

[596] Segundo Venancio (2012, p. 13), "entre 1700 e 1760, calcula-se que cerca de 600 mil portugueses desembarcaram na América portuguesa. Cifra gigantesca, frente aos 100 mil estimados em relação aos séculos 16 e 17". Além disso, acrescenta (p. 17) que a idade de emigração pode ser calculada em torno de 11 a 16 anos, circulando "por várias áreas do império, quase sempre desempenhando atividades mercantis e sendo acolhida por um parente já estabelecido; não sendo de se estranhar que muitos poucos levassem escravos consigo".

A maioria dos imigrantes portugueses que chegaram às Minas Gerais e, por extensão, às minas do Serro do Frio e sua Vila do Príncipe e seu termo nos anos seguintes ao descobrimento do ouro e depois dos diamantes veio do Norte, da região do Minho[597].

Isso é confirmado por Ramos, que acredita no "protótipo nortista" dominante nas minas de ouro, com as províncias do Entre-Douro-e-Minho e a Província de Trás-os-Montes fornecendo um certo modelo de composição familiar. Assim,

> Em linhas gerais, pode-se afirmar que no norte havia uma proporção maior de mulheres na população, taxas mais altas de celibato (definida aqui como a percentagem de mulheres que permaneceram solteiras), casamentos mais tardios, altas taxas de ilegitimidade e de abandono de crianças, bem como uma proporção menor de famílias nucleares e, por outro lado, maiores proporções de famílias extensas (envolvendo colaterais, ascendentes e descendentes em um mesmo domicílio) e múltiplas (envolvendo, num mesmo domicílio, unidades familiares com ou sem vínculos de parentesco entre elas) do que em outras regiões de Portugal. O contexto social do norte de Portugal era caracterizado por uma tendência de migração dos homens, ficando as mulheres na chefia das famílias. A partida desses homens significava uma perda de trabalhadores, que, contudo, não eram mais necessários a propriedades rurais pequenas demais para alimentarem famílias numerosas. O fenômeno, por outro lado, propiciava o surgimento de fontes de renda complementares, a serem enviadas ao domicílio português de origem. O grande número de homens que emigraram – para o Brasil e outras colônias portuguesas – causou um forte impacto demográfico em Portugal como um todo, e, notadamente, naquelas regiões onde a migração era mais expressiva – casos das províncias do norte e do centro-norte[598].

Não há emigração sem a criação de novas dinâmicas de mestiçagens sejam elas demográficas culturais, biológicas, alimentares, tecnológicas, mas acima de tudo com a possibilidade de surgimento de novos gestos pedagógicos coloniais. Emigrar é reaprender a conviver e a sobreviver. Isso vale para todas as pessoas que chegaram às minas do Serro do Frio: os novos desafios da gente serrana que se encontrou agrupada no território que precisava ser dominado com suas técnicas e tecnologias, suas formas de vida e seus gestos pedagógicos aprendidos em lugares distantes. Com idiomas diferentes (muitas línguas eram ouvidas nos primeiros anos vindas da África com sua imensa variedade cultural, de Portugal com seus sotaques regionais, dos indígenas com suas sociedades nômades e seminômades). Com formas de organização familiar peculiares (matrifocal, patrifocal, monogâmica ou poligâmica — casamentos oficiais e concubinatos normalizados socialmente). Com crenças religiosas das mais variadas.

O que criou a coesão social necessária para permitir a convivência entre pessoas tão diversas culturalmente?

A fortuna do ouro.

O ouro ofuscava o óbvio: a gente serrana não sabia que criava uma civilização marcada pelo jeito barroco serrano de ser. Nessa mistura incontrolável de gestos pedagógicos, criou-se a possibilidade de manifestações múltiplas de convivência, reunidas na expressão de uma cultura outra, diferente de tudo o que já havia nos lugares de origens desses homens e mulheres.

Em conclusão, parece que de fato, nos últimos anos do século XVII e primeiras décadas do século XVIII, exatamente no período em que os paulistas transitavam pelas minas do Serro do Frio, o gesto pedagógico colonial estava consolidado em torno do poder simbólico da Coroa portuguesa, em especial na figura ou representação dos bandeirantes ou sertanistas, a versão militarizada colonial

---

[597] Cf. Boxer (1963, p. 74).
[598] RAMOS, 2008, p. 134-135.

da metrópole e da presença massiva da igreja em seus arremedos de salvação, dividindo o mundo entre a cidade dos homens — do qual ela participava recebendo côngruas e privilégios — e a cidade de Deus — pelo qual ela referendou suas práticas e discursos sociais. Durante o século XVIII, a presença dos portugueses no território serrano se deveu ao crescimento demográfico de Portugal, em várias regiões. No período do auge do ouro nas Minas Gerais, cerca de 8 a 10 mil indivíduos chegavam por ano às áreas de exploração[599].

Isso é confirmado por Boxer, na sua ideia de "sangues mesclados" variáveis nas múltiplas regiões brasileiras (talvez, uma herança de Gilberto Freyre em sua noção de cultura): do norte para o sul, no Maranhão predominavam os ameríndios, "vindo os mamelucos e caboclos em segundo lugar, brancos e mulatos em terceiro, e negros por último, representados por pequena cifra". Recife, Salvador e Rio de Janeiro e partes do Espírito Santo, "negros e mulatos predominavam, com brancos puros em segundo lugar, e ameríndios e caboclos em terceiro". São Paulo teria um número maior de mamelucos e "pessoas com mistura de sangue negro, bem como brancos puros, eram relativamente raras". No vale do rio São Francisco, "as três raças mesclavam-se de tal maneira que qualquer afirmação nesse terreno poderia passar de simples conjectura; é possível, entretanto, que as contribuições do sangue negro e ameríndio predominassem nos vaqueiros"[600].

Importante, contudo, sua conclusão sobre a miscigenação racial brasileira como gesto pedagógico colonial em que afirma criticamente:

> Que seja como for, houve fortes correntes migratórias vindas de Portugal e das ilhas do Atlântico, por um lado, e da África Ocidental por outro, enquanto os ameríndios estavam sendo dizimados pelas doenças, pelos trabalhos pesados, pelas rígidas aldeias jesuítas, e por outros fatores, formando, assim, uma contribuição que ia diminuindo rapidamente[601].

Em oposição ao conceito de miscigenação de Boxer bastante limitador dos encontros e trânsitos culturais, aplicamos em nossa análise as dinâmicas de mestiçagens de Paiva, como representação importante para explicar as complexas e singulares formações vigorosas e acrisoladas da cultura brasileira, em especial, da cultura serrana[602]. Nesse jeito barroco serrano de ser, nas minas do Serro do Frio formaram-se "verdadeiras redes de contatos e de informações, que envolviam gente de 'qualidades' e de 'condições' diversas"[603], o que gerou de forma inovadora "o surgimento de relações afetivas, de famílias, amizades e negócios, assim como a circulação de ideias e informações de todos os tipos, além de potencializar o vigor das misturas biológico-culturais"[604]. Não houve, pois, uma "fusão entre 'puros' (agentes, culturas, 'sangue') e diferentes ou entre 'puros' e 'impuros', por vezes colocados em uma espécie de equação na qual a somatória e a fusão das partes (isto é, das 'raças') resultavam em um produto misto", em busca de uma tal "civilização"[605]. Para Paiva, importa a "diversidade de um conjunto e não a sua unicidade"[606]; as dinâmicas de mestiçagens seriam, então, "as práticas históricas que moldaram o cotidiano das relações sociais na América Ibérica, forjando sociedades profunda e indelevelmente mestiçadas"[607].

---

[599] Almeida (2010, p. 154-155) retomou os dados de Serrão (1998, p. 61) e confirmou que "a composição da população portuguesa existente na região das Minas aponta para o predomínio da região norte na naturalidade destes indivíduos".

[600] BOXER, 1963, p. 39.

[601] BOXER, 1963, p. 39.

[602] PAIVA, 2015, p. 41-42.

[603] PAIVA, 2015, p. 41.

[604] PAIVA, 2015, p. 41.

[605] PAIVA, 2015, p. 42.

[606] PAIVA, 2015, p. 42.

[607] PAIVA, 2015, p. 42.

Assim, o jeito barroco serrano de ser — a civilização serrana surgida a partir de 1702 — não é apenas uma junção de matrizes raciais — o branco, o negro, o índio —, antes, é um jeito barroco mestiçado de ser. As soluções cotidianas para manter e sobrevivência e a convivência entre visões de mundo tão diversos criaram uma forma não melhorada, especial ou fora do normal, antes uma cultura possível. Isso se deve aos ajustes multiculturais que operaram no interior de um contínuo gesto pedagógico dinâmico e constantemente afetado pelos nascimentos e mudanças de relações na microfísica do poder no território das antigas minas do Serro do Frio até os dias atuais. A cultura é constante recriação por oposição ou afirmação suprassumida dos gestos pedagógicos.

CAPÍTULO NOVE

A GUERRA CIVIL: FUNDAMENTO DO GESTO PEDAGÓGICO COLONIAL

O senhor devia de ver homens à mão-tente se matando a crer, com babas raivas!
Ou a arte de um tá-tá, tiro – e o outro vir na fumaça, de à-faca, de repelo:
quando o que já defunto era quem mais matava...
O senhor... Me dê um silêncio. Eu vou contar.

(João Guimarães Rosa – Grande Sertão: Veredas)

Pena de degredo perpétuo para Benguela, na África. Expulsão de criminosos para o interior do Brasil ou para fora da capitania mineira. Apreamento de índios aldeados para a escravidão e criação de novos arraiais sob as terras devastadas. Destruição de quilombos por expedições militares provisionadas pela Coroa portuguesa com seus capitães-do-mato financiados por cofres públicos.

Quando olhamos com mais vagar o gesto pedagógico colonial das minas do Serro do Frio a centralidade da violência cotidiana e em especial da guerra civil se faz indiscutível. Era uma constante guerra de todos contra todos dentro da economia do ouro e do diamante.

A guerra, o motim, a revolta, a diligência oficial armada podiam começar a qualquer momento. O medo estava sempre no ar e era componente da sobrevivência nas minas serranas. Por isso, a violência parece ser o núcleo em torno do qual se estabeleciam as relações sociais nas minas do Serro do Frio e por conta dela se resolviam os conflitos que ela mesmo gerava. Isso era comum e bastante naturalizado e normalizado, porque desde os primeiros anos da colonização brasileira a violência foi a atitude básica da convivência com a diversidade cultural.

As dinâmicas de mestiçagens se estruturaram na violência e não na relação pacífica entre os diversos povos em território brasileiro. A origem dessa relação nunca foi pacífica, antes a marca da brasilidade — seja o que for esse "destino manifesto" representado pelas elites culturais nos séculos XIX e XX — é a violência imposta ao corpo dos escravizados, à colonização pela guerra de territórios ocupados desde tempos imemoriais por povos nômades e seminômades, à submissão pela força da autoridade metropolitano nos seus territórios conquistados a ferro e fogo.

Toda negação das dinâmicas de mestiçagens pela violência parece, atualmente, pueril ou ideológica, quando não racista e demagógica. A história das minas do Serro do Frio é a história da guerra civil cotidiana, da desobediência civil punida com severidade pelas autoridades locais a serviço do projeto de expansão da Coroa portuguesa, da negociação e convencimento pela força das armas e do aprisionamento. Em suma, as minas do Serro do Frio surgiram como civilização marcada pelo jeito barroco serrano de ser por conta da violência. Sem a violação dos corpos não haveria as dinâmicas de mestiçagens biológicas, demográficas, culturais.

O objetivo agora é descrever alguns conflitos sociais — seja a guerra civil contra quilombos e aldeias indígenas, seja o conflito armado como sedição ou revolta popular — nas minas do Serro do

Frio e na Vila do Príncipe na perspectiva de que a violência cotidiana é uma importante característica do gesto pedagógico colonial. Para isso, é necessário compreender como a violência e o medo da guerra civil eram componentes diários da vida no Brasil colonial e, em especial, nas minas de ouro.

1 O BRASIL SE FEZ PELA GUERRA CIVIL

Entre 1500 e 1821, houve no Brasil muitos conflitos armados, em todas as regiões, com os mais diversos personagens.

No século XVI, podemos destacar a Guerra de Iguape (1534-1536), a qual se deu entre o império português o os invasores espanhóis resolvido com a fuga desses para Buenos Aires. A Confederação do Tamoios (1554-1567) entre o império português e os índios tupinambás, resultando em seu aniquilamento. A Guerra dos Aimorés (1555-1673) entre o império português e os índios aimorés, com a derrota dos botocudos. Invasões francesas no Brasil (1555-1736) envolvendo o estado do Brasil e o Reino da França, resolvido com a expulsão das tropas francesas. O Cerco de Piratininga (1562) entre o império português e os Guarulhos, Guainás e Carijós, com vitória dos portugueses. O Saque do Recife (1595) entre o império português e o Reino da Inglaterra com a derrota portuguesa e pilhagem do porto de Recife. Houve a guerra dos Palmares (século XVII-1695), em que o quilombo dos Palmares foi destruído.

No século XVII destaca-se a Revolta de Cumã (1617-1621) entre o império português e os tupinambás, com rebelião controlada. O levante dos Tupinambás (1618) com massacre dos nativos, as invasões holandesas no território brasileiro (1624-1654) terminando com a expulsão pelo Tratado de Haia de 1661. A aclamação de Amador Bueno (1641), em que o império português venceu os nativistas pela falha na formação de um reino. A Revolta da Cachaça (1660-1661) quando o império português venceu a rebelião carioca, considerada "a primeira rebelião de colonos de que se tem notícia na América portuguesa"[608]. A Conjuração de Nosso Pai (1666) que terminou com a vitória do império português contra os rebeldes pernambucanos, com a retirada de Jerônimo de Mendonça Furtado do cargo de governador e nomeação de André Vidal de Negreiros como governador provisório. A Guerra dos Bárbaros (1683-1713) entre o império português e a confederação dos Cariris, com resistência reprimida. A Revolta de Beckman (1684), entre rebeldes do maranhão e o império português com derrota dos rebeldes.

No século XVIII, houve a Guerrilha dos Muras entre o império português e os Muras, que foram derrotados. Em Minas Gerais, ocorreu a importante Guerra dos Emboabas (1709-1711) entre portugueses e paulistas pelo controle das minas de ouro. A Guerra dos Mascates (1710-1711) entre a Capitania de Pernambuco e a vila do Recife. A Revolta do Sal (1710-1720) entre rebeldes paulistas e o império português, que saiu vencedor. A Revolta de Mandu Ladino (1712-1719) entre o império português e os tupis, derrotados. A Campanha das Guianas (1714) entre o estado do Brasil e o Reino da França com a ocupação das Guianas pela França e Inglaterra. A Revolta de Vila Rica (1720) entre o império português e os apoiadores de Filipe dos Santos, morto pelo conde de Assumar após simulação de acordo. A Guerra de Manaus (1723-1728) entre o império português e os manaós, derrotados; Guerra Luso-Espanhola (1735-1737) entre os impérios português e espanhol com retirada dos invasores. A Guerra Guaranítica (1750-1756) entre o império português e os Guaranis terminando com a assinatura do tratado de El Pardo (1761). A Primeira Conspiração do Curvelo (1760-1763) com vitória do império português e revolta sufocada. A Guerra Fantástica (1762-1763)

[608] STARLING, Heloisa Murgel. *Ser republicano no Brasil colônia*. A história de uma tradição esquecida. São Paulo: Companhia das Letras, 2018. p. 38.

entre Espanha, França e Portugal com expulsão dos espanhóis no Mato Grosso. A Inconfidência de Mariana (1769), revolta sufocada pelo império português seguida da Inconfidência de Sabará (1775), também sufocada pelo governo. A Segunda Conspiração do Curvelo (1776), revolta sufocada pelo governo. A fundamental Conjuração Mineira (1789) sufocada pelo império português resultando em exílios e execução de Tiradentes. A Conjuração Carioca (1794-1795), com vitória do governo português contra os revoltados. A Conjuração Baiana (1796-1799) com vitória do governo contra os conjurados baianos, que não conseguiram sua independência.

Já no século XIX, houve a Conspiração dos Suassunas (1800-1801) com vitória portuguesa e falha na independência de Pernambuco seguida da Guerra das Laranjas (1801) entre o império português, Espanha e França com conquista de territórios ao sul do Brasil e a invasão da Guiana Francesa (1809) com ocupação portuguesa até 1817. A Primeira Campanha da Cisplatina (1811-1812). A Guerra contra Artigas (1816-1820), com anexação da Banda Oriental do Brasil. A Revolução Pernambucana (1817), em que o império português venceu os revoltados e, por fim, a Revolta Liberal da Bahia e Grão-Pará (1821) com vitória do império português.

A extensa lista de conflitos coloniais acima — muitos ainda estão em estudos, em revisão histórica — pode ser classificada, grosso modo, em dois grupos: a guerra propriamente dita e conceituada como disputa entre impérios e reinos por territórios brasileiros ou estrangeiros é o primeiro grupo, e o menor entre eles.

O segundo grupo é o das guerras civis no interior do território brasileiro entre revoltados, rebeldes, sediciosos, conjurados, quilombolas, indígenas e seus grupos rivais, na maioria representantes dos interesses do império português. É o maior número de conflitos. Em todos eles houve mortos.

Na lista dos dois grupos, estão de fora todos os conflitos gerados por conta da escravidão dos "gentios", os indígenas em solo brasileiro e não estão registradas as inumeráveis guerras civis em solo africano provocadas para o aprisionamento dos escravizados, uma vez que ninguém queria ser escravizado e deportado de sua terra natal.

Nosso interesse é o alargamento da compreensão de guerra civil como gesto pedagógico colonial presente de maneira constante nas minas do Serro do Frio, seja como notícia de fora de seu distrito, seja como eventos locais vivenciados nos povoados, arraiais e na Vila do Príncipe e seu termo.

Nesse campo da história política ou da filosofia política, há enorme dificuldade conceitual em classificar a guerra civil.

Em primeiro lugar, pela rejeição sistemática dos historiadores em afirmar a guerra civil como realidade social na formação da mentalidade brasileira, em especial, nos seus territórios mais distantes das grandes cidades, as minas de ouro e de diamantes. Nesse caso, o conceito de "guerra civil" se transforma de maneira adocicada em revolta, conjuração, sedição etc.[609] Parece haver uma negação

---

[609] Para Silveira (2010, p. 179), "na última década, a historiografia dedicada ao estudo da América portuguesa tem se debruçado com vigor sobre temas relativos à história política e das instituições administrativas. A importância dos debates que daí resultaram se expressa na grande quantidade de projetos, artigos e livros sobre assuntos correlatos recentemente empreendidos e divulgados. [...] O que se deseja aqui é abordar duas questões mais amplas. A primeira se refere à apropriação e ao uso do vocabulário político. Em grande medida, as preocupações historiográficas atuais resultam do entendimento de que as relações políticas e institucionais na América portuguesa devem remeter, em detrimento do anacronismo, a linguagens específicas fundadas no pensamento da Segunda Escolástica. As discussões teóricas acerca da leitura e do discurso, porém, nos convidam a refletir sobre as condições que presidiram à sua produção e consumo. Não haveria, sob as aparentes homogeneidade e coerência dos pressupostos escolásticos, uma pluralidade de falas e apropriações? Estariam as palavras de São Tomás de Aquino sempre tão distantes das de Maquiavel ou de Hobbes? A segunda questão implica o tema da autoridade. Chamar a atenção para a eficácia da economia do dom e do modelo escolástico como meios de ordenar os conflitos sociais significa, em última análise, investigar a implementação de estratégias autoritárias. Contudo, com que conceito de autoridade têm os historiadores trabalhado?" Questionar o léxico historiográfico talvez esse seja o caminho para se pensar a superação dessa concepção conservadora da abordagem política da história.

corriqueira na afirmação de terminologia da guerra civil, como se isso, de alguma forma, não fizesse parte da brasilidade ou da formação do "povo brasileiro". Mais uma vez, o mito ou representação do destino manifesto do Brasil e sua missão e vocação no mundo se faz presente, como eternos exportadores de uma alegria pueril carnavalesca, do país originado no encontro pacífico entre as diversas matrizes culturais — o branco, o índio e o português, como quis demonstrar Gilberto Freyre. O destino manifesto do Brasil não seria a guerra, mas a paz. Não seria a guerra civil, mas o respeito à ordem e a sua criativa cordialidade.

As minas do Serro do Frio surgiram da guerra civil[610] promovida pelos bandeirantes paulistas contra quem se lhes opusesse, alicerçaram-se na prática da violência extrema da escravidão indígena e africana naturalizada e normalizada socialmente, mantiveram-se por conta da nova ordem econômica do capitalismo mercantilista europeu/português dependente do ouro para suas trocas comerciais. A violência — como grande parte do Brasil e de Minas Gerais — é a mãe das minas do Serro do Frio.

Em segundo lugar, pela impossibilidade real de categorizar o Brasil como nação independente e por isso como estado nacional. O Brasil deve ser resumido à categoria política de colônia e pronto, sem pontos de contato com outras realidades políticas mundiais. Assim, parece impossível — e de fato não o é — aplicar algumas noções como as de cidadania (os nascidos no Brasil seriam súditos da Coroa portuguesa), nacionalidade (os nascidos no Brasil e seus estrangeiros seriam apenas colonos), revolução (as conjurações são chamadas de lutas pela independência, quando de fato eram processos revolucionários profundamente modernos, especialmente as dos séculos XVIII e XIX) e desobediência civil (os nascidos no Brasil e estrangeiros seriam obrigados a cumprir as regras do jogo político e aceitar passivamente suas leis).

Cidadania, nacionalidade, revolução e desobediência civil seriam conceitos *avant la lettre*, fora de contexto histórico e político pelo fato de o Brasil ser ainda colônia portuguesa. Contudo, o Brasil apesar de obviamente apresentar-se como colônia portuguesa — dentro de uma cronologia que não deve limitar as possibilidades de discussão de temas políticos — já estava inserido no século XVIII no contexto da modernidade política europeia, em que esses conceitos estavam em revisão e chegaram a promover grandes transformações nos governos da Inglaterra com a independência das Treze Colônias da América (1776) e da França com a Revolução Francesa (1789).

Isso significa que as ideias de pertencimento ao corpo político nacional ou colonial estavam em crise. A nova política moderna com seu renovado corpo conceitual passou a transitar pelo Brasil como gesto pedagógico colonial[611]. Esse novo contexto político se espalhou de boca em boca e as

---

[610] Luis Mir (2005) afirmou sobre a guerra civil perpetuada nos tempos atuais: "ao identificar o Estado como a matriz da violência, também quero dizer que em nenhum momento, em todos os cinco séculos de história, o Estado brasileiro funcionou como vetor pacificador, civilizatório ou como plataforma civilizatória. O Estado nunca teve como proposta a pacificação do país. Depois de cinco séculos, o país está mais moderno e mais complexo, houve melhorias industriais e comerciais. Então, por que aumentou a escalada da violência em todo o território nacional? [...] As corporações burocráticas públicas (oligarquias políticas e econômicas conservadoras) dentro do Estado geraram impasses e áreas de desestabilidade dentro de fronteiras internas artificiais: favelas, periferias, zonas urbanas degradadas, zonas rurais de latifúndios. Também não conseguiram criar um sentimento de unidade nacional entre os vários grupos étnicos durante a nossa formação como país independente. Populações separadas, social e economicamente, na colonização, continuaram a sê-lo até hoje. O problema do Estado é de quem ele está a serviço. O Estado abdicou de qualquer prioridade de pacificação e trégua social. A macroprioridade é econômica. Se for necessário mais guerra, ela será feita". *Cf.* Mir (2004).

[611] Silveira (2010, p. 227-230) apresenta seis conclusões importantes sobre o tema da autoridade no Antigo Regime que refletem nosso ponto de vista sobre a apropriação do léxico político da modernidade: 1ª) "o pensamento tomista tem de ser visto como parte de um debate doutrinário e histórico mais amplo, pois Tomás de Aquino procurava soluções para um mesmo conjunto de problemas elaborados desde a Antiguidade. Se os historiadores fecharem-se na doutrina escolástica, descolando-a do debate mais amplo, o resultado pode ser, no limite, a crença de que certos pensamentos eram impensáveis no Portugal do Antigo Regime; 2ª) "diz respeito ao fato de que o tema da guerra estava claramente colocado desde os autores antigos, que tenderam em parte a pensá-la nos termos da paidéia, isto é, da percepção de que a formação dos indivíduos e das sociedades dependia de uma

ideias de liberdade, autonomia, cidadania, revolução e desobediência civil passaram a circular na colônia e nas Minas Gerais[612].

Não podemos apartar as minas do Serro do Frio, as Minas Gerais e a colônia brasileira do novo cenário político mundial — apesar das reconhecidas escalas de alcance local e global, de ritmos locais diferentes nos vários corpos políticos —, antes devemos ampliar a análise da profunda conexidade entre as mudanças políticas do mundo na modernidade e o cotidiano dessas populações.

Por fim, propomos o contínuo alargamento do léxico político da modernidade nas investigações sobre o conceito de poder, autoridade, obediência, cidadania, nacionalidade, revolução e desobediência civil nas minas do Serro do Frio problematizando-o, a partir de novas contribuições trazidas por Hannah Arendt e Michel Foucault. Todos eles trabalharam com êxito a modernidade histórica e política e alargaram nossa compreensão sobre esses fenômenos sociais desde o século XVI e seu incrível salto quantitativo e qualitativo no século XVIII, quando as noções de Maquiavel publicadas em *O Príncipe*, deram início à cientificidade da política.

2 A MODERNIDADE POLÍTICA DO SÉCULO XVIII

Hannah Arendt é importante filósofa política que busca demonstrar como a política na modernidade é um jogo confuso entre poder e autoridade, entre poder e vigor. Nessa inexatidão conceitual, os governos acreditaram que a violência seria prova de grande poder. Contudo, a violência para Arendt reduz o poder e trama contra ele de maneira a miná-lo para sempre. Isso se passou nas minas do Serro do Frio: quanto maior a violência factual e simbólica, maior a adesão dos serranos às propostas liberais. Insurreições foram comuns no Senado da Câmara, que de forma polida, produzia revezes constantes nas decisões autoritárias portuguesas. Nas minas serranas, os quilombos foram uma realidade diária: quanto menores as possibilidades de negociação na economia da escravidão, maior a desobediência civil dos escravizados. O poder é a capacidade de agir em concerto, em conjunto, não de submeter a população aos seus mandos e desmandos.

---

elevação moral e do controle de elementos apetitosos e instáveis. Assim, a instabilidade existente entre pessoas, grupos e Estados podia ser concebida como desdobramento de uma natureza humana imperfeita ou de leis históricas inevitáveis"; 3ª) "magistrados e governadores da América portuguesa não teriam condições de governar se, focando seletivamente as estratégias prudenciais de acomodação, não trabalhassem também com táticas bélicas. Embora tais táticas pudessem ser aprendidas através dos livros – fossem os de estratégia militar ou os de história e filosofia política –, a experiência dos governantes dentro e fora do império constituiu também um saber valioso – saber que buscava vincular, de um lado, os esforços de preservação do Estado luso frente a outras nações e, de outro, as medidas a serem tomadas visando a imposição da ordem nas diversas sociedades imperiais. Não era por acaso que alguns letrados e militares terminavam suas carreiras em órgãos tão importantes quanto o Conselho Ultramarino"; 4ª) "refere-se à necessidade de os historiadores analisarem tanto a guerra quanto a soberania como fenômenos culturais, e não como inevitabilidades naturais ou históricas. Recordar constantemente que o debate sobre o poder remete a noções muitas vezes implícitas sobre o homem e a história é tarefa imprescindível se não desejamos reproduzi-las desavisadamente"; 5ª) "os modelos autoritários de matriz platônico-aristotélica não descuram da importância do aspecto funcional do medo e da coerção psíquica nas formas de domínio. Nesse sentido, a investigação dos modos pelos quais se dava a integração a modelos autoritários, como mostram os estudos sobre religião e crença no Antigo Regime, abre-se à avaliação do preço emocional pago por quem a eles adere ou não adere. O dilema enfrentado, no Antigo Regime, por letrados e autoridades que se dedicaram ao problema do poder é melhor avaliado se retomamos os questionamentos de Platão sobre como garantir a obediência às leis"; 6ª) sobre a soberania impossível na visão de Hannah Arendt, pois "herdeiros que somos do Estado e da soberania modernos, sabemos que, embora o controle sobre si possa se tornar deveras cruel e angustiante, há sempre espaço para confrontá-lo. Conquanto indivíduos e sociedades não sejam a mesma coisa, algo análogo pode ser dito a respeito da colonização lusa no Brasil. Certos dispositivos de domínio – como, por exemplo, as trilhas da distinção – mostravam-se em parte eficientes e criavam as condições para que os governados participassem de modo mais ou menos integrado dos modelos autoritários. Contudo, negar sua capacidade de pensar aquém e além desses modelos consiste num artifício bastante seletivo".

[612] Cf. Starling (2018).

A insistência de Arendt é na pluralidade que é o ponto de partida para a criação do espaço para a ação, para o qual os homens se movimentam com a intenção de exercitar a sua liberdade, espaço esse que "existe potencialmente; mas só potencialmente, não necessariamente nem para sempre"[613]. Por isso, "o poder não é sinônimo de opressão nem de coerção, mas de aptidão humana para viver na pluralidade. Ele é sempre potencial: exerce-se na relação entre os homens, pelo diálogo aberto à multiplicidade de perspectivas"[614]. Dessa forma, a violência é impotente.

Arendt insiste na distinção entre violência e poder, afirmando que o poder jamais pode ser substituído pela violência. O poder e a violência apesar de aparecerem muitas vezes juntos na política negam-se um ao outro. Essa negação do poder pela violência está na incapacidade dela de manter um espaço para a ação e para o discurso e na sua fragilidade para a preservação da esfera pública e do espaço da aparência. Não foram poucos os donos do poder coloniais que perderam sua autoridade pelo uso extremo da violência. Com a perda autoridade, foi-se embora o cargo público e o seu privilégio.

O filósofo francês Michel Foucault por seu turno, avaliou o processo de biopolitização das comunidades políticas transformadas numericamente em populações na modernidade, a partir do século XVIII. Seria muito grande nossa miopia política se não percebêssemos que o gesto pedagógico colonial de desobediência civil retratou a rejeição a este modelo de governamentalidade que já operava nos mecanismos de controle social pela Coroa portuguesa. Registros obrigatórios, alfândegas no litoral e nos caminhos do sertão e das Minas Gerais, tudo em função única de auferir rendimentos para a Coroa portuguesa. A população não percebia esses mecanismos? Submetia-se passivamente a esses regulamentos? Não, pelo contrário.

Para Foucault, a modernidade é um fenômeno percebido primeiramente na Europa: sabemos, contudo, que ela ultrapassa essas fronteiras, chegando às colônias governadas e controladas por essa biopolítica que ampliava cotidianamente o controle, aumentando o alcance da microfísica do poder. Por conta dessa capilaridade do poder, temos resistência de vários lados, uma vez que o poder é uma relação social: dos índios, dos escravos, das mulheres e dos freis e padres. Guerras civis aconteceram como prova de que na modernidade os dispositivos de poder podiam regular muitas pessoas durante muito tempo, mas precisavam ser retomados e reajustados às realidades históricas, intensificando seu controle ou mudando suas estratégias.

Por isso, vamos apresentar a partir das considerações acima, algumas guerras civis nas minas do Serro do Frio, apresentando seus impactos sociais no gesto pedagógico colonial e na formação do jeito barroco serrano de ser.

3 REVOLTA DO RIO DO PEIXE – 1711-1715

A primeira guerra civil serrana que se tem notícia envolveu dois personagens bastante conhecidos dos primeiros anos das minas do Serro do Frio, de 1702 a 1714 e da Vila do Príncipe, em 1714 e 1715[615].

---

[613] ARENDT, Hannah. *A condição humana*. 10. ed. Rio de Janeiro: Forense Universitária, 2000, p. 212.

[614] SCHIO, Sônia Maria. *Hannah Arendt:* história e liberdade (da ação à reflexão). Caxias do Sul: EDUCS, 2006, p. 197.

[615] O clima de disputa acirrada por lavras novas no distrito serrano já havia gerado um conflito entre o padre Inocêncio de Carvalho e Amaro Luiz do Passo. A contenda chegou até o governador da capitania mineira que ordenou, no dia 7 de abril de 1714, que Manuel Corrêa Arzão não repartisse os ribeiros entre os litigantes, pois era necessário averiguar a qual dos dois tocava o descobrimento, anulando qualquer repartição anterior, mandando tirar as pessoas das lavras, até que se restituísse o direito ou primazia do descoberto (APM-SC 09, Rolo 02, fl. 20). Por trás desse preciosismo legislativo está o interesse do governo em ganhar tempo para que o real descobridor determinasse as braças de terras para a Coroa portuguesa e que também desse tempo de Arzão fazer suas diligências. Não sabemos o resultado da briga entre o padre Inocêncio e Amaro Luiz. Certo é que este sacerdote secular permaneceu nas serranias desde sua chegada em 1705 pelo menos até 1714.

De um lado, o bandeirante paulista descobridor das minas de ouro serranas, o coronel Manuel Corrêa Arzão (c.1670-1733). Na época do confronto armado, ele era nada mais, nada menos que o importante chefe da Companhia das Ordenanças do distrito, ocupando em alternância com Antônio Soares Ferreira o cargo de guarda-mor. Do outro lado, o sertanista paulista Geraldo Domingues (c.1680-c.1750) — por vezes chamado Gerardo Domingues ou Geraldo Domingos —, explorador das lavras serranas da região do Rio do Peixe, atual cidade de Alvorada de Minas, a cerca de 18 km do rancho dos descobridores oficiais, o arraial do Serro do Frio.

Tudo se passou a partir de agosto de 1711. O sertanista paulista Geraldo Domingues percorrendo o distrito das minas do Serro do Frio seguiu em direção ao Rio do Peixe e lá primou as lavras, ou seja, descobriu as pintas de ouro em algum trecho do ribeirão. Por certo, onde hoje se encontra a cidade de Alvorada de Minas deve ter sido o ponto de descobrimento e de primeiras lavras, com levantamento de ermida para o santo de devoção, nesse caso Santo Antônio, próxima à água potável, imprescindível para a sobrevivência dos primeiros moradores.

O primado do descobrimento era garantido pelo *Regimento dos Superintendentes e Guarda--mores*, publicado em 1702. Era necessário ser comunicado para as autoridades portuguesas. Nesse caso específico, para as autoridades locais a serviço da Coroa, especialmente o superintendente do distrito do Serro do Frio ou mesmo o guarda-mor. Tudo era fiscalizado também pelo procurador da Receita da Fazenda Real, presente desde o início da ocupação serrana em 1702.

A exploração das minas de ouro do Rio do Peixe por Geraldo Domingues se comprova pelo lançamento dos quintos obrigatórios, registrado no *Livro que há de servir da receita da Fazenda Real nesta Superintendência das Minas do Serro Frio que numerei e rubriquei na forma do estilo, e tem princípio aos vinte e três de fevereiro de mil setecentos e onze anos*:

> Aos vinte e cinco dias do mês de agosto de mil setecentos e onze anos, nestas minas do Serro do Frio, e Rio do Peixe delas, lanço em receita viva ao tesoureiro da Fazenda Real destas minas Antônio de Azevedo Chaves, cento e dezesseis oitavas, e um quarto de ouro em pó, que recebeu de Antônio Rabelo Paes como fiador de Gerardo Domingues, de quintos de sua majestade que Deus guarde, que o dito Gerardo Domingues tinha recebido, estava devendo, como parece do seu caderno que lhe servia de revista, de que fiz este termo que o dito tesoureiro assinou comigo escrivão eu Pedro Teixeira Cabral escrivão da Superintendência escrevi e assinei. Antônio de Azevedo Lopes, Pedro Teixeira Cabral[616]

Segundo previa a regra dos descobrimentos, Geraldo Domingues tinha o direito de demarcar as duas primeiras 30 braças quadradas de terras no leito do ribeiro em local fixado de acordo com sua vontade[617]. Após primar seus descobrimentos, ele era obrigado por força do *Regimento dos Superintendentes e Guarda-mores* de 1702 a consignar uma terceira propriedade à Coroa portuguesa para ser arrematada pelo melhor preço ofertado. Quem fiscalizava essa negociação era o procurador da Fazenda Real, Baltasar de Lemos de Morais Navarro, um dos descobridores das minas serranas em 1702, e nessa oportunidade mais dois oficiais eram obrigados a cobrar os rendimentos do ouro, o capitão-mor Manuel Corrêa Arzão e o superintendente das minas, Lourenço Carlos Mascarenhas de Araújo. Contudo, Geraldo Domingues não cumpriu a ordem do *Regimento*. Com isso, o sertanista Domingues foi acusado de causar danos aos cofres do tesouro da Coroa portuguesa.

---

[616] *Cf.* APM-CC 1005. Pedro Teixeira foi nomeado com provisão do governo da Capitania de São Paulo e Minas do Ouro datada de 7 de fevereiro de 1711 como escrivão da Superintendência do Distrito do Serro do Frio (APM-SC 07, Rolo 02, fl. 66v.). No dia 12 de agosto de 1725, sepultou seu anjinho, ou seja, a criança falecida após o nascimento sem batismo; no dia 11/03/1726 sepultou no adro da matriz sua escrava Francisca parda (AEAD, ÓBITOS 1725-1797, fl. 1).

[617] *Cf.* Boxer (1963, p. 62).

Além do *Regimento* de 1702, havia uma legislação complementar importante para dar ainda mais autoridade aos chefes das minas de ouro serranas. Uma delas foi publicada no dia 22 de janeiro de 1711. Trata-se do bando para que qualquer descobrimento de ouro que se fizer logo se dê parte ao governador e aos guarda-mores[618]. Percebe-se de imediato que abaixo do governador da Capitania de São Paulo e Minas do Ouro estava o guarda-mor das minas serranas, ou quem fizesse suas vezes em dado momento. Outra ordem, por exemplo, dada em 27 de novembro de 1711, proibia a presença de estrangeiros nas minas de ouro, obviamente os escravos africanos não eram contados como tal, nem mesmo os portugueses, apenas viajantes de outros países da América Latina e Europa[619].

Assim, o distrito do Serro do Frio era administrado pelos bandeirantes paulistas descobridores com primado das pintas de ouro e nesse caso, Manuel Corrêa Arzão[620]. Até este ponto Geraldo Domingues não havia cometido nenhum delito. Ele havia anunciado sua descoberta por conta do gesto de apresentar o ouro em pó para ser quintado diante do tesoureiro da Fazenda Real. O problema era de outra ordem: a partilha das terras para garantir à Coroa portuguesa recursos imediatos pela arrematação de suas braças de terras com as lavras de ouro. Podemos também inferir que havia uma disputa pelo poder de extrair ouro nas minas do Rio do Peixe, entrar nelas, investigar o pagamento dos quintos, conferir se havia contrabando e mais, podemos concluir que Arzão não considerou as lavras do Rio do Peixe adequadas para o exercício de sua autoridade. As lavras do Rio do Peixe eram lideradas por um homem que não se curvou ao poder dos antigos bandeirantes e isso fez com que os atritos tivessem início.

A apuração oficial de descumprimento da legislação minerária brasileira gerou a diligência militar do guarda-mor em exercício Manuel Corrêa Arzão às lavras do Rio do Peixe a fim de colocar ordem nas lavras descobertas por Geraldo Domingues, garantindo assim, os rendimentos da Fazenda Real. Uma diligência colonial podia gerar duas situações: a resolução do problema mediante ajuste de conduta com o malfeitor. Ou uma rejeição de reforma da conduta o que geraria um conflito armado. Foi o que aconteceu: Geraldo Domingues não aceitou mudar sua opinião, não aceitou consignar as lavras para a Coroa portuguesa e sua Fazenda Real, recebeu ordem de prisão e juntamente com seu grupo armado começou uma guerra civil com o grupo armado do guarda-mor. Não se sabe quantos morreram no combate e quantos dias ou meses durou a guerra civil entre a guardamoria das minas do Serro do Frio e os combatentes rebeldes do Rio do Peixe.

A informação sobre a guerra civil do Rio do Peixe ficou registrada no livro *Memória sobre o Serro antigo* de Dario Augusto Ferreira da Silva:

> Por essa ocasião houve no Serro do Frio motins e conflitos. Foram de mister providências governamentais e o governador Albuquerque, em 6 de fevereiro de 1711, "estando informado que no *distrito do Serro* tem sucedido várias inquietações e desordens ocasionadas entre o coronel Manuel Corrêa Arzão e Geraldo Domingues, sobre jurisdições, com prejuízos... por se não lavrarem os descobrimentos do ouro no Rio do Peixe, escalando-se este sem se repartir nem tirar a data de sua majestade, a que se seguiram tumultos com armas, desobedecendo-se as *ordens* do guarda-mor..., ordena a Garcia Roiz [Rodrigues]chegue ao dito Serro do Frio"... etc. Ora, as minas do Rio do Peixe são vizinhas das do Serro do

[618] RAPM, 1927, p. 279; APM-SC 07, Rolo 02, fl. 73v.

[619] RAPM, 1927, p. 279-280; APM-SC 07, Rolo 02, fl. 132.

[620] Bandeirante primeiro das minas do Serro do Frio, este paulista tem vários registros de patentes expedidas pelas autoridades governamentais: em ordem do dia 25 de maio de 1711, o guarda-mor Arzão era chamado de capitão-mor do distrito, e lhe incumbia seu governo (RAPM, 1927, p. 313; APM-SC 07, Rolo 02, fl. 104). Lembre-se que ele chegou nas minas serranas apenas com o título de capitão. Esta ordem evidencia o poder dado a Arzão para resolver o conflito no Rio do Peixe e o argumento de que Geraldo Domingues era considerado pelas autoridades de fora do Serro do Frio um contraventor.

Frio ou desta cidade. Quem venceu? Parece que foi Manuel Corrêa Arzão – porque: 1º. foi logo ereta a Vila do Príncipe; 2º. porque em 17 de abril de 1714, o governador dom Brás tendo consideração... a pessoa de Manuel Corrêa Arzão, ser *um dos primeiros descobridores do Serro do Frio*, tendo naquele distrito em tudo quanto se lhe encarregou com grande acerto, o nomeava e provinha no posto de capitão-mor... etc.; 3º. em 1715, saiu anistia aos revoltosos do Serro do Frio, que fizeram o motim...[621]

A informação do Dr. Dario sobre a guerra civil do Rio do Peixe esclarece, a partir do documento expedido pelo governador da Capitania de São Paulo e Minas do Ouro Antônio de Albuquerque Coelho de Carvalho, o que aconteceu, de fato no ano de 1711.

Primeiro, houve uma denúncia oficial contra Geraldo Domingues e de seus camaradas de luta armada ao governador, levando a questão do conflito à instância superior, obrigando o governador a tomar uma decisão para proteger os interesses da Coroa portuguesa, ameaçados pela disputa de poder ou de jurisdição, o que gerava prejuízos à Fazenda Real.

Segundo, não se tratava apenas de uma diligência malsucedida por parte do guarda-mor Manuel Corrêa Arzão e de seu comando militar, mas de sua derrota para o grupo armado de Geraldo Domingues, impondo outra ordem nos descobrimentos do distrito das minas do Serro do Frio. O descontentamento dos mineiros em relação à política dos descobrimentos regidos pelo *Regimento de 1702* era grande e isso provocou a rebelião de grandes proporções. Geraldo Domingues conseguiu unir os mineiros paulistas, baianos e mais um grupo de aventureiros e seus escravos para lutar contra o guarda-mor serrano. Como era comum nas guerras civis coloniais, o líder dos revoltosos recebeu a acusação formal de desobediência civil.

Terceiro, o problema não era o primado do descobrimento das datas por Geraldo Domingues — isso era direito líquido e certo do sertanista, mas exclusivamente o prejuízo que ele gerou à Fazenda Real não repartindo as datas da Coroa portuguesa, ou seja, impedindo os rendimentos reais com a rentável arrematação das lavras entre os interessados.

Quarto, o governador mandou seus soldados sob o comando de Garcia Rodrigues Velho prender Geraldo Domingues e demais amotinados, o que de fato ocorreu, sendo encarcerados na provisória cadeia do arraial do Serro do Frio. A patente de Garcia Rodrigues Velho foi passada no dia 6 de fevereiro de 1711[622] pelo governador D. Brás Baltasar da Silveira, em este "o investiu de poderes absolutos com jurisdição de regente do distrito do Serro para em sua passagem por ali sossegar os tumultos e desordens sanguinolentas, que se empenhavam entre o Coronel Manuel Correia Arzão e Gerardo Domingues, por causa da posse do Rio do Peixe"[623]. O teor completo da ordem do governador da capitania mineira mostra a necessidade de intervenção militar no litígio do Rio do Peixe:

> Ordem para o capitão-mor Garcia Rodrigues Velho que vai ao descobrimento das esmeraldas
>
> Antônio de Albuquerque Coelho de Carvalho. Porque sou informado que no distrito do Serro do Frio tem sucedido várias inquietações e de onde for ocasionadas entre o coronel Manuel Correa Arzão e Geraldo Domingues sobre jurisdições tanto em prejuízo do serviço de sua majestade e de sua real fazenda e bem como daqueles povos por senão levarem o descobrimento do ouro no ribeirão do Peixe, escalando-se este sem se repartir nem tirar

---

[621] SILVA, 1928, p. 9-10, grifos do autor.

[622] Nesse dia, o capitão-mor Garcia Rodrigues (ou Roiz) Velho "que vai ao descobrimento das esmeraldas" recebeu ordem para "pôr paradeiro nos conflitos de jurisdições entre coronel Manuel Correa Arzão e Gerardo Domingues" (RAPM, 1927, p. 312). Ainda nesse dia, o governador Antônio de Albuquerque por ordem encarregou do governo do distrito do Serro do Frio ao mestre-de-campo Manuel Alves de Morais Navarro (RAPM, 1927, p. 312). *Cf*. APM-SC 07, Rolo 02, fl. 64v. Ver Anexo 5.

[623] VASCONCELOS, 1974a, p. 221.

> a data de sua majestade a que se seguiram vários tumultos com armas, desobedecendo as ordens do guarda mor; ordeno ao capitão mor Garcia Rodrigues Velho que vai aos descobrimentos das esmeraldas, chegue ao Serro do Frio, e que nos arraiais dele tome uma verdadeira informação de tudo sobredito, e motivos que para isso houve, e de quem foi o agressor de semelhantes desordens, inquirindo as pessoas de melhor crédito e suposição, e que possam em verdade declarando, fazendo mesmo por fornecer todos aqueles moradores incógnitos em suas discórdias dando me que de tudo muito particular com toda a brevidade cuja diligência hei por muito encarregado ao dito capitão mor Garcia Rodrigues Velho; e para bem o fazer lhe concedo a jurisdição necessária; e ordeno a todos aqueles moradores cabos de guerra ministros da justiça obedeçam ao dito capitão mor Garcia Rodrigues Velho no que lhes ordenar, e for do serviço de sua majestade, e a bem da diligência, e [ofício] do dito capitão mor, e do seu talento e que tudo executará com todo acerto; depois do que poderá continuar a sua jornada na forma do regimento que leva. Esta minha ordem se registrará na secretaria deste governo. Sabará, 6 de fevereiro de 1714, o secretário Manuel da Fonseca a fez escrever. Antônio Albuquerque Coelho de Carvalho[624].

Geraldo Domingues tinha três opções: enfrentar o governo até esgotar seu estoque de armas, munições e vidas. Fugir pelo sertão mineiro perdendo suas prerrogativas de sertanista, sofrendo devassa e sequestro de todos os seus bens. Ou se entregar como líder da revolta e apaziguar o conflito. Ao que parece, percebendo a dimensão do confronto, o líder se entregou. Com isso, manteve sua reputação diante dos "homens bons" das minas do Serro do Frio como liderança de oposição aos desmandos do governo.

Apesar da condição de prisioneiro, ele deve ter entrado com um pedido de soltura e de anistia das acusações como era comum e pouco tempo depois já estava livre juntamente com seus camaradas, sendo a anistia publicada em 1715[625]. A estratégia de permanecer vivo e atuante nas minas do Serro do Frio pareceu acertada: ele manteve seu privilégio de "homem bom", criou reputação de bravura e coragem e acabou reconhecido como bom negociador, assumindo o cargo de juiz ordinário em 1714, na primeira câmara da Vila do Príncipe.

Quinto, e talvez aqui está o grande ensinamento desse episódio para nosso estudo, foi tomada a decisão oficial de elevar as minas do Serro do Frio à Vila do Príncipe, ampliando os mecanismos ou dispositivos biopolíticos de controle social, com pelourinho, câmara e cadeia oficial, não sem antes elevar a autoridade do "vencedor" da guerra civil Antônio Corrêa Arzão, promovendo-o a capitão-mor do distrito das minas serranas.

Sexto, Geraldo Domingues como "homem bom" tornou-se o primeiro juiz ordinário da Vila do Príncipe em 1714 juntamente a outros três vereadores e o procurador do ano, tendo sua anistia oficial publicada em 1715[626]. A nova nomeação de Arzão não deixa dúvidas sobre o processo que transitava na recém-criada Vila do Príncipe:

> Dom Brás Baltasar da Silveira. Faço saber aos que esta minha carta patente virem que tendo em consideração aos muitos merecimentos, conhecida nobreza capacidade e mais requisitos que concorrem na pessoa de Manuel Correa Arzão, e a grande satisfação com que está exercitando o posto de capitão-mor do distrito de Vila Nova do Príncipe sendo um dos primeiros descobridores dele cujo serviço foi importantíssimo ao aumento dos povos deste governo e da Fazenda de sua majestade, e por todos os respeitos e ter por certo que em tudo o de que o encarregar se haverá com o singular acerto com que até agora

---

[624] APM-SC 09, Rolo 02, fl. 64v.

[625] Informação creditada a: Silva (1928, p. 10).

[626] Cf. Briskievicz (2017).

o tem feito desempenhando a confiança que faço de sua pessoa e das obrigações de seu nascimento, hei por bem de o encarregar do governo do distrito de Vila Nova do Príncipe, e dos novos descobrimentos com todas as suas dependências para o ter enquanto houver por bem ou sua majestade não mandar o contrário, e por esta hei por metido de posse, e haverá o juramento dos santos evangelhos na câmara da dita vila de que se fará termo nas costas desta patente, e lhe encomendo cuide e trate na boa forma em que devem estar os auxiliares, e Ordenança de pé e de cavalo da dita vila, e seu distrito mandando-lhe fazer exercícios para se conservarem em [...] outrossim dará aos ministros, e oficiais de justiça todo o favor para as diligências dele, e porque sua majestade me ordena o informe do procedimento com que o servirem todas as pessoas deste governo encomendo do mesmo Manuel Correa me dê conta muito particular de tudo tanto de auxiliares como da Ordenança de pé e de cavalo que assistem no dito distrito lhe obedeçam, e cumpram suas ordens tão pontualmente como devem, e assim eles como oficiais de justiça o respeitarão, estimarão como pessoa na parte competente faz as minhas vezes e lhe deixarão gozar de todas as honras preeminências e privilégios que lhe sã concedidos, e se permitem as pessoas que ocupam semelhantes cargos, e para firmeza de tudo mandei dar esta patente por mim assinada e selada com o sinete de minhas armas que se cumprirão tão inteiramente como nela se contém da dita vila dada nesta Vila de Nossa Senhora do Carmo aos vinte dias do mês de junho de mil setecentos e quatorze. D. Brás Baltazar da Silveira[627].

O texto anterior e a explicação do Dr. Dario sobre a Revolta do Rio do Peixe mostram com clareza como era o gesto pedagógico colonial desse contexto de disputa de poder: Geraldo Domingues não era apenas um amotinado, um rebelde, um infrator das leis oficiais, mas no imaginário popular ele era uma vítima dos desmandos portugueses a partir dos bandeirantes paulistas descobridores das minas do Serro do Frio, encarnado na figura do guarda-mor Antônio Corrêa Arzão.

A desobediência civil de Domingues parece ter recebido o reconhecimento popular, pelo menos do grupo dos paulistas que não desfrutava dos cargos oficiais do governo das minas do Serro do Frio e vivia das lavras de ouro e das atividades agrárias e pastoris em seu distrito. Ao assumir o cargo de juiz ordinário da primeira câmara da Vila do Príncipe a desobediência civil de Geraldo Domingues foi elevada à categoria de atitude política relevante para a população serrana. Por outro lado, como temos demonstrado, o papel dos bandeirantes paulistas descobridores era o de implantar minimamente o sistema de exploração das lavras de ouro para gerar rendimentos do quinto para a Coroa portuguesa, justificando suas provisões, cargos e funções públicas. Depois dos primeiros anos das minas do Serro do Frio, a decisão do governo da capitania em elevar o arraial à vila parece se justificar pelo receio de novos motins e novas rebeliões.

De acordo com Fonseca, quando ela está explicando o desfecho da Guerra dos Emboabas (1709-1711) entre portugueses reinóis ou emboabas e os paulistas:

> A concessão do título de vila a certos arraiais foi um dos principais dispositivos adotados para atingir os objetivos descritos. Com a instituição de câmaras nas povoações principais, haveria juízes para administrar a justiça em primeira instância e corpos de milícia para controlar os territórios concelhios: além disso, a distribuição equitativa dos ofícios judiciários e administrativos entre os poderosos locais poderia contribuir para o fim das disputas entre reinóis e paulistas[628].

A análise anterior é bastante importante para nosso estudo da Revolta do Rio do Peixe. A criação da Vila do Príncipe foi uma solução viável na crise da estrutura governamental das minas

---

[627] APM-SC 09, Rolo 02, fl. 130v.-131.

[628] FONSECA, 2011, p. 159.

serranas. De fato, haveria uma distribuição dos poderes mais equânime entre o grupo dos desco-bridores e o outro, dissidente e rebelde às ordens da Coroa portuguesa. A estratégia de distribuir o poder abrindo a participação nos processos decisivos do corpo político para outras lideranças locais parece ter tido sucesso. Pelo menos não houve reincidência das lutas armadas. A Guerra dos Emboabas havia ensinado ao Governo-Geral do Brasil a lição básica da política: é preciso dividir os inimigos para bem governar. Assim,

> Ao contrário do que se afirmava outrora, a Guerra dos Emboabas não configurou uma 'revolta nativista' expressa no conflito entre os paulistas, desbravadores das Minas, e os 'estrangeiros' ou portugueses; antes, foi "uma luta muito específica pelo poder, terras e ouro na nascente Minas Gerais", exprimindo "o anseio crescente dos poderosos locais pelo controle da administração regional[629].

A consequência desta guerra civil ou conflito civil foi a criação da Capitania de São Paulo e Minas do Ouro em 1709, com a consequente divisão do território mineiro para melhor governá-lo prossegui até 1720, com a criação da Capitania de Minas Gerais e a divisão da Comarca de Sabará para a criação da Comarca do Serro do Frio[630].

O processo da Guerra dos Emboabas pode ajudar na compreensão da Revolta do Rio do Peixe: ela foi uma disputa por poder entre os paulistas sertanistas e mineiros, ou melhor, por braças de terras de lavras ou datas de ouro, na tentativa de questionar e enfrentar a premissa de concessão das melhores lavras para a Coroa portuguesa, a fim de gerar rendimentos pela arrematação pública. A pergunta seria, então: quem tem direito às lavras, senão os que nela trabalham? Para a Coroa portuguesa, todo o ouro mineiro era do rei, e ponto final. Para os mineiros, era necessário rever os privilégios régios sobre os descobrimentos.

A explicação de outro importante historiador Geraldo Dutra Morais para a Revolta do Rio do Peixe relaciona o clima da Guerra dos Emboabas em processo de ampliação nas minas do Serro do Frio. Na sua perspectiva, "a primeira reação nativista manifestou-se com o sanguinolento levante denominado 'Emboabas', motivado pela ebulição de espíritos entre paulistas e portugueses; a insur-reição desdobrou-se, assustadoramente, por toda a extensão das Minas, repercutindo no longínquo Arraial das Velhas do Serro do Frio"[631].

Para Morais, em seu clássico livro sobre a história de Conceição do Mato Dentro, há alguns equívocos na narrativa da guerra civil serrana. Segundo sua leitura, a Revolta do Rio do Peixe acon-teceu em meados de 1709 (de fato foi em 1711). A culpa do litígio teria sido do coronel Manuel Corrêa Arzão, que teria abusado de sua autoridade e de maneira despótica teria monopolizado as lavras de ouro do Rio do Peixe, gerando prejuízos aos faiscadores. O conflito surgiu, então, por causa da retaliação do guarda-mor à invasão das terras demarcadas, que de fato teriam sido espoliadas. Seguiu-se o conflito: "Arzão e seus sectários expulsaram, ostensivamente, os amotinados com uma saraivada de descargas de escopetas; depois da escaramuça houve mortos e feridos e, então, surgiram ressentimentos e ódios contra a pessoa despótica do guarda-mor"[632].

Seguindo ainda a narrativa de Morais, os amotinados teriam pedido a proteção do "valente caudilho Geraldo Domingues, velho antagonista do português-reinol. Feriu-se renhido duelo entre

[629] GOUVÊA, Maria de Fátima Silva. Guerra dos Emboabas. *In:* VAINFAS, Ronaldo (dir.). *Dicionário do Brasil Colonial* (1500-1808). Rio de Janeiro: Objetiva, 2000, p. 270-272, p. 272.

[630] *Cf.* Boxer (1963, p. 71).

[631] MORAIS, 1942, p. 171.

[632] MORAIS, 1942, p. 171.

os dois poderosos e a revolta alastrou-se por todos os distritos. A luta prossegue tornando-se necessárias enérgicas providências governamentais para a jugulação daquele morticínio"[633]. Interessante da história contada por Morais é o fato de que Arzão era considerado português reinol, quando de fato era paulista. Uma influência da perspectiva explicativa a partir dos grupos de paulistas e portugueses da Guerra dos Emboabas. Importante registro surge, então.

No dia 6 de fevereiro de 1711, o capitão general Antônio de Albuquerque expediu a ordem para conter o conflito:

> [...] estando informado que no distrito do Serro do Frio, tem sucedido várias inquietações e desordens ocasionadas entre o coronel Manuel Corrêa Arzão e Geraldo Domingues, sobre jurisdições, com prejuízos por não se lavrarem os descobrimentos do ouro do Rio Peixe, escalando-se este sem repartir nem tirar a data de sua majestade, a que se seguiram tumultos com armas, desobedecendo as ordens do guarda-mor, ordeno ao dito Garcia Roiz [Rodrigues] Velho chegue ao dito Serro do Frio e fala severa devassas, mandando prender os transgressores, etc.[634].

Na versão de Morais, Geraldo Domingues, sertanista paulista, chamado de "humilde caboclo" teria se tornado o antagonista do português reinol Arzão. Influência do imaginário da Guerra dos Emboabas, sem dúvida, posto que Arzão foi chamado de líder dos "buavas", ou seja, emboabas, nome dado aos portugueses naquele conflito[635]. Assim, concluiu o estudioso da história mineira:

> [...] muitos conseguiram escapar da tremenda "devassa", verdadeiro suplício medieval, hominizando-se nos distritos de Conceição do Mato Dentro – asilo dos oprimidos... finalmente, em 1715, já no governo de d. Brás Baltazar da Silveira, sua majestade d. João, o quinto "[...] apiedando-se dos revoltosos do Serro do Frio que fizeram um motim, houve por bem conceder-lhes anistia na forma, etc."[636].

A Revolta do Rio do Peixe segundo a versão de Morais teria colocado em oposição assim como a guerra do Emboabas, portugueses reinóis (Arzão seria o líder) e caboclos ou brasileiros (Domingues seria o chefe do grupo). Contudo, como teremos oportunidade de esclarecer, o conflito se deu entre o grupo dos paulistas ligados ao descobrimento das minas do Serro do Frio e seus defensores e os paulistas e baianos[637] dissidentes capitaneados por Geraldo Domingues, ligado diretamente aos comerciantes de gado da Bahia. Os poucos portugueses ou reinóis provavelmente escolheram o lado do bandeirante paulista, pois contavam com a proteção da sua Coroa para qualquer eventualidade relacionada à perda de direitos[638].

---

[633] MORAIS, 1942, p. 171.

[634] MORAIS, 1942, p. 171-172. Ver: Anexo 5.

[635] *Mbuâb*, ou seja, uma imagem pejorativa comparando o vestuário dos portugueses ao de um pinto calçudo, ou pintainho de calças (ROMEIRO; BOTELHO, 2013, p. 205).

[636] MORAIS, 1942, p. 172.

[637] O ponto de vista de Alencastro (2000, p. 203) concorda com a visão de Morais: "paralelamente ao movimento de expansão comercial fluminense, Lisboa toma providências para barrar o autonomismo paulista; Santos e o litoral sul são submetidos ao governo do Rio de Janeiro (1698), é criada a capitania de São Paulo e Minas do Ouro (1709), os paulistas são derrotados na Guerra dos Emboabas (1709-11), a Coroa adquire de seus donatários a capitania de Santos e São Vicente (1712). Minas Gerais forma capitania à parte (1720), o terminal do ouro de Parati é anexado à capitania fluminense (1726), Goiás e Mato Grosso também ganham autonomia (1648) e enfim, o próprio governo de São Paulo passa a ser uma dependência administrativa do Rio de Janeiro (1748-65)". Contudo, no caso as minas serranas a disputa foi outra.

[638] Na visão de Morais (1942, p. 172-173), desde os primórdios, "o Serro do Frio exerceu a mais torpe jurisdição sobre os seus distritos, destacamentos, aldeias e registros; a Ouvidoria, a polícia, a Câmara do Senado e os 'nobres' esbirros da Coroa – sôfregos na arrecadação excessiva – foram os mais abomináveis verdugos dos infelizes moradores de Conceição do Mato Dentro; estipulavam quotas ilegais, exigiam vantagens e concessões nas datas, confiscavam propriedades prendiam, açoitavam e se alguém recusasse satisfazer as arrogantes exigências das autoridades, era submetido imediatamente a uma farsa de sumário e no mesmo dia condenado as penas e multas respectivas"; ele narrou sob este ponto de vista o motim de 26 de novembro de 1735: "regressando o juiz ordinário José de Souza Pereira e o vereador Antônio Alves da Silva de uma viagem que empreenderam à Vila Rica, onde

Geraldo Domingues[639] foi biografado no *Dicionário de Bandeirantes e Sertanistas do Brasil* como "sertanista de São Paulo, filho de João Luís dos Passos e de sua mulher Benta Garcia". Contudo, segue uma informação incorreta na sequência de sua história: "estabeleceu-se em Pitangui, nas Minas--Gerais, onde fez grande fortuna e teve uma célebre luta com o coronel Manuel Corrêa de Arzão, em 1711"; como vimos, ele viveu nas minas do Serro do Frio e sua Vila do Príncipe, pelo menos até 1726, quando em suas atividades de sertanista — possuía para isso provisão, armas e grande bando ou grupo de ajudantes — "desempenhou várias incumbências referentes ao sertão, a solicitação do Governo-Geral do Brasil, sendo que uma delas foi a de combater o gentio bravo [índios], que infestava o sertão do rio Pardo, em 1726"[640]. A passagem célebre de sua biografia replicada pelos estudiosos dos sertanistas brasileiros foi ter enfrentado a Coroa portuguesa, representada pelo bandeirante paulista descobridor das minas do Serro do Frio, o guarda-mor Manuel Corrêa Arzão.

A Revolta do Rio do Peixe foi um acerto de contas entre dois grupos que disputavam o poder nas minas do Serro do Frio em 1711. De um lado, o grupo dos paulistas e portugueses apoiadores dos bandeirantes descobridores das minas do Serro — especialmente Manuel Corrêa Arzão — que tinha o interesse de manter boas relações com aqueles "homens bons", ligados ainda aos interesses da Coroa portuguesa na colonização do território mineiro e serrano.

O outro grupo era formado por paulistas e baianos — em especial os comerciantes de gado provenientes dos caminhos da Bahia — que tinha interesse em deslocar o poder dos bandeirantes descobridores para outros tipos de relações de privilégios no sistema das mercês da Coroa portu-guesa[641]. É importante ressaltar que a disputa pelo poder e autoridade tanto do grupo de Arzão quanto

foram receber instruções do governador, quando passavam pelo arraial de Conceição, nas proximidades das lavras do Gambá, onde os mineradores e agregados rasgavam as entranhas da terra para tirarem o ouro que brotava com surpreendente profusão, arbitrariamente, os dois 'jactanciosos' funcionários do senado apreenderam e declararam propriedade da Coroa todo o ouro em pó que os faiscadores haviam armazenado em suas bruacas, sob a iníqua alegação de que estavam lesando o fisco real, na contribuição devida do imposto de 'capitação', fixado pela ordem régia de 1º de julho de 1735. Os humildes mineradores estavam habituados com a 'quintagem' pela barreteação e desconheciam, ingenuamente, o engenhoso sistema implantado por Gomes Freire... O povo sentiu-se esbulhado e foi então que se verificou o desenlace da trama. Assaltaram resolutamente os 'bagageiros' e apossaram-se do ouro apreendido. Diante do vil desacato a sua impoluta autoridade, o juiz Sousa Pereira apelou para as forças do destacamento constituído, as quais foram rechaçadas a pedradas. João de Oliveira Galvão arvora-se em chefe da masorca e insurge à frente de numerosa horda. A notícia da intentona chega ligeira ao Serro e recursos são enviados imediatamente. O pacato arraial de Conceição viveu cinco dias num ambiente de lutas, incertezas e de insegurança. No dia 1º de dezembro do referido ano os soldados do Serro atacaram, inopinadamente, o reduto insurreto, prendendo os responsáveis e cometendo as maiores atrocidades. Desde essa época, Conceição do Mato Dentro viveu constrangida, amordaçada e secularmente perseguida pelo vingativo e autoritário Senado da Câmara do Serro Frio! Entretanto, o futuro demonstrou-lhes que muito precárias são as bases de uma instituição política, quando assentadas na violência..." *Cf.* Magalhães (2012, p. 164).

[639] Segundo Leme (1903, v. VII, p. 102-103, grifo nosso), a família "Domingues" teve a seguinte origem: "é este um Tit[ulo] novo, sobre o qual não escreveu Pedro Taques, que apenas fez menção de alguns membros desta família em Tit[ulo] Godoys, e outros; entretanto, se bem que o tronco desta família fosse um simples povoador sem nobreza conhecida e sem brasão de armas, os seus descendentes se tornarão nobres pelos feitos e serviços à causa pública. Teve começo a família Domingues em Pedro Domingues casado com Clara Fernandes, o qual foi um dos povoadores de São Vicente e São Paulo, como o declarou seu filho do mesmo nome quando em 1638 requereu, juntamente com sua cunhada Catharina Ribeiro, viúva, ao capitão Antônio de Aguiar Barriga, governador da capitania de S. Vicente e representante do conde de Monsanto, uma sesmaria em Santo Amaro, perto de São Paulo. Declarou ser de 60 anos de idade e ter filhos e filhas casadeiras e que ajudou nas guerras de conquista do país. De Pedro Domingues e Clara Fernandes descendem que descobrimos: Cap. 1.º Amaro Domingues Cap. 2.º Pero Domingues Cap. 3.º Leonor Esteves; Amaro Domingues, natural de S. Paulo, foi casado com Catharina Ribeiro (irmã de André Mendes Ribeiro que foi casado com Izabel de Saavedra) fl.ª de Brás Mendes e de Catharina Ribeiro; faleceu em 1636 com testamento". Eram pais de Clara Domingues, filha do Cap. Amaro Domingues. Ela casou em 1642 em S. Paulo com Antônio Luiz do Passo, natural de Itanhaém, falecido em 1666, fl.º de Gaspar Luiz do Passo e de Agueda Martins; faleceu com testamento em 1675 em S. Paulo, e teve seus filhos Catharina Ribeiro já casada em 1666 com Domingos de Sousa e *João Luiz do Passo já casado em 1666 com Benta Garcia*, falecida em 1732 em Santo Amaro, fl.ª de Miguel Garcia Carrasco e de sua 2.ª mulher Izabel João [...]. Eles eram os pais de Clara Domingues do Passo, Izabel João, Gaspar João do Passo, Antônio Luiz do Passo, *Geraldo Domingues que foi potentado em Serro Frio onde disputou ao coronel Manuel Corrêa de Arzam a suprema autoridade pelos anos de 1711* e Matheus Domingues". Segundo Franco (1989, p. 270), no ano de 1714 o procurador da Fazenda Real Baltasar de Lemos de Morais Navarro "foi em companhia de Antônio Luís dos Passos, irmão do potentado do Serro-Frio Geraldo Domingues, para sertão em que os antigos paulistas teimavam existir esmeraldas".

[640] FRANCO, 1989, p. 144.

[641] Geraldo Domingues é um sertanista cuja biografia e atuação mostra a dinâmica política do gesto pedagógico colonial nas minas serranas. Ele já atuava como um magistrado da Coroa portuguesa recolhendo o tributo das cabeças de gado que entravam nas minas serranas e seu vasto termo.

do grupo de Domingues diante dos mineradores e comerciantes, ou seja, diante dos habitadores do nascente arraial serrano, se dava prioritariamente na centralidade das "pousadas" ou "ranchos" desses "homens bons".

O deslocamento da guerra civil para o Rio do Peixe diz respeito à criação de um espaço próprio de amotinamento e desobediência civil onde a batalha era possível e tudo podia acontecer sem os olhos dos habitadores do nascente arraial. Tudo se deu, então, num território de descobrimento de minas periférico, mas impulsionado pelo arranchamento desses homens próximos aos ribeiros atualmente chamados do Lucas e Quatro Vinténs. Evidente que afirmamos que a disputa se dava, basicamente, pelas autorizações desses homens no arraial serrano.

Vejamos como essa disputa se apresentava na formalidade dos documentos oficiais. Manuel Corrêa Arzão era do grupo dos descobridores das minas do Serro do Frio[642]. O prolongamento de sua autoridade por meio dos melhores cargos passou a desagradar o grupo de Geraldo Domingues, que não tendo a primazia do descobrimento das minas do Serro do Frio e Itacambira não podia assumir o protagonismo de novos descobrimentos sem o aval do herdeiro direto de Antônio Soares Ferreira, que era Arzão.

O cargo de capitão-mor do distrito das minas do Serro do Frio foi confirmado formalmente pelo governador da Capitania de São Paulo e Minas do Ouro, D. Brás Baltazar da Silveira, em 25 de maio de 1711, o pedido de Arzão. A pedido, ou seja, ele necessitou de confirmação do governador da capitania para atuar contra Geraldo Domingues, configurando que a desobediência dele seria tratada como crime contra a Coroa portuguesa. Por que Arzão precisava dessa confirmação? Para estabelecer oficialmente seu comando militar contra os revoltosos.

Mas como Geraldo Domingues passou de camarada dos bandeirantes paulistas descobridores a inimigo número um dos mesmos emissários da Coroa portuguesa?

O processo foi lento: Geraldo Domingues era sertanista paulista conhecido do governo brasileiro, herdeiro da fama de seus antepassados terem sido prestadores de serviços oficiais para a dizimação de aldeias indígenas no sertão, era branco, "homem bom", letrado, influente nas lavras de ouro, dono de escravos e ligado aos comerciantes de gado da Bahia.

A Revolta do Rio do Peixe talvez tenha sido uma recolocação das autoridades locais das minas do Serro do Frio em seus postos efetivos de dar ordens e comandar o processo de colonização serrano. Uma luta pelo poder local entre portugueses e paulistas que acreditavam na influência de Arzão com outro grupo de paulistas e baianos que se sentiam preteridos no processo de colonização das minas serranas. No fundo, um problema comum: a cobrança do quinto sobre o ouro e sobre os carregamentos de gados vindos da Bahia.

O capitão paulista Geraldo Domingues assumiu um posto importante nas minas serranas por volta de 1710. Ele era o administrador dos rendimentos do gado para corte, ou seja, o oficial da Fazenda da Real responsável pela cobrança dos quintos dos comerciantes de carne bovina das minas do Serro do Frio.

Essa função tributária é típica da governança da municipalidade pelo Senado da Câmara (MAGALHÃES, 2012, p. 150). Uma definição política da Guerra dos Emboabas dada pelo governador Antônio de Albuquerque determinou que nas vilas novas ocupassem os cargos igual número de reinóis e paulistas. No caso das minas serranas e de sua Vila do Príncipe, houve outra resolução: os paulistas poderosos tiveram que compartilhar o espaço de poder, obrigados à nova conformação das relações do gesto pedagógico colonial. Segundo Magalhães (2012, p. 161), "dificuldades que lentamente vão se resolvendo; e estava bem entendido que as câmaras deviam disciplinar e representar a população: em simultâneo; o que muitas vezes não acontecia porque os que compunham e ocupavam os lugares de juízes ordinários, vereadores e procurador do concelho o faziam em benefício próprio ou para orientar a comunidade segundo os seus interesses particulares ou de grupo".

[642] Ver: Figura 52.

Isso fica claro na abertura do livro específico para a administração desse importante negócio para a Coroa portuguesa:

> Ano de nascimento de [nosso] senhor Jesus Cristo de mil setecentos e dez anos em pousadas do capitão Geraldo Domingues comigo escrivão [...] [cho] aos sete dias do mês de janeiro do dito ano [...] folhas do livro do registro da Fazenda de sua majestade que Deus guarde e se acharam neste livro cinquenta e seis folhas aos quais o dito capitão Geraldo Domingues com folha por folha contou de que me mandou fazer este termo e comigo assinou no seu arraial destas lavras velhas do Serro do Frio Ribeiro de Nossa Senhora da Purificação e eu Marçal Nunes Simões escrivão o escrevi e o assinei. Marçal Nunes Simões, Geraldo Domingues[643].

A nomeação para o cargo de administrador dos rendimentos de gados foi uma forma de privilégio reconhecido pelo governo da Capitania de São Paulo e Minas do Ouro, mas se tratava de uma função subordinada ao capitão-mor, Manuel Corrêa Arzão. Vejamos o que acontece no lançamento seguinte que sobreviveu à ação do tempo:

> Termos de pagamento do imposto sobre o gado
>
> Aos doze dias do mês de abril de mil setecentos e dez anos em pousadas do capitão Geraldo Domingues a cujo cargo esta administração destas lavras velhas do Serro do Frio e arrecadação da Fazenda Real perante ele apareceu o alferes João de Azevedo e Carvalho e por ele foi dito queria dar entrada do gado que nestas lavras velhas mandava cortar e de presente trazia trinta cabeças de gado, vinte bois e dez vacas que de tudo queria pagar os quintos a sua majestade que Deus guarde o que visto pelo dito capitão Geraldo Domingues mandou fazer e eu Marçal Nunes Simões escrivão o escrevi e comigo assino o sobredito. João de Azevedo e Carvalho[644].

As pousadas do capitão Geraldo Domingues foram nomeadas como o lugar da administração das lavras velhas do Serro do Frio e da arrecadação da Fazenda Real. Isso não correspondia à realidade dos fatos: o controle da arrecadação de todos os tributos da Coroa portuguesa cabia ao tesoureiro da Fazenda Real, a quem Geraldo Domingues era subordinado.

O contato de Geraldo Domingues com estes comerciantes de gado da Bahia não era apenas formal, de pagamento de tributos, obviamente. Era um contato cotidiano para garantir o abastecimento das "lavras velhas"[645], sujeito a troca de favores e favorecimentos. Era um contato de camaradagem, de conversas, de trocas de informações e de muitas desobediências. Era um cargo que projetava socialmente o capitão Domingues. Um cargo oficial com muitas autorizações ligado à capacidade de descobrimentos de novas lavras pelo capitão paulista. Um conjunto de atividades que minaram as relações com os antigos bandeirantes.

A disputa entre Arzão e Domingues se deu onde o primeiro podia questionar sua autoridade. E assim foi feito: Arzão acusou Domingues de usurpar as lavras do Rio do Peixe, ou seja, de cometer o crime de não dar à Coroa portuguesa as melhores lavras, conforme relatou o governador da capitania mineira, afirmando que sua intervenção era necessária, por conta das "inquietações e desordens ocasionadas entre o coronel Manuel Corrêa Arzão e Geraldo Domingues, sobre jurisdições, com prejuízos"[646]. Impossibilitando uma correta exploração das lavras do Rio do Peixe, "escalando-se

---

[643] APM-CC 1003.

[644] APM-CC 1003. Ver: Anexo 12.

[645] As minas do Serro do Frio de 1702 a 1714 teve como ponto central o arraial que se tornou a Vila do Príncipe. O termo "lavras velhas" é indicativo de que ali era o ponto mais antigo de exploração das pintas de ouro. Não consideramos correto inferir que o arraial das minas do Serro do Frio se chamou em algum momento "arraial das Lavras Velhas". A anotação do escrivão é feita para a Fazenda Real, para pessoas que não conheciam a realidade do lugar, por isso, para possibilitar uma identificação futura usava-se o adjetivo de lavras ou minas velhas, ou mesmo primitivas, no sentido de anotar que era o rancho ou pousada original daquele território.

[646] SILVA, 1928, p. 10.

este sem se repartir nem tirar a data de sua majestade, a que se seguiram tumultos com armas, deso-bedecendo-se as *ordens* do guarda-mor"[647].

No dia 30 de março de 1712, um lançamento registrado no *Livro que há de servir da receita da Fazenda Real nesta Superintendência das Minas do Serro Frio que numerei e rubriquei na forma do estilo, e tem princípio aos vinte e três de fevereiro de mil setecentos e onze anos*[648] mostra que as lavras do arraial do Rio do Peixe estavam vigiadas ostensivamente — ou sitiadas de fato? — pelos oficiais serranos e os sertanistas enviados pelo governo da capitania.

Operou-se uma devassa e apuradas 122 oitavas de ouro em pó, que foram entregues ao escrivão das execuções das minas serranas, Domingos Pereira Samora, pelo capitão-mor Manuel Correia Arzão,

> [...] de quintos de sua majestade que Deus guarde, que o dito capitão maior tinha recebido, como parte do livro que lhe servia de receita e falta treze, de que fiz este termo, que o dito superintendente assinou comigo escrivão, e eu Domingos Pereira Samora escrivão das execu-ções destas Minas, que de presente sirvo também da Superintendência o escrevi e assinei[649].

A Revolta do Rio do Peixe teve o desfecho bem diferente em relação ao descobridor das minas do Serro do Frio, o guarda-mor Antônio Soares Ferreira. Em 1718, o bandeirante paulista primava descobrimentos na região de Conceição do Mato Dentro quando recebeu ordem do governo para abandonar aquelas datas ou lavras. Na época, o governador da Capitania de São Paulo e Minas do Ouro era D. Pedro Miguel de Almeida Portugal, o conde de Assumar, conhecido na história mineira como quem acabou com a Revolta de Vila Rica[650] liderada por Filipe dos Santos, em 1720.

O conde de Assumar não costumava negociar com os rebeldes, ou quando simulava acordos, não os cumpria, como aconteceu com a guerra civil da Vila Rica, que acabou com o esquartejamento de seu líder. Antônio Soares Ferreira resolveu desobedecer às ordens do governador em abandonar suas lavras. Sabendo que o governador conde de Assumar enviara a comitiva do coronel José Borges Pinto para dar cumprimento à ordem de prisão e sequestro de seus bens, juntou seus aliados em sangrenta batalha que culminou com seu assassinato[651].

Não ficou esclarecida a condição exata de sua morte, se por tiro durante a fuga ou por pena de morte cumprida no Mato Dentro depois de sua prisão. Fato é que o coronel José Borges Pinto tinha ordens para matar o bandeirante. Seguiu-se o sequestro de seus bens no distrito das minas do Serro do Frio e em São Paulo. Podemos afirmar que o assassinato do descobridor das minas do Serro do Frio foi um ensaio do que aconteceria na Revolta de Vila Rica poucos anos depois, com desfecho "exemplar" de esquartejamento de seu líder para servir de aviso a quem se insurgisse contra a Coroa portuguesa em crime de lesa-majestade.

A Revolta do Rio do Peixe, longe de ser um evento político isolado, mostrou para a Coroa portuguesa e seus funcionários no Brasil a necessidade de rapidamente modificar a autoridade dos sertanistas pela nova autoridade dos vereadores ou oficiais do Senado da Câmara, com poderes limitados ao seu ano de mandato. Assim, os problemas da colonização das minas do Serro do Frio pelos paulistas devem levar em conta que a Revolta do Rio do Peixe não era apenas um evento iso-

---

[647] SILVA, 1928, p. 10.

[648] APM-CC 1005.

[649] SILVA, 1928, p. 10.

[650] Para Starling (2018, p. 69), "a pauta de reivindicações da Sedição de Vila Rica escondia um projeto de República; tomava corpo entre os rebeldes de Vila Rica a autopercepção de que poderiam governar a si mesmos à sua própria maneira, escreveu conde de Assumar, usando o termo 'República' para nomear a engrenagem que assegurava a marcha da sedição". *Cf.* Anastasia (2012, p. 59-74).

[651] Ver: Figuras 52 e 53.

lado no território mineiro. Tratava-se de um ambiente de rigorosa disputa por lavras de ouro pelos sertanistas paulistas. Todos eles armados, com escravos, prontos para amotinarem-se em guerras civis sangrentas. Não por acaso, o governo da capitania de São Paulo e Minas do Ouro enviou tropas de sertanistas especializados em acabar com as sublevações.

Assim, o mestre de campo Manuel Álvares de Morais, sertanista paulista, acostumado a combater os indígenas nos sertões do Brasil[652], foi convocado pelo governador Antônio de Albuquerque Coelho de Carvalho em 1711 para conter as "desordens provocadas por Manuel Correia de Arzão e Geraldo Domingues [...]; dessa vila voltou a Pernambuco e ainda combateu índios no Açu". Foi convocado também pelo mesmo governador outro sertanista e mestre de campo renomado, Garcia Rodrigues Velho, filho de pai de mesmo nome, descobridor de ouro em Curitiba, onde se casou com Isabel Bicudo de Mendonça. Rodrigues Velho já bastante idoso estava à procura das esmeraldas nas Minas Gerais quando recebeu a provisão em 1711, "para aplacar a agitação então reinante no distrito do Serro-Frio; dessas diligências de Garcia Rodrigues Velho que atingiu o posto de coronel, não ficaram sabidos os resultados, sendo que pouco depois, em 1713, falecia"[653].

De que lado os sertanistas Manuel Álvares de Morais Navarro e Garcia Rodrigues Velho lutaram?

Evidentemente, do lado de Arzão, um dos descobridores das minas serranas e herdeiro dos altos cargos da burocracia portuguesa nos anos iniciais da exploração das lavras, tendo sido nomeado capitão-mor em 25 de maio de 1711. Não por acaso, a Revolta do Rio do Peixe teve seu momento mais tenso depois de sua nomeação, o que lhe garantia o privilégio real de estabelecer sua autoridade nas minas em processo inicial de prospecção, exploração, expansão e divisão seguindo as normas do *Regimento* de 1702.

A Revolta do Rio do Peixe teve como líder um "homem bom", sertanista, proprietário de escravos e reconhecido pelos bons serviços prestados à Coroa portuguesa na expansão do território mineiro, pois Geraldo Domingues não era apenas um aventureiro do ouro, mas um poderoso investidor nas lavras do ouro.

A vitória de Arzão contra Domingues contou com a ajuda de outros sertanistas provisionados pelo governo da capitania. Uma guerra entre iguais, acostumados a não terem questionadas suas decisões. Como temos demonstrado, a vitória de Arzão foi parcial, pois ele foi expulso das minas serranas depois que apoiou seu camarada Antônio Soares Ferreira contra os desmandos de conde de Assumar em 1720, culminando com a morte do descobridor das minas serranas.

Por outro lado, Geraldo Domingues fez a transição entre as normas do *Regimento* de 1702 para as normas das *Ordenações* que instituíram a Vila do Príncipe em 1714, tornando-se um dos oficiais a receberem a honra do governo da nova vila, depois de anunciada sua anistia (conquistada oficialmente em 1715, por ordem régia). Uma vila surgida após os confrontos da Revolta do Rio do Peixe.

Não por acaso, aos paulistas moradores da cidade de São Paulo foi garantido por ordem régia o acesso imediato à nobreza a quem servisse de oficial na Câmara do Concelho. Era uma forma de incentivar os "homens bons" a participarem da administração da república por meio das eleições pelo sistema de pelouros ou de sorteio entre os mais notáveis homens da sociedade paulistana. Isso pode ser lido na carta régia datada de 17 de janeiro de 1715:

[652] Para se ter uma noção de como se dava a relação entre o governo e os mestres de campos, há um trecho de uma carta de 1699, referindo-se à sua função no território brasileiro: "[...] Espero que Vossa Mercê tenha acudido ao Mestre de Campo Manuel Álvares de Morais Navarro, com tudo o que lhe pedisse, para a conquista dos Bárbaros, na forma das minhas ordens; as quais lhe torno a encarregar muito particularmente, e o mesmo faço sobre a união que Vossa Mercê deve ter com o dito Mestre de Campo, para que cada qual pela sua parte, obre o que deve no serviço de Sua Majestade, e logo este se fará com o acerto que convém, e como sei o cuidado, e zelo com que Vossa Mercê se tem havido nessa matéria, lhe não encareço mais a importância dela. Todas as munições que vão nesta ocasião são para essa fortaleza do Rio Grande, porquanto o Terço dos Paulistas levou todas as que pode haver mister. Deus guarde a Vossa Mercê. Bahia e março 5 de 1699. Dom João de Lencastre" (BN-DH, 1938, p. 52).
[653] FRANCO, 1989, p. 431.

Dom João por graça de Deus rei de Portugal e dos Algarves daquém e dalém de mar de África senhor da Guiné. Faço saber a vós governador e capitão general da Capitania de São Paulo e Minas que sendo-me presente a representação que me fizeste ser conveniente ao bom serviço da república dessa cidade conceder aos que servirem na Câmara dela, a nobreza e privilégio de cavaleiros para com ela obrigar aos sujeitos da melhor capacidade a servirem os ofícios da república fui servido fazer mercê por resolução de sete do presente mês e ano em consulta do meu Conselho Ultramarino aos paulistas do que todos os que na cidade de São Paulo servirem de juízes ordinários, vereadores e procuradores do Concelho fiquem com a nobreza de cavaleiros[654] e logrem os privilégios deles e isto no caso em que nas devassas gerais que na forma da Ordenação terão todos os anos os juízes ou nas da correição não fiquem culpados por erros de ofício para que sendo culpados não gozarão do tal privilégio e os que forem nas devassas da correição se livrarão seguros na forma ordinária de que vos aviso para mandares registrar esta ordem no livro delas na secretaria desse governo, e nas da Câmara para que nela conste esta minha resolução em todo o tempo [...][655].

Contudo, o privilégio de acesso à nobreza de forma oficial com o reconhecimento da Coroa portuguesa não era garantido apenas aos paulistas. Esse privilégio era compartilhado em todos os Senados da Câmara mineiros, em especial da Vila do Príncipe, no qual serviu Geraldo Domingues, paulista, opulentado e agora anistiado pelo governador da Capitania de São Paulo e Minas do Ouro. O que foi escrito para os paulistas do Concelho de São Paulo serviu por extensão a todos os "homens bons" do Brasil.

Ao que tudo indica, o último documento em que Geraldo Domingues apareceu recebendo outro privilégio real no sistema das mercês foi escrito em 23 de agosto de 1734, na ocasião em que recebeu a nomeação para o posto de coronel da Infantaria das Ordenanças do Rio Fanado e Capivari:

Geraldo Domingues

Houve sua majestade por bem tendo respeito ao dito capitão Geraldo Domingues estar provido pelo conde da Sabugosa vice-rei capitão general do estado do Brasil em o posto de coronel da Infantaria das Ordenanças que compreende o continente dos rios Fanado, e Capevary das Minas do Araçuaí criado de novo em verdade de uma provisão de 20 de julho de 1718 e que sua majestade ordenou aquele governo fizesse a [intento] da gente daquela cidade da Bahia, e seu recôncavo capaz de tomar armas e administrasse em companhias e regimentos e [provê] o dito posto de coronel em pessoa de valor capacidade e merecimento; atendendo o concorressem todas estas circunstâncias no dito Geraldo Domingues e a informação que da sua atividade e suficiência de o superintendente daquelas Minas e [recuperar] dele que em indo o de que for deste serviço se haverá com satisfação conforme a confiança que faz da sua pessoa. Há sua majestade por bem fazer-lhe mercê deu confirmar no dito posto de coronel da infantaria da ordenança [desempenhando] o continente de 2 Rios Fanado e Capevary das Minas do Araçuaí em que o proveu o dito vice-rei como qual não haverá soldo algum da Fazenda Real mas gozará de todas as honras privilégios liberdades [...] e franquezas que em razão do seu posto lhe pertencerem de que lhe foi passado carta patente por 2 Rios as 23 de agosto de 1734 [Assina][656].

[654] Segundo Raminelli (2016, p. 2), "desde o início da colonização, aos moradores da América estavam destinados somente três tipos de honraria: os foros de fidalgo, as comendas e os hábitos das Ordens Militares. Vale aí mencionar que os títulos da alta nobreza estavam vetados aos moradores do ultramar. As três mencionadas remunerações comumente originavam-se dos serviços militares. Por isso, a distribuição de mercês régias se tornou intensa logo após as guerras contra os neerlandeses. [...]. Os foros de fidalgo eram também cedidos aos moradores do Brasil como remuneração de guerra. À época, existiam duas ordens de fidalgos: na primeira, com os foros mais prestigiados, encontravam-se "fidalgo cavaleiro", "fidalgo escudeiro" e "moço fidalgo"; na segunda, "cavaleiro fidalgo", "escudeiro fidalgo" e "moço de câmara" que estava na base dessa hierarquia.
[655] APM-SC 04, fl. 116-117.
[656] ANTT, REGISTRO GERAL DE MERCÊS, Mercês de D. João V, Livro 26, fl. 106. Ver: Figura 51.

Como a lições cotidianas de disputas pelo poder nas minas de ouro ensinavam como de fato devia ser o governo dos moradores, rapidamente os documentos oficiais incorporavam o aprendizado. Dessa forma, não se deve ao acaso que o governo da Capitania de São Paulo e Minas do Ouro e mesmo do Brasil tratassem de colocar no papel as novas diretrizes para o sossego dos povos e o ordenamento do corpo político. Poucos dias antes da criação da Vila do Príncipe o governador Antônio de Albuquerque ordenou aos seus súditos ávidos por descobrimentos de novas lavras de ouro lembrarem-se dos direitos reais em primeiro lugar. Isso era porque "sendo costume dos moradores das Minas entrarem alguns pelos sertões e descobrimentos de ouro e achando-se em vários córregos e ribeiros, sem darem parte, tratam logo de escalar e infeccionar as lavras que se podem repartir em utilidade do bem comum e da Fazenda Real pela data que lhe toca"[657].

A ordem termina estabelecendo o critério de anunciar o descobrimento ao guarda-mor do distrito, ou seja, dar parte das novas lavras de ouro, sem o qual o infrator estaria sujeito à prisão, pagamento de multa triplicado do valor que se poderia prever de exploração em ouro em pó, mais setecentas oitavas para as despesas da cadeia e casa da Câmara do distrito, além de degredo de dois anos para a Barra de Santos.

A Revolta do Rio do Peixe ensinou muito mais aos governos da capitania mineira e do Brasil do que ainda podemos imaginar. Trata-se de uma luta que de alguma forma resumia o clima geral das Minas Gerais. A qualquer momento um motim contra o governo. Para acabar com essa possibilidade criou-se então a Vila do Príncipe prevendo-se tempos de sossego pleno dos povos.

Contudo, a economia do ouro nunca parou de produzir seus conflitos e tensões, especialmente na disputa pelo espaço urbano serrano e a sua extensa e coesa rede de sociabilidades, alicerçada e sustentada pelo crescente uso da mão de obra escrava.

4 OS QUILOMBOS

A palavra quilombo entrou definitivamente no léxico do gesto pedagógico colonial.

Nas minas do Serro do Frio, de 1702 até 1714 e na Vila do Príncipe, de 1714 a 1838 — e em todo seu termo, bem como na Comarca do Serro do Frio, a partir de 1720 —, o quilombo fez parte do imaginário popular. Estava sempre na boca do povo. Em torno do quilombo criaram-se muitas histórias e lendas. Quilombo ou *kilombo* é um vocábulo de origem banto — o grande conjunto de línguas do grupo nigero-congolês oriental faladas na África — que significa acampamento ou fortaleza, em especial dos jagas de Cajance, em Angola[658]. Guardou sempre a ideia de que seus moradores estavam "escondidos", "fugidos" e com necessidade de se defenderem.

Mas por que os escravos se organizariam em torno dos quilombos, qual seria a sua finalidade?

Parece óbvio, mas talvez seja importante explicar o motivo de surgimento dos quilombos no território das minas do Serro do Frio desde que o primeiro escravo resolveu fugir do cativeiro. Afinal, era para isso que serviam os quilombos: homens e mulheres se uniam num território ou acampamento para preservar a liberdade conquistada por meio da fuga da escravidão, fosse escapando das fazendas, das lavras de ouro, das casas dos arraiais e da vila. O quilombo era um acampamento preparado para a guerra civil contra o cativeiro. Onde houve escravidão, houve quilombo. Por isso, ocorreram quilombos "em todos os lugares da América [...]: *palenques* ou *cumbes* na América espa-

---

[657] APM-SC 09, Rolo 02, fl. 10. Além da ordem para o respeito da hierarquia dos descobrimentos, outra ordem datada de 27 de fevereiro de 1714 tentou disciplinar o uso de armas afastando seu porte dos escravos, fator preponderante para a criação dos motins (APM-SC 09, Rolo 02, fl. 10).

[658] *Cf.* Alencastro (2000, p. 23). Ver também: capítulos. 2 e 3 do mesmo livro (MATTOSO, 2020, p. 183-190).

nhola, *marrons* na América inglesa e, na francesa, *grand marronage*, diferente de *petit marronage*, fuga individual e quase sempre temporária"[659].

Na história colonial das minas do Serro do Frio, o quilombo marcou territórios para sempre[660]. Assim, havia no século XVIII o Quilombo da Aplicação no Rio Guanhães ou o Ribeirão de Santa Cruz do Quilombo. Esse foi citado no requerimento de João da Silva Pereira datado de 16 de outubro de 1770, em que solicitava a D. José I a mercê de lhe confirmar a doação em sesmaria, de meia légua de terra junto ao ribeirão do Quilombo, termo da Vila do Príncipe[661]. No mesmo território do quilombo, foi solicitada uma sesmaria de uma légua quadrada pelo português Quitério Lourenço Barbosa, em 27 de março de 1793, com vários documentos anexos ao seu pedido confirmado as confrontações:

> Requerimento que fez Quitério Lourenço Barbosa ao Ilmo. e Exmo. Sr. governador e capitão general destas Minas Visconde de Barbacena sobre uma sesmaria e vem remetida aos oficiais da Câmara para informarem. Ilmo. Exmo. Diz Quitério Lourenço Barbosa morador no ribeirão chamado o Quilombo da Aplicação da Vila do Príncipe e Comarca do Serro Frio que sendo este possuidor de umas terras de plantar cujas pegam da Barra do Rio Guanhães correndo pelo ribeirão de Santa Cruz do Quilombo acima até a porteira de Francisco da Silva Camelo e como os possui sem ser por título régio e o suplicante se acha velho e alcançado em anos e justamente deseja passar para sua pátria que é o Reino de Portugal e quer vender ou deixar as ditas terras aos seus herdeiros suplica a vossa excelência se digne conceder-lhe mandar-lhe medir meia légua de terra em quadra pelo dito ribeirão[662].

No século XIX, apareceu o povoado de São José do Quilombo. Isso nos documentos oficiais dos arquivos públicos, porque na história oral serrana se conta que o Baú[663] e o Vau são comunidades quilombolas desde sempre, assim como São Gonçalo do Rio das Pedras pode ter se tornado um remanescente quilombola por conta de um proprietário de grande fazenda que decidiu no testamento dar para alguns de seus escravos suas terras. Em 28 de outubro de 1865, os vereadores do Senado da Câmara respondiam o ofício do Dr. Juiz de Direito da Comarca do Serro do Frio pedindo subvenção de 100$000 para se baterem dois quilombos nas vizinhanças de Milho Verde e São Gonçalo do Rio das Pedras, o que foi negado por falta de recursos em caixa, "conquanto pareça esse conveniente"[664].

Como fundamento para a criação de cada quilombo, a luta contra a escravidão. Quilombo e guerra civil eram sinônimos no gesto pedagógico colonial: quem estava nesse território sabia que em algum momento teria sua liberdade reivindicada pelos capitães-do-mato. Estes receberam vários nomes na história, sempre com a mesma função de reordenar o jogo político escravista da Coroa portuguesa: sertanistas ou bandeirantes paulistas e mineiros, mestres-de-campo, batedores de quilombo, capitães de assalto, oficiais e soldados das Companhias de Ordenanças a pé e a cavalo em cumprimento de diligências régias.

[659] HERMANN, Jacqueline. Quilombo. *In:* VAINFAS, Ronaldo (dir.). *Dicionário do Brasil Colonial (1500-1808)*. Rio de Janeiro: Objetiva, 2000. p. 494-495, p. 494.

[660] As minas do Serro do Frio herdaram do Quilombo de Palmares forte imaginário. Segundo Souza (1999, p. 151), "um enorme contingente escravo criou, desde o início da ocupação territorial em Minas, uma situação sui generis e específica no contexto colonial. As Minas foram incorporadas ao âmbito da colonização no exato momento em que palmares estava sendo destruído pelos paulistas: de 1693 data o primeiro descoberto aurífero, de 1695 a destruição do famoso quilombo, que tanto terror espalhou entre os colonizadores. O trabalho da mineração exigiu, de imediato, grandes quantidades de cativos; e a revolta de Alagoas – o primeiro quilombo de grande porte na história da colonização da América Portuguesa – pairou, portanto como exemplo a ser evitado".

[661] BOSCHI, Caio. *Fontes primárias para a história de Minas Gerais em Portugal*. Belo Horizonte: Fundação João Pinheiro, 1998. v. 2, p. 51.

[662] IPHAN-SE, VEREAÇÕES 1791-1794, Doc. 03, Cx. 48, fl. 117-118; 183-184v.

[663] Segundo Souza (1999, p. 81), "a fazenda do Delgado ou do Ó foi doada a quatro escravos, ficando em morte deles para o patrimônio da igreja do Rosário de Milho Verde. Os negros do Baú, que até hoje conservam o dialeto, talvez deturpado, são remanescentes, talvez destes quatro negros".

[664] Apmes, Cad. 138, s/p. Segundo Maria Eremita de Souza tratava-se da fl. 300v. "de um livro sem capa [a primeira página é resto de postura sobre imposto sobre correr a cavalo nas ruas da cidade com exceção do médico e do vigário]". O livro não foi localizado pela data entre os de Registro Geral ou de Vereações com as indicações feitas pela pesquisadora no arquivo do Iphan Serro.

Segundo Silva, foi por meio da ordem de 12 de janeiro de 1719[665] que criou nas minas do Serro do Frio o cargo de capitães-do-mato "para a prisão dos negros fugidos vencendo prêmio de cada prisão; por esta razão, nas Contas do Senado de 1738, se lê: Pagos aos capitães-do-mato por duas cabeças de negros quilombolas – 30$000"[666].

Nos primeiros anos das minas do Serro do Frio e da Vila do Príncipe, as relações sociais e políticas dividiam de um lado os livres (branco era sinônimo de liberdade) que disputavam os privilégios e de outro lado os cativos (preto era sinônimo de cativeiro ou alforria), que compartilhavam as proibições de todos os tipos.

Na vereação de 9 de janeiro de 1725, o Senado da Câmara governado pelos "homens bons" da vila publicou ordem de proibição destinada aos negros, mulatos e carijós cativos ou forros de vender produtos de comer ou de beber, porque se tornara inconveniente para o bem público. Previa-se pela primeira infração 30 dias de cadeia para os forros e para os escravizados 30 oitavas de multa para seu senhor ou senhora. Pela segunda vez, o dobro. Pela terceira vez, expulsão da Comarca do Serro do Frio por seis meses[667]. Há, no contexto dessa proibição, algo que os estudos sobre a escravidão atuais revelam: os escravos e escravas de ganho dedicavam-se em grande parte a essas atividades comerciais, a fim de pagar a sua alforria, muitas vezes em horários fora de suas funções domésticas, nas lavras de ouro ou nas fazendas. A ordem parecia querer frear o mecanismo principal da economia da alforria, os ganhos extras para o pagamento parcelado da manumissão.

Pouco tempo depois, publicou-se uma ordem no dia 27 de janeiro de 1726 determinando que na Capitania de Minas Gerais ficava proibido a eleição de juiz ou vereador e para cargos oficiais nobiliárquicos homem bom mulato, dentro do quarto grau. Se esse homem bom fosse casado com uma mulher mulata seria terminantemente proibido de ser eleito para cargos no Senado da Câmara[668]. Subentende-se que caso o "homem bom" fosse casado com uma mulher negra, ele já estaria banido do rol dos "homens bons", tornado inelegível, fosse ele branco e rico, reinol e opulentado. Por isso,

---

[665] Isso por consequência do bando do governador d. Pedro de Almeida Portugal, datado de 27 de dezembro de 1717: "Faço saber a toda pessoa, etc., que chegando à minha notícia o grande prejuízo que causam os quilombos dos negros fugidos matando e roubando enfestando os caminhos com detrimentos dos passageiros e sendo preciso dar providência a este dano pra que os povos e particulares vivam em sossego ordeno e mando que toda e qualquer pessoa que quiser tomar a sua conta atacar os ditos quilombos de negros o poderá fazer sem impedimento algum levando para isto as armas que quiser e me trará as cabeças de todos os que resistirem sem que os senhores deles possam alegar cousa alguma para que lhe satisfaçam, visto o dano público que fazem" (Apmes, Cad. 70, n.p.). Segundo Maria Eremita de Souza, "Livro sem capa e faltando as 27 primeiras páginas Bandos do Governador [este livro de bandos foi mandado copiar em 1783 pelo ouvidor Dr. Joaquim Manuel de Seixas Abranches conforme registrou ao fim de cada bando o escrivão Inácio Ribeiro de Queirós e declara que fez em virtude de um capítulo de correição do meritíssimo Dr. Joaquim Manuel de Seixas Abranches]". O *corpus* jurídico para combater os quilombos segue crescente na cronologia do governo da Capitania de São Paulo e Minas do Ouro (1709-1720) e depois na Capitania de Minas Gerais (1720). Nas *Ephemérides Mineiras* (VEIGA, 1897) encontramos alguns registros: 28/03/1714 – "aviso ao governador da Capitania, aprovando o ato em que ele proibiu que os negros usassem armas de fogo, as quais serão permitidas aos nobres" (v. I, p. 405); 18 de junho 1725 – "por uma provisão desta data, dirigida ao capitão-general de Minas-Geraes, tem-se notícia de haver tido no ano anterior (1724) descoberta uma conspiração dos negros contra os brancos da Capitania; foram a tempo empregados os meios eficazes para o eu malogro; deu causa a se tornar patente a planeada insurreição a divergência que incidiu os negros na escolha do rei de todos, se um de angola ou se um mina" (v. II, p. 407); 24 de fevereiro 1731 – "ordem passada, em virtude da resolução de 21 do mesmo mês, criando em Vila Rica uma Junta composta pelo governador, como presidente, dos ouvidores das quatro comarcas, do juiz de fora da Vila do Carmo (Mariana) do provedor da fazenda, com jurisdição para sentenciar em última pena os delinquentes bastardos, carijós, mulatos e negros, cabendo ao governador desempatar em qualquer caso de empate na votação" (v. I, p. 228); 28 de Fevereiro 1738 – "ordem régia ao governador da Capitania, mandando estranhar à Câmara de Vila Rica o ter lançado finta sobre os povos para pagamento dos capitães-do-mato, encarregados da captura do negros fugidos, e bem assim restituir-lhes o que já tiver cobrado, advertindo ao governador que deve proibir a extorsão de tais finta; vê-se bem que o aparente interesse, revelado por esta ordem, em prol do povo, tinha o fim real de não desfalcar os recursos do contribuinte da metrópole com imposições municipaes. Esses recursos nunca eram demais para as exigências do fisco real e para os famosos donativos e subsídios voluntários..." (v. I, p. 262). De fato, o Regimento dos capitães do mato de 17/12/1722 foi redigido com o objetivo de sanar as dúvidas sobre a autoridade e as autorizações desses funcionários públicos, remunerados pelo Senado da Câmara da Vila do Príncipe. Ver: Anexos 10 e 14.

[666] SILVA, 1928, p. 108.

[667] *Cf.* Silva (1928, p. 107).

[668] *Cf.* Silva (1928, p. 105).

afirma Silva de maneira clara: "tinham nossos avós, e o Senado, portanto, repugnância de se unirem *em público* aos mulatos e, maiormente aos negros, escravos ou forros"[669].

As ordens do governo da Capitania de Minas Gerais eram extremamente severas em relação aos escravos fugidos. O alvará de 7 de março de 1741 ficou muito conhecido por autorizar a aplicação de um ferro quente — normalmente usado para marcar cavalos, burros, mulas e bois — na testa com a letra F, de fugido e pela segunda vez que fosse recapturado — de fuga individual provisória ou encontrado em quilombo — se lhe cortasse uma orelha sem mais processo que a notoriedade do fato. A falta de uma orelha não impediria o escravo de voltar ao trabalho. Para evitarem-se tentativas de armar os quilombos a vereação de 8 de abril de 1741, ordenou que "todo negro, sem seu senhor ou sem seu mandado que for encontrado armado de faca, porrete ou qualquer arma, de noute, pelas circunferências, seja preso por capitão-do-mato ou oficial de justiça, e posto no Pelourinho, aí receberá 200 açoutes"[670].

O próprio Dr. Dario se perguntou, depois dos exemplos de repressão dos escravos na Vila do Príncipe e seu termo: "aí vão fartas razões para o recurso dos *quilombos*; quem não procura, mesmo com risco de vida, fugir dos sofrimentos atrozes?"[671].

Na vereação de 23 de julho de 1740, o procurador do ano Manuel Nogueira Passos apresentou uma reclamação sobre os abusos dos negros fugidos:

> [...] e logo pelo procurador do dito Senado foi requerido que esta vila se acha na consternação e os mais arrayais a ela anexos por causa dos negros fugidos chamados calambolas[672] e já tão desaforados de noute furtavão as casas dessa vila chegando a subir por paos e descobrindo as telhas das casas para roubarem e fazerem os desaforos que os seus maos gênios premitem por cuja causa se devia dar a providencia necessária e para socegar os mordores dos requerimentos que atualmente estão fazendo era percizo e necessario que se assareassem capitanes do mato para se dar cargo a esses maos feitores e delas uzarem na forma da lei [...][673].

O juiz ordinário João Mendes da Mota e os vereadores Bartolomeu Ferraz Tinoco, Manuel de Souza Ribeiro, Vicente Pereira de Morais e Castro concordaram em assalariar o capitão-do-mato para caçar e prender os desordeiros[674].

A pergunta a ser feita: o que roubavam os negros fugidos? Possivelmente comida, em primeiro lugar. Depois, como se tratava de casas com telhas numa Vila em que a maioria das residências ainda eram cobertas de palha, talvez tentassem roubar ouro em pó ou algum objeto de valor ou mesmo armas como facas ou alcatruzes e munição. Não fica esclarecido qual seria o quilombo do qual faziam parte os escravos fugidos, ou se eram escravos em ação solitária.

Por essa mesma época, os oficiais do Senado da Câmara reclamavam da presença ostensiva de negros fugidos no entorno da Vila do Príncipe, afirmando que na Chácara do Camões, bem debaixo de uma lapa se achavam pelo menos 8 deles com duas negras a roubarem quem passasse. Da mesma

---

[669] SILVA, 1928, p. 105, grifos do autor.

[670] SILVA, 1928, p. 107. Em 22 de janeiro de 1746, o Senado da Câmara registrou uma patente de capitão-do-mato para Salvador Gonçalves de Matos, "homem preto forro que por conhecer este Senado e das mais justiças tinha exercício de capitão-do-mato em alguns anos feito nele as diligências como também nos mesmos [...] em vários quilombos e prendeu negros fugidos e achou em tumultos roubando e co notável aceitação deste Senado e de próximo nós é motivo obrigando ao sobredito que execute as ordenadas justiças a respeito não só de dívidas prenderem os devedores refugiados nos matos alguns criminosos negros fazendo insultos e nestes termos [...]" (IPHAN-SE, REGISTRO GERAL 1745-1747, Doc. 2, Cx. 51, fl. 56v-58).

[671] SILVA, 1928, p. 108.

[672] O termo "calambola" ou "calhambola" é o mesmo que quilombola (HERMANN, 2000, p. 494). Segundo Silva (1789, p. 217), calhambola era o nome dado ao "escravo, ou escrava, que fugiu, e anda amontado, vivendo em quilombo; é termo usado no Brasil".

[673] IPHAN-SE, VEREAÇÕES 1735-1742, Doc. 03, Cx. 46, fl. 135-135v. Ver: Figura 54.

[674] Para Boxer (1963, p. 158), "uma das principais atividades dos capitães-do-mato era destruir os *quilombos*, ou povoações de escravos fugidos, estabelecidas nos matagais; habitualmente situadas em pontos de difícil acesso e distantes das vilas e estradas".

forma no Engenho do Pires, havia um quilombo formado assim como em vários outros lugares. Pedia, como era comum à época, fossem expedidos mandados de prisão para que os fizesse cumprir o capitão-do-mato. O pedido foi deferido unanimemente[675].

A repressão dos escravos era contínua. No dia 10 de janeiro de 1746, o Senado da Câmara determinou:

> A todos e quaisquer oficiais de Justiça prendam a todos o quaisquer negros que acharem parados na paragem chamada Gambá, distrito desta Vila, onde fazem vários tumultos de escravos, causando grandes distúrbios e faltando aos serviços de seus senhores e outras mais circunstâncias prejudiciais de que usam sendo em grande dano às almas deles ditos escravos e aos moradores da dita paragem pelo escândalo que causam, usando batuque, dançando neles com escravas de tabuleiro e outras que se prestam em grande gravame do serviço de Deus e da república e para se evitarem semelhantes danos mandamos que todos e quaisquer oficiais de Justiça, ao depois de publicado este prendam a todos e quaisquer negros que acharem no dito sítio do Gambá ou seus arredores com batuques e sejam trazidos à cadeia onde o juiz ordinário pela primeira vez mandará executar pena de 5 açoites no Pelourinho e pela segunda vez em dobro e o oficial que trouxer preso qualquer negro se pagará sua diligência que será arbitrada pelo juiz ordinário[676].

E, por fim, Silva afirma que no ano de 1775[677] havia sido descoberto na mata do Peçanha "um extraordinário quilombo" e assim "quantos negros fugiam e negras para aí se refugiarem de toda parte, mineiros, roceiros etc., e assim ficou organizada uma república negra", sendo que "ela opôs uma luta terrível e somente pode ser vencida e extinta por ter vindo poderoso auxílio de Vila Rica". Por fim, acrescenta: "eram, pois, os quilombolas eternos e contínuos pesadelo e incômodo"[678].

A patente para o capitão de assalto do quilombo do Peçanha foi passada em 13 de novembro de 1775 com nomeação do capitão Teotônio Gracia Santiago. É preciso ler o documento com duas ressalvas: a primeira é que a expedição não era apenas para dizimar quilombo, mas para expulsar e talvez escravizar os índios daquela mata. Segunda, que ao final do século XVIII a expansão em direção ao Peçanha[679] era fundamental para o alargamento do território "civilizado" da Comarca do Serro do Frio sobre as terras indígenas:

---

[675] *Cf.* Silva (1928, p. 108).

[676] SOUZA, 1999, p. 76.

[677] No ano anterior, 1774, registrou Souza (1999, p. 70-71): "se o senhor não cumpria um mandato de almotacé ia para a cadeia seu feitor ou escravo. Vejam a portaria lavrada em 1º de novembro de 1774 pelos oficiais da Câmara ao almotacé Serafim José de Almeida: 'Aos caminhos e estradas que vê a esta vila e que estão arruinando e prejudicando o bem comum e administração da Justiça e dos sacramentos e porque esta incúria é repreensível e merecedora de exemplar castigo, todas as pessoas que têm obrigação de fazerem suas testadas lhe ordenamos que avise aos moradores para em termo breve darem os caminhos feitos e se o não fizerem serão condenados em 6 mil réis e os fará prender até apagarem e dar o caminho feito, e sendo eclesiástico ou tenha tal privilégio que não davam ser preso executará esta pena no seu feitor e escravo'". No ano seguinte, mais uma diligência para acabar com este quilombo do Peçanha foi autorizada em termo de vereação datado de 10 de novembro de 1775 (IPHAN-SE, VEREAÇÕES 1774-1779, Doc. 01 Cx. 48, fl. 153v-154).

[678] SILVA, 1928, p. 109.

[679] O processo de ocupação do descoberto do Peçanha intensificou-se no final do século XVIII, especialmente depois da criação da Demarcação Diamantina. Por isso, em 1795, uma carta de sesmaria anotada à fl. 203v. do Livro n.º 37 era solicitada naquela região, mostrando o interesse dos "homens bons" da Vila do Príncipe em mudar a rota de expansão para o vale do rio Doce: "capitão Manuel Caetano da Silva requer ao governador Bernardo José de Lorena uma sesmaria no descoberto do Peçanha. Diz o capitão Manuel Caetano da Silva que ele suplicante tem a fábrica de trinta e tantos escravos com os quais apoiou no quais apoiou no descoberto do Peçanha, no ribeirão do Emparedado que achou devolutas e incultas nas quais tem plantas de roças de milho, cana, bananas, árvores de espinho, casas, ranchos e monjolos e tem [...] uma grande cachoeira para dar rebaixe as terras minerais que tomou por carta de data pelo guarda-mor do distrito, requer o suplicante a V. Excia. Seja servido conceder-lhe a dita sesmaria e receber a mercê. Informe a Câmara de Vila Rica. Informação. Por informação que tomaria de pessoas fidedignas de probidade inteligência achamos que o suplicante Manuel Caetano da Silva está possuindo e cultivado no descoberto do Peçanha as terras etc. nos limites da capitania e distância à dessa capital 76 léguas pouco mais ou menos e dos mais próximos e contagens 41 léguas pouco mais ou menos, não há rios navegáveis, não tem sesmaria" (Apmes, Cad. 65, s/p).

Portaria que os oficiais da Câmara mandaram lavrar a Teotônio Gracia Santiago nomeado capitão para assalto de um quilombo na mata do caminho do descoberto do Peçanha. O juiz vereador e procurador que serviam no Senado da Câmara em esta Vila do Príncipe e seu termo o presente ano por eleição na forma da lei etc. Pela presente nossa Portaria por nós assinada e selado com o selo das Armas Reais deste Senado ordenamos e mandamos a Teotônio Gracia Santiago que por sermos cientificados o ser capaz e idôneo e com expedição para qualquer diligência lhe incumbirmos em razão de nossos cargos devemos providenciar e muito principalmente em [...] e prejuízo dos vassalos de sua majestade fidelíssima que Deus guarde e conforme as ordens e bandos dos excelentíssimos senhores governadores desta a bem de vadear os negros fugidos e aquilombados somos servidos por não haver nesta vila capitães-do-mato de patentes nomearmos ao sobredito Teotônio Gracia Santiago capitão para o assalto de há de dar acompanhado com a gente que ele eleger e ver lhe é suficiente e capaz em um quilombo de negros fugidos que se acha na mata do caminho que vai desta Vila para o descoberto do Peçanha com a brevidade possível percebendo os emolumentos que em direito lhe pertencerem de tomadias dos negros que a seu salvo prenderem de seus donos e todo e mesma forma praticada sem que para ele dito nomeado capitão e soldados que o acompanharem de perceberem deste concelho cousa alguma e valerá esta nossa portaria para o assalto do sobredito quilombo [...][680].

Outro quilombo recebeu a atenção e as providências do Senado da Câmara, o do distrito ou sertão do Curumataí. Assim, no dia 1 de junho de 1778, Isidoro Amorim Pereira recebeu patente de capitão de entrada (outro nome para capitão-do-mato) por um ano. Na expedição da patente, afirmou-se que o distrito se achava sem capitão-mor das ordenanças e "que nele e suas vizinhanças haviam negros fugidos e aquilombados donde saíam para fazer seus roubos" e, por isso, "dará nos ditos quilombos e em todos os mais que compreenderem dentro do sobredito distrito do Curumataí (atual distrito de Buenópolis) e seus contornos cuja diligência aprontará os soldados que lhe forem necessários"[681].

Por essa época, era extremamente comum a nomeação dos avaliadores de escravos pelo Senado da Câmara, como vemos na citação a seguir. Note-se que o ódio dos escravos pelos capitães-do-mato era compartilhado também com os comboieiros, os responsáveis por transportar os cativos até seus postos de trabalho na Comarca do Serro do Frio:

Como qualquer mercadoria, havia ainda os avaliadores de escravo: "a 18 de março de 1789 foi requerido pelo procurador que era preciso nomear-se homens do concelho para avaliadores de escravos, pois era necessário avaliadores inteligentes e que façam aquelas competentes reflexões que devem fazer nos mesmos escravos, suas moléstias, lesões ou achaques e ainda ofícios ou partes que os mesmos tenham, o que tudo devem examinar com muita individuação para que não sejam lesados nem os exequentes nem os executados e se evitem despesas de pleitos, pelo que por ser prática nos portos marítimos serem nomeados para avaliadores dos ditos escravos homens que tenham casas de tráficos dos mesmos escravos, por esta razão requeria ele procurador que se desanexasse o cargo de avaliador dos bens imóveis e se nomeasse para avaliador dos ditos escravos pessoa que tivesse tido exercício a que nestas minas chamamos comboieiros de lidar em comprar e vender os ditos escravos para que por meio deste exercício possa ter mais completa inteligência de avaliar os escravos conforme o completo estado de cada um e concorrerem em Manuel Rocha e Souza os requisitos necessários para ter o dito exercício"; pelo juiz ordinário foi dito quer concordava com a nomeação do procurador e que o escrivão passasse a provisão. Todos os requisitos eram avaliados no cativo assim aqueles que trabalhavam por conta própria tinham mais valor[682].

[680] IPHAN-SE, REGISTRO GERAL 1775-1778, Doc. 03, Cx. 52, fl. 128.
[681] IPHAN-SE, REGISTRO GERAL 1775-1778, Doc. 03, Cx. 52, fl. 350.
[682] SOUZA, 1999, p. 71.

Em 21 de maio de 1796, o Senado da Câmara autorizou gastos com pólvora e chumbo para os capitães-do-mato entrarem num quilombo de Senhora do Porto sob o comando de Manuel Dias de Sá[683].

Nos anos de 1759 e 1760, andou pela Vila do Príncipe e seu termo o sertanista paulista Bartolomeu Bueno do Prado. Não houve na história da Capitania de Minas Gerais um sertanista tão sanguinário. A sua trajetória de sertanista coincide com o período de maior crescimento dos quilombos no território brasileiro.

O fato desse sertanista paulista ter trabalhado na Vila do Príncipe caçando quilombolas diz muito do gesto pedagógico colonial: a violência dos extermínios tinha função educativa, pois de um lado devolvia à escravidão os cativos sobreviventes reparando o dano da perda aos seus proprietários, por outro, espalhava o medo entre os escravos da Capitania de Minas Gerais e da Vila do Príncipe e seu termo, como forma de conter as fugas. A chegada de Bartolomeu Bueno do Prado à Vila do Príncipe foi comunicada pelo governador mineiro em carta datada de 17 de outubro de 1759, escrita em São João d'el Rei:

> Registro de huma carta que escreveu o Senhor José Antônio Freire de Andrade governador destas minas aos oficiais da Câmara desta Villa do Príncipe e seu termo cuja hé da forma e maneira seguinte: "O Capitam Bartolomeu Bueno do Prado que vai em quatro meses sahio desta Villa com hum corpo de quatrocentos homens em direitura ao quilombo do Campo Grande me deu parte que avendo dado em hum quilombo em dezesseis de setembro em hum sítio chamado o Andaial ahonde matou vinte e cindo negros e prendeu vinte e continuando a sua jornada para a cerca da Marcella atacou outro quilombo aonde os que se puderam contar foram quarenta e nove o número dos presos athé agora me parece não passa de sessenta o que participo a Vossas Mercês para que fiquem a inteligência do que tem rezultado desta deligência para que Vossas Mercês concorrerão com tanto zello Deuis guarde as Vossas Mercês Sam João de El Rey desassete de outubro de mil setecentos e cincoenta e nove (o dito Bartolomeu Bueno continua na deligência de dar em outros quilombos que tem notícia para as partes do Sapucahy). Senhores juízes e officiaes da Villa do Príncipe. José Antônio Freire de Andrade. E não se continha mais a dita carta a qual. Eu escrivão abaixo assinado bem e fielmente aqui fis registrar da propria a que me reporto e com ella este registro conferi consertei sobescrevi e assignei nesta Villa do Príncipe aos quatro dias do mez de janeiro de mil setecentos e sessenta anos e Eu Antônio Bernardo de Sobral e Almeida escrivão da Câmara que o sobescrevi consertei e assignei Antônio Bernardo de Sobral e Almeida[684].

Segundo Veiga, o motivo da convocação do sertanista paulista Bartolomeu do Prado para o extermínio dos quilombos mineiros seria a insurreição malograda dos escravos marcada para o dia 15 de abril de 1756, numa quinta-feira santa. O plano original seria tomar o poder das

[683] Cf. Apmes (Cad. 74, s/p).

[684] Apmes, Cad. 4, s/p. A transcrição do documento foi realizada pelo alferes Luiz Antônio Pinto para a Revista do Arquivo Público Mineiro, manuscrito datado de 24 de outubro de 1896, intitulado "Batedura de Quilombos (Archivo da Câmara Municipal da Villa do Principe hoje cidade do Serro)"; o livro citado pelo alferes não se encontra no Arquivo do Iphan Serro: "À fl. 185v. do Livro 2º de Registro de Cartas, ordens e bandos". Ele acrescentou à transcrição algumas notas: "Não sei se este capitão Bartholomeu Bueno do Prado descende do célebre Anhanguera – Bartholomeu Bueno da Silva – que o Conde de Sarzedos mandou de São Paulo em 1723 fazer descobrimento em Cuiabá, como refere o padre José Manuel de Siqueira na sua 'Memória a respeito do descobrimento dos Martyrios' que o general Couto de Magalhães publicou em seguida a sua "Primeira viagem ao Araguaya" – (São Paulo, Typ. do "Federalista" 1889) não sei. Em minhas pesquisas tenho encontrado tantos Bartholomeus Buenos que já ando zonzo – ora Bartholomeu Bueno de Siqueira; ora Bartholomeu Bueno da Silva; aqui Bartholomeu Bueno do Prado; ali Bartholomeu Bueno de Campos Leite e Gusmão: um capitão, outro coronel e o primeiro de todos "Diabo que foi" tradução da palavra Anhanguera, como explica em nota a p. 134 o General Couto de Magalhães. Os livros da Matriz estão cheios de Bartholomeus Buenos – em Tapanhuacanga [Itapanhoacanga] os houve; os houve também no Rio Manso e até um pequeno afluente do ribeirão do Lucas que banha esta cidade ganhou o nome de Córrego do Bueno que presumo de algum Bartholomeu. Trataremos disso depois. Cidade do Serro, 24 de outubro de 1896. Luiz Antônio Pinto".

autoridades mineiras, nos moldes do funcionamento da "república" ou Quilombo do Palmares[685]. Assim, "seria um levante geral de negros para o extermínio total dos brancos e mulatos, com excepção apenas das mulheres; combinaram [...] que se efetuaria num mesmo dia o levante nas quatro comarcas mineiras"[686]. Não há documentos com os nomes dos escravos envolvidos, por isso, "nem os documentos do tempo, nem a tradição guardaram os nomes dos modernos obscuros Spartacus". Contudo, houve uma delação e o movimento foi traído, ficando o delatar em anonimato. Veiga reclamou que os historiadores mineiros tivessem esquecido praticamente essa guerra civil que não chegou a acontecer, conforme combinado entre os cativos. Somente R. Southey teria dedicado vagamente seis linhas, assim como *Compêndio da época da Capitania de Minas-Geraes de 1694 a 1780* havia apenas uma linha escrita — "Descobriu-se a tentativa de insurreição, a qual foi prevenida!" Isto só..."[687]. Assim, diante do silêncio dos cronistas mineiros, Veiga resolveu empreender sua pesquisa, na qual descobriu um documento retirado do Livro de Registros do Senado da Câmara de Vila Rica, relativo aos anos de 1754 a 1756, fl. 236v. a 239:

> Senhores do nobilíssimo Senado da Villa de Sabará. A boa harmonia que devemos procurar com tão nobre Senado nos põe na precisão de participarmos a vossas mercês, a notícia que temos de se haverem confederado os negros aquilombados com os que assistem nesta e nessa vila e nas mais de toda a Capitania, para na noite do dia quinze do corrente darem um geral assalto em todas as povoações, privando da vida a tudo o que forem homens (sic) assim brancos como mulatos determinando morte a seu senhor cada um dos e cravos que lhe for mais familiar. É a ordem desta execrável determinação acometerem aos brancos ao tempo em que dispersos se ocuparem em correr as Igrejas, sem perdoarem a pessoa de qualquer qualidade que seja, não sendo mulher. Esta notícia, que só como voz vaga foi ao princípio atendida, tem chegado a manifestar indícios que requerem toda a atenção por se sinalarem escravos que se dizem propostos para regerem as Minas, resolutos, além de patentearem em parte muitas praticas tendentes a tal conspiração e ser certo que em anos diversos se tenham percebido andar de semelhantes intentos sem que se chegasse a experimentar os seus cruéis efeitos; não parece desacerto acautelar uma mina que pócle com lastimoso sucesso desenganar da sua possibilidade. À grande capacidade de vossas mercês compete dar a providência necessária em um tão factível acontecimento, comunicando também aos Senados mais distantes ajusto recurso de um golpe que a todos ameaça, ao que nós ficamos aplicando nosso cuidado pela obrigação que nos corre e serviço de sua majestade, dando juntamente conta ao ilustríssimo governador e à. exc. rvm. para que naquela noite determine se não abram as igrejas, por melhor se evitarem os grandes concursos de negros, que todos os anos se observam. Afetuosamente oferecemos as nossas vontades a disposição de vossas mercês a quem desejamos todas a felicidade. Deus guarde a vossas mercês muitos anos. Vila Rica, em câmara de três de abril de mil setecentos e cinquenta e seis anos. E não e continha mais em as dita cartas que aqui registrei das próprias, por mando do Senado, bem e fielmente como nelas se contém. - E eu, José Antônio Ribeiro Guimarães, escrivão da câmara, que a es escrevi, registrei e assignei. José Antônio Ribeiro Guimarães[688].

---

[685] Para Starling (2018, p. 25), "Palmares era uma República por desenvolver determinados atributos característicos de um tipo de associação de natureza política: era uma comunidade autogovernada, com seu próprio edifício institucional, um referencial coletivo de interesses e algum partilhamento de princípio norteadores da vida em comum – e, justiça lhe seja feita, até hoje esses atributos definem a República em sua generalidade".

[686] VEIGA, 1897, v. II, p. 77.

[687] VEIGA, 1897, v. II, p. 78.

[688] VEIGA, 1897, v. II, p. 79-80.

Após as providências para se evitarem as missas da quinta-feira santa[689] nas comarcas e suas vilas, ficou estabelecido o castigo para os escravos rebeldes. Veiga acreditou encontrar no livro de Pedro Taques de Almeida Paes Leme, autor da *Nobiliarquia Paulistana*, a resposta:

> De sorte que, para se evitar um futuro levantamento de pretos contra os brancos, se empenhou a atividade, ardor, zelo e desembaraço do coronel José Antônio Freire de Andrada (hoje Conde de Bobadela), governador da Capitania de Minas Geraes, a vencer a Bartolomeu Bueno do Prado, natural de São Paulo, por si e seus avós, para capitão-mor e conquistador de um quase reino de pretos foragidos, que ocupavam a campanha desde o Rio das Mortes até o Grande, que se atravessava na estrada de São Paulo para Goiás. Bartholomeu Bueno desempenhou tanto o conceito que se formava de seu valor e disciplina da guerra contra esta canalha, que se recolheu vitorioso apresentando 3.900 (TRÊS MIL E NOVECENTOS) pares de orelhas dos negros que destruiu em quilombos, sem mais prêmio que a honra de ter ocupado no real serviço, como consta dos acórdãos tomados em Câmara de Vila Rica sobre esta expedição e o efeito dela para total segurança dos moradores daquela grande capitania[690].

Veiga ainda levantou a hipótese de sumiço dos documentos comprobatórios do extermínio dos escravos rebeldes, uma vez que "em nossas pesquisas nos livros velhos do arquivo municipal de Ouro Preto não se nos deparou ainda o aludido acordão", sendo possível "que o mesmo heroico capitão-general fizesse desaparecer o registro para sonegar à posteridade a notícia do monstruoso sucesso". Por fim, exclamou: "três mil e novecentos negros vitimados, sem comiseração e sem dó, nas solidões florestais da formosa Terra Mineira, virgem ainda e aonde debalde os míseros buscaram asilo fugindo aos tormentos quotidianos do cativeiro!"[691].

Diferente da versão de Veiga, Franco acredita que tudo isso foi um exagero discutível. Depois de transcrever a mesma carta — já registramos seu conteúdo logo acima — e que foi enviada para os vereadores da Vila do Príncipe noticiando a passagem de Bartolomeu Bueno de Prado por seu continente, afirmou: "refere Pedro Taques que Bartolomeu Bueno do Prado fez por essa ocasião grande mortandade entre os negros, tendo morto quase dois mil deles; acreditamos haver exagero nesta referência do grande linhagista"[692], pois por conta das notícias da dita carta "daí se conclui que Bartolomeu Bueno do Prado cuidou mais em fazer os negros prisioneiros para retornarem à escravidão do que de matá-los"[693].

Fato é que Bartolomeu Bueno do Prado percorreu as terras serranas para exterminar quilombos, somando-se a tantos outros sertanistas e capitães-do-mato com a mesma finalidade. Qual foi o número total de escravos mortos no conflito dessa guerra civil que durou até a segunda metade do século XVIII?

Essa história ainda não foi contada.

---

[689] A explicação da escolha da quinta-feira santa seria a longa permanência dos fiéis nas igrejas nos dias de intenso ofício religioso nos templos. Assim, explica Campos (2007, p. 79), "era 'dia de igreja', mas nem sempre de paz social, já que ocorriam comoções e profanações. A legislação dos governadores é abundante, particularmente a de D. Pedro de Almeida, conde de Assumar, no sentido de controlar e punir escravos que andassem armados, principalmente em tempo de Semana Santa. As tropas de ordenanças deveriam ser mantidas às portas dos templos para permitir sossego e proteção para as 'ocupações espirituais dos seus senhores', visto que os fiéis encontravam-se desarmados nas funções religiosas". Trindade (1928, v. I, p. 154), registra que no mandato episcopal de dom frei Manuel da Cruz, primeiro bispo da Diocese de Mariana, houve a "Revolta de negros – haviam planejado os negros fazer uma rasoira nos brancos, e designaram para esse morticínio a quinta-feira santa de 1756. Concorrendo com o governo para evitar a catástrofe mandou o Sr. Bispo que nesse dia se conservassem fechadas as egrejas do Bispado, particularmente as de Villa Rica e Marianna, onde mais ameaçadora se imaginava a *negra* conspiração. Segundo Xavier da Veiga foram sacrificados por essa occasião, na capitania, 3900 desses infelizes, algarismo que outros reputam exagerado".
[690] VEIGA, 1897, v. II, p. 82.
[691] VEIGA, 1897, v. II, p. 82.
[692] FRANCO, 1989, p. 312.
[693] FRANCO, 1989, p. 313.

CONCLUSÃO

SOBRE O OURO

Homem honrado, antes morto que injuriado.

(Provérbio do século XVIII)

A noção de autoridade do Antigo Regime[694] português espelhou-se no Brasil, nas Minas Gerais e nas minas do Serro do Frio. Ela foi implantada ao modo local nos recônditos territórios coloniais como que por herança. Uma herança do que em Portugal funcionou perfeitamente desde o século XII e que no Brasil tornou-se uma imensa e estrutural centralidade da autoridade monárquica desde o século XVII. Não havia outra forma: a manifesta autoridade portuguesa chegaria até Minas Gerais e minas do Serro do Frio. No interior dessa lógica de poder ou governamentalidade do Antigo Regime, a autoridade do governante o autorizava a declarar situação de guerra ou de exceção a qualquer momento por processo escritos — cartas ou ordens.

Nas minas do Serro do Frio, a beligerância parece ter se instalado e nunca mais saiu. Era um constante confronto com a autoridade ao estilo português. Os bandeirantes — violentos por essência em sua colonização territorial passando por cima das complexas organizações políticas das sociedades indígenas nômades e seminômades desde o século XVI — encarnaram a autoridade régia nos primeiros anos das minas serranas. Governaram de maneira autoritária, dividindo as terras dos descobrimentos, a partir do *Regimento* de 1702, e fazendo guerra a quem não se curvasse à autoridade portuguesa. A governamentalidade baseava-se na rígida relação entre súditos, submissos e assujeitados e o soberano absoluto das terras de além-mar, todo-poderoso, intocável e inquestionável.

A tentativa de manutenção da autoridade da Coroa portuguesa — seja qual fosse o seu significado na releitura local dos seus provisionados e funcionários, normalmente temida e temerária — talvez, seja a marca mais profunda da civilização serrana em surgimento embrionário através das dinâmicas de mestiçagens biológicas, demográficas, culturais e políticas de 1702 a 1714.

A violência e a defesa dos interesses da Coroa acima de qualquer outro se revelaram nas lutas cotidianas de resistência, que apesar de diminutas, aconteceram: a Revolta do Rio do Peixe (1711-1715) se constituiu uma emblemática saída para o conflito que já estava posto desde o início. A frase do violento e sanguinário governante das Minas Gerais, o conde de Assumar resumiu bem o que foi vivenciado cotidianamente nas minas do Serro do Frio em gênese de seu corpo político: "neste mundo governar é reprimir"[695].

Quem deveria mandar nas terras auríferas, os verdadeiros investidores dos descobrimentos ou os bandeirantes herdeiros do poder português e sua autoridade nas minas serranas? Para a

---

[694] Segundo Duarte (2017, p. 268), o deslocamento da noção de Antigo Regime para o estado português (até 1750) caracteriza "as práticas econômicas, políticas e culturais construídas na América lusitana; sabe-se que inicialmente o conceito de Ancien Régime foi usado para caracterizar uma forma de governo francês marcado pelo direito divino dos reis, conhecida como monarquia absolutista. No entanto, hoje, esse estende-se a um conjunto de caraterísticas sociais comuns a diferentes contextos da época moderna, como o estado nacional, a sociedade estamental, o mercantilismo, a expansão marítima, o comércio, o predomínio da Igreja católica enquanto religião oficial e a intolerância religiosa aos cultos não católicos". Dessa forma, alguns autores "pontuam a transposição e adaptação nos domínios ultramarinos de algumas práticas significadas mediante a repetição e ritualização de símbolos típicos de Antigo Regime. Entre elas, a 'economia de graça' ou de 'mercê'".

[695] STARLING, 2018, p. 75.

Coroa portuguesa, não havia modulação na resposta. Os bandeirantes eram a autoridade máxima posto que investidos num degrau abaixo, da figura régia. Lutar e resistir à autoridade portuguesa era muito difícil nesse contexto. Predominava a luta armada e sanguinária, como era comum nos conflitos coloniais em que a bravura e a honra desses homens se mostravam na eliminação do outro constituído como inimigo a ser abatido. Muita da violência foi naturalizada e banalizada. A violência passou a ser algo normal e comum.

Nesse sentido de luta diária, a própria vida era possível somente como conflito constante consigo mesmo entre duas realidades, duas polaridades que explicam muito o jeito de ser dos homens e mulheres destas minas serranas.

A noção de Santo Agostinho[696] de vidas divididas entre as pulsões do corpo e o destino da alma, entre a cidade dos homens e suas regras sociais (a autoridade régia era um norte necessário para destinar as vidas) e a cidade de Deus (seguir a autoridade dos padres[697], bispos e do papa na Terra resultaria na salvação da alma) reverberava ainda no cotidiano das pessoas. A cidade dos homens — o lugar do conflito diário do corpo — e a cidade de Deus — o lugar onde a contemplação do justo da bondade divina seria recompensada para a eternidade. Nesse sentido, o poder simbólico do soberano régio e dos sacerdotes católicos não deve ser minimizado uma vez que eles operavam o mecanismo de saída da cidade dos homens, lugar de violações e violências, para o lugar da paz eterna, a cidade de Deus e de seus anjos e eleitos.

O padre — fosse ele um vigarista ou um homem de bom caráter, fosse ele um aventureiro do ouro vivendo como os seculares ou um santo homem — era o único sujeito nas minas do Serro do Frio a conseguir a coesão social em torno de sua figura. Muito mais que os bandeirantes, os padres criaram um sentido profundo de que todo sofrimento valeria a pena na eternidade. Em torno dele, de seu templo de palha com imagens populares vindas do interior de São Paulo, as pequenas igrejas, em torno das ermidas, dos sacramentos da confissão e da extrema unção, dos batizados e casamentos, dos seus gestos pedagógicos religiosos uma formação social fazia-se possível apesar de todas as dificuldades. Foi a autoridade moral, simbólica e religiosa dos padres que gerou coesão social[698] em torno da mais influente herança portuguesa em solo mineiro, talvez mais que a autoridade dos bandeirantes.

---

[696] O contexto de Agostinho é sua discussão em relação à estruturação doutrinal da religião cristã e sua profunda conexão com o pensamento dos neoplatônicos, especialmente Plotino. Agostinho está interessado em separar, basicamente, o que diz respeito à cidade dos homens e a cidade de Deus, entre o que é mundano e o que é divino. Entre a perdição humana e a sua salvação se encontra a graça que, segundo Pessanha (1999, p. 21), "é necessária para que o homem possa lutar eficazmente contra as tentações da concupiscência" e "precede todos os esforços de salvação e é seu instrumento necessário." Mais que isso: Agostinho realiza uma importante análise da temporalidade, apresentando uma história jamais pensada: a história da salvação da humanidade em que há a criação por Deus-Pai, a salvação por Jesus-Deus e a consolação pelo Espírito Santo-Deus. O homem percorre um tempo no mundo, na cidade dos homens, que vai do nascimento até a morte, podendo pelo livre-arbítrio salvar-se ou condenar-se ao final de sua trajetória na Terra uma vez que "o mundo, sendo uma mescla de ser e não-ser, carrega dentro de si um processo de transformação que o faz caminhar do ser para o não-ser, ou vice-versa" e, por isso, "esse processo consitui a sucessão temporal do pasado, presente e futuro, o que não acontece, evidentemente, com Deus, único e verdadeiro ser e, portanto, eterno" (PESSANHA, 1999, p. 19).

[697] Essa ambivalência *inter mundos* era vivenciada pela autoridade dos padres de maneira radical. Segundo Villalta (2007, p. 54), o padre era considerado pelo gesto pedagógico colonial "*um homem que vive para o mundo conforme o mundo* [...] estavam imersos nas teias constituídas por suas famílias, pela sociedade mineira (estamental, escravista, patriarcal e mestiça), pelas relações complexas entre Estado (patrimonialista) e Igreja (submetida ao padroado) [...]; sendo um ofício de *homem, que vive para o mundo conforme o mundo*, o sacerdócio era avaliado como um meio de ascensão social [...] [e] o julgamento que se fazia dos clérigos, portanto, era também frequentemente *conforme o mundo*, ou melhor, de acordo com a posição dos atores sociais face ao *mundo*".

[698] Segundo Briskievicz (2019, p. 89-90), "de modo bastante esquemático, podemos afirmar que a coesão social [fr. *lien social*] – consenso, unidade, estabilidade, e a permanência (ou continuidade) das relações sociais ao longo do tempo e de gerações são categorias estruturantes [...]. Assim como um corpo, um organismo, a formação social, a sociedade, deve funcionar em harmonia, sem desequilíbrios. Da coesão social deriva a categoria de fato social. O fato social nada mais é que a ação do indivíduo em sociedade. A coercitividade, a generalidade e a exterioridade definem o fato social, ou seja, todos os indivíduos são coagidos de maneira geral e exterior a orientarem suas ações dentro de uma moldura comportamental socialmente válida. O fato social não é uma ideia, antes, uma coisa [fr: *chose*] que nos vincula uns aos outros do nascimento até a morte. A educação é um fato social. Por isso, é uma coisa social, ou dito de outra forma, a educação coloca a criança em contato com uma sociedade determinada, real, concreta.

Como anotou Boxer, em Portugal e nas minas do Serro do Frio, "o pior padre [seria] melhor que o melhor leigo" exercendo uma "ocupação superior mesmo à dos anjos"[699]. O padre com seu poder simbólico tinha autoridade máxima nas minas, pois ele era o "dono das chaves" que ligavam os dos dois mundos — o mundo da violência (cidade dos homens) e o mundo da paz (cidade de Deus). Nesse sentido, a presença dos padres seculares e religiosos marcou desde os primeiros dias as minas do Serro do Frio a sua população.

A autoridade dos homens — o governo das coisas profanas e o governo das coisas sagradas — era ampliado ou não pelos símbolos potentes que usavam. No caso dos padres, era a autoridade divina do sistema do padroado[700]. No caso dos bandeirantes, era a autoridade da Coroa portuguesa passada de geração em geração pela "pureza do sangue" dos reis. A aliança entre esses dois poderes e suas autoridades com todos os seus dispositivos simbólicos em torno do medo da punição — na cidade dos homens[701] perder a honra e na cidade de Deus perder a alma — gerou uma civilização com certa regularidade, mas ocasionalmente com certas rachaduras e fissuras, reveladas nas resistências ao poder centralizador da política da cruz e da espada. Nada sintetiza melhor essa configuração de poder e das autoridades do que a expressão usada em cartas para o rei e seus governantes — "sua majestade, que Deus guarde". Sua majestade, mortal, que seja guardada pela majestade divina, imortal. Uma expressão que coliga os mundos agostinianos, as cidades dos homens e de Deus.

É fundamental entender, voltando ao pensamento político de Michel Foucault, que o poder não está *in abstractu* na sociedade, antes, só permite ser medido, percebido, conceituado na relação entre as pessoas em contextos de construção de saber e de verdade[702]. Como os primeiros serranos lidaram com esse poder e criaram suas relações entre si e as autoridades eclesiásticas e seculares marcou para sempre o jeito barroco serrano de ser. Criou-se, assim, um padrão ou paradigma comportamental de autorreferência em que os de dentro da comunidade se enxergavam pertencentes ao seu grupo e os de fora, os forasteiros, eram fundamentais para representar socialmente quem

---

Educa-se a partir das normas sociais que a sociedade impõe a fim de tornar a criança apta a nela se inserir. A educação perpassa várias instituições sociais, mas é iniciada, segundo Durkheim, na família e deve seguir na escola com o interesse do Estado que deve se mobilizar pela formação do ser social". Pode-se afirmar que a coesão social representa o sentido de pertencimento a uma sociedade, é um gesto pedagógico fundamental para manter a população em ação, no trabalho, em atividade. Por outro lado, o padre representou desde os primeiros anos no Brasil a última ponta de uma rede eclesiástica muito bem estrutura em hierarquias sucessivas à serviço da colonização portuguesa". Alencastro (2000, p. 24) afirma com propriedade que "fica claro que a ortodoxia religiosa pesa com toda a força na colonização dos colonos". Magalhães (2012, p. 142) acredita que esse processo começou "a prefigurar-se o Brasil"; em outro contexto, explica que a fundação das vilas não implicava diretamente na supremacia da Coroa portuguesa nos territórios mineiros, pois "prevalecia uma apreciável liberdade de atuação das populações, mesmo quando de Lisboa vinham nomeadas as autoridades mais gradas (MAGALHÃES, 2012, p. 149).

[699] BOXER, 1963, p. 128.

[700] Talvez, o mais engenhoso e antigo sistema político de alternância da autoridade régia e da Igreja em funcionamento nas minas do Serro do Frio, desde o seu descobrimento e somente questionado oficialmente, vindo a ser extinto apenas com a Proclamação da República brasileira, em 1889. As marcas do padroado no imaginário das minas do Serro do Frio se espalharam por todo seu distrito e depois por todo o termo da Vila do Príncipe e toda a jurisdição da Comarca do Serro do Frio. Ele funcionou com uma lógica própria, em que os sacerdotes tornaram-se "autênticos funcionários da monarquia; como resultado, constituiu-se uma organização eclesiástica muito dependente das autoridades civis, o que, entre outros fatores, explica o peculiar processo de cristianização a que a população foi submetida" (NEVES, 2000, p. 466-467).

[701] Para Carneiro Jr. (2007, p. 42), "ao nascer, o homem se liga, em primeiro momento, à comunidade humana mais ampla, aquela fundada em Adão, apartada de Deus pelo pecado original, na desobediência do Criador. Depende, assim, dos outros homens, através das diversas gerações, numa sucessão de sociedades alicerçadas sobre os mortos e com os mortos. Isto coloca a sociedade como histórica. O resgate desta natureza pecadora, pela graça do Criador, que concedeu seu Filho para a remissão deste pecado de afastamento de Deus, traz o homem a uma outra realidade. Todos são chamados ao amor pelo Filho que nasceu entre os homens, livre do pecado original, por sua dupla origem, indissociavelmente humana e divina. Todo o nascimento traz, desta forma, a possibilidade do novo". Segundo Vainfas (1997, p. 36-37), os modernos "conceberam as novas populações à luz da tradicional antropologia cristã, que desde fins da Idade Média rompera as paredes dos mosteiros e das universidades e aspirava a tornar-se modelo de ética para a cristandade em geral. Antropologia tão antiga quanto o cristianismo dos apóstolos da patrística, que pressupunha o desprezo pelo mundo terreno e pela própria criatura humana, decaída desde o erro de Adão". A cisão entre dois mundos, fosse ela entre a terra e o céu, entre a vida e a morte, entre a fé e a ciência, entre o público e o privado faz parte desse jeito barroco serrano de ser gerado nas primeiras décadas do século XVIII.

[702] *Cf.* Foucault (2017).

os serranos não queriam ser. Entende-se, assim, que os escravizados africanos e os administrados indígenas[703] eram vistos como os de fora, os estrangeiros, os estranhos, os i-mundos[704].

Quem acrescentava poder ao jeito barroco serrano de ser? Quem prejudicava a sua visão de si mesmo?

Essa é a questão central das minas do Serro do Frio nos seus primeiros anos: em quem se devia se espelhar e de quem era importante se desviar. A cultura é, assim, um produto de diversidades que se constroem entreolhares[705], pois toda cultura é uma relação de poder, saber e da constituição formal da noção de verdade. Nada na cultura é caótico, antes, é ordenado em complexas redes de convivência e aprendizado, em que se articulam e tensionam relações de mando e obediência, em capilaridades múltiplas das autoridades constituídas moralmente e suas autorizações. Há, portanto, "regras onde aparentemente imperava o caos"[706], ou dito de outra forma, só não vê o gesto pedagógico colonial quem não quer ou quem deseja ocultar ou falsear.

Os primeiros padres religiosos e seculares foram expulsos das minas do Serro do Frio. A Coroa portuguesa acreditava que freis e padres sem paróquia poderiam interferir em sua autoridade, promovendo a desobediência civil. O padre foi disciplinado em seu poder simbólico quando da criação da paróquia de Nossa Senhora da Conceição que não por acaso antecede a elevação das minas à Vila do Príncipe. A paróquia disciplinou a rebeldia dos padres e freis. O Senado da Câmara disciplinou a rebeldia dos proprietários de escravos e datas de ouro, nesse caso, Geraldo Domingues e seu grupo que promoveram a Revolta do Rio do Peixe. Importante conclusão entre as "elevações" a paróquia e vila: as duas instituições sobreviviam de impostos. A paróquia de seus rendimentos, a fábrica, constituída de doações de terrenos e do pagamento das conhecenças e dízimos. O Senado da Câmara de seus impostos, arrematações, aforamentos e sesmarias, ou seja, seu patrimônio.

Dessa forma, a civilização serrana formada de diversidade cultural e profundamente interligada aos processos de acumulação de capital na Europa, Américas e África formou o seu crisol cultural, um jeito barroco mestiçado serrano de ser. Tudo era bastante misturado. Tudo era experimentado. Tudo se fazia necessário relacionar como formas simbólicas de poder. Quem venceu e quem perdeu nas relações de poder das minas do Serro do Frio? A violência foi o fundamento dessa história e como tal basta olharmos nos dias atuais como ficou a divisão de renda, os índices de escolarização, o índice de desenvolvimento humano dos diversos seres humanos que se encontram a partir de

---

[703] *Cf.* Alencastro (2000, P. 117-154).

[704] Há uma dialética entre as noções de mundo e imundo. O mundo — do latim *mundus*, ordenado, civilizado — e o imundo — desordenado, caótico, não civilizado. Trata-se, pois, de como "forças que se entrecruzam, remetem umas às outas, convergem ou, ao contrário, se opõem e tendem a anular-se; [...] em vez de conceder um privilégio à lei como manifestação de poder, é preferível tentar localizar as diferentes técnicas de coerção por ele empregados" (FOUCAULT, 2005, p. 319). O gesto pedagógico colonial passou a reproduzir ainda de maneira incipiente, mas já perceptível pelo discurso institucional, um distanciamento entre o civilizado e o não civilizado, entre o ilustrado e o sem instrução, entre escravo boçal e o ladino, entre os inteligentes e os ignorantes, e mais à frente no século XIX a noção de modernos e os atrasados.

[705] Para Briskievicz (2019, p. 137), "nesse ambiente de entreolhares captamos e somos captados pelo olhar do Outro. Importante ressaltar que o conceito de Outro refere-se à estruturação ontológica do Ser, enquanto o termo outro pode ser qualquer coisa: na educação estamos diante do olhar do Outro, aquele que impõe sua presença e exige uma resposta, não de um outro qualquer apenas, que exige apenas uma relação qualquer de apreensão pelos sentidos. Por isso, o olhar do Outro nunca é vago, vazio ou desprovido de sentido. Sempre que o olhar coloca um ser diante do Outro podemos petrificá-lo ou libertá-lo, sendo que nesse jogo há muitas gradações de como vemos e como somos vistos, mas jamais ficaremos indiferentes. Nesse sentido, a escola-medusa é uma metáfora para dizer da escola enquanto lugar de entreolhares". Dessa forma, a relação entreolhares define o que é o olhar e o que ele revela (BRISKIEVICZ, 2019, p. 142-143): "num primeiro momento, que todo Para-si visto e que vê está na presença dos outros, através do olhar que nos constitui como 'ser-em-par-com-outro'. A aparição diante dos outros realiza o reconhecimento do Para-si no mundo e, ao mesmo tempo, a "desintegração deste universo", o que ocorre pelo surgimento 'de um homem no meu universo'; [...] Num segundo momento, o Para-si é afetado pelo olhar alheio por ter em sua constituição ontológica a dimensão do para-Outro. É por isso que ao ser visto pelo olhar do outro revela 'um deslizamento fixo de todo o universo, a uma descentralização do mundo que solapa por baixo a centralização que simultaneamente efetuo'[...]".

[706] VAINFAS, Ronaldo. *Trópico dos pecados*. Moral, sexualidade e Inquisição no Brasil. Rio de Janeiro: Nova Fronteira, 1997, p. 60.

1702 para formar as minas do Serro do Frio como território de trânsitos culturais. Quem herdou os melhores imóveis, quem ficou com as melhores terras, quem conquistou mais privilégios? O ontem explica o hoje.

Ainda que no contexto analisado fosse cedo demais para definirmos a educação formal com relevância por conta do seu total ofuscamento pelo ouro, é possível afirmar que o gesto pedagógico colonial — quem ensina e quem aprende, como se ensina e como se aprende, quem manda e quem obedece — tem seu fundamento em complexa estruturação cultural de múltiplas interfaces e pontos de contato. Na economia, a escravidão e a posse das terras e lavras fez ampliar o poder dos grupos privilegiados por nascimento e por pureza de sangue.

Na política, o complexo jogo de autoridades profanas e religiosas fez surgir instituições já bastante conhecidas em Portugal, a paróquia e a câmara, além da ouvidoria da Comarca do Serro do Frio, em 1720. Entre autoridades profanas/seculares e religiosas/sagradas, o povo das minas do Serro do Frio teve que aprender a usar sua "fala pública"[707], constituindo minimamente entre as autoridades instâncias de resistência a este poder tão coercitivo: foi preciso que muitos quilombos fossem arrasados para que a escravidão começasse a ter oposição intelectual e factual. Foi necessário que o concubinato mostrasse novas formas de lidar com a sexualidade para além do matrimônio eclesiástico. Foi fundamental para os primeiros serranos, pontuar, marcar seu terreno de atuação entre o sagrado dos templos e o profano das festas populares, em que dançar, cantar, tocar um instrumento daria mais alegria à vida nessas terras auríferas.

Não podemos encerrar este estudo sem analisar dois aspectos das minas do Serro do Frio fundamentais para a compreensão de sua história inicial entre 1702 e 1714.

O primeiro diz respeito ao que foi ensinado e aprendido nas minas do Serro do Frio a partir do *Regimento* de 1702, que acabou por configurar as relações de sociabilidades no seu rancho inicial ou pousada primitiva, ou seja, quanto de ouro foi descoberto, quanto de ouro foi quintado, quanto de gado entrou nessas minas, sendo registrado nos livros oficiais da Receita da Fazenda Real. Além disso, podemos apresentar alguns dados que dão conta do número de escravos e habitadores nas minas serranas, no território que deu origem à Vila do Príncipe em 1714.

O segundo diz respeito à formação do termo das minas serranas, ou seja, quais os povoados e arraiais derivaram da exploração inicial no rancho, pousada ou arraial que deu origem à Vila do Príncipe. Isso se torna relevante para comprovar o espalhamento ou reverberação do gesto pedagógico colonial para além do primeiro rancho, por meio de vários processos de descobrimentos e primazias dos bandeirantes, bem como a rede eclesiástica que constituiu em freguesias ou paróquias, ou mesmo na edificação das primeiras ermidas, capelas e matrizes.

De acordo com o encerramento do *Livro da Fazenda Real destas Minas do Serro do Frio e Tucambira* de 1702 realizado pelo procurador da Coroa e Fazenda Real Baltasar de Lemos de Morais Navarro, havia 90 folhas escritas. Dessas 90 folhas, restaram apenas 26, sendo que a primeira foi dedicada totalmente à certificação do descobrimento por Antônio Soares Ferreira. Nessas 25 folhas efetivamente com registros oficiais de quintos, arrematações de braças de terras e quintos de gado de corte, assim distribuídos, conforme o Quadro 7, anteriormente apresentado, e sua transcrição[708]. Assim, há 1 lançamento de quintos de ouro em 1702, 8 lançamentos em 1704, 18 registros de 1705, 24 termos relativos ao ano de 1706, 5 relacionados ao ano de 1707 e 2 do ano de 1709. O livro, ou melhor, o que dele sobrou em arquivo público, cobriu o período de oito anos.

---

[707] STARLING, 2018, p. 21.

[708] Ver: Anexos 2 e 3.

Alguns dados importantes: primeiro, de 1702 a 10 de abril de 1706 os quintos do ouro totalizaram 2.565 oitavas de arrecadação para os cofres da Fazenda Real e foram levados até Salvador, capital do Governo-Geral do Brasil. Assim, se dividirmos a arrecadação total de 1.915 oitavas (20% ou quintos do ouro), descontando 650 oitavas do pagamento de gado de corte, isso totaliza 9.575 oitavas (100% do ouro declarado aos descobridores). Ao tomarmos as 9.575 oitavas e dividirmos pelos 49 meses de exploração das minas, alcançamos uma média de produção mensal das minas do Serro do Frio (e acreditamos que fosse de seus córregos na região da Praia descendo o atual rio do Lucas até a ponte do atual arraial de Baixo e subindo até o atual Botavira) variando em torno de 195,4 oitavas. Ou dito de outra forma: cada oitava de ouro vale atualmente 3,585 gramas. Em média mensal (1702-1706) houve uma produção serrana de 195,4 oitavas ou 700,5 gramas (0,7kg), totalizando em 49 meses 9.575 oitavas ou 34.326 gramas de ouro, ou cerca de 34,33 kg de ouro. Isso sem contar os desvios, os descaminhos, a sonegação e o contrabando do ouro em pó.

No período de 12 de julho a 15 de dezembro de 1706, restaram 11 termos de pagamento do quinto do ouro, que mostram um total da arrecadação de 531 oitavas de ouro (20%) da produção de 2.664 oitavas[709]. O valor de 531 oitavas seria, de fato, 532,8 oitavas, mas o lançamento foi sendo arredondado no registro oficial, o que dá uma perda no período de 1,8 oitavas. Mas é preciso focar a atenção na produção total: em menos de seis meses foram exploradas 2.664 oitavas de ouro, ou seja, cerca de 9.550 gramas, o que daria 9,55 kg de ouro. A média mensal foi cerca de 444 oitavas de ouro, ou seja, mais de 100% da média do período anterior, que em números relativos deu 195,4 oitavas em 49 meses.

No período de 7 de janeiro de 1707 a 29 de julho de 1707, foram registrados 5 termos de arrecadação do quinto do ouro. O total de ouro apresentado pelos declarantes foi de 1.059½ oitavas. Dos quintos reais, foram recolhidos 211½ oitavas. A média de exploração nos sete meses de 1707 levando em conta apenas os registros herdados desse período girou em torno de 152 oitavas de ouro. Ou seja, temos aí mais 1.059½ oitavas de ouro, totalizando 3.798,30 gramas ou 3,79kg de ouro.

Em 1709, apenas dois lançamentos no livro oficial registraram relativos ao mês de julho (dias 19 e 29), totalizando uma produção declarada de 610 oitavas de ouro, sendo quintadas 122 oitavas. A média desse mês com apenas dois lançamentos chegou a 610 oitavas, a maior do livro, provavelmente com registros perdidos pela ação do tempo. A conta é a mesma: 610 oitavas, ou 2.186,85 gramas, ou 2,186kg de ouro.

Dessa forma, podemos concluir que o primeiro livro da Fazenda Real das minas do Serro do Frio, ou seja, o livro do descobrimento e dos primeiros lançamentos oficiais, totalizou, mesmo com registros perdidos, cerca de 13.408, 5 oitavas, ou 49.862 gramas, ou 49,862kg de ouro retirados das minas serranas, provavelmente das lavras ou datas dos seus atuais rios, conforme dito anteriormente, da Praia ao arraial de Baixo (rio do Lucas) ao Botavira (até o encontro com o rio do Lucas, na Praia). Essas mesmas lavras eram chamadas de "velhas" por volta de 1710-1711:

[709] Ver: Anexos 2 e 3.

Quadro 14 – Quantitativo de ouro em oitavas das minas do Serro do Frio – 1702 a 1713

Livro da Fazenda Real destas Minas do Serro do Frio e Tucambira de 1702				
Período	Total (oit.)	Quinto (oit.)	Média mensal (oit.)	Média diária (oit.)
18/09/1702 a 30/03/1706	9.575	1.915	195,4	6,5
12/07 a 15/12/1706	2.664	532.8	444	14,8
07/01 a 29/07/1707	1.059 ½	211 ½	152	5,06
19 e 29/07/1709	610	122	610	20,33
Total	13.908,5	2.781,3	Cerca de 49,862 Kg	

Fonte: Livro da Fazenda Real destas Minas do Serro do Frio e Tucambira, 1702 (PINTO, 1902, p. 939-962; APM-CC 1002); Livro que há de servir da receita da Fazenda Real nesta Superintendência das minas do Serro do Frio, 1711-1714 (APM-CC 1005)

Outra questão importante sobre os primeiros anos das minas do Serro do Frio diz respeito à presença dos freis ou frades sacerdotes e mesmo dos padres seculares da Igreja católica que circulavam pelo território brasileiro à procura dos rendimentos do ouro e também dos devotos mineiros (Quadro 15). Os freis ou religiosos professos pertencentes às ordens ou congregações foram sendo expulsos cotidianamente por conta da acusação de relaxação dos costumes. Eram considerados desobedientes às ordens do Governo-Geral, que os proibiu de permanecerem nas Minas Gerais, solicitando dos guardas-mores e superintendentes rigoroso tratamento contra eles, obrigando os bispos a rapidamente nomearem os vigários para as freguesias e paróquias, como foi o caso do arraial serrano, em 1713. A paróquia de Nossa Senhora da Conceição foi criada com o grau encomendado, sem direito a vigário colado, ou seja, um padre nomeado oficialmente como proprietário vitalício da freguesia.

Os dados relativos à quantidade de escravos na exploração das lavras e o quanto cada um deles podia gerar de receita para seu proprietário são imprecisos, pois o resultado final dependia da qualidade das pintas de ouro das braças de terras compradas pelos mineradores, além, claro, do tempo de trabalho nas lavras até a efetiva quintação do ouro, bastante variável de um proprietário a outro.

Contudo, um minerador permitiu cruzar seus dados e criar uma relação entre número de escravos e sua produtividade em uma lavra: Paulo Pires de Miranda declarou possuir 4 escravos nos anos de 1717 a 1720. Em 1705, ele quintou 22 oitavas, mostrando que havia tirado 110 oitavas de suas lavras. Considerando que ele tivesse 4 escravos em 1705, a relação se estabelece: se 110 oitavas foram apuradas por 4 escravos, cada um deles tiraria cerca de 20 a 30 oitavas de ouro (cerca de 71,7 a 107,55 gramas) em um período bastante variável de meses.

Se esses dados puderem hipoteticamente ser universalizados para o pagamento dos quintos reais pelos freis padres seria um indicativo da quantidade que cada um deles dispunha de escravos. Assim, o padre Inocêncio de Carvalho, português, natural de Santo Aleixo, Trás-os-Montes[710], reconhecidamente sertanista, declarou ter encontrado 600 oitavas, cerca de 2,15kg, tendo muitos escravos para os serviços minerais, em torno de 8 a 10. O frei Columbano de Santa Escolástica devia contar com poucos escravos, pois declarou ter apurado 100 oitavas de ouro, dando um total aproximado de 1 a 2 escravos. O mesmo se repete com o padre frei João Batista, que aparentemente

---

[710] MORAIS, 1942, p. 38.

tinha apenas Mécia preta como sua escrava. Já o padre Sebastião Rodrigues Benavides parece ter comprado mais escravos para explorar suas lavras, pois apresentou 56 oitavas de ouro em março de 1706 (em torno de 1 a 2 escravos, apenas) e em julho conseguiu apurar 130 oitavas, demonstrando que deve ter aumentado sua escravaria, passando de 1 ou 2 para 4 ou 5 escravos.

Isso se deve a vários fatores, entre eles a cobrança de conhecenças, taxa cobrada de cada devoto que solicitava a ministração dos sacramentos, e, anualmente, era cobrada na "desobriga da páscoa", quando os católicos eram obrigados a confessarem-se a comungarem, tendo que pagar por estes sacramentos, separadamente.

A "questão das conhecenças", como ficou conhecida essa cobrança no século XVIII, permitia aos padres aumentarem sobremaneira seus rendimentos paroquiais, podendo em alguns casos de vigários encomendados ou mesmo colados, contratarem ajudantes ou coadjutores para servirem de capelães das irmandades e poderem atender povoados mais distantes das minas do Serro do Frio.

Quadro 15 – Declaração de recolhimento de quintos de ouro de padres freis e seculares nas minas do Serro do Frio e 1705-1706

Nº	Data	Nome	Total (oit.)	Quinto (oit.)
21	07/10/1705	Padre Inocêncio de Carvalho (secular)	600	120
24	08/10/1705	Padre Frei Columbano de Santa Escolástica (beneditino)	100	20
36	18/03/1706	Mécia preta por padre Frei João Batista (beneditino)	60	12
38	29/03/1706	Padre Sebastião Rodrigues Benavides (secular)	56	11
46	13/07/1706	Padre Sebastião Rodrigues Benavides (secular)	130	26

Fonte: APM-CC 1002

Outra questão que merece nossas considerações finais é saber se valia a pena ser bandeirante no século XVIII, se era uma atividade rentável ou não, se compensava ou não se arriscar pelo território brasileiro seguindo os precários mapas das minas para confirmar se elas existiam de fato e se podiam fornecer ouro suficiente para uma longa exploração[711].

Afinal, quanto tirou em oitavas de ouro o descobridor das minas do Serro do Frio que tinha direito à melhor lavra, a mais lucrativa por questão de primazia prevista em regimento?

A resposta deve ser alcançada verificando os dados de pagamento de quintos de Antônio Soares Ferreira. Foram dois apenas (Quadro 16), totalizando em pouco mais de quatro anos (considerando que são apenas estes lançamentos a partir do livro que falta muitas folhas), 500 oitavas de ouro,

---

[711] Cf. Paiva (2016, p. 39-122). Na página 34, o autor comete o erro de considerar paulista o padre Antônio de Mendanha Souto Maior (c.1660-c.1740), primeiro padre encomendado da paróquia de Nossa Senhora da Conceição da Vila do Príncipe. Ele nasceu no Rio de Janeiro, filho de Luiza da Fonseca Dória (ou Luiza da Fonseca Tenreiro), nascida no Rio de Janeiro, casada com o sargento-mor Luiz Vieira de Mendanha Souto Maior, nascido em Almada, filho de João Vieira de Carvalho e Guiomar de Mendanha Souto Maior. Seus irmãos eram: Belchior da Fonseca Dória (ou Melchior da Fonseca Dória), nascido por volta de 1668, falecido em 1702 no Rio de Janeiro, casado cerca de 1698, com Mariana Leitão de Vasconcelos; Mariana de Mendanha Souto Maior, casada com o tenente general Antônio de Carvalho Lucena, falecido em 1709; capitão Luiz Vieira de Mendonça (o moço), casado em 1688, na Sé do Rio de Janeiro, com Clara de Morais Coutinho; Helena de Mendanha Sotomaior, nascida em Oeiras, arcebispado de Lisboa, falecida em 1701, na Candelária, casada em 1681, na Capela de Nossa Senhora da Conceição, na fazenda do seu pai (registrado na Sé do Rio de Janeiro), com João Guterres Vanzil; Guiomar de Mendonça Souto Maior, casada em 1684, na Candelária, com Nicolau Aranha Carneiro, falecido em 1720, em Campo Grande; Luiza Maria Dória; e Isabel de Mendanha Souto Maior, casada em Minas Gerais com Lucas de Freitas de Azevedo, paulista, sertanista, filho do capitão-mor Domingos de Freitas de Azevedo e Isabel de Lemos e Morais. De paulista, apenas o cunhado, Lucas de Freitas de Azevedo.

dos quais depois do pagamento do quinto restaram 406 oitavas. O descobridor paulista das minas serranas conseguiu pagar seu investimento inicial que contou com a organização de sua comitiva, compra de munição e armas, animais, escravos e auxiliares?

Acreditamos que sim, e ainda teve muito lucro.

Vejamos os motivos: 406 oitavas de ouro equivaleriam hoje a 1.455, 51 gramas ou cerca de 1,46kg. Em valores da época, 406 oitavas de ouro valiam cerca de 584$640 réis[712]. A remuneração anual de um guarda-mor era de 800$000 réis. De 1702 a 1706, ou seja, em torno de 4 anos na função de guarda-mor ele recebeu 3:200$000 (três contos e duzentos mil réis) mais 584$640 réis, totalizando 3:748$640 (três contos, setecentos e quarenta e oito mil, seiscentos e quarenta réis). Um escravo pronto para o trabalho nas minas de ouro custava cerca de 200$000 réis. Em quatro anos ele teve rendimento anual bruto que daria para comprar cerca de 19 escravos.

Quantos escravos o guarda-mor Antônio Soares Ferreira tinha para lavrarem suas braças de terras minerais quando descobriu as minas serranas? Voltamos à conta anterior: cada escravo gerava com seu trabalho nas minas uma quantidade de cerca de 20 a 30 oitavas de ouro (27,5 é a média utilizada), dependendo da qualidade das pintas e das condições de exploração. Assim, um cálculo aproximado informa que as 600 oitavas de ouro apuradas em suas braças de terras em 4 anos, foram obra do trabalho de cerca de 9 a 11 escravos. Ter a primazia do descobrimento permitiu ao guarda-mor explorar as melhores lavras, direito previsto no regimento da Coroa portuguesa.

Tudo indica que nas minas serranas — rio do Lucas e Quatro Vinténs — o descobridor pôde escolher as mais lucrativas lavras de ouro e rapidamente passar para outros descobrimentos e fazendo jus ao seu salário anual. Por isso, em 1720, ano de seu assassinato pela comitiva ordenada pelo conde de Assumar, ele estava minerando num morro que recebia seu nome, na região do arraial do Mato Dentro.

Quadro 16 – Declaração e recolhimento de quintos de ouro do guarda-mor Antônio Soares Ferreira – 1705-1706

Data	Total (oit.)	Quinto (oit.)
11/09/1705	320	64
30/03/1706	180	30
Total	500	94
Saldo	406	

Fonte: APM-CC 1002

Os dados de produtividade escrava nas lavras serranas (cerca de 27,5 oitavas *per capita*, ou de 20 a 30 oitavas em média para mais ou para menos) levantados anteriormente de maneira hipotética e com inúmeras variáveis de tempo e território, sujeita às questões climáticas (enchentes dos córregos e ribeiros), ao falecimento e fuga dos cativos, ou mesmo falência das lavras por improdutividade ou imperícia dos proprietários, conduz-nos a outra questão importante para os primeiros anos das minas do Serro do Frio, em especial do pouso, rancho e arraial que se tornou a Vila do Príncipe em 1714. Quantos escravos teriam trabalhado nas minas de 1702 a 1714?

[712] FERRAND, 1998, p. 146.

É necessário nos concentrarmos nos registros que oferecem mais dados para a análise e levantamento. O conjunto de registros mais completo do livro da Fazenda Real de 1702-1710 que sobreviveu ao tempo parece ter sido o dos anos de 1705 e 1706. O número de declarantes aumentou de um ano para outro, mas a arrecadação parece ter diminuído (Quadro 17). Em 1705, foram extraídas 5.150 oitavas de ouro e em 1706, 9.095.

A partir da média serrana de 27,5 oitavas *per capita* chegamos ao total de cerca de 171,6 a 257,5 escravos, número bastante aquém de outras localidades mineradoras das Minas Gerais[713], como Vila Rica, em 1721[714]. A média de escravos por declarante (total de 15) em 1705 girou em torno de 11,44 a 17,16, muito acima da encontrada em Vila Rica, no ano de 1721, com cerca de 13,10 escravos por proprietário, chegando a 2,18 cativos por plantel nas menores lavras. O mesmo ocorre com a média de 1706 nas minas serranas: 25 declarantes para um total de 3.945 oitavas, ou seja, 3,945 oitavas divididas pela média de produção de ouro das minas serranas por escravo de 27,5 (20-30) oitavas, temos um total de 197,25 a 131,5 escravos nas minas.

Em relação ao imposto de capitação dos anos 1717-1720, diferente da relação serrana, a lista de Vila Rica está completa, fornecendo dados inteiros, enquanto o registro serrano não permite afirmar sua inteireza, obrigando-nos a trabalhar por médias de aproximação. De qualquer forma, se aplicarmos a média de 13,10 escravos de Vila Rica às minas serranas multiplicando por 15 declarantes de 1705 teremos um total de cerca de 196,5 escravos, não muito diferente de nosso cálculo.

O problema de fundo é a impossibilidade de sabermos quantos proprietários de escravos de fato existiam nas minas serranas. Na lista de capitação de escravos da Vila do Príncipe de 1717-1720 são listados cerca de 366 para 59 declarantes que pagaram seu imposto. Assim, encontramos uma média de 6,20 escravos por proprietário[715].

Outra conta possível de ser feita por aproximação apenas: no respectivo livro de capitação de escravos de 1717-1720 restaram 55 folhas de um total de 144. A média por folha de lançamento dá cerca de 6,65 escravos. Se multiplicarmos essa média pelas 144 folhas chegaremos ao total de cerca de 957,6 escravos nas minas serranas (já em período de consolidada expansão para outros povoados e arraiais).

Outra conta possível: em 55 folhas encontramos 59 proprietários de escravos, uma média de 1,07 por folha. Se jogarmos o total de 144 folhas do livro teremos 154,08 proprietários. Haveria outros livros de imposto de capitação entre 1717 e 1720? Pouco provável. Com isso, temos que na

[713] Segundo Botelho (2000, p. 4), "as listas dos quintos reais permitem que vislumbremos o perfil da posse de escravos neste momento ainda de consolidação da área mineradora das Minas Gerais. A primeira aproximação possível de se fazer é percorrer as diversas vilas recém-estabelecidas e que serviam de referência para a coleta do tributo. A primeira a nos interessar é a Vila Rica, criada em julho de 1711 a partir dos arraiais de Ouro Preto e Antônio Dias. Estes e outros arraiais da região foram surgindo a partir da década de 1690, concentrando uma significativa população de mineradores. Em 1721, foram listados 10741 escravos pertencentes a 1757 proprietários, além de 140 escravos 'dos moradores de Capanema'. Havia uma média de 6,11 cativos por proprietário. Distribuindo-se os cativos segundo faixas de tamanho dos plantéis, vê-se que a maior parte pertencia a proprietários que detinham de 10 a 19 cativos, apresentando em média 13,10 escravos. Por outro lado, a maioria dos proprietários possuía de 1 a 4 escravos, com uma média de 2,18 cativos por plantel. Havia 5 grandes plantéis, com uma média de 64 cativos cada".

[714] De acordo com Botelho (2000, p. 3), "para os anos iniciais da década de 1720, sobreviveram muitas destas listas, que cobrem quase todas as vilas da região mineradora. Para a Vila Rica, pude localizar uma lista para 1721 e outra para 1722, contendo o nome dos proprietários e o total de escravos de cada um deles. Da Vila de Sabará, pude identificar uma lista que refere-se ao ano "de 1720 para 1721", para a qual assumi referir-se ao ano de 1721. Quanto à Vila de São José Del Rei, localizei duas listas, uma para 1722 e outra para 1723. A Vila de Pitangui possui um conjunto de listas para os anos de 1718 a 1724. Para a Vila de São João Del Rei, existem listas cobrindo os anos de '1716 para 1717' até '1719 para 1720'; entretanto, apenas a primeira parece ser realmente completa. Dentre as vilas instaladas na região das minas por volta do ano de 1720, apenas não pude contar com informações detalhadas para a Vila do Carmo e a Vila do Príncipe. Entretanto, para a Vila do Carmo existem listas para períodos imediatamente posteriores ao que me interessa aqui, além de informações resumidas sobre o total de escravos em cada distrito; utilizarei, adiante, as informações resumidas para o ano de 1721".

[715] *Cf.* APM-FALP, Lap-5.1, Doc.01, Cx.09.

Vila do Príncipe havia cerca de 154,08 proprietários para um total aproximado de 955,3 escravos, isso no período de 1717 a 1720, enquanto em Vila Rica havia cerca de 10.741 escravos pertencentes a 1.757 proprietários. Mantida esta proporção a população das minas do Serro do Frio em 1705-1706 girava em torno de 800 a 1300 habitantes entre homens livres e escravizados. Na Vila do Príncipe, entre 1717 e 1720, contando homens livres e pessoas escravizadas a população girou em torno de 1000 a 1800 habitantes[716].

Quadro 17 – Quantitativo de declarações de produção de ouro – 1705-1706

Data	Declarante	Produção (oit.)
23/02/1705	Paulo Pires de Miranda	110
28/03/1705	Francisco Teixeira de Abreu	100
27/05/1705	Manuel Francisco dos Santos	200
08/07/1705	Francisco Mendes Barros	400
11/08/1705	Manuel Luiz	400
11/08/1705	Manuel Soares	400
05/09/1705	Sebastião Ribeiro	20
11/09/1705	Antônio Soares Ferreira	380
07/10/1705	Padre Inocêncio de Carvalho	600
07/10/1705	Domingos Lopes	100
07/10/1705	Antônio da Rocha Branco	1.920
08/10/1705	Padre Frei Columbano de Santa Escolástica	100
09/10/1705	Domingos do Vale Padilha	80
04/11/1705	Manuel Pereira	300
04/11/1705	Manuel Pereira	40
Total		**5.150**
10/01/1706	Tomás Luiz Moreira	115
08/01/1706	Antônio Gomes de Estrada	40
22/01/1706	Sebastião Ribeiro	50
04/03/1706	João Francisco Leite	200
13/03/1706	Gonçalo Ferreira de Sousa	50
13/03/1706	Mateus Afonso	100
15/03/1706	Antônio da Silva Carneiro	120
15/03/1706	Antônio de Sá da Fonseca	30

[716] Cf. Curtin (1969), Luna e Costa (1982), Klein (1990), Ergard (1999) e Botelho (1998, 2000). Segundo Almeida (2010, p. 49), entre 1723 e 1767, a população escrava da Comarca do Serro do Frio contava com 2.522 habitantes, ou seja, 4,7% da população escrava da Capitania de Minas Gerais (Comarca da Vila Rica 23.398 ou 54,7%; Comarca do Rio das Mortes 7.048 ou 13,1% e a Comarca do Rio das Velhas 14.739 ou 27,5%).

Data	Declarante	Produção (oit.)
18/03/1706	Mécia Preta	120
18/03/1706	Mécia Preta	60
23/03/1706	Antônio Alves	100
19/03/1706	Padre Sebastião Rodrigues Benavides	56
29/03/1706	Antônio da Rocha Branco	50
30/03/1706	Antônio Soares Ferreira	180
12/04/1706	Tomas Luiz Moreira	80
12/07/1706	Martinho de Almeida	160
13/07/1706	Martinho de Almeida	15
13/07/1706	Francisco Teixeira	1.005
13/07/1706	Antônio da Silva Carneiro	40
13/07/1706	Padre Sebastião Rodrigues Benavides	130
30/07/1706	Manuel Fernandez	500
30/07/1706	João Francisco Feitel	50
30/07/1706	Manuel Fernandez	64
30/07/1706	Capitão Lucas de Freitas de Azevedo	64
15/09/1706	Damásio de Souza Barros	566
Total		**3.945**
Total geral		**9.095**

Fonte: APM-FALP, Lap-5.1, Doc.01, Cx.09

O levantamento dos dados estatísticos relativos à população de homens livres e escravos nos permite esclarecer quantas casas ou fogos havia nas minas do Serro do Frio em 1705-1706. O termo "casa" ou "fogo" refere-se, genericamente, às moradas que podiam ser chamadas também de "ranchos" ou "pousadas". Assim, o capitão Geraldo Domingues chamava sua casa de "pousadas", onde recebia os pagamentos pela comercialização de carne bovina[717]. Estamos falando de uma área de mineração de ouro, cujo principal objetivo era lavrar as braças de terras à beira dos ribeiros Lucas e Quatro Vinténs. Por isso, para uma população de homens livres e escravos calculada em torno de 800 a 1.300 habitantes seriam necessárias de 100 a 200 casas, ranchos ou pousadas.

Com a elevação das minas serranas à categoria de Vila do Príncipe em 1714 e em capital da Comarca do Serro do Frio em 1720, a situação das construções civis e religiosas parece ter se aprimorado, abandonando o aspecto mais rudimentar de cobertura de capim, mudando muitos "ranchos" e "pousadas" em casas de moradias[718].

---

[717] *Cf.* APM-CC 1003.

[718] Concordamos com Vidal (2015, p. 415), quando afirma que "a sucessão das formas que levam do pouso à cidade não pode ser negada, mas o importante é insistir no papel do contexto de rupturas e descontinuidades em que surgiram as transformações. Do acampamento ao rancho, do rancho à instalação de uma rua-corredor ao longo do caminho com ferreiros e vendedores, até a construção de outras ruas (paralelas e perpendiculares) e

Dois exemplos podem ser dados sobre esta mudança: a capela de Nossa Senhora da Conceição era coberta de capim quando foi elevada à matriz da paróquia serrana em 1713, sendo construída uma nova, maior e com telhado de telhas. A primeira casa do Senado da Câmara e cadeia só foi adquirida em 1718 e outra em 1719 de particulares, estabelecendo-se depois de 1727 até 1751 em casa própria, construída por ordem régia no terreno onde se acha hoje o hospital da cidade serrana, passando esta para casa de fundição, instalando-se na rua Direita, em frente da matriz da vila, onde funcionou de fato por mais de 150 anos[719].

Acreditamos que a rancharia da mineração predominou nas margens do rio do Lucas e Quatro Vinténs até por volta de 1710-1714, quando as lavras eram chamadas de "velhas" em documentos oficiais. Depois, as casas e templos com melhor estruturação de paredes e telhados tomaram conta da parte alta, acompanhando as melhorias construtivas da matriz da vila e da capela de Nossa Senhora da Purificação, edificações marcadoras do arruamento da vila na primeira metade século XVIII, demarcando os pontos de partida e de chegada nos dois grandes quarteirões formados entre a rua Direita e a rua de Baixo ou da Cadeia e a rua de Cima. É importante destacar que o primeiro calçamento de pedras da Vila do Príncipe foi realizado em 1737, beneficiando a ladeira da matriz ou rua do Pelourinho, unificando as minas antigas da Praia que se mantinham como fontes de água potável para a população serrana:

Em 1737, trinta e cinco anos após a pousada ou vinte e três após a Vila, é que começou o calçamento. Mandou então o Senado da Câmara calçar a Rua do Pelourinho, hoje Ladeira da Matriz, pois foi a Rua do Pelourinho a nossa primeira rua. O calçamento foi até a casa de Domingos Gonçalves. Idem desde a porta de Antônio da Costa Ribeiro até a do padre Delgado ou pelourinho acima até a Matriz. Idem desde a porta de Manuel André até a Rua de Cima. Idem da testada de Manuel Antônio até sair na Rua Direita em frente à casa de José da Fonseca. Em 1738, mandou-se calçar desde a casa de José da Fonseca (a pequena hoje do Sr. Gonçalves) Rua Direita, indo para a Cavalhada até a porta de Manuel Rodrigues. Idem da Rua de Baixo (Cadeia) desde Manuel de Moura Bexiga até João Ribeiro. Em 1741, mandou-se calçar da Casa da Câmara (caridade) até Manuel de Moura Bexiga. Em 1743, mandou-se calçar da Matriz (Câmara anterior) até a casa da preta forra Tereza Teixeira, indo para a Cavalhada. Em 1750, mandou-se calçar da Matriz até as casas, Rua das Flores, de Felipe Neri (hoje viúva Lúcio de Elias). Em 1760, mandou-se calçar da Cavalhada até a chapada ou Largo de Ventura de Souza. Idem do vigário da vara até Antônio Pereira Guedes. Idem da chapada de Ventura de Souza [Freitas] até Patrício Chaves (Gambá). Em 1766, mandou-se calçar desde a Casa da Fundição (Caridade) até a ponte de André Vieira (Coronel Sebastião). Em 1767, mandaram-se calçar os becos da Rua Direita (três). Em 1769, até perto da Santa Rita. Em 1782, da porta de João Alves Portela em diante. Só ultimamente foi calçado o arraial de Baixo[720].

de uma praça, o ritmo dessa longa gênese da cidade é instável e irregular. Por isso que, em vez de recorrer à metáfora (evolucionista) do embrião de cidade, sugiro a metáfora da semente de cidade, que remete à complexidade do processo de transformação do pouso. A semente conhece um ritmo de vida marcado por um tempo de dormência (cuja duração pode ser mais ou menos grande) e um tempo brusco de transformação (que depende de uma leitura da mudança das condições ambientais ou que pode ser também provocado artificialmente). O termo dormência serve, assim, para designar o poder que têm as sementes de conservar sua capacidade de germinação mesmo com um ritmo lento de vida. A dormência constitui uma forma de "dispersão temporal", ou seja, de dispersão no tempo e não no espaço de potencialidades que podem surgir a qualquer momento ou nunca acontecer. Assim, longe de ser o resultado natural de uma evolução, a cidade instaura uma relação crítica com o pouso a partir do qual assentou seu espaço e suas formas. Se, hoje, muitos projetos de patrimonialização pretendem recuperar a memória desses tempos originais, valorizando o pouso como núcleo primitivo da cidade, é importante reconhecer que logo na hora de sua transformação e elevação à categoria de vila ou cidade era comum esconder ou mascarar sua origem — tanto pela mudança de nomenclatura quanto de plano urbanístico".
[719] Cf. Silva (1928, p. 88-89).
[720] SILVA, 1928, p. 114-115.

A mudança radical na estrutura arquitetônica da antiga rancharia e pousadas dos mineradores e seus escravos se deu ladeira acima[721], ou seja, em torno da matriz de Nossa Senhora da Conceição e da rua Direita, ficando a região da Praia e do Botavira lugares revirados pelos mineradores e faiscadores, até a consolidação de nova centralidade em torno da capela do Bom Jesus do Matozinhos na Praia e dos engenhos e fonte de água potável no Botavira. Observando a construção da Vila do Príncipe no século XVIII percebemos com clareza que a matriz permaneceu virada para onde as minas começaram em 1702, assim como a capela do Bom Jesus do Matozinhos, ficando a capela da Senhora da Purificação na mesma direção do Botavira.

Tudo indica que as melhores pintas de ouro foram de fato achadas na convergência dos rios do Lucas e Quatro Vinténs. Isso se confirma pela perenidade da atração dessas antigas minas pelos faiscadores, ainda em 1778, quando a ordem construtiva dos edifícios ou casas estabelecida na Vila do Príncipe parecia operar seu dispositivo de rejeição a outros tipos de construção. Por isso, era comum pedir para desapropriar casas cobertas de capim, especialmente se fossem habitadas por negros, nesse caso da vereação de 8 de dezembro de 1778, não fica claro se se tratava de negros forros ou ainda escravizados. Fato é que a ordem partiu do ouvidor-geral e chegou como requerimento inadiável aos oficiais do Senado da Câmara, indicando a demolição provavelmente na região do Botavira:

> E logo no mesmo ato de vereação foi requerido a eles juiz ordinário presidente e mais oficiais da Câmara que nas duas Audiências gerais passadas havia o corregedor da Comarca determinado se mandassem demolir umas casas ou senzalas de vários negros, que se acham edificadas cobertas de capim no córrego chamado de Quatro Vinténs que era precisa passasse portarias ao almotacé atual para mandar demolir o que sendo visto e ouvido por eles ditos juiz presidente e mais oficiais acordaram que na primeira vereação defeririam o dito requerimento [...][722].

Outra questão importante sobre as minas do Serro do Frio é a possibilidade de estabelecer qual a área da mineração de ouro no primitivo território da Vila do Príncipe, no período de 1702 a 1714. Aqui, os problemas se avolumam por dois motivos: os lançamentos de arrematação de braças de terras com lavras de ouro realizados no livro da receita da Fazenda Real cobrem pouquíssimos registros, apenas 12, no período de 1704 a 1705. O segundo é identificar quais os nomes primitivos do rio do Lucas e do Quatro Vinténs e se esses ribeiros recém-batizados ou recém-nomeados aparecem nas primeiras arrematações oficiais.

Em relação ao primeiro problema, é insolúvel por conta dos registros precários e ausência de fontes documentais. Em relação ao segundo problema, a situação também não se resolve, pois em 1924 quando o Dr. Dario escreveu sua *Memória sobre o Serro antigo*, a maioria dos nomes que aparecem no registro oficial de arrematação já eram desconhecidos: "há menção de serem arrematadas datas no córrego da *Conceição*, até hoje com este nome; no córrego de *São Bento*, hoje ignorado, mas onde frei Columbano fez um batizado que foi registrado, na matriz da *Vila*; constam os córregos do *Iguapé*, da *Purificação*, da *Glória*, hoje ignorados; do *Lucas* nada consta nos antigos tempos"[723].

Uma hipótese que defendemos é relativa à ocupação das minas do Serro do Frio, ou seja, das braças de terras das lavras de ouro que se estabeleceram no encontro dos atuais rios do Lucas e Quatro Vinténs, que consideramos eram por direito do descobridor, o guarda-mor Antônio Soares Ferreira. Ele tinha direito a 30 braças de terras. Uma braça vale hoje 2,2 metros. Assim, ele podia

---

[721] Ver: Figuras 47 a 49.

[722] IPHAN-SE, VEREAÇÕES 1774-1779, Doc. 01, Cx. 48, fl. 292v.-293.

[723] SILVA, 1928, p. 25-26, grifos do autor.

ocupar 66 metros de terras (em metros quadrados 4.356), isso em conformidade com *Regimento dos Superintendentes e Guarda-mores*, de 1702, que inclusive previa em seu artigo 5º que o tamanho da lavra de cada requerente seria estabelecido de acordo com o número de escravos dele, depois dos descobridores e proprietários com 12 escravos ou mais receberiam uma lavra de 30 braças, e os demais receberiam 2,5 braças (5,5 m) por cada escravo.

Outra perspectiva se mostra interessante para explicar a mobilidade de mineradores no Serro. É que no período de 1702 a 1714, ou seja, 12 anos, as minas do Serro do Frio já estavam bastante reviradas, ficando por conta da curiosidade dos faiscadores de empreendimentos menores[724], na maioria das vezes resultante de arrematações inferiores a 15 braças ou mesmo arrendamento de terras com pagamento combinado entre o proprietário e os exploradores. Isto explica o movimento que se fez das minas serranas para o Rio do Peixe, Itambé, Milho Verde, São Gonçalo e Tijuco. As lavras de ouro eram superficiais ou aluvisionais[725], ofereciam suas pintas próximas aos ribeiros e na maioria das vezes podia seguir morro acima, desde que se seguisse alguma mina d'água ou caminho natural das águas pluviais, indicativo de descobrimento de ouro.

Os grandes mineradores precisavam de muito ouro em pouco tempo para conseguir manter seus escravos alimentados, assim como o pagamento para os trabalhadores livres e o trato dos animais, fundamentais para a movimentação no território serrano. Por isso, não resta dúvida em nossos estudos de que a região da Praia – rio do Lucas acima e abaixo até a ponte do Arraial de Baixo e Quatro Vinténs acima até o Botavira – foi totalmente revirada, com grande movimentação do terreno para escavações de sedimentos nas margens dos ribeiros, que forneciam água para o trabalho com as bateias.

Um exemplo é a movimentação de terras na atual Chácara do Barão do Serro, em que o morro foi escavado para terem suas terras lavadas à procura de ouro. Além disso, o Botavira, cujo nome indica a operação de tirar terra e revirá-la em bateias usando as águas do Quatro Vinténs.

Outra questão importante: o abandono da mineração em larga escala na margem ou praia desses ribeiros se fez necessário para permitir água potável para a população dos primeiros habitadores, além de água limpa para as lavadeiras de roupas que necessitavam também de área limpa para quarar as roupas, conforme costume dos antigos moradores.

Outra questão importante que se coloca nos estudos sobre os primeiros 12 anos da Vila do Príncipe, ainda como minas do Serro do Frio, diz respeito ao impacto da chegada dos mais diver-

---

[724] Segundo Souza e Reis (2006, p. 2-3), "as jazidas exploradas no período colonial pertenciam a duas grandes categorias: os depósitos de aluvião (leitos dos rios), onde o ouro é encontrado em partículas soltas, junto com cascalho de quartzo, areia e terra; e os filões, onde o metal precioso aparece em veios disseminados em quartzo ou em outras rochas auríferas. Em ambos os casos – depósitos de aluvião e filões – as explorações eram a céu aberto, usando-se métodos semelhantes –serviços de rio, serviços de tabuleiro e sistema de catas – e a mineração subterrânea era raramente utilizada, por exigir tecnologia mais complexa. Somente quando um filão não podia ser explorado a céu aberto, recorria-se à perfuração de galerias no seio das montanhas. [...] Assim sendo, enquanto os rios conhecidos se encontravam todos lavrados, os montes, considerados pelo naturalista e mineralogista "os pais dos metais", estavam ainda quase intactos, devido ao limitado conhecimento técnico sobre mineração subterrânea. A alternativa encontrada pelo mineiro para os montes era lavrá-lo a talho aberto, que consistia em explorá-lo a céu aberto, desmontando e tirando primeiro a terra decima dos veeiros. E Vieira Couto questiona: "A isto devemos chamar minas? Cabe antes melhor, o nome de lavras que lhes dão e não de minas, pois estão bem longe disso. O mesmo digo dos nossos mineiros, pois nada lhes quadra menos que tal nome; são mineiros que jamais perdem o sol de vista"'.

[725] Um levantamento por meio da plataforma Google Earth forneceu os seguintes dados: em linha reta, o rio Quatro Vinténs do Botavira até seu encontro com o rio do Lucas se estende por 406,81 metros; o rio do Lucas do canto da Praia até receber o rio Quatro Vinténs mediu 458,06 metros; o rio do Lucas até a ponte do Arraial de Baixo mediu em linha reta 913,83 metros. O total dessa medição foi de 1.778,7 metros, o que daria 808,48 braças de terras. Isso significa que se esse território fosse dividido por proprietários de 30 braças seriam 26 mineradores trabalhando nas suas lavras; se diminuirmos para 15 braças alcançamos cerca de 54 proprietários de lavras. Essa divisão não consta em documento oficial, mas nos auxilia a pensar como seria a exploração das minas serranas em sua formação original. É importante lembrar que *pari passu* com a mineração, os opulentados das minas serranas adquiriam por privilégios reais as sesmarias, expandindo seu capital de oitavas de ouro em benfeitorias de fazendas produtoras de carne, leite e produtos agrícolas, fundamentais para o sustento e abastecimento das minas e da população de cerca de 1.000 a 2.000 habitantes.

sos tipos de aventureiros do ouro em seu território e como essa disputa por novos descobrimentos acabou gerando uma rede ou malha urbana composta por pousos, povoados, arraiais e sua área rural com suas chácaras, sítios, fazendas e lavras de ouro.

Quantos arraiais derivaram das minas do Serro do Frio e de seu gesto pedagógico colonial baseado nas relações de poder e autoridade constituídas em torno do *Regimento* de 1702, das autorizações do guarda-mor Antônio Soares Ferreira, das deliberações dos superintendentes da jurisdição serrana e do exercício cotidiano dos mandos e desmandos dos capitães-mores nomeados pelo Governo-Geral do Brasil?

Quantos arraiais receberam freis e frades ou padres seculares ligados à mineração para organizarem seus serviços eclesiásticos em torno de ermidas e capelas?

A história da colonização das minas do Serro do Frio deve ser compreendida pela profunda articulação entre o secular o sagrado, entre o mortal e o imortal, entre o corpo e a alma, entre o finito e o infinito, entre o indivíduo e a comunidade, em outras palavras, pelo jeito barroco serrano de ser. Essa maneira de colonizar dos descobridores serranos se espalhou por arraiais, mas não foi gestada, a partir do nada, antes, foi uma criação coletiva marcada por relações de mando e obediência, opressão e resistência, sociabilidades múltiplas, trocas culturais entre ibero-americanos, europeus, africanos e indígenas. As relações de poder — o gesto pedagógico colonial — que se formaram no território das minas serranas foram apropriadas de fora, em comunidades externas, e remodelado na realidade única que se impôs aos personagens que se encontraram naquele lugar específico da colônia brasileira.

Assim, a expansão serrana se deu pelos rios pequenos ou grandes. A descoberta do ouro nos rios forçava a criação dos pousos ou ranchos. Aumentando os habitadores das lavras, constituía-se um arraial normalmente batizado com o nome do rio e do santo ou santa de devoção dos poderosos do lugar.

Na direção do Rio do Peixe, nas suas margens, foram descobertas as pintas de ouro que deram origem à guerra civil envolvendo Geraldo Domingues e Manuel Corrêa Arzão, como vimos anteriormente. O arraial do Rio do Peixe, atual cidade de Alvorada de Minas, surgiu nestas lavras marcadas pela violência, por volta de 1711.

Na direção do Pico do Itambé, houve o descobrimento das pintas de ouro nos ribeiros que cortam hoje a cidade de Santo Antônio do Itambé. O Itambé da Vila ou Morro do Itambé como era conhecido nos mapas cartográficos do século XVIII, provavelmente teve também suas lavras conquistadas por volta de 1710. Por volta desse mesmo ano na continuidade da jornada dos mineradores, foram descobertas as lavras do Rio Vermelho, atual cidade do mesmo nome.

As minas de ouro do Mato Dentro rapidamente foram conquistadas pelos auxiliares de Antônio Soares Ferreira, capitaneados por Ponce de Leon, em 1703. Por isso, o arraial de Itapanhoacanga deve ter tido sua fundação em posterior descoberta de ouro em seus rios, por volta de 1705-1706.

Por outro lado, os arraiais de Milho Verde e São Gonçalo do Rio das Pedras foram fundados respectivamente por Manuel Rodrigues Milho Verde, português do Minho, em 1713 e Domingos Barbosa, português natural do Minho, que edificou a capela por volta de 1729. O arraial do Tijuco recebeu o nome por causa do baiano Jerônimo Corrêa, por volta de 1713[726].

Para se ter uma noção do termo da Vila do Príncipe — que na prática equivale dizer um desdobramento das minas do Serro do Frio e seu gesto pedagógico colonial —, o Senado da Câmara,

---

[726] *Cf.* Boschi (1988, p. 33) e Figura 57.

numa vereação do dia 8 de julho 1741[727], mostrou claramente como a malha urbana serrana se encontrava consolidada, assim como sua malha tributária e eclesiástica, muitas vezes responsável pelo surgimento dos arraiais em torno das ermidas ou capelas: 1º) Rio do Peixe, 2º) Itapanhoacanga, 3º) Tapera, 4º) Córregos, 5º) Conceição do Mato Dentro, 6º) Santo Antônio do Mato Dentro, 7º) Santo Antônio Abaixo, 8º) Milho Verde, 9º) São Gonçalo do Rio das Pedras, 10º) Tijuco, 11º) Rio Manso, 12º) Rio Preto, 13º) Gouveia, 14º) Andréquicé e 15º) Santo Antônio do Itambé.

Dois arraiais se destacavam dos demais nesse contexto de crescimento urbano: Conceição do Mato com vários povoados e paróquia própria desde seus primeiros anos de fundação e o arraial do Tijuco, vivenciando enorme vitalidade econômica por conta da descoberta dos diamantes, já no interior da Demarcação Diamantina e sob o regulamento especial centrado na figura dos contratadores.

Não há como separar, portanto, a malha urbana, tributária e paroquial, pois todas elas se relacionavam umas com as outras: para tributar os moradores, os senadores da Câmara usavam como referência de importância regional o número de paroquianos ou fregueses, a fim de estabelecer os juízes de vintena e seu escrivão, responsáveis locais pelo recolhimento dos tributos. Para atender aos fregueses com as missas e sacramentos por meio do vigário, dos padres colaboradores ou capelães, levava-se em conta o número de habitantes e a relação direta com o pagamento das conhecenças ou taxas da Igreja. O sistema do padroado real auxiliava na tributação dos súditos com a constante estatística de fregueses e a melhoria das condições de habitabilidade dos súditos com obras públicas das estradas e benfeitorias nos arraiais e povoados ajudava no aumento dos rendimentos paroquiais, atraindo mais moradores e devotos. Para manter a lógica da fiscalização dos territórios, o Senado da Câmara realizava as correições.

Enfim, as minas do Serro do Frio tornaram-se em 12 anos um lugar para se viver, trocando pouco a pouco a mineração nas praias de seus córregos pela vida urbana de uma vila, com seu Senado da Câmara e matriz. Aos poucos, os mineradores mais opulentados foram em busca de novas descobertas e passaram a investir na melhoria das casas na vila, bem como entenderam rapidamente a necessidade de criação e manutenção das sociabilidades e de seu gesto pedagógico colonial em torno das irmandades leigas. Isso não quer dizer que o interesse pelo ouro nos ribeiros serranos tenha diminuído, mas entrado em nova fase, de mineradores faisqueiros.

O ouro do Brasil retirado das minas do Serro do Frio, ajuntado de grão em grão em anos de exploração, tornou-se moeda de troca cotidiana, foi investido em casas e fazendas, foi exportado, traficado, desviado, apreendido em seu caminho para os currais da Bahia, Pernambuco, São Paulo e especialmente para Portugal, por meio do da arrecadação do quinto real, uma tributação tão capilarizada como gesto pedagógico colonial que talvez explique toda a aventura de descobrimento e exploração das lavras do antigo Ibiti-ruí.

**

O conjunto de documentos das minas do Serro do Frio — lançamentos de quintos, arrematações de braças de terras, regimentos, ordens, cartas de sesmaria, provisões e patentes etc. — cumpriram de alguma forma a sua missão de fazer falar os ausentes. Finalizamos este estudo dando voz aos últimos registros realizados nas lavras velhas serranas até a transição para a Vila do Príncipe, com seu Concelho, Senado da Câmara e ouvidor-geral de Sabará.

---

[727] Cf. Apmes (Cad. 1, s/p).

Trata-se de ouvir os ausentes e discutir suas informações a partir dos poucos assentos que resistiram à ação do tempo, escritos no *Livro que há de servir da receita da Fazenda Real nesta Superintendência das Minas do Serro Frio que numerei e rubriquei na forma do estilo, e tem princípio aos vinte e três de fevereiro de mil setecentos e onze anos*[728]. Quem fez a abertura oficial do livro foi o superintendente das minas serranas, o antigo escrivão da Fazenda Real, Lourenço Carlos Mascarenhas de Araújo. Ele foi responsável por efetuar a passagem das minas do Serro do Frio para a Vila do Príncipe.

O segundo livro da Fazenda Real circulou pelos arraiais do Rio do Peixe e de Itapanhoacanga, mostrando que o superintendente transitiva pelas minas serranas, evitando que fossem até ele os mineradores do distrito. No dia 21 de abril de 1711, nas "minas do Serro do Frio e lavras velhas delas", diante do tesoureiro Antônio de Azevedo Chaves e pela pena do escrivão Pedro Teixeira Cabral, quintou-se Gabriel Gonçalves Pena por Estevão da Cunha, que comunicou estar de partida para os currais da Bahia. Estevão da Cunha havia juntado 50 oitavas de ouro em pó, sob as quais pagou 10 oitavas para a Fazenda Real.

No dia seguinte, 22 de abril de 1711, nas minas do Serro do Frio, ou seja, na residência do superintendente Lourenço Carlos, outro Lourenço Gomes do Lago por Antônio Fernandes Lima pagou 39 oitavas de ouro de quintos, relativo as 195 oitavas que havia explorado nas lavras serranas.

No dia 5 de maio de 1711, João Francisco, que não sabia ler e escrever, pediu ao escrivão para colocar seu sinal da cruz no seu termo de pagamento de quintos reais, no valor de 10 oitavas, de um total de 50 oitavas que levava em pó até o superintendente. No dia 30 de maio do mesmo ano, Antônio Dias Chaves levou 180 oitavas de ouro em nome de José Peres na função de fiador e pagou 56 ¾ oitavas de ouro.

No dia 3 de junho de 1711, nas velhas minas do Serro do Frio, Domingos da Costa Gomes apareceu como descobridor das pintas de ouro do ribeiro chamado São João de Deus, de quem foi arrematante de braças de terras Domingos Teixeira Ribeiro, que foi pagar 135 oitavas de ouro em pó. No dia 12 de junho do mesmo ano, o tesoureiro da Superintendência recebeu 170 oitavas de ouro em pó "da arrematação de um moleque do gentio da Guiné por nome Inácio de André Vieira, que se confiscou para a Fazenda Real qual rematou Antônio Ferreira da Cruz pela quantia como parece do termo da arrematação"[729].

O motivo do confisco do moleque sem batismo não foi revelado, mas pode ter sido fruto de algum desvio do quinto do ouro, ou mesmo o não pagamento da arrematação de braças de terras da Coroa portuguesa.

O segundo livro da Fazenda Real acompanhava o superintendente em suas diligências pelo território das minas serranas, assim como o seu escrivão e um destacamento para lhe garantir a segurança. Isso se comprova pelo registro do dia 22 de agosto de 1711, quando as minas serranas aparecem alargadas até o Rio do Peixe, lugar do motim sanguinário entre Arzão e Domingues. Antônio Rabelo Paes, o fiador da arrematação das braças de terras de Geraldo Domingues teve que pagar 116 ¼, dívida ainda não resolvida pelo arrematante.

Teria sido a cobrança dessa dívida um dos pressupostos da Revolta do Rio do Peixe?

Tudo indica que sim, pois o que mais causava motins era a cobrança dos tributos oficiais, fossem os quintos reais, fossem as arrematações de terras registradas em livros oficiais. Quem devia

---

[728] APM-CC 1005. Ver: Anexo 4.
[729] APM-CC 1005.

um dia teria que pagar, ou teria o confisco de escravos, por exemplo, que seriam colocados em leilão para o pagamento da dívida.

No ano de 1712, encontramos poucos lançamentos no segundo livro da Fazenda Real. Quase nada sobrou dos antigos registros desse livro. No dia 9 de fevereiro, nas velhas minas do Serro do Frio, Manuel Mendes Raso pagou duas partes da arrematação de "uma negrinha por nome Antônia, e de um vestido confiscado a João Gomes, vindo pelos currais"[730].

O escravismo foi, de fato, a marca do das minas serranas e as relações em torno da compra e venda de escravos chegou aos livros oficiais. Os escravos eram moeda de troca para dívidas não pagas à Fazenda Real. Não pagou, havia confisco de escravos. Isso se comprova pelo registro do dia 9 de fevereiro, em que Manuel de Freitas pagou 152 oitavas de ouro em pó pela arrematação do comboio confiscado de Manuel Henriques e Manuel Gomes. O mesmo ocorreu no dia 13 de abril, quando Francisco Pereira Carneiro pagou 122 oitavas de ouro em pó das duas partes que tocavam à Fazenda Real da arrematação do comboio de João Monteiro, vindo dos currais da Bahia.

Seria um contrabando de escravos?

Tudo indica que sim, pois confiscar nesse contexto indicava a apropriação legal que a Fazenda Real realizava para reter os bens de quem era considerado culpado ou acusado de um crime.

Outro pagamento de arrematação de produto confiscado de Diogo de Andrade Falcão — o sal do reino — foi pago no dia 13 de abril por Luis de Carvalho e Silva, sendo lançado o valor de 22 oitavas de ouro em pó. As relações entre o ouvidor-geral de Sabará e os oficiais serranos era bastante conhecida e funcionava com certa eficiência, apesar da distância. É que no dia 29 de outubro daquele ano o capitão Manuel Rodrigues Fontoura depositou em juízo 100 oitavas de sua dívida para com a ouvidoria-geral da Vila Real de Sabará, cuja ação não especificada no documento totalizava 869 oitavas de ouro.

No ano de 1713, o superintendente Lourenço Carlos Mascarenhas de Araújo caminhou até o arraial de Itapanhoacanga para receber de Dâmaso de Souza Barros por Estevão da Cunha Vilela 40 oitavas de ouro em pó, quintos reais de 200 oitavas que levava para os currais da Bahia. Esse foi o único lançamento que restou do precário livro sem a maioria de suas folhas originais.

No dia 29 de janeiro de 1714, o governo da Capitania de São Paulo e Minas do Ouro resolveu fundar a Vila do Príncipe, criar o concelho serrano, eleger entre os "homens bons" o Senado da Câmara e constituir uma cadeia própria para administração da justiça e sossego público. A notícia chegou aos ouvidos do superintendente Lourenço Carlos Mascarenhas de Araújo de maneira incompleta no dia 22 de abril daquele ano. Não sabia qual era o nome oficial da nova vila. Assim, o registro do escrivão saiu como "Vila Real de Nossa Senhora da Conceição", oportunidade em que foram entregues 149 oitavas de ouro em pó ao ouvidor-geral da Comarca do Rio da Velhas (Sabará) pelo escrivão da Fazenda Real Jacinto de Queirós Sarmento.

O problema do nome da recém-criada vila serrana foi corrigido no lançamento do dia 26 de agosto de 1714, usando-se o nome consagrado até então pelos moradores:

> Correição: o doutor Luiz Botelho de Queiros ouvidor-geral e corregedor da comarca do Rio das Velhas e Serro do Frio Lourenço Carlos Mascarenhas de Araújo para ajustar as contas da Fazenda [...] ele dito doutor ouvidor geral das ditas contas, e um rol que apresentou o dito Lourenço Carlos [até] ele dito doutor ouvidor geral que o dito Lourenço Carlos devia pelo dito rol aos bens que [confrontou] ao defunto André Vieira cento e sete

[730] APM-CC 1005.

oitavas e meia de ouro cedidas de umas [rede] em treze oitavas de [uns] [couros] em duas e meia de uns sapatos em três e meia um [...] e meia umas ceroulas e uma colher quatro uma veste duas dois cavalos cinquenta com uma sela velha um preto de estanho uma oito de um caldeirão vinte e duas de ouro em pó que se lhe entregou mais quarenta e duas oitavas de novos direitos de cartas de seguro que conferi tinha levado que tudo com preço de cento e cinquenta e uma oitavas que recebeu a conta de comboio que se rematou a Luiz Cardoso que importa duzentas e sessenta e uma oitavas e meia de ouro [...] cuja quantia entregou logo em juízo dois escravos a saber Paulo mina e Francisco banguela para segurança da real fazenda os quais se depositaram em mão de Antônio Gomes [extrato] a qual se obrigou a dar conta [de fiz] todas as vezes que por ele dito doutor ouvidor geral lhe fossem pedidas de que tudo ele dito doutor ouvidor geral mandou fazer este termo que assinou com o dito Lourenço Carlos e o depositário e Jacinto de Queiroz Sarmento escrivão da Fazenda Real o escrevi. [...], Antônio Gomes [...], Lourenço Carlos Mascarenhas de Araújo[731].

A transição das minas do Serro do Frio para a Vila do Príncipe se fez em correição do ouvidor-geral de Sabará. Os recursos em oitavas de ouro não mais pertenciam à Superintendência, mas deviam ser entregues ao Senado da Câmara para iniciar a administração da vila nova, ainda pertencente à comarca sabarense.

Por Sabará, passaram os descobridores das minas serranas. De Sabará chegou a 3autorização para a criação da vila e os primeiros recursos. Acabou-se o tempo do poder ilimitado e das múltiplas autorizações dos bandeirantes paulistas. Um novo tempo, um novo gesto pedagógico colonial se estabeleceu: o Concelho serrano elevava o território das lavras velhas em centro político administrativo de seu termo. Agora, não mais nomeações pelo *Regimento* de 1702 e, sim, tudo passava a girar em torno do cumprimento da lei e da ordem das *Ordenações* consagradas pela história jurídica portuguesa. A passagem das minas de ouro para a vila nova marcou para sempre a história política serrana. A atuação dos "homens bons" no Senado da Câmara — com todos os problemas inerentes à institucionalização dos processos para consultas —, em contato direto com o governo da Capitania de São Paulo e Minas do Ouro e o Governo-Geral em Salvador, proporcionou com o passar do século XVIII atingindo mesmo os primeiros anos do século XIX a captura dos súditos serranos nas complexas malhas jurídicas, políticas, econômicas e culturais da Coroa portuguesa.

Chegou, de fato, a época em que os colonos serranos foram definitivamente, colonizados.

---

[731] APM-CC 1005, fl. 7.

REFERÊNCIAS

ABREU, Capistrano de. *Caminhos antigos e povoamento do Brasil.* Rio de Janeiro: Civilização Brasileira, 1975.

ACERVO HISTÓRICO CELSO CIRINO. *Fotografia.* Igreja Matriz de Nossa Senhora da Conceição, Conceição do Mato Dentro, c.1978.

ÁLBUM DO BICENTENÁRIO DO SERRO, 1714-1914. Belo Horizonte: Imprensa Oficial, 1914.

ALENCASTRO, Luiz Felipe. *O trato dos viventes:* formação do Brasil no Atlântico Sul. 10. reimp. São Paulo: Companhia das Letras, 2000.

ALGRANTI, Leila Mezan. Famílias e vida doméstica. *In:* NOVAIS, Fernando Antônio (coord.). *História da vida privada no Brasil:* cotidiano e vida privada na América portuguesa. São Paulo: Companhia das Letras, 1999. p. 83-154. v. 1.

ALMEIDA, Candido Mendes de. [1603]. *Ordenações e leis do Reino de Portugal.* Decima-quarta edição segundo a primeira de 1603 e a nona de Coimbra de 1824, addicionada com diversas notas philologicas, historicas e exegeticas, em que se indicão as diferenças entre aquellas edições e a vicentina de 1747... desde 1603 ate o prezente. Rio de Janeiro: Typ. do Instituto Philomathico, 1870.

ALMEIDA, Carla Maria Carvalho de. *Ricos e pobres em Minas Gerais.* Produção e hierarquização social no mundo colonial, 1750-1822. Belo Horizonte: Argumentum Editora, 2010.

ALPERS, Edward A. Africanos orientais. *In:* SCHWARCS, Lilia Moritz; GOMES, Flávio dos Santos (org.). *Dicionário da escravidão e liberdade:* 50 textos críticos. São Paulo: Companhia das Letras, 2018. p. 84-91.

AMANTINO, Marcia. Os escravos da Companhia de Jesus a Capitania do Rio de Janeiro. *In:* ROMEIRO, Adriana; MELLO, Magno Moraes (org.). *Cultura, arte e história:* a contribuição dos jesuítas entre os séculos XVI e XIX. Belo Horizonte: Fino Traço Editora, 2014. p. 145-168.

ANASTASIA, Carla Maria Junho. *Vassalos rebeldes.* Violência coletiva nas Minas na primeira metade do século XVIII. 2.ed. Belo Horizonte: C/Arte, 2012.

ANDRADE, Adriano Bittencourt. O recôncavo colonial e a formação da rede urbana regional no século XVIII. *In:* REIS, Adriana Dantas; ADAN, Caio Figueiredo Fernandes (org.). *Estudos em história colonial:* a Baía de Todos os Santos e outros espaços luso-americanos; Feira de Santana: UEFS Editora, 2018. p. 259-275.

ANTONIL, André João [1711]. *Cultura e opulência do Brasil.* Rio de Janeiro: Casa de Souza e Comp., 1837.

ANTÔNIO, Edna Maria Matos. Correspondências e cultura política na América Portuguesa: cartas e uma rebelião colonial. *Revista Brasileira de História da Mídia – RBHM,* São Paulo, v. 5, n. 1, jan./jun. 2016.

ANTUNES, Álvaro de Araújo. Administração da Justiça nas Minas Setecentistas. *In:* RESENDE, Maria Efigênia Lage de; VILLALTA, Luiz Carlos (org.). *História de Minas Gerais.* As minas setecentistas 1. Belo Horizonte: Autêntica: Companhia do Tempo, 2007. p. 169-190.

ARAÚJO, Ricardo Benzaquen de. *Guerra e paz:* Casa-grande & senzala e a obra de Gilberto Freyre nos anos 30. São Paulo: Ed. 34, 1994.

ARCHAEOLOGICAL SURVEY OF INDIA. *Dom Rodrigo da Costa*, c.1686-1690.

ARENDT, Hannah. *A condição humana*. 10. ed. Rio de Janeiro: Forense Universitária, 2000.

ARENDT, Hannah. *Entre o passado e o futuro*. 3. ed. São Paulo: Perspectiva, 1992.

ARENDT, Hannah. *A vida do espírito*. Pensar. Lisboa: Instituto Piaget, 2011.

ARENDT, Hannah. *Sobre a violência*. Rio de Janeiro: Relume-Dumará, 1994.

ARQUIVO CENTRAL DO IPHAN SEÇÃO RIO DE JANEIRO. *Fotografia*. Capela de Nossa Senhora da Purificação, 1915; Antigo Senado da Câmara, 1938; Moradores transitam pelo beco do Botavira para buscar água, 1938.

ARQUIVO ECLESIÁSTICO DA ARQUIDIOCESE DE DIAMANTINA. *Batismo*. Diamantina, Serro, Rio Manso, Caeté Mirim, Gouveia, Itapanhoacanga, Milho Verde, Rio do Peixe, Itambé, Paraúna, 1731-1732, Cx. 4.

ARQUIVO ECLESIÁSTICO DA ARQUIDIOCESE DE DIAMANTINA. *Livro de batizados* (Paróquia Nossa Senhora da Conceição da Vila do Príncipe) – 1740 a 1754.

ARQUIVO ECLESIÁSTICO DA ARQUIDIOCESE DE DIAMANTINA. Livro de Óbitos, Escravos 1725-1797 Serro-Guanhães, Bloco 1.

ARQUIVO HISTÓRICO ULTRAMARINO. *Carta de Domingos Pinheiro*, provedor da Fazenda de Minas, informando o secretário de estado sobre a remessa de relação no qual se discrimina o número dos homens de negócio, mineiros e roceiros que vivem na Capitania de Minas. Em anexo: 1 aviso, várias relações. 25-07-1756, Cx. 70, Doc. 41, Cód. 5953.

ARQUIVO HISTÓRICO ULTRAMARINO. *Mapa da demarcação diamantina*. Petipé de 5 léguas. (Post. a 1729), 260x330 m., Color, Av.

ARQUIVO HISTÓRICO ULTRAMARINO. *Requerimento do bacharel Henrique de Lemos Lobo*. 06-06-1733, Cx. 23, Doc. 77.

ARQUIVO HISTÓRICO ULTRAMARINO. *Roteiro da cidade de São Paulo para as Minas Gerais* [ca.1710]. Desenho: tinta ferrogálica; 30,9 x 42 cm.

ARQUIVO IPHAN SERRO. *Aforamentos*. Livro 1761, Doc. 01, Cx. 43.

ARQUIVO IPHAN SERRO. *Cadeia, prisões e solturas*. Livro Registro de Alvará de soltura da Vila do Príncipe 1736-1756 (Doc. 06, Cx. 43), Livro de Termos de Prisão da Vila do Príncipe 1750 (Doc. 03, Cx. 43), Livro de Assento dos Presos da Cadeia de Vila do Príncipe 1762 (Doc. 05, Cx. 88), Livro Mandados de Prisão de Escravos na Vila do Príncipe 1763-1768 (Doc. 05, Cx. 43), Livro de Assento dos Presos da Cadeia de Vila do Príncipe 1767 (Doc. 01, Cx. 89), Livro de Termos de Prisão da Vila do Príncipe 1782-1793 (Doc. 04, Cx. 43), Livro de Assento dos Presos da Cadeia de Vila do Príncipe 1796 (Doc. 02, Cx. 89).

ARQUIVO IPHAN SERRO. *Fotografias*. Serro, 1913.

ARQUIVO IPHAN SERRO. *Documentos não catalogados*. Registro de escravos, Serro/MG, 1718.

ARQUIVO IPHAN SERRO. *Registro Geral*. Livro 1745-1747, Doc. 02, Cx. 5); 1775-1778, Doc. 03, Cx. 52.

ARQUIVO IPHAN SERRO. *Vereações.* Livro 1722-1734, Doc. 03, Cx. 52; Livro 1735-1742, Doc. 03, Cx. 46; 1791-1794, Doc. 03, Cx. 48; Livro 1774-1779, Doc. 01, Cx. 48.

ARQUIVO IPHAN SERRO. *Receita e Despesa.* Livro 1724 [1717], Doc. 02 Cx. 91, fl. 45.

ARQUIVO JUDICIAL DO SERRO. *Registro de Testamentos.* Livro n. 8. Jacinta de Siqueira, 1751, fl. 33v.

ARQUIVO NACIONAL DA TORRE DO TOMBO. *Chancelaria de dom João V.* Carta de juiz de fora da vila de Setúbal, de 5 de outubro de 1742. Livro 105, fl. 134v-135.

ARQUIVO NACIONAL DA TORRE DO TOMBO. *Registo Geral de Mercês.* Mercês de D. João V, Livro 26.

ARQUIVO PESSOAL MARIA EREMITA DE SOUZA. *Cadernos.* Caderno [1] 00-00-0000 Francisco de Assis Gomes Pinheiro [a], n.p.

ARQUIVO PESSOAL MARIA EREMITA DE SOUZA. Caderno [2] 00-00-0000 Francisco de Assis Gomes Pinheiro [b], n.p.

ARQUIVO PESSOAL MARIA EREMITA DE SOUZA. Caderno [3] 00-00-0000 Francisco de Assis Gomes Pinheiro [c], n.p.

ARQUIVO PESSOAL MARIA EREMITA DE SOUZA. Caderno [4] 00-00-0000 Francisco de Assis Gomes Pinheiro [d], n.p.

ARQUIVO PESSOAL MARIA EREMITA DE SOUZA. Caderno [8] 10-04-1965 Francisco de Assis Gomes Pinheiro, n.p.

ARQUIVO PESSOAL MARIA EREMITA DE SOUZA. Caderno [12] 00-00-1967 Abelha Rainha, n.p.

ARQUIVO PESSOAL MARIA EREMITA DE SOUZA. Caderno [18] 09-09-1971 Caderno Escolar, n.p.

ARQUIVO PESSOAL MARIA EREMITA DE SOUZA. Caderno [34] 00-00-1975 Sem Capa [h], n.p.

ARQUIVO PESSOAL MARIA EREMITA DE SOUZA. Caderno [49] 07-11-1977 Serrana, n.p.

ARQUIVO PESSOAL MARIA EREMITA DE SOUZA. Caderno [50] 17-11-1977 Listrado Preto, n.p.

ARQUIVO PESSOAL MARIA EREMITA DE SOUZA. Caderno [56] 24-04-1978 Vaticano, n.p.

ARQUIVO PESSOAL MARIA EREMITA DE SOUZA. Caderno [65] 15-01-1979 Verde e Branco Estrela, n.p.

ARQUIVO PESSOAL MARIA EREMITA DE SOUZA. Caderno [70] 31-08-1979 São Paulo, n.p.

ARQUIVO PESSOAL MARIA EREMITA DE SOUZA. Caderno [74] 11-11-1979 Listrado Preto e Branco, n.p.

ARQUIVO PESSOAL MARIA EREMITA DE SOUZA. Caderno [138] 30-05-1987 Hibisco, n.p.

ARQUIVO PESSOAL MARIA EREMITA DE SOUZA. Caderno [184] 28-06-1991 Azul Secretaria de Estado da Educação, n.p.

ARQUIVO PÚBLICO MINEIRO. *Fundo Alferes Luiz Antônio Pinto.* 1718 – Relação de escravos do sargento-mor Paulo Pires de Miranda. Lista de quintos. S/L – LAP 5.1, Doc. 01, Cx.09.

ARQUIVO PÚBLICO MINEIRO. *Fundo Alferes Luiz Antônio Pinto.* Índice do livro n. 6 [Comarca do Serro (MG)]. LAP 5.2, Doc. 01, Cx. 11; Índice do livro n. 7 [Comarca do Serro (MG)]. LAP 5.2, Doc. 02, Cx. 11;

Índice do livro n. 8 [Comarca do Serro (MG)]. LAP 5.2, Doc. 03, Cx. 11; Índice do livro n. 9 [Comarca do Serro (MG)]. LAP 5.2, Doc. 04, Cx. 11; Índice do livro n. 10 [Comarca do Serro (MG)]. LAP 5.2, Doc. 05, Cx. 11; Índice do livro n. 11 [Comarca do Serro (MG)]. LAP 5.2, Doc. 06, Cx. 11; Índice do livro n. 12 [Comarca do Serro (MG)]. LAP 5.2, Doc. 07, Cx. 11; Índice do livro n. 13 [Comarca do Serro (MG)]. LAP 5.2, Doc. 08, Cx. 11; Índice do livro n. 14 [Comarca do Serro (MG)]. LAP 5.2, Doc. 09, Cx. 11; Índice do livro n. 15 [Comarca do Serro (MG)]. LAP 5.2, Doc. 10, Cx. 11; Índice do livro n. 16 [Comarca do Serro (MG)]. LAP 5.2, Doc. 11, Cx. 11; Índice do livro n. 17 [Comarca do Serro (MG)]. LAP 5.2, Doc. 12, Cx. 11; Índice do livro n. 18 [Comarca do Serro (MG)]. LAP 5.2, Doc. 13, Cx. 11; Índice do livro n. 19 [Comarca do Serro (MG)]. LAP 5.2, Doc. 14, Cx. 11; Índice do livro n. 20 [Comarca do Serro (MG)]. LAP 5.2, Doc. 15, Cx. 11; Índice do livro n. 21 [Comarca do Serro (MG)]. LAP 5.2, Doc. 16, Cx. 11; Índice do livro n. 22 [Comarca do Serro (MG)]. LAP 5.2, Doc. 17, Cx. 11; Índice do livro n. 23 [Comarca do Serro (MG)]. LAP 5.2, Doc. 18, Cx. 11; Índice do livro n. 24 [Comarca do Serro (MG)]. LAP 5.2, Doc. 19, Cx. 11; Índice do livro n. 25 [Comarca do Serro (MG)]. LAP 5.2, Doc. 20, Cx. 11; Índice do livro n. 26 [Comarca do Serro (MG)]. LAP 5.2, Doc. 21, Cx. 11; Índice do livro n. 27 [Comarca do Serro (MG)]. LAP 5.2, Doc. 22, Cx. 11; Índice do livro n. 28 [Comarca do Serro (MG)]. LAP 5.2, Doc. 23, Cx. 11; Índice do livro n. 29 [Comarca do Serro (MG)]. LAP 5.2, Doc. 24, Cx. 11; Índice do livro n. 30 [Comarca do Serro (MG)]. LAP 5.2, Doc. 25, Cx. 11; Índice do livro n. 34 [Comarca do Serro (MG)]. LAP 5.2, Doc. 27, Cx. 11; Índice do livro n. 35 [Comarca do Serro (MG)]. LAP 5.2, Doc. 28, Cx. 11; Índice do livro n. 36 [Comarca do Serro (MG)]. LAP 5.2, Doc. 29, Cx. 11; Índice do livro n. 37 [Comarca do Serro (MG)]. LAP 5.2, Doc. 30, Cx. 11; Índice do livro n. 38 [Comarca do Serro (MG)]. LAP 5.2, Doc. 31, Cx. 11; Índice do livro n. 39 [Comarca do Serro (MG)]. LAP 5.2, Doc. 32, Cx. 11; Índice do livro n. 40 [Comarca do Serro (MG)]. LAP 5.2, Doc. 33, Cx. 11; Índice do livro n. 42 [Comarca do Serro (MG)]. LAP 5.2, Doc. 34, Cx. 11; Índice do livro n. 43 [Comarca do Serro (MG)]. LAP 5.2, Doc. 35, Cx. 11; Índice do livro n. 44 [Comarca do Serro (MG)]. LAP 5.2, Doc. 36, Cx. 11; Índice do livro n. 46 [Comarca do Serro (MG)]. LAP 5.2, Doc. 37, Cx. 11; Índice do livro n. 47 [Comarca do Serro (MG)]. LAP 5.2, Doc. 38, Cx. 11.

ARQUIVO PÚBLICO MINEIRO. *Fundo Alferes Luiz Antônio Pinto.* Levantamento genealógico dos portugueses que vieram para o Brasil e faleceram deixando ou não testamento, feito pelo Alferes Luiz Antônio Pinto. S/L – LAP 4.1, Doc.27, Cx. 07.

ARQUIVO PÚBLICO MINEIRO. *Fundo Nelson Coelho de Senna.* Fotografia do Serro de 1906 da coleção de Raimundo Pinto.

ARQUIVO PÚBLICO MINEIRO. *Seção colonial.* SC-01 Rolo 01 1605-1799 Registro de alvarás, regimentos, cartas e ordens régias, cartas patentes, provisões, confirmações de cartas patentes, sesmarias e doações; SC-02 Rolo 01 1605-1753 Registro de alvarás, regimentos, cartas, ordens régias, cartas patentes, provisões, confirmações de cartas patentes, sesmarias e doações; SC-03 Rolo 01 1708-1788 Coleção sumária e sistemática de leis, ordens, cartas e mais atos régios concernentes à administração da Capitania; SC-04 Rolo 01 1709-1722 Registro de alvarás, ordens, cartas régias e ofícios dos Governadores ao Rei; SC-07 Rolo 02 1710-1713 Registros de resoluções, bandos, cartas patentes, provisões, patentes e sesmarias; SC-09 Rolo 02 1713-1717 Registro de cartas, ordens, despachos, instruções, bandos, cartas patentes, provisões e sesmarias.

ARQUIVO PÚBLICO MINEIRO. *Seção colonial. Coleção Casa dos Contos.* CC-1002 1702-1709 Livro primeiro de receita e despesa da Fazenda Real referentes às minas do Serro Frio e de Itacambira; CC-1003 1710 Livro dos rendimentos do gado para corte. Arrematação do contrato dos dízimos pelo Capitão Geraldo Domingues; CC-1005 1711-1714 Livro que há de servir da receita da Fazenda Real nesta Superintendência das minas do Serro do Frio; CC-1068 1738-1787 Livro de matrícula da capitação de escravos.

AZEVEDO, Thales de. Gilberto Freyre e a reinterpretação do mestiço. *In: Gilberto Freyre,* sua ciência, sua arte: ensaios sobre o autor de Casa-grande & senzala e sua influência na moderna cultura do Brasil, comemorativo do 25º aniversário da publicação desse seu livro. Rio de Janeiro: José Olympio, 1962.

BARBOSA, A. A. *Uma fresta na neblina:* estudo da possibilidade de restauro urbano do Serro. 2007. 289 f. Tese (Mestrado em Arquitetura e Urbanismo) – Universidade de São Paulo, São Carlos, 2007.

BARROS, José D'Assunção. A história cultural e a contribuição de Roger Chartier. *Revista Diálogos,* Belo Horizonte/MG, v. 9. n. 1, 2005, p. 125-141.

BIBLIOTECA NACIONAL. *Coleção Casa dos Contos.* Inventário dos confiscos que fez o capitão Antônio de Campos e Lora com os oficiais da superintendência [Manuscrito]. Minas do Serro Frio, 9 nov. 1711.

BIBLIOTECA NACIONAL. *Documentos Históricos.* Correspondência dos Governadores Gerais 1705-1711. V. XLI Carta para o capitão-mor Antônio Soares Ferreira guarda-mor das Minas de Ouro do Serro do Frio, e Itucambira sobre o visitador Gaspar Ribeiro Pereira excomungar o Povo das mesmas minas. Rio de Janeiro: Typ. Baptista de Souza, 1938. p. 3-5.

BIBLIOTECA NACIONAL. *Documentos Históricos.* Consultas do Conselho Ultramar Rio de Janeiro 1687-1710. V. XCIII. Sobre os papéis que se ofereceram de arbítrios acerca das minas para com eles se segurarem os interesses da Fazenda Real e se pôr em melhor forma o governo daquelas terras; e vão os papéis que se acusam. Rio de Janeiro: Ministério da Educação e Saúde, 1951, p. 219-242.

BIBLIOTECA NACIONAL. *Documentos Históricos.* Correspondência dos Governadores Gerais 1705-1711. V. XLI. Carta que se escreveu ao coronel Manuel Correia Arzão, guarda-mor das minas do Serro do Frio sobre se suspender a cultura daquelas minas e enviar o ouro dos quintos. Rio de Janeiro: Typ. Baptista de Souza, 1938. p. 227-228.

BIBLIOTECA NACIONAL. *Documentos Históricos.* Correspondência dos Governadores Gerais 1705-1711. V. XLI. Carta que se escreveu ao Procurador da Coroa e Fazenda Real das minas do Serro do Frio, Baltasar de Lemos de Morais, e ao capitão-mor Antônio Soares Ferreira das mesmas minas, sobre se não continuar na cultura daquelas minas. Biblioteca Nacional. Rio de Janeiro: Typ. Baptista de Souza, 1938. p. 228-229.

BIBLIOTECA NACIONAL. *Documentos Históricos.* Correspondência dos Governadores Gerais 1704-1714. V. XL. Carta para Antônio Soares Ferreira guarda-mor das Minas do Serro do Frio, sobre vários particulares tocantes às mesmas minas. Rio de Janeiro: Typ. Baptista de Souza, 1938. p. 352-360.

BIBLIOTECA NACIONAL. *Documentos Históricos.* Correspondência dos Governadores Gerais 1704-1714. V. XL. Carta para os oficiais da Câmara da Vila da Cachoeira sobre a conta que dão das minas do Serro do Frio. Rio de Janeiro: Typ. Baptista de Souza, 1938, p. 258-259.

BIBLIOTECA NACIONAL. *Documentos Históricos.* Correspondência dos Governadores Gerais 1705-1711. V. XLI. Para Baltasar de Lemos de Morais Navarro com a patente que se lhe remete de Sargento-maior dos distritos do Serro do Frio e Itaquambira. Rio de Janeiro: Typ. Baptista de Souza, 1938. p. 10-11.

BIBLIOTECA NACIONAL. *Documentos Históricos.* Correspondência dos Governadores Gerais 1705-1711. V. XLI. Carta para Baltasar de Lemos Morais Navarro sargento-mor, e Procurador da Fazenda Real dos distritos do Serro do Frio e Itaquambira sobre a eleição de Tesoureiro e Escrivão dos quintos e procedimento do Visitador do Rio de Janeiro. Rio de Janeiro: Typ. Baptista de Souza, 1938. p. 6-7.

BIBLIOTECA NACIONAL. *Documentos Históricos*. Correspondência dos Governadores Gerais 1698-1714. V. XXXIX. Carta para Bernardo Vieira de Melo capitão-mor da Capitania do Rio Grande sobre (sic). Rio de Janeiro: Typ. Baptista de Souza, 1938. p. 51-52.

BIBLIOTECA NACIONAL. *Documentos Históricos*. Correspondência dos Governadores Gerais 1705-1711. V. XLI. Para o guarda-mor do Serro do Frio Antônio Soares Ferreira com a patente de capitão-mor daqueles distritos que se lhe remete. Rio de Janeiro: Typ. Baptista de Souza, 1938. p. 9-12.

BIBLIOTECA NACIONAL. *Salvador*, Bahia, por J. K. Sherwin, 1780.

BIBLIOTECA NACIONAL DE PORTUGAL. *Divisão de Reservados da Biblioteca Nacional de Portugal.* Doc. n. 3, Códice 1612, maço 1, de 21/02/1720: Carta de 21 de fevereiro de 1720, na qual se declara que se tem resoluto criar-se um novo governo em São Paulo, separado do de Minas, e que para se evitar a disputa entre os confins das Minas Gerais com o governo do Rio [de Janeiro], Bahia e Pernambuco, tomasse ele, governador conde de Assumar, as informações necessárias sobre este particular, dando conta do que se assentar com o seu parecer, e se puder, tomar a resolução que for mais conveniente.

BIBLIOTECA NACIONAL DE PORTUGAL. *Divisão de Reservados da Biblioteca Nacional de Portugal.* Doc. n. 76, Códice 1612, fl. 231, de 17/02/1720: Ordem de 17 de fevereiro de 1720, na qual se participa ao governador, conde de Assumar, que se mandou criar ouvidor para a Vila do Príncipe do Serro do Frio, com o mesmo ordenado que têm os mais ouvidores gerais das comarcas de Minas [Gerais], o qual lhe será pago em moeda, e não em oitavas, como está disposto.

BIBLIOTECA NACIONAL DE PORTUGAL. *Divisão de Reservados da Biblioteca Nacional de Portugal.* Doc. n. 77, Códice 1612, maço 1, de 16/03/1720: Ordem de 16 de março de 1720, na qual se declara ao governador de Minas [Gerais] que se mandou criar o lugar de ouvidor-geral da Vila do Príncipe e prover nele ao bacharel Antônio Rodrigues Banha, e que vença o ordenado de quinhentos mil réis como os mais ouvidores de Minas [Gerais], e que estes lhe sejam pagos em moeda e não em oitavas.

BIBLIOTECA NACIONAL DIGITAL. *Carta topográfica da Comarca do Rio das Velhas, da Comarca do Serro Frio e da Comarca do Rio das Mortes*, Rio de Janeiro, [c.1720].

BIBLIOTECA NACIONAL DIGITAL. *Carta topográfica da Villa do Principe no Serro Frio e do seu distrito*, Rio de Janeiro, [c.1714].

BIBLIOTECA NACIONAL DIGITAL. *Mapa das minas do ouro de S. Paulo, e a costa do mar que lhe pretence*, Rio de Janeiro, [1714].

BIBLIOTECA NACIONAL DIGITAL. *Mapa de parte de Minas Gerais*, Rio de Janeiro, [c.1714].

BIBLIOTECA NACIONAL DIGITAL. Mapa parcial da região compreendida do Sertão do Ceará até a Vila do Príncipe, Rio de Janeiro, [c. 1714].

BOCAYUVA, Helena. *Erotismo à brasileira: o excesso sexual na obra de Gilberto Freyre*. Rio de Janeiro: Garamond, 2001.

BOSCHI, Caio. "Como os filhos de Israel no deserto"? (ou: a expulsão de eclesiástico em Minas Gerais na 1ª metade do século XVIII. *Varia História*, Belo Horizonte, n. 21, p. 119-141, jul. 1999.

BOSCHI, Caio. *Fontes primárias para a história de Minas Gerais em Portugal.* Belo Horizonte: Fundação João Pinheiro, 1998.

BOSCHI, Caio C. (coord.). *Inventário dos manuscritos avulsos relativos a Minas Gerais existentes no Arquivo Histórico Ultramarino (Lisboa).* Belo Horizonte: Fundação João Pinheiro, 1998. v. 1, 2, 3.

BOSCHI, Caio César. Irmandades, religiosidade e sociabilidade. *In:* RESENDE, Maria Efigênia Lage de; VILLALTA, Luiz Carlos (org.). *História de Minas Gerais.* As minas setecentistas 2. Belo Horizonte: Autêntica; Companhia do Tempo, 2007. p. 59-75.

BOSCHI, Caio César; QUINTÃO, Régis Clemente. *Minas Gerais nos reservados da Biblioteca Nacional de Portugal.* Belo Horizonte: Centro de Memória e de Pesquisa Histórica da PUC Minas, 2017.

BOTELHO, Tarcísio Rodrigues. *População e escravidão nas Minas Gerais,* c. 1720. 12º Encontro da Associação Brasileira de Estudos de População – ABEP, GT População e História, realizado em Caxambu (MG), out. 2000.

BOTELHO, Tarcísio Rodrigues. *População e nação no Brasil do século XIX.* 1998. 241 f. Tese (Doutorado em História Social) – Universidade de São Paulo, São Paulo, 1998.

BOURDIEU, Pierre. *O poder simbólico.* 2. ed. Lisboa: Edições 70, 2011.

BOXER, Charles Ralph. *A idade de ouro do Brasil.* São Paulo: Companhia Editora Nacional, 1963.

BRISKIEVICZ, Danilo Arnaldo. *A arte da crônica e suas anotações:* história das Minas do Serro do Frio à atual cidade do Serro em notas cronológicas. (14/03/1702 a 14/03/2003). Porto Alegre: Revolução E-book – Simplíssimo, 2017.

BRISKIEVICZ, Danilo Arnaldo. A escola-medusa: o olhar do outro e a educação em Jean-Paul Sartre. *Educação,* Santa Maria/RS, v. 43, n. 2, p. 67-78, abr./jun. 2018 DOI: http://dx.doi.org/10.5902/1984644427425

BRISKIEVICZ, Danilo Arnaldo. *Comarca do Serro do Frio:* história da educação entre os séculos XVIII e XX. Curitiba: Appris, 2020.

BUENO, Beatriz Piccolotto Siqueira. Dilatação dos confins: caminhos, vilas e cidades na formação da Capitania de São Paulo (1532-1822). *Anais do Museu Paulista,* São Paulo, v. 17. n. 2. p. 251-294. jul.- dez. 2009.

CAMBI, Franco. *História da pedagogia.* São Paulo: Unesp, 1999.

CANDIDO, Mariana P. *An African Slaving Port and the Atlantic World.* Benguela and Its Hinterland. Nova York: Cambridge University Press, 2013(African Studies, n. 124).

CARDOSO, Ciro. *Escravo ou camponês?* São Paulo: Brasiliense, 1988.

CARNEIRO JR., Renato Augusto. O amor na política: um diálogo entre Hannah Arendt e Santo Agostinho. *História: Questões & Debates,* Curitiba/PR, n. 46, p. 31-50, 2007.

CARRARA, Angelo Alves. *Contribuição para a história agrária de Minas Gerais,* séculos XVIII-XIX. Mariana: Edição do Autor, 1999.

CARRARA, Angelo Alves; SANTIRÓ, Ernest Sánchez. Historiografia econômica do dízimo agrário na Ibero-América: os casos do Brasil e Nova Espanha, século XVIII. *Estudos Econômicos,* São Paulo/SP, v. 43, n.1, p. 167-202, jan./mar. 2013.

CARVALHO, José Murilo de. *A formação das almas.* O imaginário da República no Brasil. 2. ed. São Paulo: Companhia das Letras, 2017.

CASTELNAU-L'ESTOILE, Charlotte. "Os filhos obedientes da Santíssima Igreja". Escravidão e estratégias de casamento no Rio de Janeiro do início do século XVIII. *In:* COTTIAS, Myriam; MATTOS, Hebe (dir.). *Escravidão e subjetividades no Atlântico luso-brasileiro e francês* (Séculos XVII-XX). Marseille: Open Edition Books, 2016.

CERTEAU, Michel de. *A escrita da história.* Rio de Janeiro: Forense Universitária, 2002.

CHARTIER, Roger. *A história cultural:* entre práticas representações. Lisboa: DIFEL, 1990.

CHARTIER, Roger. *A história ou a leitura do tempo.* Belo Horizonte: Autêntica, 2009.

CHARTIER, Roger. História intelectual e história das mentalidades: uma dupla reavaliação. *In:* CHARTIER, Roger. *A história cultural entre práticas e representações.* São Paulo: Bertrand Brasil; Lisboa: Difel, 1990. p. 29-67.

CHARTIER, Roger. O mundo como representação. *Estudos Avançados*, São Paulo, v. 5, n. 11, p. 173-191, 1991.

CHAVES, Edneila Rodrigues. Criação de vilas em Minas Gerais no início do regime monárquico: a região Norte. *Varia História*, Belo Horizonte, v. 29, n. 51, p. 817-845, set./dez. 2013.

CÓDICE COSTA MATOSO. Coleção das notícias dos primeiros descobrimentos das minas na América que fez o doutor Caetano da Costa Matoso sendo ouvidor-geral das do Ouro Preto, de que tomou posse em fevereiro de 1749, & vários papéis. Vol. 1. Belo Horizonte: Fundação João Pinheiro, 1999. p. 313-324.

COELHO, José João Teixeira. *Instrução para o governo da Capitania de Minas Gerais.* Belo Horizonte: Fundação João Pinheiro, 1994.

COLEÇÃO sumaria das próprias Leis, Cartas Regias, Avisos e Ordens que se acham nos livros da Secretaria do Governo desta Capitania de Minas Gerais, deduzidas por ordem a títulos separados. Vila Rica, 1784. *Revista do Arquivo Público Mineiro*, Belo Horizonte/MG, n. 16, 1911. p. 396, doc. 15 (Códice 3 da Seção Colonial do Arquivo Público Mineiro).

COMPROMISSO DA IRMANDADE DE NOSSA SENHORA DO ROZÁRIO NA FREGUEZIA DA CONCEYÇÃO DA VILLA DO PRÍNCIPE DO SERRO DO FRIO NO ANNO DE 1728. Serro: Edição do Autor, 1979 (mandado imprimir por José Nunes Mourão, Zé de Fina).

CONCEIÇÃO, Cláudio da. *Gabinete histórico que a sua majestade fidelíssima o senhor rei D. João VI, em o dia de seus felicíssimos anos, 13 de maio de 1818 offerece Fr. Cláudio da Conceição.* Lisboa: Imprensa Nacional, 1823.

CORRÊA, Dora Shellard. Historiadores e cronistas e a paisagem da colônia Brasil. *Revista Brasileira de História*, São Paulo/SP, v. 26, n. 51, p. 63-87, 2007.

COSTA, Cláudio Manuel da [1773]. *Vila Rica*. Edição de Referência: *A poesia dos inconfidentes.* Rio de Janeiro: Nova Aguilar, 1996. Disponível em: www.literaturabrasileira.ufsc.br/documentos/?id=144686. Acesso em: 21 abr. 2020.

COSTA, Joaquim Ribeiro. *Conceição do Mato Dentro,* fonte de saudade. Belo Horizonte: Itatiaia, 1975.

CREAÇÃO DAS VILLAS NO PERÍOCO COLONIAL. *Revista do Arquivo Público Mineiro,* Belo Horizonte/MG, v. II, p. 89-90, 1897.

CURTIN, Philip. *The Atlantic slave trade*: a census. Madison: University of Wisconsin Press, 1969.

DANTAS, Mariana L. R. Pai branco, mãe negra, filho pardo: formação familiar e mobilidade social na Comarca do Rio das Velhas. *In:* LIBBY, Douglas Cole *et al. História da família no Brasil.* Séculos XVIII, XIX e XX. Novas análises e perspectivas. Belo Horizonte: Fino Traço, 2015. p. 99-127.

DEBRET, Jean-Baptiste. *Voyage pittoresque et historique au Brésil,* ou séjour d ún artiste français au Brésil, depuis 1816 jusqu én en 1831 inclusivement, époques de l'avènement et de l'abdication de S.M.D. Pedro Ier., fondateur de l'empire brésilie. Paris: Institut de France, 1834.

DINIZ, Sílvio Gabriel. *Pesquisando a história de Pitangui.* Belo Horizonte: Edição do Autor, 1965.

DIOCESE DE TAUBATÉ. *Fotografia da Catedral de São Francisco das Chagas,* 1865.

D'OLIVEIRA, José Joaquim Machado. *Quadro histórico da Província de São Paulo.* Para uso das escholas de instrucção pública offerecido à Assemblea Legislativa Provincial. São Paulo: Typographia Imparcial de J. R. A. Marques, 1864.

DUARTE, André. *O pensamento à sombra da ruptura:* política e filosofia em Hannah Arendt. São Paulo: Paz e Terra, 2000.

ELIAS, Norbert. *O processo civilizador:* formação do estado e civilização. Rio de Janeiro: Zahar, 1993. v. 2.

ELIAS, Norbert. *O processo civilizador:* uma história dos costumes. 2. ed. Rio de Janeiro: Zahar, 1994. v. 1.

ELTIS, David; RICHARDSON, David. *Atlas of the Transatlantic Slave Trade.* New Have: Yale University Press, 2010.

ELTIS, David; RICHARDSON, David. A New Assessment of the Transatlantic Slave Trade. *In:* ELTIS, David; RICHARDSON, David (ed.). *Extending the Frontiers.* Essays on the new Transatlantic Slave Trade Database. New Have: Yale University Press, 2008. p. 1-60.

ERGARD, Laird W. *Slavery and the demographic and economic history of Minas Gerais,* Brazil, 1720-1888. Cambridge: Cambridge University Press, 1999.

FERRAND, Paul. *O ouro em Minas Gerais.* Belo Horizonte: Fundação João Pinheiro, 1998.

FERREIRA, Francisco Ignacio. *Repertório jurídico do mineiro:* consolidação alphabetica e chronologica. Rio de Janeiro: Typographia Nacional, 1884.

FERRO, João Pedro. *A população portuguesa no final do Antigo Regime (1750-1815).* Lisboa: Presença, 1995.

FIGUEIREDO, Eurídice. Os discursos da mestiçagem: interseções com outros discursos, críticas, ressematizações. *Gragoatá,* Niterói/RJ, n. 22, p. 63-84, 1. sem. 2007.

FIGUEIREDO, Luciano Raposo de Almeida. Derrama e política fiscal ilustrada. *Revista do Arquivo Público Mineiro,* Belo Horizonte/MG, n. 41, p. 22-39, jul./dez. 2005.

FONSECA, Cláudia Damasceno. *Arraiais e vilas d'el rei.* Espaço e poder nas Minas setecentistas. Belo Horizonte: Editora UFMG, 2011.

FONSECA, José da; ROQUETE, J.-I. *Diccionário da Língua Portugueza.* Paris, Lisboa: Guilard, Aillaud e Cia., 1848.

FOUCAULT, Michel. *Em defesa da sociedade.* Curso no Collège de France (1975-1976). São Paulo: Martins Fontes, 2005.

FOUCAULT, Michel. *Microfísica do poder.* 6. ed. Rio de Janeiro/São Paulo: Paz e Terra, 2017.

FOUCAULT, Michel. *Vigiar e punir.* Nascimento da prisão. 42. ed. Petrópolis: Vozes, 2014.

FRANCO, Francisco de Assis Carvalho. *Bandeiras e bandeirantes de São Paulo.* São Paulo: Companhia Editora Nacional, 1940.

FRANCO, Francisco de Assis Carvalho. *Dicionário de bandeirantes e sertanistas do Brasil*: século XVI-XVII-XVIII. São Paulo: Comissão do IV Centenário da Cidade de São Paulo, 1954.

FRANCO, Francisco de Assis Carvalho. *Dicionário de bandeirantes e sertanistas do Brasil*: século XVI-XVII-XVIII. São Paulo: Editora da Universidade de São Paulo, 1989.

FRANCO, Francisco de Assis Carvalho. *Os Camargos de São Paulo.* Notícia sobre os representantes dessa linhagem, na capitania vicentina, nos séculos XVI e XVII. São Paulo: Spes, 1937.

FREYRE, Gilberto. *Casa-grande e senzala.* 23. ed. Rio de Janeiro: Livraria José Olympio, 1984.

FUNDAÇÃO DAS CASAS DE FRONTEIRA E ALORNA. *Retrato de D. Pedro Miguel de Almeida Portugal,* 1º Marquês de Alorna (1688-1756). Palácio Fronteira, Lisboa, Portugal.

FUNDAÇÃO JOÃO PINHEIRO. *Discurso histórico e político sobre a sublevação que nas Minas houve no ano de 1720.* Belo Horizonte: Fundação João Pinheiro, 1994.

FUNDAÇÃO JOÃO PINHEIRO. *Minas Gerais.* Monumentos históricos e artísticos. Circuito do diamante. Belo Horizonte: Fundação João Pinheiro, 1995 (Revista Barroco 16).

FURTADO, Júnia Ferreira. A história do Vale do Jequitinhonha. *Cadernos do Leste,* Belo Horizonte/MG, Edição Especial, 2008. p. 77-178.

FURTADO, Júnia Ferreira. *Chica da Silva e o contratador dos diamantes.* O outro lado do mito. 4. reimp. São Paulo: Companhia das Letras, 2017.

FURTADO, Júnia Ferreira. Saberes e negócios: os diamantes e o artífice da memória, Caetano Costa Matoso. *Varia História,* Belo Horizonte/MG, n. 21, p. 295-306, 1999.

GALEANO, Eduardo. *As veias abertas da América Latina.* Porto Alegre/RS: LP&M, 2017.

GAUTHIER, Clermont; TARDIF, Maurice. *A pedagogia*: teorias e práticas da Antiguidade aos nossos dias. 3. ed. Petrópolis: Editora Vozes, 2014.

GINZBURG, Carlo; CASTELNUOVO, Enrico; PONI, Carlo. *A micro-história e outros ensaios.* Lisboa: Difel, 1989.

GODINHO, Vitorino Magalhães. *Estrutura da antiga sociedade portuguesa.* 2. ed. Lisboa: Arcádia, 1975.

GOMES, Laurentino. *Escravidão.* Da corrida do ouro em Minas Gerais até a chegada da corte de dom João ao Brasil. Rio de Janeiro: Globo Livros, 2021. v. II.

GONÇALVES, Andréa Lisly. *As margens da liberdade.* Estudo sobre a prática de alforrias em Minas colonial e provincial. Belo Horizonte: Fino Traço Editora, 2011.

GOUVÊA, Maria de Fátima Silva. Guerra dos Emboabas. *In:* VAINFAS, Ronaldo (dir.). *Dicionário do Brasil Colonial* (1500-1808). Rio de Janeiro: Objetiva, 2000. p. 270-272.

HALL, Stuart. *Da diáspora*. Belo Horizonte: Editora UFMG. 2008.

HERMANN, Jacqueline. Quilombo. *In:* VAINFAS, Ronaldo (Dir.). *Dicionário do Brasil Colonial* (1500-1808). Rio de Janeiro: Objetiva, 2000. p. 494-495.

HESPANHA, António Manuel. A constituição do Império português. Revisão de alguns enviesamentos correntes. *In:* FRAGOSO, João; BICALHO, Maria Fernanda; GOUVEA, Maria de Fátima (org.). *O Antigo Regime nos trópicos*: a dinâmica imperial portuguesa (séculos XVI-XVIII). Rio de Janeiro: Civilização Brasileira, 2001. p. 164-188.

HESPANHA, António Manuel. *As vésperas do Leviathan*. Instituições e poder político. Portugal – século XVII. Coimbra: Almedina, 1994.

HOLANDA, Sérgio Buarque de. *Raízes do Brasil*. 27. ed. Rio de Janeiro: Companhia das Letras, 2017.

INIKORI, Joseph E. A África na história do mundo: o tráfico de escravos a partir da África e a emergência de uma ordem econômica no Atlântico. *In:* OGOT, Bethwell Allan (ed.). *História Geral da África*. África do século XVI ao XVIII. Brasília: UNESCO, 2010. v. V. p. 91-134.

INSTITUTO ESPINHAÇO. *Morro do Pilar*: cultura, memória, sustentabilidade e a antecipação do futuro. Morro do Pilar: Instituto Espinhaço, 2014.

INSTITUTO ESTRADA REAL. *Mapa da Estrada Real*. Belo Horizonte, 2020. Disponível em: http://www.institutoestradareal.com.br/estradareal. Acesso em: 12 jun. 2023.

JABOATÃO, Antônio de Santa Maria [1768]. Catálogo Genealógico das principaes famílias que procederam de Albuquerques, e Cavalcantes, em Pernambuco, e Caramurus na Bahia, tiradas de memorias, manuscritos antigos e fidedignos, autorizados por alguns escritores, em especial o Theatro Genealógico de D. Livisco de Nazão Zaroso e Colona, aliás Manuel de Carvalho de Atahide, e acrescentado o mais moderno, e confirmado tudo, assim moderno, como antigo com assentos dos livros de baptizados, cazamentos, e enterros, que se guardão na camara ecleziastica da Bahia por Fr. Antônio de S. Maria Jaboatão. *Revista do Instituto Histórico e Geográfico Brasileiro*, Rio de Janeiro, v. LVII, part. I, p. 5-497, 1889.

JOSGRILBERG, Rui. Fenomenologia e Educação. *Notandum*, Porto, n. 38, p. 5-14, maio/ago. 2015.

KLEIN, Herbert. Tráfico de escravos. *In:* FIBGE. *Estatísticas históricas do Brasil*. 2. ed. Rio de Janeiro: IBGE, 1990. p. 53-61.

KOEHNE, André. *Mapa do Caminho da Bahia*. Belo Horizonte, 2020. Disponível em: https://pt.wikipedia.org/wiki/Caminho_da_Bahia. Acesso em: 12 jun. 2023.

LEME, Luiz Gonzaga da Silva. *Genealogia paulistana*. São Paulo: Duprat & Comp., 1903-1907.

LEME, Pedro Taques de Almeida Paes. *História da Capitania de São Vicente*. Brasília: Edições do Senado Federal, 2004.

LEME, Pedro Taques de Almeida Paes. *Nobiliarquia Paulistana Histórica e Genealógica*. Tomo I. 5. ed. Belo Horizonte: Itatiaia, 1980.

LEME, Pedro Taques de Almeida Paes. *Notícias das minas de São Paulo e dos sertões da mesma Capitania*. São Paulo: Comissão do IV Centenário da Cidade de São Paulo, 1954.

LIBBY, Douglas Cole. Mineração escravista. *In:* SCHWARCS, Lilia Moritz; GOMES, Flávio dos Santos (org.). *Dicionário da escravidão e liberdade:* 50 textos críticos. São Paulo: Companhia das Letras, 2018. p. 314-321.

LUHMANN, Niklas. "Por que uma 'teoria dos sistemas'?" *In:* NEVES, Clarissa Eckert Baeta; SAMIOS, Eva Machado Barbosa. *Niklas Luhmann, a nova teoria dos sistemas*. Porto Alegre: Ed. Universidade/UFRGS, Goethe-Institut/ICBA, 1997. p. 37-48.

LUNA, Francisco Vidal; COSTA, Iraci del Nero da. Devassa nas Minas Gerais: observações sobre casos de concubinato. *In:* BARRETO, Antônio Emilio Muniz (org.). *História Econômica:* Ensaios. São Paulo: IPE/USP. p. 43-58, 1983 (Relatórios de Pesquisa, 13).

LUNA, Francisco Vidal, COSTA, Iraci Del Nero da. *Minas Gerais:* economia e sociedade. São Paulo: FIPE, Pioneira, 1982.

MAGALHÃES, Joaquim Romero. As Câmaras Municipais, a Coroa e a cobrança dos quintos do ouro nas Minas Gerais (1711-1750). *In:* VENANCIO, Renato Pinto; GONÇALVES, Andréa Lisly; CHAVES, Cláudia Maria das Graças (org.). *Administrando impérios.* Portugal e brasil nos séculos XVIII e XIX. Belo Horizonte: Fino Traço, 2012. p. 121-140.

MARTINS, G. *Taubaté nos seus primeiros tempos:* aspectos de sua história colonial. Taubaté: Egetal, 1973.

MATTOSO, Katia M. de Queirós. *Ser escravo no Brasil:* séculos XVI-XIX. Petrópolis/RJ: Vozes, 2017.

MAURO, Humberto. *Vocabulário dos termos tupis de "O selvagem" de Couto de Magalhães.* Rio de Janeiro: Ministério da Educação e Cultura – Serviço de Documentação, 1957.

MAWE, John. *Viagens ao interior do Brasil.* Rio de Janeiro: Zélio Valverde, 1944.

MAZZUIA, M. *Jundiaí através de documentos.* Campinas: Palmeiras; Jundiaí: Prefeitura Municipal, 1976.

MELLO, Christiane Figueiredo Pagano de. *Forças militares na segunda metade do século XVIII.* Rio de Janeiro: E-Papers, 2009. [E-book].

MENDONÇA, Marcos Carneiro de. *Raízes da formação administrativa do Brasil.* Tomo 1. Rio de Janeiro: Instituto Histórico e Geográfico Brasileiro: Conselho Federal de Cultura, 1972.

MENEZES, Ivo Porto de. Documentação referente a Minas Gerais existente nos arquivos de Portugal. *Revista do Arquivo Público Mineiro,* Belo Horizonte/MG, v. XXVI, p. 121-187, 1975.

MERSHMAN, Francis. St. Hyacintha Mariscotti. *The Catholic Encyclopedia*, v. 7. New York: Robert Appleton Company, 1910. Disponível em: http://www.newadvent.org/cathen/07591c.htm. Acesso em: 13 maio 2020.

MILLER, Joseph C. África Central durante a era do comércio de escravizados de 1490 a 1850. *In:* HEYWOOD, Linda M. (org.). *Diáspora negra no Brasil.* 2.ed. São Paulo: Contexto, 2019. p. 29-80.

MIR, Luís. Estado, o maior criminoso [Entrevista]. *A Nova Democracia*, Rio de Janeiro, ano III, n. 23, fev. 2005. Disponível em: https://anovademocracia.com.br/no-23/703-estado-o-maior-criminoso. Acesso: 22 abr. 2020.

MIR, Luís. *Guerra civil:* estado e trauma. São Paulo: Geração Editorial, 2004.

MIRANDA, Aluízio Ribeiro de. *Serro:* três séculos de história. Belo Horizonte: Imprensa Oficial, 1972.

MONTEIRO, John M. *Negros da terra:* índios e bandeirantes nas origens de São Paulo. São Paulo: Companhia das Letras, 1994.

MONTEIRO, Nuno Gonçalo. A circulação das elites no império dos Bragança (1640-1818): algumas notas. *Tempo,* Niterói, v. 14, n. 27, p. 51-67, 2009.

MONTEIRO, Nuno Gonçalo. Poderes municipais e elites sociais locais (séculos XVII-XIX): Estado de uma questão. *In:* CENTRO DE ESTUDOS DE HISTÓRIA DO ATLÂNTICO, *O município português.* Funchal: Centro de Estudos de História do Atlântico, 1998, p. 300-349.

MORAIS, Geraldo Dutra de. *História de Conceição do Mato Dentro.* Belo Horizonte: Biblioteca Mineira de Cultura, 1942.

MOURA, Clóvis. *Dicionário da escravidão negra no Brasil.* São Paulo: Edusp, 2013.

MULDREW, Craig. *The Economy of Obligation*: The Culture of Credit and Social Relations in Early Modern England. New York: Saint Martin's Press, 1998.

NEME, M. *História da fundação de Piracicaba.* [*S. l.*]: João Mendes Fonseca, 1943.

NEVES, Guilherme Paulo Castagnoli Pereira das. Padroado. *In:* VAINFAS, Ronaldo (dir.). *Dicionário do Brasil colonial (1500-1808).* Rio de Janeiro: Objetiva, 2000. p. 466-467.

NOVAIS, Fernando Antônio. Condições da privacidade na colônia. *In:* NOVAIS, Fernando Antônio (coord.). *História da vida privada no Brasil*: cotidiano e vida privada na América portuguesa. Volume 1. São Paulo: Companhia das Letras, 1999. p. 13-40.

ORTIZ, Renato (org.). *Pierre Bourdieu:* Sociologia. São Paulo: Ática, 1983.

PAIVA, Adriano Toledo. *Os indígenas e os processos de conquista dos sertões de Minas Gerais.* 2.ed. Belo Horizonte: Fino Traço Editora, 2016a.

PAIVA, Adriano Toledo. *Uma tradição paulista nas Minas:* descobridores e conquistadores nos sertões dourados. Belo Horizonte: Fino Traço Editora, 2016b.

PAIVA, Eduardo França. Alforria e coartação. *In:* ROMEIRO, Adriana; BOTELHO, Angela Vianna. *Dicionário histórico das Minas Gerais.* Período Colonial. 3. ed. Belo Horizonte: Autêntica, 2013. p. 31-33.

PAIVA, Eduardo França. Coartações e alforrias nas Minas Gerais do século XVIII: as possibilidades de libertação escrava no principal centro colonial. *Revista de História,* São Paulo, n. 133, p. 49-57, 1995.

PAIVA, Eduardo França. *Dar nome ao novo.* Uma história lexical da Ibero-América entre os séculos XVI e XVIII. As dinâmicas de mestiçagens e o mundo do trabalho. Belo Horizonte: Autêntica, 2015.

PAIVA, Eduardo França. *Escravidão e universo cultural na colônia*: Minas Gerais, 1716-1789. 1. reimp. Belo Horizonte: Editora UFMG, 2006.

PAIVA, Eduardo França. *Escravos e libertos nas Minas Gerais do século XVIII.* Estratégias de resistência através dos testamentos. 3. ed. São Paulo: Annablume; Belo Horizonte: PPGH-UFMG, 2009.

PAIVA, Eduardo França. Lembrar para esquecer: africanos forros e memória escravista nos testamentos das Minas Gerais, no século XVIII. *In:* IVO, Isnara Pereira; GUEDES, Roberto (org.). *Memórias da escravidão em mundos ibero-americanos*: séculos XVI-XXI. São Paulo: Alameda, 2019; p. 163-179.

PARÉS, Luis Nicolau. Africanos ocidentais. *In:* SCHWARCS, Lilia Moritz; GOMES, Flávio dos Santos (org.). *Dicionário da escravidão e liberdade:* 50 textos críticos. São Paulo: Companhia das Letras, 2018. p. 77-83.

PEREIRA FILHO, Jorge da Cunha. Boletim do Projeto "Pesquisa Genealógica Sobre as Origens da Família CUNHA PEREIRA". Ano 01, n. 09, 1995.

PEREIRA, Luisa Rauter. Soberania. *In:* FERES JÚNIOR, João (org.). *Léxico da história dos conceitos do Brasil.* Belo Horizonte: Editora UFMG, 2014. p. 401-421.

PESSANHA, José Américo Motta. Vida e obra. *In:* SANTO AGOSTINHO. *Confissões.* São Paulo: Nova Cultural, 1999. p. 5-23 (Col. Os pensadores).

PINHEIRO, Fernanda Domingos. *Em defesa da liberdade.* Libertos coartados e livres de cor nos tribunais do Antigo Regime português (Mariana e Lisboa, 1720-1819). Belo Horizonte: Fino Traço, 2018.

PINTO, Luiz Antônio. Memórias municipaes. *Revista do Arquivo Público Mineiro*, Belo Horizonte, n. VII, p. 939-962, 1902.

PINTO, Luiz Antônio. Memórias municipaes. Arquivo da Câmara Municipal da Villa do Príncipe hoje cidade do Serro. *Revista do Arquivo Público Mineiro*, Belo Horizonte, n. IV, ano I, p. 755-797, 1896.

PIRES, Maria de Lourdes Moreira. *Valores do Serro.* Uma coletânea de perfis serranos. Contagem: s.e., 2015.

PORTUGAL. *Coleção Cronológica da legislação Portuguesa compilada e anotada desde 1603.* Alvará de 13 de maio de 1803. Regulando as minas de ouro e diamantes na América, com diversas providências e novo s estabelecimentos. Lisboa: Imprensa de J. J. A. Silva, 1855. v. 2, p. 202-222.

PORTUGAL. *Colecção da Legislação Portuguesa desde a última compilação das ordenações redigida pelo desembargador Antônio Delgado da Silva* 1750-1762. Alvará de 3 de dezembro de 1750. Lisboa: Typographia Maigrense, 1830. p. 21-28.

PORTUGAL. *Colecção da Legislação Portuguesa desde a última compilação das ordenações redigida pelo desembargador Antônio Delgado da Silva* 1750-1762. Alvará de 4 de março de 1751. Lisboa: Typographia Maigrense, 1830. p. 40-51.

PORTUGAL. Lei de 18 de outubro de 1709. Em que se declara a forma em como daqui por diante se hão de fazer as eleições para capitães-mores e dos mais oficiais da Ordenança. *Sistema, ou Coleção de regimentos reais, compilados por José Roberto Monteiro de Campos Coelho e Sousa.* Tomo V. Lisboa, p. 202-205, 1789. Disponível em: http://www.governodosoutros.ics.ul.pt/. Acesso em: 30 mar. 2020.

PRIMEIRO REGIMENTO das Terras Minerais do Brasil, de 15 de agosto de 1603. *In:* MENDONÇA, Marcos Carneiro de. *Raízes da formação administrativa do Brasil.* Tomo 1. Rio de Janeiro: Instituto Histórico e Geográfico Brasileiro: Conselho Federal de Cultura, 1972, t. 1, p. 299-311.

PROVISÕES, PATENTES E SESMARIAS 1717-1721. *Revista do Arquivo Público Mineiro*, Belo Horizonte, ano XXIV, 1933 (Códice 12 da Seção Colonial do Arquivo Público Mineiro).

PUPO, Celso Maria de Mello. *Campinas,* seu berço e juventude. Campinas: Academia Campinense de Letras, 1969.

QUADRO do desmembramento territorial-administrativo dos municípios paulistas. São Paulo: IGC, 1995.

RAMINELLI, Ronald. Justificando nobrezas: velhas e novas elites coloniais 1750-1807. *História*, São Paulo, v. 35, p. 1-26, 2016.

RAMOS, Donald. Do Minho a Minas. *Revista do Arquivo Público Mineiro*, Belo Horizonte, n. 44, p. 132-153, jan./jun. 2008.

REGISTRO DE RESOLUÇÕES, BANDOS, CARTAS PATENTES, PROVISÕES, PATENTES E SESMARIAS 1710-1713. *Revista do Arquivo Público Mineiro*, Belo Horizonte, 1927, p. 312 (Códice 7 da Seção Colonial do Arquivo Público Mineiro).

RENGER, Friedrich. O quinto do ouro no regime tributário nas Minas Gerais. Belo Horizonte/MG, *Revista do Arquivo Público Mineiro*, Belo Horizonte, v. 42, n. 2, p. 90-105, 2006.

REZENDE, Dejanira Ferreira de. *Mineração nos morros das Minas Gerais*: conflitos sociais e o estilo dos pequenos exploradores (1711-1779). 2013. 153 f. Dissertação (Mestrado em História) – Programa de Pós-Graduação em História, Departamento de História, Universidade Federal de Ouro Preto, 2013.

RESENDE, Maria Leônia Chaves de; LANGFUR, Hal. Minas Gerais indígena: a resistência dos índios nos sertões e nas vilas de El-Rei. *Tempo*, Niterói, v. 12, n. 23, p. 5-22, 2007.

REVEL, Jacques. Micro-história, macro-história: o que as variações de escala ajudam a pensar em um mundo globalizado. *Revista Brasileira de Educação*, Rio de Janeiro, v. 15, n. 45, p. 434-445, set./dez. 2010.

RICHA, Lênio Luiz. *Genealogia Brasileira*. Estado de São Paulo. 2016. São Paulo. Os títulos perdidos. Disponível em: https://www.genealogiabrasileira.com. Acesso em: 14 maio 2020.

ROCHA JUNIOR, Deusdedith; VIEIRA JÚNIOR, Wilson; CARDOSO, Rafael Carvalho. *Viagem pela Estrada Real dos Goyazes*. Brasília: Paralelo 15, 2006.

ROCHA, Ilana Peliciari. *Escravos da nação*. O público e o privado na escravidão brasileira, 1760-1876. São Paulo: Editora da Universidade de São Paulo, 2018.

ROCHA, José Joaquim da. *Geografia histórica da Capitania de Minas Gerais*. Descrição geográfica, topográfica, histórica e política da Capitania de Minas Gerais. Memória histórica da Capitania de Minas Gerais. Belo Horizonte: Fundação João Pinheiro, 1995.

RODRIGUES, Carmem Marques. *Os mapas das pedras brilhantes*: a cartografia dos sertanistas, dos engenheiros militares e dos padres matemáticos sobre o Distrito Diamantino do Serro do Frio (1714-1771). 2014. 171 f. Dissertação (Mestrado em História) – Programa de Pós-Graduação em História da Faculdade de Filosofia e Ciências Humanas, Universidade Federal de Minas Gerais, Belo Horizonte, 2014.

RODRIGUES, Carmem Marques. Os mapas de sertanistas das pedras brilhantes. *Terra Brasilis* – Revista da Rede Brasileira de História da Geografia e Geografia Histórica, Niterói, n. 9, p. 1-15, 2017.

ROLLAND, Francisco; BLUTEAU, Raphael. *Adagios*, proverbios, rifãos e anexins da lingua portugueza, tirados dos melhores autores nacionaes, e recopilados por ordem alfabética. 1638-1734. Lisboa: Typografia Rollandiana, 1780.

ROMEIRO. Adriana. Guerra dos Emboabas. *In:* ROMEIRO, Adriana; BOTELHO, Angela Vianna. *Dicionário histórico das Minas Gerais*. Período Colonial. 3.ed. Belo Horizonte: Autêntica, 2013. p. 205-208.

ROMEIRO. Adriana. Honra e ressentimento – a trajetória de Garcia Rodrigues Pais em busca das mercês régias. *In:* ANTUNES, Álvaro de Araújo; SILVEIRA, Marco Antônio (org.). *Dimensões do poder em Minas, séculos XVIII e XIX.* Belo Horizonte: Fino Traço Editora, 2012. p. 11-44.

ROMEIRO. Adriana. Dois profetas, um levante e um outro Portugal: o sonho emboaba do Quinto Império nas Minas Gerais. *In:* FURTADO, Júnia Ferreira; RESENDE, Maria Leônia Chaves de. *Travessias inquisitoriais das Minas Gerais aos cárceres do Santo Ofício*: diálogos e trânsito religiosos no império luso-brasileiro (sécs. XVI-XVIII). Belo Horizonte: Fino Traço, 2013. p. 333-348.

RUGENDAS, João Maurício. *Viagem pitoresca através do Brasil.* São Paulo: Martins Fontes, 1940.

RUSSELL-WOOD, Anthony John R. A base moral e ética do governo local no Atlântico luso-brasileiro durante o Antigo Regime. *In:* VENANCIO, Renato Pinto; GONÇALVES, Andréa Lisly; CHAVES, Cláudia Maria das Graças (org.). *Administrando impérios.* Portugal e Brasil nos séculos XVIII e XIX. Belo Horizonte: Fino Traço, 2012. p. 13-44.

SAINT-HILAIRE, Auguste de. *Viagem pelas províncias do Rio de Janeiro e Minas Gerais.* São Paulo: Itatiaia, 1934.

SALLES, Joaquim de. *Se não me falha a memória.* 2. ed. São Paulo: IMS, 1993.

SALGADO, Graça (coord.). *Fiscais e meirinhos*: a administração no Brasil colonial. Rio de Janeiro: Nova Fronteira, 1985.

SAMPAIO, Antônio Carlos Jucá de. Na urbe, todo o Império: a atuação dos negociantes cariocas na conformação do espaço urbano no Setecentos. *In:* VENANCIO, Renato Pinto; GONÇALVES, Andréa Lisly; CHAVES, Cláudia Maria das Graças (org.). *Administrando impérios.* Portugal e Brasil nos séculos XVIII e XIX. Belo Horizonte: Fino Traço, 2012. p. 121-140.

SANTO AGOSTINHO. *Confissões.* São Paulo: Nova Cultural, 1999. p. 5-23 (Col. Os pensadores).

SANTOS, Joaquim Felício dos. *Memórias do Distrito Diamantino da Comarca do Serro Frio.* Belo Horizonte: Itatiaia, 1976.

SANTOS, Raphael Freitas. *Minas com Bahia*: mercados e negócios em um circuito mercantil setecentista. 2013. 371 f. Tese (Doutorado em História) – Departamento de História, Instituto de Ciências Humana Universidade Federal Fluminense, Niterói, 2013.

SAVIANI, Dermeval. *Escola e democracia.* Ed. Comemorativa. Campinas: Autores Associados, 2008.

SAVIANI, Dermeval. *História das ideias pedagógicas do Brasil.* 4. ed. Campinas: Autores Associados, 2013.

SARTRE, Jean-Paul. *O ser e o nada. Ensaio de Ontologia Fenomenológica.* 24. ed. Petrópolis: Vozes, 2010.

SCHWARCS, Lilia Moritz; GOMES, Flávio dos Santos (org.). *Dicionário da escravidão e liberdade:* 50 textos críticos. São Paulo: Companhia das Letras, 2018.

SCHIO, Sônia Maria. *Hannah Arendt:* história e liberdade (da ação à reflexão). Caxias do Sul: EDUCS, 2006.

SENNA, Nelson Coelho de. *Annuario de Minas Geraes.* Anno V. Belo Horizonte: Imprensa Oficial, 1913.

SENNA, Nelson Coelho de. *Memória histórica e descritiva da cidade e município do Serro.* Ouro Preto: Typ. Ferreira Lopes & C., 1895.

SENNA, Nelson Coelho de. Traços biographicos de serranos ilustres, já fallecidos, precedidos de um bosquejo histórico sobre a fundação da cidade do Serro (Minas Gerais). *Revista do Instituto Histórico e Geográfico Brasileiro*, Rio de Janeiro, t. LXV (2ª parte), p. 333-374, 1903.

SENNA, Nelson Coelho de. Traços biographicos de serranos ilustres, já fallecidos, precedidos de um bosquejo histórico sobre a fundação da cidade do Serro (Minas Gerais) Offerecidos ao Instituto Histórico e Geographico Brasileiro pelo sócio correspondente Nelson Coelho de Senna (Bacharel em Direito). *Revista do Arquivo Público Mineiro*, Belo Horizonte, v. X, p. 167-210, 1905.

SERRÃO, José Vicente. O quadro humano. *In:* MATTOSO, José (org.). *História de Portugal:* o Antigo Regime. Lisboa: Editorial Estampa, 1998. p. 43-65.

SILVA, António de Morais. *Diccionario da lingua portugueza composto pelo padre D. Rafael Bluteau.* Reformado, e accrescentado por Antônio de Morais Silva natural do Rio de Janeiro. Lisboa: Officina de Simão Thaddeo Ferreira, 1789. 2 v.

SILVA, Dario Augusto Ferreira da. *Memória sobre o Serro antigo.* Serro: Typographia Serrana, 1928.

SILVA, Dario Augusto Ferreira da. *Memória sobre o Serro antigo.* 2. ed. rev. Curitiba; Appris, 2020.

SILVA, Maria Beatriz Nizza da. *Donas mineiras do período colonial.* São Paulo: Unifesp, 2017.

SILVA NETO, Casimiro Pedro da. *Desbravadores do Brasil.* Brasília: Sesc-DF, 2018.

SILVEIRA, Marco Antônio. Guerra e doutrina: a historiografia brasileira e o problema da autoridade colonial. *História da historiografia*, Ouro Preto/MG, n. 04, p. 178-233, mar. 2010.

SILVEIRA, Marco Antônio. *O universo do indistinto.* Estado e sociedade nas minas setecentistas (1735-1808). São Paulo: Hucitec, 1997.

SLENES, Robert W. *Na senzala, uma flor.* Esperanças e recordações na formação da família escrava. 2. ed. Campinas: Editora Unicamp, 2011

SODRÉ, Nelson Werneck. *História militar do Brasil.* Rio de Janeiro: Civilização Brasileira, 1965.

SÓFOCLES. *Antígona.* 8. ed. Rio de Janeiro: Jorge Zahar, 2004.

SOUSA, Rafael de Brito. *Resgate histórico da paisagem urbana e das praças do Serro/MG.* 2017. 92 f. Dissertação (Mestrado em Agronomia/Fitotecnia) – Programa de Pós-Graduação em Agronomia/Fitotecnia, Universidade Federal de Lavras, Lavras, 2017.

SOUZA, Fernando de; ALVES, Jorge Fernandes. *Alto Minho:* população e economia nos finais do setecentos. Lisboa: Presença, 1997.

SOUZA, Jessé. *A ralé brasileira:* quem é e como vive. 3. ed. São Paulo: Contracorrente, 2018.

SOUZA, José Roberto Monteiro de Campos Coelho e. *Systema ou Collecção dos Regimentos Reaes pertencentes à Administração da Fazenda Real.* Lisboa: Typ. Lacerdina, 1783-1818. 6 v.

SOUZA, José Moreira de. *Cidade:* momentos e processos. Serro e Diamantina na formação do norte mineiro no século XIX. São Paulo: Marco Zero, 1993.

SOUZA, Laura de Mello e. *Desclassificados do ouro*. A pobreza mineira no século XVIII. 4. ed. Rio de Janeiro: Graal, 1986.

SOUZA, Laura de Mello e. *Norma e conflito*. Aspectos da história de Minas no século XVIII. Belo Horizonte: Editora UFMG, 1999.

SOUZA, Maria Eremita de. *Aconteceu no Serro*. Belo Horizonte: BDMG, 1999.

SOUZA, Tânia Maria F. de; REIS, Liana. *Técnicas mineratórias e escravidão nas Minas Gerais dos séculos XVIII e XIX*: uma análise comparativa introdutória. Belo Horizonte: Cedeplar, 2006. Disponível em: https://www.cedeplar.ufmg.br/seminarios/seminario_diamantina/2006/D06A018.pdf. Acesso: 16 fev. 2021.

SPIX; MARTIUS. *Viagem pelo Brasil, 1817-1820*. Belo Horizonte: Itatiaia; São Paulo: Edusp, 1981.

STARLING, Heloisa Murgel. *Ser republicano no Brasil colônia*. A história de uma tradição esquecida. São Paulo: Companhia das Letras, 2018.

TANZI, Hector José. O Tratado de Tordesilhas e sua projeção. *Revista de História*, São Paulo/SP, v. 54, n. 108, p. 533-541, 1976.

TARDIF, Maurice. Os gregos antigos e a fundação da tradição educativa ocidental. *In:* GAUTHIER, Clermont; TARDIF, Maurice. *A pedagogia*. Teorias e práticas da antiguidade aos nossos dias. 3. ed. Petrópolis: Vozes, 2014. p. 15-48.

THOMPSON, Edward Palmer. *Costumes em comum*. Estudos sobre a cultura popular tradicional. São Paulo: Companhia das Letras, 1998.

THORNTON, John Kelly. Religião e vida cerimonial no Congo e áreas Umbundo, de 1500 a 1700. *In:* HEYWOOD, Linda M. (org.). *Diáspora negra no Brasil*. 2. ed. São Paulo: Contexto, 2019. p. 85-111.

TRINDADE, Raimundo. *Archidiocese de Marianna*. Subsídios para a sua história. São Paulo: Escolas Profissionais do Lyceu Coração de Jesus, 1928.

VAINFAS, Ronaldo. Moralidades brasílicas: deleites sexuais e linguagem erótica na sociedade escravista. *In:* NOVAIS, Fernando Antônio (coord.). *História da vida privada no Brasil*: cotidiano e vida privada na América portuguesa. Volume 1. São Paulo: Companhia das Letras, 1999. p. 221-273.

VAINFAS, Ronaldo. *Os protagonistas da história:* micro-história. Rio de Janeiro: Campus, 2002.

VAINFAS, Ronaldo. *Trópico dos pecados*. Moral, sexualidade e Inquisição no Brasil. Rio de Janeiro: Nova Fronteira, 1997.

VASCONCELOS, Diogo de. *História antiga das Minas Gerais*. Belo Horizonte: Imprensa Oficial, 1974a.

VASCONCELOS, Diogo de. *História antiga de Minas Gerais*. 1º volume. 3. ed. Belo Horizonte: Itatiaia, 1974b.

VASCONCELOS, Diogo de. *História média de Minas Gerais*. 3. ed. Belo Horizonte: Itatiaia, 1974c.

VEIGA, José Pedro Xavier da. *Ephemerides Mineiras* (1664-1897). Volume IV (outubro a dezembro). Ouro Preto: Imprensa Oficial do Estado de Minas, 1897.

VENANCIO, Renato Pinto. *Cativos do Reino*. A circulação de escravos entre Portugal e Brasil, séculos 18 e 19. São Paulo: Alameda, 2012.

VENANCIO, Renato Pinto. Os últimos carijós: escravidão indígena em Minas Gerais: 1711-1725. *Revista Brasileira de História*, São Paulo, v. 17, n. 34, 1997. DOI: https://doi.org/10.1590/S0102-01881997000200009

VIANNA, Urbino. *Bandeiras e sertanistas bahianos*. São Paulo: Companhia Editora Nacional, 1935.

VIDAL, Laurent. A gênese dos pousos no Brasil moderno. Considerações sobre as formas (urbanas) nascidas da espera. *Tempo*, Niterói, v. 22, n. 40. p. 400-419, maio/ago. 2015.

VIDE, Sebastião Monteiro da [1707]. *Constituições Primeiras do Arcebispado da Bahia*. São Paulo: Edusp, 2010.

VIDE. Sebastião Monteiro da [1704]. *Regimento do Auditorio Ecclesiastico, do Arcebispado da Bahia*, Metropoli do Brasil e da sua Relação, e Officiaes da Justiça Ecclesiastica, e mais cousas que tocão ao bom governo do dito Arcebispado. São Paulo: Typographia 2 de dezembro de Antônio Louzada Antunes, 1853.

VIEIRA, Antônio. *Obras completas do padre Antônio Vieira*: sermões. Pref. e ver. Pe. Gonçalo Alves. Porto: Lello e Irmão Editores, 1993. 5 v.

VILLALTA, Luiz Carlos. A igreja, a sociedade e o clero. *In:* RESENDE, Maria Efigênia Lage de; VILLALTA, Luiz Carlos (org.). *História de Minas Gerais*. As minas setecentistas 2. Belo Horizonte: Autêntica; Companhia do Tempo, 2007. p. 25-57.

VILLALTA, Luiz Carlos. O cenário urbano em Minas Gerais setecentista: outeiros do sagrado e do profano. *In:* DEPARTAMENTO DE HISTÓRIA – ICHS/UFOP. *Termo de Mariana*: história e documentação. Ouro Preto: UFOP, 1998. p. 67-85.

VILLALTA, Luiz Carlos. O que se fala e o que se lê: língua, instrução e leitura. *In:* NOVAIS, Fernando Antônio (coord.). *História da vida privada no Brasil*: cotidiano e vida privada na América portuguesa. Volume 1. São Paulo: Companhia das Letras, 1999. p. 331-385.

WEBER, Max. *A ética protestante e o espírito do capitalismo*. São Paulo: Martin Claret, 2001.

ANEXOS

1 – Regimento original dos superintendentes, guardas-mores e mais deputados para as Minas do Ouro, assinado por Sua Majestade, que se guarda na Secretaria deste governo, do qual se devem tirar todos os traslados necessários, e não do que atrás se acha registrado à f. 77, por ser copiado de um traslado que se achava viciado em algumas partes, por cuja causa fiz registrar neste livro õ dito regimento próprio e original, donde somente com toda a certeza se podem tirar os ditos traslados

Eu, el-rei, faço saber aos que este meu regimento virem que, porquanto para a boa direção e governo das gentes que trabalham nas Minas que há nos sertões do Brasil, a que mando assistir os ministros deputados e necessários para elas, é necessário que estes tenham regimento, lho mandei dar na forma seguinte:

1º – O superintendente procurará saber, com todo o cuidado, se há discórdias entre os mineiros ou outras pessoas que assistirem nas ditas Minas de que resultem perturbações entre aquelas gentes e porá toda a diligência em as atalhar; e no caso que lhe pareça ser necessário mandar prender a alguma ou algumas das pessoas que forem motores de semelhantes desordens, o fará, e os não soltará sem primeiro fazerem termo de não entenderem um com o outro, e tendo cometido culpa por que algum mereça maior castigo procederá como for direito.

2º – Em o dito superintendente chegando às Minas, deve logo examinar os ribeiros que estão descobertos, a riqueza deles e se a pinta é geral. E depois de ter feito este exame, saberá se estão muito distantes uns dos outros, e no caso que as distâncias sejam de sorte que o guarda-mor os não possa repartir assistindo a todas as repartições, nomeará guardas-menores para [haver de as] ir fazer naquelas partes que lhes for ordenado, guardando as ordens que para isso lhes forem dadas.

3º – Havendo alguma dúvida entre os mineiros sobre a medição das datas, entendendo pertencer-lhes mais terra, querendo entrar pelas datas dos vizinhos, recorrerão ao superintendente ou guarda-mor, aquele que estiver mais perto, que lhe mande novamente medir as datas que lhes foram dadas, para que cada um fique com a que lhe toca, e eles lhas mandarão medir (no caso que seja necessário), por não estar a primeira medição feita com clareza.

4º – E porque muitas vezes tem sucedido esbulhar algum poderoso a um pobre ou miserável em parte da sua data, por a achar com pinta rica, e convir muito conservar a cada um no que lhe pertence, quando isto suceda recorrerá o esbulhado ao superintendente, que, ouvidas as partes vocalmente, inteirado do esbulho que se lhe fez, o fará restituir. E quando não possa em presença das partes logo averiguar aquela questão, admitirá o esbulhado a justificar o tal esbulho e, justificado, o fará restituir a sua data e tendo já lavrado algumas braças de terra do esbulhado, lhe fará restituir toda a perda e dano que nisso lhe tiver dado, que se liquidará pelo rendimento das braças na mesma data, dando-se ao esbulhado pelas braças que lhe tomarem outro tanto como importarem outras tantas braças que lavrar da mesma data, e em pena do esbulho se lhe fará satisfazer isso que se liquidar em dobro.

5º - O superintendente, tanto que tomar conhecimento dos ribeiros, ordenará ao guarda-mor que faça medir o comprimento deles para saber as braças que têm e, feito, saberá as pessoas que estão presentes e os negros que cada um tem, [tomando disso informações certas, e ordenará ao guarda-mor faça a repartição das datas, dando, em primeiro lugar, data à pessoa que descobriu o ribeiro, a qual lhe há de dar na parte aonde ele apontar, e logo repartirá outra data para a minha Fazenda no mais bem parado do dito ribeiro, e ao descobridor dará logo outra data como lavrador em outra qualquer parte que ele apontar, por convir que os descobridores sejam em tudo favorecidos e esta mercê os anime a fazer muitos descobrimentos. E no caso que um descobridor descubra quatro ribeiros, no último se lhe darão duas [sic] datas, duas como descobridor e duas como lavrador, com declaração, porém, que as duas que de novo se lhe concedem serão tiradas por sorte, como neste capítulo vai determinado se deem aos lavradores, e as mais datas repartirá o guarda-mor, regulando-se pelos escravos que cada um tiver, que em chegando a doze escravos ou daí para cima fará repartição de uma data de trinta braças conforme o estilo. E àquelas pessoas que não chegarem a ter doze escravos lhes serão repartidas duas braças e meia por cada escravo, para que igualmente fiquem todos logrando da mercê que lhes faço. E para que não haja queixa nem dos pobres nem dos ricos, por dizerem que na repartição houve dolo repartindo-se a uns melhor sítio que outros por amizade ou respeito, o guarda-mor mandará fazer tantos escritos quantas forem as pessoas com quem se houver de repartir e, com o nome de cada um, os deitará em um vaso, embaralhados; por um menino de menor idade que se achar mandará tirar cada um dos escritos. E o primeiro que sair lhe assinará a sua data logo na que se seguir à que na forma deste capítulo se tiver dado ao descobridor como lavrador; e pela mesma ordem se irão seguindo as demais que forem saindo, e nas datas de cada uma pessoa se porão marcos, para que não possam vir em dúvida a parte que lhe for assinada, e também se porão marcos na que tocar à minha Fazenda.

6º – E porque muitas vezes sucede levarem os descobridores em sua companhia pessoas que os ajudam a descobrir os ribeiros, e por haver muita gente com quem repartir as datas, ficando fora as pessoas que as ajudaram a descobrir, e por respeitos se repartem a outros, ordeno que as pessoas que acompanharem ao dito descobridor entrem na repartição do tal ribeiro com as datas que lhe tocar.

7º – E porque é muito prejudicial repartirem-se aos poderosos em cada ribeiro que se descobre sua data, ficando por esta causa muitos pobres sem ela, e sucede ordinariamente, por não poderem lavrar tantas datas, venderem-nas aos pobres ou estarem muito tempo por lavrar, o que não é somente em prejuízo de meus vassalos, mas também dos meus quintos, pois podendo-se tirar logo se dilatam com se não lavrarem as ditas datas, havendo ficado muitos dos meus vassalos sem elas. Por evitar estas injustiças se não dará segunda data a pessoa alguma sem que tenha lavrado a primeira. Estando, porém, todos os mineiros acomodados e havendo mais terra para repartir, então se atenderá aos que tiverem mais negros, porque tendo mais dos doze pertencentes à primeira data se fará com eles a repartição na forma do capítulo quinto deste regimento, dando-se duas braças e meia a cada negro. E constando também ao guarda-mor que cada um dos mineiros tem lavrado a sua data, aquele que a tiver lavrado, e havendo terra para repartir, a repartirá novamente com ele, na forma que fica dito.

8º – E no caso que algum dos mineiros não principie a lavrar as datas que lhe forem dadas dentro de quarenta dias, o superintendente ordenará ao guarda-mor que, com o escrivão das Minas, veja às ditas datas, e achando-as intactas fará termo de vistoria, em que o escrivão portará por fé em como estavam intactas, o qual termo assinará o guarda-mor com as testemunhas que se acharem presentes, que sempre serão ao menos duas. E ouvida a parte por contestação somente, as julgará por perdidas para a minha Fazenda, e havendo denunciantes se lhes dará a terça parte; e as partes que ficarem para a minha Fazenda se desfrutarão na forma das que lhe forem repartidas, advertindo, porém, que poderá muitas vezes suceder pararem com as lavras das minas ou não principiarem a lavrar por estarem muito distantes; em tal caso, se lhes não tirarão as ditas datas por devolutas, e o mesmo se entenderá se se deixar lavrar por invernada, faltar de mantimento ou saúde.

9º – E porque pelo regimento da minha Fazenda é proibido se interessem nela os ministros e oficiais dela, como também os da Justiça, pelos prejuízos que disso se seguram, ordeno que nenhum dos ministros ou oficiais deputados para administração das ditas Minas ou outro de qualquer proeminência que seja possa, por si ou por entreposta pessoa, haver data nas ditas Minas nem ter nelas outro interesse mais que o salário ordenado neste regimento, e o que o contrário fizer perderá o posto, lugar ou ofício que tiver e será condenado no que importar o rendimento da data ou interesse que tiver em tresdobro para a minha Fazenda, e havendo denunciante se lhe dará a terça parte. E o superintendente ou guarda-mor que tal data der ou repartir perderá o ofício e pagará o rendimento em dobro, aplicado na forma acima dita, e havendo interposta pessoa terá a mesma pena imposta ao guarda-mor, o qual, não sabendo da interposição e conluio, será dele relevado. E fazendo algum dos ditos ministros ou oficiais parceria com o mineiro a quem for repartida data, haverão um e outros as penas conteúdas na Ordenação, livro 5º, título 71, parágrafos 69, 73, e se tiverem parceria pagando cada um dos parceiros todo o rendimento da data, com perda do posto, lugar ou ofício que tiverem.

10º – E porque é justo que o superintendente, guarda-mor e seus oficiais tenham comodamente de que vivam, segundo a qualidade do lugar, trabalho de suas ocupações, terá o superintendente de ordenado, em cada um ano, três mil e quinhentos cruzados, o guarda-mor dois mil cruzados, o meirinho e escrivão da Superintendência quinhentos cruzados cada um, e sendo necessário fazer-se algum guarda-menor em alguma ocasião se lhe dará de ordenado mil cruzados cada ano, e no caso que este seja feito por tempo limitado vencerá o ordenado *pro rata* do tempo que servir a respeito dos ditos mil cruzados. E porque estes ordenados os devem pagar os mineiros, pois a respeito da sua conservação e utilidade fui servido criar estes ofícios, cada uma das pessoas a quem se repartirem datas dará para os salários dos ditos oficiais a décima parte do preço por que se arrematar a data que pertence a minha Fazenda, sendo a data que se der a cada um igual na medida a que pertencer a minha Fazenda, porque sendo a data em menor quantidade se fará a conta a respeito das braças, para que assim fiquem todos contribuindo igualmente.

11º – Sou informado que algumas pessoas vendem as datas que lhes foram repartidas a fim de as poderem ter em melhor ribeiro, o que é contra a igualdade com que as mando repartir a todos os meus vassalos. Mando que nenhuma pessoa possa vender nem comprar semelhantes datas, mas que todos desfrutem as que lhes forem repartidas, como acima fica ordenado, e fazendo o contrário o comprador seja condenado no rendimento que tiver a dita data e o vendedor em outro tanto, tudo aplicado na forma acima dita no capítulo 95. Porém, no caso que for repartida alguma data a quem não possa desfrutar, por lhe falecerem ou faltarem os escravos que tinha, nesse caso a poderá vender, fazendo primeiro certo ao superintendente a causa que tem para fazer a dita venda, o qual lhe concederá licença para o poder fazer, porém lhe não dará nova data, nem o guarda-mor lhe repartirá sem lhe constar tem novos escravos com que a desfrute.

12º – E sucedendo fazerem-se alguns descobrimentos em partes muito remotas das em que assistir o superintendente ou guarda-mor, o descobridor o fará logo a saber ao superintendente, para que mande o guarda-mor fazer repartição das datas na forma que lhe é ordenado, e não podendo o guarda-mor ir fazer a dita repartição nomeará o superintendente um guarda-menor que a vá fazer, e nunca, em nenhum caso, poderão os descobridores fazer a repartição em outra forma. E não dando os descobridores a dita parte ao superintendente, ocultando o tal descobrimento, se lhes não darão datas algumas; antes, as que se lhes haviam de dar se darão às pessoas a que dela relatar o tal descobrimento que se tinha ocultado.

13º – O guarda-mor terá um livro rubricado pelo superintendente, em que fará assento de cada um dos ribeiros que se descobrirem, com título à parte do dia, mês e ano em que se descobriu, do dia em que se repartiram as datas, fazendo-se declaração das pessoas a quem se repartiram, braças de terra que se deram a cada um, confrontações e marcos que se lhes puseram, e de tudo se fará fazer termo, em que assinará o guarda-mor e cada um dos mineiros a que se repartir a data.

14º – E porque muitas pessoas da Bahia ou daquele distrito trazem ou mandam gados para se venderem nas Minas, de que se pode seguir o descaminho de meus quintos porque, como o que se vende é a troco do ouro em pó, toda aquela quantia se há de desencaminhar e porque esta matéria é de tão danosas consequências, é preciso que neste particular haja toda a cautela, pelo que ordeno ao superintendente, guarda-mor ou menor ou outro qualquer oficial que tendo notícia tem chegado algum gado às Minas façam logo notificar à pessoa ou pessoas que o trouxerem para [que] venham dar entrada das cabeças, digo, que trazem, e ocultando algumas pagarão o seu valor anoveado e serão presas e castigadas com as penas impostas aos que descaminham minha Fazenda, o que tudo se lhes declarará quando os notificarem para darem entrada. E o superintendente saberá o preço por que vendem o dito gado para, conforme a isso? se cobrarem os quintos do ouro que se lhe der em pagamento, não se fazendo este com ouro já quintado. E esta cobrança fará o superintendente com o seu escrivão, que fará termo em um livro que para isso terá, rubricado pelo dito superintendente, [em que] se fará declaração dos quintos que se cobram, de que pessoa, de onde é natural, o qual termo assinará o dito superintendente com a pessoa que pagar os ditos quintos, e se lhe lerá primeiro que o assine. E não permitirá o dito superintendente que por aquelas partes se introduzam negros alguns, porque se deve praticar inviolavelmente a proibição e taxa que tenho ordenado, para que só pelo Rio de Janeiro possam entrar os tais negros, na forma que tenho mandado.

15º – E no caso que os donos de gado digam que querem vir pagar os quintos aos oficiais de São Paulo ou Taubaté, em tal caso os deixarão vir, tomando-lhes, primeiro, fiança de como hão de pagar os ditos 'quintos nas ditas oficinas, a qual fiança se lhes tomará segura e abonada naquela quantia que os quintos que deve pagar importarem, e o fiador não será desobrigado daquela sem mostrar como a pessoa fiada tem pago os ditos quintos, e não dando a dita fiança quintará como fica ordenado no capítulo precedente.

16º – Pode também suceder que algumas pessoas que assistem daquelas partes das Minas por seu negócio particular queiram ir buscar gado aos Currais dó distrito da Bahia. Levando ouro em pó para o comprarem, o registrarão e pagarão os quintos que deverem e se lhes darão as arrecadações necessárias. E achando-se sem elas, será confiscado todo ouro que levarem para minha Fazenda, e da arrecadação dos ditos quintos e do ouro que levam se fará termo, e dele se lhes dará guia em que se declare a quantidade do ouro que leva e de como fica quintado.

17º – Nenhuma pessoa do distrito da Bahia poderá levar às Minas pelo caminho do sertão outras fazendas ou género que não sejam gados; e querendo trazer outras fazendas, as naveguem pela barra do Rio de Janeiro e as poderão conduzir por Taubaté ou São Paulo, como fazem os mais, para que desta sorte se evite o levarem ouro em pó, e eles ficam fazendo o seu negócio como fazem os mais vassalos. E o superintendente e guarda--mor terão muito cuidado em lançar das Minas todas as pessoas que nelas não forem necessárias, pois estas só servem de descaminhar os quintos e de gastar os mantimentos aos que lá são precisos, como também não consentirão nelas outras pessoas que vierem do distrito da Bahia pelo sertão com outras fazendas que não for gado.

18º – Sucede, descobrindo-se ribeiros, pedirem os descobridores dias para o exame deles, o que procuram com dolo, a fim de os minerar e escavar; e depois de terem tirado o precioso, dão conta ao superintendente e guarda-mor, em que a minha Fazenda e meus vassalos ficam prejudicados. E por evitar este descaminho, o superintendente lhes concederá só oito dias para o exame, e no caso que excedam o tempo concedido perderão as datas que deviam de ter naquele ribeiro como descobridor e lavrador; porém, se o ribeiro for muito dilatado e as catas muito fundas, parecendo ao superintendente se não poderá fazer o exame em tão poucos dias, ficará na sua eleição conceder-lhes os que lhe parecer convenientes.

19º – Como sucede que os ribeiros são tão ricos que entra a sua riqueza muitas braças pela terra dentro, havendo pessoas que tenham ficado sem data, pedindo-a nas sobrequadras, se lhes repartirá na mesma forma que [tenho] disposto no capítulo quinto. Porém, no caso que todos estejam acomodados com datas e acabando de lavrar a data que lhes tocou, por ter notícia que alguma data das repartidas a outras pessoas é de pinta rica e por isso pedir-se lhes dê a sobrequadra dela, em tal caso se lhes não dará, porque essa pertence ao que lavrou ou está lavrando a tal data de que se pede a sobrequadra.

20º – Descobrindo-se algum ribeiro em que, por razão da muita gente que há com quem se repartir as datas, não possam estas ser daquele tamanho em que se tem mandado repartir, em tal caso o superintendente ordenará ao guarda-mor que faça a repartição conforme os negros que cada um tiver, e ele a fará com tal igualdade que fiquem todos satisfeitos, ou sejam pobres ou poderosos, ainda que para isso seja necessário fazer a medição por palmos; mas sempre a repartição se fará? em qualquer forma que seja disposta, por sorte neste regimento.

21º – O superintendente terá muito cuidado de examinar se nas Minas assistem ourives ou outro algum oficial que faça fundição de ouro ou exercite o ofício de ourives, e os que souber andem nas ditas Minas lhes fará tomar todo o ouro que tiverem para a minha Fazenda, digo, e será aplicado para a minha Fazenda, e o mesmo será achando-se ouro, ainda que seja de partes, e os fará exterminar das ditas Minas, para que não tornem mais aos lugares em que se fabricarem as minas, e o mesmo se observará com os moradores que têm ourives escravos seus nas ditas Minas.

22º – E porquanto as datas que pertencerem à minha Fazenda se deve ter nelas toda a boa arrecadação, e tem mostrado a experiência os vários descaminhos que tem havido neste particular, a que é preciso acudir com remédio, mando ao superintendente que ponha na praça as datas que pertencem à minha Fazenda para se arrematarem a quem mais der, e andarão em pregão nove dias, e o escrivão tomará os lanços que cada um lhes der e, ao mesmo tempo, mandará por todas as partes circunvizinhas por onde se minerar pôr também as ditas datas em pregão para que venha à notícia de todos para poderem lançar nelas e [procurará] que todos possam livremente lançar nas ditas datas, sem respeito algum aos poderosos, que fará castigar como merecerem no caso que, por algum modo, impeçam aos lançadores que quiserem lançar nas ditas datas, fazendo sobre isso os autos que lhe parecerem necessários. E no caso que não haja lançadores que lancem preço equivalente nas ditas datas, o superintendente as mandará lavrar por conta de minha Fazenda, para o que puxará pelos índios que lhe forem necessários e lhes pagará pela minha Fazenda o mesmo que lhes costumam pagar os particulares quando os servem, e nomeará pessoa que assista à dita lavoura que tenha inteligência e bom procedimento, e lhe nomeará um escrivão, pessoa fiel e desinteressada, a quem dará por ele um livro numerado e rubricado, em que lançará, por dias, todo ouro que naquele dia se tirar e quantos índios no mesmo dia batearam, de que fará termo e assinará com a pessoa que assistir a dita lavoura.

23º – Tem sucedido haver algumas dúvidas entre os descobridores que descobrem o rio principal e outros que descobrem alguns riachos que vêm dar no primeiro que se descobriu. Em tal caso, sendo os riachos pequenos pertencerão estes descobrimentos ao primeiro descobridor que descobriu o rio principal; porém, se os tais riachos forem grandes, posto que venham dar no rio principal já descoberto estes, então pertencerá à pessoa que os descobrir a data que se costuma dar aos descobridores dos ditos rios.

24º – E porque me tem vindo à notícia que nos ribeiros que se repartem se acham algumas enseadas e pontas que se repartiram até agora pelas voltas que faz o dito ribeiro, o que é prejudicialíssimo, ordeno ao dito guarda-mor que a repartição que fizer dos ditos ribeiros a faça pela terra firme, e não pelas voltas dos rios, lançando uma linha reta para fazer a tal repartição, e na terra que ficar fora da quadra para a parte do rio por causa das voltas que faz se praticará o mesmo que fica dito nas sobrequadras que ficam para o sertão das datas.

25º – Para evitar os descaminhos que pode haver na minha Fazenda, assim nos quintos como em tudo o mais que me pertencer tocante às Minas, o superintendente, tomará as denunciações que se lhe derem não só em público, mas também tomará as que lhe derem em segredo, e em umas e outras guardará as disposições de Direito e o que se contém neste regimento, como também o que é dado à Alfandega desta cidade em semelhantes denunciações. E as mesmas denunciações poderão tomar os ouvidores da comarca de São Paulo e Rio de Janeiro, no caso que as partes as queiram dar, por lhes ficar mais cômodas perante eles, e os livramentos lhes dará o superintendente, para [o] que os ditos ouvidores lhes remeterão os traslados dos autos.

26º – E o superintendente nomeará has ditas Minas uma pessoa das mais principais e abonadas que nelas assistirem para ser tesoureiro dos quintos e mais dinheiro ou coisas que nas ditas Minas se houverem de cobrar para a minha Fazenda, para o que haverá um livro da receita e, despesa, rubricado pelo dito superintendente, em que se assentarão, pelo escrivão da Superintendência, todas as receitas e despesas que se fizerem, e o mesmo será também tesoureiro do que se há de cobrar para o salário dos ministros. E o dito tesoureiro terá de ordenado três mil cruzados, que lhe será pago na mesma forma e pelo mesmo rendimento que se mandar pagar aos mais ministros e oficiais que assistem nas ditas Minas. E sendo caso que as dízimas das datas não cheguem aos salários, dos ministros e oficiais referidos se lhes perfarão por minha Fazenda e pelos quintos que me pertencem.

27º – Do livro que há de ter o guarda-mor para a repartição das datas, para ter cuidado de fazer cobrar tudo o que importar assim à data que for repartida para a minha Fazenda, pelo preço em que for arrematada, como à dízima das mais datas, passará para um livro que terá o tesoureiro-geral das Minas por receita por lembrança todas as datas, repartições que se fizerem, com toda a clareza e na forma que no livro do guarda-mor se acharem escritas. E nas contas que der o dito tesoureiro se fará conferência de ambos os livros, para melhor justificação das ditas contas.

28º – E porque o dito tesoureiro não poderá assistir em todos os ribeiros ele nomeará dois fiéis, se parecerem precisos, para melhor expediente das cobranças, boa arrecadação da minha Fazenda e alívio das partes, e a cada um se darão quinhentos cruzados pela forma acima dita.

29º – E para a boa arrecadação dos quintos que pertencem à minha Fazenda, todo o ouro que sair das ditas Minas sairá com registro, para o que o superintendente terá um livro por ele rubricado e assinado, em que pelo seu escrivão se fará termo, com declaração da pessoa que registra o ouro, dos marcos ou oitavas que registra, da oficina dos quintos para onde o leva a quintar, do dia, mês e ano em que faz o dito registro, o qual termo assinará o dito superintendente com a tal pessoa que registrar o ouro. E do dito termo lhe mandará o dito superintendente dar uma guia por ele assinada dirigida para a oficina dos quintos que tiver declarado no dito termo, na qual irá declarado o peso do ouro que leva, de que há de pagar os quintos. E as pessoas que não registrarem o dito ouro que levarem das Minas, sendo achadas sem o quintar ou registrar, antes ou depois de chegar às casas dos quintos, o perderão para minha Fazenda, além disso haverão as mais penas em que incorrem os que descaminham os meus direitos. Porém, sucedendo que algumas pessoas tenham levado ouro das Minas sem guia nem registro, não lhe tendo sido achado, o. poderão manifestar em qualquer casa dos quintos que tenho ordenado para as ditas Minas.

30º – E porque a experiência tem mostrado que o governador do Rio de Janeiro, com assistência das Minas, falta necessariamente a que deve fazer na cidade de São Sebastião, da qual se não deve apartar sem ocasião que importe mais a meu serviço, lhe ordeno que não possa ir às ditas Minas sem especial ordem minha, assim ele como os mais que lhe sucederem, salvo por um acidente tal que a não possa esperar e que se lhe daria em culpa se a ela com prontidão não acudisse.

31º – O superintendente terá toda a jurisdição ordinária cível e crime dentro dos limites dessas Minas, que pelas minhas leis e regimentos é dada aos juízes de fora e ouvidores-gerais das comarcas do Brasil, naquilo em que se puder acomodar, e à mesma alçada que aos. ditos ouvidores é outorgada. E não [obstante] que a não há nos pleitos da minha Fazenda, havendo respeito à distância das Minas, a terá neles até [cem] mil réis, e nos que excederem a sua alçada dará apelação é. agravo para a Relação da Bahia, nos casos em que couberem.

32º – E porque o superintendente das Minas, com a experiência da assistência delas, poderá achar que neste regimento faltam algumas coisas que sejam convenientes à boa arrecadação da minha Fazenda e administração delas, dará conta do que lhe parecer se deve acrescentar nó regimento, como também a dará se achar que alguns capítulos dele podem ser inconvenientes; e quando totalmente a execução deles seja prejudicial ao fim que se pretende, me dará conta, suspendendo a mesma execução.

Este regimento hei por bem e mando se cumpra e guarde inteiramente como nele se contém, sem dúvida nem embargo algum, e quero que valha, posto que seu efeito haja de durar mais de um ano e de não passar pela Chancelaria sem embargo da Ordenação do livro 29, títulos 39 e 40, em contrário. Manuel Gomes da Silva o fez em Lisboa a dezenove de abril de mil setecentos e dois. O secretário André Lopes de Lavre o fez escrever. Rei.

Fonte:

ARQUIVO PÚBLICO MINEIRO. *Seção colonial.* SC-01 Rolo 01 1605-1799 Registro de alvarás, regimentos, cartas e ordens régias, cartas patentes, provisões, confirmações de cartas patentes, sesmarias e doações, fl. 78v.-92

CÓDICE COSTA MATOSO. Coleção das notícias dos primeiros descobrimentos das minas na América que fez o doutor Caetano da Costa Matoso sendo ouvidor-geral das do Ouro Preto, de que tomou posse em fevereiro de 1749, & vários papéis. Vol. 1. Belo Horizonte: Fundação João Pinheiro, 1999, p. 313-324

2 – Livro da Receita da Fazenda Real, aberto em 14 de março de 1702, versão Alferes Luiz Antônio Pinto (transcrição da RAPM) e cotejamento com o original (APM)

[Capa do livro]

1702

Livro primeiro da Receita da Faz. Rl. destas Minas do Serro e Tucambira d'que hê Guarda mor e explorador o capitão Antônio Soares Ferreyra

[fl. 1]

1702

Livro que há de servir da Receita da Fazenda Real destas Minas do Serro do Frio e Tucambira de que é descobridor o guarda-mor e capitão Antônio Soares Ferreira, que numerei e rubriquei pela faculdade que por isso tenho e tem princípio no quatorze de março de mil setecentos e dois anos.

O procurador da Coroa e Fazenda Real

Baltasar de Lemos de Morais Navarro

Ano do nascimento de nosso senhor Jesus Cristo de mil setecentos e dois anos. Aos quinze dias do mês de março do dito ano, nestas minas de Santo Antônio do Bom Retiro do Serro do Frio, arraial do ribeiro delas, em pousadas do capitão Antônio Soares Ferreira guarda-mor e descobridor destas ditas minas, ali por ele foi dado a mim escrivão deste livro numerado e rubricado pelo capitão Baltasar de Lemos Morais Navarro, procurador da Fazenda Real deste distrito, com seu encerramento no fim em que declara as folhas que tem e a rubrica que cada uma tem na forma do estilo, mandando a mim escrivão declarasse aqui a muita pertinácia que havia feito por descobrir novas minas, e explorando a sua custa este sertão, como, com efeito, tinha descoberto e satisfazendo a este mandato eu, Lourenço Carlos Mascarenhas de Araújo, escrivão da Fazenda Real e datas destas ditas minas que o dito guarda-mor Antônio Soares Ferreira fez exatíssimas diligências por descobrir novas minas e explorando com todo o zelo e cuidado do serviço de sua majestade, de que Deus guarde,

[fl. 2]

todo este sertão do Serro do Frio e Tucambira não só pelos lucros que dos quintos do ouro que delas se tirasse resultavam a sua Real Fazenda, mas também das datas, que ao dito senhor se haviam de dar em os ribeiros deixando de assistir nas Minas Gerais ou do Rio das Velhas, aonde separasse com os negros que bem podia ter lucrado muitos cabedais, no tempo que gastou por este sertão, publicando que como bom e fiel vassalo e ter grande desejo de que houvesse mais descobrimentos para que assim tivesse a Fazenda Real maiores lucros vinha para estas partes tão distantes a descobrir estas novas minas, como com efeito descobrir a sua custa e perigos de vida que se opôs por este deserto a cuja diligência não houve quem se opusesse pelas grandes dificuldades que lhe achavam e o acompanhou seu filho João Soares Ferreira e o capitão Manuel Corrêa Arzão o que eu escrivão certifico e sei por também acompanhar ao dito guarda-mor por este sertão neste descobrimento por firmeza do que passei a presente certidão por mim feita e assinada nestas Minas do Serro do Frio, em o dito dia, mês e ano atrás declarados e eu, Lourenço Mascarenhas de Araújo, o escrevi e assinei.

Lourenço Carlos Mascarenhas de Araújo

Aos dezoito dias do mês de setembro de mil setecentos e dois anos quintaram Antônio Camelo e seu camarada Domingos de Brito da Costa que vão para os currais da cidade da Bahia, cento e quarenta oitavas de ouro de que pagaram de quintos à Fazenda de sua majestade, que Deus guarde, vinte e oito que logo recebeu perante mim escrivão o guarda-mor Antônio Soares Ferreira por falta de tesoureiro e ficaram cento e doze oitavas que levam em pó, por não haver fundição nestas minas do que fiz este termo que assinou o dito guarda–mor e os sobre ditos comigo e eu, Lourenço Carlos Mascarenhas de Araújo, escrivão da Fazenda

Real e datas destas minas, o escrevi e assinei. Antônio Camelo, Domingos de Brito da Costa, Lourenço Carlos Mascarenhas de Araújo.

Aos dezesseis dias do mês de maio de mil setecentos e quatro

[fl. 3]

quatro anos, lanço em receita viva, quarenta oitavas de ouro em pó ao guarda-mor Antônio Soares Ferreira, que recebeu por falta de tesoureiro perante mim escrivão de Domingos Ferreira de Barros da arrematação que fez de quinze braças de terra pertencentes à Fazenda de sua majestade, que Deus guarde, do ribeiro do Bom Jesus de Iguapé, como parece termo da arrematação no livro delas a folhas quatro verso de que fiz este termo que assinou o dito guarda-mor comigo escrivão e eu, Lourenço Carlos Mascarenhas de Araújo, o escrevi e assinei.

Antônio Soares Ferreira, Lourenço Carlos Mascarenhas de Araújo

Aos cinco dias do mês de agosto de mil setecentos e quatro anos lanço em receita viva, cento e vinte e oito oitavas de ouro em pó ao guarda-mor Antônio Soares Ferreira que recebeu por falta de tesoureiro perante mim escrivão de Antônio da Costa do Amaral procurador do capitão Manuel Antunes de Almeida da arrematação que fez de trinta braças de terras pertencentes à Fazenda de sua majestade, que Deus guarde, do ribeiro da Purificação de Nossa Senhora como parece do termo de arrematação no livro delas e folhas cinco de que fiz termo que assinou o dito guarda-mor comigo escrivão e eu, Lourenço Carlos Mascarenhas de Araújo, o escrevi e assinei.

Antônio Soares Ferreira, Lourenço Carlos Mascarenhas de Araújo

Aos cinco dias do mês de agosto de mil setecentos e quatro anos lanço em receita viva vinte e duas oitavas de ouro em pó ao guarda-mor Antônio Soares Ferreira que recebeu por falta de tesoureiro perante mim escrivão de Hilário Pinto de Almeida da arrematação que fez de trinta braças de terras pertencentes à fazenda de sua majestade, que Deus guarde, do Córrego de Nossa Senhora da Conceição, como parece do termo de arrematação do livro delas a folha seis de que fiz este termo que assinou o dito guarda-mor comigo escrivão e eu, Lourenço Carlos Mascarenhas de Araújo, o escrevi e assinei.

Antônio Soares Ferreira, Lourenço Carlos Mascarenhas de Araújo

[fl. 4]

Aos nove dias do mês de outubro de mil setecentos e quatro anos quintou Francisco Barbosa que vai para os currais da cidade da Bahia sessenta oitavas de ouro de que pagou de quintos a fazenda de sua majestade, que Deus guarde, doze, que logo recebeu perante mim escrivão o guarda-mor Antônio Soares Ferreira por falta de tesoureiro e ficaram quarenta e oito oitavas que leva o dito Francisco Barbosa em pó por não haver ainda fundição nestas minas de que fiz este termo que ele assinou e o dito guarda-mor comigo escrivão e eu, Lourenço Carlos Mascarenhas de Araújo, o escrevi e assinei.

Antônio Soares Ferreira, Lourenço Carlos Mascarenhas de Araújo

Aos nove dias do mês de outubro de mil setecentos e quatro anos quintou Pedro Vaz quarenta oitavas de ouro, de que pagou de quintos à fazenda de sua majestade, que Deus guarde, oito que logo recebeu perante mim escrivão, o guarda-mor Antônio Soares Ferreira por falta de tesoureiro e ficaram trinta e duas oitavas que leva o dito Pedro Vaz em pó por não haver ainda fundição nestas minas de que fiz este termo que ele assinou e o dito guarda-mor comigo escrivão e eu, Lourenço Carlos Mascarenhas de Araújo, o escrevi e assinei.

Antônio Soares Ferreira, Lourenço Carlos Mascarenhas de Araújo, Pedro+Vaz [indica sinal de cruz feito pelo declarante que não sabia escrever]

Aos dez dias do mês de outubro de mil setecentos e quatro anos quintou Hilário Pinto de Almeida, por Jacinto Gonçalves, dos currais da cidade da Bahia sessenta e cinco oitavas de ouro, de que pagou de quintos à fazenda de sua majestade, que Deus guarde, treze, que logo recebeu perante mim escrivão, o guarda-mor Antônio

Soares Ferreira por falta de tesoureiro e ficaram cinquenta e duas oitavas que leva o dito Hilário Pinto de Almeida por não haver ainda fundição nestas minas de que fiz este termo que assinou e o dito guarda-mor comigo escrivão e eu, Lourenço Carlos Mascarenhas de Araújo, o escrevi e assinei.

Hilário Pinto Almeida, Lourenço Carlos Mascarenhas de Araújo

Aos dez dias do mês de outubro de mil setecentos e quatro anos quintou

[fl. 5]

quintou Martinho de Almeida vinte e cinco oitavas de ouro, de que pagou de quintos à fazenda de sua majestade, que Deus guarde, cinco que logo recebeu perante mim escrivão, o guarda-mor Antônio Soares Ferreira por falta de tesoureiro e ficaram vinte e oito oitavas que declarou mandava para a cidade da Bahia por Francisco Barbosa Lobo, os quais vão em pó, por não haver ainda fundição nestas minas de que fiz este termo que o dito Martinho de Almeida assinou e o dito guarda-mor comigo escrivão e eu, Lourenço Carlos Mascarenhas de Araújo, o escrevi e assinei.

Antônio Soares Ferreira, Lourenço Carlos Mascarenhas de Araújo, Martinho+de Almeida

Aos dez dias do mês de outubro de mil setecentos e quatro anos quintou Tomás Luís Moreira quarenta e oito oitavas de ouro, de que pagou de quintos à fazenda de sua majestade, que Deus guarde, oito que logo recebeu perante mim escrivão, o guarda-mor Antônio Soares Ferreira por falta de tesoureiro e ficaram trinta e duas oitavas que declarou mandava para a cidade da Bahia por Francisco Barbosa Lobo, as quais vão em pó, por não haver ainda fundição nestas minas de que fiz este termo que o dito Tomás Luís Moreira assinou e o dito guarda-mor comigo escrivão e eu, Lourenço Carlos Mascarenhas de Araújo, o escrevi e assinei.

Antônio Soares Ferreira, Lourenço Carlos Mascarenhas de Araújo, Tomás Luís Moreira

Aos vinte e sete dias do mês de outubro de mil setecentos e quatro anos lanço em receita viva trezentas e cinquenta oitavas de ouro em pó, ao guarda-mor Antônio Soares Ferreira que recebeu por falta de tesoureiro perante mim escrivão de Manuel do Vale Neves testamenteiro do defunto [...] de Araújo Costa que havia feito de trinta braças de terra pertencentes à fazenda de sua majestade, que Deus o guarde, do ribeirão de Santo Antônio como parece do termo da arrematação no livro delas a folhas [...] de que fiz este termo que assinou o dito guarda-mor comigo escrivão e eu, Lourenço Carlos Mascarenhas de Araújo, o escrevi e assinei.

Antônio Soares Ferreira, Lourenço Carlos Mascarenhas de Araújo

Ao primeiro dia do mês de dezembro de mil setecentos e quatro anos

[fl. 6]

quintou Gonçalo Viegas que veio dos currais da cidade da Bahia com gado a estas minas seiscentas e cinquenta oitavas de ouro de que pagou de quintos à fazenda de sua majestade, que Deus guarde, cento e trinta, que logo perante mim, escrivão e o guarda-mor Antônio Soares Ferreira, recebeu o tesoureiro José Borges Pinto e ficaram quinhentos e vinte oitavas que leva o dito Gonçalo Viegas em pó por não haver ainda fundição nestas minas de que fiz este termo que ele assinou e o dito tesoureiro e guarda-mor comigo escrivão e eu, Lourenço Carlos Mascarenhas de Araújo, o escrevi e assinei.

Antônio Soares Ferreira, Lourenço Carlos Mascarenhas de Araújo, José Borges Pinto, Gonçalo Viegas

Ao primeiro dia do mês de dezembro de mil setecentos e quatro anos quintou Gonçalo Viegas, por Joaquim Lopes Soeiro, quinhentas oitavas de ouro, de que pagou de quintos à fazenda de sua majestade, que Deus guarde, com que logo perante mim escrivão, e o guarda-mor Antônio Soares Ferreira, recebeu o tesoureiro José Borges Pinto e ficaram quatrocentas oitavas que leva o dito Gonçalo Viegas em pó por não haver ainda fundição nestas minas de que fiz este termo que ele assinou e o dito tesoureiro e guarda-mor comigo escrivão e eu, Lourenço Carlos Mascarenhas de Araújo, o escrevi e assinei.

Antônio Soares Ferreira, Lourenço Carlos Mascarenhas de Araújo, José Borges Pinto, Gonçalo Viegas

Aos vinte e três dias do mês de fevereiro de mil setecentos e cinco anos quintou Paulo Pires de Miranda, dos currais da cidade da Bahia, cento e dez oitavas de ouro de que pagou de quintos à fazenda de sua majestade, que Deus guarde, vinte e duas que logo perante mim escrivão e o guarda-mor Antônio Soares Ferreira recebeu o tesoureiro José Borges Pinto e ficaram oitenta e oito oitavas que leva o dito Paulo Pires de Miranda em pó, por não haver ainda fundição nestas minas, de que fiz este termo que ele assinou e o dito tesoureiro e guarda-mor comigo escrivão e eu, Lourenço Carlos Mascarenhas de Araújo, o escrevi e assinei.

Antônio Soares Ferreira, José Borges Pinto, Lourenço Carlos Mascarenhas de Araújo, Paulo Pires de Miranda

[fl. 7]

Aos vinte dias do mês de março de mil sete setecentos e cinco anos lanço em receita viva quarenta oitavas de ouro em pó ao tesoureiro José Borges Pinto que recebeu perante mim escrivão do capitão Sebastião Leme Bahim fiador e principal pagador de Francisco Ribeiro Guelas da rematação que havia feito de trinta braças de terra pertencentes à fazenda de sua majestade, que Deus guarde, do ribeiro de São Bento como parece do termo da rematação delas a folhas duas, de que fiz este termo que assinou o dito tesoureiro, comigo escrivão e eu, Lourenço Carlos Mascarenhas de Araújo, o escrevi e assinei.

José Borges Pinto. Lourenço Carlos Mascarenhas de Araújo

Aos vinte e oito dias do mês de março de mil setecentos e cinco anos quintou Francisco Teixeira de Abreu que vai para os currais da cidade da Bahia cem oitavas de ouro de que pagou de quintos à fazenda de sua majestade, que Deus guarde, vinte que logo perante mim escrivão e o guarda-mor Antônio Soares Ferreira recebeu o dito Francisco Teixeira de Abreu em pó, por não haver ainda fundição nestas minas de que fiz este termo que ele assinou e o dito tesoureiro o guarda-mor, comigo escrivão, e eu, Lourenço Carlos Mascarenhas de Araújo, o escrevi e assinei.

Antônio Soares Ferreira, Lourenço Carlos Mascarenhas de Araújo, José Borges Pinto, Francisco de Abreu

Aos vinte e sete dias do mês de maio de mil setecentos e cinco anos quintou Manuel Francisco dos Santos que vai para os currais da cidade da Bahia duzentos oitavas de ouro de que pagou de quintos à fazenda de sua majestade, que Deus guarde, quarenta que leva perante mim escrivão e o guarda-mor Antônio Soares Ferreira recebeu o tesoureiro José Borges Pinto e ficaram cento e sessenta oitavas que leva o dito Manuel Francisco Santos em pó e sessenta oitavas que leva o dito Manuel Francisco Santos em pó por não haver ainda fundição nestas minas de que fiz este termo que ele assinou e o dito tesoureiro e guarda-mor comigo escrivão e eu, Lourenço Carlos Mascarenhas de Araújo, o escrevi e assinei.

Antônio Soares Ferreira, Lourenço Carlos Mascarenhas de Araújo, José Borges Pinto, Manuel Francisco dos Santos

[fl. 8]

Aos oito dias do mês de julho de mil setecentos e cinco anos quintou Francisco Mendes Barros que vai para os currais da cidade da Bahia quatrocentas oitavas de ouro de que pagou de quintos à fazenda de sua majestade, que Deus guarde, oitenta, que logo perante mim escrivão e o guarda-mor Antônio Soares Ferreira recebeu o tesoureiro José Borges Pinto e ficaram trezentas e vinte oitavas que leva o dito Francisco Mendes Barros em pó, por não haver ainda fundição nestas minas, de que fiz termo que ele assinou e o dito tesoureiro e guarda-mor comigo escrivão e eu, Lourenço Carlos Mascarenhas de Araújo, o escrevi e assinei. Antônio Soares Ferreira, Lourenço Carlos Mascarenhas de Araújo, José Borges Pinto, Francisco Mendes Barros

Aos quinze dias do mês de julho de mil setecentos e cinco anos lanço em receita viva trinta e cinco oitavas de ouro em pó ao tesoureiro José Borges Pinto que recebeu perante mim escrivão de Fernão Rabelo da rematação que fez de trinta braças de terras pertencentes à fazenda de sua majestade, que Deus guarde, do ribeiro de Bom Jesus de Taubaté, como parece do termo que assinou o dito tesoureiro comigo escrivão e eu, Lourenço Carlos Mascarenhas de Araújo, o escrevi e assinei.

José Borges Pinto, Lourenço Carlos Mascarenhas de Araújo

Aos onze dias do mês de agosto de mil setecentos e cinco anos quintou Manuel Luís que vai destas minas oitenta oitavas de ouro de que pagou de quintos à fazenda de sua majestade, que Deus guarde, [...] que logo perante mim escrivão e o guarda-mor Antônio Soares Ferreira recebeu o tesoureiro José Borges Pinto e ficaram [...] quatro oitavas que leva o dito Manuel Luís em pó por não haver ainda fundição nestas minas de que fiz este termo que ele assinou e o tesoureiro e guarda-mor comigo escrivão e eu, Lourenço Carlos Mascarenhas de Araújo, o escrevi e assinei.

Antônio Soares Ferreira, Lourenço Carlos Mascarenhas de Araújo, José Borges Pinto, Manuel Luís

[fl. 9]

Aos onze dias do mês de agosto de mil setecentos e cinco anos quintou Manuel Soares que vai destas minas quatrocentas oitavas de ouro de que pagou de quintos à fazenda de sua majestade, que Deus guarde, oitenta que logo perante mim escrivão e o guarda-mor Antônio Soares Ferreira recebeu o tesoureiro José Borges Pinto e ficaram trezentos e vinte oitavas que leva o dito Manuel Soares em pó por não haver ainda fundição nestas minas da que fiz este termo que ele assinou e o dito tesoureiro e guarda-mor comigo escrivão e eu, Lourenço Carlos Mascarenhas de Araújo, o escrevi e assinei.

Antônio Soares Ferreira, Lourenço Carlos Mascarenhas de Araújo, José Borges Pinto, Manuel Soares Lopes

Aos cinco dias do mês de setembro de mil setecentos e cinco anos quintou Sebastião Ribeiro que vai destas minas vinte oitavas de ouro de que pagou de quintos à fazenda de sua majestade, que Deus guarde, quatro, que logo perante mim escrivão e o guarda-mor Antônio Soares Ferreira recebeu o tesoureiro José Borges Pinto e ficaram dezesseis oitavas que leva o dito Sebastião Ribeiro em pó, por não haver ainda fundição nestas minas de que fiz este termo que ele assinou e o dito tesoureiro e guarda-mor comigo escrivão e eu, Lourenço Carlos Mascarenhas de Araújo, o escrevi e assinei.

Antônio Soares Ferreira, Lourenço Carlos Mascarenhas de Araújo, José Borges Pinto, Sebastião+Ribeiro

Aos dez dias do mês de setembro de mil setecentos e cinco anos lanço em receita viva trinta e duas oitavas de ouro em pó ao tesoureiro José Borges Pinto que recebeu perante mim escrivão do capitão Sebastião Leme Bahim da rematação que fez de trinta braças de terra pertencentes à fazenda de sua majestade, que Deus guarde, do ribeiro de Nossa Senhora da Graça como parece do termo de rematação no livro delas folhas [...] de que fiz este termo que assinou o dito tesoureiro comigo escrivão e eu, Lourenço Carlos Mascarenhas de Araújo, o escrevi e assinei.

Lourenço Carlos Mascarenhas de Araújo, José Borges Pinto

Aos onze dias do mês de setembro de mil setecentos e cinco anos

[fl. 10]

quintou o guarda-mor Antônio Soares Ferreira trezentos e vinte oitavas de ouro de que pagou de quintos à fazenda de sua majestade, que Deus guarde, sessenta e quatro que logo perante mim escrivão recebeu o tesoureiro José Borges Pinto e ficaram duzentos e cinquenta e seis oitavas que declarou mandava para a cidade da Bahia as quais vão em pó por não haver ainda fundição nestas minas de que fiz este termo que ele assinou e o dito tesoureiro comigo escrivão eu, Lourenço Carlos Mascarenhas de Araújo, o escrevi e assinei.

Antônio Soares Ferreira, Lourenço Carlos Mascarenhas de Araújo, José Borges Pinto

Aos sete dias do mês de outubro de mil setecentos e cinco anos quintou padre Inocêncio de Carvalho que vai destas minas para Pernambuco seiscentas oitavas de ouro que ele pagou de quintos à fazenda de sua majestade, que Deus guarde, cento e vinte que logo perante mim escrivão e o guarda-mor Antônio Soares Ferreira recebeu o tesoureiro José Borges Pinto e ficaram quatrocentas e oitenta oitavas que leva o dito Padre Inocêncio de Carvalho em pó, por não haver ainda fundição nestas minas de que fiz este termo que ele assinou e o dito tesoureiro e guarda-mor comigo escrivão e eu, Lourenço Carlos Mascarenhas de Araújo, o escrevi e assinei.

Antônio Soares Ferreira, Lourenço Carlos Mascarenhas de Araújo, José Borges Pinto, Inocêncio de Carvalho

Aos sete dias do mês de outubro de mil setecentos e cinco anos quintou Domingos Lopes que vai destas minas para Pernambuco cem oitavas de ouro de que pagou de quintos à fazenda de sua majestade, que Deus guarde, vinte que logo perante mim escrivão e o guarda-mor Antônio Soares Ferreira recebeu o tesoureiro José Borges Pinto e ficaram oitenta oitavas que leva o dito Domingos Lopes em pó, por não haver ainda fundição nestas minas, de que fiz este termo que ele assinou e o dito tesoureiro e o guarda-mor comigo escrivão e eu, Lourenço Carlos Mascarenhas de Araújo, o escrevi e assinei.

Antônio Soares Ferreira, Lourenço Carlos Mascarenhas de Araújo, José Borges Pinto, Domingos+Lopes

Aos sete dias do mês de outubro de mil setecentos e cinco anos quintou Antônio da Rocha Branco que vai para a cidade da Bahia mil novecentos e vinte oitavas de que pagou de quintos à fa-

[fl. 11]

fazenda de sua majestade, que Deus guarde, trezentas e oitenta e quatro que logo perante mim escrivão e o guarda-mor Antônio Soares Ferreira recebeu o tesoureiro José Borges Pinto e ficaram mil e quinhentas e trinta e seis oitavas que leva o dito Antônio da Rocha Branco em pó, por não haver ainda fundição nestas minas de que fiz este termo que ele assinou e o dito tesoureiro e guarda-mor comigo escrivão e eu, Lourenço Carlos Mascarenhas de Araújo, o escrevi e assinei.

Antônio Soares Ferreira, Lourenço Carlos Mascarenhas de Araújo, José Borges Pinto, Antônio da Rocha Branco

Aos oito dias do mês de outubro de mil setecentos e cinco anos quintou o padre frei Columbano de Santa Escolástica, monge do Patriarca São Bento cem oitavas de ouro de que pagou de quintos à fazenda de sua majestade, que Deus guarde, vinte que logo perante mim escrivão e o guarda-mor Antônio Soares Ferreira recebeu o tesoureiro José Borges Pinto e ficaram oitenta oitavas, que leva o dito Padre Frei Columbano em pó por não haver ainda fundição nestas minas de que fiz este termo que ele assinou e o dito tesoureiro e guarda-mor comigo escrivão e eu, Lourenço Carlos Mascarenhas de Araújo, o escrevi e assinei.

Antônio Soares Ferreira, Lourenço Carlos Mascarenhas de Araújo, José Borges Pinto, Columbano de Santa Escolástica

Aos nove dias do mês de outubro de mil setecentos e cinco anos quintou Domingos do Vale Padilha oitenta oitavas de ouro de que pagou de quintos à fazenda de sua majestade, que Deus guarde, dezesseis que logo perante mim escrivão e o guarda-mor Antônio Soares Ferreira recebeu o tesoureiro José Borges Pinto e ficaram sessenta e quatro oitavas que declarou o dito Domingos do Vale Padilha mandava para a cidade da Bahia por Antônio da Rocha Branco os quais vão em pó por não haver ainda fundição nestas minas de que fiz este termo que ele dito Domingos do Vale Padilha assinou e o dito tesoureiro e guarda-mor comigo escrivão e eu, Lourenço Carlos Mascarenhas de Araújo, o escrevi e assinei.

Antônio Soares Ferreira, Lourenço Carlos Mascarenhas de Araújo, José Borges Pinto, Domingos do Vale Padilha

Aos nove dias do mês de outubro de mil setecentos e cinco anos lanço em receita viva trezentas e cinquenta oitavas de ouro em pó

[fl. 12]

ao tesoureiro José Borges Pinto que recebeu perante mim escrivão de Antônio da Silva Carneiro da rematação que fez dos dízimos deste ano, vencidos no último de agosto como parece do termo da rematação no livro a folhas sete de que fiz este termo que assinou o dito tesoureiro comigo escrivão e eu, Lourenço Carlos Mascarenhas de Araújo, o escrevi e assinei.

Lourenço Carlos Mascarenhas de Araújo, José Borges Pinto

Aos quatro dias do mês de novembro de mil setecentos e cinco anos quintou Manuel Pereira que vai destas minas trezentas oitavas de ouro de que pagou de quintos à fazenda de sua majestade, que Deus guarde, sessenta que logo perante mim escrivão e o guarda-mor Antônio Soares Ferreira recebeu o tesoureiro José

Borges Pinto e ficaram duzentos e quarenta oitavas que leva o dito Manuel Pereira em pó por não haver ainda fundição nestas minas de que fiz este termo que ele assinou e o dito tesoureiro e guarda-mor comigo escrivão e eu, Lourenço Carlos Mascarenhas de Araújo, o escrevi e assinei.

Antônio Soares Pereira, Lourenço Carlos Mascarenhas de Araújo, José Borges Pinto, Manuel Pereira

Aos quatro dias do mês de novembro de mil setecentos e cinco anos quintou Manuel Pereira que vai destas minas quarenta oitavas de ouro de que pagou de quintos à fazenda de sua majestade, que Deus guarde, oito que logo perante mim escrivão e o guarda-mor Antônio Soares Ferreira recebeu o tesoureiro José Borges Pinto e ficaram trinta e duas oitavas que leva o dito Manuel Pereira em pó por não haver ainda fundição nestas minas de que fiz este termo que ele assinou e o dito tesoureiro e guarda-mor comigo escrivão e eu, Lourenço Carlos Mascarenhas de Araújo, o escrevi e assinei.

Antônio Soares Ferreira, Lourenço Carlos Mascarenhas de Araújo, José Borges Pinto, Manuel Pereira

Aos [...] do mês de novembro de mil setecentos e cinco anos lanço em receita viva sessenta oitavas de ouro em pó, ao tesoureiro José Borges Pinto que recebe perante mim escrivão de Antônio da Silva Carneiro da rematação que fez de [...] braças de terra pertencentes à fazenda de sua majestade, que Deus guarde, do ribeiro de Nossa Senhora da Conceição como parece do ter

[fl. 13]

do termo da rematação no livro delas a folha dez e verso de que fiz este termo assinou o dito tesoureiro comigo escrivão e eu, Lóurenço Carlos Mascarenhas de Araújo, o escrevi e assinei.

Lourenço Carlos Mascarenhas de Araújo, José Borges Pinto

Aos dois dias do mês de janeiro de mil setecentos e seis anos quintou Tomás Luís Moreira por João Martins Gomes cento e quinze oitavas de ouro de que pagou de quintos à fazenda de sua majestade, que Deus guarde, vinte e três, que logo perante mim escrivão e o guarda-mor Antônio Soares Ferreira recebeu o tesoureiro José Borges Pinto e ficaram noventa e duas oitavas que leva o dito Tomás Luís Moreira em pó por não haver ainda fundição nestas minas de que fiz este termo que ele assinou e o dito tesoureiro e guarda-mor comigo escrivão e eu, Lourenço Carlos Mascarenhas de Araújo, o escrevi e assinei.

Antônio Soares Ferreira, Lourenço Carlos Mascarenhas de Araújo, José Borges Pinto, Tomás Luís Moreira

Aos oito dias do mês de janeiro de mil setecentos e seis anos quintou Antônio Gomes de Estrada que vai destas minas para os currais da cidade da Bahia quarenta oitavas de ouro de que pagou de quintos à fazenda de sua majestade, que Deus guarde, oito que logo perante mim escrivão e o guarda-mor Antônio Soares Ferreira recebeu o tesoureiro José Borges Pinto e ficaram trinta e duas oitavas que leva o dito Antônio Gomes de Estrada em pó por não haver ainda fundição nestas minas de que fiz este termo que ele assinou e o dito tesoureiro e o guarda-mor comigo escrivão e eu, Lourenço Carlos Mascarenhas de Araújo, o escrevi e assinei.

Antônio Soares Ferreira, Lourenço Carlos Mascarenhas de Araújo, Antônio Gomes de Estrada

Aos vinte e oito dias do mês de janeiro de mil setecentos e seis anos quintou Sebastião Ribeiro que vai para os currais da cidade da Bahia cinquenta oitavas de ouro de que pagou de quintos à fazenda de sua majestade, que Deus guarde, dez que logo perante mim escrivão e o guarda-mor Antônio Soares

[fl. 14]

Ferreira recebeu o tesoureiro José Borges Pinto e ficaram quarenta oitavas que leva o dito Sebastião Ribeiro em pó por não haver ainda fundição nestas minas de que fiz este termo que ele assinou e o dito tesoureiro e guarda-mor comigo escrivão e eu, Lourenço Carlos Mascarenhas de Araújo o escrevi e assinei.

Antônio Soares Ferreira, Lourenço Carlos Mascarenhas de Araújo, José Borges Pinto, Sebastião+Ribeiro

Aos quatro dias do mês de março de mil setecentos e seis anos quintou João Francisco Leite por José Borges Pinto duzentos oitavas de ouro de que pagou de quintos à fazenda de sua majestade, que Deus guarde, quarenta que logo perante mim escrivão recebeu o guarda-mor Antônio Soares Ferreira por falta de tesoureiro e ficaram cento e sessenta oitavas que leva em pó por não haver ainda fundição nestas minas de que fiz este termo que o dito João Francisco Leite assinou e o dito guarda-mor comigo escrivão e eu, Lourenço Carlos Mascarenhas de Araújo, o escrevi e assinei.

Antônio Soares Ferreira, Lourenço Carlos Mascarenhas de Araújo, João Francisco Leite

Aos treze dias do mês de março de mil setecentos e seis anos quintou Gonçalo Ferreira Souza que vai destas minas para os currais da cidade da Bahia cinquenta oitavas de ouro de que pagou de quintos à fazenda de sua majestade, que Deus guarde, dez que logo perante mim escrivão recebeu o guarda-mor Antônio Soares Ferreira por falta de tesoureiro e ficaram quarenta oitavas que leva o dito Gonçalo Ferreira de Souza em pó, por não haver ainda fundição nestas minas de que fiz este termo que ele assinou e o dito guarda-mor comigo escrivão e eu, Lourenço Carlos Mascarenhas de Araújo, o escrevi e assinei.

Antônio Soares Ferreira, Lourenço Carlos Mascarenhas de Araújo, Gonçalo Ferreira de Souza

Aos treze dias do mês de março de mil setecentos e seis anos quin-

[fl. 15]

quintou Mateus Afonso que vai destas minas para os currais da cidade da Bahia cem oitavas de ouro de que pagou de quintos à fazenda de sua majestade, que Deus guarde, vinte que logo perante mim escrivão recebeu o guarda-mor Antônio Soares Ferreira por falta de tesoureiro e ficaram oitenta oitavas que leva o dito Mateus Afonso em pó por não haver ainda fundição nestas minas de que fiz este termo que ele assinou e o dito guarda-mor comigo escrivão e eu, Lourenço Carlos Mascarenhas de Araújo, o escrevi e assinei.

Antônio Soares Ferreira, Lourenço Carlos Mascarenhas de Araújo, Mateus Afonso

Aos quinze dias do mês de março de mil setecentos e seis anos quintou Antônio da Silva Carneiro cento e vinte cinco oitavas de ouro de que pagou de quintos à fazenda de sua majestade, que Deus guarde, vinte e cinco que logo perante mim escrivão recebeu o guarda-mor Antônio Soares Ferreira por falta de tesoureiro e ficaram cem oitavas que declarou mandava para a cidade da Bahia os quais vão em pó por não haver ainda fundição nestas minas de que fiz este termo que ele assinou e o dito guarda-mor comigo escrivão e eu, Lourenço Carlos Mascarenhas de Araújo, o escrevi e assinei.

Antônio Soares Ferreira, Lourenço Carlos Mascarenhas de Araújo, Antônio da Silva Carneiro

Aos dezesseis dias do mês de março de mil setecentos e seis anos quintou Antônio de Sá da Fonseca por Antônio Rosado dos currais da cidade da Bahia trinta oitavas de ouro de que pagou de quintos à fazenda de sua majestade, que Deus guarde, seis que logo perante mim escrivão recebeu o guarda-mor Antônio Soares Ferreira por falta de tesoureiro e ficaram vinte e quatro oitavas que declarou mandava para os ditos currais os quais vem em pó por não haver ainda fundição nestas minas de que fiz este termo que ele assinou e o dito guarda-mor comigo escrivão e eu, Lourenço Carlos Mascarenhas de Araújo, o escrevi e assinei.

Antônio Soares Ferreira, Lourenço Carlos Mascarenhas de Araújo, Antônio de Sá da Fonseca

[fl. 16]

Aos dezoito dias do mês de março de mil setecentos e seis anos quintou Mecia Preta por sua senhora Isabel Maria da Cruz cento e cinco oitavas de ouro de que pagou de quintos à fazenda de sua majestade, que Deus guarde, vinte cinco que logo perante mim escrivão recebeu o guarda-mor Antônio Soares Ferreira por falta de tesoureiro e ficaram cem oitavas que leva em pó por não haver ainda fundição nestas minas de que fiz este termo que a rogo da dita Mexia Preta assinou João Mendes da Mota e o dito guarda-mor comigo escrivão e eu, Lourenço Carlos Mascarenhas de Araújo, o escrevi e assinei.

Antônio Soares Ferreira, Lourenço Carlos Mascarenhas de Araújo, João Mendes da Mota

Aos dezoito dias do mês de março de mil setecentos e seis anos quintou Mécia Preta pelo reverendo Padre Frei João Batista, monge do Patriarca São Bento, sessenta oitavas de ouro de que pagou quintos à fazenda de sua majestade, que Deus guarde, doze que logo perante mim escrivão recebeu o guarda-mor Antônio

Soares Ferreira por falta de tesoureiro e ficaram quarenta e oito oitavas que leva em pó por não haver ainda fundição nestas minas de que fiz este termo que a rogo da dita Mexia Preta assinou João Mendes da Mota e eu, Lourenço Carlos Mascarenhas de Araújo, o escrevi e assinei.

Antônio Soares Ferreira, Lourenço Carlos Mascarenhas de Araújo, João Mendes da Mota

Aos vinte e três dias do mês de março de mil setecentos e seis anos quintou Antônio Alves dos currais da cidade da Bahia cem oitavas de ouro de que pagou de quintos à fazenda de sua majestade, que Deus guarde, vinte que logo perante mim escrivão recebeu o guarda-mor Antônio Soares Ferreira por falta de tesoureiro e ficaram oitenta oitavas que leva o dito Antônio Alves em pó, por não haver ainda fundição nestas minas de que fiz este termo que ele assinou e o dito guarda-mor comigo escrivão e eu, Lourenço Carlos Mascarenhas de Araújo, o escrevi e assinei.

Antônio Soares Ferreira, Lourenço Carlos Mascarenhas de Araújo, Antônio Alves

Aos vinte e nove dias do mês de março de mil setecentos e seis anos

[fl. 17]

anos quintou o reverendo padre Sebastião Rodrigues Benavides cinquenta e seis oitavas de ouro de que pagou de quintos à fazenda de sua majestade, que Deus guarde, onze que logo perante mim escrivão recebeu o guarda-mor Antônio Soares Ferreira por falta de tesoureiro e ficaram quarenta e cinco oitavas que declarou mandava para a cidade da Bahia os quais vem em pó por não haver ainda fundição nestas minas de que fiz este termo que ele dito Reverendo padre Sebastião Rodrigues Benavides assinou e o guarda-mor comigo escrivão e eu Lourenço Carlos Mascarenhas de Araújo, o escrevi e assinei.

Antônio Soares Ferreira, Lourenço Carlos Mascarenhas de Araújo, Sebastião Rodrigues Benavides

Aos vinte e nove dias do mês de março de mil setecentos e seis anos quintou o escrivão que este fez por Antônio da Rocha Branco da cidade da Bahia cinquenta oitavas de ouro de que pagou de quintos à fazenda de sua majestade, que Deus guarde, dez que logo recebeu o guarda-mor Antônio Soares Ferreira por falta de tesoureiro e ficaram quarenta oitavas que declarou iam ao dito Antônio da Rocha Branco em pó por não haver ainda fundição nestas minas de que fiz este termo que o dito guarda-mor assinou comigo escrivão e eu, Lourenço Carlos Mascarenhas de Araújo, o escrevi e assinei.

Antônio Soares Ferreira, Lourenço Carlos Mascarenhas de Araújo

Aos trinta dias do mês de março de mil setecentos e seis anos quintou o guarda-mor Antônio Soares Ferreira cento e cinquenta oitavas de ouro de que pagou de quintos à fazenda de sua majestade, que Deus guarde, trinta que logo perante mim escrivão recebeu o dito guarda-mor por falta de tesoureiro e ficaram cento e vinte oitavas que declarou mandava para a cidade da Bahia os quais vão em pó por não haver ainda fundição nestas minas de que fiz este termo que ele dito guarda-mor assinou comigo escrivão e eu, Lourenço Carlos Mascarenhas de Araújo, o escrevi e assinei.

Antônio Soares Ferreira, Lourenço Carlos Mascarenhas de Araújo

Importa a receita deste livro até aqui como dele se vê duas mil e quinhentas e sessenta e cinco oitavas de ouro em pó hoje dez de abril de mil setecentos e seis anos.

[fl. 18]

Aos dez dias do mês de abril de mil setecentos e seis anos nestas minas do Serro do Frio e pousadas do capitão-mor Antônio Soares Ferreira guarda-mor delas, aí apareceram presentes Lourenço Carlos Mascarenhas de Araújo e o capitão Domingos Fernandes Bitencourt aos quais pelo dito guarda-mor foram entregues as duas mil quinhentas e sessenta e cinco oitavas de ouro em pó da importância da receita deste livro até hoje que os sobreditos se obrigarão por suas pessoas e bens móveis e de raiz havido e por haver por na cidade da Bahia a custa por conta e risco dele dito guarda-mor e entregar ao provedor-mor deste estado do Brasil na forma do estilo de que fiz este termo que os sobreditos assinaram e eu, João Mendes da Mota, escrivão da Fazenda Real o escrevi.

Domingos Francisco Bitencourt, Lourenço Carlos Mascarenhas de Araújo

Aos doze dias do mês de julho de mil setecentos e seis anos quintou Tomás Luís Moreira oitenta oitavas de ouro de que pagou de quintos à fazenda de sua majestade, que Deus guarde, dezesseis oitavas que logo perante mim escrivão recebeu o guarda-mor Antônio Soares Ferreira por falta de tesoureiro e ficaram sessenta e quatro que declarou mandava para a cidade da Bahia por Antônio de Sá a entregar na dita cidade a Manuel da Fonseca as quais vão em pó por não haver ainda fundição nestas minas de que fiz este termo que ele dito Tomás Luís Moreira assinou e o guarda-mor comigo escrivão e eu João Mendes da Mota o escrevi e assinei.

Antônio Soares Ferreira, João Mendes da Mota, Tomás Luís Moreira

Aos doze dias do mês de julho de mil setecentos e seis anos quintou Martinho de Almeida cento e sessenta oitavas de ouro de que pagou de quintos à fazenda de sua majestade, que Deus guarde, trinta e duas que logo perante mim escrivão recebeu o guarda-mor Antônio Soares Ferreira por falta de tesoureiro e ficaram cento e vinte e oito que declarou mandava para a cidade da Bahia por Antônio de Sá a entregar na dita cidade da Bahia por Antônio de Sá a entregar na dita cidade a Manuel da Fonseca Simões as quais vão em pó por não haver ainda fundição nestas minas de que fiz este termo que ele dito Martinho de Almeida assinou e o guarda-mor comigo escrivão e eu João Mendes da Mota o escrevi e assinei. Antônio Soares Ferreira, João Mendes da Mota, Martinho de+Almeida Barbosa

[fl. 19]

Aos treze dias do mês de julho de mil setecentos e seis anos quintou Martinho de Almeida quinze oitavas de ouro de que pagou de quintos à fazenda de sua majestade, que Deus guarde, três oitavas que logo perante mim escrivão recebeu o guarda-mor Antônio Soares Ferreira por falta de tesoureiro e ficaram doze que declarou mandava para a cidade da Bahia por Antônio de Sá a entregar na dita cidade a Manuel da Fonseca Simões as quais vão em pó por não haver ainda fundição nestas minas de que fiz este termo que ele dito Martinho de Almeida assinou e o guarda-mor comigo escrivão e eu, João Mendes da Mota, o escrevi e assinei.

Antônio Soares Ferreira, João Mendes da Mota, Martinho de+Almeida Barbosa

Aos treze dias do mês de julho de mil setecentos e seis anos quintou Francisco Teixeira mil e cinco oitavas de ouro de que pagou de quintos à fazenda de sua majestade que Deus guarde, duzentos e uma que logo perante mim escrivão recebeu o guarda-mor Antônio Soares Ferreira por falta de tesoureiro e ficaram oitocentas e quatro que leva em pó para a cidade da Bahia por não haver ainda fundição nestas minas de que fiz este termo que ele dito Francisco Teixeira assinou e o guarda-mor comigo escrivão e eu, João Mendes da Mota, o escrevi e assinei.

Antônio Soares Ferreira, João Mendes da Mota, Francisco Teixeira

Aos treze dias do mês de julho de mil setecentos e seis anos quintou Antônio da Silva Carneiro quarenta oitavas de ouro de que pagou de quintos à fazenda de sua majestade, que Deus guarde, oito oitavas que logo perante mim escrivão recebeu o guarda-mor Antônio Soares Ferreira por falta de tesoureiro e ficaram trinta e duas que manda em pó por Antônio [...] que vai para a cidade da Bahia por não haver ainda fundição nestas minas a entregar na dita cidade a [...] de Macedo de que fiz este termo que ele

[fl. 20]

termo que ele dito Antônio da Silva Carneiro assinou e o guarda-mor comigo escrivão e eu João Mendes da Mota o escrevi e assinei.

Antônio da Silva Carneiro, João Mendes da Mota

Aos treze dias do mês de julho de mil setecentos e seis anos quintou o reverendo padre Sebastião Rodrigues Benavides cento e trinta e uma oitavas de ouro de que pagou de quintos à fazenda de sua majestade, que Deus guarde, vinte e seis oitavas que logo perante mim escrivão recebeu o guarda-mor Antônio Soares Ferreira por falta de tesoureiro e ficaram cento e cinco oitavas que declarou mandava por Antônio de Sá que vai destas minas para a cidade da Bahia a entregar na dita cidade a José Carvalho as quais vão em pó por não haver ainda fundição nestas minas de que fiz este termo que ele dito reverendo padre Sebastião Rodrigues Benavides assinou e o guarda-mor comigo escrivão e eu, João Mendes da Mota, o escrevi e assinei.

João Mendes da Mota, Sebastião Rodrigues Benavides

Aos trinta dias do mês de julho de mil setecentos e seis anos quintou Manuel Francisco quinhentas oitavas de ouro de que pagou de quintos à fazenda de sua majestade, que Deus guarde, cem oitavas que logo perante mim escrivão recebeu o guarda-mor Antônio Soares Ferreira por falta de tesoureiro e ficaram quatrocentas oitavas que leva o dito Manuel Francisco assinou e o guarda-mor comigo escrivão e eu, João Mendes da Mota, o escrevi e assinei.

João Mendes da Mota, Manuel+Francisco

Aos trinta dias do mês de julho de mil setecentos e seis anos quintou João Francisco Feitel cinquenta oitavas de ouro de que pagou de quintos à fazenda de sua majestade, que Deus guarde, dez que logo perante mim escrivão recebeu o guarda-mor

[fl. 21]

Antônio Soares Ferreira por falta de tesoureiro e ficaram quarenta que declarou mandava para a cidade da Bahia por Simão da Silva em pó por não haver ainda fundição nestas minas de que fiz este termo que ele dito João Francisco Feitel assinou e o guarda-mor comigo escrivão e eu, João Mendes da Mota, o escrevi e assinei.

João Mendes da Mota, João Francisco Feitel

Aos trinta dias do mês de julho de mil setecentos e seis anos quintou Manuel Fernandes que vai para a cidade da Bahia sessenta e quatro oitavas de ouro de que pagou de quintos à fazenda de sua majestade, que Deus guarde, doze oitavas e meia que logo perante mim escrivão recebeu o guarda-mor Antônio Soares Ferreira por falta de tesoureiro e ficaram cinquenta e uma oitavas e meia que declarou eram para Domingos Alvarez morador na dita cidade as quais leva o dito Manuel Francisco em pó por não haver ainda fundição nestas minas de que fiz este termo que ele dito Manuel Francisco assinou e o guarda-mor comigo escrivão e eu, João Mendes da Mota, o escrevi e assinei.

João Mendes da Mota, Manuel+Francisco

Aos trinta dias do mês de julho de mil setecentos e seis anos quintou o capitão Lucas de Freitas de Azevedo por Simão da Silva que vai para cidade da Bahia sessenta e quatro oitavas de ouro de que pagou de quintos à fazenda de sua majestade, que Deus guarde, doze oitavas e meia que logo perante mim escrivão recebeu o guarda-mor Antônio Soares Ferreira por falta de tesoureiro e ficaram cinquenta e uma oitavas e meia que leva o dito Simão da Silva em pó por não haver ainda fundição nestas minas de que fiz este termo que ele dito capitão Lucas de Freitas assinou e o guarda-mor comigo escrivão e eu, João Mendes da Mota, o escrevi e assinei.

João Mendes da Mota, Lucas de Freitas de Azevedo

[fl. 22]

Aos quinze dias do mês de dezembro de mil setecentos e seis anos quintou Damásio de Souza Barros que vai destas minas para a cidade da Bahia quinhentos e cinquenta e seis oitavas de ouro de que pagou de quintos à fazenda de sua majestade, que Deus guarde, cento e onze oitavas de ouro, que logo perante mim escrivão recebeu o guarda-mor Antônio Soares Ferreira por falta de tesoureiro e ficaram quatrocentos e cinquenta e cinco oitavas que leva o dito Damásio de Souza em pó por não haver ainda fundição nestas minas de que fiz este termo que ele dito Damásio de Souza Barros assinou e o guarda-mor comigo escrivão e eu, João Mendes da Mota, o escrevi e assinei.

João Mendes da Mota, Antônio Soares Ferreira, Damásio de Souza Barros

Aos sete dias do mês de janeiro de mil setecentos e sete anos quintou Alexandre de Paiva que vai destas minas para a cidade da Bahia quinhentas oitavas de ouro de que pagou de quintos a fazenda de sua majestade, que Deus guarde, cem oitavas que logo perante mim escrivão recebeu o guarda-mor o capitão Manuel Corrêa Arzão por falta de tesoureiro e ficaram quatrocentas oitavas que leva o dito Alexandre de Paiva em pó por não haver ainda fundição nestas minas de que fiz este termo que o dito Alexandre de Paiva assinou e o guarda-mor comigo escrivão e eu, João Mendes da Mota, o escrevi e assinei.

João Mendes da Mota, Alexandre de Paiva Pereira

Aos sete dias do mês de janeiro de mil setecentos e sete anos quintou Alexandre de Paiva por Faustino da Silva que ambos vão

[fl. 23]

vão destas Minas de Serro do Frio para a cidade da Bahia cento e setenta oitavas de que pagou de quintos à fazenda de sua majestade, que Deus guarde, trinta e duas oitavas que logo perante mim escrivão recebeu o guarda-mor Antônio Soares Ferreira por falta de tesoureiro e ficaram cento e vinte oito que leva o dito Faustino da Silva em pó por não haver ainda fundição nestas minas de que fiz este termo que o dito Alexandre de Paiva assinou em nome do dito Faustino da Silva e o guarda-mor comigo escrivão e eu, João Mendes da Mota, o escrevi e assinei.

João Mendes da Mota, Alexandre de Paiva Pereira

Aos sete dias do mês de janeiro de mil setecentos e sete anos quintou Alexandre de Paiva por seu camarada Domingos Teixeira que ambos vão destas Minas de Serro do Frio para a cidade da Bahia quarenta oitavas de ouro de que pagou de quintos à Fazenda de sua majestade, que Deus guarde, oito oitavas que logo perante mim escrivão recebeu o guarda-mor Antônio Soares Ferreira por falta de tesoureiro e ficaram trinta e duas que leva o dito Domingos Teixeira em pó por não haver ainda fundição nestas minas de que fiz este termo que o dito Alexandre de Paiva assinou em nome do dito Domingos Teixeira e o guarda-mor comigo escrivão e eu, João Mendes da Mota, o escrevi e assinei.

João Mendes da Mota, Alexandre de Paiva

Aos doze dias do mês de fevereiro de mil setecentos e sete anos quintou Manuel Luís da Silva que vai destas minas para os currais da Bahia duzentas oitavas de ouro de que pagou de quintos à Fazenda de sua majestade, que Deus guarde,

[fl. 24]

quarenta oitavas que logo perante mim escrivão recebeu o guarda-mor Antônio Soares Ferreira por falta de tesoureiro e ficaram cento e sessenta que leva o dito Manuel Luís em pó por não haver ainda fundição nestas minas de que fiz este termo que ele dito Manuel Luís assinou e o dito guarda-mor comigo escrivão e eu, João Mendes da Mota, escrivão da Fazenda Real e datas o escrevi e assinei.

João Mendes da Mota, Antônio Soares Ferreira, Manuel Luís da Silva

Aos doze dias do mês de fevereiro de mil setecentos e sete anos quintou Manuel Luís da Silva que vai que vai destas minas para os currais da Bahia cento e cinquenta e nove oitavas e meia de ouro de que pagou de quintos à Fazenda de sua majestade, que Deus guarde, trinta e uma oitavas e meia e ficaram cento e vinte e oito oitavas que declarou o dito Manuel Luís mandava João Francisco Feitel a entregar João Borges Diniz as quais vão em pó por não haver ainda fundição nestas minas declaro que os ditos quintos recebeu logo perante mim escrivão o guarda-mor Antônio Soares Ferreira por falta de tesoureiro de que fiz este termo que o dito Manuel Luís assinou e o dito guarda-mor comigo escrivão e eu, João Mendes da Mota, o escrevi e assinei.

João Mendes da Mota, Manuel Luís da Silva

[fl. 25]

Aos dezenove dias de julho de mil setecentos e nove anos quintou Francisco Teixeira de Abreu que vai destas minas para a cidade da Bahia trezentos e oitenta oitavas de ouro em pó de que pagou quintos à fazenda de sua majestade, que Deus guarde, setenta e seis e ficaram trezentas e quatro as quais leva em pó por não haver fundição nestas minas as quais setenta e seis oitavas logo perante mim escrivão recebeu o coronel e guarda--mor Manuel Corrêa Arzão por falta de tesoureiro de que fiz este termo que ele dito Francisco Teixeira de Abreu assinou e o dito guarda-mor comigo escrivão e eu João Mendes da Mota que o escrevi.

João Mendes da Mota, Manuel Corrêa Arzão, Francisco Teixeira de Abreu

Aos vinte e nove dias do mês de julho de mil setecentos e nove anos quintou Antônio Pinheiro Guimarães por Domingos Alvarez de Oliveira que vai para a cidade da Bahia duzentas e trinta oitavas de ouro de que pagou de quintos à fazenda de sua majestade, que Deus guarde, quarenta e seis oitavas que logo perante mim escrivão recebeu o coronel e guarda-mor Manuel Corrêa Arzão por falta de tesoureiro e ficaram cento e oitenta e quatro oitavas que leva o dito Antônio Pinheiro em pó por não haver ainda fundição nestas minas de que fiz este termo que ele assinou e o dito guarda-mor comigo escrivão e eu, João Mendes da Mota, que o escrevi.

João Mendes da Mota, Manuel Corrêa Arzão, Antônio Pinheiro Guimarães

[fl. 26]

As cento e vinte e duas oitavas de ouro em pó que conta dos dois termos na lauda atrás estão pagas e vão lançadas em receita ao superintendente Lourenço Carlos Mascarenhas de Araújo que as recebeu por falta de tesoureiro a folhas quatro e verso do Livro Primeiro da Receita da Fazenda Real da Superintendência hoje trinta de junho de mil setecentos e doze anos.

Samora

[Encerramento]

Tem este livro que há de servir da receita da Fazenda real destas minas noventa folhas com esta em que faço este encerramento todas numeradas e rubricadas com o meu sobrenome que se diz Lemos. Serro do Frio hoje catorze de março de mil setecentos e dois anos. O procurador da Coroa e Fazenda Real.

Baltazar Lemos de Morais Navarro

Fonte:

ARQUIVO PÚBLICO MINEIRO. *Seção colonial*. CC-1002 1702-1720 Livro primeiro de receita e despesa da Fazenda Real referentes às minas do Serro Frio e de Itacambira

PINTO, Antônio Luiz. Memórias municipaes. *Revista do Arquivo Público Mineiro*, Belo Horizonte/MG, n. VII, p. 939-962, 1902

**3 – Livro primeiro de receita e despesa da Fazenda Real referentes às minas do Serro Frio e de Ita-
cambira, 1702, versão Casa dos Contos**

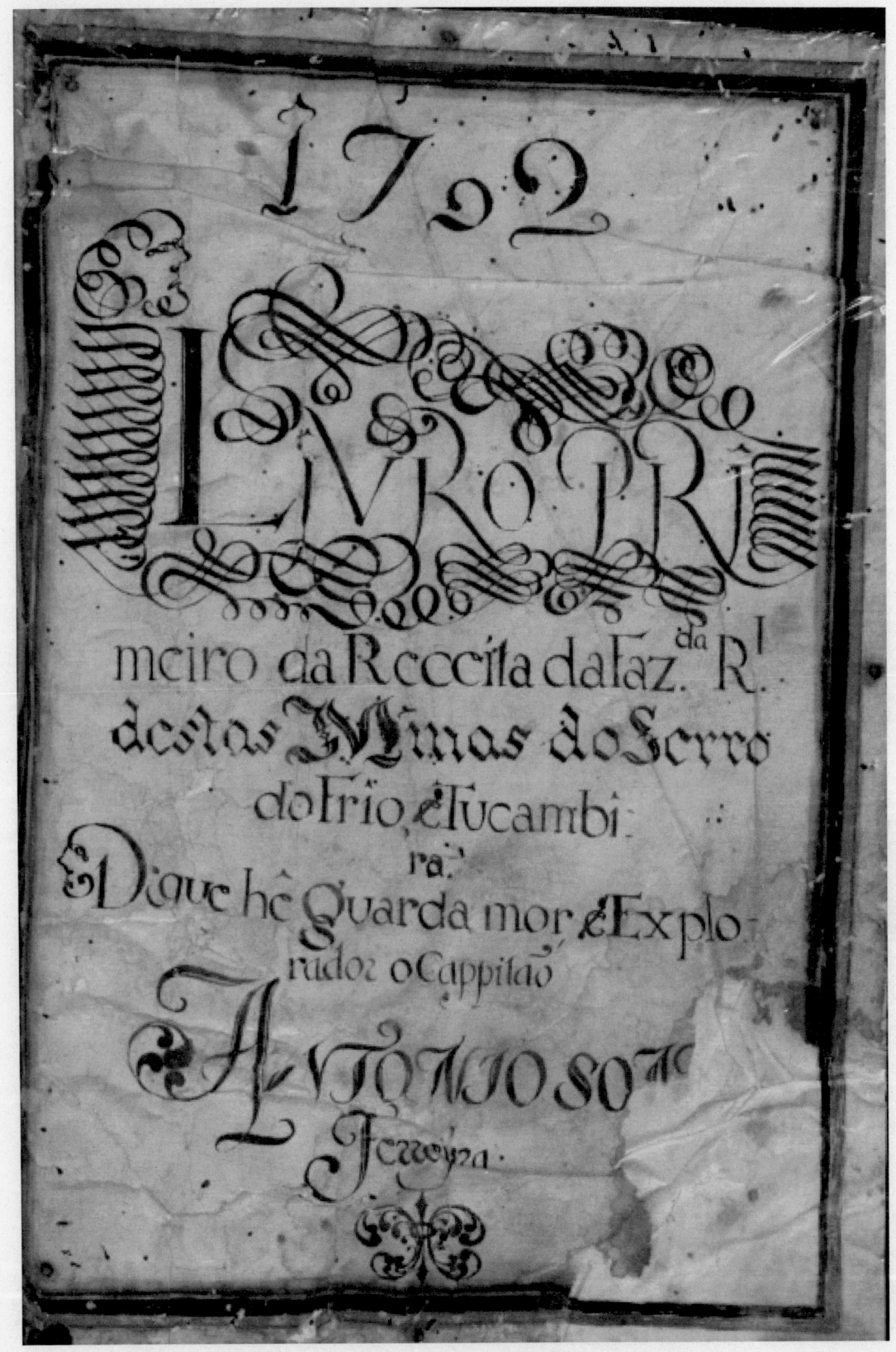

1792

LIVRO PRI
meiro da Receita da Faz.^{da} R.^l
destas Minas do Serro
do Frio, e Tucambi:
ra:
D que hê guarda mor, e Explo
rador o Cappitaõ
ANTONIO SO^te
Ferreyra.

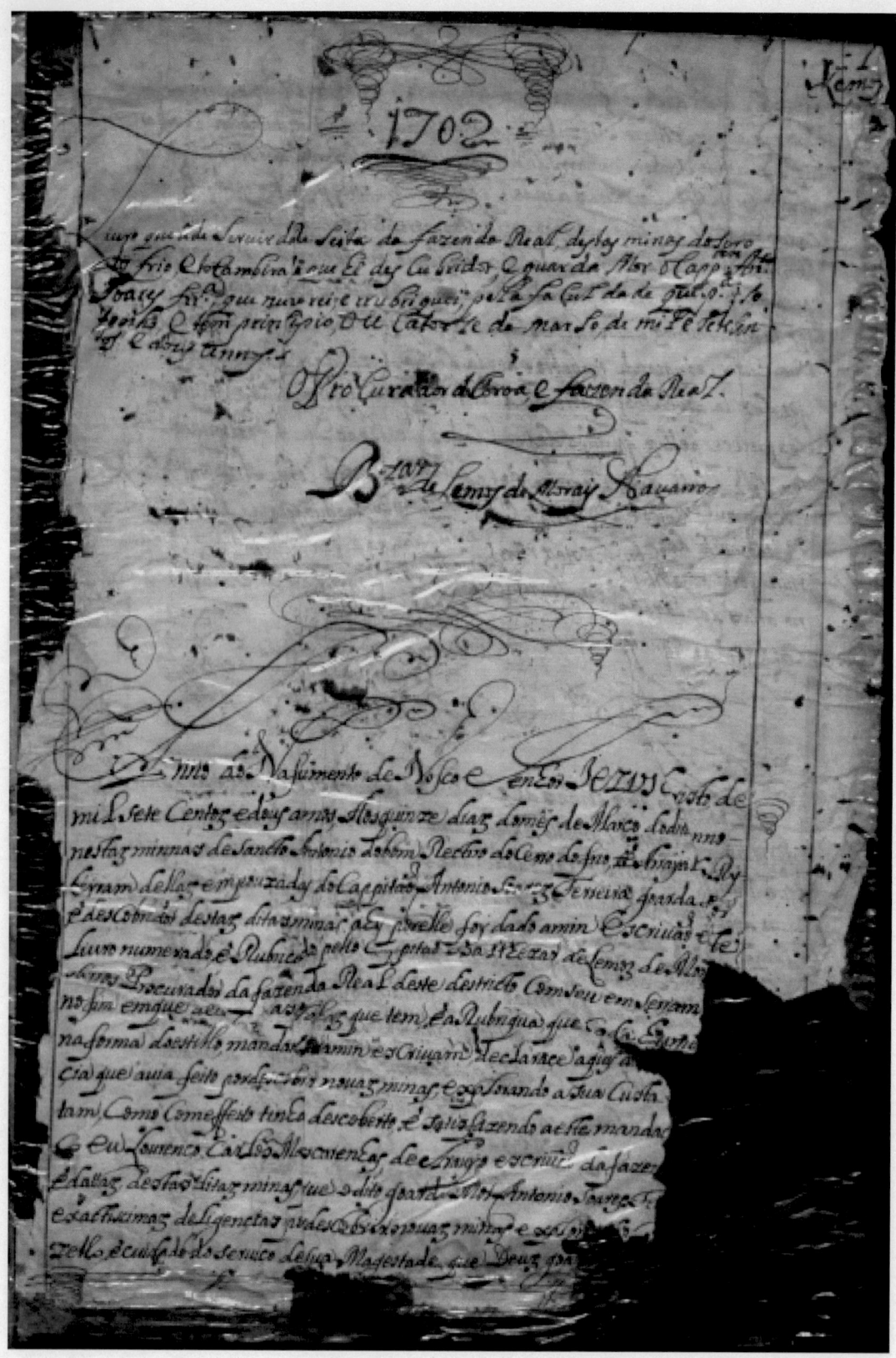

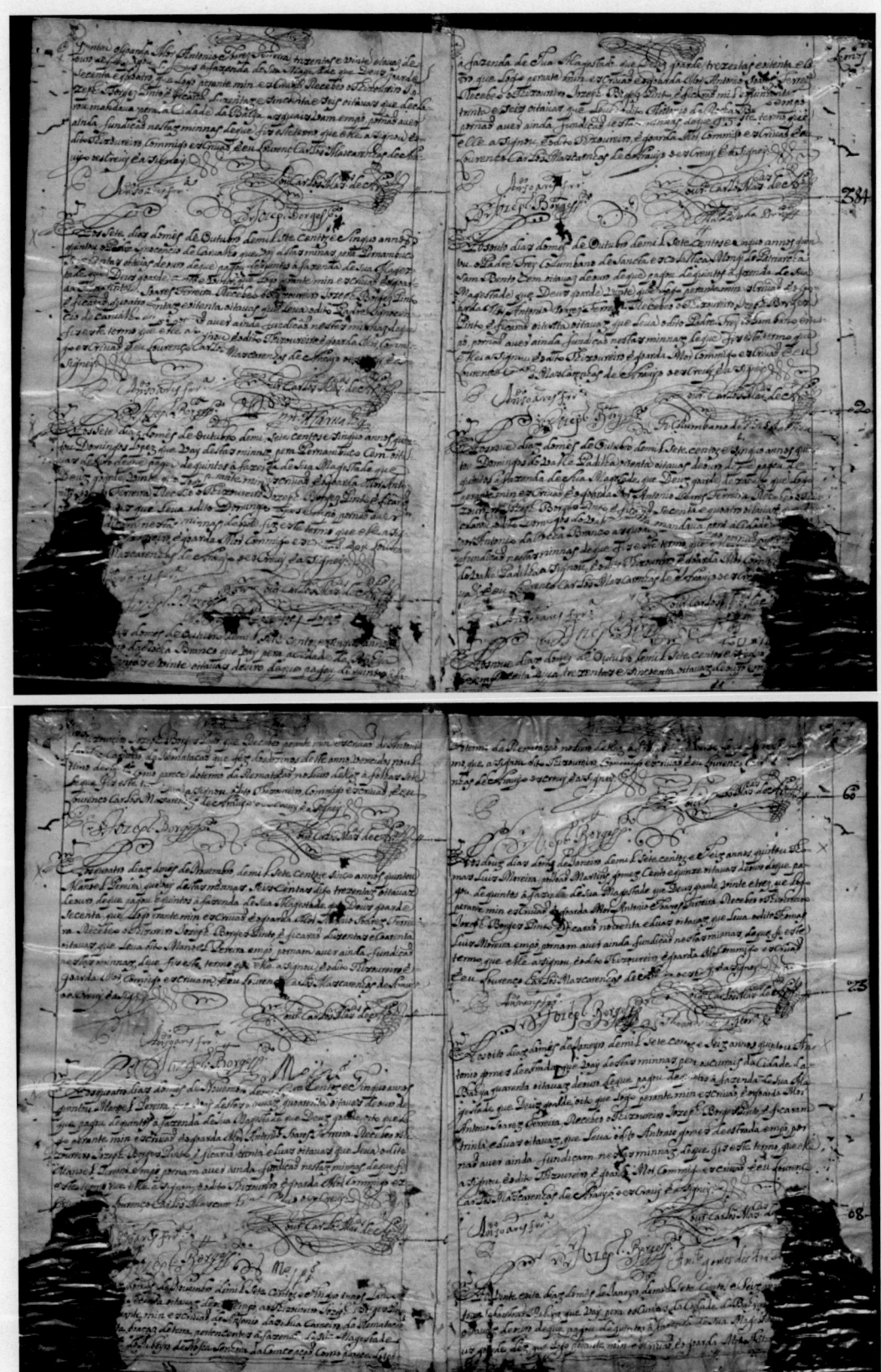

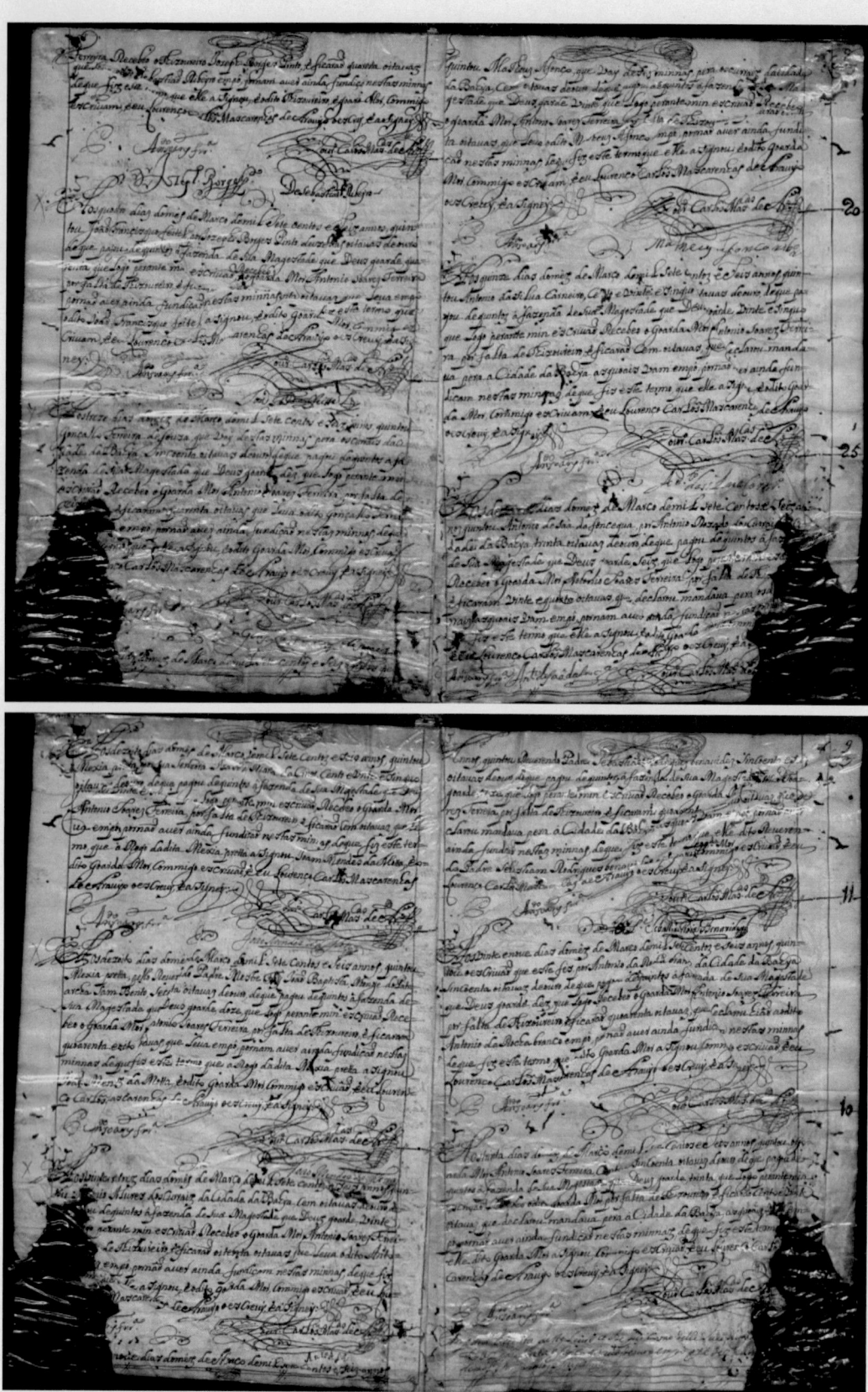

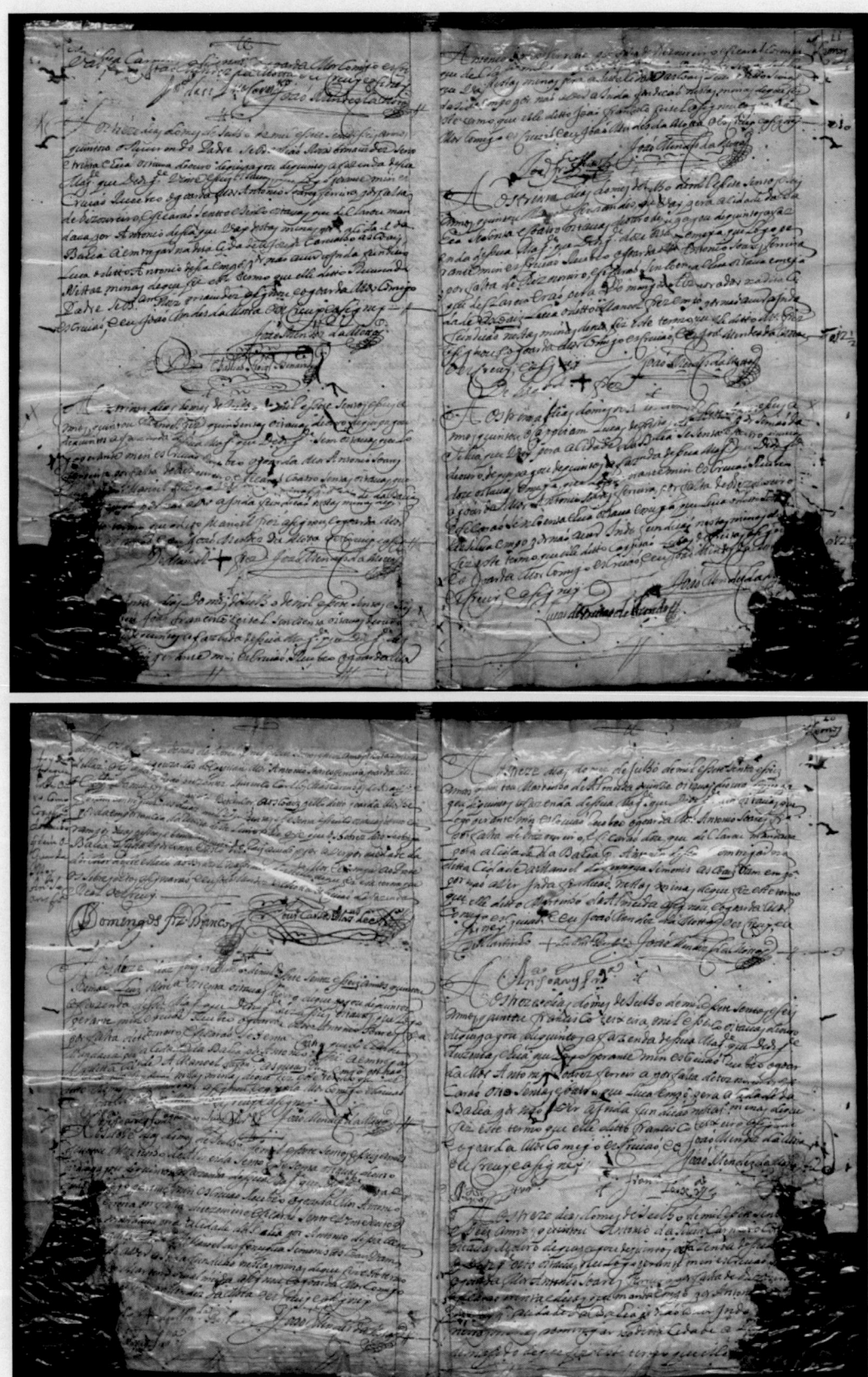

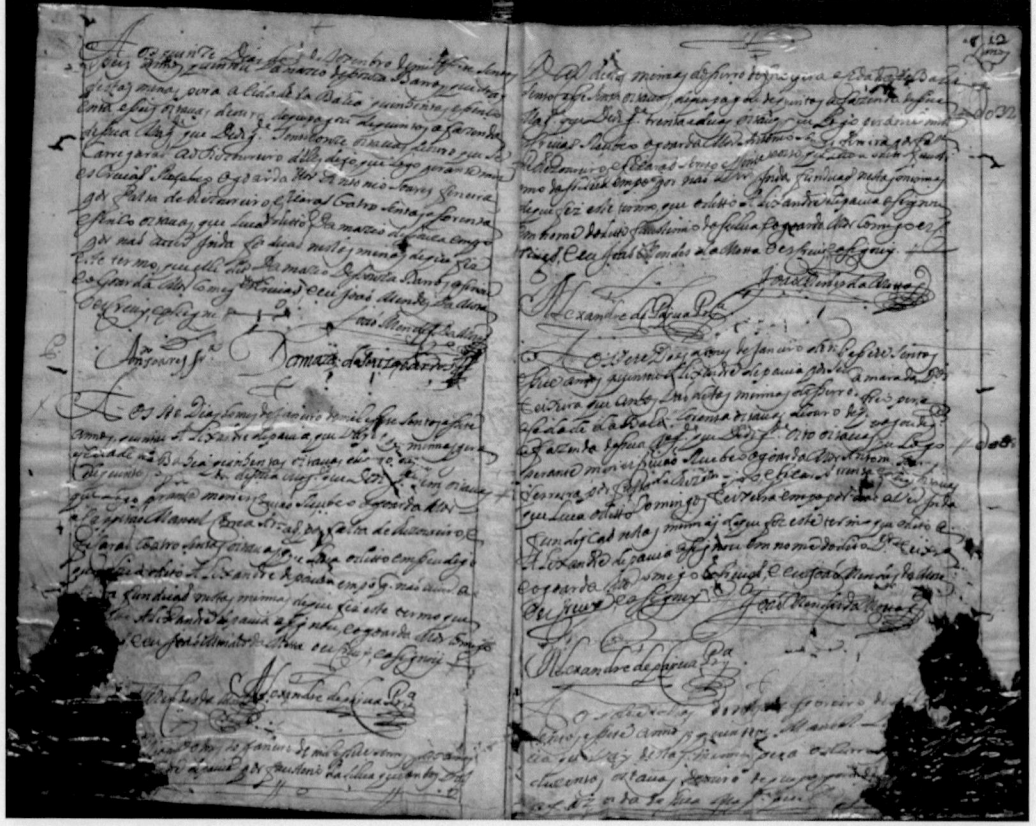

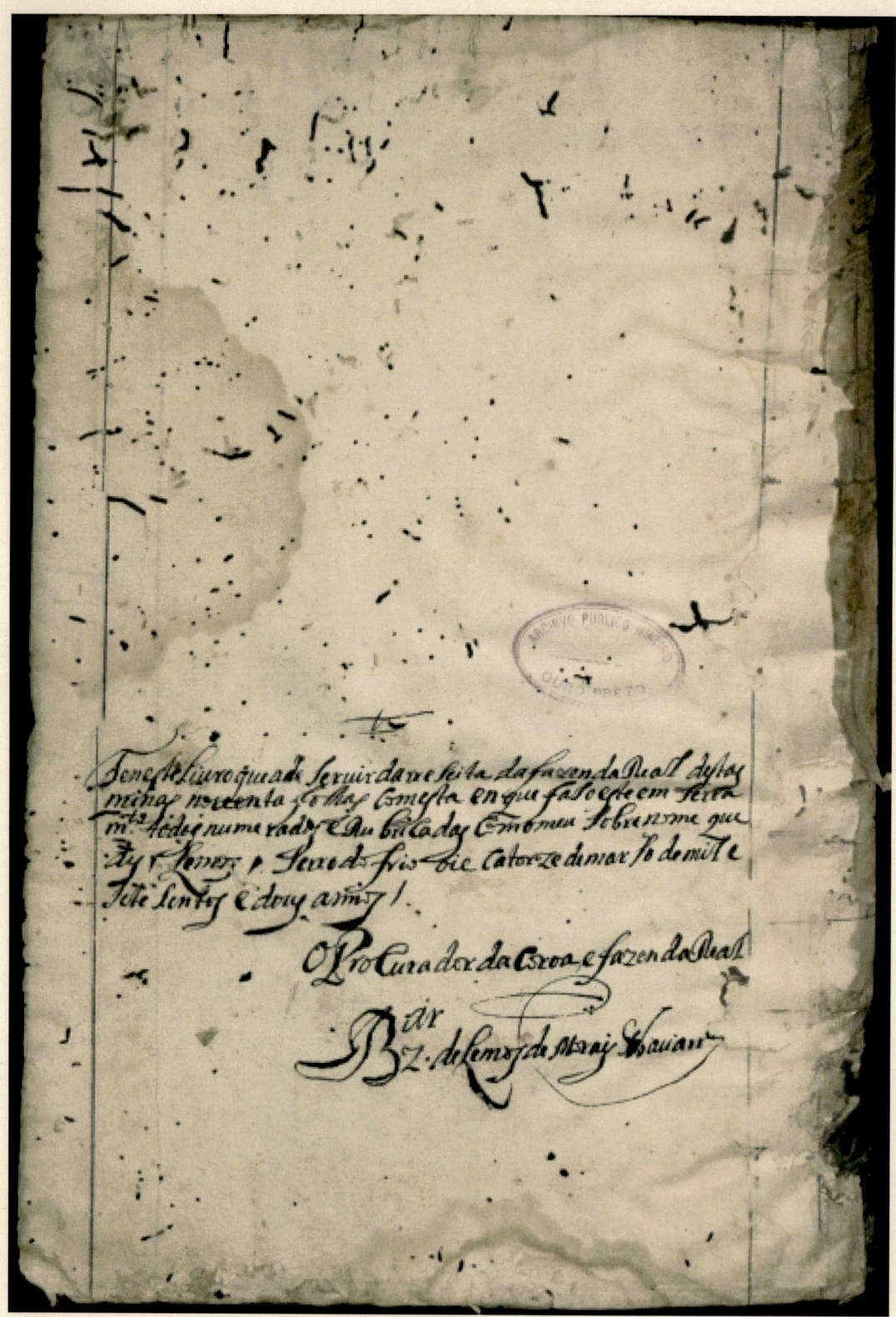

Fonte: ARQUIVO PÚBLICO MINEIRO. *Seção colonial*. CC-1002 1702-1720 Livro primeiro de receita e despesa da Fazenda Real referentes às minas do Serro Frio e de Itacambira

4 – Livro que há de servir da receita da Fazenda Real nesta Superintendência das minas do Serro do Frio, 1711-1714 (com transcrição)

[P.1]

Livro que há de servir da receita da Fazenda Real nesta Superintendência das Minas do Serro Frio que numerei e rubriquei na forma do estilo, e tem princípio aos vinte e três de fevereiro de mil setecentos e onze anos. Lourenço Carlos Mascarenhas de Araújo.

Aos vinte e um dias do mês de abril de setecentos e onze anos nestas Minas do Serro do Frio, e lavras velhas delas, em as casas da Superintendência donde presente assiste o sargento maior destas ditas digo o sargento-maior Lourenço Carlos Mascarenhas de Araújo superintendente destas ditas Minas, a cujo cargo esta arrecadação da Fazenda Real delas; aí arrecadação da Fazenda Real delas; aí estando ele presente, e o tesoureiro da Fazenda Real destas Minas Antônio de Azevedo Chaves, comigo escrivão quintou Gabriel Gonçalves Pena por Estevão da Cunha que vai para os currais da Bahia cinquenta oitavas de ouro em pó, de que pagou de quintos a fazenda de sua majestade que Deus guarde, dez oitavas, que logo recebeu o dito tesoureiro, e ficaram quarenta, as quais leva em pó, por não haver ainda fundição nestas Minas, de que fiz este termo, que assinou o dito tesoureiro, e superintendente, comigo escrivão e o dito Gabriel Gonçalves Pena, eu Pedro Teixeira Cabral escrivão da Superintendência escrevi e assinei. Lourenço Carlos Mascarenhas de Araújo, Antônio de Azevedo Lopes, Pedro Teixeira Cabral, Gabriel Gonçalves Pena.

[P.2]

Aos vinte e dois dias do mês de abril de mil setecentos e onze anos nestas Minas de Serro do Frio, e lavras velhas delas em as casas da Superintendência donde assiste o sargento maior Lourenço Carlos Mascarenhas de Araújo superintendente destas ditas Minas a cujo cargo esta arrecadação da Fazenda Real delas, aí estando ele presente e o tesoureiro da Fazenda Real destas Minas Antônio de Azevedo Lopes, comigo escrivão, quintou Lourenço Gomes por Antônio Fernandes Lima cento e noventa e cinco oitavas de ouro em pó de que pagou de quintos a fazenda de sua majestade que Deus guarde, trinta e nove oitavas que logo recebeu o dito tesoureiro, e ficaram cento e cinquenta e seis, as quais leva e pó por não haver ainda fundição nestas Minas de que fiz este termo que assinou o dito tesoureiro, superintendente comigo escrivão, e o dito Lourenço Gomes, eu Pedro Teixeira Cabral escrevi e assinei. Lourenço Carlos Mascarenhas, Pedro Teixeira Cabral, Antônio de Azevedo Lopes, Lourenço Gomes de Lago.

Aos sete dias do mês de maio de mil setecentos e onze anos nestas Minas do Serro do Frio, e lavras velhas delas, em casas da Superintendência, donde assiste o sargento maior Lourenço Carlos Mascarenhas de Araújo superintendente destas ditas Minas, a cujo cargo esta arrecadação da Fazenda Real delas, ali estando ele presente, e o tesoureiro da Fazenda Real destas Minas Antônio de Azevedo Lopes comigo escrivão, quintou João Francisco que [nas para] os currais da cidade da Bahia cinquenta oitavas de ouro em pó, de que pagou de quintos a fazenda de sua majestade que Deus guarde dez oitavas de ouro, as quais logo recebeu o dito tesoureiro, e ficaram quarenta, que leva o dito João Francisco em pó por não haver ainda fundição nestas Minas, de que fiz este termo que assinou o dito tesoureiro, e superintendente comigo escrivão, e o dito João Francisco, eu Pedro Teixeira Cabral escrivão da Superintendência escrevi e assinei. Lourenço Carlos Mascarenhas de Araújo, Pedro Teixeira Cabral, Antônio de Azevedo Lopes, João+Francisco.

Aos trinta dias do mês de maio de mil setecentos e onze anos nestas Minas do Serro do Frio, e lavras velhas delas em as casas da Superintendência, donde assiste o sargento maior Lourenço Carlos Mascarenhas de Araújo superintendente destas ditas Minas a cujo cargo esta arrecadação da Fazenda Real delas aí estando ele presente, e o tesoureiro da Fazenda Real destas Minas Antônio de Azevedo Lopes comigo escrivão, quintou Antônio Dias Chaves por Joseph Peres como fiador deste de cento e oitenta e quatro oitavas de ouro em pó, de que pagou de quintos a Fazenda de sua majestade que Deus guarde, cinquenta e seis oitavas e três quartos de ouro, que logo recebeu o dito tesoureiro, e ficaram duzentas e vinte e sete e um quarto, as quais leva em pó por não haver ainda fundição nestas Minas, de que fiz este termo que assinou o dito tesoureiro, superintendente, comigo escrivão e o dito Antônio Dias Chaves, eu Pedro Teixeira Cabral escrevi e assinei. Lourenço Carlos Mascarenhas de Araújo, Pedro Teixeira Cabral, Antônio de Azevedo Lopes, Antônio Dias Chaves.

Aos três dias do mês de junho de mil se-

[P.3]

setecentos e onze, nestas Minas do Serro do Frio, e lavras velhas delas, em as casas da Superintendência, lanço em revista viva, ao tesoureiro da Fazenda Real destas Minas Antônio de Azevedo Chaves cento e trinta e cinco oitavas de ouro em pó, as quais recebeu duas [prestação] da data de sua majestade que Deus guarde do Ribeiro por invocação São João de Deus de que foi descobridor Domingos da Costa [Gomes] cuja data rematou Domingos Teixeira Ribeiro, pela dita quantia, como por esse do termo da arrematação, no livro delas, a folhas quatro de que fiz este termo que o dito tesoureiro assinou comigo escrivão, eu Pedro Teixeira Cabral escrevi, e assinei. Antônio de Azevedo Lopes, Pedro Teixeira Cabral.

Aos doze dias do mês de junho de mil setecentos e onze anos, nestas Minas do Serro do Frio, e lavras velhas delas, em as casas da Superintendência, lanço em revista viva, ao tesoureiro da Fazenda Real destas Minas Antônio de Azevedo Chaves, cento e setenta oitavas de ouro em pó, que recebeu da arrematação de um moleque do gentio da Guiné por nome Inácio de André Vieira, que se confiscou para a Fazenda Real qual rematou Antônio Ferreira da Cruz pela quantia como parece do termo da arrematação, no livro delas a folhas cinco, de que fiz este termo, que o dito tesoureiro assinou comigo escrivão, eu Pedro Teixeira Cabral escrevi e assinei. Antônio de Azevedo Lopes, Pedro Teixeira Cabral.

Aos vinte e cinco dias do mês de agosto de mil setecentos e onze anos, nestas Minas do Serro do Frio e Rio do Peixe delas, lanço em receita viva ao tesoureiro da Fazenda Real destas Minas Antônio de Azevedo Chaves, cento e dezesseis oitavas, e um quarto de ouro em pó, que recebeu de Antônio Rabelo Paes como fiador de Gerardo Domingues, de quintos de sua majestade que Deus guarde, que o dito Gerardo Domingues tinha recebido, estava devendo, como parece do seu caderno que lhe servia de revista, de que fiz este termo que o dito tesoureiro assinou comigo escrivão eu Pedro Teixeira Cabral escrivão da Superintendência escrevi e assinei. Antônio de Azevedo Lopes, Pedro Teixeira Cabral.

Importa esta revista até aqui como parece das adições atrás, quinhentos e trinta, e quatro digo, e trinta e sete oitavas de ouro em pó, as quais entregou o tesoureiro ao superintendente, e este as remeteu ao do Rio das Velhas, e foram entregues ao senhor-general Antônio de Albuquerque Coelho de Carvalho, como consta das cartas que o dito superintendente tem em seu poder, a que me reporto, aos vinte e sete de outubro de mil setecentos e onze anos eu Pedro Teixeira Cabral escrevi e assinei. Pedro Teixeira Cabral.

Aos nove dias do mês de fevereiro de mil e setecentos e doze anos nestas Minas do Serro Frio, lavras velhas delas em as casas da Superintendência, lanço em revista viva ao sargento maior Lourenço Carlos Mascarenhas de Araújo superintendente destas Minas, quarenta e oito oitavas de ouro em pó, que recebeu por falta do tesoureiro, das duas partes que tocaram a Fazenda Real da arrematação de uma negrinha por nome Antônia, e de um vestido confiscado a João Gomes, vindo pelos currais que rematou Manuel Mendes [Raso], como parece do termo da arrematação

[P.4]

das arrematações no fim do livro delas de que fiz este termo que o dito superintendente assinou comigo escrivão, eu Pedro Teixeira Cabral o escrevi e assinei. Lourenço Carlos Mascarenhas de Araújo, Pedro Teixeira Cabral

Aos nove dias do mês de fevereiro de mil setecentos e doze anos nestas Minas do Serro do Frio, e lavras velhas destas, em as casas da Superintendência, lanço em revista viva ao sargento maior Lourenço Carlos Mascarenhas de Araújo superintendente destas Minas, cento e cinquenta e duas oitavas de ouro em pó, que recebeu por falta do tesoureiro das duas partes que tocaram a Fazenda Real da arrematação do comboio confiscado a Manuel Henriques e Manuel Gomes vindos pelos currais que rematou Manuel de Freitas, como do termo de rematação no fim do livro delas, de que fiz este termo que o dito superintendente assinou comigo escrivão, eu Pedro Teixeira Cabral o escrevi e assinei. Lourenço Carlos Mascarenhas de Araújo, Pedro Teixeira Cabral.

Aos treze dias do mês de abril de mil setecentos e doze anos, nestas Minas do Serro do Frio, e lavras velhas delas, em casas da Superintendência das ditas Minas cento e vinte e duas oitavas de ouro em pó, que recebeu por falta do tesoureiro das duas partes que tocaram a Fazenda Real da arrematação de comboio consignado a João Monteiro vindo pelos currais da Bahia, que rematou Francisco Pereira Carneiro, como parece no termo de rematação no livro delas a folhas cinco verso e seis, de que fiz este termo, que o dito superintendente assinou comigo escrivão, eu Pedro Teixeira Cabral o escrevi e assinei. Lourenço Carlos Mascarenhas de Araújo, Pedro Teixeira Cabral.

Aos treze dias do mês de abril de mil setecentos e doze anos, nestas Minas do Serro do Frio, e lavras velhas delas, em as casas da Superintendência; lanço em revista viva ao sargento maior Lourenço Carlos Mascarenhas de Araújo superintendente das ditas Minas, vinte e duas oitavas de ouro em pó, que recebeu por falta do tesoureiro das duas partes que tocaram a Fazenda Real da arrematação de três [susinos] de sal do reino vindos pelos currais da Bahia que se acharam em casa de Diogo de Andrade Falcão, que rematou Luis de Carvalho e Silva, como parece do termo de rematação no livro delas a folhas seis verso e sete de que fiz este termo que o dito superintendente assinou comigo escrivão, eu Pedro Teixeira Cabral escrevi e assinei. Lourenço Carlos Mascarenhas de Araújo, Pedro Teixeira Cabral.

Aos trinta dias do mês de junho de mil setecentos e doze anos, nestas Minas do Serro do Frio e Rio do Peixe delas, lanço em receita viva ao sargento maior Lourenço Carlos Mascarenhas de Araújo superintendente destas ditas Minas cento e vinte e duas oitavas de ouro em pó, que recebeu por falta do tesoureiro do capitão maior Manuel Correia Arzão, de quintos de sua majestade que Deus guarde, que o dito capitão maior tinha recebido, como parte do livro que lhe servia de receita e falta treze, de- [...]

[P.5]

Fiz este termo, que o dito superintendente assinou comigo escrivão, e eu Domingos Pereira Samora escrivão das execuções destas Minas, que de presente sirvo também da Superintendência o escrevi e assinei. Domingos Pereira Samora, Lourenço Carlos Mascarenhas.

Soma a receita atrás da remessa até aqui que entregou o superintendente.

Aos vinte e sete dias do mês de setembro de mil setecentos e doze anos lancei em receita viva ao provedor dos quintos reais o capitão Manuel Rodrigues da Fontoura por ausência do tesoureiro Manuel Gonçalves de Souza quatrocentos e três oitavas de ouro em pó, que pagou o capitão maior Antônio Soares Ferreira, que devia de quintos a sua majestade que Deus guarde pelas haver recebido de várias pessoas que tinham quintado no tempo que ele guarda digo que ele era guarda mor nestas Minas do Serro do Frio, como consta dos termos do livro que com ele servia, e por estar entregue da dita quantia fiz este termo em que assinou o dito provedor, eu Manuel Afonso do Rego escrivão da Fazenda Real o escrivão assinei. Manuel Afonso do Rego, Manuel Rodrigues Fontoura.

Aos vinte e nove dias do mês de outubro deste ano de setecentos e doze entregou o capitão Manuel Rodrigues Fontoura setecentos e sessenta e nove oitavas de ouro pertencente a Fazenda Real, que [...] do Serro do Frio; as quais entregou neste juízo, e recebeu o tesoureiro dela o sargento por João de Souza Souto Maior, como consta por um termo feito pelo escrivão da ouvidoria-geral Matias Gonçalves [...] no livro da receita e despesa a folhas cento e setenta e duas e verso a que me reporto e por verdade fiz esta declaração portando por fé todo o referido e eu André da Costa Lima escrivão da Fazenda Real o escrevi e assinei. André da Costa Lima.

Aos quatro dias do mês de fevereiro de mil setecentos e treze anos, nestas minas do Serro do Frio e lavras velhas delas, lanço em receita viva ao sargento maior Lourenço Carlos Mascarenhas de Araújo, superintendente destas ditas minas, cem oitavas de ouro em pó, que recebeu por falta do tesoureiro do capitão Manuel Rodrigues Fontoura, que a tinha em seu poder, e se achava de diminuição de quantia de oitocentas e sessenta e nove, que tinha recebido, a setecentas e sessenta e nove, que entregou no juízo da ouvidoria geral da Vila Real do Sabará, como consta deste livro, de que fiz este termo, que o dito superintendente assinou, comigo escrivão, eu Felipe Ferreira de Souza escrivão, que de presente sirvo da Superintendência o escrevi e assinei. Lourenço Carlos Mascarenhas de Araújo, Felipe Ferreira de Souza.

Aos doze dias do mês de junho de mil setecentos e treze anos, nestas Minas do Serro do Frio e arraial de Itapanhoacanga, em casas da Superintendência, onde de presente assiste o sargento maios Lourenço Carlos Mascarenhas de Araújo superintendente destas ditas Minas, e cujo cargo está a arrecadação da Fazenda Real delas, aí estando ele presente, comigo escrivão, quintou Dâmaso de Sou-

[P. 6]

de Souza Barros, por Estevão da Cunha Vilela, que vai dessas Minas para a cidade da Bahia, duzentas oitavas de ouro, de que pagou de quintos a Fazenda de sua majestade que Deus guarde quarenta oitavas, que logo perante mim escrivão recebeu o dito superintendente, por falta do tesoureiro, e ficaram cento e sessenta oitavas, que leva e pó, por não haver fundição nestas Minas de que fiz este termo que o dito Dâmaso de Souza Barros assinou, e o superintendente comigo escrivão, e eu João Batista de Almeida escrivão da Superintendência, por provimento do doutor ouvidor geral da Vila do Sabará o escrevi, e assinei. Lourenço Carlos Mascarenhas de Araújo, João Batista de Almeida, Dâmaso de Souza Barros.

Aos vinte e nove dias aos [mês] digo aos dez dias do mês de abril de mil setecentos e quatorze anos nesta Vila Real de Nossa Senhora da Conceição nas casas de morada do doutor ouvidor geral apareceu Lourenço Carlos Araújo e por ele foi dito que ele entregava e com efeito entregou cento e quarenta oitavas de ouro em pó [contados] nos dois livros de receitas atrás de como o tesoureiro as recebeu, e serão lançadas em receita no livro dela a folhas cento e oitenta e seis de que ele dito doutor ouvidor geral mandou fazer este termo que assinou e eu Jacinto de Queiros Sarmento escrivão da Fazenda Real o escrevi [assina].

Revendo este livro, e registro que me apresentou Lourenço Carlos de Azevedo e Araújo superintendente que foi deste distrito setenta e seis folhas risquei [....].

Aos cinco dias do mês de agosto de mil setecentos e quatorze anos nesta Vila do Príncipe nas casas donde atendia em correição o doutor Luiz Botelho de Queiros ouvidor geral e corregedor da comarca do Rio das Velhas e Serro do Frio donde veio a seu [chamado] Lourenço Carlos Mascarenhas de Araújo para ajustar as contas da fazenda [...] ele dito doutor ouvidor geral das ditas contas, e um rol que apresentou o dito Lourenço Carlos [até] ele dito doutor ouvidor geral que o dito Lourenço Carlos devia pelo dito rol aos bens que [confrontou] ao defunto André Vieira cento e sete oitavas e meia de ouro cedidas de umas [rede] em treze oitavas de [uns] [couros] em duas e meia de uns sapatos em três e meia um [...] e meia umas ceroulas e uma colher quatro uma veste duas dois cavalos cinquenta com uma sela velha um preto de estanho uma oito de um caldeirão vinte e duas de ouro em pó

[P.7]

pó que se lhe entregou mais quarenta e duas oitavas de novos direitos de cartas de seguro que conferi tinha levado que tudo com preço de cento e cinquenta e uma oitavas que recebeu a conta de comboio que se rema-tou a Luiz Cardoso que importa duzentas e sessenta e uma oitavas e meia de ouro [...] cuja quantia entregou logo em juízo dois escravos a saber Paulo mina e Francisco banguela para segurança da real fazenda os quais se depositaram em mão de Antônio Gomes [extrato] a qual se obrigou a dar conta [de fiz] todas as vezes que por ele dito doutor ouvidor geral lhe fossem pedidas de que tudo ele dito doutor ouvidor geral mandou fazer este termo que assinou com o dito Lourenço Carlos e o depositário e Jacinto de Queiroz Sarmento escrivão da Fazenda Real o escrevi. [...], Antônio Gomes [...], Lourenço Carlos Mascarenhas de Araújo.

Aos seis dias do mês de agosto de mil setecentos e quatorze anos nesta Vila do Príncipe nas casas donde assistia em correição o doutor Luis Botelho de Queiroz ouvidor geral e corregedor da Comarca do Rio das Velhas e Serro do Frio e perante apareceu Antônio Gonçalves de Oliveira e por ele foi dito que ele queria pagar cento e cinquenta e quatro oitavas e três quartos de ouro como fiador e principal pagador que é de Luiz Cardoso [...] confisco que o dito Luiz Cardoso rematou no juízo do Superintendência como consta do livro primeiro das entradas dos gados e rematações dos confiscos a folhas sete verso e a folhas sete digo e a folha oito e de como acima o disse e entregou a dita quantia de cento e cinquenta e quatro oitavas e três quartos de ouro ao sargento mor Faustino Rabelo Barbosa mandou ele dito doutor ouvidor geral fazer este termo que assinou o dito sargento mor com o tesoureiro da Fazenda Real eu Jacinto de Queiroz Sarmento escrivão da fazenda o escrevi. Faustino Rabelo Barbosa.

[...] feita receita de [...] a folha 190 verso do livro primeiro da receita [do licenciado] João de Souza [Sotto] [...] [com quantia] de 37/ ¾ [...]

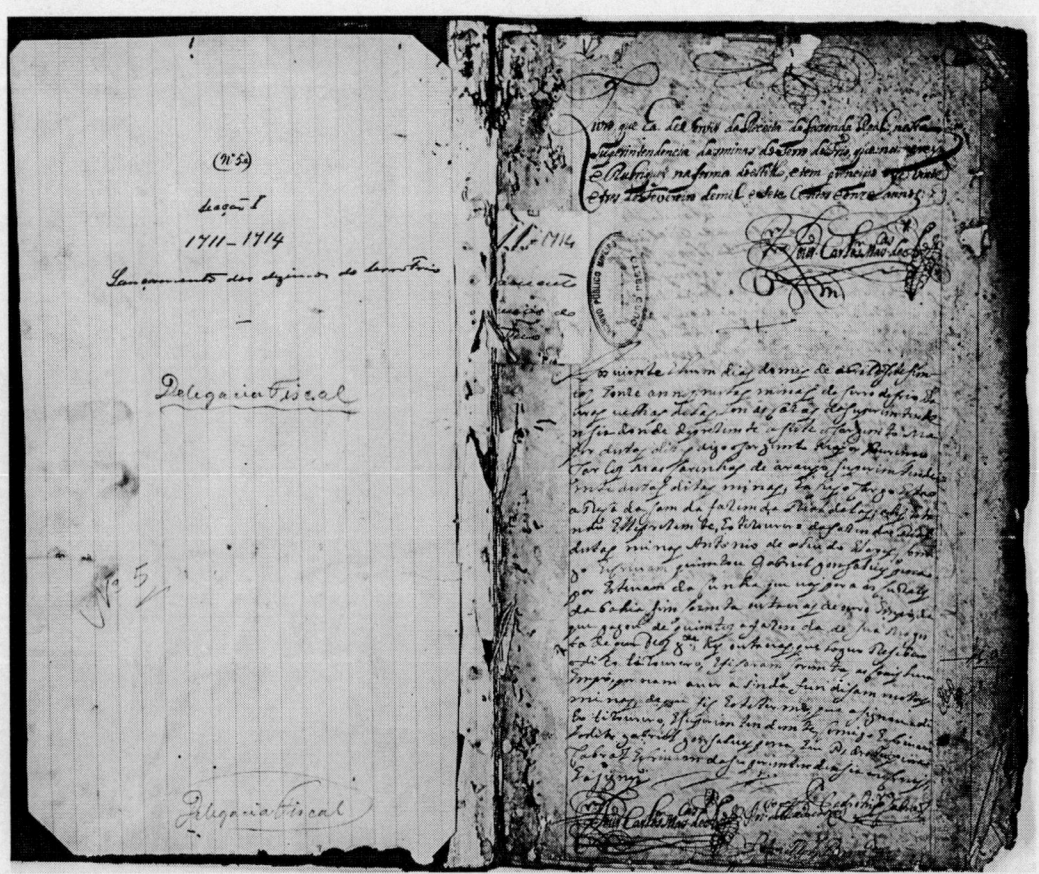

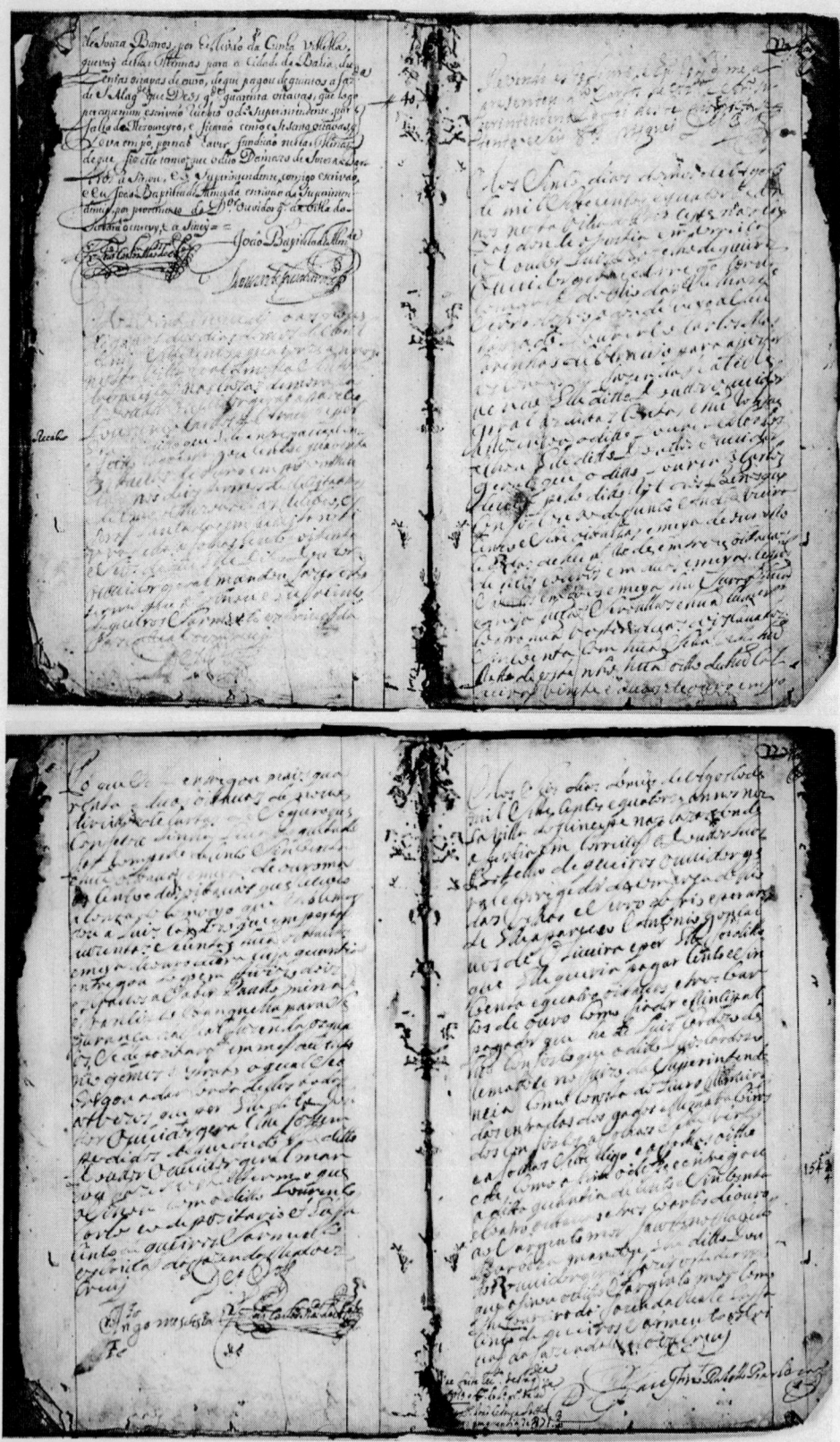

Fonte: ARQUIVO PÚBLICO MINEIRO. *Seção colonial. Coleção Casa dos Contos.* CC 1005

5 – Ordem para o capitão-mor Garcia Roiz [Rodrigues] Velho para dar paradeiro aos conflitos de jurisdição entre o coronel Manuel Corrêa Arzão e Gerardo Domingues, 06/02/1711

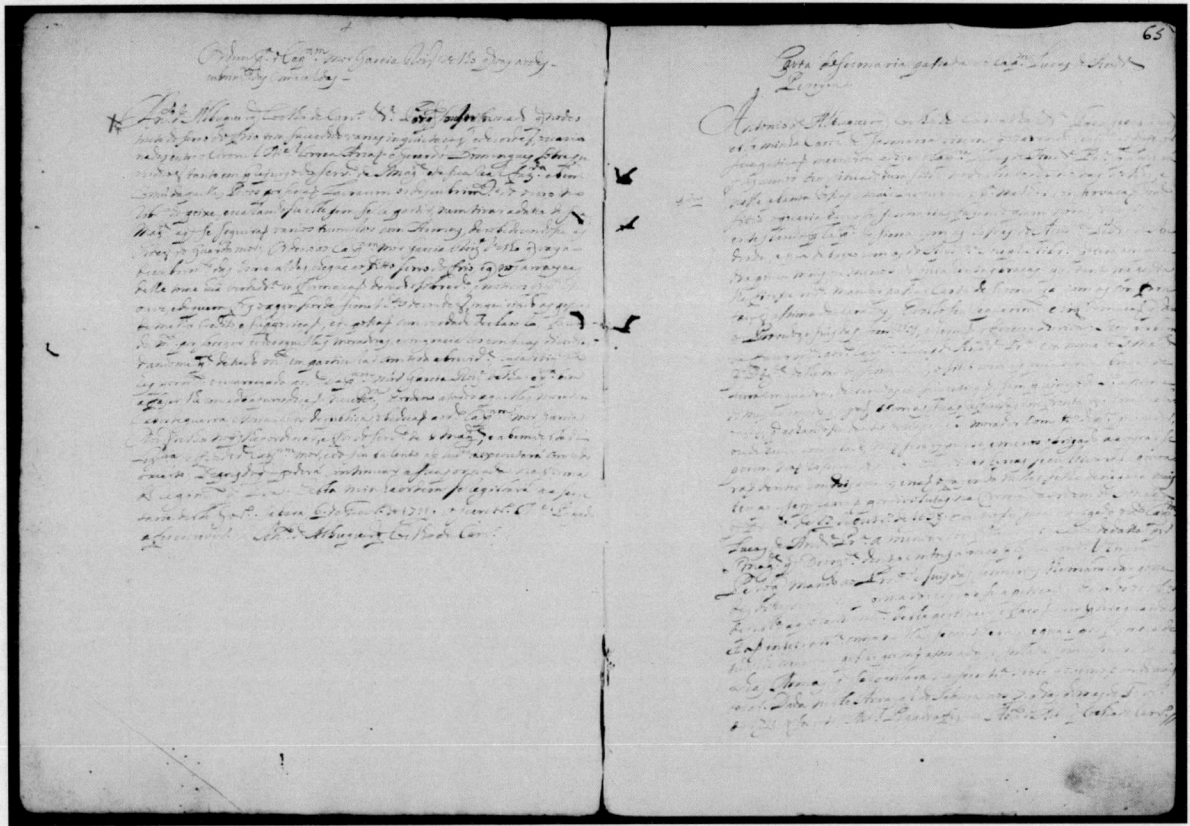

Fonte: ARQUIVO PÚBLICO MINEIRO. *Seção colonial.* SC-07 Rolo 02, fl. 64v.

6 – Primeira ordem de criação da Vila do Príncipe, 29 de janeiro de 1714

Fonte: ARQUIVO PÚBLICO MINEIRO. *Seção colonial.* SC-09 Rolo 02, fl. 5v.-6

Transcrição

F.5v. D. Bras Baltazar da Silveira Para Matheus de Moura [Fogossa]

[Lateral: Sobre a criação do Serro do Frio em vila]

Atendendo ao muito que convém ao Serviço de Sua Majestade que Deus guarde e o sossego e bom governo de seus moradores que nesse distrito se levante uma vila, me reservei a mandá-lo fazer tomando esta determinação na forma que vossa mercê verá da cópia inclusa do assento que mandei fazer, e o ouvidor geral a quem toca dar as direções necessárias para esta criação expedida assim as ordens que vossa mercê ordenará individualmente para que [sem] demora alguma se levante a vila a qual pus a denominação do Príncipe Nosso Senhor e herdeiro de Sua Majestade por lhe pertencerem todas as terras do Brasil do que tem o título de príncipe e fiz de vossa mercê e dos mais moradores procedam [F.6] de sorte na observância das suas ordens e respeito das justiças que mereçam o prêmio que Sua Majestade costuma dispensar aos vassalos que procuram conformar-se com as suas obrigações

Para ouvidor da Comarca do Rio das Velhas

Meu amigo e Senhor meu Na forma que ontem conferi com vossa mercê me [resolvi] a mandar levantar vilas ao Cahité e Serro Frio pondo na primeira denominação do Príncipe e na segunda, e como a vossa mercê [fica] passar estas ereções lhe participo o referido ficando [nosso] ardente zelo, e costumados acertos o disporá de sorte que devam a vossa mercê estas duas vilas na boa forma do seu estabelecimento; e eu quero me rever a vossa mercê o favor de que entenda que ninguém com mais vontade deseja dar [va] gosto [e Majestade] a vossa mercê Vila Real 30 de janeiro de 1714 D. Bras Baltazar da Silveira

7 – Criação da Vila do Príncipe e Vila Nova da Rainha, 1714

tudo mandou fazer este Auto que assignou com o dito Dezembargador, Ouvidor Geral, e eu Miguel Machado de Avelar Escrivão da Ouvedoria Geral que o Escrevy — Dom Bras de Balthazar da Silveira — Gonçalo de Freitas Baracho — Está conforme — O Secretario da Camara, Antonio da Costa Braga.

VILLA NOVA DA RAINHA

COPIA DA ORDEM PELA QUAL FOI ERECTA ESTA VILLA, COMO
CONSTA A F. 4 DO LIVRO PRIMEIRO DE REGISTRO GERAL,
O SEO THEOR HÉ O SEGUINTE.

Aos 11 dias do mes de Fevereiro de 1714 annos nesta Villa Nova da Rainha nas cazas em que se achava o Doutor Ouvidor Geral Luis Botelho de Queiros por elle foi dito perante os Officiaes de Milicia e homens bons da dita Villa, e seo Districto, que o Capitão General de São Paulo e Minas conformando-se com as Ordens de Sua Magestade, que Deos guarde, tomara Resolução de crear Villa no Caethe, com o nome de Vila Nova da Rainha como constava do assento seguinte, cuja copia principia desta maneira — Aos 29 dias deste mes de Janeiro de 1714 nos Paços em que assiste o Ex.mo Snr. Dom Braz Balthazar da Silveira Governador e Capitão General deste Estado foi dito pelo mesmo Snr. que attendendo a que nos districtos de Caethe e Serro do Frio havia capacidade para se levantar huma Villa em cada hum delles; e tendo outro sim consideração ao muito que convem ao Serviço de Sua Magestade, e ao bom governo e conservação dos Povos daquelles Districtos, que nelles se fizessem Villas, e se lhes entroduzisse as Justiças para o seu bom regimento ás quaes recorressem para o seo remedio, e dar a cada hum o que fosse seu, e o castigo a quem merecesse para que desta sorte na obediencia das Leis podessem viver sociavelmente, tinha rezoluto mandar levantar huma Villa em cada hum dos ditos Districtos; e que a do Serro do frio tivesse a denominação — de Villa do Principe — e a do Caethe de — Villa Nova da Rainha — uzando da faculdade e jurisdição que Sua Magestade que Deos guarde deo ao Governador Antonio de Albuquerque para o dito effeito continuada na pessoa delle prezente Governador, e que para as referidas Creações mandava passar as Ordens necessarias, e desta determinação mandou o dito Snr. fazer este termo que assignou, e eu Manoel da Fonseca Secretario deste Governo o escrevi — Dom Bras Balthazar da Silveira. E não continha mais o

dito termo, e como para se continuar a dita Villa era necessario que elle dito Ouvidor Geral fizesse Eleição dos Juizes e mais officiaes da Camara na forma da Lei, lhe fes prezente procedessem a dita Eleição, por carta de 4 de Fevereiro de 1714, cujo theor hé o seguinte — Meu Amigo e Snr. meu Pela copia do assento incluso verá V. M.ce a Resolução que tomei para Erigir o Arraial do Caethe em Vila denominada da Rainha. Sirva-se V. M.ce de mandar proceder a Eleição na forma que dispoem a Ordenação, e encomendo a V. M.ce muito procure que os novos officiaes sejão os mais capazes para que se principiem com que, digo com acertos o Governo da nova Villa, que todos me persuado se deverão ás providentes direcções de V. M.ce que Deos guarde. Villa Real 4 de Fevereiro de 1714. Slvidor de V. M.ce Dom Braz Balthazar da Silveira // Senhor Doutor Luis Botelho de Queiros. E não continha mais a dita Carta, e como a dita Eleição não admettia demoras não só porque a dita Villa necessitava de quem administrasse Justiça pela distancia em que lhe ficava a Villa Real da Conceição mas por outras razões particulares; hoje 11 dias do mes de Fevereiro fazia elle Doutor Ouvidor Geral Eleição de Juizes e Officiaes da Camara na forma da Lei, e Ordenava a todos da parte de Sua Magestade, que Deos guarde, Elegessem para as ditas occupações as pessoas mais nobres, e limpas de Sangue; e mais lizas de Conciencia para que nesta Villa se administrassem Justiças de tal sorte que El Rei nosso Snr. fosse bem servido, e os povos ficassem cabalmente satisfeitos, e de tudo mandou fazer este termo em que assignou, e eu Bernardo de Souza Lobo Tabelião do Judicial e Notas, e Escrivão da Camara desta Villa Nova da Rainha o escrivy // Doutor Luis Botelho de Queirós. Está conforme. Quintilianno Justino d'Oliv.a Horta.

VILLA DO PYTANGUI

«Reprezentando-me segunda vez os Paulistas a necedade que tinham de que ao Ruyal de Pitangui fosse erigido em V.ª não só p.ª o bom regimen daquelles moradores, mas p.ª milhor expedição da cobrança dos reaes quintos pedindo me annexasse a dita villa a essa Comarca porque alem de lhe ser maes vezinha tinha a Vm. nella por Ouvidor g.l cuja rectidão os persuadia da igualdade com que havia de deferir aos seos Requerimentos e nestes termos parece conveniente que Vm. vá fazer a dita erecção pois só com as suas direcções poderá ter excelente forma, e ficarem satisfeitos aquelles povos, e quando Vm. queira levar em sua companhia alguns Offi.es lhe dou Vm. permissam para que acompanhem q.tos Vm. quizer mas no cazo, que não seja possivel que Vm. vá mandará as instrucçõns ne-

Fonte: REVISTA DO ARQUIVO PÚBLICO MINEIRO. *Creação das villas no períoco colonial*, v. II, 1897, p. 89-90

8 – Assento que se anota sobre a ereção das vilas do Príncipe e Vila Nova da Rainha (com transcrição)

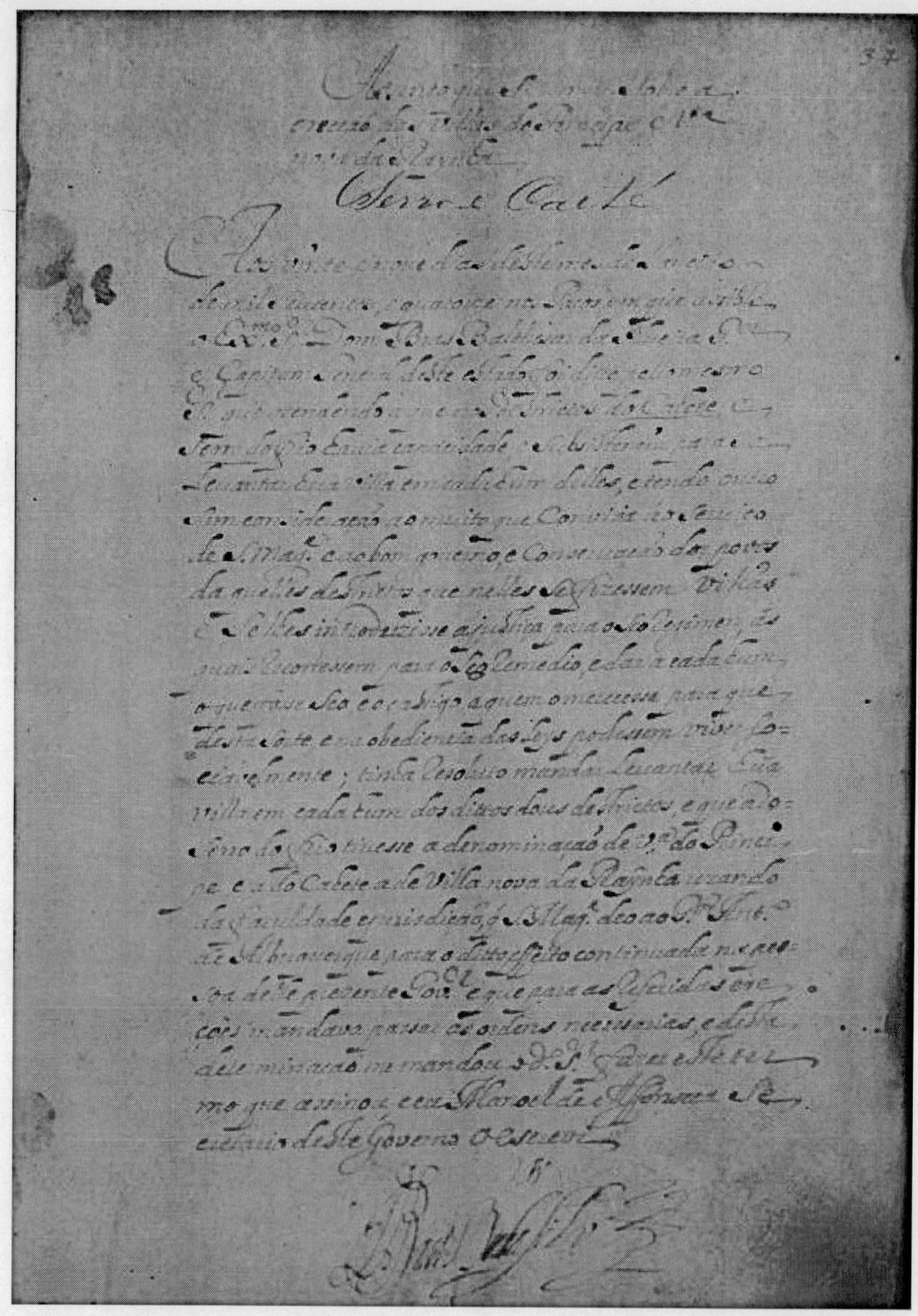

Assento que se anota sobre a ereção das vilas do Príncipe e Vila Nova da Rainha

Serro e Caeté

Aos vinte e nove dias do mês de janeiro de mil setecentos e vinte e quatorze nos paços em que assiste o Exmo. Sr. Dom Brás Baltasar da Silveira governador e capitão general deste estado foi dito pelo memo a que entendendo a que no distrito do Caeté e Serro do Frio havia capacidade e subsistência para se levantar uma vila em cada uma deles e tendo outro sem consideração ao muito que convia ao serviço de sua majestade e ao bom governo e conservação dos povos daqueles distritos que neles se fizessem vilas e se introduzisse a justiça para o seu regime as quais recorressem para o seu remédio e dar a cada um o que fosse seu e o castigo a quem o merecesse para que desta sorte e na obediência das leis pudessem viver sociavelmente; tinha resoluto mandar levantar uma vila em cada um dos ditos dois distritos e que a do Serro do Frio tivesse a denominação de Vila do Príncipe e a do Caeté a de Vila nova da Rainha usando da faculdade e jurisdição da que sua majestade deu ao governador Antônio de Albuquerque para o dito efeito continuado na pessoa dele presente governador e que para as referidas ereções mandava passar as ordens necessárias e desta determinação me mandou o dito senhor fazer este termo que assinou e eu Manuel de Afonseca secretário deste governo a escrevi.

Brás Baltasar da Silveira

Fonte: ARQUIVO PÚBLICO MINEIRO. *Seção colonial*. SC-06 Rolo 02 1709-1754 Registro de regimentos, ordens, cartas régias, resoluções e termos, fl. 37

9 - Relação de escravos do sargento mor Paulo Pires de Miranda

Nº	Data	Folha	Proprietário (a)	Escravos e escravas	Notas
1	21/04/1718	9	Sargento-mor Paulo Pires de Miranda	1.Fabiano Do... 2.Bernardo Minas 3.Antônio Mina 4.Antônio Caboverde fugido	1720: sete escravos
2	1718	9verso 10	Ajudante Manuel Gomes Ferreira [Vila]	1.João Mina 2.Miguel Angola	Provedor Antônio da Rocha Vilaverde e escrivão Manuel Gomes Costa Declarou ter comprado do capitão Manuel da Costa Viegas [pagou 1718-1719-1720]
3	1718	10verso 11	Francisco Chimenez Malheiros	[folha rasgada] 1. 2. 3.Agostinho Angola defunto	Provedor Antônio da Rocha Vilaverde [...] dos Reais Quintos e escrivão Manuel Gomes Costa [pagou 1718-1719-1720] Oito a seis oitavas pagas
4	1718	11verso 12	Crispiniano Correa Tavares [Vila] Vendeu o negro Álvaro Loanda a Domingas Correa preta forra moradora desta Villa	Dos [Domingos]. Mina Diogo Moleque Álvaro Moleque Loanda Declarou mais o de haver comprado e arrematado na Praça desta Villa 1 Negro por nome Raphael Angola	Provedor Antônio da Rocha Vilaverde [...] dos Reais Quintos e escrivão Manuel Gomes Costa [pagou 1718-1719-1720]
5	1718	12verso 13	Marcos Aurélio Agripa [Vila]	1.Rodrigo Mina 2.João Banguela	Provedor Antônio da Rocha Vilaverde [...] dos Reais Quintos e escrivão Manuel Gomes Costa Cinco oitavas de dois negros [pagou 1718-1719-1720]

Nº	Data	Folha	Proprietário (a)	Escravos e escravas	Notas
6	1718	13verso	Capitão Antônio Gonçalves de Oliveira [Vila]	1. Paulo Congo 2.Pedro Mina 3.Lucas Mina 4.Salvador Mina 5.Antº. Comprido Mina 6.Antº. Leite Mina 7.José Macaco Mina 8.Marco...antome 9.Baptista Mina 10.Francisco Curto Mina 11.Matheus Mina 12.Antº. Caboverde 13.Antº. Crabari 14.Damião Mina 15.Francisco Magro Mina 16.José Cobó Mina 17.Antº. Capitão Mina 18.João Barro Mina 19.Francisco Fula Mina 20.Agostº Angola 21.Andre Moçambique 22.Andre Baca 23.Miguel Barbeiro Angola 24.[...] Prª. Criolo 25.[...] Mina 26.[...] Banguela 27.[...] Mina [morto] 28.José Moleque Mina 29.Manuel Moleque Mina	Escrivão Manuel Gomes Costa Noventa oitavas de ouro 1718 Cinquenta e seis em 1719 Treze em 1720

Nº	Data	Folha	Proprietário (a)	Escravos e escravas	Notas
				30.António Trombeta Mina 31.João Barbeiro Angola 32.Luiz Moleque Mina [de menor idade] 33.Antº. Moleque Mina 34.Franco. Mendes Mina 35.João Mendes Mina 36.[...] Mina 37.[...] Mina	
7	1718	14	Capitão António Gonçalves de Oliveira [Vila]	1.João Angola Doente de Docas [? – Doca: que é cego de um só olho] 2.Benedito Mina Doente de Docas [?] 3.Amaro Mina Doente de Docas [?] 4.Luiz Moleque de Menor Idade	[entregou no dito ano 13 negros a António Alvarez] Noventa oitavas de ouro 1718 Cinquenta e seis em 1719 Treze em 1720
8	1718	14verso 15	Inácio Álvares. Maciel [Vila]	1.António Mina 2.José Mina 3.João Bamba 4.José Mina	Provedor António da Rocha Vilaverde [...] dos Reais Quintos e escrivão Manuel Gomes Costa -Sinal de Inácio Alvares Maciel Dez oitavas de ouro [1718] Pagou 1719-1720
9	1718	15verso 16	Capitão João Francisco Ferreira	1.Amaro Angola 2.Matheus Angola 3.Antº. Angola 4.Elias Angola 5.Franco. Angola 6.Mel. Angola [vendido] 7.António Mina 8.Alexandre Mina 9.Miguel Mina	Provedor António da Rocha Vilaverde [...] dos Reais Quintos e escrivão Manuel Gomes Costa Vinte e sete oitavas e meia em 1718-1719 Trinta e duas e meia oitavas em 1720

Nº	Data	Folha	Proprietário (a)	Escravos e escravas	Notas
				10.João Mina 11.José Mina	
10	1718	16verso 17	Capitão António de Campos Lara [Vila]	1.José Mina 2.Luiz Mina 3.Sebastião Angola [doente] 4.Paulo Angola 5.[...] Angola 6.Ignacio Mina 7.Francisco Caboverde [fugido] 8.João Angola	Provedor António da Rocha Vilaverde [...] dos Reais Quintos e escrivão Manuel Gomes Costa 20 oitavas [1718] 19 oitavas [1719] 26 oitavas [1720]
11	1718	17verso 18	Jacinta de Siqueira [Vila]	1.Ambrozio Angola 2.José Crabari 3.Miguel Mina 4.António Mina 5.Francisco Mina 6.João Mina 7.António Mina 8.Joanna Mina 9.Leonor Mina 10.Ignacia Mina	Provedor António da Rocha Vilaverde [...] dos Reais Quintos e escrivão Manuel Gomes Costa Sinal de Jacinta Siqueira Comprou um negro mais [...] 25 oitavas [1718] 10 escravos 27 oitavas [1719] 10 escravos 35 oitavas e três quartos [1720] 11 escravos
12	1718	18verso 19	Lázaro António Refoios [?] [Vila]	1.Gracia por sobrenome Angola Declarou ter comprado mais um negro 2.Domingos mina	Provedor António da Rocha Vilaverde [...] dos Reais Quintos e escrivão Manuel Gomes Costa Duas oitavas e meia [1718] Oitavas e meia [1719] Seis oitavas e meia [1720]

Nº	Data	Folha	Proprietário (a)	Escravos e escravas	Notas
13	1718	19verso 20	Capitão Manuel da Costa Viegas [Vila]	1.Ventura Caboverde 2.Domingos Angola 3.Alexandre Mina 4.Manoino Mina 5.Manoino Angola 6.António Mina 7.Maria Mina Declarou ter se tomado para a Fazenda Real os negros que possuía	Provedor António da Rocha Vilaverde [...] dos Reais Quintos e escrivão Manuel Gomes Costa
14	1718	20vserso 21	Manuel Mendes Razo [Vila]	1.Cristovao Mina 2.Andre Mina 3.Salvador Mina 4.Alexandre Mina 5.Ventura Mina 6.Paulo Mina 7.Pedro Angola	Provedor António da Rocha Vilaverde [...] dos Reais Quintos e escrivão Manuel Gomes Costa Sinal de Manuel Mendes Razo 17 oitavas e meia [1718] 9 ½ oitavas [1719] 22 oitavas e três partes [1720]
15	1718	21verso 22	Manuel Mendes Razo por Luzia Mendes preta forra [Vila]	1.A[...] Mina 2.Luiza Mina	Provedor António da Rocha Vilaverde [...] dos Reais Quintos e escrivão Manuel Gomes Costa Sinal de Manuel Mendes Razo Pagou 1718-1719-1720
16	1718	21verso 22	José Furtado de Mendonça [Vila]	1.Josée Mina 2.Clemente Mina	Provedor António da Rocha Vilaverde [...] dos Reais Quintos e escrivão Manuel Gomes Costa Sinal de José Furtado Mendonça -Pagou 1718 e 1719

Nº	Data	Folha	Proprietário (a)	Escravos e escravas	Notas
17	1718	22verso 23	António Alv. Moniz [Vila]	1.António Mina 2.António Mina 3.Francisco Mina 4.Manuel Mina 5.Francisco Mina	Provedor António da Rocha Vilaverde [...] dos Reais Quintos e escrivão Manuel Gomes Costa 12 oitavas e ½ [1718] 13 oitavas [1719] 12 oitavas e quarto [1720]
18	1718	23verso 24	Sargento-mor Jacinto Vaz de Gusman [Moniz] [Vila]	1.Luiz Criolo 2.Sebastião Trombeta 3.Pedro Caboverde 4.Bento Banguela 5.Matheus Banguela 6.António Furtado Banguela 7.Lourenço Caboverde 8.Francisco Caboverde [morto] Declarou: tinha fugidos os quais daria logo aparecidos que fossem Declarou mais sobre os juramentos ser aparecidos os escravos seguintes: 1.António Comprido Mina 2.António Pequeno Mina [doente] 3.João Xara[?]	Provedor António da Rocha Vilaverde [...] dos Reais Quintos e escrivão Manuel Gomes Costa 25 oitavas [1718]
19	1718	24verso 25	António Alv. da Rocha [Vila]	1.António Caboverde [vendido] 2.Francisco Mina [vendido Ant. da Silva de Amorim] 3.Manuel Mina 4.Francisco Mina Declarou ter comprado Joaquim Carvalho... ...	Provedor António da Rocha Vilaverde [...] dos Reais Quintos e escrivão Manuel Gomes Costa

Nº	Data	Folha	Proprietário (a)	Escravos e escravas	Notas
				5.Ventura Mina [vendido Joaquim Carvalho]	
				6. ... Mina	
				7.Francisco Banguela [vendeu]	
				8.José Banguela [arretado/arrendado] Comprou mais capitão António Gonçalves de Oliveira doze negros a saber	
				9.Pedro Mina [vendeu]	
				10.J. ... Curto Mina [vendeu]	
				11.António Comprido Mina [arretado/ arrendado]	
				12... Mina [arretado/arrendado]	
				13.... Curto Mina [arretado/arrendado]	
				14.Gonçalo Mina [vendeu João Correa]	
				15.Francisco Magro Mina [vendeu a C.... Caetano]	
				16.Francisco Mendes Mina [vendido Olavima [?]	
				17.J. Mendes Mina [vendido André do boato?]	
				18.J... Macaqu... Mina [venda a Jacinta]	
				19.M... Mina [arretado/arrendado]	
				20.António Fula Mina [arretado/ arrendado]	
				21.Diogo Mina	

Nº	Data	Folha	Proprietário (a)	Escravos e escravas	Notas
20	1718	25verso 26	Juiz Ordinário Manuel da Sylva Rio [Vila]	1.Manuel Mina 2.Ignocêncio Mina 3.Phelipe Mina 4.Francisco Mina 5.A... Mina 6.António Moçambique	Provedor António da Rocha Vilaverde [...] dos Reais Quintos e escrivão Manuel Gomes Costa 15 oitavas [1718] ...[1719]
21	1718	27verso 28	Luzia de Barros da Fonseca [Vila]	1.António Mina 2.António Moçambique 3.António Moleque Mina 4.Gonçallo Xará [?] 5.Maria Mina 6.Roza M...ngana Foi para mato dentro e não pagou [?] Falida	Provedor António da Rocha Vilaverde [...] dos Reais Quintos e escrivão Manuel Gomes Costa 45 oitavas [1718] 55 oitavas [1719] 75 oitavas [1720]
22	1718	28verso 30	Capitão António Sardinha de Castro [Vila]	1.Domingos Mina 2.António Mina 3.José Mina 4.António Barbá 5.António Congo [juiz em seu senhor] 6.João Congo de Maria, g. ... em minha casa Aos 2 de julho deu o capitão acima mais um negro ... por nome ... da Mina Declarou ter comprado um negro por nome Francisco Cravari e a fim mais disse ter uma nega por nome Roza[?] e um negro por nome ...je mina e a negra mina aqueles dois escravos...	Provedor António da Rocha Vilaverde [...] dos Reais Quintos e escrivão Manuel Gomes Costa 15 oitavas – seis escravos [1718] 21 oitavas – escravos seus e de sua ama [1719] 29 oitavas [1720]

Nº	Data	Folha	Proprietário (a)	Escravos e escravas	Notas
23	1718	30verso 32	João Francisco Lima [Vila]	1.Paulo Angola 2.António Mina 3.Dos [Domingos] Mina	Provedor António da Rocha Vilaverde [...] dos Reais Quintos e escrivão Manuel Gomes Costa 7 oitavas e meia [1718] 8 oitavas e meia pataca [1719] 9 oitavas e ¾ [1720]
24	1708	32verso 33	António Álvares Muniz como procurador José Roiz [Rodrigues] [Itambé]	1.José Mina 2.Francisco Loango 3.Francisco Moçambique 4.António Mina Domingos Mina 6.Ignacio Mina 7.Pedro 8.João	Provedor António da Rocha Vilaverde [...] dos Reais Quintos e escrivão Manuel Gomes Costa 20 oitavas [1718] 22 oitavas [1719] 26 oitavas [1720]
25	1718	33verso 34	André de Couto Ferreira	1.António Mina 2.José Mina 3.Pedro Banguela 4.António Banguela 5.António Banguela 6.João Correa Mina 7.João Mina 8.Lourenço Mina 9.João T... [doente de bobas] 10.Manuel Congo 11.Martinho Mina 12.Agostinho Angola 13.António de Freitas Mina 14.Damião Banguela	Provedor António da Rocha Vilaverde [...] dos Reais Quintos e escrivão Manuel Gomes Costa 77 oitavas [1718] 85 oitavas ¾ [1719] 104 oitavas [1720]

Nº	Data	Folha	Proprietário (a)	Escravos e escravas	Notas
				15.Gabriel Mina 16.Estevão Mina 17.António Crabari 18.Valerio Mina 19.Amaro Mina 20.Gonçalo Banguela 21. Francisco Mina 22.Francisco Mina 23.Miguel Mina 24.Sebastião Mina 25.João Angola 26.António Sabará Mina 27.Ambrosio Mina 28.Francisco Angola 29.José Mina 30.Manuel Timão Angola de Manuel Ferreira de Amorim 31.José Mina do Manuel Ferreira ... mina ... ... Declarou ter comprado mais dois negros 32.Domingos Caboverde 33.Luiz Angola	
26	1718	34verso 35	António da Costa Pereira [distrito desta Vila]	1.Silvestre Mina 2.Nicolao Mina Declarou ter comprado um negro a João da ... nação mina Mateus mina	Provedor António da Rocha Vilaverde [...] dos Reais Quintos e escrivão Manuel Gomes Costa 8 oitavas [1718] 8 oitavas [1719] 9 oitavas [1720]

Nº	Data	Folha	Proprietário (a)	Escravos e escravas	Notas
27	1718	34verso 35	Cristóvão da Silva [arrabalde desta Vila]	1.Ventura Mina 2.António Mina Declarou ter mais hu negro 3.António mina	Provedor António da Rocha Vilaverde [...] dos Reais Quintos e escrivão Manuel Gomes Costa 7 oitavas ½ [1718] 8 oitavas ¼ [1719] 16 oitavas ¼ [1720]
28	1718	35verso 36	Estevão da Silveira Rabello [arrabalde desta Vila]	1.José Mina 2.José Mina 3.Francisco Mina 4.João Mina 5.António Mina 6.António Criolo 7.Raymundo Moçambique 8.Viricimo Mina 9.Sanctiago Masangano	Provedor António da Rocha Vilaverde [...] dos Reais Quintos e escrivão Manuel Gomes Costa 22 oitavas ½ [1718] 24 oitavas e 3 ... [1719] 29 oitavas [1720]
29	1728	35verso 36	Estevão da Silveira Rabello [arrabalde desta Vila] por uma negra forra por nome Elena Ma. Em casa do sobredito	1.Salvador Mina	Provedor António da Rocha Vilaverde [..] dos Reais Quintos e escrivão Manuel Gomes Costa 2 oitavas [1718] 5 oitavas [1719] 3 oitavas [1720]
30	1718	36verso 37	Estevão da Silveira por Francisco Lopez morador em companhia do sobredito	1.Lourenço Banguela 2.José Crabari Paga neste a folhas - 89	Provedor António da Rocha Vilaverde [...] dos Reais Quintos e escrivão Manuel Gomes Costa 5 oitavas [1718] 5 oitavas ½ [1719] Passa 82

Nº	Data	Folha	Proprietário (a)	Escravos e escravas	Notas
31	1718	37verso 37	João Teixeira da Silva [arrabalde desta Vila]	1.João Baca 2.Antº Banguela	Provedor António da Rocha Vilaverde [...] dos Reais Quintos e escrivão Manuel Gomes Costa 5 oitavas [1718] 5 oitavas e ½ [1719] 6 oitavas ½ [1720]
32	1718	37verso 38	José Carvalho ... [Vila]	1.Bernardo Mina [morto] 2.Francisco Angola	Provedor António da Rocha Vilaverde [...] dos Reais Quintos e escrivão Manuel Gomes Costa 5 oitavas [1718] 2 oitavas ¾ [1719] 3 oitavas ¼ [1720]
33	1718	37verso	António de Oliveira [arrabalde desta Vila]	1.Ventura Mina Comprou mais hu negro por nome João mina	Provedor António da Rocha Vilaverde [...] dos Reais Quintos e escrivão Manuel Gomes Costa Sinal de António de Oliveira 2 oitvas e ½ [1718] 5 oitavas e ½ [1719] 6 oitavas e ½ [1720]
34	1718	38verso 39	António de Miranda Lobo [Vila] Juízes actu. Da ... vendeu Antº grande Antº Francisco vendeu	1.António Mina [... ... vendeu] 2.Ventura Benguella [vendeu Antº. da Cruz] 3.João Mina [vendeu a Antº. da Cruz] 4.António Banguela [vendeu a Jeronimo Correa] 5.Alexandre Mina [doente de bou...] 6.José Mina [morreu] 7.Miguel Mina [fogiu apareceu]	Provedor António da Rocha Vilaverde [...] dos Reais Quintos e escrivão Manuel Gomes Costa 17 oitavas ½ [1718] 17 oitavas ¼ [1719] No ano de 1720 lhe deu a de carga desta em fronte

Nº	Data	Folha	Proprietário (a)	Escravos e escravas	Notas
35	1718	39verso 40	Constantino da Cunha Castro [Vila] Falido tornn...is	1.Francisco Moçambique 2.Pedro Criolo 3.Jozeph Criolo 4.Jozeph Cobó	Provedor António da Rocha Vilaverde [...] dos Reais Quintos e escrivão Manuel Gomes Costa 10 oitavas [1718] 11 oitavas [1719] 13 oitavas [1720]
36	1718	40verso 41	Constantino da Cunha Castro por Francisca de Santo António moradora em sua companhia Falido	1.Lourenço Mina 2.Francisco Cobó 3.Ambrosio 4.Mariquita	Provedor António da Rocha Vilaverde [...] dos Reais Quintos e escrivão Manuel Gomes Costa 10 oitavas [1718] No ano seguinte foi para o rio de San ...
37	1718	40verso	Luiz Alvz. De Paiva [Itambé]	1.João Banguela 2.João Mina 3.Bonifacio Mina	Provedor António da Rocha Vilaverde [...] dos Reais Quintos e escrivão Manuel Gomes Costa Pedro Teixeira P... 7 oitavas e ½ [1718] 8 oitavas e ¼ [1719] 9 oitavas e ¾ [1720]
38	1718	41verso 42	João Mendes da Mota [Rio do 'Peixe]	1.António Casado Mina 2.António Mina 3.António Loango 4.António Masangano 5.António Barriga 6.Cosme Criolo 7.João Loango 8.Cristovão Congo 9.Domingos Angola 10.Miguel Mina	Provedor António da Rocha Vilaverde [...] dos Reais Quintos e escrivão Manuel Gomes Costa 47 oitavas ½ [1718] 55 oitavas [1719] 75 oitavas [1720]

Nº	Data	Folha	Proprietário (a)	Escravos e escravas	Notas
				11.Francisco Mina 12.Sebastião Congo 13.Sebastião Moleque Congo 14.Manuel Benguella 15.Manuel Mina 16.Jozeph Mulato 17.Jozeph Criolo 18.Luiz Criolo 19.António Congo 20.Pedro Moleque Declarou em 17 de abril ter comprado coatro escravos a João da Fon.. Souto ... ... Ventura Banguela José mina ... mina Mateus Mina	
39	1718	42verso 43	Ajudante António Francisco Vieira [Vila]	1.Martinho Mina 2.Domingos Mina 3.Ignacio Mina 4.Ignacio Mina 5.Ignacio Congo 6.Jozeph Mina 7.António Mina 8.António Caboverde 9.Gabriel Mina 10.Francisco Mina 11.Niculoó Mina	Provedor António da Rocha Vilaverde [...] dos Reais Quintos e escrivão Manuel Gomes Costa 27 oitavas e ½ [1718] Falido o dito enfrente

N°	Data	Folha	Proprietário (a)	Escravos e escravas	Notas
				Declarou mais ter comprado o ajudante António Francisco Vieira dois escravos de José da Silva ... os seguintes 12.... mina 13.fr. mina Falido	
40	1718	43verso 44	João Carvalho [Vila do Príncipe]	1.Ventura Mina 2.João Mina 3.Francisco Banguela 4.Joseph Banguela Declarou em maio um moleque por nome 5.João Cravari Declarou o dito a fim a ter vendido coatro escravos a António ... da Rocha falido	Provedor António da Rocha Vilaverde [...] dos Reais Quintos e escrivão Manuel Gomes Costa 12 oitavas ½ [1718] No anno de vinte ele pagou para o ... de mato dentro
41	1718	44verso	José da Silva Baldaia [assistente por hora nesta Vila do Príncipe]	1.Ventura Mina 2.Francisco Mina 3.Luiz Mina Declarou ter comprado José da Silva Baldaia dez escravos neste anno de 1720	Provedor António da Rocha Vilaverde [...] dos Reais Quintos e escrivão Manuel Gomes Costa 7 oitavas ½ [1718] Declarou mais ter vendido José da Silva Baldaia ... o ajudante António Francisco Ferreira dois negros e uma Manuel Moreira da Silva 1.... mina ao ajudante António Francisco Ferreira 2.Francisco mina ao dito ajudante 3.Luiz mina a Manuel Moreira da Silva 32 oitavas ½ [1720]

Nº	Data	Folha	Proprietário (a)	Escravos e escravas	Notas
42	1718	44verso 45	Ignacio Suzarte [Vila do Príncipe]	1.Luiz Mina falido	Provedor António da Rocha Vilaverde [...] dos Reais Quintos e escrivão Manuel Gomes Costa 2 oitavas ½ [1718] falido
43	1718	45verso 46	João da Costa [arrabalde da Vila do Príncipe]	1.João Mina 2.Jozeph Mina 3.Matheus Mina Declarou ter vendido um António da Costa por nome Mateus mina Declarou ter vendido um negro António ...beira Por nome João mina	Provedor António da Rocha Vilaverde [...] dos Reais Quintos e escrivão Manuel Gomes Costa 7 oitavas ½ [1718] 2 oitavas e ¾ [1719] falido
44	1718	45verso 46	Tereza da Silva [Vila do Príncipe]	1.António Mina Declarou ter mais uma negra e dois negros 2 3 4	Provedor António da Rocha Vilaverde [...] dos Reais Quintos e escrivão Manuel Gomes Costa Sinal de Tereza da Silva 5 oitavas [1718] 5 oitavas ½ [1719] 13 oitavas [1720]
45	1718	46verso 47	Leandro Teixeira [Vila do Príncipe]	1.Luiz Mina 2.António Mina	Provedor António da Rocha Vilaverde [...] dos Reais Quintos e escrivão Manuel Gomes Costa 5 oitavas [1718] 5 oitavas ½ [1719] 6 oitavas ½ [1720]

Nº	Data	Folha	Proprietário (a)	Escravos e escravas	Notas
46	1718	47verso 48	Pedro Gonçalves de Aguiar por António Cubas da Silva [Itambé]	1.Manuel Crabari 2.Caetano Mina 3.Sebastião Congo 4.Bonifacio vermelho 5.Marianna vermelha 1719 declarou ter mais dois negros	Provedor António da Rocha Vilaverde [...] dos Reais Quintos e escrivão Manuel Gomes Costa 10 [12] oitavas e ½ [1718] 19 oitavas ¼ [1719] 16 oitavas ¼ [1720] No ... anno deu dois negros fugidos
47	1718	47verso 48	Pedro Gonçalves de Aguiar por José Fajardo [Itambé]	1.Jacinto vermelho falido	Provedor António da Rocha Vilaverde [...] dos Reais Quintos e escrivão Manuel Gomes Costa 2 oitavas ½ No anno seguinte se ausentou
48	1718	48verso 49	João da Fonseca Co. Souto Mayor [Vila do Príncipe]	1.Salvador Cabra 2.Sebastião Cabra 3.António Criolo 4.Marcelino Angola falido	Provedor António da Rocha Vilaverde [...] dos Reais Quintos e escrivão Manuel Gomes Costa 7 oitavas ½ [1718] No anno seguinte se retirou deste distrito
49	1718	49verso 50	Dionizio Freitas Bicudo	1.Sebastião Carijó 2.Raymundo Carijó 3.Sebastião Congo 4.Agostinho Mina 5.Jozeph Mina [deu de dote] 6.António Angola 7.Pedro Banguela [deu de dote] falido	Provedor António da Rocha Vilaverde [...] dos Reais Quintos e escrivão Manuel Gomes Costa 17 oitavas ½ [1718] 19 oitavas ¼ [1719] No anno seguinte retirou
50	1718	49verso 50	3 Jeronimo de Moura Gabriel ... Itapanhoacanga e pagou		8 oitavas ¼

Nº	Data	Folha	Proprietário (a)	Escravos e escravas	Notas
51	1718	50verso 51	Dionizio Freitas Bicudo por sua nora Ignez Dias Leme [Rio do Peixe]	1.António Mina 2.Francisco Mina 3.Negro João Congo falido	Provedor António da Rocha Vilaverde [...] dos Reais Quintos e escrivão Manuel Gomes Costa 16 oitavas [1718] 12[?] oitavas ... [1719] 4... No anno seguinte de 1720 retirou
52	1718	50verso 51	Manuel Freitas [Rio do Peixe]	1.João Congo falido	Provedor António da Rocha Vilaverde [...] dos Reais Quintos e escrivão Manuel Gomes Costa 2 oitavas ½ [1718] Declaração [?]
53	1718	51verso 52	Tenente Luiz Lopez de Carvalho [Vila do Príncipe]	1.Manuel Angola 2.Domingos Angola 3.Domingos Cobó 4.Damião Angola 5.André Mina	Provedor António da Rocha Vilaverde [...] dos Reais Quintos e escrivão Manuel Gomes Costa 12 oitavas ½ [1718] 13 oitavas ¾ [1719] 16 oitavas ¼ [1720]
54	1718	52verso	Juiz Ordinário António de Moura Coutinho [Vila do Príncipes]	1.Damião Angola 2.João Mina 3.João Mina 4.João Mina [vendeu a André do Couto] 5.João Angola [vendeu a Salvador C...] 6.António Mina 7.António Angola [vendido André do Couto] 8.António Angola [vendeu André do C.] 9.Domingos Mina 10.Domingos Mina	Provedor António da Rocha Vilaverde [...] dos Reais Quintos e escrivão Manuel Gomes Costa 47 oitavas ½ [1718] 50 oitavas ½ [1719] 48 oitavas ¾ [1720]

Nº	Data	Folha	Proprietário (a)	Escravos e escravas	Notas
		52 [duplicada]		11.Domingos Angola 12.Simão Mina 13.Francisco Mina [vendeu André do Couto] 14.Miguel Angola 15.Marçal Angola 16.Luiz Angola [defunto] 17.Sebastião Mina [vendeu André do Couto] 18.Manuel Angola 19.Domingos Angola	
55	1718	52verso [duplicada] 53	Ajudante António Alz. da Silva [Vila do Príncipe]	1.Simão Angola 2.Domingos Angola 3.António Mina 4. António Mina 5. António Mina 6.Manuel Angola 7.Domingos Mina 8.Manuel Angola 9.João Mina 10.Joachim Mina 11.Miguel Mina 12.António Angola 13.Manuel Criolo 14.João Cobó	Provedor António da Rocha Vilaverde [...] dos Reais Quintos e escrivão Manuel Gomes Costa Assinatura de António de Moura Coutinho 35 oitavas [1718] 38 oitavas ½ [1719] 45 oitavas ½ [1720]

Nº	Data	Folha	Proprietário (a)	Escravos e escravas	Notas
56	1718	53verso 54	Alferes António de Freitas Lobo por Francisco Pereira Carneiro [Vila do Príncipe]	1.Manuel Angola 2.Domingos Mina 1720 declarou ter comprado mais três negros	Provedor António da Rocha Vilaverde [...] dos Reais Quintos e escrivão Manuel Gomes Costa 5 oitavas [1718] 5 oitavas ½ [1719] 16 oitavas [1720]
57	1718	53verso 54	Vicente Francisco Moniz de Mello [Vila do Príncipe]	1.Ignacio Angola	Provedor António da Rocha Vilaverde [...] dos Reais Quintos e escrivão Manuel Gomes Costa 2 oitavas ½ [1718] No anno seguinte de 719 fez venda
58	1718	54verso 55	João Alz.	1.Ignacio Mina 2.João Mina 3.António Mina 4.Miguel Mina 5.Pedro Mina 6.Domingos Mina 7.Jozeph Mina	Provedor António da Rocha Vilaverde [...] dos Reais Quintos e escrivão Manuel Gomes Costa 17 oitavas ½ [1718] 20 [?] oitavas [1719] 22 oitavas ¾ [1720]
59	28/11/1718	55verso	Pedro Roiz [Rodrigues] [Bom Jesus]	1.M... Banguela 2.Ignacio Angola Declarou mais ter um negro por nome José vai aos 28 de ... de 1718	Provedor António da Rocha Vilaverde [...] dos Reais Quintos e escrivão Manuel Gomes Costa Sinal de Pedro Roiz
		144			

Fonte: ARQUIVO PÚBLICO MINEIRO. *Fundo Alferes Luiz António Pinto*, 1718 – Relação de escravos do Sargento-mor Paulo Pires de Miranda. Lista de quintos. S/L -LAP-5.1 – Doc. 01, Cx. 09

10 – Quantitativo de proprietários e escravos

Relação de Escravos e Proprietários [fl. 9 a 55v.] – 21/04/1718 a 28/11/1718 – 1719 – 1720

Proprie- tários	Propri- etárias	Número escravos	Total escravos	Masculino	Feminino	Moleque*	Doen- te**	Casado	Arrendado	Fugido	Dado em dote
1		37	37	37		1					
1		33	33	33							
1		24	24	24		2	1				
1		21	21	21				1			
1		19	19	19					5		
1		14	14	14							
1		13	13	· 13							
2		11	22	22							
1	1	10	20	17	3						
1		9	9	9							
2		8	16	16							
6		7	42	40	2						
1	1	6	12	10	2		1			1	2
3		5	15	15		1					
7	1	4	32	31	1	3					
7	1	3	24	24						4	
11	1	2	24	2	2						
5	1	1	6	6							
53	6	383	383***	374	9	7	2	1	5	5	2

Fonte: ARQUIVO PÚBLICO MINEIRO, Fundo Alferes Luiz Antônio Pinto, 1718 - Relação de escravos do Sargento Mor Paulo Pires de Miranda. Lista de quintos. S/L - LAP-5.1- doc.01 Cx.09

*Moleques são crianças ou adolescentes do sexo masculino; **Somente homens; ***O livro apesar de não possuir a maior parte de suas folhas apresenta seu encerramento na de número 144; por isso são por estimativa de lançamentos das 47 páginas que totalizam 383 escravos, em 143 páginas teríamos, hipoteticamente, cerca de 181 proprietários de uma população de 1.173 escravos na Vila do Príncipe, em 1718.

11 -Testamento de Jacinta de Siqueira (transcrição)

F.33v - Registro do testamento com que faleceu Jacinta de Siqueira nesta Vila do Príncipe aos 15 dias do mês de abril de 1751 de quem é testamenteiro José Ribeiro de Sampaio

Em nome da Santíssima Trindade Padre Filho e Espírito Santo três pessoas distintas e um só Deus verdadeiro = Saibam quantos este testamento virem no ano de nascimento de Nosso Senhor Jesus Cristo de mil setecentos e cinquenta anos aos vinte cinco dias do mês de outubro do [linha(s) abaixo apagada(s)]

F.34 [...] temendo me da morte e da hora incerta dessa e desejando encaminhar minha alma para a salvação para o que Deus a criou faço este meu testamento na forma seguinte = Primeiramente encomendo minha alma a Santíssima Trindade e rogo ao Padre Eterno pela morte e paixão de seu unigênito filho a queira receber como recebeu a sua estando para morrer na árvore da vera cruz e o meu Senhor Jesus Cristo peço por suas divinas chagas que já que na vida me fez mercê dar seu precioso sangue e merecimento de seus trabalhos me faça também nesta vida que esperamos dar o prêmio deles que é a glória peço e rogo a sempre virgem Maria Nossa Senhora e a todos os Santos da Corte do Céu especialmente a meu anjo da guarda e a Santa do meu nome e a Senhora Santa Ana e ao glorioso Santo Antônio e as almas do Purgatório intercedam e roguem por mim agora e quando minha alma desse corpo sair porque como verdadeiro cristão protesto viver e morrer em Santa Fé Católica e crer o que crê e tem a Santa Madre Igreja de Roma e em esta fé espero salvar minha alma não por meus merecimentos mas pelos da Santíssima Paixão do unigênito filho de Deus = Peço e rogo em primeiro lugar a João Pinto Coelho em segundo lugar a José Ribeiro Sampaio em terceiro lugar o meu genro Francisco da Costa Antunes que por serviço de Deus e por me fazerem esmola e mercê queiram ser meus testamenteiros cada um por si *in solidum* conforme a ordem da nomeação = Meu corpo será sepultado na Igreja Matriz desta vila amortalhado em hábito de São Francisco e me acompanharam os clérigos que se acharem e onde missa [me] dirão de corpo presente pela minha alma e se lhe dará cera costumada e peço a irmandade das Almas de Nossa Senhora do Rosário e do Terço que de todas sou irmã me acompanhem a sepultura = Declaro que sou solteira e nunca fui casada e que tenho quatro filhas por nomes Bernarda da Conceição [para que] foi casada com João [possivelmente possuía linha(s) abaixo)

F.34v casada com Francisco [...] Antunes e todas quatro instituo por minhas herdeiras em igual parte nas ditas partes de meus bens e da minha terça disponho na forma seguinte = Deixo forra e liberta a minha escrava Angela mina pelos bons serviços que me tem feito e me ter servido bem e ter dado suas crias, e o valor da dita minha escrava tomo no mais bem passado de minha terça e que logo por minha morte diretamente fique forra e desde agora para então a hei por liberta tanto que eu falecer = Deixo mais se digam por minha alma o mais breve que puder ser vinte missas a Senhora Santa Ana, outras vinte ao Senhor Santo Antônio outras vinte pelas almas do purgatório de esmola cada uma de meia oitava de ouro e ditos nesta vila = Deixo mais se me digam por minha alma dez missas no altar privilegiado das almas da Igreja Matriz desta vila = Deixo mais se digam dez missas pela alma de minha filha Vitoria Tavares digo Vitoria Pereira Tavares falecida = e outras dez pela alma do capitão Antônio José de Campos Lara = Deixo ao meu testamenteiro que aceitar esta minha testamentária cinquenta oitavas de ouro = E o resto da minha terça se houver deixo se divida igualmente entre duas minhas netas, a saber Ana filha de Rita Mascarenhas de Jesus e Ana de Siqueira da Almeida filha de minha filha Bernarda da Conceição [e Lara] = Declaro que devo o [...] Teixeira Leitão de resto de um negro bugre que lhe comprei por [...] e vinte oitavas cento e quatorze oitavas [...] cujo negro dei em dote [a minha filha] casada com Luis Rodrigues Braga, devo mais ao capitão Bernardo digo ao capitão Bartolomeu Ferros Tinoco por um crédito de resto de uma [negra] [...bel] cabo verde que lhe comprei cinquenta e cinco oitavas de ouro, devo mais ao dito capitão Bartolomeu Ferros dessa que comprei na sua [...] [linha(s) abaixo apagada(s)]

F.35 Declaro que devo ao reverendo [...] [...] [...] dos seus direitos por missas trinta oitavas de ouro mais ou menos = Devo a irmandade de Nossa Senhora do Rosário desta vila trinta e quatro oitavas de ouro pelo que entendo em minha consciência [suspeito] me pedem mais me dizem ser por [me fazerem] quase todas [...] por irmão da mesa a que não deve ter lugar e se pague o que retamente eu dever e todas estas dívidas e o meu funeral se tirará digo funeral se tirará do monte mor = Deixo [...] deste testamento possuo os bens seguintes, escravos Aleixo cobu, Luis mina, Antônio mina, Salvador mina, José mina, Antônio crioulo e Ambrozio que já não pago capitação e esta declarado por [...] na Intendência Escravas e crias dos delas = Angela mina sua filha Rita de idade de doze anos pouco mais ou menos = Domingas crioula = três filhos da dita por nomes Mathias crioulo de ano e meio, Agostinho crioulo de três para quatro anos e uma cabrinha por nome Ana de idade de sete anos pouco mais ou menos = Ana crioula = Rita crioula Maria mulata = [Cipriana] crioula, e uma filha da dita por nome Tomazia crioula de idade de onze anos = Izabel cabo verde e mais duas escravas das ditas por mim merecidas na Intendência por nomes Mariana crioula = e Joana mina = Bens de raiz = umas casas em que moro com seu quintal e seu [zaceo] = uma [casinha] que foi de Antônio Machado e parte em [...] Bartolomeu Ferros de uma banda e da outra com Tomé Ferreira = Bens móveis um [...] [...] e três [tigelas] um bofete seis [morichos] cobertos de couro um catre de jacarandá torneado com seu cortinado três caixas grandes um armário, um oratório fechado e pintado com uma imagem de Santo Cristo outra de Nossa Senhora das Mercês outra de Santa Ana

F.35v [...] e duas [vincos] [...] mais ou menos [...] dito [...] outro [...] um dito mais pequeno outro pequeno outro também pequeno e outro mais pequenino, dois fornos de cobre de torrar farinha um [novo] e outro já remendado, uma bacia de pés de cobre e outra de ornar, duas ditas de cobre de fazer pão de ló digo duas ditas de fazer pão de ló uma de cobre e outro de latão dois [rolos] um de cobre e outro de latão = três caldeirinhas de cobre digo três caldeiras de cobre dois maiores e um pequeno = uma chocolateira de cobre, uma corrente de ferro com quatro colares = umas algemas com seu cadeado, três machados, três [forcas], duas enxadas grandes, cinco sacos, uma [pouca] de [louça] duas [...] do meu uso, seis colheres, e cinco garfos de prata, uma caldeirinha de prata com sua corrente da mesma uma tombolaideira de prata, dezoito pires, onze xícaras e oito pratos de louça da Índia = dez lençóis, oito [...] de linho e dois de Bretanha, e onze fronhas do mesmo com sua renda, quatro toalhas de Bretanha de renda, duas lisas ditas de pano de linho, duas toalhas de mesa com seis guardanapos uma de Guimarães e outra de festão um par de meias de seda novas uma saia de [...] preto e outra da dita de cor, uma dita de sarja de cor, outra dita de seda preta duas ditas de [estaminha] uma preta e outra de cor uma coberta de seda outra de chita uma coberta de [papa] três cortinas de porta dois [ceroulas] de pano de [...] um capote de [...] quinze camisas boas, um prato de mão com seu [...] um [...coco] de cobre, um catre liso, mais duas sopeiras grandes e um [...] da Índia, quatro garrafas dois [frascos] de cristal três copos do dito um grande dois mais pequenos, cinco frascos uma canoa grande de banhar uma gamela grande e duas balanças de pesar [...] uma de quarto e outra de meia livra com o [...] se achar em minha casa = Declaro que dotei a minha filha Bernarda e lhe dei sete escravos por [...][linha(s) abaixo apagada(s)]

F.36 [primeira linha ilegível] [...] Mina = Maria crioula = Ana mina = [...] [Maria] crioula [...] Sendo penhorado o [...] do Ventura mina [...] em posse por cem [...] e lhe tornei a dar = Declaro que no tempo deste possuía muitos me faltaram o principal [meus outros] escravos seguintes que me morreram depois por nomes João Mina = Francisco Moçambique = Antônio mina = [Joseph] mina = outro Antônio mina = Maria mina = Josefa mina = Mariana mina = [Florinda] [crioula] = Tereza mina outra Teresa mina = Ana crioula = [..] mesmo tempo do dito dote os escravos vivos o que declaro dos meus escravos [...] no serão e somente depois [...] a negra Izabel cabo verde e o negro que comprei a João Teixeira Leitão e dei a minha filha Quitéria = Declaro que também dei e dotei a minha filha Josefa casada com Caetano da Penha os escravos seguintes = João cabra = Geraldo cabra, e Antônio Angola e depois de casada dei a uma sua filha e minha neta Ana Maria da Penha uma mulatinha por nome Maria Madalena que terá de idade cinco anos e outra filha do dito Penha minha neta por nome Maria dei uma crioulinha de peito por nome Francisca Declaro que dei e dotei a minha filha Quitéria casada com Luis Rodrigues Braga uma crioula por nome Maria e um negro que comprei a João Teixeira Leitão que hoje se chama Antônio e a uma filha dos ditos minha neta chamada Ana dei uma mulatinha por nome Maria e a outra minha neta filha dos ditos por nome Quitéria dei um crioulinho chamado Geraldo = Declaro que dei e dotei a dita minha filha Rita casada com Francisco da Costa Antônio digo Francisco da Costa Antunes um negro por nome Gregório uma crioula por nome Josefa e uma negra por nome Caterina [linha(s) abaixo apagada(s)]

F.36v Declaro que no que [...] elas fica o vestuário e mais [móveis] dei tanto a umas filhas como as outras = Declaro que as ditas doações que dei as ditas minhas filhas digo que fiz as ditas minhas netas lhes fiz por respeito e contemplação das mães minhas filhas [queiram] a [colação] como sempre devem vir = Declaro que meu testamenteiro que aceitar não será obrigado dar contas senão passados dois anos que começaram do dia do meu falecimento e lhe dou poder e faculdade para de meus bens ainda antes de inventariados vender fora de praça os que resolvidamente lhe parecerem necessários para meu funeral e para me mandar dizer logo as missas que acima deixo se digam no altar das Almas da igreja desta vila que lhe encomendo mas mandei dizer logo depois do meu falecimento e as mais também com a brevidade que puder e havendo demora nas partilhas poderá vender os bens necessários para se me dizerem as mais missas que lhe deixo digo as mais missas que deixo na forma que lhe dou poder para vender para o funeral e pela declaração que fizer dos bens que vendeu e seus preços se lhe abonarão na minha terça e poderá vender dos mais bens passados e fora da praça a vista ou fiados como melhor lhe pagar ficando em todo caso com primeiro lugar sempre salvo a liberdade que disse a dita minha escrava = Declaro que é minha vontade e quero que quando este meu testamento para algum caso não possa valer como tal valha como codicilo e qualquer doação *causa mortis* e como disposição *ad causas pias* e portanto o melhor modo que por direito puder ser da mesma sorte valham as instituições de herdeiros pelo melhor modo que puder ser em direito os como dotes e para alimentos a parte que houver dito a qualquer das ditas minhas herdeiras = Torno a pedir e rogar em primeiro lugar a João Pinto Coelho [linha(s) abaixo apagada(s)]

F.37 Francisco da Costa Antunes que por serviço de Deus e por me fazerem mercê queiram aceitar ser meus testamenteiros como [nomeio] neste testamento peço e rogo ao [...] se [deem] dou todo o poder que em direito posso [...] for necessário e acima declaro no meu testamento e consentimento de meus legados e pagamento de minhas dívidas = Declaro que as ditas minhas filhas e herdeiras foram casadas [...mente] pela ordem como meação que delas faço neste meu testamento = Declaro que deixo se me digam por minha intenção a Nossa Senhora das Mercês vinte missas nesta vila e dirão de minha terça e mais dez por intenções que dela tenho declarado deixo e o resto dela se divida como dito fica pelas minhas duas netas ditas Declaro que as missas que no testamento deixo se digam pela alma do capitão Antônio dos Santos Lara foi engano e são pela alma do capitão Antônio de Campos Lara = Declaro que os [...] mais aos bens [que faço] acima declarados uma [...] barradas fina com suas rendas, cobres pinceis de caiar casas = Declaro que não [possuo] uma saia de seda preta como acima foi declarado o que foi erro mais sim a saia que [...] de seda que tenho é a que declaro de [grogutue] = Declaro que nos nomes dos escravos houve também esquecido são em dez a ver Mathias crioulo por que é Mathias cabra com também em dizer Ana cabra que é Ana mulatinha ambos filhos do crioulo Domingos = Declaro que a mulatinha Maria que declaro dei minha neta Ana filha de Luiz Rodrigues Braga não é mulatinha mais sim cabrinha Declaro mais que a mulatinha Ana que [linha(s) abaixo apagada(s)]

F.37v. Opor como [tudo] [...] e declarado aqui é a minha última e derradeira vontade pedi e roguei ao [Coronel] Luis Coelho do Amaral que fizesse este meu testamento e depois de feito [...] [por ...] e pelo achar em tudo a minha vontade e na forma que o ditei em todos suas disposições pedi o assinasse por mim eu também o assinei com meu sinal costumado perto que não sei ler nem escrever dia era acima = Cruz de Jacinta de Siqueira que é seu sinal com que se assinou como testemunha que fiz e assino a rogo da testadora = Luiz Coelho do Amaral

Aprovação

Saibam quantos este público instrumento de aprovação de testamento [e] como em direito melhor lugar haja [como] que sendo no ano do nascimento de Nosso Senhor Jesus Cristo de mil setecentos e cinquenta anos ao primeiro dia do mês de novembro do dito ano nesta vila do Príncipe e casas de morada de Francisco da Costa adonde eu tabelião ao diante nomeado e sendo aí presente Jacinta de Siqueira moradora na dita vila pessoa que reconheço pela própria e por suas mãos as minhas me foram dadas estas três folhas de papel e nelas escritas oito laudas de papel entrando a em que principiei esta aprovação dizendo-me em [...] todas testemunhas ao diante nomeadas e assinadas que era o seu testamento o qual mandará fazer pelo Doutor Luiz Coelho do Amaral e que depois de escrito e por ela ditado e pelo achar conforme havia ditado sendo lhe lido o assinará com uma cruz por não saber ler nem escrever e também assinará o dito Doutor Luis Coelho do Amaral de como escrevera o que pedia [...] [linha(s) abaixo apagada(s)]

F.38 Siqueira que [obteve] [...] [...] que [este] testamento lhe [...] corri com os lhos e pelo achar sem borrão nem borradeira nem outra coisa que dúvida faça rubriquei com a minha rubrica que diz Franco em [toda linha] das [extreminadas] das meias folhas de papel por haver dito testamento digo por exercer a dita testadora determinado que [...] lhe aprovei e aprovo o dito testamento tanto quanto posso e devo em razão do meu ofício sendo testemunhas que a assinaram o Doutor Luis Coelho do Amaral João Pinto Ribeiro João Fernandes Ferreira Joseph [Otavio] Anchieta Reverendo Doutor Miguel da Costa Homem todos maiores de quatorze anos pessoas livres e [rogadas] por ela testadora e moradores nesta vila que reconheço pelos próprios que todos assinam com ela testadora que a seu rogo assinou o Doutor Luis Coelho do Amaral de que tudo dera minha fé eu João da Silva Franco tabelião público do judicial e notas que o escrevi e assinei em público e raso, e declaro que a testemunha João Paulo Ribeiro é João Ribeiro Pinto sobredito o declarei = em testemunha de verdade = lugar de sinal público = João da Silva Franco = Como testemunha e a rogo da testadora Luis Coelho do Amaral = Miguel da Costa Homem = João Fernandes Ferreira = João Ribeiro Pinto = José Maria de Anchieta =

Termo de Abertura

Aos quinze dias do mês de abril de mil setecentos e cinquenta e um anos nesta vila do Príncipe e casas de morada do Doutor Francisco Pereira [linha(s) abaixo apagada(s)]

F.38v. declarado na forma que declarava o tabelião no dito testamento a que reporto por fé de que para constar mandou ele [ministro] fazer este [...] eu Manuel de Souza Pereira escrivão da Provedoria que o escrevi = Moreira =

Não aceito esta testamentária passe ao segundo nomeado Vila do Príncipe e de abril quinze de mil setecentos e cinquenta e um = João Pinto Coelho = Termo de aceitação

Aos quinze dias do mês de abril de mil setecentos e cinquenta e um anos nesta vila do Príncipe e casas de morada de mim escrivão ao diante nomeado aí sendo presente José Ribeiro Sampaio por ele me foi dito aceitava a testamentária e se obrigava a cumpri-la e dar contas neste juízo onde toca no tempo determinado pela testadora e de como assim o disse assinou aqui comigo eu Manuel de Souza Pereira escrivão da Provedoria que o assinei = Joseph Ribeiro Sampaio = e não se continha mais em o dito testamento o qual escrivão acima nomeado e o tenho assinado bem e fielmente aqui fiz registrar do próprio a que me reporto em todo e [portado] em meu poder e cartório com o qual lhe registro conferi consertei subescrevi e assinei nesta vila do Príncipe aos dezoito dias do mês de Abril de mil setecentos e cinquenta e um anos eu Manuel de Souza Pereira escrivão da Provedoria que fiz trasladar sobrescrevi e assinei e consertei

Manuel de Souza Pereira Conferido por mim [Assinatura]

Fonte: ARQUIVO JUDICIAL DO SERRO. Livro de Registros de Testamentos de 1751. Testamento de Jacinta de Siqueira, fl. 33v.-38v.

12 – Pagamento de imposto sobre o gado – capitão Geraldo Domingues – 1710 a 1714 (transcrição)

Data	Escrituração no livro
07-01-1710	N.3 Termo de pagamento de imposto sobre o gado 1710-1714 Delegacia Fiscal F.[...] Ano de nascimento de [nosso] senhor Jesus Cristo de mil setecentos e dez anos [em pousa]das do capitão Geraldo Domingues comigo escrivão [...] [cho] aos sete dias do mês de [janeiro] do dito ano [...] [folhas] do livro do registro da fazenda de sua majestade que Deus guarde e se acharam neste livro cinquenta e seis folhas aos quais o dito capitão Geraldo Domingues com folha por folha contou de que me mandou fazer este termo e comigo assinou no seu arraial destas lavras velhas do Serro do Frio Ribeiro de Nossa Senhora da Purificação e eu Marçal Nunes Simões escrivão o escrevi e o assinei. Marçal Nunes Simões, Geraldo Domingues.
12-04-1710	Volume 3 Seções 1710 Termos de pagamento do imposto sobre o gado F.10 Aos doze dias do mês de abril de mil setecentos e dez anos em pousadas do capitão Geraldo Domingues a cujo cargo esta administração destas lavras velhas do Serro do Frio e arrecadação da Fazenda Real perante ele apareceu o alferes João de Azevedo e Carvalho e por ele foi dito queria dar entrada do gado que nestas lavras velhas mandava cortar e de presente trazia trinta cabeças de gado vinte bois e dez vacas que de tudo queria pagar os quintos a sua majestade que Deus guarde o que visto pelo dito capitão Geraldo Domingues mandou fazer e eu Marçal Nunes Simões escrivão o escrevi e comigo assino o sobredito. João de Azevedo e Carvalho Nesta adição acima se cortou o gado os bois a dezesseis oitavas e as vacas a doze nestas lavras velhas. Nunes
20-06-1710	Aos vinte dias do mês de junho de mil e setecentos e dez anos em pousadas do capitão Geraldo Domingues a cujo cargo está administração destas lavras velhas do Serro Frio e arrecadação da Fazenda Real perante ele apareceu o alferes João de Azevedo e Carvalho e por ele foi dito queria dar entrada do gado nestas lavras velhas mandava cortar e de presente trazia trinta cabeças de gado dezoito bois e doze vacas que se tudo queria pagar os quintos a sua majestade que Deus guarde o que visto pelo dito capitão Geraldo Domingues mandou fazer este termo e eu Marçal Nunes Simões escrivão o escrevi e comigo assinou o sobredito. João de Azevedo e Carvalho Esta adição se vendeu o gado pelo mesmo declarado [...]. Nunes

Data	Escrituração no livro
15-10-1710	Aos quinze dias do mês de outubro de mil setecentos e dez anos em pousadas do capitão Geraldo Domingues perante ele apareceu José de Freitas [...] e por ele foi dito se saia para fora destas Minas e que de cinquenta oitavas de ouro que levaria delas pagar os quintos a sua majestade que Deus guarde de quais cinquenta oitavas de ouro recebeu o sobredito capitão Geraldo Domingues dez oitavas para sua majestade e como delas ficou entregue comigo o assinou. Marçal Nunes Simões, Geraldo Domingues
28-10-1710	Aos vinte e oito dias do mês de outubro de mil setecentos e dez anos em pousadas do capitão Geraldo Domingues perante ele apareceu Alexandre Valente da Fonseca e por ele foi dito saia para fora destas Minas e que de trezentas oitavas de ouro que levava para fora queria delas pagar os quintos a sua majestade que Deus guarde das quais trezentas oitavas de ouro recebeu o sobredito capitão sessenta oitavas de ouro de quintos para sua majestade e como delas ficou entregue comigo assinou. Marçal Nunes Simões, Geraldo Domingues Estão pagas as setenta oitavas de ouro que consta dos dois termos assina.
23-12-1710	Aos vinte e três dias do mês de dezembro de mil setecentos e dez anos em pousadas do capitão Geraldo Domingues a cujo cargo esta administração destas lavras velhas do Serro do Frio e arrecadação da Fazenda Real perante ele apareceu Domingos Lopes de Carvalho e por ele foi dito queria dar entrada do gado que o alferes João de Azevedo e Carvalho mandava cortar nestas lavras o de presente dava ele dito entrada de dezenove cabeças de gado a saber dez bois e nove vacas de que queria pagar os quintos a sua majestade que Deus guarde o que visto pelo dito capitão Geraldo Domingues mandou fazer este termo eu Gabriel Gonçalves Pena escrivão o escrevi e comigo assinou o sobredito assinou o sobredito. Gabriel Gonçalves Pena, Domingos Lopes de Carvalho Nesta adesão acima se vendeu o gado os bois a dezesseis oitavas de ouro e as vacas a doze oitavas nestas lavras velhas. Pena, Fiança
[06-10-1712]	Aos seis dias do mês de outubro de mil e setecentos e doze anos nestas lavras velhas do Serro Frio nas pousadas do provedor dos quintos reais do capitão [...] Rodrigues da Fontoura apareceu o reverendo padre [vigueiro] Inocencio de Carvalho e por ele foi dito que Domingos Lopes de Carvalho se ausentava, e porque nesta entrada que ele deve há uma dúvida na quantidade dos quintos que pagar pelas cabeças de gado a qual a determinar o doutor desembargador ouvidor geral e logo ofereceu por fiador principal pagador a Domingos [José] Maciel ao que se determinar de que fiz este termo.
25-11-1710	Aos vinte e cinco dias do mês do mês de novembro de mil setecentos e dez anos em pousadas do capitão Geraldo Domingues a cujo cargo esta administração das lavras velhas do Serro do Frio Ribeiro de Nossa Senhora da Purificação e suas anexas. Estando em praça com os dízimos deste ano para o de setecentos e onze apareceu Manuel Afonso e me deu o seu lance de cento e quarenta oitavas de ouro livres para sua majestade e por seu fiador Antônio de Moura assistente nestas lavras e eu lhe tomei e mandei apregoar pelo porteiro e ambos assinaram. Eu Gabriel Gonçalves Pena escrivão da Fazenda Real o escrevi.
26-11-1710	Aos vinte e seis dias do mês de novembro de mil e setecentos e dez anos em pousadas do capitão Geraldo Domingues a cujo cargo esta administração das lavras velhas do Serro do Frio Ribeiro de Nossa Senhora da Purificação e suas anexas. Estando em praça com os dízimos deste ano para o de setecentos e onze apareceu Antônio Dias Chaves e me deu o seu lance de cento e sessenta oitavas de ouro livres para sua majestade e por seu fiador o capitão Antônio Luis do Passo assistente nestas lavras velhas e ele aceitou e obrigou sua pessoa e bens e eu lhe tomei o seu lance e o mandei apregoar pelo porteiro e ambos assinaram e eu Gabriel Gonçalves Pena escrivão da Fazenda Real o escrevi. Antônio Dias Chaves

Data	Escrituração no livro
12-12-1710	Aos doze dias do mês de dezembro de mil setecentos e dez anos em pousadas do capitão Geraldo Domingues perante ele apareceu Joseph Pires e por ele foi dito queria dar entrada do gado que nestas lavras velhas mandava cortar e de presente trazia vinte e cinco cabeças dezessete boi e oito vacas que tudo queria pagar os quintos a sua majestade que Deus guarde o que visto pelo dito capitão Geraldo Domingues mandou fazer este termo eu Gabriel Gonçalves Pena escrivão o escrevi e comigo assinou o sobredito. Joseph Pires Bueno. Nesta adição acima se cortou o gado os bois a doze oitavas e as vacas a dez oitavas nestas lavras velhas. Pena Restam pagar os quintos da importância do gado entrada acima que importam cinquenta e seis oitavas e três quartos de ouro em pó, as quais pagou Antônio Dias Chaves por Joseph Pires Bueno, e se lançaram em revista ao tesoureiro deles, a 30 de maio de 1711. Cabral
23-12-1710	Aos vinte e três dias do mês de dezembro de mil setecentos e dez anos em pousadas do capitão Geraldo Domingues a cujo cargo esta administração destas lavras velhas o Serro do Frio e arrecadação da Fazenda Real perante ele apareceu Antônio Fernandes Lima e por ele foi dito queria dar entrada do gado que tinha vindo para o alferes Mateus de Azevedo Pinheiro para cortar nestas lavras e de presente dava ele dito entrada de treze cabeças a saber dez bois e três vacas de que queria pagar os quintos a sua majestade que Deus guarde o que visto pelo capitão Geraldo Domingues mandou que desse fiança como logo deu o capitão Antônio Luiz do Passo e logo se obrigou por sua pessoa e bens a dar satisfação e se assinaram ambos com o dito digo os sobreditos e eu Gabriel Gonçalves Pena escrivão escrevi e comigo assinaram. Antônio Luis do Passo , Antônio Fernandes Lima Nesta adição acima se vendeu o gado os bois a dezesseis oitavas de ouro e as vacas a doze oitavas de ouro nestas lavras velhas. Pena Estão pagos os quintos da entrada acima que importaram trinta e nove oitavas de ouro em pó, e se lançaram em receita o tesoureiro de lei Antônio de Azevedo Lopes a folhas uma verso do livro primeiro de sua receita da Superintendência aos vinte e dois de abril de mil setecentos e onze anos. Cabral
1710	Aos vinte dias do mês de [...] mil setecentos e dez anos [em pousadas do capitão Geraldo Domingues a cujo cargo esta administração [destas] lavras velhas do Serro do [Frio] de Nossa Senhora da Purificação [...] anexos apareceu o Alferes Antônio Pereira de Abreu e por ele foi dito trazia cinquenta cabeças de gado para cortar nestas sobreditas lavras e de Omo vinha dar entrada e se obrigava eu Marçal Nunes Simões escrivão o escrevi. Antônio Pereira de Abreu Este gado acima declarado se cortou a dezesseis oitavas por cabeça nestas ditas lavras. Nunes Indo os livros da Fazenda Real a Vila de Sabará perante o doutor ouvidor geral Gonçalo de Freitas [Boralho] fez vir a sua presença o escrivão Marçal Nunes Simões, e obrigava ser devedor dos quintos do gado declarado no termo acima o capitão Geraldo Domingues, pelo alferes Antônio Pereira de Abreu ter deixado em sua mão ouro de maior quantia para se [satisfazerem] os ditos quintos, de que se fez um termo, que o provedor Manuel Rodrigues Fontoura sonegou, e o não entregou ao superintendente.

Data	Escrituração no livro
23-12-1710	Aos vinte e oito dias do mês de dezembro de mil setecentos e dez em pousadas do capitão Geraldo Domingues a cujo cargo esta administração desta lavras velhas do Serro do Frio Ribeiro de Nossa Senhora da Purificação e suas anexas estando em praça com os dízimos deste ano para o de setecentos e onze apareceu Matias Gomes e me deu seu lance de cento e setenta oitavas de ouro livres para sua majestade e por seu fiador e principal pagador ao alferes Mateus de Azevedo ambos assistentes nestas lavras velhas e eu lhe aceitei o seu lance e mandei apregoar pelo porteiro e ambos assinaram e eu Gabriel Gonçalves Pena escrivão o escrevi. Mathias Gomes [...]
23-12-1710	E no mesmo dia acima declarado estando em praça com os dízimos deste ano para o de setecentos e onze apareceu Manuel Rodrigues Fontoura e me deu o seu lance de cento e noventa oitavas de ouro livres para sua majestade e por seu fiador a Luis Lopes de Carvalho ambos assistentes nestas lavras velhas e eu lhe aceitei o seu lance e o mandei apregoar pelo porteiro de que fiz este termo e que se assinaram ambos e eu Gabriel Gonçalves Pena escrivão o escrevi. Manuel Rodrigues Fontoura, Luis Lopes de Carvalho
23-12-1710	E no mesmo dia acima declarado estando em praça com os ditos dízimos apareceu Antônio de Moura e me deu o seu lance de duzentas oitavas de ouro livres para sua majestade e por seu fiador Luis Lopes de Carvalho ambos assistentes nestas lavras velhas e eu lhe aceitei o seu lance e o mandei apregoar pelo porteiro de que fiz este termo em que se assinaram ambos e eu Gabriel Gonçalves Pena escrivão o escrevi. Antônio de Moura
23-12-1710	E no mesmo dia acima declarado estando em praça com os ditos dízimos apareceu Mathias Gomes assistente nestas lavras velhas e me deu o seu lance de duzentas e dez oitavas de ouro livres para sua majestade e por seu fiador o alferes Matheus de Azevedo Pinheiro assistente nestas lavras velhas e eu lhe aceitei o seu lance e o mandei apregoar pelo porteiro de que fiz este termo em que se assinaram ambos e eu Gabriel Gonçalves Pena escrivão o escrevi. Matias Gomes da Maia
23-12-1710	E no mesmo dia acima declarado estando em praça com os dízimos acima nomeados apareceu Antônio Dias Chaves assistente nestas lavras velhas e me deu o seu lance de duzentas e vinte oitavas de ouro livres para sua majestade e por seu fiador e principal pagador o capitão Antônio Luiz do Passo assistente nestas lavras velhas e eu lhe tomei o seu lance e o mandei apregoar pelo porteiro de que fiz este termo em que se assinaram ambos e eu Gabriel Gonçalves Pena escrivão o escrevi.
28-12-1710	Aos vinte e oito dias do mês de dezembro de mil setecentos e dez anos na praça pública donde é uso e costume fazerem as arrematações estando presente o capitão Geraldo Domingues a cujo cargo esta administração destas lavras velhas do Serro do Frio Ribeiro de Nossa Senhora da Purificação e suas anexas rematou Manuel Rodrigues Fontoura o contrato dos dízimos anexos a esta administração que a estas lavras velhas e Ribeiro do Peixe e Bom Jesus e Ribeiro das Pedras Campo de Cambira de tudo aquilo que se deve [...] por trezentas e cinquenta oitavas de ouro em pó limpo pago do dia da rematação a um ano para o que obrigou sua pessoa bens havidos e por haver e deu por seus fiadores e principais pagadores Luis Lopes de Carvalho Antônio de Moura ambos assistentes nestas lavras velhas e logo pelo dito arrematador foi requerido ao ministro que ele rematava o dito contrato para gozar de todos os privilégios: dons e percalços como contratador real de sua majestade darem lhe notícias mandados executivos para poder cobrar executivamente das pessoas que remessas forem no tal pagamento e assim me requereu o dito contratador que estando este contrato rematado em outra qualquer parte por ordem do senhor governador [nou] [...]

Data	Escrituração no livro
12-03-1711	Aos doze dias do mês de março de mil setecentos e onze anos em posadas do capitão Geraldo Domingues a cujo cargo esta administração destas lavras velhas do Serro do Frio e arrecadação da Fazenda Real perante ele apareceu Eugenio Correa de Almeida e por ele foi dito queria dar entrada do gado que tinha trazido seu irmão Matias Cardoso de Almeida para estas lavras e de presente havia ele dito entrada de quinze cabeças a saber dez bois e cinco vacas as quais queria cortar para delas pagar quintos a sua majestade que Deus guarde e que visto pelo dito capitão Geraldo Domingues mandou que deve fiança como logo deu a Luis Lopes de Carvalho o qual se obriga por sua pessoa e bens a dar satisfação da dita importância e se assinaram ambos de que fiz este termo eu Gabriel Gonçalves Pena escrivão o escrevi. Eugenio Correia de Almeida Nesta adição acima se vendeu o gado a saber os bois a doze oitavas de ouro e as vacas a dez oitavas de ouro nestas lavras velhas. Pena
12-03-1711	Aos doze dias do mês de março de mil setecentos e onze anos em posadas do capitão Geraldo Domingues a cujo cargo esta administração destas lavras velhas do Serro do Frio e arrecadação da Fazenda Real perante ele apareceu Eugenio Correa de Almeida e por ele foi dito queria dar entrada do gado que tinha trazido seu irmão Mathias Cardoso de Almeida para estas lavras e de presente havia ele dito entrada de quinze cabeças a saber dez bois e cinco vacas as quais queria cortar para delas pagar quintos a sua majestade que Deus guarde e que visto pelo dito capitão Geraldo Domingues mandou que deve fiança como logo deu a Luis Lopes de Carvalho o qual se obriga por sua pessoa e bens a dar satisfação da dita importância e se assinaram ambos de que fiz este termo eu Gabriel Gonçalves Pena escrivão o escrevi. Eugenio Correia de Almeida Nesta adição acima se vendeu o gado a saber os bois a doze oitavas de ouro e as vacas a dez oitavas de ouro nesta lavras velhas. Pena
16-03-1711	Aos dezesseis dias do mês de março de mil setecentos e onze anos, em pousadas do capitão Geraldo Domingues a cujo cargo esta administração destas lavras velhas do Serro do Frio e arrecadação da Fazenda Real perante ele apareceu o alferes João de Azevedo e por ele foi dito queria dar entrada do gado que trouxe para cortar nestas lavras velhas e de presente dava ele dito entrada de doze cabeças a saber dez bois e duas vacas as quais cortava para delas pagar os quintos a sua majestade que Deus guarde e que visto pelo dito capitão Geraldo Domingues mandou fazer este termo em que assinou o sobredito e eu Gabriel Gonçalves Pena escrivão deste distrito o fiz e escrevi. João de Azevedo e Carvalho Acima [...] pague Antônio Rabelo Paes [...] fiador do capitão Geraldo Domingues e este lançaram em receita o tesoureiro de lei Antônio de Azevedo Lopes a folhas duas verso e três do livro primeira da receita da Fazenda Real da Superintendência aos vinte e cinco de agosto de mil setecentos e onze anos. Cabral
16-03-1711	Aos dezesseis dias do mês de março de mil setecentos e onze anos em pousadas do capitão Geraldo Domingues a cujo esta administração destas lavras velhas do Serro do Frio e arrecadação da Fazenda Real perante ele apareceu José Pires Bueno e por ele foi dito queria dar entrada no gado que trouxe o reverendo padre [frei] Benedito de Santo Antônio para cortar nestas [nestas] lavras velhas e de presente dava ele dito entrada de vinte cabeças a saber quatorze bois e seis vacas as quais cortava para delas pagar os quintos a sua majestade que Deus guarde o que visto pelo dito capitão Geraldo Domingues mandou fazer este termo em que assinou o dito José Pires Bueno e eu Gabriel Gonçalves Pena escrivão deste distrito o escrevi e assinei. José Pires Bueno

Data	Escrituração no livro
12-08-1711	[...] [doze] dias do mês de agosto de mil [setecentos] e doze anos indo para fora des[tas] [lavras] velhas João Godinho homem quem [...] [nas] a cartas particulares impedindo-lhe [...rem] o provedor dos quintos reais o capitão [...] Rodrigues da Fontoura e o dito João Godinho disse que ia para Vila Real da Conceição do Sabará para segurança oferece por fiador a Mathias Gomes da Maia [...al] logo por ele foi dito que ele fiava ao dito João Godinho e segurança ir para as outras Minas que ia para tomar e quando e quando não vinha mandar desta certidão em forma em como [ela] esta e o dito Mathias Gomes da Maia obrigou a lei de fiador dentro em dois meses apresentar quitação ou ele em pessoa de que fez este termo eu Manuel Afonso do Rego o fiz escrever. Mathias Gomes da Maia Está desobrigado o fiador por me constar ter ido a Vila de Nossa Senhora da Conceição do Sabará o dito João Godinho e por verdade fiz este termo de desobriga Lavras Velhas 25 de setembro de 1712. Manuel Afonso do Rego Não aparece os [declarados] por que constasse, antes é público ir como foi para Bahia com consentimento do provedor Manuel Rodrigues Fontoura
14-04-1714	Aos quatorze dias do mês de abril de mil setecentos e quatorze anos nesta Vila Real de Nossa Senhora da Conceição nas casas de morada do doutor Luis Botelho de [Queiroz] ouvidor geral da dita vila apareceu o padre Inocêncio de Carvalho para pagar os quintos de duas boiadas de sessenta cabeças por conta de seu primo João de Azevedo e Carvalho, e pagou cento e cinquenta oitavas de ouro que tanto importava quinto de cada cabeça a doze oitavas e meia, as quais recebeu o tesoureiro da Fazenda Real, de que ele dito ouvidor geral mandou fazer este termo, que assinou com o tesoureiro, se que fiz este termo, e eu Jacinto de Queiroz Sarmento escrivão dos defuntos e ausentes por impedimento do escrivão da fazenda o escrevi [...] As 150 oitavas declaradas no termo acima recebeu o tesoureiro João de Sotto Maior e lhe vão em receita a folha 187 do livro rubricado pelo [desembargador] Joseph Vaz Pinto em 13 de agosto de 1703.

Data	Escrituração no livro
[s.d]	E no mesmo dia acima declarado estando em praça com os ditos dízimos apareceu Manuel Rodrigues [...] Ferreira assistente nestas lavras velhas e me deu seu lance de duzentas e trinta oitavas de ouro livres para sua majestade e por seu fiador e principal pagador a Luis Lopes assistente nestas lavras velhas eu lhe aceitei o seu lance e o mandei apregoar pelo porteiro de que fiz este termo em que se assinaram ambos e eu Gabriel Gonçalves Pena escrivão o escrevi [...] Luis Lopes de Carvalho
[s.d]	E no mesmo dia acima declarado estando em praça com os ditos dízimos apareceu Antônio Dias Chaves assistente nestas lavras velhas e me deu o seu lance de duzentas e cinquenta oitavas de ouro livres para sua majestade e por seu fiador e principal pagador ao capitão Antônio Luis do Passo assistente nestas lavras velhas eu lhe aceitei o seu lance e o mandei apregoar pelo porteiro de que fiz este termo em que assinaram ambos e eu Gabriel Gonçalves Pena escrivão o escrevi
[s.d]	E no mesmo dia acima declarado estando em praça com os ditos dízimos apareceu Matias Gomes da Maia assistente nestas lavras velhas e me deu seu lance de duzentas e setenta e cinco oitavas de ouro livres para sua majestade e por seu fiador e principal pagador ao alferes Matheus de Azevedo assistente nestas lavras velhas F.[...] velhas e eu lhe aceitei o seu lance e o mandei apregoar pelo porteiro de que fiz este termo em que assinaram ambos e eu Gabriel Gonçalves Pena escrivão o escrevi
[s.d]	E no mesmo dia acima declarado estando em praça com os ditos dízimos apareceu Manuel Rodrigues Fontoura assistente nestas lavras velhas e me deu o seu lance de duzentas e oitenta e cinco oitavas de ouro livres para sua majestade e por seu fiador e principal pagador a Luis Lopes de Carvalho assistente nestas lavras velhas e eu lhe aceitei o seu lance e o mandei apregoar pelo porteiro de que fiz este termo em que se assinaram ambos e eu Gabriel Gonçalves Pena escrivão o escrevi [...] Luis Lopes de Carvalho
[s.d]	E no mesmo dia acima declarado apareceu Antônio Dias Teixeira assistente nestas lavras velhas e me deu o seu lance de trezentas oitavas de ouro livres para sua majestade e por fiador Antônio Luis do Passo assistente o seu lance e o mandei apregoar pelo porteiro de que fiz este termo em que assinaram ambos e eu Gabriel Gonçalves Pena escrivão o escrevi F.[...]v
[s.d]	E no mesmo dia acima declarado estando em praça com os ditos dízimos apareceu Manuel Rodrigues Fontoura e me deu o seu lance de trezentos e cinquenta oitavas de ouro livres para sua majestade e por seu fiador Luis Lopes de Carvalho assistente nestas lavras velhas e eu lhe aceite o seu lance e o mandei apregoar pelo porteiro que fiz este termo em que se assinaram ambos e eu Gabriel Gonçalves Pena escrivão o escrevi [...] Luis Lopes de Carvalho
[s.d]	E no mesmo dia como acima declarado sendo pelas oito horas da noite mandou o capitão Geraldo Domingues a cujo cargo esta administração destas lavras velhas do Serro do Frio Ribeiro de Nossa Senhora da Purificação e suas anexas vendo que não havia quem desse ais lance sobre as trezentas e cinquenta oitavas de ouro que lançaram acima afrontar aos lançadores se davam mais pelo contrato que se arrematava e por eles me foi dito não queriam mais nada do contrato o que visto pelo dito ministro mandou o porteiro apregoou mais seis [pregões] com todos os requisitos necessários vendo que ninguém dava mais nada entregou o ramo ao lançador Manuel Rodrigues Fontoura o que o dito porteiro logo fez e o dito arrematador se deu por em [...] de que fiz este termo de arrematação

Fonte: APM-CC

13 – Provisão para o sargento-mor Lourenço Carlos Mascarenhas de Araújo servir o cargo de superintendente do Serro do Frio, 03/02/1711

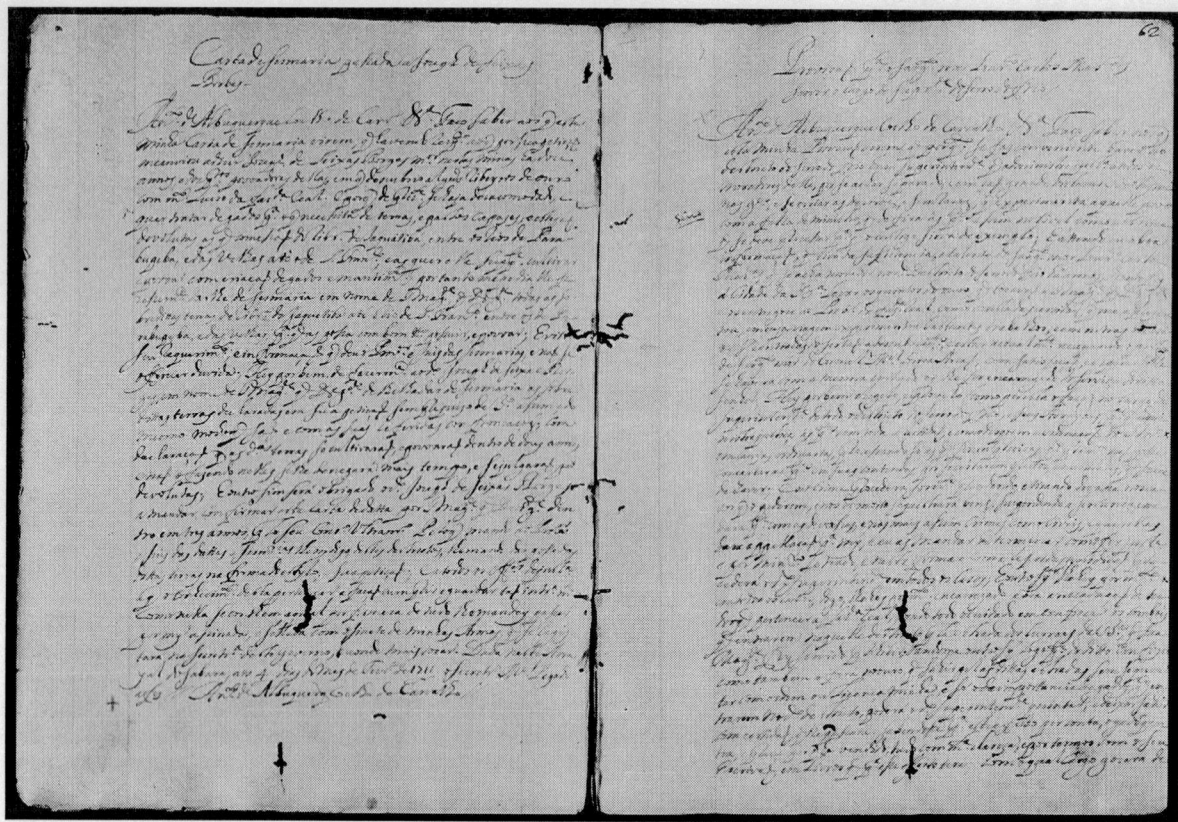

Fonte: ARQUIVO PÚBLICO MINEIRO. *Seção colonial.* SC 07, Rolo 02, fl. 62

14 – Regimento dos capitães do mato, 17/12/1722 (com transcrição)

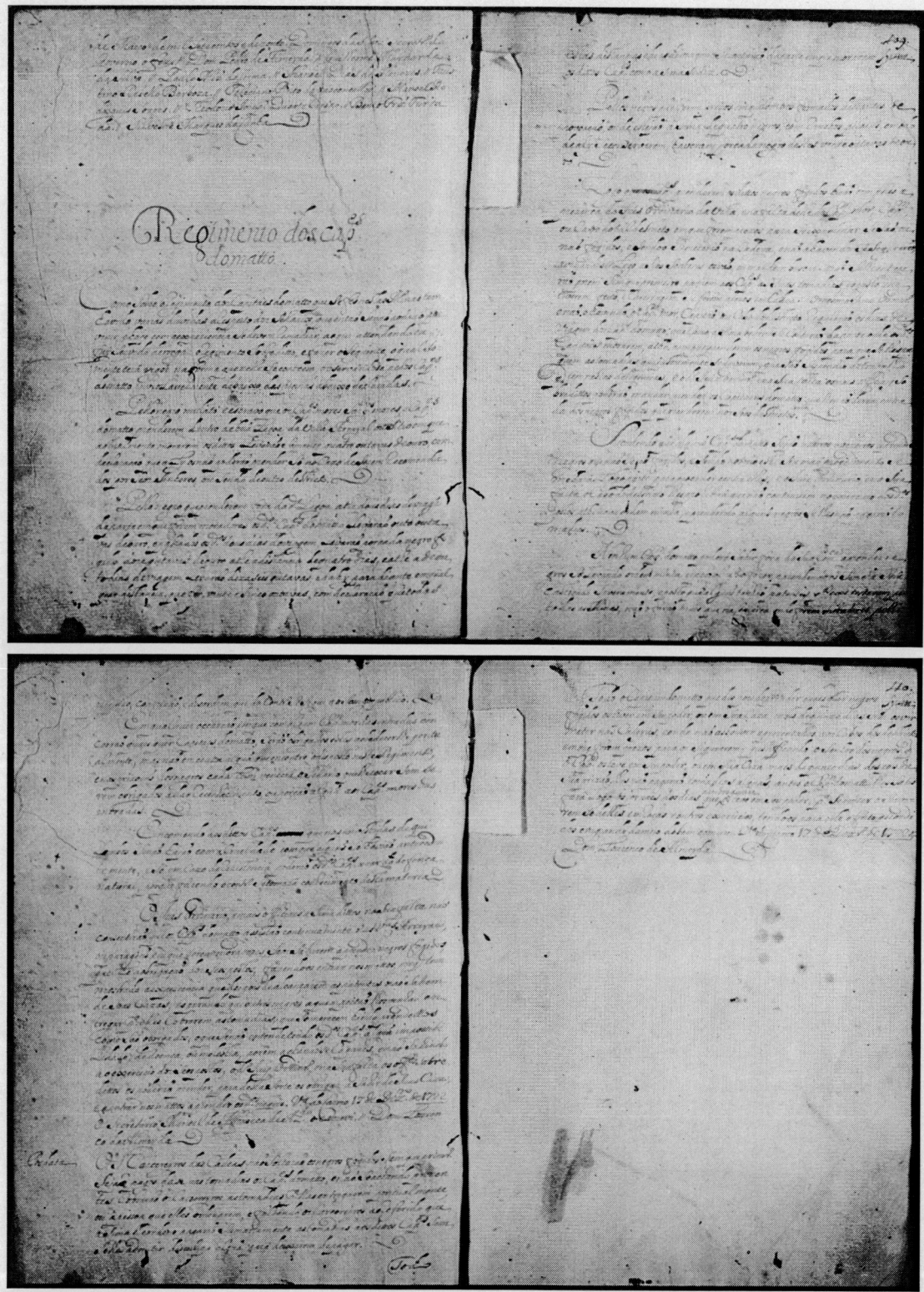

Como sobre o Regimento dos Capitães do matto, que se fes nestas Minas tem havido varias duvidas a respeito dos Sallarios, que entaõ se naõ podiaõ previnir, e hoje com a experiencia se devem remediar, ao que attendendo eu fuy servido derrogar o Regimento sobreditto, e fazer o seguinte, o qual somente terá vigor na forma que nelle se conthem, observandose pellos Capitães do matto inviolavelmente debaixo das pennas abaixo declaradas.

§1 Pello negro, mulato e escravo que os Capitães mores, Sargentos mores, Capitães do matto prenderem dentro de hua legoa da Villa, Arrayal, ou Sitio em que actualmente morarem os dittos, levaraõ somente quatro outavas de ouro, com declaraçaõ que aly os naõ poderaõ prender, só no cazo de serem recomendados por seos senhores ou sendo de outro destricto.

§2 Pello negro que prenderem fora da ditta legoa athe dous dias de viage da parte em que forem moradores os dittos Capitães do matto levaraõ outo outavas de ouro, e passados os dittos dous dias de viagem, levaraõ por cada negro fogido doze outavas de ouro athe a distancia de quatro dias, e athe a de outo dias de viagem levaraõ dezaseis outavas, e dahy para diante em qualquer distancia que for, vinte e sinco outavas, com declaraçaõ que todas estas distancias e dias de viagem se contaraõ da parte em que morarem os dittos Capitães como aSima Se diz.

§3 Pellos negros que forem prezos em quilombos formados distantes de povoaçaõ onde estejaõ aSima de quatro negros, com Ranchos piloens, e modo de aly se conservarem, haveram por cada negro destes vinte outavas de ouro.

§4 Logo que os Capitães prenderem os dittos negros fogidos hiraõ com elles a prezença do Juís ordinario da Villa, e na falta delle do Capitam mor, Capitam ou Cabo do tal destricto em que forem prezos para se examinar se saõ, ou naõ fogidos, e sendo se meteraõ na Cadeya, e naõ a havendo se seguraraõ, avizandose logo a seos senhores os vaõ, ou mandem buscar; naõ selhe entregaraõ porem sem que primeiro paguem aos Capitães as suas tomadias, e o gasto que tiverem feito, e carceragem se forem prezos em Cadea. O mesmo Juiz ordinário e naõ o havendo o Capitam mor, Capitaõ ou Cabo do districto regularaõ os dias de viagem dos Capitães do matto, que como aSima ordeno se contaraõ da parte onde os dittos Capitães morarem, athe a em que prenderem os negros fogidos para que se lhes paguem as tomadias que justamente se deverem, que saõ stipendio do trabalho que tem nestas deligencias, e o ditto Juiz ordinario, e na sua falta os mais officiaes sobredittos poderaõ mandar prender os Capitaens do matto que lhe naõ derem entrada dos negros fogidos que prenderem nos seos destrictos.

§5 Sucedendo que alguns Capitães do matto Sejaõ uzeiros, e vezeiros a prender negros que naõ sejaõ fogidos, e sendo notorio estes seu mao procedimento se me dará logo parte para proceder contra elles, e o Juiz ordinario, e na sua falta o Cabo do desticto lhes prohibirá que naõ continuem no exercicio dos dittos postos athe nova ordem minha, e prendendo alguns negros se lhes naõ pagaraõ tomadias.

§6 Nenhum Capitam do matto poderá sahir fora da sua Comarca a prender negros so levando ordem minha especial para o fazer e prendendoos sem esta [será] castigado severamente, e posto que alguñs tenhaõ patentes para exercitarem por todas as Minas, naõ o faraõ mais que na Comarca onde forem moradores pello prejuizo, confuzaõ, e desordem que do contrário se segue ao Sossego publico.

§7 Em qualquer occaziaõ em que com algum Capitam mor das entradas concorraõ quaisquer Capitães do matto, seraõ obrigados estes a obedecerlhe pontualmente, mas naõ em couza algûa que encontre o disposto neste Regimento, e nas prizoeñs dos negros cada hum vencerá o Sallario que lhe tocar sem serem obrigados a dar Reconhecimento, ou porçaõ algûa aos Capitães mores das entradas.

§8 Encomendo aos dittos Capitães [borrado] que nas envestidas de quilombos se naõ hajaõ com a Crueldade com que alguñs se haviaõ antecedentemente, e só em cazo de rezistencia poderaõ os dittos Capitães uzar da defença natural, porque fazendo o contrário se tomará conhecimento desta materia.

§9 O Juis ordinário, e mais officiaes aSima dittos na sua falta naõ consentiraõ que os Capitães do matto assistaõ continuamente nas Villas, Arrayaes, ou paragiñs, em que forem moradores, sem sahirem a prender negros fogidos, que he a obrigaçaõ dos seos postos, fazendoos entrar nos mattos, porque tem mostrado a experiencia que despois de alcançarem as patentes, naõ sahem de suas cazas, esperando que outros negros a quem peitaõ lhos venhaõ entregar para elles cobrarem as tomadias, que so merecem hindo prendellos como saõ obrigados, o que se naõ entende tendo os dittos Capitães algũa impossibilidade de doença, ou molestia, porem achandose capazes, e naõ sahindo ao exercicio dos seos postos, o ditto Juis ordinário, e na sua falta os officiaes sobredittos os poderaõ prender, para desta sorte os obrigar a sahir de suas cazas, e a entrar nos mattos a prender os dittos negros.

Villa do Carmo 17 de dezembro de 1722

O Secretario Manuel de Affonseca de Azevedo o escrevi.

Dom Lourenço de Almeyda

§10 Os Carcereyros das Cadeas naõ Soltaraõ os negros fogidos sem que primeiro sejaõ pagos das suas tomadias os Capitães do matto, e naõ se achando prezentes cobraraõ os Carcereyros as tomadias para lhas entregarem pontualmente ou á pessoa que elles ordenarem, e faltando os Carcereyros ao referido que aSima lhe ordeno pagaraõ sumariamente as tomadias dos dittos Capitães sem se lhes admitir disculpa algua para deixarem de pagar.

§11 Todo o Capitam do matto que despois de prender quaisquer negros fogidos os tiver em seu poder, ou em sua caza mais de quinze dias sem os vir meter nas Cadeyas, e onde naõ as houver aprezentallos aos Cabos dos destrictos em que forem prezos para os segurarem, justificando o Senhor dos negros que o Capitam os teve em seu poder, ou em sua caza mais de quinze dias despois da sua prizaõ, lhes naõ pagaraõ tomadias algũas, antes o Capitam do matto lhes satisfará logo os jornaes dos dias que os teve em seu poder, para se evitar o servirem se delles em roças e outros exercicios, tendoos para este effeito escondidos em grande damno do bem comum.

Villa do Carmo 17 de dezembro de 1722

Dom Lourenço de Almeyda

Fonte: ARQUIVO PÚBLICO MINEIRO. *Seção colonial*. SC-02 Rolo 01 1605-1753 Registro de alvarás, regimentos, cartas, ordens régias, cartas patentes, provisões, confirmações de cartas patentes, sesmarias e doações, fl. 108v.-110

15 – Carta de sesmaria de Lucas de Freitas de Azevedo, de 24/01/1717

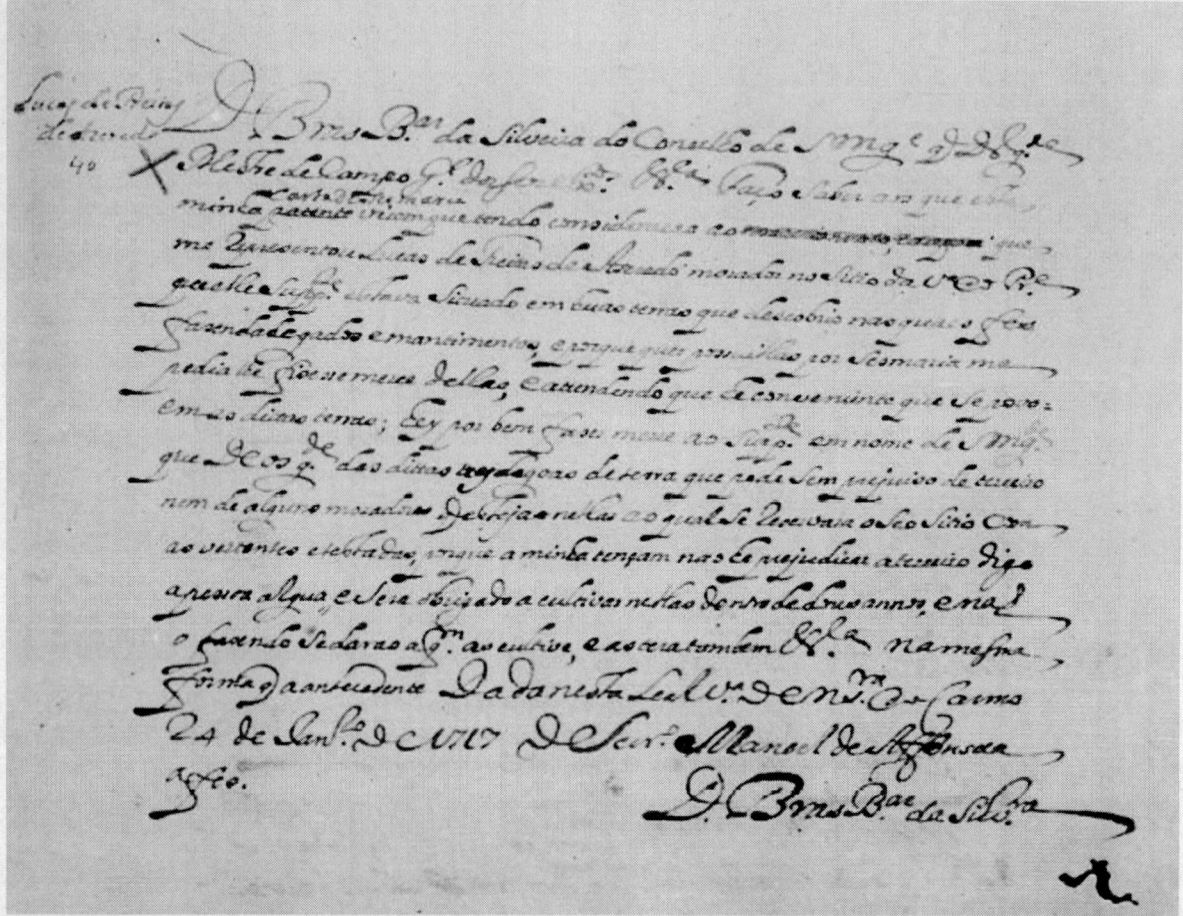

Fonte: ARQUIVO PÚBLICO MINEIRO. *Seção colonial*. SC-09 Rolo 02 1713-1717 Registro de cartas, ordens, despachos, instruções, bandos, cartas patentes, provisões e sesmarias, fl. 218

16 – Patente de mestre de campo de Lucas de Freitas de Azevedo, de 17/06/1717

Fonte: ARQUIVO PÚBLICO MINEIRO. *Seção colonial*. SC-09 Rolo 02 1713-1717 Registro de cartas, ordens, despachos, instruções, bandos, cartas patentes, provisões e sesmarias, fl. 253

17 – Patente de sargento-mor da cavalaria das Ordenanças do distrito de Itacambira, termo da Vila do Príncipe passada a Paulo Pires de Miranda, em 30/04/1717

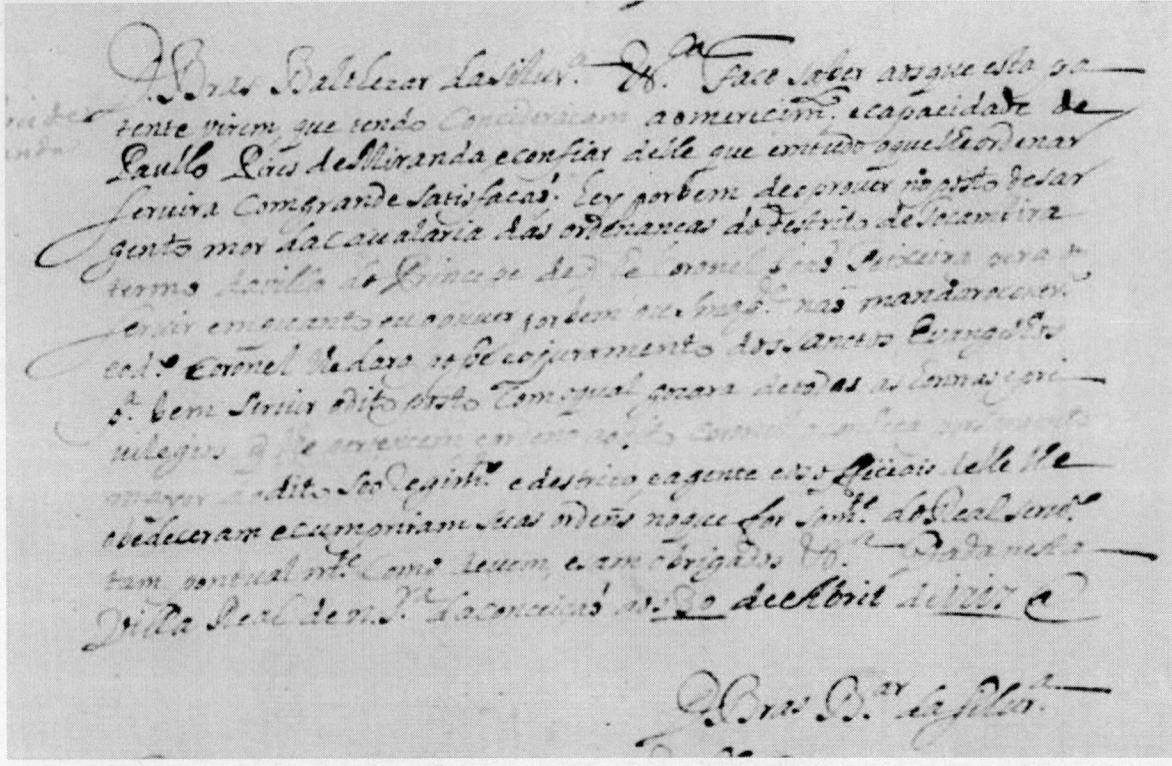

Fonte: ARQUIVO PÚBLICO MINEIRO. *Seção colonial.* SC-09 Rolo 02 1713-1717 Registro de cartas, ordens, despachos, instruções, bandos, cartas patentes, provisões e sesmarias, fl. 235

18 – Patente de capitão-mor das Ordenanças da Vila do Príncipe passada a Pedro Pereira de Miranda, em 20/07/1716

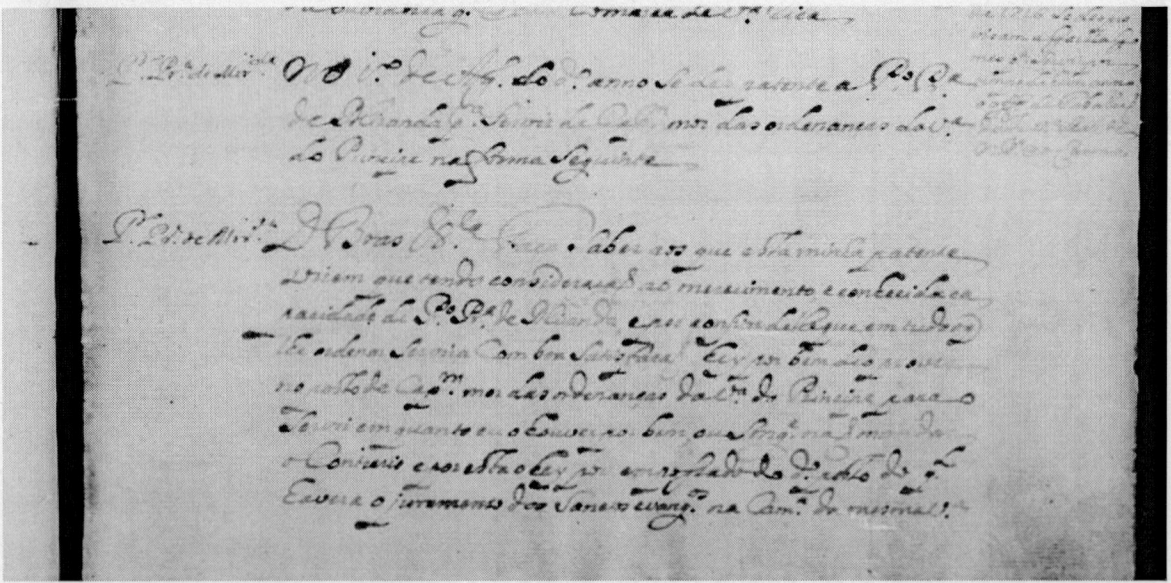

Fonte: ARQUIVO PÚBLICO MINEIRO. *Seção colonial.* SC-09 Rolo 02 1713-1717 Registro de cartas, ordens, despachos, instruções, bandos, cartas patentes, provisões e sesmarias, fl. 195v.

19 – Livro matrícula da capitação de escravos 1738-1787 (transcrição em planilha)

n.	Morador(a) em	Pagador(a)	n. escravos
1	Tijuco	Rafael Pires Pardinho [Intendente dos Diamantes]	6
2	Tijuco	Plácido de Almeida Matoso [Intendente do Ouro]	3
3	Tijuco	João de Macedo [fiscal da Intendência]	1
4	Tijuco	Manuel Gomes de Bessa [Escrivão da Intendência]	2
5	Tijuco	Pedro João de Cerqueira Meneses	2
6	Tijuco	José Coelho Barbosa	2
7	Tijuco	Belchior Isidoro Barreto	1
8	Tijuco	João Barbosa Pereira	2
9	Vila do Príncipe	Francisco Veloso de Miranda	1
10	Caeté Mirim	Antônio Pereira de Matos	1
11	Gouveia	Francisco Corrêa de Carvalho	7
12	Itambé	Caetano José [padre]	5
13	Caeté Mirim	Domingos de Matos	1
14	São Gonçalo	Antônio Machado Rebelo	1
15	Rio Manso	Manuel Ribeiro Mendes	2
16	Milho Verde	Manuel da Costa Coelho	4
17	Caeté Mirim	André Muniz	2
18	Caeté Mirim	Belchior Gonçalves	20
19	Tijuco	João da Silva Ramos	1
20	Caeté Mirim	Francisco Xavier de Machado	7
21	Jequitinhonha	João da Cunha [padre]	1
22	Tijuco	Manuel Gomes da Mota	2
23	Tijuco	Antônio Álvares Moreira	3
24	Rio Manso	Antônio Gonçalves de Moura	1
25	Gouveia	Salvador Dias dos Reis [padre]	13
26	Gouveia	Manuel Ferreira Antônio	18
27	Itambé	Manuel Freitas	2
28	Gouveia	Pedro Freitas	1
29	Gouveia	Domingos Pereira Valadares	1
30	Gouveia	Bartolomeu Lopes Guimarães	5
31	Ribeirão de Areia	Antônio Carvalho Ferreira	2
32	Palmital	Antônio de Souza	6
33	Palmital	Antônio José da Costa	4
34	Gouveia	Manuel de Almeida Landi	3
35	Gouveia	Tereza Ferreira [preta forra]	4
36	Rio das Pedras	Miguel Francisco de Araújo	1
37	Rio das Pedras	João Dias Delgado	1
38	Rio Manso	Isabel de Jesus	1
39	Rio Manso	Maria Lemes [preta forra]	1
40	Rio Manso	Gaspar Hidalgo Lemes	2
41	Rio Manso	Domingos Eres de Lima	2

n.	Morador(a) em	Pagador(a)	n. escravos
42	Rio Manso	Antônio Lemes [preto forro]	1
43	Vila do Príncipe	Bernardo Álvares Neves	1
44	Vila do Príncipe	João do Vale Padilha	2
45	Tijuco	José Manuel de Moura	3
46	Gouveia	Martinho Corrêa	3
47	Palmital	Marcelino Pereira da Rocha	4
48	Gouveia	Antônio Muniz da Cruz	2
49	Caeté Mirim	Manuel de Lima	4
50	Tijuco	Marcos Adão	3
51	Pinheiro	João de Freitas Guimarães	4
52	Pinheiro	João Fre. Mca.	1
53	Pinheiro	João da Silva Peixoto	6
54	Tijuco	Antônio Pereira de Figueiredo Tomé	1
55	Inhaí	Joaquim Álvares Chaves	10
56	Caeté Mirim	Domingos Ferreira da Silva	1
57	Caeté Mirim	Violante de Souza	21
58	São Patrício	José Duarte Campelo	9
59	São Patrício	Francisco José de Meneses	4
60	São Patrício	Antônio Rodrigues Cardoso	15
61	São Patrício	Antônio dos Reis M.	5
62	Andréquicé	Maria Veloso [preta forra]	1
63	Ribeirão de Areia	Júlio dos Santos Pereira	2
64	Andréquicé	Juliana Veloso Mont [preta forra]	1
65	Ribeirão de Areia	Máximo Barbosa Pereira	4
66	São Patrício	Antônio Ferreira de Figueiredo	5
67	Tijuco	Manuel da Costa Duarte	1
68	Tijuco	João Vieira da Costa	1
69	Jequitinhonha	Higino Monteiro de Araújo	4
70	Gouveia	Antônio Soares de Melo	1
71	Gouveia	Antônio de Andrade Pereira	9
72	São Gonçalo	Matias Raposo de Faria	1
73	Caeté Mirim	João Soares	1
74	Cristais	Antônio Marques	3
75	Conceição	Manuel Pereira	2
76	Andréquicé	Antônio da Silva Teles	1
77	Andréquicé	Domingos Ferreira Dias	5
78	Andréquicé	João de Barros Pereira	5
79	Andréquicé	Teresa Lopes Moreira [preta forra]	1
80	Milho Verde	José de Espínola	2
81	Andréquicé	Antônio Ferreira Guimarães	2
82	Andréquicé	Manuel Francisco	1
83	Andréquicé	João dos Santos	1

n.	Morador(a) em	Pagador(a)	n. escravos
84	Andréquicé	Sebastião E. de Espínola [padre]	1
85	Andréquicé	Domingos da Rocha Campos	4
86	Inhaí	Antônio da Costa Raposo	1
87	Vila do Príncipe	Adriano Veloso de Miranda	1
88	Andréquicé	Manuel Machado [...]	1
89	Andréquicé	Manuel de [...]	1
90	Tijuco	Madalena Rodrigues da Costa	3
91	Tijuco	José Gomes Claro	2
92	Gouveia	Francisco de Souza	12
93	Gouveia	Antônio Esteves	12
94	Pinheiro	Manuel Gomes Guimarães	1
95	Milho Verde	Gonçalo Leite	2
96	Rio Preto	Domingos Gonçalves Muniz	6
97	Vila do Príncipe	Antônio Pereira Serpa	2
98	Vila do Príncipe	João Gonçalves	3
99	Itambé	Clara Pereira Machado [preta forra]	1
100	Caeté Mirim	Antônio da Costa	11
101	Fazenda de São José	Manuel de Siqueira Chaves	8
102	Vila do Príncipe	Clara [preta forra]	1
103	Vila do Príncipe	Micaela de Paiva	1
104	Vila do Príncipe	Domingos Cardoso	2
105	Vila do Príncipe	José Gonçalves de Matos	1
106	Vila do Príncipe	Manuel da Costa Castro Figueiredo	1
107	Vila do Príncipe	Dâmaso de Meireles da Silva	2
108	Vila do Príncipe	Domingos Gonçalves de Matos	50
109	Tijuco	José Álvares da Costa	1
110	Rio das Pedras	Luis Teixeira de Souza [preto forro]	7
111	Jequitinhonha	Manuel da Silva	1
112	Jequitinhonha	Antônio Pires	1
113	Caeté Mirim	Ana Soares [preta forra]	2
114	Tijuco	Teresa de Jesus [preta forra]	1
115	Rio Manso	Antônio da Costa	4
116	Tijuco	Joaquim Rodrigues Ferreira	1
117	Rio Manso	Pedro de Oliveira dos Santos	6
118	Tijuco	Francisca Pereira [preta forra]	1
119	Rio Pardo	Luiz Gomes Machado	9
120	Tijuco	Josefa Maria [preta forra]	4
121	Tijuco	João da Guerra Bastos	7
122	Gouveia	João L.	2
123	Rebelo	Domingos Dias Pacheco	29
124	Gouveia	Mônica Barbosa [preta forra]	1
125	Gouveia	João Antônio Vila Nova	6

n.	Morador(a) em	Pagador(a)	n. escravos
126	Gouveia	Antônio Leite Vieira	16
127	Gouveia	José Muniz [preto forro]	1
128	Gouveia	Domingos Lopes Vilas Boas	10
129	Gouveia	Matias de Lemos Ribeiro	5
130	Gouveia	João Francisco Maia	4
131	Gouveia	Pedro da Silva	1
132	Tijuco	Mariana Pereira de Souza [preta forra]	2
133	Gouveia	Bernardo Fa... [preto forro]	1
134	Paraúna	Antônio da Fonseca Távora	3
135	Gouveia	Domingos Pereira Valadares	25
136	Paraúna	Manuel Gonçalves da Silva	4
137	Paraúna	Manuel Jorge de Magalhães	22
138	Rio Manso	João de Godois Vilas Boas	1
139	Tijuco	Manuel Caetano	1
140	Milho Verde	Antônio Machado Rebelo	1
141	Milho Verde	Luiz da Silva Franco	3
142	Rio Manso	Tereza da Silva Barreiros [preta forra]	1
143	Rio Manso	Pascoal Marques Guimarães	1
144	Milho Verde	Dâmaso Álvares de Carvalho	7
145	Rio Manso	Pedro mina [preto forro]	3
146	Milho Verde	Silvestre dos Reis Drago	10
147	Vila do Príncipe	Romão João da Silva	1
148	São Gonçalo	Manuel Pereira Lima	13
149	Inhaí	José Corrêa Monteiro	2
150	Caeté Mirim	Amatilde Coelho	1
151	Tijuco	Antônio Pereira de Almeida	2
152	Tapera	Jacinto da Silva	1
153	Paraúna	João Moreira de Souza	18
154	Tapera	Leonor [preta forra]	1
155	Tapera	João Freitas de Carvalho	1
156	Andréquicé	Mécia [cabra forra]	1
157	Andréquicé	Manuel de Oliveira Monteiro	2
158	Tapera	Manuel Luiz	4
159	Tapera	Manuel Teixeira de Carvalho	5
160	Gouveia	José Pereira de Castro	2
161	Gouveia	Victoriano Cardoso [preto forro]	1
162	Gouveia	Antônio Francisco de Vasconcelos	1
163	Gouveia	Antônio Camelo de Sampaio	4
164	Tapera	Gonçalo Pinto	6
165	São Gonçalo	Manuel Gonçalves de Aguiar	6
166	Gouveia	Manuel Marques das Neves	4
167	Andréquicé	Diogo Dias da Cunha	8

n.	Morador(a) em	Pagador(a)	n. escravos
168	Tapera	Domingos Peixoto de Carvalho	13
169	Tapera	André Francisco de Carvalho	15
170	Gouveia	Antônio Ribeiro	2
171	Gouveia	Domingos de Oliveira	2
172	Gouveia	João de Almeida	2
173	Tijuco	Rosa Maria [preta forra]	1
174	Tijuco	Manuel Tavares	3
175	Gouveia	João de Miranda e Oliveira	8
176	Rio Preto	Antônio Pereira da Silva	1
177	Tijuco	Maria Barbosa [preta forra]	3
178	Rio Preto	José Pereira	2
179	Rio Preto	Francisco Fonseca Furtado	2
180	Rio Preto	Caetano da Costa Tadeu	18
181	Rio Preto	Francisco Antônio	1
182	Tijuco	Domingos Pereira Lisboa	2
183	Vila do Príncipe	Nazária Dias [preta forra]	2
184	Vila do Príncipe	Antônio Vaz da Costa Moreira Navarro	4
185	Viandante	João Marinho Viana	1
186	Vila do Príncipe	Manuel Barbosa	5
187	Gouveia	Inácio dos Santos Maia	1
188	Vila do Príncipe	Matias Álvares Fontes [preto forro]	1
189	Vila do Príncipe	Francisco de Sá Soto Maior	5
190	Vila do Príncipe	Francisca Batista Rebelo [preta forra]	3
191	Vila do Príncipe	Francisca Muniz Fontes [preta forra]	2
192	Vila do Príncipe	João Álvares Fontes	6
193	Vila do Carmo	Francisco de Almeida Figueiredo	1
194	Itambé	João Paulo de Sampaio	6
195	Vila do Príncipe	Maria das Neves [preta forra]	1
196	Vila do Príncipe	Manuel Álvares Fontes	21
197	Três Barras	Manuel Gonçalves	1
198	Formação	Manuel Álvares Conde	8
199	Formação	Manuel Coelho Pinto	2
200	Ribeirão do Inferno	Antônio Coelho de Carvalho [preto forro]	1
201	Itambé	Manuel Teixeira de Souza	1
202	Jequitinhonha	Manuel da Fonseca Barros	5
203	Jequitinhonha	Manuel Rodrigues e Souza	3
204	Vila do Príncipe	Josefa de Araújo [forra]	2
205	Rio Preto	Antônio de Oliveira	4
206	Rio do Peixe	Francisco da Cunha Freitas	57
207	Rio do Peixe	d. Maria Moreira da Piedade [viúva]	10
208	Registro do Rio Manso	Gaspar Marc. Malafaia	3
209	Vila do Príncipe	Eusébio Gonçalves L...	2

n.	Morador(a) em	Pagador(a)	n. escravos
210	Rio do Peixe	João Teixeira	1
211	Rio do Peixe	Ana do Prado Lemes [viúva]	10
212	Rio do Peixe	Custódio Antunes Bertelo	4
213	Rio do Peixe	Lourenço da Guerra Leme	2
214	Rio do Peixe	Manuel V... Eto	7
215	Rio do Peixe	Miguel de Morais	9
216	Rio do Peixe	Bernardo de Souza	4
217	Rio do Peixe	Manuel Caetano de Freitas	5
218	Rio do Peixe	Manuel Ribeiro de Queirós	3
219	Rio do Peixe	Serafim Ribeiro de Queirós	10
220	Vila do Príncipe	Manuel de Souza	1
221	Rio do Peixe	José [...] e Oliveira	5
222	Vila do Príncipe	Manuel Lobo Pereira	4
223	Vila do Príncipe	João Monteiro de Freitas	5
224	Vila do Príncipe	Lourenço de Azevedo	3
225	Itapanhoacanga	José Lourenço	1
226	Itapanhoacanga	Natália Costa Silva	1
227	Itapanhoacanga	Francisco da Costa Silva	2
228	Itapanhoacanga	Francisco de Freitas Guimarães	1
229	Itapanhoacanga	João de Freitas Guimarães	1
230	Itapanhoacanga	Manuel da Silva Costa	1
231	Itapanhoacanga	Eugênia Gomes Ferreira [preta forra]	1
232	Vila do Príncipe	Francisca Álvares Fontes [preta forra]	1
233	Vila do Príncipe	Rosa Maria	5
234	Vila do Príncipe	Miguel Rodrigues de Miranda	6
235	Vila do Príncipe	Martinho de Moura [preto forro]	2
236	Congonhas	Antônio da Silva	4
237	Itapanhoacanga	Antônio da Silva Galvão	22
238	Vila do Príncipe	Domingos Rodrigues Madeira	3
239	Vila do Príncipe	Domingos de Barros	44
240	Gouveia	Pedro Ferreira Salgado	4
241	Gouveia	João Pinto Ribeiro	6
242	Córregos	T. Antônio Ribeiro da Costa	3
243	Gouveia	Domingos Leite Veloso	11
244	Gouveia	Antônio de Sampaio Guimarães	7
245	Gouveia	Francisco Ribeiro de Bastos	1
246	Paraúna	Ventura [preto forro]	1
247	Tijuco	Manuel Pinto de Barros	2
248	Gouveia	Ana Carvalho [preta forra]	1
249	Guapiava	Teresa de Jesus [preta forra]	2
250	Gouveia	Manuel de Souza	1
251	Mantiqueira	Jacinto Soares Brandão	7

n.	Morador(a) em	Pagador(a)	n. escravos
252	Paraúna	José de Brito	8
253	Milho Verde	Antônio Vaz de Freitas	3
254	Milho Verde	Maria [...] Amaral [preta forra]	1
255	Pousos Altos	Manuel Ferreira de Aguiar	2
256	Palmital	Manuel Afonso C[...]	6
257	Gouveia	Manuel Ferreira Braga	4
258	São Gonçalo	Manuel Freitas de Oliveira	3
259	Rio das Pedras	Caetano Lopes	1
260	Rio das Pedras	João Miguel	3
261	Palmital da Gouveia	Francisco de Souza Maior	4
262	Rio das Pedras	Domingos de Oliveira	3
263	São Gonçalo	Domingos Marques Braga	1
264	Rio das Pedras	Manuel de Souza Melo	1
265	Rio Preto	Manuel dos Santos Coelho	1
266	Rio Preto	Victoriano da Rocha	10
267	Tijuco	Antônio da Silva	1
268	Rio Preto	Tomás da Silva	2
269	Rio Preto	Pedro de Almeida	3
270	Rio Preto	Jacinto Soares	9
271	Rio Preto	Bento da Silva C[...]	3
272	Rio Preto	Manuel Freitas Dias	1
273	Tapera	Josefa Rodrigues [preta forra]	4
274	Tapera	Antônio Pinto da Silva	2
275	Tijuco	Miguel Freitas da Fonseca	2
276	Tapera	Luiz de Magalhães Machado	4
277	Paraúna	Coronel Antônio de Meireles Machado	32
278	Tapera	Cristóvão Rebelo	54
279	Viandante	Manuel Álvares	2
280	Tapera	Bento da Silva Maia	25
281	Itambé	João de Oliveira	1
282	Inhaí	Pedro de Morais	1
283	Jequitinhonha	João de Lima	2
284	Córregos	Antônio Duarte Carvalho	1
285	Tapera	André Gonçalves	4
286	Paraúna	Tenente Antônio Pereira	2
287	Tijuco	Antônio Teixeira Álvares Soldado	3
288	Itambé	João Nunes	1
289	Caeté Mirim	Catarina [crioula forra]	4
290	Paraúna	Manuel Moreira Bastos	2
291	Paraúna	Antônio Francisco Diniz	2
292	Paraúna	Antônio de Meireles	1
293	Paraúna	Francisco Machado de Meireles	1

n.	Morador(a) em	Pagador(a)	n. escravos
294	Tapera	Nicolau Teixeira Pinto	1
295	Tapera	Rosa Cardoso [preta forra]	1
296	Vila do Príncipe	Gil das Neves	10
297	Tijuco	Custódio Vaz Guimarães	2
298	Conceição	André Moreira de Faria [vigário da vara]	7
299	Paraúna	Manuel Antunes	6
300	Gouveia	Francisco Muniz	3
301	Gouveia	José Barbosa de Brito	10
302	Tapera	Alexandre Teixeira de Carvalho	13
303	Tapera	Domingos Ferreira Passos	6
304	Paraúna	João Gomes de Meireles	5
305	Gouveia	João de Moura Pinto	2
306	Gouveia	d. Escolástica de Macedo	4
307	Milho Verde	Amaro dos Santos de Oliveira	41
308	Tapera	Salvador Rodrigues de Oliveira	5
309	Tijuco	Manuel da Costa Barros	1
310	Paraúna	Antônio de Souza Bastos	3
311	Gouveia	José da Fonseca	7
312	Tapera	Domingos Dias B[...]	12
313	Conceição	Manuel Álvares	6
314	Paraúna	Manuel Rodrigues Coelho	2
315	Tapera	João Pinto da Fonseca	13
316	Tijuco	José da Costa e Araújo	1
317	Tijuco	Torquato de Almeida Guimarães	1
318	Tijuco	Catarina Freitas [preta forra viúva]	4
319	Inhaí	Manuel Dias Resende	2
320	Inhaí	Manuel do Rego Baldaia	8
321	Caeté Mirim	Manuel Teixeira	1
322	Caeté Mirim	João Rodrigues	2
323	Milho Verde	Francisco Pereira preto	1
324	São Gonçalo	Domingos Duarte	1
325	Tijuco	Ana Ferreira [preta forra]	3
326	São Gonçalo	Alexandre da Gama	1
327	São Gonçalo	Maria Tavares [preta forra]	1
328	Milho Verde	João Lopes	7
329	Tijuco	Bernardo Ferreira de Souza	3
330	Gouveia	João Muniz Torres	13
331	Gouveia	Manuel Muniz Viana	7
332	Andréquicé	Pedro Rodrigues Valadares	5
333	Gouveia	Francisco Marinho Louro	5
334	Gouveia	Antônio ... De Azevedo	1
335	Gouveia	Joana Pereira [preta forra]	1

n.	Morador(a) em	Pagador(a)	n. escravos
336	Palmital	Luiz Pereira [preto forro]	2
337	Palmital	Inácia Pereira	3
338	Gouveia	Manuel de Paiva Lagartão	4
339	Ouro Preto	Antônio Álvares Pereira	2
340	Palmital	Teodósio Pereira	16
341	Milho Verde	Francisco Manuel [preto forro]	5
342	Milho Verde	Bento Muniz Braga	44
343	Folha inexistente		
344	Folha inexistente		
345	Folha inexistente		44
346	Vila do Príncipe	Aleixo Gonçalves Chaves	64
347	Milho Verde	Tomás Teixeira Branco	6
348	Tijuco	João da Silva Pereira	2
349	Tijuco	Antônio Rodrigues Barros	1
350	Vila do Príncipe	Leonardo Monteiro de Vasconcelos	7
351	Vila do Príncipe	Quitéria [preta forra]	2
352	Vila do Príncipe	Gracia [preta forra]	2
353	Vila do Príncipe	Caetano Gonçalves da Siqueira	2
354	Vila do Príncipe	Antônio Ferreira	2
355	Vila do Príncipe	Manuel Rodrigues	3
356	Vila do Príncipe	Clara coura [preta forra]	1
357	Rio do Peixe	Pedro Muniz	2
358	Vila do Príncipe	Serafim de Sá Tinoco	6
359	Vila do Príncipe	Manuel Gonçalves de Oliveira	4
360	Vila do Príncipe	Luiz de Chaves	1
361	Itambé	Leonor [preta forra]	1
362	Vila do Príncipe	Leandro Teixeira Pinto	8
363	Vila do Príncipe	Francisco Pereira Maciel	10
364	Vila do Príncipe	Domingos Lourenço	2
365	Vila do Príncipe	Manuel Lourenço de Magalhães	2
366	Vila do Príncipe	José Pereira da Cruz	2
367	Guanhães	Silvestre de Magalhães Melo	12
368	Vila do Príncipe	Domingos Dias Botelho	9
369	Macaúbas	Jerônimo Mendes Guimarães	3
370	Vila do Príncipe	José Álvares de Carvalho	9
371	Vila do Príncipe	Antônio Soares Pinto	12
372	Vila do Príncipe	Frutuoso Francisco	18
373	Capitania das Minas	Antônio José de Moura [secretário da vigararia]	1
374	Tijuco	Francisco Xavier de Andrade	1
375	Ribeirão do Inferno	Antônio Corrêa Lobato	5
376	Tapera	Manuel Pereira Barbosa	4
377	Tapera	Jerônimo Barbosa	3

n.	Morador(a) em	Pagador(a)	n. escravos
378	Congonhas	João de Melo Guimarães	9
379	Vila do Príncipe	José de Carvalho Martins [ouvidor-geral]	5
380	Gouveia	João da Silva Seabra	7
381	Congonhas	Manuel Ferreira Borges	12
382	Rio de Janeiro	Miguel de Souza Rego	5
383	Gouveia	Ana Maria [preta forra]	1
384	Congonhas	Ana Ferreira [preta forra]	4
385	Gouveia	Antônio Lourenço	2
386	Congonhas	Antônio Ferreira Borges	2
387	Gouveia	Capitão-mor Antônio de Araújo Mascarenhas	14
388	Congonhas	Pedro Rodrigues de Passos	2
389	Congonhas	Francisco da Costa Ribeiro	2
390	Congonhas	Domingos Ferreira Borges	3
391	Gouveia	Guiomar Cobu [preta forra]	1
392	Gouveia	Gonçalo da Silva	6
393	Tijuco	Maria Madalena da Silva	1
394	Gouveia	Francisco de Souza Maior	1
395	Vila do Príncipe	Dionísio José da Mota	1
396	Congonhas	Tomé dos Santos	1
397	Congonhas	Gonçalo de Oliveira Guimarães	1
398	Congonhas	Ricardo Pinto	1
399	Congonhas	Francisco da Silva	2
400	São Gonçalo	José Pinto de Carvalho	2
401	Vila do Príncipe	Antônio Coelho	1
402	Vila do Príncipe	Francisco de Miranda [preto forro]	2
403	Tijuco	Manuel Vaz de Almeida	1
404	Pinheiro	Teresa da Silva [preta forra]	1
405	Congonhas	José da Silveira Machado	3
406	Congonhas	Manuel Gonçalves Franco	1
407	Paraúna	d. Maria da Silva	1
408	Andréquicé	Rosa da Silva [preta forra]	2
409	Andréquicé	João Ferreira Borges	2
410	Vila do Príncipe	João Veloso	8
411	Inhaí	João da Silva	2
412	Inhaí	Antônio Moutinho [padre]	1
413	Andréquicé	Isidoro Mendes	5
414	Inhaí	Antônio Rodrigues de Aguiar	17
415	Andréquicé	Manuel Freitas de Carvalho	4
416	Andréquicé	Sebastião Ribeiro da Silva	3
417	São Gonçalo	Cristóvão Rodrigues	4
418	Vila do Príncipe	Antônio Pereira	1
419	Vila do Príncipe	dr. Francisco Ribeiro da Silva	1

n.	Morador(a) em	Pagador(a)	n. escravos
420	Lapa	Francisco Ferreira [preto forro]	1
421	Rio do Peixe	Manuel Mendes Raso	9
422	Lapa	Capitão-mor João Fonseca dos Santos	12
423	Tapera	João Gonçalves	7
424	Tapera	sargento-mor José de Souza Ribeiro	28
425	Conceição	João de Souza Cruz	12
426	Tapera	Francisco Monteiro preto	7
427	Tapera	Joana Pereira Coelho [preta forra]	4
428	Tapera	Cosme Vieira	3
429	Vila do Príncipe	Antônio Teixeira Marques	2
430	Conceição	Margarida [?] [preta forra]	1
431	Tapera	Maria [preta forra]	1
432	Tapera	Maria Ferreira de Souza	1
433	Tapera	Lourenço de Souza	1
434	Tapera	Antônio Francisco do Vale	2
435	Vila do Príncipe	Crispiniano Corrêa Tavares	28
436	Vila do Príncipe	Manuel Leitão Ferreira	12
437	Vila do Príncipe	Manuel Vaz Barbalho	4
438	Vila do Príncipe	Luiz Corrêa [preto forro]	2
439	Rio das Pedras	João Vaz Rego	5
440	Jequitinhonha	Josefa Ferreira [preta forra]	1
441	Itambé	João Rebelo Soares	22
442	Itambé	Antônio Rebelo [crioulo forro]	1
443	Tijuco	dr. Antônio de Macedo	2
444	Tijuco	Maria Soares [preta forra]	1
445	Caeté Mirim	Francisco de Barros Machado	1
446	Itambé	Manuel Álvares Pereira	1
447	Itambé	José da Silva [preto forro]	4
448	Itambé	Simão Pinto de Mesquita	5
449	Rio Manso	Baltasar da Cunha [preto forro]	4
450	Rio Manso	Tomázia Rodrigues [crioula forra]	1
451	Rio Manso	José Francisco da Silva	2
452	Tijuco	Maria de Souza [preta forra]	4
453	Ribeirão de Areia	Antônio da Costa	5
454	Itapanhoacanga	Eugênio Teixeira de Lira [padre]	4
455	Itapanhoacanga	Manuel Saraiva da Fonseca	8
456	Jequitinhonha	Ana da Cunha [preta forra]	2
457	Jequitinhonha	Antônia Teixeira [preta forra]	3
458	Jequitinhonha	Luiz Monteiro da Costa [preto forro]	6
459	Viandante	Antônio da Costa [preto forro]	1
460	Rio Manso	Manuel da Silva de Flores	1
461	Rio Manso	Teresa de Souza [preta forra]	3

n.	Morador(a) em	Pagador(a)	n. escravos
562	Jequitinhonha	Coronel João Teixeira de Souza	29
463	Paraúna	Manuel Álvares	2
464	Tapera	Manuel Borges de Barros	3
465	Paraúna	Pedro Borges Delgado	8
466	Paraúna	Manuel de Sampaio	3
467	Andréquicé	Albano Pereira Coelho [padre]	33
468	Andréquicé	Paulo Pinto	10
469	Paraúna	Luiz Ferreira de Matos	2
470	Andréquicé	Antônio Afonso do Rego	7
471	Andréquicé	José Gomes [preto forro]	3
472	Andréquicé	Isabel de Barros [preta forra]	2
473	Andréquicé	Domingos Pereira	2
474	Andréquicé	Miguel Pereira de Miranda	5
475	Andréquicé	Gonçalo de Barros [preto forro]	2
476	São Patrício	Pascoal Rodrigues [preto forro]	1
477	São Patrício	João Rodrigues [preto forro casado em]	1
478	Andréquicé	Jacinto de Barros Galvão	3
479	Andréquicé	José Pinto Chaves	5
480	Andréquicé	Miguel da Silva Costa	3
481	Andréquicé	José Freitas de Souza	3
482	Andréquicé	Antônio de Souza Bastos	2
483	Rio das Mortes	Manuel de Souza	3
484	Rio das Pedras	Miguel Cardoso Coutinho	1
485	Tijuco	Francisca Xavier de Jesus	3
486	Itapanhoacanga	Antônio Gonçalves Bessa	14
487	Pinheiro	Gonçalo de Miranda [preto forro]	1
488	Rio Preto	Francisco Teixeira de Freitas	8
489	Rio Manso	Luzia [crioula forra]	1
490	Rio Manso	Agostinho de Proença	3
491	Itambé	Luiz da Silva [preto forro]	3
492	Itambé	Antônio da Fonseca	1
493	Itambé	João Batista Fagundes	4
494	Itambé	Antônia Barbosa [preta forra]	1
495	Itambé	Simão de Souza Braga	2
496	Itambé	Violante de S. pinto [preta forra]	1
497	Itambé	Manuel Gonçalves M...	1
498	Itambé	João Francisco dos Santos	4
499	Itambé	Francisco de Almeida	4
500	Itambé	Manuel Freitas [preto forro]	1
501	Itambé	Francisco da Silva Carvalho	3
502	Itambé	Pedro de Almeida	2
503	Itambé	José Carvalho da Fonseca	9

n.	Morador(a) em	Pagador(a)	n. escravos
504	Tijuco	Jacinta Pereira de Jesus [preta forra]	3
505	Formação	Francisco Pinto Cardoso	1
506	Formação	Domingos Pereira	3
507	Itambé	Martinho de Souza Távora	22
508	Morro do Pilar	Manuel Pacheco	4
509	Ribeirão do Inferno	Manuel Álvares Maciel	14
510	Morro do Pilar	Leonor [crioula forra]	1
511	Andréquicé	João Gonçalves Freitas	13
512	Andréquicé	João dos Santos e Souza	15
513	Andréquicé	João Gonçalves Jorge	1
514	Andréquicé	Gaspar Luiz	2
515	Tijuco	Antônio da Silva Guimarães	13
516	Vila do Príncipe	João Pereira Landim	1
517	Vila do Príncipe	Antônio Francisco de Carvalho	4
518	Milho Verde	Josefa Ribeiro [preta forra]	2
519	Tijuco	Manuel Ribeiro da Fonseca	4
520	Caeté Mirim	Miguel Teixeira da Costa	2
521	Itambé	João Muniz Lima	1
522	Andréquicé	Antônio Pereira da Costa	16
523	Andréquicé	Pedro Freitas Braga	10
524	Conceição	Domingos da Granja Monteiro	6
525	Gouveia	Josefa Maria da Costa	1
526	São Gonçalo	Custódio Álvares de Sampaio	11
527	São Gonçalo	José Soares da Silva	1
528	Viandante	Antônia do Nascimento	4
529	Rio Manso	José de Godois Cardoso	1
530	Rio Manso	Domingos da Silva Leme	4
531	Córregos	Domingas coura [preta forra]	1
532	Paraúna	Antônio Machado de Carvalho	2
533	Paraúna	Domingos Manuel de Oliveira	1
534	Tijuco	Isabel da Silva [preta forra]	6
535	Ribeirão da Areia	Vicência Álvares [crioula forra]	1
536	Viandante	Francisco da Silva Baltazar	1
537	Córregos	Vitória de Siqueira [preta forra]	2
538	Rio Manso	Francisco Garcia Batista [padre]	10
539	Paraúna	dr. Antônio Xaver de Souza [padre?]	7
540	Paraúna	Maria Magalhães [preta forra]	3
541	Paraúna	Bernardo Coelho	3
542	Paraúna	Pedro Lopes Couto	12
543	Paraúna	Domingos Rodrigues Valença	4
544	Tijuco	Crispim dos Santos Ferreira	15
545	São Gonçalo	Domingos Gonçalves	3

n.	Morador(a) em	Pagador(a)	n. escravos
546	São Gonçalo	Manuel da Silva Pinto	3
547	Tijuco	Manuel de Almeida Ferreira	1
548	Guapiava	Francisco Freitas [preto forro]	1
549	Paraúna	Antônio José de Souza	4
550	Paraúna	dr. Antônio Xavier de Souza	1
551	Tijuco	Domingos de Souza	1
552	Conceição	Domingos de Souza Monteiro	1
553	Morro do Pilar	Domingos Freitas de Lima	1
554	Tijuco	Maria da Silva [preta forra]	1
555	Tijuco	Antônio Rodrigues de Jesus	2
556	Sumidouro	José Romeu	8
557	Conceição	João V. Braga	3
558	Conceição	Manuel Marques das Neves	1
559	Itapanhoacanga	Onofre da Costa Pinheiro	2
560	Itapanhoacanga	João de Medeiros	1
561	Andréquicé	João Teixeira Leitão	2
562	Itambé	Francisco Cardoso Machado	4
563	Itapanhoacanga	Manuel Pires	2
564	Itapanhoacanga	Manuel V. Raposo [preto forro]	2
565	Vila do Príncipe	Elena da Cunha [preta forra]	1
566	Itapanhoacanga	Teresa Ribeiro [preta forra]	1
567	Itapanhoacanga	Lourenço Ribeiro [preto forro]	1
568	Rio do Peixe	Luzia Batista [preta forra]	1
569	Itapanhoacanga	Domingos Pereira [preto forro]	1
570	Itapanhoacanga	Domingos Corrêa	1
571	Itapanhoacanga	Salvador da Silva	1
572	Vila do Príncipe	Manuel da Costa Viana	1
573	Itapanhoacanga	Manuel Antunes	9
574	Itapanhoacanga	Antônio de Oliveira	1
575	Vila do Príncipe	Máximo Garcia da Rocha	4
576	Itapanhoacanga	Pascoal Taveira [preto forro casado na]	1
577	Itapanhoacanga	Francisco Marques	1
578	Itapanhoacanga	Sebastião da Silva	1
579	Milho Verde	Carlos Pinto	2
580	Itapanhoacanga	Inácio Gomes Vieira	9
581	Rio do Peixe	Baltasar Barroso	3
582	Itapanhoacanga	João Jorge	6
583	Itapanhoacanga	Antônio Rosado	4
584	Rio do Peixe	José Ramos	5
585	Itapanhoacanga	Leandro de Crasto Peixoto	5
586	Itapanhoacanga	Antônio de Souza Pereira	6
587	Itapanhoacanga	Gonçalo de Viveiros	5

n.	Morador(a) em	Pagador(a)	n. escravos
588	Rio Manso	Joana Maria Egi...	5
589	Itapanhoacanga	Brás Pereira [preto forro]	4
590	Itapanhoacanga	Antônio da Costa Pereira	5
591	Itapanhoacanga	Francisco da Silva Leal	6
592	Itapanhoacanga	Manuel de Carvalho Bernardes	7
593	Itapanhoacanga	Gabriel Francisco Lessa	6
594	Rio do Peixe	Antônio de Alvdo. Lopes	28
595	Milho Verde	Domingos da Silva Álvares	33
596	Itapanhoacanga	Manuel de Matos Soto Maior	10
597	Rio Manso	Eugênia Freitas das Neves [preta forra]	1
598	Vila do Príncipe	Lucrécia Gomes [preta forra]	2
599	Tijuco	João Rodrigues dos Santos	4
600	Andréquicé	João Teixeira Leitão	2
601	Milho Verde	João Ribeiro da Costa	2
602	Itapanhoacanga	Manuel Machado	1
603	Vila do Príncipe	Antônio de Souza e Araújo	12
604	Rio do Peixe	Domingos Afonso da Costa	30
605	Rio do Peixe	Rosa de Souza [preta forra]	1
606	Vila do Príncipe	Amaro Machado	7
607	Três Barras	Belchior Pimenta de Carvalho	2
608	Três Barras	Francisco Pimenta de Carvalho	6
609	Tijuco	Maria Courana [preta forra]	1
610	Tijuco	Francisco Rodrigues Lima	1
611	Itambé	Caetana Maria de Santana [preta forra]	1
612	Milho Verde	João de Figueiredo Mascarenhas	8
613	Rio do Peixe	Manuel de Magalhães Soares	1
614	Pinheiro	Maria da Silva [preta forra]	1
615	Rio Preto	Miguel Lopes	1
616	Tijuco	Esperança Teixeira [preta forra]	2
617	Jequitinhonha	Maximiniano Teixeira [preto forro]	2
618	Jequitinhonha	Caetano Lopes [preto forro casado no]	3
619	Rio das Pedras	João Coelho	10
620	Gouveia	Domingos de Souza [preto forro]	1
621	Pinheiro	Francisco de Araújo Lima	1
622	Itambé	Manuel Duarte	1
623	São Gonçalo	Antônio de Freitas	1
624	Vila do Príncipe	Tomé da Costa	3
625	Viandante	André Gamein	1
626	Vila do Príncipe	Marcos Ribeiro da Costa	6
627	Rio das Pedras	Agostinho da Costa	1
628	Tijuco	Pedro da Costa	1
629	Tijuco	Manuel Francisco de Carvalho	2

n.	Morador(a) em	Pagador(a)	n. escravos
630	Tijuco	João Rodrigues Pinto	2
631	Ribeirão do Inferno	Aleixo de Oliveira Rebelo	3
632	Paraúna	José de Crasto Silva	2
633	Paraúna	Antônio Ferreira do Vale	2
634	Vila do Príncipe	Micaela da Cunha [preta forra]	1
635	Vila do Príncipe	Jerônimo Corrêa	1
636	Vila do Príncipe	Francisco de Barros Lima	2
637	Vila do Príncipe	Antônio da Silva	1
638	Tijuco	Domingos Coelho de Araújo	5
639	Rio Manso	Cristóvão Antunes [preto forro]	3
640	Conceição	João Teixeira da Silva	15
641	Conceição	Manuel Teixeira da Silva	76
642	Conceição	Manuel de Souza Paiva [preto forro]	1
643	Conceição	Manuel Rebelo Paes [preto forro]	3
644	Conceição	Manuel Teixeira [preto forro]	4
645	Conceição	Manuel Freitas Pedra [?] [preto forro]	1
646	Conceição	Miguel dos Santos [preto forro]	3
647	Conceição	Maria mina [preta casada moradora na]	1
648	Conceição	Manuel de Paiva	3
649	Conceição	Manuel de Oliveira Sampaio	13
650	Sumidouro	Manuel Pinto Vieira	1
651	Conceição	Manuel Freitas Lisboa	2
652	Conceição	Manuel Álvares da Silva	2
653	Sumidouro	Martinho Luiz Pereira	2
654	Conceição	Manuel Ferreira da Silva	6
655	Conceição	João Gonçalves de Souza	4
656	Macaúbas	João Pereira Lima	1
657	Conceição	João Coelho V...	2
658	Conceição	Josefa Teixeira [preta forra]	1
659	Conceição	João Ribeiro da Silva	14
660	Conceição	Roque Freitas da Silva Pinto	1
661	Conceição	Santos Álvares Ribeiro	15
662	Mato Dentro	Ventura Teixeira [preto forro]	1
663	Conceição	Francisco Xavier Monteiro	1
664	Rio Manso	Leandro Borges	1
665	Rio Manso	João Rodrigues Abrantes	5
666	Conceição	Domingos Francisco Machado	2
667	Conceição	Francisco de Araújo	8
668	Milho Verde	Jerônimo Álvares de Sampaio	12
669	Vila do Príncipe	Valério de Brito e Souza	1
670	Outra capitania	dr. Francisco Pinheiro da Fonseca [padre?]	2
671	Conceição	Pedro Freire de Carvalho	4

n.	Morador(a) em	Pagador(a)	n. escravos
672	Paraúna	Bento Ribeiro de Magalhães	1
673	Tijuco	Antônia Pinheiro de Morais	9
674	Paraúna	Paulo da Silva	4
675	Ribeirão da Areia	Domiciana de Araújo [viúva]	2
676	Conceição	Antônio Gonçalves	1
677	Conceição	Luzia Gomes [preta forra]	2
678	Conceição	Antônio da Silva [preto forro]	2
679	Conceição	Antônio de Souza [preto forro]	3
680	Conceição	Domingos Teixeira [preto forro]	2
681	Conceição	Antônio da Cunha [preto forro]	1
682	Conceição	José Teixeira B. [preto forro]	2
683	Conceição	Francisco Gonçalves [preto forro]	5
684	Conceição	Luzia Corrêa [preta forra]	1
685	Conceição	Manuel dos Santos [preto forro]	1
686	Viandante	Manuel da Costa Pessoa	1
687	Conceição	Antônio Cardoso [preto forro]	2
688	Conceição	Joana de Oliveira [preta forra]	2
689	Jequitinhonha	Antônio de Barros e Souza	3
690	Conceição	Maria da Conceição [preta forra]	1
691	Tijuco	Manuel de Figueiredo Banha	2
692	Conceição	Inácio Ribeiro Pereira	7
693	Conceição	Manuel de Carvalho	1
694	Sumidouro	Gabriel Ponce de Leon	1
695	Conceição	José da Costa Santiago	1
696	Conceição	Manuel do Ó	1
697	Conceição	Inocêncio de Carvalho [padre]	5
698	Goiases	Manuel Leite Ribeiro	2
699	Pinheiro	Manuel João [preto forro]	1
700	São Gonçalo	Antônio Rodrigues de Pina	12
701	Caeté Mirim	Francisco Rodrigues Lara	7
702	Conceição	dr. Miguel Carvalho de Almeida	9
703	Tijuco	Maria Madalena	2
704	Tijuco	Romana Teresa	8
705	Tijuco	Isabel Gomes Pereira [preta forra]	1
706	Conceição	Domingos Álvares Guedes	8
707	Rio das Pedras	Marcos da Costa Vilaça	8
708	Rio do Peixe	Francisco Lopes	28
709	Tapera	André Barbosa de Oliveira	2
710	Brumado	Inácio Ferreira de Souza [soldado ou licenciado]	1
711	Córregos	Narcisa Ribeiro [preta forra]	3
712	Tapera	Manuel de Souza e Azevedo	5
713	Tapera	Domingos Freitas Chaves	9

n.	Morador(a) em	Pagador(a)	n. escravos
714	Tapera	Domingos de Oliveira Gonçalves	6
715	Tapera	Alferes Manuel de Souza Ribeiro	21
716	Vila do Príncipe	Silvestre Ferreira Bertes	1
717	Vila do Príncipe	Antônio da Silva	2
718	Vila do Príncipe	Manuel Machado	1
719	Vila do Príncipe	Francisco Ferreira [preto forro]	1
720	Tijuco	Rosa Maria da Conceição	3
721	Tapera	Francisco de Araújo	2
722	Vila do Príncipe	Baltasar Álvares Chaves	6
723	Vila do Príncipe	Jorge Coelho	7
724	Vila do Sabará	Manuel Freitas da Costa	4
725	Gouveia	Francisca da Silva [preta forra]	1
726	Gouveia	Mateus Nunes Barreto	1
727	Tapera	Gaspar de Lemos Ribeiro	9
728	Tapera	Lourenço de Lemos	4
729	Tapera	José Teixeira Gramacho	2
730	Córregos	Francisco de Carvalho	1
731	Córregos	Sebastião Ferreira	1
732	Córregos	João Rodrigues Pereira	10
733	Gouveia	Manuel Freitas Ribeiro	1
734	Tijuco	Manuel Ribeiro da Silva	7
735	Tijuco	Maria Fam [preta forra]	1
736	Bahia	Bento Ribeiro de Crasto	1
737	Ribeirão do Inferno	Antônio de Azevedo Rocha	3
738	Ribeirão do Inferno	Domingos de Azevedo Rocha	1
739	Tijuco	Antônio Francisco Casado	4
740	Vila do Príncipe	Luzia da Silva [preta forra]	1
741	Tijuco	Antônia Lobo [preta forra]	1
742	Tijuco	Miguel Gonçalves de Aguiar	2
743	Vila do Príncipe	Manuel Álvares dos Anjos	4
744	Itambé	Maria do Nascimento [preta forra]	3
745	Vila do Príncipe	Domingos Corrêa	3
746	Tijuco	Antônio Pinto de Mendonça	3
747	São Gonçalo	Antônio Soares	4
748	Rio das Pedras	Antônio de Freitas	3
749	Tijuco	João Rodrigues Passos	1
750	Pinheiro	Francisco da Costa Leal	2
751	Conceição	Antônio de Oliveira [preto forro]	6
752	Gouveia	Francisco de Carvalho	3
753	Gouveia	Antônio Teixeira Ribeiro	6
754	Pistola	Domingos de Melo	7
755	Tijuco	Francisca Pereira [preta forra]	4

n.	Morador(a) em	Pagador(a)	n. escravos
756	Itambé	Antônio mina [forro casado no]	1
757	Itambé	Domingos Freitas	4
758	Itambé	Manuel Guedes	10
759	Itambé	Manuel Vieira	3
760	Itambé	Manuel Duarte [padre?]	1
761	Itambé	Matias Rodrigues da Cunha	2
762	Jequitinhonha	Manuel Corrêa Amarante	2
763	Itambé	Antônio Marinho [preto forro]	1
764	Tijuco	Luiz Gonçalves Ribeiro	2
765	Pinheiro	Manuel de Pinho Ferreira	1
766	Vila do Príncipe	Antônio Machado da Costa	6
767	Ribeirão do Inferno	João Rodrigues Soto Maior	6
768	Paraúna	Francisca [parda forra]	1
769	Andréquicé	Manuel Freitas	1
770	Paraúna	Pedro Rodrigues Madrega	1
771	Paraúna	Josefa [crioula forra]	1
772	Andréquicé	João da Silva	3
773	Ribeirão do Carmo	Gregório Corrêa de Barros	1
774	Milho Verde	Miguel Freitas de Passos	2
775	Milho Verde	Simão Rodrigues Chaves	1
776	Rio das Pedras	Bento Ferreira	2
777	Vila do Príncipe	José da Fonseca Mascarenhas	7
778	Rio das Pedras	Manuel de Almeida	6
779	Rio Manso	Bento Corrêa de Melo	6
780	Rio Manso	Isabel Corrêa de Melo [preta forra]	1
781	Rio Manso	Quitéria Corrêa de Melo [preta forra]	1
782	Rio Manso	Joana Corrêa de Melo [preta forra]	1
783	Rio Manso	Teresa Corrêa de Melo [preta forra]	1
784	Rio Manso	Ana Maria de Jesus [preta forra]	1
785	Tijuco	André Gonçalves Campos	1
786	Gouveia	Teodósia Maria [do gentio da terra na]	1
787	Jequitinhonha	João Moreira	11
788	Vila do Príncipe	Inácia Félix [preta forra]	1
789	Vila do Príncipe	Pedro Lobo	2
790	Tijuco	Valentim dos Santos	1
791	Tijuco	Antônio Machado de Souza	4
792	Jequitinhonha	Simão Teixeira da Cunha	1
793	São Gonçalo	Manuel de Souza	2
794	Viandante	Manuel Pereira Barretos	1
795	Tijuco	João da Silva Julião	9
796	Gouveia	José Coutinho de Andrade	11
797	Tijuco	Domingos de Souza	1

n.	Morador(a) em	Pagador(a)	n. escravos
798	Milho Verde	José Cardoso [padre]	7
799	Rio Preto	Antônio da Silva	5
800	Catas Altas	Francisco Xavier de Souza	1
801	Gouveia	Manuel Rodrigues Gaio	1
802	Gouveia	João Ribeiro	2
803	Rio Manso	João Teixeira	2
804	Itambé	Gaspar dos Reis	3
805	Vila do Príncipe	Frutuoso Francisco	3
806	Vila do Príncipe	Simão Lopes	1
807	Vila do Príncipe	Antônio Pereira de Barros	4
808	Conceição	José Simões	2
809	Conceição	Antônio Freitas	1
810	Conceição	Manuel da Silva	2
811	Vila do Príncipe	dr. Jerônimo dos Santos	2
812	Sumidouro	Luiz Vieira da Costa [preto forro]	5
813	Tijuco	João da Costa Melo [padre]	22
814	Conceição	Mateus Corrêa [preto forro]	5
815	Tapera	José Rodrigues P...	6
816	Córregos	Antônio Álvares Viana	5
817	Furnas	Antônio Ribeiro	4
818	Congonhas	Amador Ferreira de Amorim	8
819	Paraúna	Antônio Pereira Borges	9
820	Rio Manso	Mariana de Leão Camargo	2
821	São Gonçalo	Margarida Maria [preta forra]	2
822	Viandante	José de Souza Lobo	2
823	Rio do Peixe	Gervásio de Souza Lobo	4
824	Tapera	Francisco de Albuquerque Santiago	6
825	Córregos	Francisco Carvalho Monteiro	2
826	Congonhas	João Álvares Franco	2
827	Suzana	Pedro das Neves	1
828	Congonhas	Domingos Rodrigues Ribeiro	2
829	Paraúna	Domingos Borges Delgado	8
830	Congonhas	Francisco Gomes da Assunção	3
831	Congonhas	Manuel Antunes Rosa	3
832	Tijuco	Capitão João de Souza Lobo	26
833	Congonhas	Paulo Machado Fagundes	1
834	Paraúna	Josefa de Souza [preta forra]	1
835	Paraúna	João Moreira de Souza	2
836	Congonhas	Manuel Gonçalves	2
837	Tijuco	Custódio Vieira de Araújo	1
838	Inhaí	Gregório da Silveira	5
839	Gouveia	Antônio Rodrigues de Souza	2

n.	Morador(a) em	Pagador(a)	n. escravos
840	Santo Antônio Abaixo	Adriana Barbosa [preta forra]	1
841	Vila do Príncipe	Antônio Bezerra da Costa	1
842	Morro do Pilar	Antônio Benguela [preto forro]	2
843	Milho Verde	Antônio da Mota [preto forro]	2
844	Sumidouro	Antônio Leal	1
845	Morro do Pilar	Francisco Álvares	6
846	Morro do Pilar	Feliciano Moreira [preto forro]	7
847	Paraúna	Francisco Soares de Araújo	8
848	Morro do Pilar	Francisco Marques	4
849	Rio do Peixe	Francisco Lopes	2
850	Morro do Pilar	Capitão-mor Francisco Moreira Carneiro	42
851	Sumidouro	Francisco Borges	4
852	Rio do Peixe	Gaspar Teixeira de Souza	5
853	Morro do Pilar	Domingos Gomes	2
854	Morro do Pilar	Domingos Pinto Ferreira	21
855	Vila do Príncipe	Jerônimo da Rocha [preto forro]	3
856	Rio do Peixe	José Pinheiro de Araújo	3
857	Morro do Pilar	José Pereira da Silva [preto forro casado no]	2
858	Sentinela	José Luiz [preto forro casado na]	2
859	São Gonçalo	José Rodrigues [crioulo forro]	1
860	Milho Verde	Jorge Ferreira	5
861	Tijuco	João Teixeira Ribeiro	4
862	Morro do Pilar	Jerônimo Moreira Pacheco	9
863	Vila do Príncipe	João Pinto Coelho	1
864	Morro do Pilar	João Pinto Ferreira	3
865	Tijuco	Joana Álvares [preta forra]	2
866	Santo Antônio Abaixo	Lourenço Gonçalves preto	3
867	Morro do Pilar	Manuel Carneiro [preto forro]	2
868	Gouveia	Maria [cabra forra]	1
869	Milho Verde	Maria de Freitas	1
870	Morro do Pilar	Manuel de Souza Vieira	15
871	Rio Manso	Manuel Muniz do Livramento [preto forro]	2
872	Morro do Pilar	Manuel Gomes de Oliveira	3
873	Morro do Pilar	Mateus Gomes de Campos	1
874	Morro do Pilar	Manuel Moreira Seixas	4
875	Morro do Pilar	Manuel Pereira Rosado	2
876	Vila do Príncipe	Nicolau de Alves Franco	2
877	Itapanhoacanga	Onofre da Costa Pinheiro	5
878	Morro do Pilar	Rosa da Silva [preta forra]	2
879	Lapa	Valério Pereira da Silva	5
880	Gouveia	Caetano Figueira de Figueiredo	5
881	Morro do Pilar	Miguel Francisco de Carvalho	3

n.	Morador(a) em	Pagador(a)	n. escravos
882	Gouveia	Luiza da Silva Ribeiro [preta forra]	1
883	Gouveia	José de Souza da Mota	1
884	Santo Antônio Abaixo	Miguel Gonçalves da Silva	4
885	Morro do Pilar	Francisco de Carvalho	4
886	Vila do Príncipe	Francisca Álvares Fontes [preta forra]	4
887	Rio do Peixe	Francisco Freitas Abelha	2
888	Morro do Pilar	Isabel Gomes [preta forra]	1
889	Santo Antônio Abaixo	Antônio Vieira Cardoso	1
890	Mato Dentro	Simão Mendes [preto forro]	1
891	Córregos	Caterina Coura [preta forra]	1
892	São Gonçalo	Luzia [crioula forra]	1
893	Tijuco	Manuel Gonçalves do Rego [padre]	2
894	Tijuco	João Nogueira Monteiro	3
895	Tijuco	Brás das Neves Monteiro	27
896	Sabará	João Gonçalves Valério [soldado]	4
897	Gouveia	Inácio de Freitas	5
898	Vila do Príncipe	Fernando Ribeiro Ferreira	4
899	Vila do Príncipe	Manuel de Campos	8
900	Vila do Príncipe	Antônio do Valle Padilha	38
901	Gouveia	Manuel Francisco Braga	1
902	Gouveia	Manuel Afonso Canzinha	1
903	Tijuco	Joaquim Pinto da Silva	2
904	Itambé	Manuel Antônio	3
905	Gouveia	Manuel de Souza Magalhães	12
906	Jequitinhonha	Bernardino Pimenta	1
907	Jequitinhonha	José Pimenta	4
908	Vila do Príncipe	Frutuoso Mendes Raso	2
909	Jequitinhonha	Antônio do Couto Leme	6
910	Vila do Príncipe	Antônio Rodrigues da Trindade	1
911	Vila do Príncipe	Antônio Gonçalves	1
912	Vila do Príncipe	Antônio Mendes [preto forro casado]	14
913	Vila do Príncipe	Joana Álvares Maciel [preta forra]	3
914	Vila do Príncipe	Luzia Mendes [preta forra]	10
915	Tijuco	José da Silva [preto forro]	2
916	Rebelo	Francisco Mendes Pereira	10
917	Tijuco	Maria de Souza [preta forra]	4
918	Tijuco	Carlos Gomes da Silva	1
919	Tijuco	Ana Sobral [preta forra]	2
920	Milho Verde	Francisco Xavier da Rocha [preto forro casado no]	1
921	Tijuco	Manuel Lopes	2
922	Caeté Mirim	Francisco Congo [preto forro]	1
923	Rio do Peixe	Antônio Pereira Leal	1

n.	Morador(a) em	Pagador(a)	n. escravos
924	Jequitinhonha	João Teixeira de Souza	6
925	Vila do Príncipe	Osvaldo Bernardino de Távora	1
926	Gouveia	Isabel de Meneses [viúva]	2
927	Ribeirão da Areia	Eugênia Maria [preta forra]	1
928	Ribeirão da Areia	Cristina Benguela [preta forra]	2
929	Ribeirão da Areia	Sargento-mor José da Costa e Souza	27
930	Gouveia	José Jorge	1
931	Ribeirão da Areia	José Fausto Pacheco	4
932	Tijuco	Tomás de Carvalho	2
933	Tijuco	Osvaldo Antônio Ferreira	4
934	Vila do Príncipe	Francisco Nunes	2
935	Vila do Príncipe	Antônio dos Santos	1
936	Itambé	Maria Ribeiro da Conceição [preta forra]	1
937	Vila do Príncipe	Ana Rodrigues [preta forra]	1
938	Vila do Príncipe	Teresa Muniz Ferreira [preta forra]	1
939	Vila do Príncipe	Francisco Muniz Ferreira	7
940	Vila do Príncipe	Guilherme José Maia	2
941	Vila do Príncipe	Luzia Corrêa [preta forra]	1
942	Vila do Príncipe	Filipe Muniz da Rocha	1
943	Vila do Príncipe	Filipe de Santiago	4
944	Vila do Príncipe	Matias Coelho de Abreu	1
945	Vila do Príncipe	José Ferreira	1
946	Vila do Príncipe	Manuel Corrêa Botelho	6
947	Vila do Príncipe	Domingos Cardoso da Silva	5
948	Vila do Príncipe	João Moreira de Brito	2
949	Tijuco	Manuel da Costa e Paiva	1
950	Vila do Príncipe	Antônio de Moura Bexiga	1
951	Vila do Príncipe	Manuel de Araújo	3
952	Vila do Príncipe	Pedro José Ferreira	9
953	Vila do Príncipe	João Batista Santana	2
954	Vila do Príncipe	Joana de Moura [preta forra]	1
955	Vila do Príncipe	Bernardo de Oliveira [forro casado na]	3
956	Rio das Pedras	João de Magalhães e Silva	7
957	Milho Verde	Francisco da Fonseca Barreto	5
958	Três Barras	Domingos Pereira da Silva	2
959	Tapera	José Munhoz de Abreu	3
960	Tijuco	Antônio Teixeira Álvares	1
961	Vila do Príncipe	Manuel Pereira de Jesus	2
962	Milho Verde	Manuel Coelho Borges	17
963	Tijuco	Luzia Barbosa [preta forra]	1
964	Tapera	Félix de Oliveira Costa	22
965	Vila do Príncipe	Antônio Álvares da Silva	38

n.	Morador(a) em	Pagador(a)	n. escravos
966	Vila do Príncipe	Manuel de Almeida Cabral	38
967	Sumidouro	Manuel Barbosa	1
968	Tapera	Paulo Pereira de Queirós	5
969	Rio Manso	Caetano Borges	3
970	Rio Manso	Quitéria da Piedade [preta forra]	7
971	Tapera	João Rodrigues de Abreu	3
972	Tapera	Domingos Rodrigues Pontes	2
973	Tapera	Sargento-mor José Muniz ...	3
974	Córregos	José Corrêa de Queiroga	2
975	Congonhas	José Marques	3
976	Tapera	Jorge da Silva	3
977	Ribeirão da Areia	José Jorge	2
978	Gouveia	Leandro Furtado	1
979	Tapera	Bento de Crasto Costa	4
980	Tapera	Pedro de Crasto Guimarães	4
981	Tijuco	Brás Ferreira de Lemos	3
982	Tapera	Manuel de Carvalho e Silva	3
983	Tapera	Antônio de Freitas	1
984	Rio do Peixe	Manuel de Oliveira	1
985	Rio do Peixe	Luiza de Oliveira [preta forra]	1
986	Rio do Peixe	Francisco da Costa	11
987	Vila do Príncipe	Félix Corrêa da Costa	1
988	Rio das Pedras	Domingos da Silva Pimenta Carvalho	13
989	Rio das Pedras	Miguel Francisco de Araújo	4
990	Caeté Mirim	Luiz de Souza Azevedo	9
991	Rio Manso	Sebastião Álvares de Morais	21
992	Tapera	João de Crasto Guimarães	5
993	Tijuco	Furriel Luiz de Freitas Guimarães Cavilha	1
994	Tijuco	Luiz Pereira [soldado]	1
995	Tijuco	Jerônimo Ribeiro [soldado]	1
996	Tijuco	João Dorneles [soldado]	1
997	Tijuco	Tenente de Dragões Simão da Cunha Pereira	5
998	Gouveia	Luiza Gomes [preta forra]	1
999	Sentinela	Ana da Fonseca [preta forra]	1
1000	Sentinela	Capitão-mor Bernardo da Fonseca Lobo	27
1001	Conceição	Manuel de Santiago Franco	27
1002	Rio das Pedras	Domingos Pereira [preto forro]	1
1003	Andréquicé	Bernardo Pereira [preto forro]	1
1004	Lisboa	Osvaldo João Colazo da Fonseca	1
1005	Conceição	José Botelho da Fonseca	16
1006	Tapera	Manuel da Rocha Azevedo [padre]	6
1007	Tapera	Anastácio Tavares de Vercosa	46

n.	Morador(a) em	Pagador(a)	n. escravos
1008	Gouveia	Manuel Dias da Costa	4
1009	Tapera	José Garcês Cavaleant [padre]	27
1010	Vila do Príncipe	Mateus Francisco Gramacho	1
1011	Vila do Príncipe	Capitão Gualter Bravo Coelho	3
1012	Caeté Mirim	Maria mina forra	1
1013	Ribeirão do Inferno	João Álvares Vieira	4
1014	Vila do Príncipe	João Gomes de Abreu	1
1015	Rio Manso	Manuel de Bastos ...	2
1016	Córregos	Domingos Rosado	1
1017	Paraúna	Amaro Gomes Álvares	20
1018	Tapera	Francisco Afonso Padrão	2
1019	Morro do Pilar	Gregório Esteves	1
1020	Conceição	Domingos de Souza Carvalho	6
1021	Morro do Pilar	Bento da Rocha e Souza	3
1022	Rio Vermelho	Caetano Xavier Lopes	1
1023	Morro do Pilar	Francisco Tavares Coelho [padre]	4
1024	Jequitinhonha	João da Cunha [padre]	1
1025	Jequitinhonha	Lourenço Moreira [preto forro]	2
1026	Itambé	Antônio Ferreira de Lemos	2
1027	Itaipava	Josefa [mestiça forra]	1
1028	Itaipava	Josefa [mestiça forra]	1
1029	Itaipava	Bento Machado Coelho	1
1030	Tijuco	Jacinta de Jesus [preta forra]	1
1031	Tijuco	José Francisco Machado	4
1032	Tijuco	Diogo Dias Corrêa	8
1033	Tijuco	Ambrósio Rodrigues	1
1034	Andréquicé	José da Lança	1
1035	Gouveia	Bento Fagundes Corrêa Rego	1
1036	Rio Vermelho	Domingos Lourenço de Araújo	22
1037	Conceição	José Marques	7
1038	Conceição	Manuel Barbosa	1
1039	Conceição	Dionísio da Costa	1
1040	Conceição	Manuel de Oliveira	1
1041	Itaipava	João Batista Coelho	17
1042	Conceição	Jerônimo Ferreira de Araújo	8
1043	Conceição	Tadeu da Costa	10
1044	Conceição	João dos Santos Marques	7
1045	Tijuco	Josefa mina [preta forra]	1
1046	Tijuco	Mariana da Silva Fontes [preta forra]	1
1047	Tijuco	João Coelho de Magalhães	2
1048	Sumidouro	Manuel Corrêa de Paiva	13
1049	Congonhas	Francisco do Rosário [preto forro]	1

n.	Morador(a) em	Pagador(a)	n. escravos
1050	Sumidouro	Antônio Freitas Braga	30
1051	Gouveia	José da Silva de Sampaio	1
1052	Rio Manso	José Leandro Freitas	12
1053	Andréquicé	Antônio de Oliveira e Carvalho	12
1054	Conceição	André Pinto Dias	1
1055	Santo Antônio Abaixo	Capitão Manuel de Souza Távora	34
1056	Morro do Pilar	Pedro Esteves José	19
1057	Santo Antônio Abaixo	Manuel Rodrigues	4
1058	Paraúna	Manuel Pinto Chaves	13
1059	Conceição	Vicente Francisco de Leão	7
1060	Rio Manso	Domingos de Azevedo e Ataíde	16
1061	Rio Manso	Leandro de Matos e Magalhães	12
1062	Rio Manso	Ana de Araújo [preta forra]	1
1063	Gouveia	Luiz Muniz Corrêa	7
1064	Rio do Peixe	Domingos Pereira	1
1065	Inhaí	Antônio Muniz Cabeça	5
1066	Paraúna	Maria [preta forra]	1
1067	Sumidouro	Torquato Francisco de Carvalho	2
1068	Vila do Príncipe	João da Silva	1
1069	Paraúna	Isabel Angola [preta forra]	1
1070	Vila do Príncipe	João Duarte	2
1071	em João Muniz	P. Gomes de Aguiar [padre?]	5
1072	Paraúna	João Gomes da Silva	2
1073	Viandante	Mateus dos Santos	1
1074	Tapera	Paulo da Costa Ribeiro	6
1075	Inhaí	José Gomes Coelho	2
1076	Santo Antônio Abaixo	Manuel da Silva de Azevedo	2
1077	Santo Antônio Abaixo	Josefa do Espírito Santo [preta forra]	1
1078	Conceição	Francisca da Costa [preta forra]	1
1079	Congonhas	Bartolomeu da Silveira Machado	6
1080	Rio das Pedras	João dos Santos	17
1081	Vila do Príncipe	Simão de Azevedo	1
1082	Vila do Príncipe	Francisca Mendes [preta forra]	1
1083	Vila do Príncipe	Gonçalo Monteiro [preto forro]	7
1084	Tijuco	Gaspar Dias	17
1085	Pinheiro	Gabriel Soares de Macedo	18
1086	Inhaí	Tomé Ribeiro Ba.	1
1087	Pinheiro	Antônia Nogueira [preta forra]	1
1088	Pinheiro	André Machado [preto forro]	2
1089	Tijuco	Matias Barbosa	1
1090	Rio do Peixe	Carlos Pereira da Silva	1
1091	Vila do Príncipe	Teresa Seixas [preta forra]	2

n.	Morador(a) em	Pagador(a)	n. escravos
1092	Vila do Príncipe	Manuel de Barros Caminha	3
1093	Itambé	Antônia do Rosário [preta forra]	1
1094	Itambé	Pedro dos Reis [preto forro]	1
1095	Itambé	Gonçalo Gomes	6
1096	Itambé	Francisco Muniz Teixeira	12
1097	Itambé	Manuel Pinto	2
1098	Itambé	Rosa Moreira [preta forra]	1
1099	Itambé	José da Costa Meira	2
1100	Itambé	Miguel Ferreira de Almeida	12
1101	Itambé	Maria Vieira [preta forra]	1
1102	Itambé	Gaspar dos Reis	9
1103	Jequitinhonha	Manuel de Amaral Vieira	1
1104	Vila do Príncipe	Simão de Azevedo Moreira	2
1105	Palmital	Manuel Simões de Azevedo	6
1106	Mandasaia	Cristóvão João Corrêa	4
1107	Gouveia	José Gonçalves Peixoto	1
1108	Gouveia	Antônio Coelho	3
1109	Tijuco	Manuel Veloso de Macedo	1
1110	Rio Manso	Júlia Freitas [preta forra]	8
1111	Rio Preto	Lucas Freitas Bicudo	9
1112	Rio Manso	Pedro Corrêa da Silveira	1
1113	Rio Preto	João de Pontes	3
1114	Rio do Peixe	Frutuoso de Carvalho	2
1115	Rio do Peixe	Francisco Romão	1
1116	Rio Preto	Geraldo Ferreira	11
1117	Gouveia	João Cardoso Lima	1
1118	Tijuco	José Àntônio do Vale	3
1119	Rio Manso	Francisco Pereira de Souza	5
1120	Rio Manso	Julia Freitas [preta forra]	8
1121	Rio Preto	Luiz Freitas Bicudo	9
1122	Rio Manso	Pedro Corrêa da Silveira	1
1123	Rio Preto	João de Pontes	3
1124	Rio do Peixe	Frutuoso de Carvalho	2
1125	Rio do Peixe	Francisco Romão	1
1126	Vila do Príncipe	Antônio da Costa	1
1127	Vila do Príncipe	Francisco Gonçalves	1
1128	Rio Preto	Gabriel Gonçalves Pena	5
1129	Cardoso	Domingos do Prado Sobral	4
1130	Jequitinhonha	Joaquim de Almeida	1
1131	Jequitinhonha	Manuel Teixeira [preto forro]	1
1132	Jequitinhonha	Antônio Picão	1
1133	Jequitinhonha	Anastácio Gomes da Costa	12

n.	Morador(a) em	Pagador(a)	n. escravos
1134	Tijuco	Simão Teixeira Ribeiro	11
1135	Tijuco	Antônia de Gouveia e Melo	3
1136	Rio do Peixe	José de Crasto Peixoto	26
1137	Vila do Príncipe	dr. Francisco da Costa Malheiros	16
1138	Vila do Príncipe	João Simões de Santiago	1
1139	Gouveia	Domingos de Rosa	2
1140	Tijuco	Páscoa da Costa do Espírito Santo [preta forra]	1
1141	Vila do Príncipe	Caetano Pereira [crioula forra]	6
1142	Córregos	Luzia da Fonseca	2
1143	Córregos	Feliciano da Fonseca	29
1144	Vila do Príncipe	André do Couto Ferreira	48
1145	Pinheiro	Santos da Silva de Araújo	1
1146	Vila do Príncipe	Manuel Godinho de Jesus	1
1147	Tijuco	Antônio Pereira de Magalhães [preto forro]	1
1148	Vila do Príncipe	Antônio de Souza	17
1149	Vila do Príncipe	Francisco Nunes de Souza	11
1150	Vila do Príncipe	Manuel Nunes [preto forro]	3
1151	Gouveia	Jerônimo Duarte	4
1152	Vila do Príncipe	Simão Pacheco [padre]	9
1153	Vila do Príncipe	Antônio dos Santos	5
1154	Vila do Príncipe	Miguel Lopes Ferros [padre]	1
1155	Tijuco	Manuel [preto forro]	1
1156	Tijuco	Manuel Pereira de Barros	2
1157	Milho Verde	Bento de Faria Leite	4
1158	Vila do Príncipe	Bartolomeu Ferraz Tinoco	9
1159	Rio do Peixe	Domingos Teixeira Sampaio	23
1160	Vila do Príncipe	Pedro Tomé Leonardo	42
1161	Tijuco	José de Azevedo [padre]	18
1162	Vila do Príncipe	Manuel de Souza Pereira	5
1163	Vila do Príncipe	Antônio Pereira [preto forro casado na]	7
1164	Ribeirão do Inferno	Arcângelo de Souza	4
1165	Rio Manso	Francisco de Souza e Matos	5
1166	Rio das Pedras	Lauriana Monjola [preta forra]	1
1167	Rio das Pedras	Francisco Pereira de Brito	38
1168	Tijuco	José da Silva Mouquinho	3
1169	Tijuco	Luzia de Gouveia [crioula forra]	1
1170	Vila do Príncipe	dr. Luiz Mendes Teixeira	3
1171	Vila do Príncipe	Manuel Rodrigues da Silva	2
1172	Gouveia	Manuel Gomes de Lima	9
1173	Vila do Príncipe	José Batista Rolim	79
1174	Vila do Príncipe	Alberto José	2
1175	Córregos	José Rodrigues	1

n.	Morador(a) em	Pagador(a)	n. escravos
1176	Vila do Príncipe	Inácio de Souza	2
1177	Milho Verde	Manuel Vieira	2
1178	Paraúna	Teresa mina [forra]	2
1179	Vila do Príncipe	Rosa Maria [preta forra]	2
1180	Vila do Príncipe	Bento Antônio	10
1181	Vila do Príncipe	João Batista de Oliveira	18
1182	Vila do Príncipe	Antônio da Costa Ribeiro	24
1183	Pousos Altos	Francisco Nunes de Carvalho	2
1184	Vila do Príncipe	Simão Lopes	2
1185	Bicas	José Francisco Machado	1
1186	Tijuco	Inácio mina [preto forro]	1
1187	Tijuco	Raimundo da Silva Furtado	12
1188	Formação	Manuel Tomé de Azevedo	2
1189	Tijuco	Antônio Pereira Machado [padre]	8
1190	Itambé	Manuel Rodrigues	7
1191	Itambé	Manuel João Alvarenga	27
1192	Bocaina	Felipe Neri Lobo	12
1193	Tijuco	João de Morais	3
1194	Ribeirão do Inferno	Gaspar de Carvalho	8
1195	Rio das Pedras	Antônio Delgado Feio [padre]	11
1196	Tijuco	Antônio Cabral de Vasconcelos	1
1197	Tijuco	Rosa Pereira [preta forra]	8
1198	Tijuco	Luiz Pinto [padre]	26
1199	Ribeirão do Inferno	João Pereira do Lago	12
1200	Conceição	Francisco Borges de Souza	8
1201	Morro do Pilar	Teodósio Cerqueira da Cunha	2
1202	Inhaí	Mariana Gomes [preta forra]	1
1203	Pinheiro	Madalena Teixeira [preta forra]	4
1204	Vila do Príncipe	Maria [preta forra]	1
1205	Tijuco	Teresa de Jesus [crioula forra]	1
1206	Milho Verde	Leandro de Moura [preto forro]	1
1207	Tijuco	Bernarda Rodrigues Coelho [preta forra]	3
1208	Tijuco	José da Silva Guimarães	28
1209	São Gonçalo	Luiz Coelho de Almeida	4
1210	Palmital	José Ribeiro	17
1211	Gouveia	Domingos de Oliveira da Silva	1
1212	Gouveia	Antônio Rodrigues	9
1213	Tijuco	Manuel de Almeida Rebelo	1
1214	Bocaina	Manuel Ribeiro de Andrade	11
1215	Tijuco	Mariana Muniz	5
1216	Tijuco	Inácio Francisco Ribeiro	13
1217	Vila do Príncipe	José Pires da Fonseca	2

n.	Morador(a) em	Pagador(a)	n. escravos
1218	Vila do Príncipe	Inácio Garcia	5
1219	Vila do Príncipe	Jacinta de Siqueira [preta forra]	13
1220	Tijuco	dr. João Carvalho de Abreu	4
1221	Rio do Peixe	João [pardo forro]	1
1222	Rio do Peixe	Josefa [mulata forra]	1
1223	Vila do Príncipe	José Carvalho de Abreu	4
1224	Rio do Peixe	João Freitas Ferreira	17
1225	Vila do Príncipe	Bernarda da Conceição [parda forra]	3
1226	Sentinela	Antônia Coelho [preta forra]	1
1227	Vila do Príncipe	Sebastião Gonçalves Delgado	2
1228	Vila do Príncipe	Teresa Ferreira [preta forra]	1
1229	Vila do Príncipe	Manuel Delgado Duarte [padre]	9
1230	Vila do Príncipe	Vicente Ferreira	3
1231	Vila do Príncipe	Domingos Ramos	5
1232	Tijuco	Pedro Nicos	1
1233	Tijuco	Caetano Francisco	2
1234	Inhaí	Francisco Pinto Ferreira	4
1235	Tapera	Domingos João de Castro Soto Maior	66
1236	Milho Verde	Luiz de Souza Azevedo	33
1237	Caeté Mirim	Antônio Bento de Lima	2
1238	Milho Verde	Luiz Gomes da Fonseca	4
1239	Vila do Príncipe	Gaspar Teixeira	2
1240	Tijuco	Arcângelo Pinheiro Lourenes	1
1241	Conceição	Amaro da Silva Coimbra	2
1242	Tijuco	Domingos Teixeira de Carvalho	1
1243	Paraúna	Josefa Ladá [preta forra]	1
1244	Brumado	Jerônimo de Castro	1
1245	Sabará	Francisco Gonçalves Macedo	2
1246	Paraúna	Filipe de Souza Chaves	10
1247	Tapera	d. Maria Josefa Coutinho [viúva]	5
1248	Milho Verde	Antônio de Coura [preto forro]	1
1249	Milho Verde	Louro Vaz Monteiro	1
1250	Milho Verde	Francisco Borges	1
1251	Tapera	Francisco da Silva Calheiros	1
1252	Tijuco	Cristóvão Pinto Guimarães	2
1253	Tijuco	dr. Félix Sanches Barreto	2
1254	Santo Hipólito	Inácio dos Santos e sócio	1
1255	Vila do Príncipe	Victoriano da Rocha de Oliveira	3
1256	Gouveia	Manuel de Souza Vieira	2
1257	São Gonçalo	Lourenço Ferreira	2
1258	Vila do Príncipe	Amaro de Souza Lobo	1
1259	Gouveia	Custódia de Araújo e Souza [preta forra]	2

n.	Morador(a) em	Pagador(a)	n. escravos
1260	Tijuco	Antônia da Silva [preta forra]	1
1261	Vila do Príncipe	Ana Maria [preta forra]	1
1262	Vila do Príncipe	Joana Francisca de I...flor	1
1263	Vila do Príncipe	João Félix de Brito	2
1264	Gouveia	Manuel Nunes Barreto	1
1265	Tijuco	Clemente Corrêa [soldado]	3
1266	Tijuco	Maria de Meireles [preta forra]	2
1267	Pinheiro	João de Macedo	5
1268	Rio do Peixe	Francisco Romão	1
1269	Ribeirão da Areia	Caetano da Silva e Oliveira [padre]	2
1270	Gouveia	Manuel Freitas da Costa	3
1271	Tijuco	Antônia de Oliveira [preta forra]	1
1272	Morro do Pilar	Maria José [parda forra]	2
1273	Vila do Príncipe	Luiz Vaz de Siqueira Monroe	6
1274	Pousos Altos	Isabel de Brito [preta forra]	1
1275	Tijuco	Josefa Maria de Figueiredo	1
1276	Rio do Peixe	Domingos Gomes da Silva Leitão	10
1277	Vila do Príncipe	Inocêncio Teixeira	5
1278	Gouveia	José de Souza Ferreira	8
1279	Gouveia	Quitéria Coura [preta forra]	1
1280	Rio do Peixe	Gregório da Fonseca	1
1281	Gouveia	José Guedes de Souza	1
1282	Gouveia	José Álvares de Matos	1
1283	Gouveia	Egas de Barros	9
1284	Gouveia	Manuel de Souza	1
1285	Rio Manso	Manuel Machado Carneiro	16
1286	Tijuco	Antônio Vaz da Silva	4
1287	Vila do Príncipe	Tereza Corrêa [preta forra]	4
1288	Viandante	João de Souza Paiva	1
1289	Jequitinhonha	Manuel do Amaral Vieira	1
1290	Rio Manso	João Nunes Salomão	1
1291	Rio Manso	João de Barros Pereira	1
1292	Itambé	Bento de Faria	1
1293	Tijuco	Luiz Vieira da Mota	1
1294	Conceição	José de Paiva [preto forro]	1
1295	Rio do Peixe	João de Oliveira Paes	5
1296	Morro do Pilar	Tomás Ribeiro de Vasconcelos	3
1297	Conceição	Luzia Mendes [preta forra]	1
1298	Conceição	Manuel de Paiva [preto forro]	1
1299	Tijuco	Manuel Félix de Carvalho	1
1300	Conceição	José Freire de Andrade	1
1301	Tapera	José da Silva	3

n.	Morador(a) em	Pagador(a)	n. escravos
1302	Rio Preto	Sebastião Ribeiro Neves	3
1303	Morro do Pilar	Antônio Fretas Braga	3
1304	Tijuco	Valentim dos Santos	1
1305	Tijuco	João de Souza Calixto	3
1306	Tijuco	André Gonçalves Ferreira	1
1307	Vila do Príncipe	Estevão da Silva	1
1308	Morro do Pilar	Domingos Gomes da Silva	1
1309	Conceição	Manuel Nogueira de Figueiredo	5
1310	Rio das Pedras	Luiz Pereira da Mota	3
1311	Tijuco	João de Mendonça [fiscal desta Intendência]	1
Importa os 6563 escravos a 2 oitavas e 27 gramas quinze mil quinhentos e oitenta e sete oitavas e nove grãos de ouro 15587/8 e 9 grãos			6563
1312	Vila do Príncipe	Sebastião Lopes e Afonso	1
1313	Borbas	Faustina de Souza [preta forra]	1
1314	Rio do Peixe	Francisco Pacheco	4
1315	Vila do Príncipe	Geraldo Ferreira	1
1316	Tijuco	Cosme Freitas Casado	1
1317	Tijuco	André de Oliveira	1
1318	Gouveia	Antônio Machado Cardoso	2
1319	Vila do Príncipe	Luiz Carlos de Souza	2
1320	Rio Manso	Ambrósio da Costa [preto forro]	2
1321	Viandante	Francisco da Rocha [preto forro]	5
1322	Caeté Mirim	Francisco Teixeira de Carvalho	3
1323	Registro do Galheiros	José Rodrigues Rosado	2
1324	Gouveia	Osvaldo Luiz Lopes	1
1325	Jequitinhonha	Bartolomeu Bueno	2
1326	Guanhães	Antônio Carvalho de Bastos	4
1327	Vila do Príncipe	Manuel Francisco de Lemos	3
1328	Rio do Peixe	João Gonçalves Campos	12
1329	Vila do Príncipe	Diogo Álvares [preto forro]	3
1330	Viandante	Manuel da Mota Basto	3
1331	Jequitinhonha	João Teixeira de Souza	1
1332	Jequitinhonha	José Dias	1
1333	Itapanhoacanga	Cristóvão Gomes [preto forro]	1
1334	Gouveia	Mariana Pereira [preta forra]	3
1335	Itapanhoacanga	Jerônimo Muniz	9
1336	Tijuco	André Corrêa Coelho [padre]	1
1337	Rio Manso	Sebastião Soares	1
1338	Vila do Príncipe	Manuel Álvares da Rocha	1
1339	Vila do Príncipe	Miguel Francisco de Araújo	1
1340	Rio Manso	Manuel Leite Ribeiro	1
1341	Itapanhoacanga	Antônio Rodrigues Ramos	1

n.	Morador(a) em	Pagador(a)	n. escravos
1342	Itapanhoacanga	Josefa [preta forra]	1
1343	Vila do Príncipe	Micaela de Paiva [crioula forra]	1
1344	Viandante	Domingos Soares	2
1345	Pousos Altos	João Francisco Guimarães	2
1346	Itambé	Caetana da Costa Ferraz [preta forra]	1
1347	Congonhas	Rosa [preta forra]	1
1348	Gouveia	Antônio de Araújo Mascarenhas	1
1349	Congonhas	Guiomar da Fonseca [preta forra]	5
1350	Vila do Príncipe	João do Couto [preto forro]	3
1351	Vila do Príncipe	Ana Maria [preta forra]	6
1352	Inhaí	Natália Freitas [preta forra]	1
1353	Inhaí	Antônio de Moura Muniz	8
1354	Gouveia	João Ribeiro	1
1355	Fanados	Antônio Santudo de Araújo	1
1356	Rio Manso	Brás de Siqueira de Magalhães	3
1357	Pinheiro	Antônio dos Santos Lisboa	4
1358	Pinheiro	Jacinta Pereira do Sacramento [preta forra]	1
1359	Gouveia	Silvestre Lopes Ribeiro	3
1360	Gouveia	Violante Pereira de Souza [preta forra]	1
1361	Vila do Príncipe	Antônio Caetano da Silva	1
1362	Gouveia	Silvestre Ribeiro da Costa	1
1363	Andréquicé	Sebastião mina [preto forro]	1
1364	Congonhas	Josefa Gomes da Silva [preta forra]	2
1365	Gouveia	Manuel da Mota	1
1366	Itambé	Caetano Monteiro [preto forro]	6
1367	Itambé	Miguel Pires da Costa	2
1368	Rio Manso	Teresa de Jesus [preta forra]	1
1369	Tijuco	Rosa Maria [preta forra]	1
1370	Itambé	Manuel Ribeiro e Afonso	5
1371	Inhaí	Francisco de Reboredo e Vasconcelos	33
1372	Inhaí	Francisco Ribeiro	2
1373	Sabará	Francisco Paes Ferreira	1
1374	Congonhas	Manuel de Barros de Pina	1
1375	Tapera	Manuel Ferreira Leite	2
1376	Paraúna	Victorino Tavares [preto forro]	3
1377	Milho Verde	Manuel João Vagos	1
1378	Vila do Príncipe	Manuel Antão	6
1379	Rio do Peixe	Manuel Lopes	1
1380	Milho Verde	Manuel Simões Belém	1
1381	Milho Verde	Lourenço da Silva	7
1382	Gouveia	Francisco Pacheco de França	1
1383	São Gonçalo	Francisco Pereira Carneiro	9

n.	Morador(a) em	Pagador(a)	n. escravos
1384	Guanhães	José Ferreira de Almeida	9
1385	Rio do Peixe	Tomé Ferreira	2
1386	Vila do Príncipe	Antônio da Costa Ribeiro	1
1387	Vila do Príncipe	Simão Nogueira de Brito	2
1388	Tijuco	Antônio de Bastos	1
1389	Gouveia	Francisco Corrêa de Carvalho	1
1390	Rio das Pedras	Páscoa Barbosa da Silva [preta forra]	2
1391	Jequitinhonha	Páscoa de Souza [preta forra]	2
1392	Tijuco	Agostinho de Sá	1
1393	Rio Manso	João Álvares da Silveira	8
1394	Rio Manso	Ana Maria de Jesus	4
1395	Rio das Pedras	Antônio Lourenço Braga	10
1396	Vila do Príncipe	José Garcia [preto forro]	1
1397	Itambé	Leonor [preta forra]	1
1398	Itambé	José Ferreira Souto	16
1399	Três Barras	Inácio Borges de Carvalho	2
1400	Córregos	Manuel de Souza Campos	4
1401	Palmital	Manuel Gomes Rio Maior	9
1402	Itambé	Francisca Sardinha [preta forra]	1
1403	Rio Preto	João de Campos Maciel	1
1404	Milho Verde	Manuel Francisco dos Santos	1
1405	Tijuco	Manuel da Costa Freitas	2
1406	Tijuco	Manuel Pereira Leitão	2
1407	Inhaí	Antônio Carvalho da Silva	1
1408	Congonhas	Tula Pereira [preta forra]	1
1409	Vila do Príncipe	José Teixeira Castanho	2
1410	Congonhas	Antônio Gomes da Assunção	2
1411	Vila do Príncipe	Luiza Gomes [preta forra]	1
1412	Pousos Altos	Manuel da Fonseca Silva	1
1413	Gouveia	José da Silva Sampaio	2
1414	Tijuco	João Francisco da Costa	2
1415	Vila do Príncipe	Francisco de Moura Rolim	2
1416	Milho Verde	João Rodrigues Vaz	1
1417	Tapera	Bernardo Álvares Neves	1
1418	Itapanhoacanga	Francisco de Reboredo e Vasconcelos	3
1419	São Gonçalo	Domingos Barbosa	14
1420	São Gonçalo	Frutuoso Cama. Vilas Boas	12
1421	Milho Verde	Domingos Freitas Souto	2
1422	Rio do Peixe	Marcos Gomes Negrão	4
1423	Rio do Peixe	Elena da Silva [preta forra]	1
1424	Morro do Pilar	Mariana Coura [preta forra]	1
1425	Morro do Pilar	Joaquim Pereira [preto forro]	2

n.	Morador(a) em	Pagador(a)	n. escravos
1426	Gouveia	José Coutinho de Andrade	1
1427	Gouveia	Manuel Soares Coelho	2
1428	Gouveia	Antônio Cardoso Vieira	1
1429	Gouveia	Paulo Teixeira Leite	3
1430	Mandasaia	Antônio Ribeiro Ramalho	2
1431	Mandasaia	Pedro Rodrigues [pardo forro]	1
1432	Ribeirão de Areia	Domingos de Espínola	1
1433	São Gonçalo	Sebastião Marques	2
1434	Ribeirão da Areia	Pedro Corrêa Vale [preto forro]	1
1435	Gouveia	Antônio Pereira Machado	34
1436	Pinheiro	Domingos da Cruz do Rosário [preto forro]	1
1437	Gouveia	Miguel Luiz Filgueira	6
1438	Gouveia	Manuel Nunes Aveiro	4
1439	Gouveia	Manuel Gomes Vila Nova	1
1440	Gouveia	João da Silva Sampaio	3
1441	Gouveia	Carlos Vieira	2
1442	Gouveia	Egas de Barros de Almeida	1
1443	Tijuco	Manuel Antunes de Morais	2
1444	Vila do Príncipe	Simão Lopes	4
1445	Vila do Príncipe	Antônia de Faria [preta forra]	6
1446	Rio Preto	João Francisco Porto	1
1447	Milho Verde	João da Silva Leite	1
1448	Viandante	João Marinho	1
1449	Itambé	João Rodrigues de Aguiar	2
1450	Itambé	Manuel Gonçalves Ferreira	1
1451	Jequitinhonha	Manuel Rodrigues de Magalhães	5
1452	Gouveia	Ventura Cardoso	1
1453	Rio Preto	Arcângelo Pereira	1
1454	Vila do Príncipe	José Pereira de Brito	1
1455	Vila Rica	Antônio Álvares Pereira	1
1456	São Patrício	Manuel Álvares Maia	3
1457	Vila do Príncipe	Manuel Rodrigues Monteiro	7
1458	Tijuco	Francisco Pestana	1
1459	Ribeirão da Areia	Joé da Costa e Souza	1
1460	Vila do Príncipe	Jorge Poteiro [preto forro]	2
1461	Gouveia	Amaro Dias da Rocha	2
1462	Gouveia	Antônio Pereira Pacheco	2
1463	Tijuco	Manuel Francisco de Carvalho	4
1464	Tijuco	Marcos Luiz da Silva	1
1465	Vila do Príncipe	Manuel Pereira Guimarães	1
1466	Rio do Peixe	Tomé de Almeida Faia	9
1467	Rio do Peixe	Antônia Maria [mestiça forra]	1

n.	Morador(a) em	Pagador(a)	n. escravos
1468	Tijuco	Francisco da Costa Xavier [soldado]	1
1469	Morro do Pilar	Francisco Nunes Furtado	1
1470	Morro do Pilar	José Caetano Barradas	1
1471	São Gonçalo	Matias Raposo de Faria	5
1472	Vila do Príncipe	Antônio da Cosa Salomé	2
1473	São Gonçalo	Maria Gonçalves [preta forra]	1
1474	Vila do Príncipe	Tereza de Jesus [preta forra]	1
1475	Vila do Príncipe	Luzia Coelho de Carvalho [preta forra]	1
1476	Vila do Príncipe	José da Costa Pereira	6
1477	Tijuco	Cipriana de Jesus [crioula forra]	1
1478	Gouveia	João da Costa	3
1479	Tijuco	João Machado da Costa [padre]	1
1480	Três Barras	Marcela [preta forra]	2
1480	Três Barras	Marcela [preta forra]	2
1481	Três Barras	José Pereira da Silva	9
1482	Tijuco	Antônio Barbosa de Souza	1
1483	Rio das Pedras	Brás de Siqueira [preto forro]	1
1484	Paraúna	José Duarte de Oliveira	3
1485	São Gonçalo	Carlos Casado de Aguiar	5
1486	Gouveia	Manuel de Seabra	1
1487	Gouveia	José Guedes de Souza	1
1488	Vila do Príncipe	Manuel Pinto Carneiro	5
1489	Vila do Príncipe	Antônio Gonçalves de Oliveira	4
1490	Itambé	Francisca Sardinha [preta forra]	3
1491	Vila do Príncipe	Teresa [preta forra]	1
1492	Itambé	Alexandre Rodrigues Fontoura	3
1493	Itambé	Alexandre Rodrigues Fontoura	3
1494	Gouveia	João Pereira Teixeira	2
1495	Vila do Príncipe	Maria Corrêa [preta forra]	2
1496	Itambé	Alexandre Rodrigues Fontoura	1
1497	Gouveia	Violante Pereira de Souza [preta forra]	1
1498	Viandante	Francisco Rodrigues	2
1499	Tapera	Paulo Pereira de Queirós	2
1500	Três Barras	Osvaldo Francisco Lopes de Campos	8
1501	Inhaí	Francisco de Morais Freitas	1
1502	Itambé	Manuel dos Santos Vieira	7
1503	São Gonçalo	Elena [preta forra]	3
1504	Vila do Príncipe	Francisco de Oliveira	3
1505	Milho Verde	Marçal Pessoa	1
1506	Itambé	José Teixeira	9
1507	Itambé	Juliana da Rocha [preta forra]	1
1508	Itambé	José da Rocha [crioulo forro]	

n.	Morador(a) em	Pagador(a)	n. escravos
1509	Itambé	Domingos Machado	2
1510	Itambé	Manuel Gomes Neto	2
1511	Itambé	Sebastião Freitas [preto forro]	1
1512	Itambé	Filipe Jácome de Figueiredo	7
1513	Vila do Príncipe	Antônio de Novais	1
1514	Palmital	José Ribeiro	1
1515	Rio Manso	dr. João Freitas	9
1516	Rio Manso	Margarida do Rosário [preta forra	1
1517	Rio Manso	Luiz de Souza [preto forro]	1
1518	Rio Preto	Bento Pereira de Lima	4
1519	Rio do Peixe	Francisco Teixeira de Carvalho	10
1520	Inhaí	Jacinto Freitas P...	1
1521	Inhaí	Dionísio Pacheco de Melo	1
1522	Rio do Peixe	Josefa de Pinho [preta forra]	1
1523	Vila do Príncipe	Antônio Pereira	1
1524	Vila do Príncipe	Domingos Gonçalves	1
1525	Gouveia	Manuel Barbosa	2
1526	Vila do Príncipe	Maria das Neves [preta forra]	1
1527	Milho Verde	Mateus de Sá [padre]	4
1528	Milho Verde	Teresa de Jesus Vieira [preta forra]	1
1529	Vila do Príncipe	Francisco Lopes [preto forro]	1
1530	Milho Verde	João Leite Pinto	10
1531	Milho Verde	Bernardo da Silva Meneses	3
1532	Milho Verde	Domingos da Costa Moreira	3
1533	Vila do Príncipe	João da Silva Freitas	9
1534	Itambé	Manuel Gonçalves Ferreira	2
1535	Tapera	José dos Santos Alvarinho	1
1536	Vila do Príncipe	Tomázia da Costa	3
1537	Gouveia	Miguel Barreto Pereira	15
1538	Três Barras	Inácio de Souza Coutinho	1
1539	Itambé	Antônio da Costa Meira	1
1540	Tapera	Domingos Rodrigues Pontes	1
1541	Rio do Peixe	Antônio Marques Pereira	4
1542	Vila do Príncipe	Cristóvão da Silva	3
1543	Itapanhoacanga	Amaro da Silva	3
1544	Itapanhoacanga	Lázaro Ramos [preto forro]	2
1545	Itapanhoacanga	Domingos Pinheiro Paes	3
1546	Itapanhoacanga	Antônio Nogueira	4
1547	Itapanhoacanga	Agostinho Ribeiro [preto forro]	2
1548	Vila do Príncipe	Jerônimo Corrêa	1
1549	Vila do Príncipe	Domingos Coelho do Vale	3
1550	Vila do Príncipe	José Maria	3

n.	Morador(a) em	Pagador(a)	n. escravos
1551	Vila do Príncipe	João Gomes de Abreu	1
1552	Itapanhoacanga	Miguel Rodrigues	2
1553	Vila do Príncipe	Josefa Ana [preta forra]	1
1554	Vila do Príncipe	Manuel Francisco	1
1555	Vila do Príncipe	Afonso Moreira [preto forro]	3
1556	Vila do Príncipe	Antônio da Silva Baldaia	1
1557	Vila do Príncipe	Antônio do Vale [preta forra]	1
1558	Vila do Príncipe	Úrsula da Silva [preta forra]	1
1559	Vila do Príncipe	Cristóvão Rodrigues da Trindade	1
1560	Vila do Príncipe	Manuel Marques Cabral	2
1561	Vila do Príncipe	Manuel de Moura Bexiga	41
1562	Vila do Príncipe	Gregório Batista	1
1563	Vila do Príncipe	Manuel Marques Cabral	1
1564	Rio do Peixe	Francisco da Costa	4
1565	Vila do Príncipe	Salvador Gonçalves [preto forro]	4
1566	Vila do Príncipe	Aleixo Gonçalves Chaves	2
1567	Vila do Príncipe	Luzia Mendes [preta forra]	1
1568	Vila do Príncipe	Antônio Ferreira da Silva	1
1569	Vila do Príncipe	José Pires	1
1570	Vila do Príncipe	Manuel Ribeiro da Costa	5
1571	Vila do Príncipe	Simão Mendes de Carvalho	2
1572	Barra do Ó	d. Maria de Jesus Vasconcelos	2
1573	Rio das Pedras	Bernarda do Prado [viúva]	1
1574	Milho Verde	João de Carvalho	1
1575	Milho Verde	Mariana Pereira [preta forra]	1
1576	Itambé	Francisco Pereira Guedes [preto forro]	2
1577	Milho Verde	Domingos Gonçalves de Matos	1
1578	Itambé	Antônio Pereira Guedes [preto forro]	22
1579	Sumidouro	João da Silva	1
1580	Conceição	Nicolau da Rocha	2
1581	Vila do Príncipe	João Francisco da Cruz	1
1582	Milho Verde	Maria da Anunciação [crioula forra]	2
1583	Vila do Príncipe	Manuel Cardim Fróis	2
1584	Rio do Peixe	Manuel Álvares Barroso	3
1585	Vila do Príncipe	Antônio Moreira	1
1586	Itambé	Diogo Pereira Guedes	1
1587	Vila do Príncipe	José de Souza Pereira	13
1588	Gouveia	Pedro de Almeida Castro Branco [preto forro]	1
1589	Morro do Pilar	Teodósio Mendes Bastos	2
1590	Rio do Peixe	Manuel Leitão	5
1591	Rio do Peixe	Maria da Silva [preta forra]	2
1592	Conceição	Micaela Cabo Verde [preta forra]	1

n.	Morador(a) em	Pagador(a)	n. escravos
1593	Conceição	Manuel de Amorim Pereira	3
1594	Santo Antônio Abaixo	Gabriel Barbosa	2
1595	Mato Dentro	Manuel Tavares de Sampaio	32
1596	Conceição	Inácio Dias Moreira	1
1597	Sumidouro	Antônio Leal da Guerra	1
1598	Morro	Antônio Freitas	1
1599	Morro	Francisco Xavier de Souza	10
1600	Santo Antônio Abaixo	Francisco Mendes Cabral	3
1601	Milho Verde	João Caldeira de Mendonça [padre]	2
1602	Viandante	Domingos de Souza Barros	2
1603	Vila do Príncipe	Gonçalo Freitas da Silva	2
1604	Gouveia	Manuel da Silva Matos	1
1605	Rio do Peixe	José Lourenço de Magalhães	1
1606	Vila do Príncipe	João Gonçalves	1
1607	Tijuco	Domingos Antunes Barroso	7
1608	Vila do Príncipe	Manuel Nogueira Passos	11
1609	Inhaí	Martinho de Vasconcelos	3
1610	Rio do Peixe	Francisco Garcia	2
1611	Rio do Peixe	José Pereira de Almeida	4
1612	Vila do Príncipe	Manuel Pereira Malta	1
1613	Rio Manso	Luiz de Souza [preto forro]	1
1614	Vila do Príncipe	Domingos Dias dos Santos	7
1614	Vila do Príncipe	Domingos Dias dos Santos	7
1615	Vila do Príncipe	Francisco Muniz Pereira	12
1616	Vila do Príncipe	Antônio [pardo forro]	2
1617	Vila do Príncipe	Mario [pardo forro]	1
1618	Itambé	Gaspar Pinto	3
1619	Vila do Príncipe	Francisco de Araújo [preto forro]	1
1620	Gouveia	Manuel da Silva Sampaio	2
1621	Vila do Príncipe	Manuel Pinto Rosa	2
1622	Vila do Príncipe	Francisca de Almeida [preta forra]	1
1623	Vila do Príncipe	Agostinho Cardoso de Melo	2
1624	Rio Preto	Joana Coura [preta forra]	1
1625	Rio do Peixe	Francisco Teixeira Guimarães	16
1626	Vila do Príncipe	João Batista de Oliveira	1
1627	Vila Rica	José Ribeiro de Sampaio	1
1628	São Gonçalo	Domingos Francisco da Cunha	11
1629	Milho Verde	João Francisco	4
1630	Santo Antônio Abaixo	Francisco Muniz Galvão	4
1631	Morro do Pilar	Francisco Gomes da Cunha	1
1632	Santo Antônio Abaixo	Francisco da Cunha	6
1633	Morro do Pilar	Joana da Costa [preta forra]	2

DANILO ARNALDO BRISKIEVICZ

n.	Morador(a) em	Pagador(a)	n. escravos
1634	Milho Verde	Bento de Faria Leite	2
1635	Gouveia	Fernando Lobo da Silva	3
1636	Gouveia	Ana da Silva [viúva]	3
1637	Itambé	José de Souza [preto forro]	1
1638	Sertão	José da Costa	1
1639	Itambé	João Francisco	1
1640	Tijuco	Antônio Gonçalves Campos	1
1641	Vila do Príncipe	Antônio de Araújo Barroso	1
1642	Rio do Peixe	Antônio mina forro	2
1643	Vila do Príncipe	Natália de Oliveira [preta forra]	1
1644	Vila do Príncipe	Jorge Monteiro [preto forro]	3
1645	Rio do Peixe	João Garcia	1
1646	Rio do Peixe	Manuel Mendes da Mota	1
1647	Vila do Príncipe	Rosa Maria [preta forra]	1
1648	Vila do Príncipe	Quitéria da Silva [parda forra]	1
1649	Vila do Príncipe	José Rodrigues Fraga	3
1650	Vila do Príncipe	Inácio de Abreu Leitão	2
1651	Ribeirão da Areia	Caetano da Silva e Oliveira [padre]	4
1652	Tijuco	José Gonçalves Peixoto	1
1653	Pousos Altos	Francisco de Ávila Bitencourt	1
1654	Rio do Peixe	Antônio de Souza de Araújo	4
1655	Vila do Príncipe	Esperança Rodrigues da Silva [preta forra]	1
1656	Itambé	Antônio Ribeiro	1
1657	Vila do Príncipe	Lucas Corrêa da Silva [preto forro]	1
1658	Tijuco	Bento da Cosa	1
1659	Congonhas	Manuel Rodrigues Lima	1
1660	Jequitinhonha	Manuel Garcia Maciel	1
1661	Tijuco	Francisco Machado	1
1662	Rio do Peixe	Leonor da Guerra [preta forra]	2
1663	Vila do Príncipe	Bartolomeu Ferraz Tinoco	1
1664	Vila do Príncipe	Simão Pacheco [padre]	3
1665	Itapanhoacanga	Manuel Lopes de Moura	1
1666	Itapanhoacanga	Manuel mina [forro casado na]	2
1667	Itapanhoacanga	Domingos Lopes de Moura	38
1668	Caminho bezerro[?]	Manuel Francisco da Cruz	2
1669	Vila do Príncipe	João da Silva Costa	2
1670	Tijuco	Joana Álvares [preta forra]	1
1671	Vila do Príncipe	José Pinto da Silva Coelho	1
1672	Vila do Príncipe	José Nunes [preto forro]	1
1673	Itapanhoacanga	Manuel da Silva Leitão	1
1674	Itapanhoacanga	Veríssima de Araújo Leal	1674
1675	Itapanhoacanga	Anselmo José de Carvalho [padre]	1675

n.	Morador(a) em	Pagador(a)	n. escravos
1676	Itambé	Domingos Pereira [preto forro]	1676
1677	Vila do Príncipe	Teotônio Nunes de Oliveira	1677
1678	Rio do Peixe	Antônio Pereira Galhardo	1678
1679	Rio do Peixe	Domingos Rodrigues Vilela	1679
1680	Tijuco	Manuel Antônio Gomes	1680
1681	Vila do Príncipe	Inácia Muniz [preta forra]	1681
1682	Tijuco	Francisco Dias Corrêa	1682
1683	Córregos	Manuel Pacheco	1683
1684	Milho Verde	Manuel de Oliveira e Silva	1684
1685	Tijuco	Francisco Dias Corrêa	1685
1686	Vila do Príncipe	Vicente Freitas	1686
1687	Vila do Príncipe	José Gonçalves	1687
1688	Vila do Príncipe	Lourença [crioula forra]	1688
1689	Tijuco	Francisco Dias Corrêa	1689
1690	Rio do Peixe	Tomás Faleiro Tomé	1690
1691	Três Barras	Inácio de Souza Coutinho	1691
1692	Rio das Pedras	Bernarda do Prado [viúva]	1692
1693	Vila do Príncipe	Francisco Pereira Tapuia [forro]	1693
1694	Rio do Peixe	Domingos Rodrigues do Prado	1694
1695	Vila do Príncipe	Inácio Machado da Cunha	1695
1696	Morro do Pilar	Luiz da Costa	1696
1697	Vila do Príncipe	Antônio Muniz	1697
1698	Morro	Antônio da Rocha Amaral	1698
1699	Conceição	Manuel Nunes de Brito	1699
1700	Inhaí	João Rodrigues Pacheco	1700
1701	Inhaí	Joana de Souza [preta forra]	1701
1702	Ribeirão do Inferno	Gaspar Carvalho	1702
1703	Rio do Peixe	Maria Isabela	1703
1704	Morro do Pilar	Bernardo Antunes Delgado	1704
1705	Rio das Pedras	Manuel ... Da Rocha	1705
1706	Rio do Peixe	Lourenço ...	1706
1707	Rio do Peixe	José de Souza de Azevedo	1707
1708	Rio do Peixe	João Mendes da Mota	1708
1709	Congonhas	Antônio da Costa Campos	1709
1710	Tijuco	Antônio de Souza Barbosa	1710
1711	Ribeirão da Areia	Guarda-mor Manuel da Costa e Silva	1711
1712	Vila do Príncipe	Lucas Corrêa da Silva [preto forro]	1712
1713	Vila do Príncipe	Teresa Mendes	1713
1714	Vila do Príncipe	Constantino da Costa	1714
1715	Rio do Peixe	Jacinto Leite da Mota	1715
1716	Rio do Peixe	Francisco Leite da Mota	1716
1717	Milho Verde	Manuel Pinheiro Porto	1717

n.	Morador(a) em	Pagador(a)	n. escravos
1718	Tijuco	Luiz de Souza	1718
1719	Vila do Príncipe	Lourenço Pereira Veiga [?]	1
1720	Vila do Príncipe	Antônio Pereira Brandão	4
1721	Caeté Mirim	Felipa da Silva [parda forra]	1
1722	Rio do Peixe	Feliciano Lopes Pacheco	3
1723	São Gonçalo	Frutuoso Caminha Vilas Boas	1
1724	São Gonçalo	João José Cardoso	2
1725	Tijuco	Clara Cobu	1
1726	Tijuco	Francisco Vieira Dias	2
1727	Morro do Pilar	José Soares dos Santos	2
1728	Itambé	Caetano de Souza Coelho	1
1729	Gouveia	José Ferreira Ermitão de Vieira	1
1730	Sertão	Manuel Lopes ...	9
1731	Pé do Morro	Antônio de Morais Cabral	4
1732	Tapera	Francisco Gonçalves	3
1733	Tapera	Manuel Luiz	4
1734	Rio do Peixe	João Francisco	1
1735	Pousos Altos	Bernardo de Carvalho de Azevedo	4
1736	Rio Manso	João Antunes	1
1737	Congonhas	Úrsula Pereira [parda forra]	3
1738	Viandante	Francisco P...	1
1739	Inhaí	Antônio Freitas de Moura	7
1740	Vila do Príncipe	Pedro da Guerra [preto forro]	2
1741	Vila do Príncipe	André Batista	3
1742	Gouveia	Manuel Francisco de Crasto	6
1743	Itambé	Antônio José	4
1744	São Gonçalo	Antônio Machado Rebelo	1
1745	Morro do Pilar	José Machado	1
1746	Itambé	Bento de Faria	1
1747	Santo Antônio Abaixo	Gabriel Barbosa	1
1748	Morro do Pilar	João Benguela [pardo forro]	1
1749	Morro do Pilar	Miguel Neri	3
1750	Morro do Pilar	Francisco de Brito Tomé	3
1751	Morro do Pilar	Manuel de Oliveira Guerra	3
1752	Morro do Pilar	Luiz Pereira Rabelo	8
1753	Morro do Pilar	Francisco de Brito Bitencourt	16
1754	Conceição	Luiz Freitas de Souza	2
1755	Santo Antônio Abaixo	Francisco de Aguiar e Castro	6
1756	Santo Antônio Abaixo	Bento Figueiredo	2
1757	Morro do Pilar	Maria da Silva [parda forra]	1
1758	Santo Antônio Abaixo	Manuel da Cruz de Miranda	1
1759	Santo Antônio Abaixo	Antônio de Oliveira ...	1

n.	Morador(a) em	Pagador(a)	n. escravos
1760	Morro do Pilar	Joana de Souza [preta forra]	1
1761	Morro do Pilar	Francisco Gonçalves de Oliveira	4
1762	Santo Antônio Abaixo	Manuel Álvares	6
1763	Morro do Pilar	João de Souza [preto forro]	1
1764	Rio Vermelho	José de Oliveira	1
1765	Sumidouro	Sebastião de Oliveira	1
1766	Rio Manso	Inácio Álvares dos Santos	1
1767	Ponte	Manuel Barbosa	1
1768	Morro do Pilar	Caetano Luiz de Souza	3
1769	Morro do Pilar	Bernardo de Faria Corrêa	9
1770	Morro do Pilar	José Antunes Freitas	10
1771	Morro do Pilar	Francisco Moreira Carneiro	4
1772	Morro do Pilar	Félix de Araújo Brito	5
1773	Santo Antônio Abaixo	Quitéria [parda forra]	1
1774	Morro do Pilar	Manuel Fagundes [pardo forro]	1
1775	Morro do Pilar	Anastácio Souza	1
1776	Conceição	Bartolomeu Francisco Pacheco	2
1777	Sumidouro	Antônio Freitas Fraga	4
1778	Milho Verde	Luiz Pereira da Costa	12
1779	Conceição	José da Silva	3
1780	Conceição	Mateus Alves Teixeira	9
1781	Conceição	Luiz Álvares Fonseca [pardo forro]	1
1782	Conceição	José Rodrigues de Sepúlveda [parda forra]	9
1783	Rio do Peixe	João de Souza Lima [padre]	1
1784	Itambé	Manuel Pereira Cardoso	15
1785	Itambé	[O licenciado?] João de Azevedo Marinho	2
1786	Itambé	Josefa F... [preta forrra]	1
1787	Rio Manso	Osvaldo João Freire	21
1788	Vila do Príncipe	Antônio da Silva Carneiro	8
1771	Morro do Pilar	Francisco Moreira Carneiro	4
1772	Morro do Pilar	Félix de Araújo Brito	5
1773	Santo Antônio Abaixo	Quitéria [parda forra]	1
1774	Morro do Pilar	Manuel Fagundes [pardo forro]	1
1775	Morro do Pilar	Anastácio Souza	1
1776	Conceição	Bartolomeu Francisco Pacheco	2
1777	Sumidouro	Antônio Freitas Fraga	4
1778	Milho Verde	Luiz Pereira da Costa	12
1779	Conceição	José da Silva	3
1780	Conceição	Mateus Alves Teixeira	9
1781	Conceição	Luiz Álvares Fonseca [pardo forro]	1
1782	Conceição	José Rodrigues de Sepúlveda [parda forra]	9
1783	Rio do Peixe	João de Souza Lima [padre]	1

n.	Morador(a) em	Pagador(a)	n. escravos
1784	Itambé	Manuel Pereira Cardoso	15
1785	Itambé	[O licenciado?] João de Azevedo Marinho	2
1786	Itambé	Josefa F... [preta forrra]	1
1787	Rio Manso	Osvaldo João Freire	21
1788	Vila do Príncipe	Antônio da Silva Carneiro	8

Fonte: ARQUIVO PÚBLICO MINEIRO, *Seção colonial Coleção Casa dos Contos*. Documentos encadernados 1068, 1738-1787 Livro de matrícula da capitação de escravos.